15 anniversary 2001-2016 TH

筑梦十五载
盈风再远航

盈科律师事务所
15周年

建筑房地产领域刑事法律
风险识别与辩点分析

汤汉军　编著

法律出版社 | LAW PRESS

序 一

经过改革开放以来近几十年的发展，中国的经济规模已经跃居世界第二，人民的生活水平得到大幅度的改善。与民生和社会基础设施相关的建筑业和房地产业，也得到了迅猛的发展。但随着经济的转型升级，依法治国的深入推进，建筑业和房地产业的刑事风险也愈显突出。企业家们作为社会财富的创造者，通常是忙于经营，对纷繁复杂的法律条文以及其背后的规制内涵不了解、不重视，企业也因为经常触碰一些法律“红线”而险象环生，近年来，有很多的企业家因为触碰刑律而被追究刑事责任，教训沉痛，可惜可叹！因此，法律界人士帮助企业家尽快了解企业经营中有哪些刑事风险，就显得尤为重要。

律师是法律实践者，是社会主义法治国家实践法治的重要力量。一个好的律师，应当是从理论到实践，从实践再回到理论。北京盈科（武汉）律师事务所高级合伙人汤汉军律师是一个善于思考的人，他把他做执业律师之前在建筑房地产企业的法律工作经历和做执业律师的经历结合在一起，专门针对建筑房地产企业的刑事风险防控，进行研究和总结，写成了这本颇有创意的书。

通览全书，我认为，这本书有两个显著的特点：

其一，行业化、专业化。这本书专门针对一个行业，也就是建筑房地产行业来展开法律风险上的论述，帮助这个行业的企业家学习法律知识，防范刑事风险，具有较大的针对性。这种针对一个特定行业的法律书籍，是很有新意的，也必将对这个行业的良性发展起到较大的帮助作用。

其二，这本书体系健全，实用性较强。全书共分为八章，第一章是刑事法律风险的概述，从第二章开始，分别从忽视公共安全、忽视职务廉洁性、忽视市场经济秩序、忽视社会管理秩序、忽视金融活动的合法性、忽视土地使用的合法性、忽视税务管理的合法性七个方面展开论述，重点告诉建筑房地产企业家们如何识别风险以及相关罪名的辩点在哪里，这对于企业家们在经营过程中，把握自己行为的合法性，防范刑事风险，是会有很大帮助的。

除了以上两个特点外，还值得称道的是，这本书在阐述罪名的认定标准、量刑规定以及论述辩点时，注意引用了一些最新的司法解释和司法指导文件，如《最高人民法院、最高人民检察院关于办理贪污贿赂刑事案件适用法律若干问题的解释》、《最高人民法院、最高人民检察院关于办理危害生产安全刑事案件适用法律若干问题的解释》，从而增强了其新颖性。

总之，汤汉军律师的这本书，将建筑房地产行业可能发生的刑事风险、可能触碰的刑事罪名以及各个罪名可能存在的辩点做了一次系统的阐述和分析，是一个有益的尝试。希望他继续发挥“工匠”精神，深入钻研法律业务，出更多的成果，更好地服务于社会。

此为序。

赵秉志*

2016 年 9 月于北京师范大学刑事法律科学研究院

* 北京师范大学刑事法律科学研究院院长、长江学者特聘教授、法学博士、博士生导师，中国刑法学研究会会长，北京市中闻律师事务所兼职律师。

序　二

可以看出，这是汤汉军律师倾注心血的著作。

房地产律师业务的书可谓汗牛充栋，但鲜见刑事法律风险视角著述，而且又与辩护链接的更是少之又少。从这个角度而言，不得不说汤汉军律师的《建筑房地产领域刑事法律风险识别与辩点分析》堪称力作。

本书分别从建筑房地产领域刑事法律风险、忽视公共安全、忽视职务廉洁性、忽视市场经济秩序、忽视社会管理秩序、忽视金融融资的合法性、忽视土地使用的合法性、忽视税务管理的合法性八个不同的方面，围绕建筑房地产领域违法犯罪的高发，从理论到实际，从一般预防到辩点分析，展示了汤汉军律师在该领域的研究与实践心得。

该书的特点大致可以归纳为以下几个方面：

第一，理论为先导。本书对房地产涉及的八个方面法律问题分别归类，每类问题首先将法律理论问题清晰地罗列出来，提炼其中的重点和要点，从每一犯罪的构成要件入手，让一般读者能够从浅显易懂的说明中了解高深的理论问题。

第二，案例为说明。可以看出书中每个案例都倾注了作者大量的心血，从案例收集、对应说明等，让读者对所涉理论和实践问题有更深化的了解。这些案例穿插其间，完整翔尽，通俗易懂，显示出作者对具体法律问题的深刻理解。

第三，辩点为落脚。作为一名执业律师，作者并不限于一般理论与案例的简单结合，而是将辩点分析作为落脚点，展示作者对建筑房地产这个特殊领域所涉犯罪的独到认识。其辩点的归纳与整理，既是该领域研究、实践的成果，又是对涉足该领域刑事辩护业务的律师的指引。

建筑房地产领域是商事犯罪研究的重点领域，本书除了“忽视职务廉洁性”不属于商事犯罪的范畴外，其绝大部分内容是商事犯罪理论与律师业务实践的有益探讨。商事犯罪研究作为一项刑法学理论研究与律师的新业务，其专业性是显而易见的。本书作者所呈现的，正是这种专业性的表现。而任何专业性都需要依靠专注、执着的理念来实现，我正是为汤汉军律师钻研、勇于实践的精神所感染，故而应允作序。相信这本书的出版会为商事犯罪的预防与辩护作出有益的探索。

是为序！

韩　冰*

2016年9月23日23时于连云港返京机场

* 中国人民大学律师学院“商事犯罪研究中心”执行主任，北京律师协会商事犯罪预防与辩护专业委员会主任。

前　言

我为什么要写这本书呢？这其实源自于我内心的一种冲动。

1997 年，中共十五大明确提出“依法治国，建设社会主义法治国家”，迄今已经有近 20 年的时间。在这 20 年里，法治的进步其实每天都在发生。虽然也存在一些弯弯折折，虽然也有进一步退两步的现象。但总体上，中国仍然在慢慢地走向法治，且已取得相当的成效。

建筑业和房地产业作为事实上的国民经济的支柱产业，对国家意义重大。建筑业不仅仅贡献了国民生产总值，而且还为社会尤其是农村剩余劳动力提供了大量的就业机会，维持了社会的稳定。可以想象，如果没有这些就业机会，将会是怎样的一个场景。房地产业带动了多达十几个上下游产业的发展，对整体经济贡献巨大。那么，在一个法治社会里，建筑房地产企业作为市场经济的主体，作为国民经济的支柱产业，如何去适应法治的要求和挑战，如何保持她的健康发展呢？这个课题重大。

在从事执业律师工作以前，我一直在房地产企业里从事专职法律顾问工作。由于企业的规模比较大，企业老板的法律意识比较强，对企业的法务工作很重视。因此，我较多地介入了企业与法律风险相关的经营管理活动。比如与工程部、营销部相配合，参与企业内部的招标，确保企业内部招标的相对公平性，同时让中标单位的报价处于合理低价的水平。比如参与企业开发用地土地使用权的收购以及合资企业的谈判，防范收购风险与合资风险；比如对工程部日常的履约管理进行指导，防范今后可能产生的施工合同纠纷的风险等。这些工作，给予我重要的启迪，让我体验到建筑房地产企业法律风险防范工作的重要性。

但是现阶段，多数建筑房地产企业还没有达到我曾经工作过的企业那种对法律的重视程度。即使是我曾经工作过的企业，也仅仅是重视民商事法律风险的防范，而对刑事法律风险防范明显重视不足。在告别房地产企业专职法律顾问的岗位后，我开始了律师执业生涯，迄今已经近十年，在这十年里，经常会出现一些企业家因自己的经营行为发生刑事法律风险、被追究刑事责任的报道。这其中，不乏建筑企业和房地产企业负责人的身影。他们通常触犯了建筑房地产业一些常见的罪名,被追究刑事责任。其不仅仅个人失去了自由,企业也因此受到沉重的打击。而在这近十年里,我不仅仅办理了一些包括建筑房地产业务在内的民商事法律业务,而且办理了大量的刑事案件,并精研于刑事辩护,积累了丰富的刑辩经验。我深深地感受到,建筑房地产企业如果要在一个法治的社会或者是在一个正在向法治转型的社会里健康地发展,必须要注重企业法律风险的防范工作。而这个法律风险的防范,是民商刑全方位风险的防范。它既包括民商事风险的防范,也包括刑事法律风险的防范。在全方位的法律风险防范中,刑事法律风险的防范更容易被忽视,也更为重要。

2014 年春节的时候,我就已经在构思写这本书。但是由于当年要参加在职法律硕士研究生的全国统考,于是写作计划被搁置下来了。2015 年下半年开始写这本书,迄今整整有 1 年的时间。本书在写作时,力求避免对企业家犯罪情况的抽象统计和介绍,而是对如何防范刑事法律风险的核心部分——认识风险、识别风险、一旦陷入风险如何为自己辩护等方面展开论述,力求让建筑企业和房地产企业的企业家和管理人员,在有限的时间里尽快得到干货,得到实惠。本书并非高深的学术著作,而是一本法律普及读本、法律工具书,主要供企业界人士、法律工作者阅读。当越来越多的企业家和管理人员从本书中受益时,建筑房地产行业的健康发展体制就会越来越好,从而会促进行业整体法治环境的改善。因此,我坚信,我做的是一项具有社会价值的公益事业。

本书在定稿后,赵秉志教授、韩冰律师对本书给予了肯定,并在百忙中抽出时间为本书作序,岳琴舫会长也在百忙之中拨冗为本书撰写推荐语,在此我要致以诚挚的谢意。由于我的水平有限,本书必然会有一些缺点和不足,恳请读者朋友们批评指正。

汤汉军
2016 年 9 月

目 录

第一章　建筑房地产领域刑事法律风险概述　1
第一节　建筑房地产领域刑事法律风险现状　1
一、在企业设立时的刑事法律风险　2
二、在企业终止时的刑事法律风险　3
三、建筑企业忽视公共安全而带来的刑事法律风险　4
四、忽视职务廉洁性而带来的刑事法律风险　4
五、忽视市场秩序而带来的刑事法律风险　6
六、忽视社会管理秩序而带来的刑事法律风险　7
七、忽视金融、融资的合法性而带来的刑事法律风险　8
八、忽视税务管理的合法性而带来的刑事法律风险　10
九、忽视土地使用的合法性而带来的刑事法律风险　11
第二节　从知名案例看建筑房地产领域的刑事法律风险　11
第三节　防范风险的对策　18
一、提高法律意识，尤其是刑事法律风险意识　19
二、学习必要的法律知识　19
三、树立诚信、稳健的经营管理理念　19
四、聘请专业刑事律师作为企业的刑事法律顾问　19
五、重视企业的内部法律培训　20
六、养成专业律师、法务人员参与企业决策的习惯　20
第二章　忽视公共安全而带来的刑事法律风险　21
导言　21
第一节　重大责任事故罪的风险识别与辩点分析　21
一、重大责任事故罪的构成要件　21

二、重大责任事故罪的量刑规定 22
三、重大责任事故罪的认定标准 24
四、典型案例 24
五、辩点分析 27
第二节 重大劳动安全事故罪的风险识别与辩点分析 32
一、重大劳动安全事故罪的构成要件 32
二、重大劳动安全事故罪的量刑规定 33
三、重大劳动安全事故罪的认定标准 35
四、典型案例 36
五、辩点分析 42
第三节 工程重大安全事故罪的风险识别与辩点分析 46
一、工程重大安全事故罪的构成要件 46
二、工程重大安全事故罪的量刑规定 47
三、工程重大安全事故罪的认定标准 48
四、典型案例 49
五、辩点分析 58
第三章 忽视职务廉洁性而带来的刑事法律风险 65
导言 65
第一节 贪污罪的风险识别与辩点分析 65
一、贪污罪的构成要件 65
二、贪污罪的量刑规定 66
三、贪污罪的认定标准 67
四、典型案例 68
五、辩点分析 72
第二节 职务侵占罪的风险识别与辩点分析 79
一、职务侵占罪的构成要件 79
二、职务侵占罪的量刑规定 80
三、职务侵占罪的认定标准 80
四、典型案例 81
五、辩点分析 85
第三节 受贿罪的风险识别与辩点分析 89
一、受贿罪的构成要件 89
二、受贿罪的量刑规定 90

三、受贿罪的认定标准 90
四、典型案例 91
五、辩点分析 96
第四节 非国家工作人员受贿罪的风险识别与辩点分析 103
一、非国家工作人员受贿罪的构成要件 103
二、非国家工作人员受贿罪的量刑规定 104
三、非国家工作人员受贿罪的认定标准 104
四、典型案例 105
五、辩点分析 108
第五节 行贿罪的风险识别与辩点分析 112
一、行贿罪的构成要件 112
二、行贿罪的量刑规定 112
三、行贿罪的认定标准 114
四、典型案例 115
五、辩点分析 118
第六节 单位行贿罪的风险识别与辩点分析 123
一、单位行贿罪的构成要件 123
二、单位行贿罪的量刑规定 124
三、单位行贿罪的认定标准 124
四、典型案例 125
五、辩点分析 132
第七节 挪用公款罪的风险识别与辩点分析 137
一、挪用公款罪的构成要件 137
二、挪用公款罪的量刑规定 139
三、挪用公款罪的认定标准 140
四、典型案例 141
五、辩点分析 148
第八节 挪用资金罪的风险识别与辩点分析 155
一、挪用资金罪的构成要件 155
二、挪用资金罪的量刑规定 156
三、挪用资金罪的认定标准 157
四、典型案例 159
五、辩点分析 163

第四章　忽视市场经济秩序而带来的刑事法律风险 170
导言 170
第一节　串通投标罪的风险识别与辩点分析 170
一、串通投标罪的构成要件 170
二、串通投标罪的量刑规定 171
三、串通投标罪的认定标准 171
四、典型案例 172
五、辩点分析 177
第二节　合同诈骗罪的风险识别与辩点分析 180
一、合同诈骗罪的构成要件 180
二、合同诈骗罪的量刑规定 181
三、合同诈骗罪的认定标准 182
四、典型案例 183
五、辩点分析 190
第三节　妨害清算罪的风险识别与辩点分析 196
一、妨害清算罪的构成要件 196
二、妨害清算罪的量刑规定 197
三、妨害清算罪的认定标准 198
四、典型案例 199
五、辩点分析 206
第四节　虚假破产罪的风险识别与辩点分析 213
一、虚假破产罪的构成要件 213
二、虚假破产罪的量刑规定 213
三、虚假破产罪的认定标准 214
四、辩点分析 214

第五章　忽视社会管理秩序而带来的刑事法律风险 222
导言 222
第一节　组织、领导、参加黑社会性质组织罪的风险识别与辩点分析 222
一、组织、领导、参加黑社会性质组织罪的构成要件 222
二、组织、领导、参加黑社会性质组织罪的量刑规定 223
三、组织、领导、参加黑社会性质组织罪的认定标准 224
四、典型案例 224

五、辩点分析 234
第二节 聚众斗殴罪的风险识别与辩点分析 243
一、聚众斗殴罪的构成要件 243
二、聚众斗殴罪的量刑规定 244
三、聚众斗殴罪的认定标准 245
四、典型案例 246
五、辩点分析 254
第三节 寻衅滋事罪的风险识别与辩点分析 259
一、寻衅滋事罪的构成要件 259
二、寻衅滋事罪的量刑规定 260
三、寻衅滋事罪的认定标准 260
四、典型案例 261
五、辩点分析 265
第六章 忽视金融、融资活动的合法性而带来的刑事法律风险 270
导言 270
第一节 集资诈骗罪的风险识别与辩点分析 270
一、集资诈骗罪的构成要件 270
二、集资诈骗罪的量刑规定 271
三、集资诈骗罪的认定标准 272
四、典型案例 273
五、辩点分析 290
第二节 非法吸收公众存款罪的风险识别与辩点分析 296
一、非法吸收公众存款罪的构成要件 296
二、非法吸收公众存款罪的量刑规定 297
三、非法吸收公众存款罪的认定标准 298
四、典型案例 299
五、辩点分析 307
第三节 骗取贷款、票据承兑、金融票证罪的风险识别与辩点分析 313
一、骗取贷款、票据承兑、金融票证罪的构成要件 313
二、骗取贷款、票据承兑、金融票证罪的量刑规定 313
三、骗取贷款、票据承兑、金融票证罪的认定标准 314
四、典型案例 315
五、辩点分析 321

第四节　贷款诈骗罪的风险识别与辩点分析　327
一、贷款诈骗罪的构成要件　327
二、贷款诈骗罪的量刑规定　328
三、贷款诈骗罪的认定标准　328
四、典型案例　329
五、辩点分析　334
第五节　洗钱罪的风险识别与辩点分析　340
一、洗钱罪的构成要件　340
二、洗钱罪的量刑规定　341
三、洗钱罪的认定标准　341
四、典型案例　342
五、辩点分析　362

第七章　忽视土地使用的合法性而带来的刑事法律风险　369

导言　369
第一节　非法转让、倒卖土地使用权罪的风险识别与辩点分析　369
一、非法转让、倒卖土地使用权罪的构成要件　369
二、非法转让、倒卖土地使用权罪的量刑规定　370
三、非法转让、倒卖土地使用权罪的认定标准　371
四、典型案例　371
五、辩点分析　374
第二节　非法占用农用地罪的风险识别与辩点分析　380
一、非法占用农用地罪的构成要件　380
二、非法占用农用地罪的量刑规定　381
三、非法占用农用地罪的认定标准　382
四、典型案例　383
五、辩点分析　388

第八章　忽视税务管理的合法性而带来的刑事法律风险　394

导言　394
第一节　逃税罪的风险识别与辩点分析　394
一、逃税罪的构成要件　394
二、逃税罪的量刑规定　395
三、逃税罪的认定标准　396

四、典型案例 397
五、辩点分析 401
第二节 虚开增值税专用发票、用于骗取出口退税、抵扣税款发票罪的风险识别与辩点分析 407
一、虚开增值税专用发票、用于骗取出口退税、抵扣税款发票罪的构成要件 407
二、虚开增值税专用发票罪的量刑规定 408
三、虚开增值税专用发票罪的认定标准 409
四、典型案例 410
五、辩点分析 415
第三节 虚开发票罪的风险识别与辩点分析 422
一、虚开发票罪的构成要件 422
二、虚开发票罪的量刑规定 423
三、虚开发票罪的认定标准 424
四、典型案例 424
五、辩点分析 429

第一章

建筑房地产领域刑事法律风险概述

第一节 建筑房地产领域刑事法律风险现状

改革开放三十多年来,尤其是1998年推行房改制度以来,建筑企业和房地产企业如同雨后春笋般冒了出来。除了少数央企和地方支柱国企外,大多数建筑企业和房地产企业都实行了民营化改制。再加上大量新成立的建筑公司和房地产公司,使得建筑业和房地产业获得了飞速的发展。城市乡间,一座座高楼拔地而起,一条条道路纵贯南北,机场、码头、火车站、汽车站、桥梁、一二三线城市的商品房小区、商业配套设施,已经使国家的面貌获得了极大的改善和提升,并推动了经济的发展。毫不夸张地说,建筑业和房地产业已经是国民经济的支柱产业,并带动其他产业的迅猛发展,成为国家经济现代化的重要推动器。虽然目前,房价高企、地价高企,对制造业和其他产业造成挤出效应,使得建筑房地产业存在很大的问题和弊端。并有一种说法是,国民经济已经被房地产业挟持、绑架,进而给国民经济长期可持续性的发展蒙上了一层阴影。但任何事物都有两面性,行业的发展存在各种各样的问题是正常的。问题的关键是要如何改善它,而不是彻底否定它。建筑房地产业带动国民经济的发展,尤其是建筑业解决了大量的农民工的就业问题。其不仅创造了经济价值,还创造了巨大的社会价值。这些都是不可否认的。

建筑房地产业如此重要,各类国有的或民营的建筑企业、房地产企业在经营过程中都面临着各种法律风险。以前大家所说的法律风险,包括建筑企业的签约风险、黑白合同的风险、工期约定的风险、垫资施工的风险、工程款结算的风险,房地产企业的土地收购风险、股权转让风险、工程建造风险、商品房销售风险等。这些都是建筑企业、房地产企业的民商事风险。防范建筑房地产业的民商事法律风险是一个重要的课题，建筑企业、房地产企业的负责人和管理人员都比较重视。他们在这方面做了大量的工作，也取得了一些成效。但是，目前建筑企业、房地产企业的法律风险防范，主要侧重于民商事法律风险而忽视刑事法律风险，很多企业建立了质量管理体系、落实了合同管理制度、进行法律培训等。这些防控制度都是侧重民商事法律风险的防范，很少涉及刑事法律风险防范的问题。因此，刑事法律风险的防范，已经成为建筑企业、房地产企业的短板。在大中型建筑企业、房地产企业，已经配置有专门的法务人员或企业法律顾问。但他们通常缺少诉讼经验，尤其是刑事诉讼经验。这就导致他们在日常的法务工作尤其是项目方案的审查中，缺少诉讼风险尤其是刑事法律风险的审查，从而使得建筑企业、房地产企业的刑事法律风险居高不下。为此，建筑房地产业的企业家们和管理人员应及时补上“刑事法律风险防控”的缺课。

在中国目前的经济和法律环境下，建筑房地产业既是资金密集型产业，同时也可以说是关系密集型产业。在这种情况下，建筑企业、房地产企业的刑事法律风险不仅存在，而且还险象环生。因此，对建筑房地产业的刑事法律风险进行专门的研究，帮助建筑房地产企业的企业家和管理人员认识刑事法律风险、识别刑事法律风险就显得非常重要。只有这样，才能让他们真正建立法律意识和法律风险意识，并进而防范法律风险。下面，笔者详细列举一下建筑企业和房地产企业可能存在的刑事法律风险。

一、在企业设立时的刑事法律风险

建筑企业、房地产企业的设立就好比一个人的出生获得生命一样，是该企业的生命起点。在这个阶段通常会有虚报注册资本、虚假出资、抽逃出资罪两个罪名的风险。《刑法》第158条规定：“申请公司登记使用虚假证明文件或者采取其他欺诈手段虚报注册资本，欺骗公司登记主管部门，取得公司登记，虚报注册资本数额巨大、后果严重或者有其他严重情节的，处三年以下有期徒刑或者拘役，并处或者单处虚报注册资本金额百分之一以上百分之五以下罚金。单位犯前款罪的，对单位判处罚金，并对其直接负责的主管人员和其他直接责任人员，处三年以下有期徒刑或者拘役。”《刑法》第159条规定：“公司发起人、股东违反公司法的规定未交付货币、实物或者未转移财产权，虚假出资，或者在公司成立后又抽逃其出资，数额巨大、后果严重或者有其他严重情节的，处五年以下有期徒刑或者拘役，并处或者单处虚假出资金额或者抽逃出资金额百分之二以上百分之十以下罚金。单位犯前款罪的，对单位判处罚金，并对其直接负责的主管人员和其他直接责任人员，处五年以下有期徒刑或者拘役。”

不过，在2013年《公司法》第四次修改之后，公司的实缴资本制改为认缴资本制。2014年2月7日，国务院发出公司注册资本制度改革的通知，正式实行注册资本认缴登记制。除法定的27类实行注册资本实缴登记制的公司外，公司实收资本不再作为工商登记事项；公司登记时，无须提交验资报告。于是，自然也就不存在虚报注册资本罪和虚假出资、抽逃出资罪了。2014年4月24日，第十二届全国人大常委会第八次会议通过的《关于刑法第一百五十八条、第一百五十九条的解释》，虚报注册资本罪和虚假出资、抽逃出资罪只适用注册资本实缴登记制的公司。

实行实缴登记制的27类公司分别是：采取募集方式设立的股份有限公司，商业银行，外资银行，金融资产管理公司，信托公司，财务公司，金融租赁公司，汽车金融公司，消费金融公司，货币经纪公司，村镇银行，贷款公司，农村信用合作联社，农村资金互助社，证券公司，期货公司，基金管理公司，保险公司，保险专业代理机构、保险经纪人，外资保险公司，直销企业，对外劳务合作企业，融资性担保公司，劳务派遣企业，典当行，保险资产管理公司，小额贷款公司。

从上面可以看到，建筑业企业和房地产企业均实行认缴资本制，不实行实缴资本制。因而，就没有虚报注册资本罪和虚假出资、抽逃出资罪的两个罪名的刑事风险了。这是在2014年发生的一个重要的变化，值得建筑房地产业的企业家和管理人员注意。

二、在企业终止时的刑事法律风险

建筑企业、房地产企业的终止时，如果忽视法律风险，可能涉及妨害清算罪、虚假破产罪两个罪名。《刑法》第162条规定："公司、企业进行清算时，隐匿财产，对资产负债表或者财产清单作虚伪记载或者在未清偿债务前分配公司、企业财产，严重损害债权人或者其他人利益的，对其直接负责的主管人员和其他直接责任人员，处五年以下有期徒刑或者拘役，并处或者单处二万元以上二十万元以下罚金。"《刑法》第162条之二规定："公司、企业通过隐匿财产、承担虚构的债务或者以其他方法转移、处分财产，实施虚假破产，严重损害债权人或者其他人利益的，对其直接负责的主管人员和其他直接责任人员，处五年以下有期徒刑或者拘役，并处或者单处二万元以上二十万元以下罚金。"

在企业终止时，如果建筑企业、房地产企业迫于债务的压力，为了逃避债务，虚假破产、妨害清算的，就面临这两个罪名的风险。因此，准确地认识虚假破产罪和妨害清算罪的构成要件，认清合法行为、违规行为、犯罪行为的边界，对建筑企业、房地产企业的负责人来说，非常重要。

三、建筑企业忽视公共安全而带来的刑事法律风险

建筑企业建筑了道路、桥梁、高楼大厦、商品房小区等,改善了城乡间的面貌,为人民群众尤其是农民工提供了大量的就业机会,对国民经济的贡献居功厥伟。但是,建筑企业必须重视建筑工程的质量。因为一旦工程质量有问题,就可能带来公共安全的问题以及人员的伤亡。对于建筑企业忽视公共安全的,《刑法》规定了如下罪名。

1. 重大责任事故罪:“在生产、作业中违反有关安全管理的规定,因而发生重大伤亡事故或者造成其他严重后果的,处三年以下有期徒刑或者拘役;情节特别恶劣的,处三年以上七年以下有期徒刑。”(《刑法》第 134 条)

2. 重大劳动安全事故罪:“安全生产设施或者安全生产条件不符合国家规定,因而发生重大伤亡事故或者其他严重后果的,对直接负责的主管人员和其他直接责任人员,处三年以下有期徒刑或者拘役;情节特别恶劣的,处三年以上七年以下有期徒刑。”(《刑法》第 135 条规定)

3. 工程重大安全事故罪:“建设单位、设计单位、施工单位、工程监理单位违反国家规定,降低工程质量标准,造成重大安全事故的,对直接责任人员,处五年以下有期徒刑或者拘役,并处罚金;后果特别严重的,处五年以上十年以下有期徒刑,并处罚金。”(《刑法》第 137 条规定)

根据以上规定,建筑企业如果忽视公共安全,造成重大伤亡事故或者其他严重后果的,其直接负责的主管人员或责任人员,就面临着以上三个罪名的刑事风险。

四、忽视职务廉洁性而带来的刑事法律风险

现代的社会已经是一个讲法治的社会,法律要求建筑企业、房地产企业的负责人和管理人员,在企业的经营管理活动中讲究廉洁操守。如果在行使职务的过程中忽视了廉洁性,将可能导致以下一些罪名的风险。

1. 贪污罪:“国家工作人员利用职务上的便利,侵吞、窃取、骗取或者其他手段非法占有公共财物的,是贪污罪。受国家机关、国有公司、企业、事业单位、人民团体委托管理、经营国有财产的人员,利用职务上的便利,侵吞、窃取、骗取或者以其他手段非法占有国有财物的,以贪污论。与前两款所列人员勾结,伙同贪污的,以共犯论处。”(《刑法》第 382 条)

对于建筑企业、房地产企业而言,贪污罪名的风险主要适用于国有建筑企业、国有房地产企业或者是受国家机关、国有建筑企业、国有房地产企业的委派,在国

有控股、参股的建筑企业、房地产企业中从事公务的人员。对他(她)们来说,规范自己的行为非常重要。

2. 职务侵占罪:"公司、企业或者其他单位的人员,利用职务上的便利,将本单位财物非法占为己有,数额较大的,处五年以下有期徒刑或者拘役;数额巨大的,处五年以上有期徒刑,可以并处没收财产。"(《刑法》第271条)

与贪污罪名一样,职务侵占罪也只是适用与国有建筑企业、国有房地产企业或者是受国家机关、国有建筑企业、国有房地产企业的委派,在国有控股、参股的建筑企业、房地产企业中从事公务的人员。

3. 受贿罪:"国家工作人员利用职务上的便利,索取他人财物的,或者非法收受他人财物,为他人谋取利益的,是受贿罪。国家工作人员在经济往来中,违反国家规定,收受各种名义的回扣、手续费,归个人所有的,以受贿论处。"(《刑法》第385条)

与职务侵占罪名一样,受贿罪也只是适用与国有建筑企业、国有房地产企业或者是受国家机关、国有建筑企业、国有房地产企业的委派,在国有控股、参股的建筑企业、房地产企业中从事公务的人员。

4. 非国家工作人员受贿罪:"公司、企业或者其他单位的工作人员利用职务上的便利,索取他人财物或者非法收受他人财物,为他人谋取利益,数额较大的,处五年以下有期徒刑或者拘役;数额巨大的,处五年以上有期徒刑,可以并处没收财产。公司、企业或者其他单位的工作人员在经济往来中,利用职务上的便利,违反国家规定,收受各种名义的回扣、手续费,归个人所有的,依照前款的规定处罚。"(《刑法》第163条)

本罪主要适用非国家工作人员,即民营的建筑企业、房地产企业的工作人员,不适用于国有建筑企业、国有房地产企业或者是受国家机关、国有建筑企业、国有房地产企业的委派,在国有控股、参股的建筑企业、房地产企业中从事公务的人员。

5. 行贿罪:"为谋取不正当利益,给予国家工作人员以财物的,是行贿罪。在经济往来中,违反国家规定,给予国家工作人员以财务,数额较大的,或者违反国家规定,给予国家工作人员以各种名义的回扣、手续费的,以行贿论处。""对犯行贿罪的,处五年以下有期徒刑或者拘役,并处罚金;因行贿谋取不正当利益,情节严重的,或者使国家利益遭受重大损失的,处五年以上十年以下有期徒刑,并处罚金;情节特别严重的,或者使国家利益遭受特别重大损失的,处十年以上有期徒刑或者无期徒刑,并处罚金或者没收财产。"(《刑法》第389条、第390条)

不论是国有的,还是民营的建筑企业、房地产企业的负责人和管理人员,为了谋取个人的不正当利益,给予国家工作人员以财物或回扣、手续费的,都存在行贿罪的风险。

6. 单位行贿罪："单位为了谋取不正当利益而行贿，或者违反国家规定，给予国家工作人员以回扣、手续费，情节严重的，对单位判处罚金，并对其直接负责的主管人员和其他直接责任人员，处五年以下有期徒刑或者拘役，并处罚金。"（《刑法》第393条）

不论是国有的，还是民营的建筑企业、房地产企业的负责人和管理人员，为了谋取单位的不正当利益，以单位的名义给予国家工作人员以财物或回扣、手续费的，都存在着单位行贿罪的风险。不过单位行贿罪最高量刑也只有五年，其罪名比行贿罪的罪名要轻很多。

7. 挪用公款罪："国家工作人员利用职务上的便利，挪用公款归个人使用，进行非法活动的，或者挪用公款数额较大、进行营利活动的，或者挪用公款数额较大、超过三个月未还的，是挪用公款罪，处五年以下有期徒刑或者拘役；情节严重的，处五年以上有期徒刑。挪用公款数额巨大不退还的，处十年以上有期徒刑或者无期徒刑。挪用用于救灾、抢险、防汛、优抚、扶贫、移民、救济款物归个人使用的，从重处罚。"（《刑法》第384条）

与贪污罪名一样，挪用公款罪也只是适用与国有建筑企业、国有房地产企业或者是受国家机关、国有建筑企业、国有房地产企业的委派，在国有控股、参股的建筑企业、房地产企业中从事公务的人员。

8. 挪用资金罪："公司、企业或者其他单位的工作人员，利用职务上的便利，挪用本单位资金归个人使用或者借贷给他人，数额较大、超过三个月未还的，或者虽未超过三个月，但数额较大、进行营利活动的，或者进行非法活动的，处三年以下有期徒刑或者拘役；挪用本单位资金数额巨大的，或者数额较大不退还的，处三年以上十年以下有期徒刑。"（《刑法》第272条）

五、忽视市场秩序而带来的刑事法律风险

建筑企业、房地产企业作为市场经营的主体，毫无疑问应当遵守市场秩序。如果忽视法律对这方面秩序的要求，则可能触犯法律。基于工作实践经验，建筑房地产企业在这方面主要的刑事法律风险主要有以下两个罪名：

1. 串通投标罪："投标人相互串通投标报价，损害招标人或者其他投标人利益，情节严重的，处三年以下有期徒刑或者拘役，并处或者单处罚金。投标人与招标人串通投标，损害国家、集体、公民的合法利益的，依照前款的规定处罚。"（《刑法》第223条）

串通投标罪主要适用于建筑企业不遵守市场秩序、损害招投标制度的行为。当然，如果房地产企业作为招标人，与作为投标人的建筑企业相互串通投标，损害

其他投标人的利益，也可以构成串通投标罪。

2. 合同诈骗罪：“有下列情形之一，以非法占有为目的，在签订、履行合同过程中，骗取对方当事人财物，数额较大的，处3年以下有期徒刑或者拘役，并处或者单处罚金；数额巨大或者有其他严重情节的，处3年以上10年以下有期徒刑，并处罚金；数额特别巨大或者有其他特别严重情节的，处10年以上有期徒刑或者无期徒刑，并处罚金或者没收财产：（一）以虚构的单位或者冒用他人名义签订合同的；（二）以伪造、变造、作废的票据或者其他虚假的产权证明作担保的；（三）没有实际履行能力，以先履行小额合同或者部分履行合同的方法，诱骗对方当事人继续签订和履行合同的；（四）收受对方当事人给付的货物、货款、预付款或者担保财产后逃匿的；（五）以其他方法骗取对方当事人财物的。”（《刑法》第224条）

建筑企业、房地产企业如果在企业经营过程中，不讲诚信、虚构事实、隐瞒真相，骗取对方当事人财物的，那么对于企业直接负责的主管人员和其他直接责任人员，就存在合同诈骗罪的风险。当然，如果仅仅只是违反了诚信原则，虚构了部分事实、隐瞒了部分真相，但不具有非法占有、剥夺对方当事人财产的目的，则不构成合同诈骗罪。这就需要建筑企业、房地产企业的负责人认真学习合同诈骗罪的构成要件，增加法律意识，获取法律知识。

六、忽视社会管理秩序而带来的刑事法律风险

建筑企业、房地产企业作为市场经营的主体，不仅应当遵守市场秩序，还应该遵守社会管理秩序。有些建筑企业人员鱼龙混杂，成分复杂，为了争抢工程，作出一些寻衅滋事、聚众斗殴的行为。甚至有的以企业为载体，形成黑社会性质的组织。下面，本书对这些违反社会管理秩序的刑事法律风险予以分述。

1. 组织、领导、参加黑社会性质组织罪：“组织、领导黑社会性质的组织的，处七年以上有期徒刑，并处没收财产；积极参加的，处三年以上七年以下有期徒刑，可以并处罚金或者没收财产；其他参加的，处三年以下有期徒刑、拘役、管制或者剥夺政治权利，可以并处罚金。”（《刑法》第294条第1款）

无论是建筑企业、房地产企业都要合法经商、遵守社会管理秩序，远离黑社会。不然，都会有这方面的风险。

2. 聚众斗殴罪：“聚众斗殴的，对首要分子和其他积极参加的，处三年以下有期徒刑、拘役或者管制；有下列情形之一的，对首要分子和其他积极参加的，处三年以上十年以下有期徒刑：（一）多次聚众斗殴的；（二）聚众斗殴人数多，规模大，社会影响恶劣的；（三）在公共场所或者交通要道聚众斗殴，造成社会秩序严重混乱的；（四）持械聚众斗殴的。聚众斗殴，致人重伤、死亡的，依照本法第二百三十四条、第二百三十二条规定定罪处罚。”（《刑法》第292条）

房地产企业，尤其是建筑企业，不能组织、参与聚众斗殴，否则就会有触犯聚众斗殴罪的刑事风险。

3. 寻衅滋事罪："有下列寻衅滋事行为之一，破坏社会秩序的，处五年以下有期徒刑、拘役或者管制：(一)随意殴打他人，情节恶劣的；(二)追逐、拦截、辱骂、恐吓他人，情节恶劣的；(三)强拿硬要或者任意损毁、占用公私财物，情节严重的；(四)在公共场所起哄闹事，造成公共场所秩序严重混乱的。纠集他人多次实施前款行为，严重破坏社会秩序的，处五年以上十年以下有期徒刑，可以并处罚金。"(《刑法》第293条)

房地产企业，尤其是建筑企业，不能组织、参与寻衅滋事。否则，就会有触犯寻衅滋事罪的刑事风险。

七、忽视金融、融资的合法性而带来的刑事法律风险

建筑房地产企业作为市场经营的主体，不仅应遵守市场秩序、社会管理秩序，还应遵守金融融资管理秩序。下面，笔者对金融融资过程中可能涉及的刑事法律风险予以阐述。

1. 集资诈骗罪："以非法占有为目的，使用诈骗方法非法集资，数额较大的，处五年以下有期徒刑或者拘役，并处二万元以上二十万元以下罚金；数额巨大或者有其他严重情节的，处五年以上十年以下有期徒刑，并处五万元以上五十万元以下罚金；数额特别巨大或者有其他特别严重情节的，处十年以上有期徒刑或者无期徒刑，并处五万元以上五十万元以下罚金或者没收财产。"(《刑法》第192条)

建筑业和房地产业都是资金密集型行业。无论是建筑企业还是房地产企业，对资金的需求都非常大。无论资金需求有多大都应该合法融资，而不能搞非法集资。如搞非法集资，则可能会有集资诈骗罪的刑事风险。至于何为集资诈骗罪，集资诈骗罪如何界定，本书将会在相关的章节中予以详述。

2. 非法吸收公众存款罪："非法吸收公众存款或者变相吸收公众存款，扰乱金融秩序的，处三年以下有期徒刑或者拘役，并处或者单处二万元以上二十万元以下罚金；数额巨大或者有其他严重情节的，处三年以上十年以下有期徒刑，并处五万元以上五十万以下罚金。单位犯前款罪的，对单位判处罚金，并对其直接负责的主管人员和其他直接责任人员，依照前款的规定处罚。"(《刑法》第176条)

前面说过，建筑业、房地产业是资金密集型行业，对资金的需要非常大。企业如果要融资，需把握融资行为的合法性，不可有非法吸收公众存款的行为。否则，就有非法吸收公众存款罪的刑事风险。至于到底什么是非法吸收公众存款罪，它的犯罪构成要件是什么，如何准确地界定罪与非罪，本书将在相关章节中予以详

细阐述。

3. 骗取贷款、票据承兑、金融票证罪:"以欺骗手段取得银行或者其他金融机构贷款、票据承兑、信用证、保函等,给银行或者其他金融机构造成重大损失或者其他严重情节的,处三年以下有期徒刑或者拘役,并处或者单处罚金;给银行或者其他金融机构造成特别重大损失或者有其他特别严重情节的,处三年以上七年以下有期徒刑,并处罚金。单位犯前款罪的,对单位判处罚金,并对其直接负责的主管人员和其他直接责任人员,依照前款的规定处罚。"(《刑法》第175条之一)

建筑企业、房地产企业在向银行贷款,申请票据承兑、金融票证的过程中,无论是否具有非法占有的目的,均不可采取欺骗的手段。如果采取欺骗手段,达到情节严重的程度,则可能构成骗取贷款、票据承兑、金融票证罪。具体阐述内容,详见本书相关章节。

4. 贷款诈骗罪:"有下列情形之一,以非法占有为目的,诈骗银行或者其他金融机构的贷款,数额较大的,处五年以下有期徒刑或者拘役,并处二万元以上二十万以下罚金;数额巨大或者有其他严重情节的,处五年以上十年以下有期徒刑,并处五万元以上五十万以下罚金;数额特别巨大或者有其他特别严重情节的,处十年以上有期徒刑或者无期徒刑,并处五万元以上五十万元以下罚金或者没收财产:(一)编造引进资金、项目等虚假理由的;(二)使用虚假的经济合同的;(三)使用虚假的证明文件的;(四)使用虚假的产权证明作担保或者超出抵押物价值重复担保的;(五)以其他方法诈骗贷款的。"(《刑法》第193条)

建筑企业、房地产企业在向银行贷款的过程中,具有非法占有的目的,采取欺骗的手段获得贷款,则可能构成贷款诈骗罪。本罪罪名重于骗取贷款罪,本书将在相关章节中具体阐述。

5. 洗钱罪:"明知是毒品犯罪、黑社会性质的组织犯罪、恐怖活动犯罪、走私犯罪、贪污贿赂犯罪、破坏金融管理秩序犯罪、金融诈骗犯罪的所得及其产生的收益,为掩饰、隐瞒其来源和性质,有下列行为之一的,没收实施以上犯罪的所得及其产生的收益,处五年以下有期徒刑或者拘役,并处或者单处洗钱数额百分之五以上百分之二十以下罚金;情节严重的,处五年以上十年以下有期徒刑,并处洗钱数额百分之五以上百分之二十以下罚金:(一)提供资金账户的;(二)协助将财产转换为现金、金融票据、有价证券的;(三)通过转账或者其他结算方式协助资金转移的;(四)协助将资金汇往境外的;(五)以其他方式掩饰、隐瞒犯罪所得及其收益的来源和性质的。"(《刑法》第191条)

洗钱是现代经济犯罪、贪污贿赂犯罪、黑社会犯罪、走私犯罪的孪生儿,也是他们的下游犯罪。对于建筑房地产企业的负责人和管理人员,无论是上游犯罪还是下游犯罪,都应极力避免。至于洗钱罪的内涵、外延是什么,本书将在相关章节中详细阐述。

八、忽视税务管理的合法性而带来的刑事法律风险

税收是政府对国民经济进行管理的重要活动，是政府赖以生存运转的前提条件。为此，一个国家对税收是最为敏感和重视的。作为建筑企业和房地产企业，对政府的税务管理应高度重视。如果忽视了其税务活动的合法性，将可能带来刑事法律风险。

1. 逃税罪："纳税人采取欺骗、隐瞒手段进行虚假纳税申报或者不申报，逃避缴纳税款数额较大并且占应纳税额百分之十以上的，处三年以下有期徒刑或者拘役，并处罚金；数额巨大并且占应纳税额百分之三十以上的，处三年以上七年以下有期徒刑，并处罚金。扣缴义务人采取前款所列手段，不缴或者少缴已扣、已收税款，数额较大的，依照前款的规定处罚。"（《刑法》第 201 条）

逃税罪是最常见的一种危害税收征管的罪名。作为建筑企业、房地产企业，应当遵守国家的税收管理秩序。如果要想减少纳税数额，则应采取合理合法的避税的技术手段，而不是逃税。

2. 虚开增值税专用发票罪："虚开增值税专用发票或者虚开用于骗取出口退税、抵扣税款的其他发票的，处三年以下有期徒刑或者拘役，并处二万元以上二十万元以下罚金；虚开的税款数额较大或者有其他严重情节的，处三年以上十年以下有期徒刑，并处五万元以上五十万以下罚金；虚开的税款数额巨大或者有其他特别严重情节的，处十年以上有期徒刑或者无期徒刑，并处五万元以上五十万以下罚金或者没收财产。单位犯本条规定之罪的，对单位判处罚金，并对其直接负责的主管人员和其他直接责任人员，处三年以下有期徒刑或者拘役；虚开的税款数额较大或者有其他严重情节的，处三年以上十年以下有期徒刑；虚开的税款数额巨大或者有其他特别严重情节的，处十年以上有期徒刑或者无期徒刑。"（《刑法》第 205 条）

从今年开始，营业税正式取消，全部改为增值税，增值税成为我们国家最重要的一个税种。增值税普通发票和增值税专用发票是进行增值税征收管理的重要凭证，应当据实开具。否则，就会产生虚开增值税专用发票罪的刑事法律风险。当然，并非所有的虚开行为都构成犯罪，还要看是否具有非法抵扣税款或逃税的目的。具体详见本书相关章节。

3. 虚开发票罪："虚开本法第二百零五条规定以外的其他发票，情节严重的，处二年以下有期徒刑、拘役或者管制，并处罚金；情节特别严重的，处二年以上七年以下有期徒刑，并处罚金。单位犯前款罪的，对单位判处罚金，并对其直接负责的主管人员和其他责任人员，依照前款的规定处罚。"（《刑法》第 205 条之一）

除了增值税专用发票不能虚开外，其他普通的发票也不能虚开。如果对其他

普通的发票虚开达到一定的数额，则有构成虚开发票罪的刑事法律风险。具体虚开发票罪的构成要件和罪与非罪的认定标准，详见本书的相关章节。

九、忽视土地使用的合法性而带来的刑事法律风险

房地产企业从事开发经营首先需要获得土地，没有土地就不可能有房地产开发。因此，土地使用权是房地产企业最重要的生产要素之一。但是，我们国家的土地产权制度实行二元制，分别归国家所有和农村集体经济组织集体所有。房地产企业要想进行房地产开发，只能获取土地使用权。但获取土地使用权，也要依据现行的土地管理法律、法规、规章、规范性文件依法获取土地使用权。如果不注意获取土地使用权的合法性，则可能存在以下的刑事法律风险。

1. 非法转让、倒卖土地使用权罪："以牟利为目的，违反土地管理法规，非法转让、倒卖土地使用权，情节严重的，处三年以下有期徒刑或者拘役，并处或者单处非法转让、倒卖土地使用权价额百分之五以上百分之二十以下罚金；情节特别严重的，处三年以上七年以下有期徒刑，并处非法转让、倒卖土地使用权价额百分之五以上百分之二十以下罚金。"(《刑法》第 228 条)

房地产企业获得土地使用权后，可以自己开发。如果因为某种特殊的情况，也可以转让给其他的企业。但该转让行为，必须合乎土地管理法规。否则，可能会有非法转让、倒卖土地使用权罪的刑事法律风险。具体内容，详见本书相关章节。

2. 非法占用农用地罪："违反土地管理法规，非法占用耕地、林地等农用地，改变被占用土地用途，数量较大，造成耕地、林地等农用地大量毁坏的，处五年以下有期徒刑或者拘役，并处或者单处罚金。"(《刑法》第 342 条)

房地产企业必须是在依法获取的建设用地上进行房地产开发，而不能在耕地、林地、草原等农用地上开发。否则，可能会构成非法占用农用地罪。具体内容，详见本书相关章节。

第二节 从知名案例看建筑房地产领域的刑事法律风险

[案例 1] 辽宁杨某虚假出资、非法占用农用地、合同诈骗、单位行贿、对单位行贿、伪造金融票证案

被告人杨某，男，1963 年 2 月 11 日出生，荷兰籍人，护照号：N80033782，汉

族,大学文化,系沈阳欧亚实业有限公司、沈阳欧亚农业发展有限公司董事长、法定代表人。2002 年 10 月 4 日,其因涉嫌虚假出资、非法占用农用地、合同诈骗、单位行贿、对单位行贿和伪造金融票证犯罪被依法监视居住。同年 11 月 26 日,其经沈阳市人民检察院批准被依法逮捕。

被告单位沈阳欧亚实业有限公司,涉嫌非法占用农用地、合同诈骗、单位行贿和对单位行贿罪。被告单位沈阳欧亚农业发展有限公司涉嫌伪造金融系证罪及被告人杨某涉嫌虚假出资、非法占用农用地、合同诈骗、单位行贿、对单位行贿和伪造金融票证罪一案,由辽宁省沈阳市公安局侦查终结,于 2003 年 3 月 26 日移送沈阳市人民检察院审查起诉。2003 年 5 月 13 日,沈阳市人民检察院依法向沈阳市中级人民法院提起公诉。起诉书认定被告单位沈阳欧亚实业有限公司,被告单位沈阳欧亚农业发展有限公司,被告人杨某的犯罪事实如下:

一、1998 年 4 月 22 日,被告人杨某以荷兰欧亚国际贸易公司法定代表人的名义,与沈阳靓马集团公司和中国农房东北公司共同出资成立沈阳欧亚实业有限公司。该公司在沈阳市工商管理部门注册登记,并取得临时营业执照,注册资本 1.2 亿元人民币。三方的出资额及占注册资本的比例分别为:荷兰欧亚国际贸易公司 8400 万元人民币,占 70%;沈阳靓马集团公司 3000 万元人民币,占 25%;中国农房东北公司 600 万元人民币,占 5%。

沈阳欧亚实业有限公司成立以后,被告人杨某为解决 8400 万元人民币出资问题,与广东英豪公司董事长陈某联系,让陈某向沈阳欧亚实业有限公司转款“走走账”。1998 年 6 月 11 日至 1999 年 2 月 23 日,陈某安排本公司的财务总监林某等人先后向沈阳欧亚实业有限公司账户通过汇票或电汇等方式转款 7150 万元人民币。当每笔款项转入沈阳欧亚实业有限公司的账户后,被告人杨某便指使财务人员将款项记入“实收资本”科目。并以该款项作为实收资本,于 1999 年 3 月 8 日进行验资。事实上,该笔资金(7150 万元人民币)已于 1999 年 3 月 1 日前分别返还给原公司及其关联公司。

1999 年 3 月 8 日,吉林正则会计师事务所根据沈阳欧亚实业有限公司提供的,包括上述 7150 万元在内的,7480 万元人民币的往来票据、记账凭证和伪造的 115 万美元(折合 920 万元人民币)的温室设备发票及伪造的 4 份完税证明,出具了吉正则会师验字(1999)6 号《验资报告》,称“沈阳欧亚截止到 1999 年 3 月 8 日已收到其股东荷兰欧亚投入的资本金 8400 万元,其中货币资金 7480 万元人民币,实物资产 920 万元人民币。”欧亚实业公司将上述验资报告及其他相关材料提供给工商部门,申领换发了“营业执照”。被告人杨某虚假出资 8070 万元人民币。

二、2000 年 12 月至 2001 年 7 月,被告人杨某以荷兰欧亚国际贸易公司法定代表人名义,先后与沈阳万博商贸有限公司合资成立沈阳海牙大酒店有限公司;与北陵房产开发有限公司合资成立沈阳荷兰村房产开发有限公司;独资成立沈阳欧亚温室有限公司、沈阳欧亚国际咨询有限公司,并取得工商部门颁发的营业执照。按照合同规定,荷兰欧亚国际贸易公司应在规定期限内对上述四家公司实际认缴出资共计为1583万美元。

2001年7月19日,被告人杨某担任董事会主席的欧亚农业(控股)有限公司在香港上市。7月23日至8月9日,按照杨某授意,欧亚农业(控股)有限公司先后从香港联合银行有限公司汇给上述4个公司设在工商银行沈阳新北支行的外币资本金账户1.255亿元港币,资金入账后记入实收资本账目,资金在账户上停留几日便均被转入沈阳欧亚农业发展有限公司的银行账户。上述四家公司用银行进账单等相关票据及记账凭证进行验资,将上述1.255亿港币作为被告人杨某的实缴出资;并将"验资报告"提供给工商主管部门,取得长期"营业执照"。被告人杨某虚假出资1.255亿港币。

三、1998年12月28日,辽宁省政府以辽政地字(1998)598号文件,划拨1674.5415亩土地使用权给沈阳欧亚实业有限公司,作为"高新农业示范区建设用地"。沈阳欧亚实业有限公司违反土地管理法规,在未依法办理农业用地转建设用地审批手续的情况下,由公司董事长杨某决定,于1998年11月开始在此宗农业用地上修建非农业建筑物,非法占用并毁坏耕地615.264亩。

沈阳欧亚实业有限公司于2001年5月1日、9月12日分两次租赁于洪区北陵乡八家子村耕地,共计277.4165亩。沈阳欧亚实业有限公司违反土地管理法规,在未办理任何审批手续的情况下,由公司董事长杨某决定,在此宗租赁的农业用地上非法修建停车场、加油站,非法占用并毁坏耕地共计51.501亩。

四、2000年5月,被告人杨某请托张某某(辽宁省国土资源厅工作人员,另案处理)为沈阳欧亚实业有限公司找一块已造好的耕地,用于抵顶该公司的建设用地。嗣后,张某某利用其职务上的便利,找到法库县规划土地管理局局长胡某某(另案处理)和时任该局地籍科长的孙某某(另案处理),许诺事成后给付该局人民币100万元。胡某某及孙某某为使本单位获得利益,同意将法库县卧牛石乡苇子沟村一块国家尚未纳入地籍管理的耕地(共1600余亩)作为沈阳欧亚实业有限公司"新开发的耕地"。张某某在向杨某汇报后,按照杨某的旨意起草、填写了《关于沈阳欧亚实业有限公司开发卧牛石乡苇子沟村荒滩的批复》《辽宁省土地开发整理项目呈报表》用于验收,并在沈阳欧亚实业有限公司以法库县规划土地管理局名义起草、填写的《关于沈阳欧亚实业有限公司开发卧牛石乡苇子沟村荒滩的批复》《辽宁省土地开发整理项目呈报表》《改造法库县卧牛石乡苇子沟村荒滩地开发利用协议》等文件,并将时间提前1年。嗣后,张某某再次找到胡某某和孙某某，由胡某某和孙某某安排，在上述"批复"、"呈批表"上加盖了法库县规划土地管理局公章。并通过卧牛石乡土地所所长李某某找到苇子沟村党支部书记王某某，在上述"荒滩地开发利用协议"上加盖了法库县卧牛石乡苇子沟村的公章，从而使沈阳欧亚实业有限公司取得了证明该公司新开发耕地的虚假证明文件。

同年6月下旬，辽宁省土地整理中心在沈阳欧亚实业有限公司申请下，对该公司所谓"新开发的耕地"进行了验收。在收到该公司提供的上述虚假证明文件后，其轻信了沈阳欧亚实业有限公司确有"新开发的耕地"，出具了《土地开发整理项目验收单》，认为该公司"所造耕地数量质量符合要求，可以抵顶建设占用耕地指标"，并按规定提出收购沈阳欧亚实业有限公司"新开发的耕地"。同年10月下旬，被告人杨某代表沈阳欧亚实业有限公司同辽宁省土地整理中心签订《收购耕地协议》，将所谓的"新开发的耕地"作为"储备耕地"以人民币316.6万元的价格出售。同年11月初，沈阳欧亚实业有限公司向辽宁省土地整理中心缴纳管理费和验收手续费15万元后，收到该中心支付的人民币316.6万元。嗣后，为感谢张某某及法库县规划土地管理局提供的帮助。经被告人杨某决定，沈阳欧亚实业有限公司于2000年12月给予张某某人民币25万元，并根据事先的承诺，于2001年4月、9月分两次给予法库县规划土地管理局共人民币98万元。

五、原辽宁省国土资源厅副厅长李某为帮助沈阳欧亚实业有限公司取得银行贷款，利用职务便利擅自修改辽宁省人民政府辽政地字(1998)598号文件。被告人杨某为感谢李某给予沈阳欧亚实业有限公司的帮助，于2000年12月在李业的办公室送其2万美元(折合人民币16.2万元)。2001年7月，有关部门就沈阳欧亚实业有限公司的非法用地问题开始进行调查。在此情况下，李业于2001年8月将2万美元退还给杨某。

六、沈阳欧亚农业发展有限公司董事长杨某为虚增公司业绩，授意公司财务人员伪造财务账目。在单位组织及被告人杨某参与下，该公司财务人员于2001年4月至2002年6月，共伪造支票、进账单、结汇凭证、电汇凭证等银行结算凭证305张，票面金额共计人民币1786047024.36元。

辽宁省沈阳市中级人民法院依法组成合议庭，公开审理了本案。经审理认为：

被告人杨某作为欧亚实业公司、沈阳海牙大酒店有限公司等5个公司的董事长、法定代表人，在申请外商投资企业登记过程中，违反有关公司登记管理法规，使用虚假证明文件和采取其他欺诈手段，虚报注册资本，取得公司登记，且数额巨大。杨某是上述5个公司虚报注册资本直接负责的主管人员，其行为已构成虚报注册资本罪。被告单位欧亚实业公司违反土地管理法规，在农业用地上非法进行非农业建设，数量较大，造成耕地大量毁坏；以非法占有为目的，利用签订合同骗取财物，数额特别巨大；为谋取不正当利益给予国家机关及国家机关工作人员财物，情节严重，其行为已分别构成非法占用农地罪、合同诈骗罪、对单位行贿罪、单位行贿罪。被告人杨某系该单位实施上述犯罪直接负责的主管人员，亦构成上述各罪。被告单位欧亚农业公司为虚增该公司业绩，伪造金融票证，情节特别严重，其行为已构成伪造金融票证罪。被告人杨某系该单位实施上述犯罪直接负责的主管人员，亦构成伪造金融票证罪。

2003年7月11日，辽宁省沈阳市中级人民法院依照《中华人民共和国刑法》第一百五十八条、第三百四十二条、第三百四十六条、第二百二十四条第(五)项、第二百三十一条、第三百九十一条、第三百九十三条、第一百七十七条第一款第(二)项和第二款、第三十条、第三十一条、第六十九条之规定，作出判决如下：

一、被告单位沈阳欧亚实业有限公司犯非法占用农地罪，判处罚金人民币120万元；犯合同诈骗罪，判处罚金人民币300万元；犯对单位行贿罪，判处罚金人民币100万元；犯单位行贿罪，判处罚金人民币40万元；数罪并罚，决定执行罚金人民币560万元。

二、被告单位沈阳欧亚农业发展有限公司犯伪造金融票证罪，判处罚金人民币40万元。

三、被告人杨某犯虚报注册资本罪，判处有期徒刑2年；犯非法占用农地罪，判处罚金人民币60万元；犯合同诈骗罪，判处有期徒刑10年，并处罚金人民币150万元；犯对单位行贿罪，判处有期徒刑1年；犯单位行贿罪，判处有期徒刑1年；犯伪造金融票证罪，判处有期徒刑10年，并处罚金人民币20万元；数罪并罚，决定执行有期徒刑18年，罚金人民币230万元。

一审判决后，被告单位沈阳欧亚实业有限公司、沈阳欧亚农业发展有限公司、被告人杨某不服，上诉至辽宁省高级人民法院。

辽宁省高级人民法院二审开庭审理后认为：原判认定上诉单位欧亚实业公司、欧亚农业公司及上诉人杨某所犯各罪的事实清楚，证据确实、充分。原判定罪准确，量刑适当，审判程序合法。随手2003年9月7日，裁定驳回上诉，维持原判。

杨某是21世纪初《福布斯》评选出的中国大陆第2富豪。其控股的“欧亚农业”(HK0932)于2001年在香港主板上市，个人财富达到75亿元。但从上述事实可以看到，他的发迹过程完全是空手套白狼型的。他先虚报注册资本成立公司，再以高新农业示范区的名义获得划拨用地并租赁部分土地，然后违反土地管理法规，在未依法办理农业用地转建设用地审批手续的情况下，在农业用地上搞“荷兰村”房地产项目开发，非法占用并毁坏耕地六百多亩。另外，其还有伪造金融票证、合同诈骗、单位行贿等行为。杨某案是房地产企业家野蛮生长的一个典型案例。在这个案例中,杨某表现得毫无法律意识和法律概念,更加不知道"房地产企业刑事法律风险防范"为何物,终于酿成祸端。

[案例2]湖南曾某某集资诈骗案

曾某某,男,出生于湖南邵阳新邵县酿溪镇的一个贫困家庭。1986年,曾某某带领50多位老乡到湘西吉首,开始从事房地产业。2003年6月至9月,曾某某为获得湘西自治州图书馆、体育馆、群艺馆、电力宾馆、东方红市场等(以下简称"三馆项目")开发权,采取瞒报开发资质和资金能力、行贿湘西自治州州长杜某甲的弟弟杜某乙(已判刑),以吉首市国土房屋综合开发公司名义获得"三馆项目"的开发权。

2003年11月,曾某某和范某某在吉首市挂牌成立"三馆建设工程筹建处"后,即开始在当地媒体上以大量广告虚假宣传"三馆项目"已由吉首市国土房屋综合开发公司和邵阳市建筑安装工程公司驻吉首开发部联合开发。同时,曾某某和范某某商议决定,以邵阳市建筑安装工程公司驻吉首开发部为集资主体,依托"三馆项目",面向社会公众非法集资。同月15日,其正式开始以《关于参与"三馆"开发项目的协议书》的形式,以年回报20%为诱饵,非法向社会不特定公众集资。

2004年1月30日,该集资主体变更为湘西吉首三馆房地产联合开发有限公司(以下简称三馆公司)。公司成立后,曾某某便以三馆公司的名义对外集资。在缺乏资金和经营亏损的情况下,曾某某为了保持资金链运转,组织宋某某、曾某(均系同案被告人,已判刑)等人,采取与集资户签订认购协议书、承诺书、投资协议书、投资合同书等形式,并直接向集资户开具借条、收据,发售钻石卡、金卡、银卡、普卡等集资形式向不特定的社会公众集资。从2003年11月至2008年8月,其将集资利率从月息1.67%逐渐提高至10%。2007年9月开始,曾某某又决定按集资款存期不同给予集资户奖励,并支付奖励金额累计11522.36万元。为了最大量地集资,曾某某不顾自身兑付能力,反复多次提高三馆公司的非法集资利率。从2003年11月至2008年8月,曾某某先后将集资利率从月息1.67%逐渐提高至10%。同时,还给三馆公司员工布置了集资任务。2004年10月22日,吉首商贸大世界一期工程正式动工。同年12月9日,一期A栋7339.71㎡面积取得预售许可。至2008年8月28日,该一期工程共计销售回款8400万元,三楼以上的大量商铺房产滞销。2007年9月开始,曾某某又决定按集资款存期不同给予集资户奖励。2007年5月17日至2008年8月19日,三馆公司支付奖励金额累计11522.36万元。曾某某为维系资金链,隐瞒"三馆项目"吉首商贸大世界一期房产销售的真实情况和项目亏损的事实，项目区域由吉首市拓展到长沙、株洲和邵阳等大中城市，并宣称在三馆公司投资没有任何风险等。此外，曾某某还通过邀请明星参加三馆公司成立周年庆典、大众飙歌、开展情系农民工等活动大肆彰显公司实力，并花钱为三馆公司和曾某某个人换取"湖南商业地产十强"、"第二届中国企业改革十大杰出人物"、"中国诚信企业家"等荣誉。

名利双收后，曾某某便开始使用集资款以他人名义投资和成立公司，转移资产。其集资总额34.52亿余元，但是实际投入工程项目支出只有5.56亿余元。集资资金被曾某某以他人名义投资公司、项目或直接转移资产，共计2.64亿余元。其个人隐匿占有大额集资款1530万元，并将资产转移到其妻邓某某名下1991.768万元，直接套取731.99万元。

2008年7月，三馆公司集资款退本付息出现困难。同年9月，三馆公司停止向集资户还本付息。因三馆公司及吉首市其他进行非法集资的公司相继不能兑付到期的集资款本息，2008年9月5日吉首市万余名群众围堵铁路及火车站。同月25日，数千名集资群众围堵湘西自治州人民政府。

2009年1月20日14时许，集资户吴某见集资款兑付无望，在湘西自治州人民政府旁的人行道上用汽油当众自焚造成七级伤残。2011年5月20日，湖南省长沙市中级人民法院作出一审判决。判决书显示：被告人曾某某、曾某以非法占有为目的，使用诈骗方法非法集资，骗取社会公众集资款，数额特别巨大并且给国家和人民利益造成特别重大损失，其行为均已构成集资诈骗罪。在集资诈骗共同犯罪中，被告人曾某某组织、指挥犯罪活动，起主要作用，系主犯；被告人曾某起辅助作用，系从犯。被告人邓某某等在被告人曾某某的组织、指挥下，未经金融管理部门批准，非法吸收公众存款，扰乱金融秩序，数额巨大，其行为均已构成非法吸收公众存款罪。在非法吸收公众存款共同犯罪中，被告人邓某某起主要作用，系主犯。判决被告人曾某某犯集资诈骗罪，判处死刑，剥夺政治权利终身，并处没收个人全部财产。被告人曾某正犯集资诈骗罪，判处有期徒刑十年，并处罚金人民币五十万元。被告人邓某某犯非法吸收公众存款罪，判处有期徒刑十年，并处罚金人民币五十万元。

2011年12月26日，湖南省高级人民法院作出二审判决。判决书显示：上诉人曾某某、曾某以非法占有为目的，使用诈骗方法非法集资总金额345286.45万元，集资诈骗金额为82983.67万元，曾某某、曾某集资诈骗数额特别巨大，且情节严重，曾某某、曾某的行为均已经构成集资诈骗罪。在集资诈骗共同犯罪中，曾某某起主要作用，是主犯，应当按照曾某某所参与的或者组织指挥的全部犯罪处罚；曾某起次要作用，是从犯，可以减轻处罚。上诉人邓某某全权委托曾某某处理三馆公司业务，协助曾某某管理非法集资事务，参与非法吸收公众存款，扰乱金融秩序，邓某某的行为已经构成非法吸收公众存款罪，非法吸收公众存款数额巨大。判决驳回上诉人曾某某的上诉，维持湖南省长沙市中级人民法院对曾某某的一审判决。上诉人曾乙犯集资诈骗罪，判处有期徒刑7年，并处罚金人民币50万元。上诉人邓某某犯非法吸收公众存款罪，判处有期徒刑5年6个月，并处罚金人民币50万元。2013年6月14日，最高人民法院依法核准曾某某死刑。7月12日，长沙市中级人民法院依法对曾某某执行死刑。

曾某某的案例是一个悲剧，笔者对曾某某寄予了深切的同情。其实关于他是否构成集资诈骗罪，法律上是存在着争议的。2015年8月29日，全国人大常委会通过了《刑法修正案（九）》，取消了集资诈骗罪的死刑。如果曾某某的案子拖到2015年8月29日之后，就不会被判处和执行死刑了。但无论曾某某是否构成集资诈骗罪，其构成非法吸收公众存款罪这个罪名是没有任何争议的。因此可以说，无论曾某某是否构成集资诈骗罪，他当初面向社会非法集资的行为是违法的。那么，曾某某当初非法集资的时候，是否知道自己的行为是一种违法行为？不一定，笔者认为曾某某当初不一定知道自己的行为是违法行为，更不一定知道自己的行为会带来严重的后果。由此可见，房地产企业家增加法律意识，学习法律知识，树立刑事法律风险意识，建立刑事法律风险的识别能力是多么的重要。

第三节　防范风险的对策

如今是信息社会，资讯发达。透过网络、报纸、电视等媒体，我们经常可以看到企业家们遇到刑事案件的麻烦。这之中，不乏建筑企业家、房地产企业家的身影。建筑企业家、房地产企业家们在各自的领域，都是叱咤风云、风光无限的社会精英。但如果没有管理好自己的刑事法律风险，其拥有的令人艳羡的尊贵、荣耀、财富，往往顷刻间化为乌有或者受到严重的威胁、其人身自由甚至生命都有可能失去，并连带其经营的企业也陷入困境。建筑房地产企业的刑事法律风险和其他民商事法律风险一样，都是贯穿于企业经营的全过程中的。但这种风险一旦爆发，比民商事风险更具有爆炸性和破坏性，将给企业家们和他们经营的企业带来大败局。

从国情上说，我国的建筑业、房地产业是个关系密集型行业。建筑企业家和房地产企业家法律意识又较为淡薄，很容易产生刑事法律风险。改革开放三十多来，随着社会法治水平的提高，现在一些大型的建筑企业、房地产企业开始设立法务人员和法务部门（中小型的企业还没有）。这些法务人员主要是根据企业的要求处理一些民商事法律事务，而对于刑事法律和刑事法律风险防范则缺乏足够的知识、能力和经验。在实践中，企业家们也很少聘请专业的刑事律师为自己和企业提供刑事法律风险防范工作。到产生刑事风险、被追诉刑事责任时，为时已晚。

为了防范刑事法律风险，笔者对建筑企业和房地产企业的企业家们有如下的建议。

一、提高法律意识，尤其是刑事法律风险意识

人的意识决定了人的行为。建筑房地产企业家们要防范刑事法律风险，首先要提高法律意识。企业家都是社会的精英，他们的情商、智商都很高，但法律意识却不一定高。这是一个短板，必须要弥补。只有提高法律意识，尤其是刑事法律风险意识，才能防范刑事法律风险。

二、学习必要的法律知识

企业家不是法律专业人士，但他（她）是社会的精英人士。在一个已经走向法治的社会里，作为社会的精英，不懂得法律，没有掌握一些基本的法律概念、法律知识，是不可想象的。企业家应当掌握一些基本的、日常生活中以及日常经营中经常需要的法律常识、法律概念，比如合同法、公司法中的一些概念，刑法、刑诉法中的一些概念，这些都需要学习掌握。

三、树立诚信、稳健的经营管理理念

改革开放以来，虽然社会的主流是好的，但我们也看到，拜金主义抬头，社会道德水准存在着一定的滑坡。我国的建筑业和房地产业是在1998年推行房改后才蓬勃发展的，建筑企业、房地产企业的历史都不长。有些企业家为了企业的快速发展，选择了无视诚信、野蛮生长的道路，也为后来的败局埋下种子。为了企业的长远稳定的发展，笔者建议企业家们诚信经营、稳健经营，争做百年品牌、百年老店。

四、聘请专业刑事律师作为企业的刑事法律顾问

提高了法律意识、学习了法律知识、树立了风险意识后，还应当有实际行动。而这个实际行动，就是聘请专业的刑事律师担任企业的刑事法律顾问。现在，有很多建筑企业、房地产企业都知道聘请法律顾问。但绝大多数都这是聘请了民事、商事的法律顾问，很少有企业考虑聘请刑事法律顾问。如今，法律专业、法律服务的专业化分工越来越细化，民事商事律师往往不能为企业提供高质量的刑事

法律风险防范的服务。很多企业家并没有认识到这个问题,等到因自己的经营行为糊里糊涂地被追诉刑事责任,才想到请一个刑事律师为自己辩护。如果企业家能够在经营活动开始的时候就聘请专业的刑事律师担任自己的法律顾问,为自己提供刑事法律风险防范服务,则无疑会起到较好的效果。

五、重视企业的内部法律培训

现在,我们国家正在建设社会主义法治国家,整个社会正在向法治社会转型。企业作为市场经济的经营主体,必须要懂得运用法律来防范法律风险,维护自己的合法权益。而维护合法权益,仅仅靠外聘律师、法务人员是远远不够的,还要做到企业的管理人员能够懂法、用法。如果要防范民商事法律风险,就要请专业的民商事律师来讲课;如果要防范刑事法律风险,就要请专业的刑事律师来讲课。总之,法治经济条件下,企业的内部法律培训是非常重要的。现在,很多企业重视市场营销、企业的管理流程、财物管理、人力资源管理方面的培训。但对于法律方面的培训,尤其是刑事法律风险方面的培训,重视不够。这种局面亟须改变。

六、养成专业律师、法务人员参与企业决策的习惯

市场经济、法治经济条件下,企业每作出的一个经营决策,都会涉及法律问题。那么,该经营决策的合法性、合规性需要法律专业人士为企业进行评估。如果企业养成专业律师、法务人员参与企业决策的习惯,让专业律师在企业作出重大的决策之前,对该经营决策所涉及的法律问题进行合法合规评估,合理预见其中存在的各种民事法律风险、刑事法律风险,并对该经营决策提出修改完善的建议,则可以防患于未然,达到防范各种法律风险的目的。

第二章

忽视公共安全而带来的刑事法律风险

导　　言

随着我国改革开放的不断发展,经济建设得到迅速发展,建筑工程已成为经济建设中一个非常重要的产业。但是一些建筑企业为谋取利润,在建筑过程中,忽视工程质量。有的降低工程质量标准,有的使用不合格的建筑材料,有的劳动安全条件不达标。结果造成建筑工程公共安全事故,从而带来相应的刑事法律风险。本节的目的就是要帮助建筑企业的企业家和管理人员认识这些刑事法律风险,识别这些刑事法律风险,并带来法律意识的提高。

第一节　重大责任事故罪的风险识别与辩点分析

一、重大责任事故罪的构成要件

(一)概念

重大责任事故罪是指在生产、作业中违反有关安全管理的规定,因而发生重大伤亡事故或者造成其他严重后果的行为。

(二)构成要件

1. 犯罪主体为一般主体

根据《刑法》第 134 条第 1 款规定,犯罪主体包括对矿山生产、作业负有组织、指挥或者管理职责的负责人、管理人员、实际控制人、投资人等人员,以及直接从事矿山生产、作业的人员。实际控制人是指名义上不是法定代表人或者具体管理人员,但实际上指挥、控制矿山企业的人;投资人是指负责生产经营管理的投资人,不包括没有负责生产经营管理的投资人。

《刑法》原第 134 条将本罪的主体规定为"工厂、矿山、林场、建筑企业或者其他企业、事业单位的职工",范围比较窄。实践中大量存在个体矿、无证矿等,矿主为了谋取利润,不顾矿工的生命安全,矿难事故不断发生,但他们不是"企业、事业单位的员工",因而无法追究这些人员的刑事责任。这说明,刑法原有的规定存在漏洞,于是,《刑法修正案(六)》第 1 条第 1 款扩大了本罪主体的适用范围。

2. 主观方面由过失构成

行为人在生产、作业中违反有关安全管理规定,可能是出于故意。但对于其行为引起的严重后果而言,则是过失。因为行为人对其行为造成的后果还是不希望发生的。之所以发生了,是因为行为人在生产过程中严重不负责任,疏忽大意或者对事故隐患不积极采取补救措施,轻信能够避免,结果导致生产事故的发生。

3. 本罪侵犯的客体是生产、作业的安全

生产、作业的安全是各行各业都十分重视的问题,是公共安全的重要组成部分。危害生产、作业的安全,会使不特定多数人的生命、健康或者公私财产遭受重大损失。

4. 客观方面表现为在生产、作业中违反有关安全管理的规定,因而发生重大伤亡事故或者造成其他严重后果的行为

本罪在实践中,多表现为"不服管理"、"违反规章制度",规章制度包括国家颁布的与安全生产有关的法律、法规等规范性文件和企业、事业单位及其上级管理机关制定的反映安全生产客观规律的各种规章制度,也包括那些虽然无明文规定,但也反映了生产、科研、设计、施工中安全操作习惯和惯例等。

二、重大责任事故罪的量刑规定

《刑法》第 134 条第 1 款规定:"在生产、作业中违反有关安全管理的规定,因而发生重大伤亡事故或者造成其他严重后果的,处三年以下有期徒刑或者拘役;情节特别恶劣的,处三年以上七年以下有期徒刑。"

根据最高人民法院、最高人民检察院于 2015 年 12 月 16 日实施的《关于办理

危害生产安全刑事案件适用法律若干问题的解释》第6条的规定，实施《刑法》第134条第1款的行为，因而发生安全事故，具有下列情形之一的，应当认定为“发生重大伤亡事故或者造成其他严重后果”，对相关责任人员，处三年以下有期徒刑或者拘役：(1)造成死亡一人以上，或者重伤三人以上；(2)造成直接经济损失一百万元以上的；(3)其他造成严重后果或者重大安全事故的情形。

该解释第7条还规定，对于具有以下情形的，应当认定为刑法第一百三十四条规定的“情节特别恶劣”，对相关责任人员，处三年以上七年以下有期徒刑：(1)造成死亡三人以上或者重伤十人以上，负事故主要责任的；(2)造成直接经济损失五百万元以上，负事故主要责任的；(3)其他造成特别严重后果、情节特别恶劣或者后果特别严重的情节。

该解释第12条规定，实施刑法第一百三十二条、第一百三十四条至第一百三十九条之一规定的犯罪行为，具有下列情形之一的，从重处罚：(1)未依法取得安全许可证件或者安全许可证件过期、被暂扣、吊销、注销后从事生产经营活动的；(2)关闭、破坏必要的安全监控和报警设备的；(3)已经发现事故隐患，经有关部门或者个人提出后，仍不采取措施的；(4)一年内曾因危害生产安全违法犯罪活动受过行政处罚或者刑事处罚的；(5)采取弄虚作假、行贿等手段，故意逃避、阻挠负有安全监督管理职责的部门实施监督检查的；(6)安全事故发生后转移财产意图逃避承担责任的；(7)其他从重处罚的情形。

另外，最高人民法院《关于进一步加强危害生产安全刑事案件审判工作的意见》对本罪有如下的规定(部分与上述规定相同或相似)：

1. 造成《关于办理危害矿山生产安全刑事案件具体应用法律若干问题的解释》第四条规定的“重大伤亡事故或其他严重后果”，同时具有下列情形之一的，也可以认定为刑法第一百三十四条、第一百三十五条规定的“情节特别恶劣”：

(1)非法、违法生产的；

(2)无基本劳动安全设施或未向生产、作业人员提供必要的劳动防护用品，生产、作业人员劳动安全无保障的；

(3)曾因安全生产设施或者安全生产条件不符合国家规定，被监督管理部门处罚或责令改正，一年内再次违规生产致使发生重大生产安全事故的；

(4)关闭、故意破坏必要安全警示设备的；

(5)已发现事故隐患，未采取有效措施，导致发生重大事故的；

(6)事故发生后不积极抢救人员，或者毁灭、伪造、隐藏影响事故调查的证据，或者转移财产逃避责任的。

(7)其他特别恶劣的情节。

2. 对于事故发生后，积极施救、努力挽回事故损失，有效避免损失扩大；积极配合调查,赔偿受害人损失的,可以依法从宽处罚。

3. 具有下列情形的,依法从重处罚:

(1)国家工作人员违反规定投资入股包括建筑企业在内的生产经营企业的,构成本罪的;

(2)贪污贿赂行为与事故发生存在关联性的;

(3)国家工作人员的职务犯罪与事故存在直接因果关系的;

(4)以行贿方式逃避安全生产监督管理,或者非法、违法生产、作业的;

(5)生产安全事故后,负有报告职责的国家工作人员不报或谎报事故情况,贻误事故抢救,尚未构成不报、谎报安全事故罪的;

(6)事故发生后,采取转移、藏匿、毁灭遇难人员尸体,或者毁灭、伪造、隐藏影响事故调查的证据,或者转移财产,逃避责任的;

(7)曾因安全生产设施或者安全生产条件不符合国家规定,被监督管理部门处罚或责令改正,一年内再次违规生产致使发生重大生产安全事故的。

三、重大责任事故罪的认定标准

1. 重大责任事故罪属于结果犯。行为人虽然实施了在生产、作业中违反有关安全管理规定的行为,但如果没有发生重大伤亡事故或者没有造成其他严重后果的,只属于一般责任事故,不构成犯罪。

2. 应注意本罪与“自然事故”、“技术事故”的区别。“自然事故”是指由于不能预见和不能控制的自然条件发生变化而引起的事故;“技术事故”是指由于技术条件限制或者设备条件不良造成的事故。这两种事故都是不依人的主观意志为转移的,不具有犯罪的特征。因而,不构成本罪。

四、典型案例

梅某与胡某重大责任事故案[①]

[案号]江苏省南京市中级人民法院(2015)宁刑终字第227号

原公诉机关:南京市浦口区人民检察院。

上诉人(原审被告人):胡某,男,1971年4月5日生,汉族,南京丹湖建筑安装工程有限公司项目部施工员。2015年1月22日因涉嫌犯重大责任事故罪被取保候审,同年6月16日被逮捕。现羁押于南京市浦口区看守所。

① 案例来源:中国裁判文书网。

辩护人:袁某某、张某某,江苏苏源律师事务所律师。

上诉人(原审被告人):梅某,男,1964年12月10日生,汉族,南京丹湖建筑安装工程有限公司项目部负责人。2014年5月16日因涉嫌犯重大责任事故罪被刑事拘留,同年5月19日被取保候审,2015年6月16日被逮捕。现羁押于南京市浦口区看守所。

辩护人:黄某某,江苏荣浩律师事务所律师。

南京市浦口区人民法院审理南京市浦口区人民检察院指控原审被告人胡某、梅某犯重大责任事故罪一案,于2015年6月16日作出(2015)浦刑初字第197号刑事判决。原审被告人胡某、梅某不服,提出上诉。本院于2015年7月6日立案受理后,依法组成合议庭,于同年7月14日通知江苏省南京市人民检察院阅卷,后于同年8月18日公开开庭进行了审理。南京市人民检察院指派代理检察员徐某出庭履行职务,上诉人胡某及其辩护人袁某某、上诉人梅某及其辩护人黄某某到庭参加诉讼。现已审理终结。

原审判决认定,2014年5月12日17时许,被害人李某在南京市高新技术开发区东南大学科技园一期改造工程A楼6楼楼顶施工时,从楼顶洞口坠落至一楼,后经医院抢救无效死亡。被告人胡某身为该项目施工员,对事发洞口采取的安全防护设施不符合《建筑施工高处作业安全技术规范》的要求。被告人梅某身为该项目现场负责人,对检查时所发现事发洞口安全防护设施不符合《建筑施工高处作业安全技术规范》的安全隐患未提出整改要求。经鉴定:李某符合高坠颅脑损伤合并胸部闭合性损伤而死亡。经事故调查报告认定:胡某对事故负主要责任,梅某对事故负直接管理责任。胡某、梅某经公安机关电话传唤归案,后均如实供述自己的犯罪事实。

另查明,案发后被告人胡某、梅某所在单位南京丹湖建筑安装工程有限公司已赔偿被害人李某的亲属经济损失人民币105万元。被害人李某的亲属出具谅解书,对被告人胡某、梅某的行为表示谅解。

上述事实,有被告人胡某、梅某的供述和辩解,证人孙某等人的证言,发破案经过、抓获经过、法医学尸体检验鉴定书、现场勘验检查笔录及照片、户籍资料,南京市人民政府批复、事故调查报告,谅解书、收条等证据予以证实,足以认定。

原审法院认为,被告人胡某、梅某在生产、作业中违反有关安全生产管理的规定,造成一人死亡的后果,二被告人对事故分别负主要责任和直接管理责任,其行为均已构成重大责任事故罪。被告人胡某、梅某均系自首,依法可以从轻处罚。被害人李某的亲属对胡某、梅某的行为表示谅解,酌情可以从轻处罚。据此,依照《中华人民共和国刑法》第一百三十四条第一款、第六十七条第一款之规定,以重大责任事故罪判处被告人胡某有期徒刑六个月、判处被告人梅某有期徒刑六个月。

宣判后,被告人胡某、梅某不服,提出上诉。

上诉人胡某、梅某及其辩护人均提出"胡某、梅某均系自首、均得到被害人亲属的谅解,请求适用缓刑",上诉人梅某及其辩护人还提出"梅某对事故负直接管理责任,原判量刑过重"。为支持其辩护意见,胡某的辩护人当庭出示了胡某父亲胡某某的出院记录,梅某的辩护人当庭出示了南京市丹湖建筑安装工程有限公司出具的说明书。

出庭检察员认为,一审法院判决认定事实清楚,证据确实、充分,定性准确,审判程序合法。鉴于两上诉人均系自首并获得被害人亲属的谅解,建议依法判处。

本院经审理查明上诉人胡某、梅某犯重大责任事故罪的事实及证据与原审判决一致。本院对经原审质证、认证的证据予以确认。

本院认为,上诉人胡某、梅某在作业中违反有关安全管理的规定,因而发生重大事故,致一人死亡,其行为均已构成重大责任事故罪。

关于上诉人胡某、梅某及其辩护人提出"胡某、梅某均系自首、均得到被害人亲属的谅解,请求适用缓刑"的上诉理由和辩护意见,经查,证人钱某等人的证言,证实案发工地项目在2013年12月31日已发生重大责任事故犯罪。该事故发生时,胡某任项目施工员,事故发生后梅某接任项目负责人。两上诉人未从前次事故中吸取教训,未尽安全管理责任,在时隔4个月后,又再次发生致一人死亡的重大责任事故。两上诉人虽具有自首、取得被害人亲属谅解等情节,但综合本案案情,不宜对其适用缓刑。故该上诉理由和辩护意见不能成立,本院不予采纳。

关于上诉人梅某及其辩护人提出"梅某对事故负直接管理责任,原判量刑过重"的上诉理由和辩护意见,经查,上诉人梅某在本案重大责任事故中承担直接管理责任,且具有自首、组织施救、取得被害人亲属谅解等法定、酌定的从宽情节,原判量刑不当,本院予以纠正。

据此,依照《中华人民共和国刑事诉讼法》第二百二十五条第一款第(二)项之规定,判决如下:

一、维持南京市浦口区人民法院(2015)浦刑初字第197号刑事判决对被告人胡某的定罪量刑和对被告人梅某的定罪部分,即被告人胡某犯重大责任事故罪,判处有期徒刑六个月;被告人梅某犯重大责任事故罪。

二、撤销南京市浦口区人民法院(2015)浦刑初字第197号刑事判决对被告人梅某的量刑部分,即判处被告人梅某有期徒刑六个月。

三、判处上诉人梅某拘役三个月十日(刑期从判决执行之日起计算。判决执行以前先行羁押的,羁押一日折抵刑期一日,扣除先行羁押的4日,即自2015年6月16日起至2015年9月21日止)。

本判决为终审判决。

审　判　长　方某某
代理审判员　李　某
代理审判员　顾某某
二〇一五年九月十五日
书　记　员　李某某

五、辩点分析

对于重大责任事故罪，通常有如下方面的辩点：犯罪主体的认定，“安全管理规定”的理解，“生产、作业过程中”的认定，“重大伤亡事故”或者“其他严重后果的认定”，“情节特别恶劣”的认定，事故调查报告的认定，工人被强令违章冒险作业时造成严重后果的责任认定，“自首”的认定，赔偿和被害人亲属的谅解。

（一）犯罪主体的认定

《刑法修正案（六）》根据不同的事实情况区分各类事故罪，将本罪的犯罪主体由“工厂、矿山、林场、建筑企业或者其他企业、事业单位的职工”变更为从事生产、作业的一切人员。只要在生产作业中违反有关的安全管理的规定，因而发生重大事故或者造成其他严重后果的，都构成本罪。从《刑法修正案（六）》的立法本意来看，本罪的犯罪主体更倾向于从事生产作业的一线操作人员和一线管理人员。在普通人的心目中，一线人员处于企业单位的底层，对安全生产没有太多的主导权，应该更多地去追究企业单位的老板或实际控制人。但是，上文已经说了，《刑法修正案（六）》是根据不同的事实情况区分各类事故罪。还有其他的罪名是用来安排追诉企业老板和企业实际控制人的，比如强令违章冒险作业罪、重大劳动安全事故罪、工程重大安全事故罪。

在本罪中，从事生产、作业的一切人员，包括依法设立的企业、事业单位，也包括没有依法设立的企业、事业单位，还包括群众合作经营组织、个体经营户。人员不限于正式职工，包括合同工、聘任工、长期工、临时工、季节工等，都可以构成本罪的主体。那么，对于企业、事业单位中，非直接从事生产、作业的人员是否可以构成本罪的主体？这个主要看他是否直接从事了生产活动。不能因其属于非生产性人员，就否认其有直接从事生产性活动的可能性。如果非生产、作业人员因为各种原因从事了生产、作业活动，违反了安全管理规定，造成了重大伤亡事故或者其他严重后果，那就可以构成本罪的主体，应该追究刑事责任。

(二)“安全管理规定”的理解

违反有关安全管理的规定,是本罪的行为要件之一。只有违反了安全管理规定,才能构成本罪。因此,它是界定罪与非罪的重要依据之一。《刑法修正案(六)》将“不服管理,违反规章制度”修改为“违反有关安全管理规定”,可以说是更加严格地限制了行为方式,放宽了入罪的标准。那么,究竟何种情形是刑法所规定的违反有关安全管理的规定呢?司法实践中,违反安全管理规定的情形包括以下三种:

1. 国家颁布的各种有关安全生产的法律、法规、部门规章、地方性法规、地方性规章以及与之相关的规范性文件。

2. 企业、事业单位及其上级管理机关制定的反映安全生产客观规律的各种规章制度,包括工艺技术、生产操作、技术监督、劳动保护、安全管理等方面的规程、规则、章程、条例、办法和制度。

3. 虽无明文规定,但反映生产、科研、设计、施工的安全操作客观规律和要求。在实践中为职工所公认的行之有效的操作习惯和惯例等。

在本节典型案例中,上诉人胡某、梅某就是因为在施工作业中违反了《建筑施工高处作业安全技术规范》,造成了一人死亡的重大伤亡事故,一人对事故负主要责任,另一人对事故负直接管理责任,因而被追究刑事责任。如果涉嫌本罪的嫌疑人并不违反有关安全管理的规定,则可以作无罪辩护。

(三)生产、作业过程中的认定

所谓生产、作业,是指人类采用一定的工具或方法作用于一定的劳动对象,使之发生性质、形态或者形状的改变或者位置的移动,从而适合或者满足人类的某种物质需要的活动。从行业上来看,生产、作业包括制造业、采矿业、修理业、建筑业、运输业等行业。从形式上来看,包括三种形式:一是普通职工的直接操作活动,建筑行业的泥工、木工、水电工,制造业的电焊工,矿山业的炮手等;二是科技人员的设计、实验、化验活动;三是指挥、管理人员对工人的生产、作业的指挥、管理活动。

构成本罪的前提条件是,职工必须是在生产、作业的过程中违反了安全管理规定,造成了重大伤亡事故或者其他严重后果。两者必须要有直接的因果关系,才能构成本罪。如果两者之间并不具备因果关系,则不构成本罪。如果职工没有从事生产、作业活动,或者在生产、作业活动的休息时间违反有关的保障安全的规章制度造成严重事故的,都不属于重大责任事故罪。

(四)“重大伤亡事故”或者“其他严重后果的认定”

《刑法》规定,只有发生重大伤亡事故或者造成其他严重后果的,才构成本罪。最高人民检察院曾经在1989年11月30日发布的《人民检察院直接受理的侵犯公民民主权利、人身权利和渎职案件立案标准的规定》中明确规定,重大伤亡,是指死亡1人以上或者重伤3人以上;造成严重后果,是指直接经济损失5万元以上,或者直接经济损失不足5万元,但是情节严重,使生产、工作受到重大的损害的。这里的“直接经济损失”,是指由于事故造成的建筑、设备、产品等毁坏损失(全部或部分丧失价值或使用价值),以及因人员伤亡而支付的医药、丧葬、抚恤等费用。

随着经济、社会的发展,最高人民法院、最高人民检察院于2007年2月28日联合发布的《关于办理危害矿山生产安全刑事案件具体应用法律若干问题的解释》对上述规定的部分内容作出了修改和完善。该解释规定,发生矿山安全生产事故,具有下列情形之一的,应当认定为《刑法》第134条规定的“重大伤亡事故或者其他严重后果”:(1)造成死亡1人以上,或者重伤3人以上的;(2)造成直接经济损失100万元以上的;(3)造成其他严重后果的情形。也就是说,直接经济损失数额的标准由原来的5万元提高到100万元。这与经济社会的发展是相称的。

2015年12月16日,最高人民法院、最高人民检察院又联合颁布实施了《关于办理危害生产安全刑事案件适用法律若干问题的解释》,对本罪的适用作出了新的司法解释。但本罪的入罪标准仍然沿用2007年的标准,即对于造成死亡1人以上重伤3人以上的,造成直接经济损失100万元以上的,造成其他严重后果的情形,应当立案追诉,并判处三年以下有期徒刑或者拘役。

死亡1人或者重伤3人以上,这是个硬标准,辩护的空间看似不大。但要注意,重伤的后果是要看伤情鉴定的。如果伤情鉴定不准确或者有重大的瑕疵,则可就该伤情鉴定就其真实性、合法性、关联性进行质证,将该伤情鉴定的证据打掉。直接经济损失100万元,通常要作物价鉴定或者损失鉴定,也可以对该鉴定意见进行质证,以寻找辩护空间。

(五)“情节特别恶劣”的认定

按照法条的规定,本罪情节特别恶劣的,处3年以上7年以下有期徒刑。因此,在司法实践中,案件是否是情节特别恶劣,就显得非常重要。

根据最高人民法院、最高人民检察院《关于办理危害生产安全刑事案件适用法律若干问题的解释》,对于具有以下情形的,应当认定为情节特别恶劣:(1)造成死亡3人以上或者重伤10人以上,负事故主要责任的;(2)造成直接经济损失500万元以上的,负事故主要责任的;(3)其他特别恶劣的情节。

在“情节特别恶劣”的认定上,可以参照前述证据质证的方法,对重伤十人的每个伤情鉴定进行充分有力的质证,只要能打掉一个重伤的鉴定意见书,案件就不能认定为“情节特别恶劣”。同理,对于造成直接经济损失500万元的物价鉴定或损失鉴定,也可对其进行证据能力和证明力上的充分质证。如果在损失数额上能够降到500万元以下,则也不能认定为“情节特别恶劣”。

(六)事故调查报告的认定

在重大责任事故罪的案件中,事故调查报告在查清事故发生的原因和事故的事实经过、厘清事故的主要责任和直接管理责任方面,发挥着重要的责任。并且,按照最高人民法院、最高人民检察院《关于办理危害生产安全刑事案件适用法律若干问题的解释》的规定,行为人对事故是否承担主要责任,是构成情节是否“特别恶劣”的前提条件,直接关系到是否加一档量刑的问题。因此,事故调查报告非常重要,但它并非是不可置疑的。虽然它通常是行政部门组织的调查组进行调查的结果,但在法律上仍然只是一份普通的证据,和其他的证据一样,被告人、辩护人可以就其证据能力、证明力以及真实性、合法性、关联性对其进行质证。对于不具有证据资格的,不具有真实性的,证明力较弱的,均可以将其削弱或直接将其打掉。在本节的典型案例中,如果事故调查报告中的胡某负主要责任、梅某负直接管理责任的责任认定能够被推翻,则胡某、梅某都可以不承担法律责任。

(七)工人被强令违章冒险作业时造成严重后果的责任认定

对于工人被强令违章冒险作业时造成严重后果应如何承担责任,应区分不同的情况做不同的处理。

如果该工人是受一般的违章指挥而冒险作业的情况,指挥者并没有任何威胁的言辞或行为。那么,就要看该工人是否明知对方发出的指令是违章冒险作业的指挥(至于是否是明知,则要根据各方面的综合证据来判断):如果他(她)没有认识到是违章冒险指挥,则不构成本罪;如果该工人根据自己的认识水平、认知能力能够明知对方发出的是违章冒险作业的指令,他(她)仍然选择去执行,那么,他(她)的行为构成重大责任事故罪。

如果工人是受到威胁性的指令而被迫冒险作业,那么,即使该工人明知对方要求自己实施的是违章冒险作业行为,并可能产生严重的后果,也不能让该工人承担重大责任事故罪的刑事责任。因为在这种情况下,该工人的意志自由受到了很大的束缚。即便该工人主观上可能存在过失,客观上又实施了违章冒险作业的行为。但从法律上来看,该工人实施违章冒险作业的行为是源于受到了胁迫,而不是过失。因此,不宜让其承担重大责任事故罪的刑事责任。至于,发出违章冒险作业的指挥者,应根据《刑法》第134条第2款,追究其强令违章冒险作业罪的刑事责任。

(八)自首的认定

本节典型案例中,胡某和梅某都是经公安机关电话传唤而归案,并如实供述自己的罪行。按照最高人民法院《刑事审判参考》2005年第4集(总第45集,案例第354号)王某某盗窃案中所阐述的法理,应视为自动投案,应当认定为自首。

附:王某某盗窃案自首的认定

[裁判摘要]被公安机关口头或电话传唤到案,应认定为"自动投案",如实供述自己的罪行的,能否认定为自首。

我们认为,对于经公安机关传唤到案,并如实供述自己罪行的,是否应认定为自首,关键在于犯罪嫌疑人经传唤到案是否属于自动投案。根据最高人民法院《关于处理自首和立功具体应用法律若干问题的解释》(以下简称《解释》)第1条第(1)项的规定,自动投案,是指犯罪事实或者犯罪嫌疑人尚未被司法机关发觉,或者虽被发觉,但犯罪嫌疑人尚未受到讯问、未被采取强制措施时,主动、直接向司法机关投案。犯罪嫌疑人经公安机关口头传唤到案的情况,符合上述《解释》的规定,应视为自动投案。

首先,传唤不属于强制措施。被传唤后归案符合《解释》第1条第(1)项规定的"在未受到讯问、未被采取强制措施之前"的时间范围。传唤和拘传不同,传唤是使用传票通知犯罪嫌疑人在指定的时间自行到指定的地点接受讯问的诉讼行为。它强调被传唤人到案的自觉性,且传唤不得使用械具。而拘传则是强制犯罪嫌疑人依法到案接受讯问的一种强制措施。通常情况下,拘传适用于经过依法传唤,无正当理由拒不到案的犯罪嫌疑人。可见,传唤与拘传有着本质的不同,法律并未将传唤包括在强制措施之内。

其次,经传唤归案的犯罪嫌疑人具有归案的自动性和主动性。犯罪嫌疑人经传唤后,自主选择的余地还是很大的,其可以选择归案,也可拒不到案甚至逃离,而其能主动归案,就表明其有认罪悔改、接受惩罚的主观目的,即具有归案的自动性和主动性。《解释》中尚有"犯罪后逃跑,在被通缉、追捕过程中,主动投案的"以及"通知犯罪嫌疑人的亲友,将犯罪嫌疑人送去投案的"视为自动投案的规定,而仅仅受到传唤便直接归案的,反而不视为自动投案,于法于理都不通,也不符合立法本意。

综上，犯罪嫌疑人被公安机关口头或电话传唤后直接到案，并如实供述自己的罪行的，应当认定为自首。

（九）赔偿和被害人亲属的谅解

本节典型案例中，被告人胡某、梅某所在单位南京丹湖建筑安装工程有限公司已赔偿被害人李某的亲属经济损失人民币105万元。被害人李某的亲属出具谅解书，对被告人胡某、梅某的行为表示谅解。在此基础上，人民法院终审判处胡某有期徒刑六个月，梅某拘役三个月十日。对于本罪罪名的辩护，积极赔偿被害人及被害人家属的经济损失，是一个很有效的辩点。

第二节　重大劳动安全事故罪的风险识别与辩点分析

一、重大劳动安全事故罪的构成要件

（一）概念

重大劳动安全事故罪是指安全生产设施或者安全生产条件不符合国家规定，因而发生重大伤亡事故或者造成其他严重后果的行为。

（二）构成要件

1. 犯罪主体

本罪主体是特殊主体，即生产经营单位中对劳动安全设施或安全生产条件直接负责的主管人员和其他直接责任人员。在办理危害矿山生产安全刑事案件中，最高人民法院、最高人民检察院《关于办理危害矿山生产安全刑事案件具体应用法律若干问题的解释》规定，重大劳动安全事故案中“直接负责的主管人员和其他直接责任人员”，是指对矿山安全生产设施或者安全生产条件不符合国家规定负有直接责任的矿山生产经营单位负责人、管理人员、实际控制人、投资人，以及对安全生产设施或者安全生产条件负有管理、维护职责的电工、瓦斯检查工等人员。

2. 犯罪主观方面

本罪的主观方面特征相对较为复杂，在《刑法》修正前由于法条规定：“工厂、矿山、林场、建筑企业或者其他企业、事业单位的劳动安全设施不符合国家规定，经有关部门或者单位职工提出后，对事故隐患仍不采取措施，因而发生重大伤亡事故或者其他严重后果的。”意味着行为人对安全隐患有明确的认知，以至于引发了学者对该罪行为人对发生的重大伤亡事故或其他严重后果的心理态度的争议，即只能是过失还是另外仍存在间接故意的争议。

《刑法修正案（六）》将原法条的规定修改为：“安全生产设施或者安全生产条件不符合国家规定，因而发生重大伤亡事故或者造成其他严重后果的，对直接负责的主管人员和其他直接责任人员，处三年以下有期徒刑或者拘役；情节特别恶劣的，处三年以上七年以下有期徒刑。”经过本次修正，本罪的罪过形式发生了细微的变化，对罪过心理的判断应基于以下两种情形：一是指行为人应当知道劳动安全设施或安全生产条件不符合国家规定，并可能导致重大伤亡事故或者其他严重后果，但由于疏忽大意没有预见。在这种情况下，行为人对危害结果的心理是过失，即疏忽大意的过失。二是行为人明知劳动安全设施或安全生产条件不合国家规定，已经预见到自己不消除安全隐患的不作为可能会发生重大伤亡事故或其他严重后果，但轻信能够避免重大伤亡事故的发生。在这种情况下，行为人对危害结果的心理是过于自信的过失。经过此次修正，本罪的主观方面就只能是过失犯罪，从而排除了间接故意犯罪的可能性，这和本罪的量刑标准也是一致的。

3. 犯罪客体

本罪侵犯的客体是生产经营单位的劳动生产安全，即生产经营单位不特定人的生命、健康或重大公私财产的安全。

4. 犯罪客观方面

本罪在客观方面表现为生产、科研单位中的安全生产设施或者安全生产条件不符合国家规定，因而发生重大伤亡事故或者造成其他严重后果。本罪有两个构成的前提，一个前提是安全生产设施或者安全生产条件不符合国家规定；另一个前提是不作为，表现为没有履行国家法律、法规、规章等规范性法律文件规定的提供动安全生产设施和安全生产条件的义务或者已经着手履行该义务，但没有达到国家法定要求，从而导致重大伤亡事故或者其他严重后果的发生。上述两个前提是本罪罪与非罪的界限，如果不存在该前提，不能成立本罪。

二、重大劳动安全事故罪的量刑规定

根据《刑法》第 135 条的规定，安全生产设施或者安全生产条件不符合国家规定，因而发生重大伤亡事故或者造成其他严重后果的，对直接负责的主管人员和其他直接责任人员,处三年以下有期徒刑或者拘役;情节特别恶劣的,处三年以上七年以下有期徒刑。

本罪属于实行单罚制的单位犯罪,只处罚直接负责的主管人员和其他直接人员。

根据最高人民法院、最高人民检察院于2015年12月16日实施的《关于办理危害生产安全刑事案件适用法律若干问题的解释》第6条的规定,实施《刑法》第135条的行为,因而发生安全事故,具有下列情形之一的,应当认定为“发生重大伤亡事故或者造成其他严重后果”,对相关责任人员,处三年以下有期徒刑或者拘役:(1)造成死亡一人以上,或者重伤三人以上;(2)造成直接经济损失一百万元以上的;(3)其他造成严重后果或者重大安全事故的情形。

该《解释》第7条还规定,对于具有以下情形的,应当认定为《刑法》第135条规定的“情节特别恶劣”,对相关责任人员,处3年以上7年以下有期徒刑:(1)造成死亡三人以上或者重伤十人以上,负事故主要责任的;(2)造成直接经济损失五百万元以上,负事故主要责任的;(3)其他造成特别严重后果、情节特别恶劣或者后果特别严重的情节。

该《解释》第12条还规定,实施第135条的行为,具有下列情形之一的,从重处罚:(1)未依法取得安全许可证件或者安全许可证件过期、被暂扣、吊销、注销后从事生产经营活动的;(2)关闭、破坏必要的安全监控和报警设备的;(3)已经发现事故隐患,经有关部门或者个人提出后,仍不采取措施的;(4)一年内曾因危害生产安全违法犯罪活动受过行政处罚或者刑事处罚的;(5)采取弄虚作假、行贿等手段,故意逃避、阻挠负有安全监督管理职责的部门实施监督检查的;(6)安全事故发生后转移财产意图逃避承担责任的;(7)其他从重处罚的情形。

另外,最高人民法院《关于进一步加强危害生产安全刑事案件审判工作的意见》对本罪有如下的规定(部分与上述规定相同或相似):

1. 造成《关于办理危害矿山生产安全刑事案件具体应用法律若干问题的解释》第4条规定的“重大伤亡事故或其他严重后果”,同时具有下列情形之一的,也可以认定为刑法第一百三十四条、第一百三十五条规定的“情节特别恶劣”:

(1)非法、违法生产的;

(2)无基本劳动安全设施或未向生产、作业人员提供必要的劳动防护用品,生产、作业人员劳动安全无保障的;

(3)曾因安全生产设施或者安全生产条件不符合国家规定,被监督管理部门处罚或责令改正,一年内再次违规生产致使发生重大生产安全事故的;

(4)关闭、故意破坏必要安全警示设备的;

(5)已发现事故隐患,未采取有效措施,导致发生重大事故的;

(6)事故发生后不积极抢救人员,或者毁灭、伪造、隐藏影响事故调查的证据,或者转移财产逃避责任的。

(7)其他特别恶劣的情节。

2. 对于事故发生后,积极施救、努力挽回事故损失,有效避免损失扩大;积极配合调查,赔偿受害人损失的,可以依法从宽处罚。

3. 具有下列情形的,依法从重处罚:

(1)国家工作人员违反规定投资入股包括建筑企业在内的生产经营企业的,构成本罪的;

(2)贪污贿赂行为与事故发生存在关联性的;

(3)国家工作人员的职务犯罪与事故存在直接因果关系的;

(4)以行贿方式逃避安全生产监督管理,或者非法、违法生产、作业的;

(5)生产安全事故后,负有报告职责的国家工作人员不报或谎报事故情况,贻误事故抢救,尚未构成不报、谎报安全事故罪的;

(6)事故发生后,采取转移、藏匿、毁灭遇难人员尸体,或者毁灭、伪造、隐藏影响事故调查的证据,或者转移财产,逃避责任的;

(7)曾因安全生产设施或者安全生产条件不符合国家规定,被监督管理部门处罚或责令改正,一年内再次违规生产致使发生重大生产安全事故的。

三、重大劳动安全事故罪的认定标准

(一)罪与非罪

1. 本罪与普通劳动安全事故的界限

二者的区别在于是否造成了重大伤亡事故或其他严重后果,即致人死亡的,或者致多人重伤的;或者是造成重大经济损失,使生产、工作受到重大损害的。虽然劳动安全设施或安全生产条件不符合国家规定,对其负有直接责任的主管人员或其他直接责任人员没有采取消除隐患的措施。但是没有造成严重后果的,不构成本罪;属于行政违法的,可根据相关规定对其处以行政处罚或行政处分。

2. 本罪与自然事故的界限

二者的区别在于引起重大劳动安全事故的原因不同:前者是由于不履行职业中的注意义务,造成劳动安全设施或安全生产条件不合国家规定,从而引发重大事故;后者是由于无法预见或无法抗拒的自然现象,如暴风雨、雷电、地震、泥石流等,使劳动安全设施或安全生产条件无法满足保障劳动者人身安全或生产正常进行的需要,从而引发了重大事故。但司法实践中比较复杂的、难以准确认定的情形是,自然现象和行为人不履行保障劳动安全设施或生产条件安全的义务共同造成了重大劳动事故的发生,行为人是否构成重大劳动安全事故罪。在这种情形下要看行为人的不作为对引发重大事故的影响程度,如果自然现象的因素高于不作为的因素,则不宜以犯罪论处;如果不作为的因素高于自然现象的因素,则依法构成本罪。

(二)此罪与彼罪

本罪与重大责任事故罪的界限

二者的主要区别是:(1)主体不同,本罪的主体是安全设施、安全生产的主管人员或其他直接责任人员;重大责任事故罪的主体是生产、作业单位的普通从业人员和在生产、作业中直接从事领导、指挥的人员。(2)客观方面的行为不同。本罪的行为是不采取有效措施排除劳动安全设施或者安全生产中的事故隐患,属于不作为;而重大责任事故罪是违章作业或强令他人违章作业,一般是以作为的方式实施的。

四、典型案例

尚某某等重大劳动安全事故案①

一、基本案情

开平区检察院以尚某某、朱某某、李某某、吕某某等人犯重大劳动安全事故罪、重大责任事故罪向法院提起公诉。

被告人尚某某对公诉机关指控的事实基本供认,但辩称:《安全专篇》有批复;未按通知停止施工是因为刘官屯煤矿是基建矿井;部分事实不清。其辩护人提出:1. 尚某某犯罪的主观方面是出于过失;2. 尚某某犯罪情节比较轻;3. 事故发生后,尚某某积极组织人员实施抢救,并及时向有关部门汇报;4. 尚某某认罪态度好。

被告人朱某某对公诉机关的指控未作辩解。其辩护人提出:1. 根据“从旧兼从轻”的原则,本案不应适用《刑法修正案(六)》和《关于办理危害矿山生产安全刑事案件具体应用法律若干问题的解释》。2. 依据本案现有证据,不足以认定朱某某犯有重大劳动安全事故罪:(1)朱某某并未参与刘官屯煤矿的经营管理,不属于本案的直接责任人员;(2)认定刘官屯煤矿劳动安全设施不符合国家规定,

① 案例来源:《刑事审判参考》2008 年第 5 集(总第 64 集)。

因而发生特别重大伤亡事故的证据不足;(3)朱某某不知悉刘官屯煤矿违规建设的情况,也不知悉煤矿安监部门提出安全隐患和下达停产通知的情况,更不知悉刘官屯煤矿未经许可继续施工的情况。

被告人李某某对公诉机关指控的事实基本供认,但辩称:1.刘官屯煤矿不存在违规建设,修改设计不违背矿井基建施工的要求;2.《安全专篇》未经批复的情况下擅自施工与事实不符;3.2005年7月18日对该矿下达的停工通知并不是因为该矿在施工中存在安全隐患;4.该矿所出的煤是基建施工过程中的工程煤,不存在非法生产的行为;5.采煤工作面不存在安全隐患,该矿的电气设备也不存在失爆的现象。其辩护人提出,李某某具有从轻处罚情节,事故发生后积极组织抢救,如实供述;其行为符合自首的构成要件;矿难事故的直接原因是自然的,遇难矿工和受伤矿工全部得到了赔偿。

被告人吕某某对公诉机关的指控未作辩解。其辩护人提出吕某某具有以下法定和酌定的减轻和从轻处罚情节:1.积极组织营救遇难矿工;2.如实供述自己的罪行;3.吕某某是名义上的矿长,实际担任的是保卫科科长职务,不直接负有对煤矿生产安全管理职责,对造成本次矿难事故责任较小;4.本次矿难事故的直接原因是自然的不可抗力造成的,而非安全生产设施或者安全生产条件不符合国家规定造成的;5.本案遇难矿工和受伤矿工的经济损失,全部得到了赔偿,应相应减轻吕某某的刑事处罚。

唐山市开平区人民法院经公开审理查明:

2004年4月,唐山恒源实业有限公司法定代表人朱某某购买唐山市刘官屯煤矿后,任命被告人尚某某担任矿长助理,主持煤矿全面工作,行使矿长职责。被告人李某甲担任生产副矿长兼调度室主任,被告人李某某担任技术副矿长兼安全科科长,进行矿井基建。2005年4月,朱某某任命尚某某为矿长。2005年12月2日,尚某某取得矿长资格证。被告人吕某某原系唐山市刘官屯煤矿矿长,被告人朱某某购买该矿后仍担任矿长职务。同时担任该矿党支部书记兼保卫科科长,负责保卫工作,没有行使矿长职责。2005年11月其矿长资格证被注销。在矿井基建过程中,该矿违规建设,私自找没有设计资质的单位修改设计,将矿井设计年生产能力30万吨改为15万吨。在《安全专篇》未经批复的情况下,擅自施工;河北煤矿安全监察局冀东监察分局于2005年7月18日向该矿下达了停止施工的通知,但该矿拒不执行,继续施工。在基建阶段,在未竣工验收的情况下,1193落垛工作面进行生产,1193(下)工作面已经贯通开始回柱作业,从2005年3月至11月累计出煤63300吨,存在非法生产行为。该矿"一通三防"管理混乱,采掘及通风系统布置不合理,无综合防尘系统,电气设备失爆存在重大隐患,瓦斯检查等特种作业人员严重不足;在没有形成贯穿整个采区的通风系统情况下,在同一采区同一煤层中布置了7个掘进工作面和一个采煤工作面,造成重大安全生产隐患。劳动组织管理混乱,违法承包作业。无资质的承包队伍在井下施工,对各施工队伍没有进行统一监管。2005年12月7日8时,该矿负责人无视国家法律法规,拒不执行停工指令,继续安排井下9个工作面基建工作。176名工人下井作业后,担任调度员兼安全员的被告人周某某没有按照国家有关矿井安全规章制度下井进行安全检查,只是在井上调度室值班。负责瓦斯检测的通风科科长刘某某违反安全生产规定,安排无瓦斯检测证的李某某、郑某某在井下检测瓦斯浓度。当日15时10分许,该矿发生特别重大瓦斯煤尘爆炸事故,造成108人死亡,29人受伤,直接经济损失4870.67万元。经事故调查组调查报告认定,刘官屯煤矿"12·7"特别重大瓦斯煤尘爆炸事故是一起责任事故。事故的直接原因是:刘官屯煤矿1193(下)工作面切眼遇到断层,煤层垮落,引起瓦斯涌出量突然增加;9煤层总回风巷三、四联络巷间风门打开,风流短路,造成切眼瓦斯积聚;在切眼下部用绞车回柱作业时,产生摩擦火花引爆瓦斯,煤尘参与爆炸。事故的间接原因是:刘官屯煤矿违规建设,非法生产,拒不执行停工指令,采掘及通风系统布置不合理,无综合防尘系统,特种作业人员严重不足,无资质的承包队伍在井下施工。事故发生后,尚某某、李某某、吕某某等及时向有关部门进行了汇报,并积极组织抢救。朱某某积极配合、参与矿难的善后处理工作,对遇难矿工和受伤矿工的经济损失进行了赔偿。

唐山市开平区人民法院认为,唐山市刘官屯煤矿的劳动安全设施不符合国家规定,在《安全专篇》未经批复的情况下擅自施工;河北煤矿安全监察局冀东监察分局于2005年7月18日向该矿下达了停止施工的通知,但该矿拒不执行,继续施工,因而发生特别重大伤亡事故,造成108人死亡。被告人尚某某身为该矿矿长,主持该矿全面工作;被告人李某某身为技术副矿长兼安全科科长,对排除事故隐患,防止事故发生负有职责义务。上述被告人无视国家安全生产法律、法规,忽视安全生产,拒不执行停丁指令,对事故的发生负有直接责任;被告人吕某某作为矿长(2004年4月至2005年11月)未履行矿长职责,在得知煤矿安全监察部门向该矿下达了停止施工的通知后,对该矿继续施工不予阻止,对事故的发生亦负有直接责任。被告人尚某某、李某某、吕某某的行为均已构成重大劳动安全事故罪。被告人朱某某作为唐山恒源实业有限公司法定代表人、煤矿投资人,对该矿的劳动安全设施是否符合国家规定负有管理义务,对事故负有直接责任,其行为亦构成重大劳动安全事故罪。被告人尚某某、李某某提出的刘官屯煤矿不存在违规建设,《安全专篇》有批复,该矿不存在非法生产行为,电气设备不存在失爆现象的辩解,缺乏事实依据,不予采纳。对于辩护人提出本案不应适用2006年《刑法修正案(六)》和2007年《关于办理危害矿山生产安全刑事案件具体应用法律若干问题的解释》的相关规定的辩护意见，因此起事故发生在2006年《刑法修正案(六)》施行之前，根据"从旧兼从轻"的原则，辩护人的上述辩护意见成立，予以采纳。对于辩护人提出依照本案现有证据不足以认定被告人朱某某犯有重大劳动安全事故罪的辩护意见，唐山恒源实业有限公司法定代表人朱某某购买刘官屯煤矿后，该矿转变成民营企业，名称改为唐山恒源实业有限公司，工商营业执照没有注册登记。被告人朱某某作为唐山恒源实业有限公司的法定代表人及该矿的投资人，对该矿的劳动安全设施是否符合国家规定负有管理义务。被告人朱某某失于管理，在2005年7月18日河北煤矿安全监察局冀东监察分局向该矿下达停止施工的通知后，该矿继续施工，因而发生特别重大伤亡事故，被告人朱某某主观上具有犯罪过失。其行为符合重大劳动安全事故罪的构成要件，辩护人的上述辩护意见不能成立，不予采纳。被告人朱某某未直接参与刘官屯煤矿的经营管理，不知悉煤矿安全监察部门向该矿下达停产通知的情况，对事故的发生其责任相对较小。对于辩护人提出李某某、吕某某具有自首情节的辩护意见，事故发生后，被告人李某某、吕某某及时向上级汇报，积极组织抢救，配合事故调查组和公安机关接受调查，系履行职责，不属于自动投案。辩护人的上述辩护意见不能成立，不予采纳。事故发生后，被告人尚某某、李某某、吕某某、刘某某、周某某、李某乙、郑某某等及时向有关部门汇报，积极组织抢救。被告人朱某某积极配合、参与矿难的善后处理工作，对遇难矿工和受伤矿工的经济损失全部进行了赔偿，故可酌情对上述被告人从轻处罚。根据各被告人犯罪的事实、犯罪的性质、情节和对于社会的危害程度，结合被告人的认罪表现，依照《中华人民共和国刑法》第一百三十四条、第一百三十五条、第二百八十条、第七十二条、第七十三条的规定，判决如下：

1. 被告人尚某某犯重大劳动安全事故罪，判处有期徒刑六年。
2. 被告人朱某某犯重大劳动安全事故罪，判处有期徒刑三年。
3. 被告人李某某犯重大劳动安全事故罪，判处有期徒刑五年。
4. 被告人吕某某犯重大劳动安全事故罪，判处有期徒刑三年。

一审宣判后，各被告人未上诉，检察机关亦未抗诉，判决发生法律效力。

二、主要问题

重大劳动安全事故罪与重大责任事故罪出现竞合时应如何处理？

三、裁判理由

(一)立法的沿革和问题的产生

关于劳动安全重大责任事故的犯罪，1979年颁布的《刑法》只规定了一种犯罪，即第114条规定的重大责任事故罪。1997年《刑法》修订时，在保留重大责任事故罪(第134条)的基础上增加了一种犯罪，即第135条规定的重大劳动安全事故罪。2006年《刑法修正案(六)》,将《刑法》第134条修改为:“在生产、作业中违反有关安全管理的规定,因而发生重大伤亡事故或者造成其他严重后果的,处三年以下有期徒刑或者拘役;情节特别恶劣的,处三年以上七年以下有期徒刑。强令他人违章冒险作业,因而发生重大伤亡事故或者造成其他严重后果的,处五年以下有期徒刑或者拘役;情节特别恶劣的,处五年以上有期徒刑”;将《刑法》第135条重大劳动安全事故罪修改为:“安全生产设施或者安全生产条件不符合国家规定,因而发生重大伤亡事故或者造成其他严重后果的,对直接负责的主管人员和其他直接责任人员,处三年以下有期徒刑或者拘役;情节特别恶劣的,处三年以上七年以下有期徒刑。”2007年,“两高”出台了《关于办理危害矿山生产安全刑事案件具体应用法律若干问题的解释》。根据该解释,重大责任事故罪的犯罪主体,“包括对矿山生产、作业负有组织、指挥或者管理职责的负责人、管理人员、实际控制人、投资人等人员,以及直接从事矿山生产、作业的人员”;重大劳动安全事故罪的犯罪主体,“是指对矿山安全生产设施或者安全生产条件不符合国家规定负有直接责任的矿山生产经营单位负责人、管理人员、实际控制人、投资人,以及对安全生产设施或者安全生产条件负有管理、维护职责的电工、瓦斯检查工等人员”。

从《刑法修正案(六)》和《关于办理危害矿山生产安全刑事案件具体应用法律若干问题的解释》看,重大责任事故罪与重大劳动安全事故罪在罪名上的区别是明显的。但在司法实践中,在某些情况下,会出现难以区分的情况。从客观方面讲,重大责任事故罪的行为特征是“在生产、作业中违反有关安全管理的规定”;重大劳动安全事故罪的行为特征是“安全生产设施或者安全生产条件不符合国家规定”。然而,“在安全生产设施或者安全生产条件不符合国家规定”的情况下进行生产、作业,其本身就是“在生产、作业中违反有关安全管理的规定”。这种情况在客观方面实际上是竞合的。从主体上讲,重大责任事故罪的犯罪主体“包括对矿山生产、作业负有组织、指挥或者管理职责的负责人、管理人员、实际控制人、投资人等人员,以及直接从事矿山生产、作业的人员”;重大劳动安全事故罪的犯罪主体是指“对矿山安全生产设施或者安全生产条件不符合国家规定负有直接责任的矿山生产经营单位负责人、管理人员、实际控制人、投资人,以及对安全生产设施或者安全生产条件负有管理、维护职责的电工、瓦斯检查工等人员”。然而,“对矿山生产、作业负有组织、指挥或者管理职责的负责人、管理人员、实际控制人、投资人等人员”,对矿山安全生产设施或者安全生产条件是否符合国家规定都负有不同程度的直接责任;同时,在其又是“对矿山安全生产设施或者安全生产条件不符合国家规定负有直接责任的矿山生产经营单位负责人、管理人员、实际控制人、投资人”的情况下,主体实际上也存在一定竞合。而“对安全生产设施或者安全生产条件负有管理、维护职责的电工、瓦斯检查工等人员”，同时又是“直接从事矿山生产、作业的人员”。其在主体上，也是竞合的。当客观方面和主体都出现一定竞合的情况下，如何区分重大责任事故罪与重大劳动安全事故罪，就成为司法实践必须要解决的问题。

（二）处理原则

司法实践中，当工厂、矿山、林场、建筑企业或者其他企业、事业单位发生重大伤亡事故或者造成其他严重后果，当重大责任事故罪与重大劳动安全事故罪的客观方面和主体都出现上述竞合时，我们认为应当按照下列原则处理。

1. 在完全是由于安全生产设施或者安全生产条件不符合国家规定的情况下进行生产、作业，因而发生重大伤亡事故或者造成其他严重后果的情况下，应当以重大劳动安全事故罪定罪量刑。因为这是立法规定的典型重大劳动安全事故犯罪，即使这种行为本身也是一种违反有关安全管理规定的行为，从罪名评价的最相符合性考虑，一般不以重大责任事故罪认定。

2. 在安全生产设施或者安全生产条件不符合国家规定的情况下，在生产、作业中又违反具体的安全管理规定，因而发生重大伤亡事故或者造成其他严重后果的，应区分不同情况选择较为妥当的罪名定罪量刑。(1)在两罪中某一罪的情节明显重于另一罪时，应按情节较重的罪名定罪量刑。(2)在两罪的情节基本相当的情况下，对于实际控制人、投资人，他们对安全生产设施或者安全生产条件是否符合国家规定负有直接责任。在无法查清对生产、作业是否负有组织、指挥或者管理职责，以重大劳动安全事故罪定罪量刑。如果对生产、作业同时负有组织、指挥或者管理职责，我们认为，为了司法实践的统一，一般仍以重大劳动安全事故罪定罪为宜，且将“在生产、作业中违反有关安全管理的规定”的行为作为从重处罚的情节；对于负责人、管理人员，他们既对生产、作业负有组织、指挥或者管理职责，又对安全生产设施或者安全生产条件是否符合国家规定负有直接责任。出于同样的考虑，对他们一般也以重大劳动安全事故罪定罪为宜，且将“在生产、作业中违反有关安全管理的规定”的行为作为从重处罚的情节。对于“对安全生产设施或者安全生产条件负有管理、维护职责的电工、瓦斯检查工等人员”，亦参照上述原则处理。

上述情况处理的考虑是，在构成重大劳动安全事故罪的前提下，又构成重大责任事故罪。由于两罪的法定刑是相同的，“安全生产设施或者安全生产条件不符合国家规定”和“在生产、作业中违反有关安全管理的规定”的罪责也不好区分轻重，无法重罪吸收轻罪。而审判中只能定一个罪名，因此，从维护司法统一的角度考虑提出上述原则。再则，如果以重大责任事故罪定罪就无法全面评价“安全生产设施或者安全生产条件不符合国家规定”的罪责，因为重大责任事故罪并不以"安全生产设施或者安全生产条件不符合国家规定"为前提。以重大劳动安全事故罪定罪,将"在生产、作业中违反有关安全管理的规定"的行为作为从重处罚的情节,可以做到两种罪责兼顾评价。但是,当出现法律规定的"强令他人违章冒险作业"的情况时,由于法律有特别规定且法定刑较重,应以强令他人违章冒险作业罪定罪量刑。

本案中,被告人尚某某身为该矿矿长,主持该矿全面工作,既对安全生产设施、安全生产条件是否符合国家规定负有直接责任,又对生产、作业负有组织、指挥、管理职责。其无视国家安全生产法律、法规,忽视安全生产,拒不执行有关停工指令。因而造成重大伤亡事故的行为,同时构成重大劳动安全事故罪和重大责任事故罪,且其在二罪中的犯罪情节基本相当。参照上述原则,对其应以重大劳动安全事故罪定罪处罚。被告人朱某某是该矿的投资人和实际控制人,对安全生产设施、安全生产条件是否符合国家规定负有管理义务和直接责任,但其失于管理,因而造成重大伤亡事故。鉴于其未直接参与煤矿的经营管理,对其直接以重大劳动安全事故罪定罪量刑。被告人李某某身为该矿技术副矿长兼安全科科长,其身份和行为亦符合两罪特征,但其作为技术和安全方面的主要负责人,对安全生产设施、安全生产条件是否符合国家规定,以及排除安全生产设施隐患,防止事故发生负有更重要的责任,参照上述原则,对其以重大劳动安全事故罪定罪处罚。被告人吕某某作为煤矿党支部书记兼保卫科科长,虽不直接参与生产管理,但作为该矿的负责人之一,在得知安全监察部门因该矿安全生产设施不符合国家规定而下达停工通知后,未履行职责,对该矿继续施工不予阻止,对事故的发生亦负有直接责任,故以重大劳动安全事故罪定罪处罚。

以上定罪均符合我们对此类案件提出的处理原则,既体现了罪刑相适应的原则,又达到了统一司法操作的目的,符合有关立法和司法解释的规定精神。

(执笔:最高人民法院刑三庭　李卫星　审编:最高人民法院刑三庭　朱和庆)

五、辩点分析

对于重大劳动安全事故罪,通常有如下方面的辩点:"直接负责的主管人员和其他直接责任人员"的认定,"安全生产设施或者安全生产条件不符合国家规定"的认定,"重大伤亡事故"或者"其他严重后果的认定",因果关系的认定,"情节特别恶劣"的认定,事故调查报告的认定,"自首"的认定,赔偿和被害人亲属的谅解。

（一）“直接负责的主管人员和其他直接责任人员”的认定

《刑法修正案（六）》根据不同的事实情况区分各类事故罪，将本罪的犯罪主体由“直接责任人员”变更为“直接负责的主管人员和其他直接责任人员”，扩大了承担责任的主体范围。从《刑法修正案（六）》的立法本意来看，重大责任事故罪的犯罪主体倾向于追诉从事生产作业的一线操作人员和对违反有关安全管理规定负有责任的管理人员；而重大劳动安全事故罪则除了用来追诉一线管理人员外，还有一个重要的功能，就是用来追诉负有责任的企业老板、投资人和实际控制人的。

在本罪中，直接负责的主管人员和其他直接责任人员既可以隶属于依法设立的企业、事业单位，也可以隶属于没有依法设立的企业、事业单位或经济组织。人员不限于正式职工，包括非正式职工和项目负责人、法定代表人、投资人、实际控制人等，都可以构成本罪的主体。对于责任的认定，则要根据该人的职务职责范围、对安全生产设施或者安全生产条件不符合国家规定是否具有管理义务和直接责任。在这里，需要特别注意的是，本罪与重大责任事故罪的责任是不同的。重大责任事故罪的责任主要是指在生产、作业中违反有关安全管理规定应承担的责任，包括对生产、作业进行组织、指挥、管理和直接操作的责任；而本罪的责任主要是指对安全生产设施或安全生产条件不符合国家规定应承担的责任，二者之间具有重大的区别。这也是界定重大责任事故罪和本罪界限重要依据。

在本节典型案例中，被告人尚某某、朱某某、李某某、吕某某都分别对该煤矿的安全生产设施或安全生产条件不符合国家规定管理义务和直接责任。尚某某的责任最大，李某某的责任次之，朱某某、吕某某的责任再次之。故他们分别被判处有期徒刑 6 年、5 年、3 年、3 年。

（二）“安全生产设施或者安全生产条件不符合国家规定”的认定

所谓“安全生产设施或者安全生产条件不符合国家规定”，包括以下三种情形：一是一开始装备的劳动安全生产设施质量、性能等本就不符合国家规定的安全标准；二是虽然一开始装备的劳动安全设施完全符合国家规定的安全标准，但是该设施或者是缺乏正常的管理和维护，或者是使用时间比较长而使其原有质量、性能等降低等原因，从而不符合国家规定的安全标准；三是根本就不具备按国家规定应当具备的安全生产设施或人员，从而不具备国家规定的安全生产条件的。不管属于上述哪一种情形，只要重大伤亡事故的发生是由于在该事故发生前正在使用的某劳动安全设施不符合国家规定或不具备国家规定的安全生产条件的，就符合本罪在这方面的构成要件。

所谓的不符合国家规定，是指用人单位的劳动安全设施或安全生产条件没有达到国家规定的标准。这些标准在《安全生产法》《矿山安全条例》《危险化学品安全管理条例》《建筑安装工程安全技术规程》等相应的法律、法规、规章、技术规范、技术标准、规章制度等规范性文件中有具体的规定，违反了这些规定即构成“不符合国家规定”。

（三）“重大伤亡事故”或者“其他严重后果的认定”

《刑法》规定，只有发生重大伤亡事故或者造成其他严重后果的，才构成本罪。最高人民法院、最高人民检察院《关于办理危害生产安全刑事案件适用法律若干问题的解释》第6条规定，实施刑法第一百三十二条、第一百三十四条第一款、第一百三十五条、第一百三十五条之一、第一百三十六条、第一百三十九条规定行为，因而发生安全事故，具有下列情形之一的，对相关责任人员，处三年以下有期徒刑或者拘役：(1)造成死亡一人以上，或者重伤三人以上；(2)造成直接经济损失一百万元以上的；(3)其他造成严重后果的情形。

这里的“直接经济损失”，是指由于事故造成的建筑、设施设备、产品等毁坏损失（全部或部分丧失价值或使用价值），以及因人员伤亡而支付的医药、丧葬、抚恤等费用，不包括履行合同预期可获得的收益等间接经济损失。

死亡一人或者重伤三人以上，这是个硬标准，辩护的空间看视不大。但要注意，重伤的后果是要看伤情鉴定的。如果伤情鉴定不准确或者有重大的瑕疵，可就该伤情鉴定就其真实性、合法性、关联性进行质证，将该伤情鉴定意见的证据打掉。直接经济损失一百万元，通常要作物价鉴定或者损失鉴定。也可以对该鉴定意见进行质疑或质证，以寻找辩护空间。

（四）因果关系的认定

构成本罪的前提条件是安全生产设施或者安全生产条件不符合国家规定，因而发生重大伤亡事故或者造成其他严重后果。两者必须要有直接的因果关系，才能构成本罪。如果两者之间并不具备因果关系，则不构成本罪。如果重大伤亡事故或者其他严重后果是由其他的原因造成的，那就不属于重大劳动安全事故罪。

（五）“情节特别恶劣”的认定

按照法条的规定，本罪情节特别恶劣的，处三年以上七年以下有期徒刑。因此，在司法实践中，案件是否是情节特别恶劣，就显得非常重要。

根据最高人民法院、最高人民检察院《关于办理危害生产安全刑事案件适用法律若干问题的解释》，对于具有以下情形的，应当认定为情节特别恶劣，处三年以上七年以下有期徒刑：(1)造成死亡三人以上或者重伤十人以上，负事故主要责任的；(2)造成直接经济损失五百万元以上，负事故主要责任的；(3)其他情节特别恶劣的。

在"情节特别恶劣"的认定上，可以参照前述证据质证的方法，对重伤十人的每个伤情鉴定进行充分有力的质证。只要能打掉一个重伤的鉴定意见书，案件就不能认定为"情节特别恶劣"。同理，对于造成直接经济损失五百万元的物价鉴定或损失鉴定，也可对其进行证据能力和证明力上的充分质证。如果在损失数额上能够降到五百万元以下，则也不能认定为"情节特别恶劣"。

（六）事故调查报告的认定

在重大责任事故罪的案件中，事故调查报告在查清事故发生的原因和事故的事实经过、厘清事故的主要责任和直接管理责任方面，发挥着重要的作用。并且，按照最高人民法院、最高人民检察院《关于办理危害生产安全刑事案件适用法律若干问题的解释》的规定，行为人对事故是否承担主要责任，是构成情节是否"特别恶劣"的前提条件，直接关系到是否加一档量刑的问题。因此，事故调查报告非常重要。但它并非是不可置疑的。虽然它通常是行政部门组织的调查组进行调查的结果，但在法律上仍然只是一份普通的证据，和其他的证据一样。被告人、辩护人可以就其证据能力、证明力以及真实性、合法性、关联性对其进行质证，对于不具有证据资格的，不具有真实性的，证明力较弱的，均可以将其削弱或直接将其打掉。

（七）自首的认定

在重大劳动安全事故发生后，如果责任人员自动投案，并如实供述自己的罪行即构成自首。这里需要注意的是，对于并非出于责任人员的主动，而是经亲友规劝、陪同投案的，且在投案后如实供述的，视为自首；公安机关通知该人员的亲友，或者亲友主动报案后，将该人员送去投案的，且在投案后如实供述的，也视为自首；责任人员经公安机关电话传唤后到案并如实供述的，由于电话传唤并非强制措施，所以也视为自首。

自首对于本罪的从轻量刑是很重要的。本节典型案例中，由于四名被告人都没有自首，所以量刑都比较重。而本章第一节重大责任事故罪典型案例中的两名被告人都经电话传唤到案并如实供述，都被认定为自首，故量刑较轻。

(八)赔偿和被害人亲属的谅解

对于本罪罪名的辩护,积极赔偿被害人及被害人家属的经济损失,获得被害人及其家属的谅解是一个很有效的辩点。

本节典型案例中,被告人朱某某对遇难矿工和受伤矿工的经济损失全部进行了赔偿。因此,尽管该次重大劳动安全事故造成 108 人死亡、29 人受伤,但仍然从轻判处有期徒刑 3 年。可以想见的是,如果不是伤亡人数太大,朱某某的量刑还会更低。

第三节　工程重大安全事故罪的风险识别与辩点分析

一、工程重大安全事故罪的构成要件

(一)概念

所谓工程重大安全事故罪,是指建设单位、设计单位、施工单位、工程监理单位违反国家规定,降低工程质量标准,造成重大安全事故的行为。

(二)构成要件

1. 本罪的主体为特殊主体,即为单位犯罪

主体只能是建设单位、设计单位、施工单位或者工程监理单位。所谓建设单位,是指以营利为目的,从事房地产开发和经营的企业或者是经国家有关部门审批,具有工程建设者的资格,能支付工程价款的其他单位。设计单位,是指专门承担勘察设计任务的勘察设计单位以及其他承担勘察设计任务的勘察设计单位。施工单位,是指从事土木建筑、线路管道、设备安装和建筑装饰装修等工程新建、扩建、改建活动的建筑业企业。其中包括工程施工总承包企业、施工承包企业。工程监理单位是指对建筑工程专门进行监督管理,以保证质量、安全的单位。

2. 本罪在主观方面表现为过失

可以是出于疏忽大意的过失,也可以是过于自信的过失。这里所说的过失,是针对行为人对其所造成的危害结果的心理状态而言。本罪在主观方面,有一个

特殊的因素，即对于造成事故后果，一般是未能预见的过失，但其降低工程质量标准、偷工减料等则是故意的行为，应当预见到可能发生的后果仍故意作为。因此，又有间接故意的因素。

3. 本罪侵犯的客体是国家的建筑管理制度以及相关建筑工程所带来的生产、经营、工作及生活的公共安全

有的建设单位违反国家规定，降低工程质量标准；有的建设单位在工程发包时故意压低价款，从中索取回扣；有的施工单位压缩工期，降低造价，偷工减料，极大地损害了工程质量和建筑工程的公共安全。

4. 本罪在客观方面表现为违反国家规定，降低工程质量标准，造成重大安全事故的行为

违反国家规定而造成严重后果，是这种犯罪行为的本质特征。所谓违反国家规定，是指违反国家有关建筑工程质量监督管理方面的法律、法规。所谓“重大安全事故”，是指该建筑工程在建设中以及交付使用后，由于达不到质量标准或者存在严重问题，导致楼房倒塌、桥梁断裂、铁路塌陷，造成人员伤亡或者火车、汽车等交通工具倾覆事故等。

二、工程重大安全事故罪的量刑规定

根据《刑法》第 137 条规定，建设单位、设计单位、施工单位、工程监理单位违反国家规定，降低工程质量标准，造成重大安全事故的，对直接责任人员，处五年以下有期徒刑或者拘役，并处罚金；后果特别严重的，处五年以上十年以下有期徒刑，并处罚金。

本罪属于实行单罚制的单位犯罪，只处罚直接责任人员，并对该直接责任人员并处罚金。

根据最高人民法院、最高人民检察院《关于办理危害生产安全刑事案件适用法律若干问题的解释》第 6 条第 3 款的规定，建设单位、设计单位、施工单位、工程监理单位违反国家规定，降低工程质量标准，因而发生安全事故，具有下列情形的，应当认定为“造成重大安全事故”，对直接责任人员，处五年以下有期徒刑或者拘役，并处罚金：(1)造成死亡一人以上，或者重伤三人以上的；(2)造成直接经济损失一百万元以上的；(3)其他造成重大安全事故的情形。

该解释第 7 条第 3 款还规定，对于具有以下情形的，应当认定为《刑法》第 137 条规定的“后果特别严重”，对直接责任人员，处五年以上十年以下有期徒刑：(1)造成死亡三人以上或者重伤十人以上，负事故主要责任的；(2)造成直接经济损失五百万元以上，负事故主要责任的；(3)其他后果特别严重的情形。

该《解释》第 12 条还规定，实施刑法第一百三十条、第一百三十四条至第一

百三十九条之一规定的犯罪行为，具有下列情形之一的，从重处罚：(1)未依法取得安全许可证件或者安全许可证件过期、被暂扣、吊销、注销后从事生产经营活动的；(2)关闭、破坏必要的安全监控和报警设备的；(3)已经发现事故隐患，经有关部门或者个人提出后，仍不采取措施的；(4)一年内曾因危害生产安全违法犯罪活动受过行政处罚或者刑事处罚的；(5)采取弄虚作假、行贿等手段，故意逃避、阻挠负有安全监督管理职责的部门实施监督检查的；(6)安全事故发生后转移财产意图逃避承担责任的；(7)其他从重处罚的情形。

另外，最高人民法院《关于进一步加强危害生产安全刑事案件审判工作的意见》对本罪有如下的规定(部分与上述规定相同或相似)：

1. 对于事故发生后，积极施救、努力挽回事故损失，有效避免损失扩大；积极配合调查，赔偿受害人损失的，可以依法从宽处罚。

2. 具有下列情形的，依法从重处罚：

(1)国家工作人员违反规定投资入股包括建筑企业在内的生产经营企业的，构成本罪的；

(2)贪污贿赂行为与事故发生存在关联性的；

(3)国家工作人员的职务犯罪与事故存在直接因果关系的；

(4)以行贿方式逃避安全生产监督管理，或者非法、违法生产、作业的；

(5)生产安全事故后，负有报告职责的国家工作人员不报或谎报事故情况，贻误事故抢救，尚未构成不报或谎报安全事故罪的；

(6)事故发生后，采取转移、藏匿、毁灭遇难人员尸体，或者毁灭、伪造、隐藏影响事故调查的证据，或者转移财产，逃避责任的；

(7)曾因安全生产设施或者安全生产条件不符合国家规定，被监督管理部门处罚或责令改正，一年内再次违规生产致使发生重大生产安全事故的。

三、工程重大安全事故罪的认定标准

(一)本罪与重大责任事故罪的界限

两者都是过失犯罪，都是以法定的严重后果作为构成犯罪的必备条件，两者的区别在于犯罪主体和犯罪的客观方面。

1. 犯罪主体不同

工程重大安全事故罪的犯罪主体是建设单位、设计单位、施工单位、工程监理单位，属于单位犯罪；重大责任事故罪的主体是工厂、矿山、林场、建筑企业或者其他企业、事业单位的职工，属于自然人犯罪。

2. 客观方面的表现不同

工程重大安全事故罪在客观方面表现为违反国家规定，降低工程质量标准，造成重大安全事故的行为；重大责任事故罪则表现为不服从管理、违反规章制度或者强令工人违章冒险作业，因而发生重大伤亡事故或者造成其他严重后果的行为。

（二）本罪与重大劳动安全事故罪的界限

1. 客观方面的表现形式不同

前者表现为建设单位、设计单位、施工单位、工程监理单位违反国家规定，降低工程质量标准，造成重大安全事故的行为；而后者表现为行为人明知本单位的安全生产设施、安全生产条件不符合国家规定，因而发生重大伤亡事故或者造成其他严重后果的行为。

2. 主体范围不同

前者只有建设单位、设计单位、施工单位、工程监理单位的直接责任人员才能构成本罪的主体，其他单位不能成为本罪的主体；并且属于单位犯罪，实行单罚制，只处罚直接责任人员。而后者的犯罪主体则是对安全生产设施或者安全生产条件不符合国家规定因而发生重大伤亡事故或者造成其他严重后果直接负责的主管人员和其他直接责任人员，范围宽泛得多。

四、典型案例

乔某某等人工程重大安全事故案①

一、被告人基本情况

被告人：乔某某，男，36岁，山西省太原市人，中专文化，中铁十二局三明项目部工程师，住山西省太原市河西区西线街8号10楼2单元36号。2001年9月28日因工程重大安全事故罪被三明市公安局梅列分局刑事拘留，同年10月30日被批准逮捕。

被告人：高某甲，男，44岁，福建省平潭县人，文盲，中铁十二局三明项目部施工五队队长，住福建省平潭县苏澳镇先进村土库53号。2001年9月28日因工程重大安全事故罪被三明市公安局梅列分局刑事拘留，同年10月30日被批准逮捕。

① 案例来源：110法律咨询网。

被告人:高某乙,男,34岁,福建省平潭县人,小学文化,中铁十二局三明项目部施工五队安全员,住福建省平潭县平原乡红卫村君厝底75号。2001年9月28日因工程重大安全事故罪被三明市公安局梅列分局刑事拘留,同年10月30日被批准逮捕。

被告人:杨某,男,28岁,陕西省镇巴县人,中专文化,北京成明达监理咨询有限责任公司三明驻地办监理员,住陕西省镇巴县简池镇李塘村李家岭组。2001年9月28日因工程重大安全事故罪被三明市公安局梅列分局刑事拘留,同年10月30日被批准逮捕。

被告人:张某,男,34岁,四川省巴县人,大专文化,中铁十二局三明项目部副经理,住山西省太原市北仓巷3－4－407。2001年9月28日因工程重大安全事故罪被三明市公安局梅列分局刑事拘留,同年10月18日转取保候审,同年12月28日决定逮捕。

二、诉辩主张

(一)检察机关在起诉中指控的主要犯罪事实

京福高速公路三明连接线SLA5标段梅列互通AE道桥建设工程于1999年11月由中铁十二局集团有限公司中标,中铁十二局三明项目部负责组织SLA5标段施工任务。被告人张某任三明项目部副经理分管该项工程,组织施工;被告人乔某某为施工现场技术负责人。具体施工由中铁十二局三明项目部施工五队负责实施,被告人高某甲、高某乙分别任施工五队队长、安全员。1999年11月25日三明市高速公路有限责任公司与北京成明达监理咨询有限责任公司签订工程监理合同,被告人杨某负责施工现场监理工作。

梅列互通A匝道桥上部构造的施工原设计部门福建省交通规划设计院建议采用满堂支架方案施工,中铁十二局三明项目部在满堂支架安装过程中为保持支架下通车要求将大部分满堂支架改为贝雷支架,但未申报批准。梅列互通A匝道桥上部构造开工申请批复单由项目部向现场监理杨某报批,监理部门均未予批复。中铁十二局三明项目部为了赶工期,在监理部门未批准开工的情况下,通知施工队进场,施工队负责人高某甲、高某乙等人即从罗源长乐高速公路工地调运贝雷片、钢墩等材料进场,并于2001年7月开始组织一些民工进场施工。但工人没有按规定进行施工前培训和安全教育,即按被告人乔某某的技术指导进行梅列互通AE道桥支架体系的安装铺设。

在支架体系的安装铺设过程中,被告人乔某某对贝雷支架施工的每一个环节、每道工序没有严格把关。支架完工后,在1号桥墩靠三明侧支墩的左侧3.05米处增加一排七根钢管立柱。该排钢立柱上端没有采用工字钢136横梁,贝雷片直接坐落在柱顶上。被告人乔某某于2001年9月12日向施工五队发出整改通知书,要求被告人高某甲、高某乙对梅列互通A匝道桥支架安装存在的质量问题进行整改。之后,在施工五队整改不彻底的情况下,被告人乔某某没有提出制止预压试验。被告人高某甲、高某乙在没有设计方案的情况下,即组织开工搭设支架体系。搭设的支架加工粗糙,存在明显的隐患和缺陷,现场劳动组织管理混乱,造成堆沙不均匀。被告人杨某身为现场监理,没有认真履行监理职责,对工程的技术、安全没有按规定监理,并未及时制止施工,也未及时向上级汇报施工中存在的问题。被告人张某分管梅列互通A面道桥施工,但对该项目组织管理不力,没有经常深入施工现场及时解决事故隐患。

2001年9月15日开始,梅列互通A匝道桥进行全桥分五段预压,支架模板预压试验采用袋装沙堆压载试验法。9月25日上午6时45分许,被告人高某甲、高某乙在施工现场组织指挥从社会上临时雇用的51名工人进行堆沙袋作业。在施工现场,乔某某没有对工人堆沙进行指导,没有按规定在场对加载过程中支架的变形情况进行跟踪观测,被告人高某甲、高某乙没有对工人进行必要的技术培训和安全教育。当日上午9时许,当堆沙堆至距模板约2.5米高,堆沙袋重量达700余吨时,支架体系突然整体垮塌,砸死正在施工的工人6人,受伤20人,造成直接经济损失69.1万元。

(二)检察机关举出以下几组证据证明

第一组:协议、资质证据。

《中标通知书》1份、《合同协议书》1份证实:中铁十二局中标三明市瑞云路项目A2合同段工程,并于2000年1月8日签订合同。

现场照片证实:三明瑞云路A2合同段包括梅列互通立交工程。

《公路工程质量检验评定标准》附录A证实:A匝道桥上部构造为该工程的分项工程。

《企业资质证书》1份证实:中铁十二局的资质等级为工程施工总承包一级企业并与《企业法人营业执照》1份相互印证。

《关于周某某等人任职的通知》证实:中铁十二局第一工程处对项目经理部的人事任命。

《法人委托书》1份证实:中铁十二局第一工程处全权委托周某某办理三明瑞云路A2合同段工程相关事宜。

《关于申报SLA5合同段各分项工程质检人员分工的报告》一份证实:项目经理部确定张某负责梅列互通区,乔某某为梅列互通A面道桥质检工程师。

被告人张某供述证实:2001年7月5日,其与周某某以项目经理部的名义同张乙、高某甲商谈承包梅列互通A匝道桥支架砼及桥面工程。后由张乙以福建省平潭县第四建筑工程公司的名义与项目经理部签订协议的事实,并与《协议书》一份相互印证。

证人周某某证言证实:“协议书是项目经理部副经理张某起草的”,“这份协议书是张某拿给我看后签的,我知道张乙与高某甲他们是一起搞工程的,具体的要问张某。当时是7月,高某甲带张乙两人一起到我们项目部谈搞工程的情况,具体是张某操办的,当时我也有参与商谈”。

被告人高某甲供述证实:“张某讲我们活先干起来,反正不会叫我们吃亏”。

福建省平潭县第四建筑工程公司证明2份证实:张乙系该公司下属工程队队长,高某甲、高某乙、张乙均非该公司员工的事实,并与福建省平潭县第四建筑工程公司的《企业法人营业执照》和《建筑业企业资质证书》相互印证。

《关于高某甲的任职通知》1份证实:项目经理部任命高某甲为施工五队队长。

《关于项目部安全领导小组人员调整的通知》1份证实:被告人张某、乔某某分别是项目部安全领导小组副组长和成员,被告人高某乙为施工五队安全员。

第二组:合同、工程计划方案证据。

交工监[总]证临字第(152)号《临时监理资质证书》证实:成明达公司具有公路工程临时监理资格,其监理范围是在全国范围监理一、二、三类公路、桥隧工程,二、三类交通工程,并与《企业法人营业执照》(注册号1101062306948)1份相互印证。

《工程监理合同》1份和《监理合同补充协议书》1份证实:三明市高速公路有限责任公司与成明达公司签订工程监理合同的时间、监理范围及内容、监理期限、监理依据、监理职责、双方责任和义务、监理的具体工作等。

现场照片1张证实:杨某系成明达公司的专业监理工程师,承担现场监理职责,并与证人吴某某、周某某证言、重庆交通局培证字第9437号证件、《工程监理人员登记表》相互印证。

三福明SIJ2 (2001)061号《关于对SLA4. SLA5合同段2001年下半年施工计划初审意见的报告》证实:成明达驻地监理办在SLA5合同段安排杨某担任结构工程师,并与三福明SU2(2001)88号《关于急需杨某再次交接技术资料的请示报告》1份、《福建省交通建设工程项目监理上岗证》1份相互印证。

第三组:工程设计方案证据。

福建省交通规划设计院制作的《桥型总体布置图》1份证实:设计部门对图纸作出了说明,要求施工采用满堂支架现浇。

被告人乔某某供述证实:2000年7月,项目经理部在监理单位未批准开工的情况下,通知施工五队进场施工的事实;并与被告人高某甲、高某乙、杨某的供述,证人周某某、肖某、张乙证言及书证《关于对项目部主要管理和技术人员实行分工包保奖罚的通知》(以下简称《通知》)相互印证。

证人周某某证言证实:项目经理部决定变更设计方案但未办理变更设计手续的事实,并与证人肖某证言、被告人乔某某、张某供述、书证《A匝道桥支架、梁设计布置图》一份相互印证。

被告人高某乙供述证实:项目经理部仅提供了3份乔某某个人编制的《工程技术交底书》;施工五队是在没有设计方案的情况下,由乔某某负责技术指导开始安装铺设梅列互通A匝道桥支架体系的事实;并与被告人乔某某、高某甲供述,证人肖某证言相互印证。

被告人乔某某供述证实:施工五队搭设的支架体系与专家组的设计方案不相符合,且未按通知要求彻底整改,其未采取措施制止的事实;并与被告人高某甲、高某乙的供述及书证《通知》1份、《A匝道桥支架、梁设计布置图》、满堂支架布置图相互印证。

《事故技术鉴定报告》证实:支撑体系的搭设存在明显的隐患和缺陷及产生侧向失稳垮塌的主要原因。

被告人张某供述证实:其未及时了解落实变更的施工方案是否履行了报批手续,在施工过程中未参与技术和质量工作,也未对支架的安装质量进行检查、监督。

第四组:施工、监理情况证据。

《工程分项开工申请批复单》及附件证实:梅列互通A匝道桥上部构造申请开工的时间和施工方案。

被告人杨某供述证实:2001年9月18日和9月22日,先后两次收到乔某某提交的开工申请批复单及附件,但均未批复。该事实与被告人乔某某供述、证人吴某某、肖某证言相互印证。

证人吴某某证言证实:2001年9月22日,被告人杨某发现支座安装存在问题后,曾口头提出建议签发停工令。但次日又说:"人家说(指中铁十二局)不要发停工令,他们改了就行了。"该事实与被告人张某、杨某供述相互印证。

书证1份(驻地办监理人员职责)证实:监理人员的职责范围。

《监理工作细则》证实:成明达驻地监理办在监理工作中的具体要求。

三福明SU2(2001)061号文件1份证实:成明达驻地监理办对项目经理部擅自改变施工方案和边施工边报批的做法是明知的,但未采取有效措施制止。

书证《监理工作细则》复印件2份证实:支架和模板的监理要求,结构工程师是支架设计和施工的责任监理人,模板验收人是结构工程师助理以上人员。

第五组:事故原因、结果证据。

《中铁十二局三福高速公路三明连接线SLA5标段"9·25"支架模板坍塌重

大伤亡事故调查报告》1份证实:事故的经过及事故原因分析。

《“9·25”事故技术鉴定报告》1份证实:事故的原因,并与被告人乔某某、高某甲、高某乙、杨某、张某供述,证人肖某、黄某某、周某某、吴某某、贾某某、张乙证言,现场照片相互印证。

测量队刘某、钟某某、潘某某等人书面证言证实:2001年9月24日、25日测量队工作人员没有接到对梅列互通A匝道桥进行测量的通知,并与被告人乔某某、高某甲供述,证人林某某、林某证言及林某对被告人乔某某的辨认笔录相互印证。

《居民死亡医学证明书》6份证明证实:事故中造成陈某某、邓某某、周某某、杨某某、贺某某、谢某某六人死亡。

三梅技鉴活(2001)第190号、192号、193号、194号、195号、196号、197号、200号《法医学临床鉴定书》证实:曾某某、雷某、刘某某、聂某某、王某某、林某甲、林某乙、危某某因本次事故造成重伤,并与现场照片及被害人曾某某、雷某、刘某某、聂某某、王某某、林某甲、林某乙陈述相互印证。

三梅技鉴活(2001)第188号、189号、191号、198号、199号、201号《法医鉴定书》证实:曾某甲、罗某甲、于某某、罗某乙、陈某甲、黄某双因本次事故造成轻伤,并与现场照片及被害人曾某甲、罗某甲、于某某、黄某双陈述相互印证。

被害人刘某甲、曾某甲、曾某某、罗某甲对被告人乔某某、高某甲、高某乙的辨认笔录证实:被告人高某甲、高某乙是施工现场负责人,三被告人均未对工人进行安全教育。并与证人倪某某证言相互印证。

书证《关于“9·25”事故损失费用的函》证实:本次事故造成直接经济损失69.1万元。

书证《关于黄三全等的任免通知》证实:高某甲被免去施工五队队长职务的事实。

此外,在法庭审理中,被告人杨某的辩护人提供的书证《SU2驻地办“试通车”计划实施责任人员表》1份经公诉人质证后未提出异议,本院予以确认。被告人张某的辩护人在法庭审理中提供的下列证据,经公诉人质证后未提出异议,本院予以确认:张某任职证明1份、张某岗位及工作职务证件复印件2页、通知3份及报告2份、《投标邀请书》1份、会议纪要及相关通知8份、《三福高速公路三明路段各合同段项目经理部质量保证体系人员管理办法》1份及照片1张、张某的荣誉证书7份及个人简历1份。

本案还有检察机关提交并经庭审质证的下列证据在案佐证,审判机关予以确认:1.被告人乔某某、局某甲、局某乙、杨某、张某的身份证复印件、户籍证明;2.公安机关出具的抓获被告人经过证明。

（三）被告人辩解及辩护人辩护意见

被告人乔某某辩称：（1）其不是中铁十二局三明项目部工程师和现场技术负责人；（2）其在安装、铺设的每一个环节和工序中认真把关，施工五队未按其技术要求施工；（3）施工五队是在没有整改彻底和没有接到开工令的情况下开始施工的；（4）工人的安全培训应由施工五队负责，起诉书指控其没有跟踪观测不是事实；（5）梅列互通 A 匝道桥进行全桥支架模板预压试验是临时工程，不符合《刑法》第 137 条的规定。

其辩护人认为：（1）“9·25”事故鉴定结论不客观，公诉机关没有证据证明被告人乔某某是本起事故的直接责任人，其不属工程重大安全事故罪的犯罪主体；（2）被告人乔某某认真履行了职责，其行为不符合该罪的客观要件；（3）施工单位未降低工程质量标准，根据罪刑法定原则，不能以工程重大安全事故罪追究被告人乔某某的刑事责任。

被告人高某甲辩称：（1）其不是施工五队队长；（2）不存在没有按照要求整改；（3）招工是由其和乔某某共同所为，其不负责工人的安全培训；（4）其只负责运送贝雷片。

其辩护人认为：（1）被告人高某甲不是中铁十二局的职工，不是本案的直接责任人员，不属工程重大安全事故罪的犯罪主体；被告人高某甲在本起事故中不负有责任；（2）被告人高某甲的行为与本起事故没有法律上的因果关系。因此，被告人高某甲在本案中不构成犯罪。

被告人高某乙辩称：（1）其与中铁十二局是劳务关系，不是安全员；（2）预压是按照技术要求进行，根据整改通知书整改的；调运贝雷片与其无关。

其辩护人认为：被告人高某乙与中铁十二局只是劳务关系，不是安全员，不是本案的直接责任人员，不符合工程重大安全事故罪的主体资格。

被告人杨某辩称：其行为不构成犯罪。

其辩护人认为（1）梅列互通 A 匝道桥支架体系属施工装备，不属工程。（2）北京成明达监理咨询有限责任公司不存在与施工单位恶意串通、弄虚作假、降低工程质量的事实。因此其行为未违反《建筑法》第 69 条和《刑法》第 137 条的规定，不具备触犯工程重大安全事故罪的主观要件。（3）工程监理单位的监理范围不包括工程安全和未经批准擅自施工的行为，被告人杨某不是结构工程师，其已履行了工程监理中旁站监理的职责。因此，被告人杨某未触犯工程重大安全事故罪。（4）根据“9·25”事故调查报告确定，本次事故为重大责任事故，工程监理单位及其工作人员未实施触犯重大责任事故罪的客观行为。综上所述，被告人杨某无罪。

被告人张某辩称：（1）其是项目经理部专职计划副经理，还承担了征地拆迁、物资管理、对外协调等工作;2001年7月初至8月中旬,其在福州和杭州参与投标;9月18日还参与中标后的合同谈判及签订工作,不可能再从事现场施工组织管理工作;项目部实行项目经理负责制,其主要分管梅列互通A匝道桥工程的计划进度工作,技术质量工作由总工程师计勖林分管,安全问题由副书记刘洪学分管,其不是直接责任人。(2)其仅是预算工程师不是专业技术人员,无法预见因技术原因而存在的安全隐患;该问题也非其工作范围,其在工作范围内已履行了职责。(3)项目经理部在施工中未违反国家规定,理由是支架施工方案变更不需要原设计部门同意;监理单位虽未批复开工申请,但对施工情况是清楚和认可的,监理单位的人员变动频繁影响了项目经理部与监理单位的工作配合。(4)本次事故是在预压试验中发生垮塌,从材料成本看,项目经理部并未降低工程质量标准。

其辩护人认为:(1)公诉机关未明确被告人张某的行为违反的具体国家规定;(2)从被告人张某的专业能力、职责及具体工作情况看,起诉书指控其"项目组织管理不力,没有经常深入施工现场及时解决事故隐患"没有事实依据;(3)被告人张某的工作不涉及技术职责,其从事的计划经营工作是出色的。

三、判案理由

梅列区人民法院认为,被告人乔某某作为中铁十二局集团有限公司三明瑞云路A2合同段项目经理部在梅列互通A匝道桥建设的现场技术负责人,在明知项目经理部变更支架体系的施工方案后,监理部门尚未审批和未明确项目经理部是否已向施工五队作出正式、系统、完整的交底的情况下,将其个人编制的《A匝道桥满堂支架翼板模板及支撑安装图》《贝雷梁上面模板支架安装图》《贝雷梁上翼板模板支撑安装图》作为《工程技术交底书》向高某乙交底。在施工中,被告人乔某某对贝雷支架施工的每个环节和每道工序没有严格把关,造成实际施工完毕的支架体系与专家组设计的《A匝道桥支架、梁设计布置图》不相符合,并存在比较明显的质量隐患和缺陷。2001年9月12日,项目经理部向施工五队发出整改通知书要求对梅列互通A匝道桥支架安装存在的质量问题进行整改,在施工五队整改不彻底的情况下,被告人乔某某没有提出制止预压试验。2001年9月25日,梅列互通A匝道桥开始进行第四段预压试验,在施工现场,被告人乔某某没有对工人堆沙工序进行指导,没有按规定通知测量队对加载过程中支架的变形情况进行跟踪观测,以便及时采取有效措施确保安全。其行为违反了《建设工程质量管理条例》第28条第1款、第30条,《公路法》第26条和《公路工程国内招标文件范本》第3篇第8.1条第3款(b)项的规定;在安装铺设支架体系的施工过程中,被告人乔某某的行为违反了《公路施工安全技术规程》第8.3.2条、第8.3.4条和《公路桥涵施工技术规程》第9.2.1条、第9.2.3条的规定。其行为与重大安全事故的发生有直接的因果关系，系本起事故的直接责任人，构成工程重大安全事故罪。公诉机关指控罪名成立。

被告人高某甲、高某乙在不具备任何资质的情况下，以项目经理部施工五队的名义组织民工进行梅列互通A匝道桥支架砼及桥面工程的具体施工。其在没有施工图纸和接受正式、系统、完整的技术交底的情况下即开始支撑体系的搭设，在搭设支撑体系的过程中，未按《公路施工安全技术规程》第8.3.2条、第8.3.4条和《公路桥涵施工技术规程》第9.2.1条、第9.2.3条的技术标准施工和整改，致使支撑体系的搭设存在明显的隐患和缺陷，最终导致重大工程安全事故发生。被告人高某甲、高某乙的行为违反了《建设工程质量管理条例》第28条第1款、《公路法》第26条的规定，系本起重大安全事故发生的直接责任人，构成工程重大安全事故罪。公诉机关指控罪名成立。

被告人张某直接参与确定由无任何资质的高某甲、高某乙、张甲组织民工进行梅列互通A匝道桥支架砼及桥面工程的具体施工。在项目经理部研究决定变更施工方案后，其作为梅列互通A匝道桥的分管领导，对该项目组织管理不力，未及时了解落实变更的施工方案是否履行了报批手续，在施工过程中未能及时了解和解决事故隐患。其行为违反了《建设工程质量管理条例》第25条第2款及第3款、第28条的规定，与被告人高某甲、高某乙负责的施工五队搭设的支撑体系存在明显的隐患和缺陷有着直接的因果关系，系本起事故的直接责任人，构成工程重大安全事故罪。公诉机关指控罪名成立。

被告人杨某作为监理单位的具体工作人员，未按照《公路工程施工监理规范》第2.4.5.5条规定进行监督，使不具备任何资质的被告人高某甲、高某乙得以施工五队的名义进行施工；对施工单位擅自改变施工方案进行施工的行为和发现支架安装存在问题后，本可以依据《公路工程施工监理规范》第4.4.1.1条和第4.4.1.2条的规定立即依职责建议驻地工程师签发停工令以及时制止施工，但其并未认真履行其职责。在默认了项目经理部边施工边报批的情况下，被告人杨某未按照《监理手册》和《公路工程施工监理规范》第4.3.8.3条的规定，严格施工现场监理，检查每道工序的施工质量，其行为是造成项目经理部降低工程质量标准的原因之一，也是导致重大安全事故发生的间接原因，系监理单位的直接责任人，构成工程重大安全事故罪。公诉机关指控罪名成立。由于监理单位的行为是导致本案重大安全事故发生的间接原因，且被告人杨某归案后能如实供述其犯罪事实并有悔罪表现，对其适用缓刑不致再危害社会，本院决定对被告人杨某适用缓刑。

其余内容能够与本案其他证据相互印证。予以采信。

四、定案结论

三明市梅列区人民法院依照《中华人民共和国刑法》第一百三十七条、第七十二条、第七十三条第二款及第三款的规定，判决如下：

被告人乔某某犯工程重大安全事故罪，判处有期徒刑1年6个月，并处罚金人民币3万元；

被告人高某甲犯工程重大安全事故罪，判处有期徒刑1年6个月，并处罚金人民币3万元；

被告人高某乙犯工程重大安全事故罪，判处有期徒刑1年6个月，并处罚金人民币3万元；

被告人杨某犯工程重大安全事故罪，判处有期徒刑1年，缓刑1年，并处罚金人民币2万元；

被告人张某犯工程重大安全事故罪，判处拘役6个月，并处罚金人民币1万元。

一审宣判后，原审被告人高某甲、高某乙不服，提出上诉。三明市中级人民法院认为本案事实清楚，故不公开审理。二审法院裁定：

原判上诉人高某甲、高某乙，原审被告人乔某某、杨某、张某犯工程重大安全事故罪的事实清楚，证据充分，定罪准确，量刑适当，审判程序合法。上诉人高某甲、高某乙及其辩护人提出，原判量刑不当等的上诉理由均不能成立，不予采纳。依照《中华人民共和国刑事诉讼法》第189条第1项的规定，裁定如下：

驳回上诉，维持原判。

五、辩点分析

对于工程重大安全事故罪，通常有如下方面的辩点："直接责任人员"的认定，对"国家规定"的理解，对"降低工程质量标准"的认定，对被告人负有直接责任证据的审查与认定，"重大安全事故"的认定，因果关系的认定、事故技术鉴定报告的审查与认定，"后果特别严重"的认定、"自首"的认定，赔偿和被害人亲属的谅解。

（一）"直接责任人员"的认定

本罪是单位犯罪。对于单位犯罪，按《刑法》的规定，通常实行双罚制，即对应当承担责任的自然人处以刑罚，同时对单位处以罚金。但由于本罪发生了重大安全事故，需要对伤亡的人员进行抚恤和赔偿。为了不降低单位的赔偿能力，使被害人尽可能地多渠道获得赔偿，维护社会的和谐与安宁，《刑法》第137条规定，只对涉及本罪的直接责任人员处以刑罚，而对单位不处以罚金，即实行单罚制。这一点，和本节中的重大劳动安全事故罪是一致的。

本罪中的“直接责任人员”，是指的建设单位、设计单位、施工单位、工程监理单位的直接责任人员。其他单位的人员，不能称其为本罪中的“直接责任人员”。需要特别指出的是，由于建设、设计、施工、监理单位业务的特殊性，“直接责任人员”强调的是“责任”两个字。只要对重大安全事故负有责任，就应该追责。他可以是与这些单位具有劳动关系的人员，比如企业干部、正式工、合同工、临时工等；也可以是与这些单位形成雇佣关系的人员，比如施工单位雇佣的班组长、农民工等；还可以是与这些单位形成业务承包、转包、分包关系的单位人员或自然人。本节前述典型案例中的高某甲、高某乙就是与中铁十二局三明瑞云路 A2 合同段项目经理部形成分包关系的自然人。他们两人虽然不是中铁十二局的员工，但承接了该局的工程业务。在施工过程中，其降低了工程质量标准，对重大安全事故的发生负有责任，因而属于本罪名中的“直接责任人员”。

在本罪中，“直接责任人员”既可以隶属于依法设立的企业、事业单位，也可以隶属于没有依法设立的企业、事业单位或经济组织，人员不限于正式职工，也包括非正式职工等。只要是实际从事建设、设计、施工、监理业务的单位，不管是否依法成立，隶属于该单位的人员都可以成为本罪中的“直接责任人员”。

另外，需要指出的是，本罪名的主体与重大劳动安全事故罪的主体是不同的。重大劳动安全事故罪的主体主要是指对安全生产设施或安全生产条件不符合国家规定应承担责任的“直接负责的主管人员和其他直接责任人员”，它既包括负有责任的一线管理人员和操作人员，还包括负有责任的企业老板、投资人和实际控制人；而工程重大安全事故罪的主体仅仅包括对重大安全事故负有直接责任的人员，既然是直接责任，那就不包括领导责任的人员。因此，本罪追责的主体范围要比重大劳动安全事故罪的追责范围要窄得多。在本节典型案例中，项目部经理周某某、总工程师计某某因为其分管的工作与发生重大安全事故的分项工程无关，虽然他们也应当对此重大安全事故负领导责任，但依据《刑法》第 137 条的规定，负领导责任的人员不在本罪的追责范围内，故此他们逃过一劫。今后，在本罪罪名的辩护中，被告人究竟是承担“直接责任”，还是承担领导责任，将是一个很重要的辩点。

（二）对“国家规定”的理解

不符合国家规定，是违反国家或者行业管理部门制定、发布的有关建筑工程质量标准的法律规定、章程规定的要求等行为。这些规定包括法律、法规、规章、技术规范、技术标准、规章制度等规范性文件的规定，范围比较广。可能有人会说，既然是国家规定，那就只能是法律、法规、规章。这种理解是错误的。由于工程重大安全事故罪中“工程”技术性比较强，法律、法规、规章作为法律规范，不可能对技术性的问题作出如此详细的规定。因此，会授权行业管理部门、行业研究机构、行业协会在技术上作出详细的规定，形成技术规范、技术标准、规章制度等技术规范性文件。这些技术性规范性文件同样体现了国家意志，因此也是本罪名中的"国家规定"。

（三）对降低工程质量标准的认定

按照法律、法规、规章、技术规范、技术标准、规章制度等规范性文件的规定，每个分部分项工程或种类工程都会有具体的质量标准。工业建筑、民用建筑、道路、桥梁、码头、飞机场、隧道等，都会有质量技术标准；土建工程、结构工程、水电工程、通风空调工程、建筑装饰、园林绿化等工程都会有具体的质量标准。同样，在工程建设过程中为修建永久工程而架设的临时工程、施工装备以及施工方案也有具体的质量标准。对于这些质量标准，必须严格遵守，"工程质量重于泰山"，绝对不能马虎，也不允许马虎。本节典型案例中，梅列互通 A 匝道桥上部构造的施工原设计部门福建省交通规划设计院建议采用满堂支架方案施工。但中铁十二局三明项目部在满堂支架安装过程中为保持支架下通车要求擅自将满堂支架改为贝雷支架，未申报设计部门和监理部门批准，从而降低了工程质量的标准。要知道，梅列互通 A 匝道桥支架体系虽然属于临时工程、施工装备的范畴，但也属于本罪名中所要保护的法益中的"工程"。那种把本罪名中的"工程"理解为永久工程，而不包括临时工程、施工装备，是不可想象的。中铁十二局三明项目部擅自降低临时工程、施工装备的质量标准，导致重大安全事故的发生，其行为具有严重的社会危害性，当然要追究相关责任人员的刑事责任。

（四）对被告人负有"直接责任"的证据的审查与认定

对于"直接责任"的认定，则要根据该人员在重大安全事故中的实际工作职务、实际的职责范围，以及是否违反国家规定、降低工程质量标准等方面进行认定。

在本节典型案例中，控方举证的证据如下：

《关于周某某等人任职的通知》，证明项目部经理为周某某、副经理为张某、总工程师为计某某、总工办主任为肖某、综合部部长为黄某某、测量队队长为刘某。

项目部三福明 SLA5 标段项（2001）14 号《关于申报 SLA5 合同段各分项工程质检人员分工的报告》1 份，证明项目经理部确定张某负责梅列互通区，乔某某为梅列互通 A 面道桥质检工程师。

项目部《关于高某甲的任职通知》1份，证明项目经理部任命高某甲为施工五队队长。

项目部《关于项目部安全领导小组人员调整的通知》1份，证明被告人张某、乔某某分别是项目部安全领导小组副组长和成员，被告人高某乙为施工五队安全员。

三福明SIJ2(2001)061号《关于对SLA4.SLA5合同段2001年下半年施工计划初审意见的报告》证实：成明达驻地监理办在SLA5合同段安排杨某担任结构工程师，并与三福明SU2(2001)88号《关于急需杨某再次交接技术资料的请示报告》1份、《福建省交通建设工程项目监理上岗证》1份相互印证。

福建省交通规划设计院制作的《桥型总体布置图》1份证实：设计部门对图纸作出了说明，要求施工采用满堂支架现浇。

被告人高某乙供述，证明项目经理部仅提供了3份乔某某个人编制的《工程技术交底书》；施工五队是在没有设计方案的情况下，由乔某某负责技术指导开始安装铺设梅列互通A匝道桥支架体系的事实，并与被告人乔某某、高某甲供述，证人肖某证言相互印证。

被告人张某供述，证明其未及时了解落实变更的施工方案是否履行了报批手续，在施工过程中未参与技术和质量工作，也未对支架的安装质量进行检查、监督。

三福明SU2(2001)061号文件1份证实：成明达驻地监理办对项目经理部擅自改变施工方案和边施工边报批的做法是明知的，但未采取有效措施制止。

书证《监理工作细则》复印件2份证实：支架和模板的监理要求，结构工程师是支架设计和施工的责任监理人，模板验收人是结构工程师助理以上人员。

被害人刘乙、曾某甲、曾某某、罗某甲对被告人乔某某、高某甲、高某乙的辨认笔录证实：被告人高某甲、高某乙是施工现场负责人，三被告人均未对工人进行安全教育。并与证人倪某某证言相互印证。

以上书证、被告人供述、证人证言共同证明乔某某、高某甲、高某乙、杨某、张某对该重大工程安全事故负有“直接责任”，并认定项目部经理周某某、总工程师计某某等对该事故承担“领导责任”，而不是“直接责任”，故未起诉周、计二人。然而，公诉机关对以上证据的审查与认定只是起到刑事程序上的意见，对外并不产生有罪的法律效果。被告人、辩护人仍然可以就以上书证、供述、证人证言的取证程序、是否构成非法证据，以及证据的真实性、合法性、关联性和证明力的大小展开质证。比如：《监理工作细则》控方只是提供了复印件，对其真实性应不予认定。

项目部《关于高某甲的任职通知》任命高某甲为施工五队队长，《关于项目部安全领导小组人员调整的通知》任命高某乙为施工五队安全员。但高某甲、高某乙并非中铁十二局第一工程处的员工，该任命是否具有法律效力。

杨某并非结构工程师，依法不具备梅列互通立交A匝道桥上部构造工程的监理资格和条件，不能承担直接责任，承担直接责任的应该是任命他为该工程监理结构工程师的上级负责人等。

以上对证据的审查和质证意见在庭审时都可以提出来，构成辩方证据辩护时的重要辩点。

（五）对“重大安全事故”的认定

《刑法》第137条规定，只有造成“重大安全事故”的，才构成本罪。最高人民法院、最高人民检察院《关于办理危害生产安全刑事案件适用法律若干问题的解释》第6条规定，建设单位、设计单位、施工单位、工程监理单位违反国家规定，降低工程质量标准，因而发生安全事故，具有以下情形之一的，应当认定为“造成重大安全事故”，对直接责任人员，处五年以下有期徒刑或者拘役，并处罚金：(1)造成死亡一人以上，或者重伤三人以上的；(2)造成直接经济损失一百万元以上的；(3)造成其他严重后果的情形。

这里的“直接经济损失”，是指由于事故造成的建筑、设施设备、产品等毁坏损失（全部或部分丧失价值或使用价值），以及因人员伤亡而支付的医药、丧葬、抚恤等费用，不包括履行合同预期所获得的收益。

“死亡一人以上或者重伤三人以上”，看似一个硬标准，但还是有辩护空间的。重伤的后果是要看伤情鉴定的，如果伤情鉴定意见书不准确或者有重大的瑕疵，可就该伤情鉴定就其真实性、合法性、关联性进行质证（必要时聘请专家证人帮忙），将该伤情鉴定意见的证据打掉。同理，“直接经济损失一百万元”，通常也是要作物价鉴定或者损失鉴定的，也可以对该鉴定意见书进行质疑或质证。如果在这方面能够找到辩点，将可取得意想不到的辩护效果。

（六）因果关系的认定

构成本罪的前提条件，是建设单位、设计单位、施工单位、工程监理单位违反国家规定、降低工程质量标准与重大安全事故的发生。这两者必须要有直接的因果关系，才能构成本罪。如果两者之间不具备因果关系，则不构成本罪；如果重大伤亡事故是由其他的原因造成的，那就不属于工程重大安全事故罪。

这一点在本罪名中，将会是一个重要的辩点，需要予以注意。

(七)事故技术鉴定报告的审查与认定

在工程重大安全事故罪的案件中,事故技术鉴定报告或事故调查报告在查清事故发生的原因、厘清事故的主要责任和直接责任方面,发挥着重要的作用。并且,按照最高人民法院、最高人民检察院《关于办理危害生产安全刑事案件适用法律若干问题的解释》的规定,行为人对事故是否承担主要责任,是构成"后果特别严重"的前提条件,直接关系到是否加一档量刑的问题。因此,事故调查报告非常重要,但它并非是不可置疑的。虽然它通常是行政部门组织调查的结果,但在法律上仍然只是一份普通的证据,和其他的证据一样。被告人、辩护人可以就其证据能力、证明力以及真实性、合法性、关联性对其进行质证,对于不具有证据资格的,不具有真实性的,证明力较弱的,照样可以将其削弱或直接将其打掉,从而获得意想不到的辩护空间。

(八)"后果特别严重"的认定

2015 年 12 月 16 日,最高人民法院、最高人民检察院颁布实施《关于办理危害生产安全刑事案件适用法律若干问题的解释》。该解释第 7 条第 3 款规定:"对于具有以下情形的,应当认定为刑法第一百三十七条规定的'后果特别严重',对直接责任人员,处五年以上十年以下有期徒刑,并处罚金:(1)造成死亡三人以上或者重伤十人以上,负事故主要责任的;(2)造成直接经济损失五百万元以上,负事故主要责任的;(3)其他后果特别严重的情形。"

这里的"直接经济损失",是指由于事故造成的建筑、设施设备、产品等毁坏损失(全部或部分丧失价值或使用价值),以及因人员伤亡而支付的医药、丧葬、抚恤等费用,不包括履行合同预期所获得的收益。

"死亡三人以上或者重伤十人以上",也是有辩护空间的。重伤的后果是要看伤情鉴定的:如果伤情鉴定意见书不准确或者有重大的瑕疵,可就该伤情鉴定就其真实性、合法性、关联性进行质证(必要时聘请专家证人帮忙),将该伤情鉴定意见的证据打掉;如果能够打掉一个或重伤的鉴定,使得重伤的人员在十人以下,就可以调低一档量刑。同理,"直接经济损失五百万元"以上,通常也是要作物价鉴定或者损失鉴定的,也可以对该鉴定意见书进行质疑或质证。如果能够使直接经济损失降低到五百万元以下,也可以调低一档量刑。

(九)自首的认定

在工程重大安全事故罪发生后,如果直接责任人员自动投案,并如实供述自己的罪行,即构成自首。这里需要注意的是,对于并非出于直接责任人员的主动,而是经亲友规劝、陪同投案的,投案后如实供述的,视为自首;公安机关通知该人员的亲友,或者亲友主动报案后,将该人员送去投案的,投案后如实供述的,也视为自首;直接责任人员经公安机关电话传唤后到案并如实供述的,由于电话传唤并非强制措施,所以也视为自首。

自首对于本罪的从轻量刑是很重要的。直接责任人员要能抓住自首的机会,或者能够准确界定自己的行为是不是自首,并牢牢抓住这个重要的辩点。

(十)赔偿和被害人亲属的谅解

对于本罪罪名的辩护,积极赔偿被害人及被害人家属的经济损失,获得被害人及其家属的谅解是一个很有效的辩点。众所周知,人民法院对刑事案件的判决通常要讲究法律效果和社会效果的有机统一。如果在工程重大安全事故案件中,被告人已经获得了被害人的谅解,则毫无疑问打开了从轻量刑的大门。

第三章

忽视职务廉洁性而带来的刑事法律风险

导　言

建筑房地产企业尤其是国有的建筑房地产企业的负责人和管理人员，在经营管理过程中履行的是职务行为，既然是职务行为，那就应当保持职务行为的廉洁性。这是法治社会的要求。如果违背这一要求，就会带来相应的刑事法律风险。

第一节　贪污罪的风险识别与辩点分析

一、贪污罪的构成要件

（一）概念

贪污罪是指国家工作人员利用职务上的便利，侵吞、窃取、骗取或者以其他手段非法占有公共财物的行为。

（二）构成要件

1. 贪污罪的主体是国家工作人员。国家工作人员的本质特征是从事公务。这里的从事公务是指代表国家机关、国有公司、企业、事业单位、人民团体等单位履行组织、领导、监督、管理等职责。根据《刑法》第 93 条的规定，国家工作人员主要包括四大类:第一类是国家机关工作人员,含国家权力机关、行政机关、审判机关、检察机关和军事机关中从事公务的人员,参照《公务员法》进行管理的人员,依照法律、法规规定行使行政管理职权的组织中从事公务的人员,虽未列入国家机关人员编制,但在国家机关行使职权、从事公务的人员,比如治安联防队员、协警;第二大类是国有公司、企业、事业单位、人民团体中从事公务的人员(注意:这里的国有公司不含国有资本控股及参股的公司);第三大类是国家机关、国有公司、企业、事业单位委派到非国有公司、企业、事业单位、社会团体从事公务的人员;第四大类是其他依照法律规定从事公务的人员,比如协助人民政府从事行政管理工作的村民委员会等村基层组织人员,依法履行职责的各级人民代表大会代表、政协委员、人民陪审员等。

2. 本罪在主观方面必须属于直接故意,并具有非法占有公共财物的目的,过失是不能构成贪污罪的。

3. 本罪侵犯的客体是复杂客体,一方面侵犯了公共财物的所有权,另一方面又侵犯了国家机关、国有企业事业单位的职务廉洁性。

4. 本罪的客观方面表现为利用职务之便,侵吞、窃取、骗取或者以其他手段非法占有公共财物的行为。所谓利用职务上的便利,是指行为人利用其职责范围内主管、经手、管理公共财产的职权所形成的便利条件,借执行职务之便非法占有公共财物,对于不是利用职务之便而是利用对作案环境的熟悉,侵吞、窃取公共财物的,不构成贪污罪,而构成盗窃等罪。所谓公共财产,是指国有财产、劳动群众集体所有的财产、用于扶贫和其他公益事业的社会捐助或者专项基金的财产。在国家机关、国有公司、企业、集体企业和人民团体管理、使用或者运输中的私人财产,以公共财产论。

二、贪污罪的量刑规定

根据《刑法》第 382 条的规定,国家工作人员利用职务上的便利,侵吞、窃取、骗取或者以其他手段非法占有公共财物的,是贪污罪。受国家机关、国有公司、企业、事业单位、人民团体委托管理、经营国有财产的人员,利用职务上的便利,侵吞、窃取、骗取或者以其他手段非法占有国有财物的,以贪污论。与前两款所列人员勾结,伙同贪污的,以共犯论处。与前两款所列人员勾结,伙同贪污的,以共犯论处。

《刑法修正案(九)》对《刑法》第 383 条作出了修订,该修正案第 44 条规定,对犯贪污罪的,根据情节轻重,分别依照下列规定处罚:

(1)贪污数额较大或者有其他较重情节的,处 3 年以下有期徒刑或者拘役,并处罚金。

(2)贪污数额巨大或者有其他严重情节的,处3年以上10年以下有期徒刑,并处罚金或者没收财产。

(3)贪污数额特别巨大或者有其他特别严重情节的,处10年以上有期徒刑或者无期徒刑,并处罚金或者没收财产;数额特别巨大,并使国家和人民利益遭受特别重大损失的,处无期徒刑或者死刑,并处没收财产。

对多次贪污未经处理的,按照累计贪污数额处罚(注:多次贪污未经处理,是指两次以上的贪污行为,既没有受过刑事处罚,也没有受过行政处理。累计贪污数额应按本法有关追诉时效的规定执行。在追诉时效期限内的贪污数额应累计计算,已过追诉时效期限的贪污数额不予计算)。

犯第一款罪,在提起公诉前如实供述自己罪行、真诚悔罪、积极退赃,避免、减少损害结果的发生,有第一项规定情形的,可以从轻、减轻或者免除处罚;有第二项、第三项规定情形的,可以从轻处罚;有第三项规定情形被判处死刑缓期执行的,人民法院根据犯罪情节等情况可以同时决定在其死刑缓期执行二年期满依法减为无期徒刑后,终身监禁,不得减刑、假释。

最高人民法院、最高人民检察院2016年4月18日颁布实施的《关于办理贪污贿赂刑事案件适用法律若干问题的解释》对贪污贿赂犯罪作如下规定:

1. 贪污数额在3万元以上不满20万元的,应当认定为“数额较大”。贪污数额在1万元以上不满3万元,具有以下情形的,应当认定为有“其他较重情节”:(1)贪污救灾、抢险、防汛、优抚、扶贫、移民、救济、防疫、社会捐助等特定款物的;(2)曾因贪污、受贿、挪用公款受过党纪、行政处分的;(3)曾应故意犯罪受过刑事追究的;(4)赃款赃物用于非法活动的;(5)拒不交代赃款赃物去向或者拒不配合追缴工作,致使无法追缴的;(6)造成恶劣影响或者其他严重后果的。

2. 贪污数额在20万元以上不满300万元的,应当认定为《刑法》第383条第1款规定的“数额巨大”;贪污数额在10万元以上不满20万元,具有前述“其他较重情节”的五种情形的,应当认定为《刑法》第383条第1款规定的有“其他严重情节”。

3. 贪污数额在300万元以上的,应当认定为《刑法》第384条第2款规定的“数额特别巨大”;贪污数额在150万元以上不满300万元,具有前述“其他较重情节”的五种情形的,应当认定为《刑法》第383条第1款规定的有“其他特别严重情节”。

三、贪污罪的认定标准

(一)区分本罪与非罪的界限

贪污罪作为一般贪污行为的特殊形式,除具有一般贪污违法行为的共性外,还具有自身的特性。构成贪污罪的贪污行为,还具有贪污数额和情节上的要求。因此,认定贪污罪与一般贪污违法行为时,应把握以下方面:

1. 要看行为人贪污的数额是否达到 3 万元或者 1 万元。其中,贪污的数额按累计方法计算。对于行为人贪污的数额达到 3 万元的,无论其情节如何,均构成贪污罪;而对于贪污的数额尚未达到 1 万元的,一般应视为一般贪污违法行为。

2. 要看行为人的贪污情节。根据 2016 年 4 月 18 日最高人民法院、最高人民检察院颁布施行的《关于办理贪污贿赂刑事案件适用法律若干问题的解释》,个人贪污数额 1 万元以上不满 3 万元的,但具有该《解释》第 1 条第 2 款规定的情形的,以贪污罪论处。

(二)贪污罪既遂和未遂的认定

认定贪污罪既遂与否,应把握以下两点:第一是行为人是否已经非法占有了公共财物,如果已实际非法占有了,即视为既遂。第二是行为人非法占有公共财物的数额,是否已达到 3 万元;如果尚未达到 3 万元,但已达到 1 万元,且具有该司法解释第一条第二款规定的情形的,以贪污罪论处。

(三)非国有公司、企业中贪污罪的认定

国有公司、企业以外的公司、企业都是非国有公司、企业,其中也包括国有控股、参股公司、有限责任公司、股份有限公司。根据《刑法》第 271 条的规定,国有公司、企业或者其他国有单位委派到非国有公司、企业中从事公务的人员利用职务的便利,将该公司、企业的财物非法占为己有,数额较大的,以贪污罪论处。

四、典型案例

于某贪污案[①]

[案号]北京市朝阳区人民法院(2006)朝刑初字第 784 号

公诉机关:北京市朝阳区人民检察院。

被告人于某,女,1955 年 12 月 14 日出生,汉族,出生地山东省济南市,中专文化,中国国际航空股份有限公司信息技术中心办公室助理员,住本市朝阳区芍药居北里 314 楼 11 层 11 号(户籍所在地:本市东城区什锦花园胡同 16 号);因涉嫌犯贪污罪于 2005 年 6 月 7 日被羁押,同日被刑事拘留,同年 6 月 21 日被逮捕,

① 案例来源:中国裁判文书网。

现羁押在北京市朝阳区看守所。

辩护人李某某，北京市松涛律师事务所律师。

北京市朝阳区人民检察院以京朝检刑诉字（2005）第15号起诉书指控被告人于某犯贪污罪，于2006年3月10日向本院提起公诉，后又于2006年5月22日变更起诉，指控被告人于某还犯有职务侵占罪。本院依法组成合议庭，公开开庭审理了本案。北京市朝阳区人民检察院检察员董某某、郑某某出庭支持公诉，被告人于某及其辩护人李某某到庭参加了诉讼。现已审理终结。

北京市朝阳区人民检察院指控：

一、被告人于某在担任中国国际航空公司、中国国际航空股份公司信息技术中心人事助理期间，于2002年11月至2005年2月，利用负责信息技术中心人员薪酬管理和领取发放工作的职务便利，私自扣留新职工绩效工资共计20万余元。

二、被告人于某利用其负责薪酬管理的工作职务便利，在其工程师聘用到期的情况下，仍擅自保留其工程师职称待遇，于2002年8月至2005年4月，共计多领取工资4200余元。

公诉机关向本院提供了证人证言、书证以及被告人于某的供述等证据材料，指控被告人于某的行为触犯了《刑法》第382条第1款、第271条第1款之规定，构成贪污罪和职务侵占罪。同时被告人于某有自首情节，提请本院依法予以惩处。

被告人于某对起诉书中指控的内容没有异议；辩护人认为被告人于某归案后认罪态度较好，积极退赔经济损失，且有自首情节，建议法庭对被告人于某从轻处罚。

经审理查明：

一、2002年12月至2004年7月，被告人于某利用其在中国国际航空公司信息技术中心负责发放绩效工资的职务便利，私自扣留新参加工作员工的绩效工资共计人民币111200元。

二、2004年9月30日，中国国际航空股份有限公司成立。被告人于某所在的信息技术中心整体从中国国际航空公司划归中国国际航空股份有限公司。2004年10月至2005年3月，被告人于某继续利用负责发放绩效工资的职务便利，私自扣留新参加工作员工的绩效工资共计人民币107460元。

三、2002年7月31日，被告人于某的工程师职称聘用期届满。但其利用职务的便利，擅自保留其工程师职称的工资待遇，于2002年8月至2004年9月，从中国国际航空公司多领取工资3380元；于2004年10月至2005年3月，从中国国际航空股份有限公司多领取工资780元。

被告人于某主动向有关部门供认了上述事实，并于案发后向其所在单位退缴人民币共计203420元。在本院审理期间,被告人于某的亲属又帮其退缴人民币23000元,现在案。

上述事实,有公诉机关向法庭提供的以下证据予以证明:

1. 证人董某的证言证实:董某在中国国际航空公司企业管理部任项目经理,负责绩效工资的核发。信息技术中心等非生产部门,根据国航整体效益,按人均核发绩效工资,各部门对于绩效工资再进行二次分配。企业管理部依据信息技术中心书面报送的人员变动情况来确定信息技术中心人员数量和绩效工资的核发。同时依照规定,新职工参加工作3个月内没有绩效工资,第4个月开始发放全额绩效工资。但是2004年7月参加工作的新职工,从2004年10月就开始核发绩效工资了。

2. 证人王某某的证言证实:于某在信息技术中心人事行政部负责信息技术中心人员绩效工资的发放工作,绩效工资是每月以现金形式发放。绩效工资每月金额不固定,根据国航每月经营情况而定。国航企业管理部核算国航各部门每月绩效工资,信息技术中心再对绩效工资进行二次分配,然后给职工发放绩效工资。2003年,新职工是第4个月开始发放的。2004年新参加工作的有26名新职工,其中2名是2004年5月参加工作的,24名是2004年7月参加工作的。

3. 证人史某某、黄某、王甲、孟某某、王乙、朱某某、李某、陈某、张某某、张某、尹某某、田某、孙某的证言,证实从2002年7月到信息技术中心工作后各自从于某处领取绩效工资的情况。上述人员均证实绩效工资先是以半奖的形式发放,工作1年后改为发放全奖。

4. 证人陈某某、刘某某、许某、毛某、张甲、郑某、李某、徐某某、魏某、李某乙、杨某某、刘某、张某、王丙、谈某、贾某、郭某、孟某某的证言,证实从2003年7月到信息技术中心参加工作后各自从于某处领取绩效工资的情况。上述人员均证实绩效工资先是以半奖的形式发放,工作1年后改为发放全奖。其中陈某某是研究生,所以半年后开始领取全奖。

5. 证人宋某某的证言,证实于2003年9月到信息技术中心上班;从2004年1月开始领部分绩效工资,8月开始领全奖。

6. 证人任某某、高某、陈甲、陈乙、时某某、施某某、杨某、闫某某、张某丁、何某某、吕某某、张戊、李某丙、沈某某、杨丙、陈戊、李某丁、李某戊、王丁、李某某、田某某、胡某某、韩某、王某某的证言,证实2004年7月到信息技术中心工作后各自从于某处领取绩效工资的情况。上述人员均证实绩效工资先是以半奖的形式发放,工作一年后改为发放全奖。

7. 证人方某的证言,证实方某是研究生,于2004年5月到信息技术中心参加工作。其是从2004年11月开始领取部分绩效工资,2005年1月开始领取全额绩效工资。

8. 证人卜某某的证言，证实2005年4月，于某移交给卜某某一个户名为于某，内存金额26273.64元的工商银行存折一个以及现金14235元。据于某称，这些钱包括信息技术中心24名新职工在内的101名职工每人80元的工会费8080元。

9. 中国国际航空股份有限公司出具的书证及企业法人营业执照副本，证明2004年9月30日中国航空集团公司与中国航空有限公司（为中航集团公司的全资子公司）重组生效，注册为中国国际航空股份有限公司。中国国际航空公司所属信息技术中心整体归入中国国际航空股份有限公司，中国国际航空公司为全民所有制企业。

10. 中国共产党中国国际航空公司纪律检查委员会出具的书证及被告人于某《干部履历表》1份，证明被告人于某的基本情况和主体身份。

11.《信息中心应发生产绩效工资一览表》1份，证明2002年7月参加工作的新职工应当于2002年12月开始领取全额绩效工资；2003年7月参加工作的新职工应当于2003年12月开始领取全额绩效工资；2004年5月参加工作的新职工应当于2004年10月开始领取全额绩效工资；2004年7月参加工作的新职工应当于2004年11月开始领取全额绩效工资，且公司没有发放半奖的情况。

12. 2002年11月、12月、2003年1～3月、2003年11月、12月和2004年1～12月、2005年1月、2月绩效工资发放的相关书证，证明了信息技术中心的人员变化以及绩效工资发放的标准、数额等情况。同时，证明被告人于某从中克扣新职工绩效工资的数额情况。

13. 工商银行存折复印件1张，证实被告人于某2005年4月移交给卜某工商银行存折1个，内存人民币26273.64元。

14. 关于被告人于某虚增岗位工资系数多领工资的书证，证明被告人于某利用其职务便利，故意违反规定，在中国国际航空公司和中国国际航空股份有限公司多领取工资的情况。

15. 中共中国国际航空股份有限公司纪律检察委员会出具的书证，证明被告人于某主动向纪律检查委员会交代其利用职务便利克扣新职工绩效工资和多领工资的事实。

16. 到案经过，证明检察机关根据中共中国国际航空股份有限公司纪律检查委员会的举报，于2005年6月7日将被告人于某传唤至检察机关，被告人于某对其上述事实亦予供认。

17. 中国国际航空股份有限公司信息技术中心出具的书证及收条，证明被告人于某自2005年4月30日至5月19日，分6次退还信息技术中心人民币共计

203420 元。

18. 被告人于某的供述，其对自己利用职务便利，克扣 2002 年、2003 年、2004 年新职工绩效工资和擅自多领工资的事实予以供认。

上述证据，经法庭举证、质证，本院予以确认。

本院认为，被告人于某为贪图私利，身为国家工作人员时，利用职务上的便利，侵吞公共财物 10 万余元，其行为已构成贪污罪。被告人于某所在的信息技术中心划归到中国国际航空股份有限公司后，被告人于某不再具备国家工作人员的主体身份；但是其利用职务便利，侵吞公司财物 10 万余元的行为，构成职务侵占罪，依法亦应惩处。北京市朝阳区人民检察院指控被告人于某犯贪污罪和职务侵占罪的事实清楚，证据确实、充分，罪名成立。鉴于被告人于某有自首情节，且在归案后积极退赃，本院对其所犯罪行分别予以减轻处罚。对辩护人的意见本院予以采纳。综上，根据被告人于某的犯罪事实、犯罪性质、情节和对社会的危害程度以及被告人于某的悔罪表现，依照《中华人民共和国刑法》第三百八十二条第一款、第三百八十三条第一款第（一）项和第二款、第二百七十一条第一款、第六十七条第一款、第六十九条第一款、第六十四条和最高人民法院《关于处理自首和立功具体应用法律若干问题的解释》第一条的规定，判决如下：

一、被告人于某犯贪污罪，判处有期徒刑五年；犯职务侵占罪，判处有期徒刑一年，决定执行有期徒刑五年六个月（刑期从判决执行之日起计算。判决执行以前先行羁押的，羁押一日折抵刑期一日，即自 2005 年 6 月 7 日起至 2010 年 12 月 6 日止）。

二、在案之人民币二万三千元，其中的一万九千四百元发还中国国际股份有限公司信息技术中心，其余的三千六百元退还被告人于某。

如不服本判决，可在接到判决书的第二日起十日内，通过本院或者直接向北京市第二中级人民法院提出上诉。书面上诉的，应当提交上诉状正本一份，副本两份。

审 判 长　朱某某
审 判 员　沈某某
代理审判员　尹某某
二〇〇六年七月三日
书 记 员　王 某

五、辩点分析

贪污罪的辩点主要从以下几个方面厘清：从事公务的“国家工作人员”的认定，“利用职务上的便利”的认定，“公共财物”的认定，贪污共犯的认定，非法占有目的的认定，量刑时不得重复评价，既遂和未遂的认定，物价鉴定的质证，贪污数额特别巨大与国家、人民利益遭受特别重大损失的因果关系，认罪、悔罪和退赃，自首和立功等。

（一）从事公务的“国家工作人员”的认定

贪污罪的行为主体必须是国家工作人员。同样的行为，如果不是国家工作人员，则不能构成贪污罪，而是可能构成其他的罪名。根据《刑法》第 93 条的规定，国家工作人员包括四类人：国家机关中从事公务的人员；国有公司、企业、事业单位、人民团体中从事公务的人员；国家机关、国有公司、企业、事业单位委派到非国有公司、企业、事业单位、社会团体从事公务的人员；其他依照法律从事公务的人员。

所谓“从事公务”，是指从事的事务具有公共性和行政管理性。国立大学里的授课教师、公立医院的医生虽然都具有国有事业单位的编制，但其工作事务不具有公共性和行政管理性，所以不属于从事公务的国家工作人员，不能构成本罪的主体。当然，如果他们临时受托从事带有公共性和行政管理性的事务，则可以构成本罪的主体。

对于国家机关中从事公务的人员；国有公司、企业、事业单位、人民团体中从事公务的人员，通常比较好理解，司法实践中也比较好认定。

对于国家机关、国有公司、企业、事业单位委派到非国有公司、企业、事业单位、社会团体从事公务的人员，通常指国有独资公司、独资企业委派到股份有限公司或者国有参股、控股公司从事公务的人员。这些人员虽是被委派的，但其担任职务仍然要由股份有限公司或者国有参股、控股公司的股东大会或者董事会表决通过。不能因为是由这些公司的股东大会或者董事会表决通过的，就否定是国有公司、企业、事业单位委派到非国有公司、企业、事业单位、社会团体从事公务的人员。

《刑法》第 93 条没有规定人民团体委派到非国有公司、企业、事业单位、社会团体从事公务的人员属于国家工作人员，因此，按照罪刑法定原则，这类人员不能被视为是本罪名的国家工作人员。

对于“其他依照法律从事公务的人员”，则是刑法的一个兜底条款，主要包括：依法履行职责的人大代表；法院人民陪审员；协助乡镇人民政府、街道办事处从事行政管理工作的村民委员会、居民委员会工作人员等。尤其需要注意，村民委员会工作人员对征地拆迁的管理以及征地、拆迁补偿费用的分配是属于协助乡镇人民政府、街道办事处从事的行政管理工作。如果其对公共财物发生了侵吞、窃取、骗取行为的，可以构成本罪的主体。

对于建筑房地产企业的管理人员来说，只有构成从事公务的国家工作人员，才能构成贪污罪。否则，即使发生侵吞、窃取、骗取行为，也只能构成职务侵占罪。如此，罪名要轻很多，量刑也要轻很多。如果被控贪污罪的嫌疑人其实不是国家工作人员，也没有受托实际履行公共管理职权，则不构成贪污罪。这是被指控犯贪污罪的一个重要的辩点。

（二）"利用职务上的便利"的认定

根据有关司法解释和司法指导文件的规定，"利用职务上的便利"，是指利用职务上主管、管理、经手公共财物的权力及方便条件。主管，是指行为人本人虽然不具体管理、经手公共财物，但是对公共财物具有调拨、统筹、使用的决定权和决策权；管理，是指具有监守、保管、使用公共财物的职权；经手，是指具有领取、支出等经办公共财物的某些方便条件。基于以上理解，这里的职务便利是指职权的便利，而不是因工作关系熟悉作案环境，因工作关系易于接近作案目标，因工作关系容易进入某些场所的便利。比如，某国有房地产公司的出纳李某，将 5 万元的公司款项放在办公室里，公司行政办公室的王某在下班后将该款项拿走，并予以挥霍。王某在此案中就不属于利用职务上的便利，而只是利用工作关系能够进入到李某办公室的便利。因此，本案中王某不构成贪污罪，而构成到盗窃罪。这在辩护中是一个重要的辩点。

（三）"公共财物"的认定

《刑法》第 91 条规定："本法所称公共财产，是指下列财产：国有财产；劳动群众集体所有的财产；用于扶贫和其他公益事业的社会捐助或者专项基金的财产。在国家机关、国有公司、企业、集体企业和人民团体管理、使用或者运输中的私人财产，以公共财产论。"

国家机关、国有独资企业、国有事业单位、人民团体所属的财产是公共财产，这是没有疑问的。对于国有资产占主导或控股地位的混合所有制公司、企业，该公司、企业的财产整体上属于公共财产；对于国有资产不占主导或控股地位的混合所有制公司、企业，明显不是公共财产的，不能构成本罪；对于国有资产和非国有资产纠缠在一起难以分清的，都视为公共财物。除了有形财物外，一些财产性利益比如股权、应收帐款也属于公共财物，能够成为贪污罪的贪污对象。

另外，贪污罪保护的财产法益，既包括合法的公共财物的所有权，也包括财物单位对公共财物的平稳占有事实。也就是说，即使公共财物的单位取得公共财物的手段违法，公共财物的性质也违法（如九年义务制学校违规收取的学费、城管违规收取的罚款),但只要该单位有平稳占有该财物的事实,就应得到法律的保护。如果该单位的工作人员利用职务便利侵吞、窃取、骗取该财物,就构成贪污罪。

对于被指控犯贪污罪的行为人聘请的律师而言,案件中涉案的财物是否是公共财物,是一个重要的辩点。如果不是公共财产,就不能构成贪污罪。

(四)贪污共犯的认定

按照《刑法》的规定,贪污罪的行为主体是国家工作人员,但并非只有国家工作人员才能构成贪污罪。最高人民法院的司法解释规定:行为人与国家工作人员勾结,利用国家工作人员的职务便利,共同非法占有公共财物的,以贪污罪共犯论处;公司、企业或其他单位中,非国家工作人员与国家工作人员勾结,分别利用各自的职务便利,共同将本单位的财物非法占为己有,按照主犯的犯罪性质定罪。

按照《刑法》的规定,共犯是有共同的犯罪故意和共同的犯罪行为。如果行为人不是国家工作人员,但事前或事中与国家工作人员相勾连,利用国家工作人员的职务便利,侵吞、窃取、骗取公共财产,可以构成贪污罪。如果行为人没有事前或事中与国家工作人员相勾连,仅是事后共享了国家工作人员贪污的财产,则不构成贪污。

(五)非法占有目的的认定

张明楷教授说,所谓非法占有目的,是指排除权利人,将他人的财物作为自己的财物进行支配,并遵从财物的用途进行利用、处分的意思和心理状态。具体到贪污罪而言,其主观方面是故意,并且具有非法占有的目的,即是一种明知是本单位的公共财物,仍然希望排除单位对该财物的支配,使自己非法占有该财物并对该财物予以利用的主观心理状态。非法占有公共财物后,如果转移给他人或者捐献给社会,不影响非法占有的认定。那么,如何认定非法占有呢?笔者认为,认定非法占有,必须先准确地分清非法占有的心理状态与挪用的心理状态的区别。

根据最高人民法院司法指导性文件的规定,在司法实践中,具有以下情形之一的,可以认定行为人具有非法占有公款的目的:行为人携带挪用的公款潜逃的,对其携带潜逃的公款部分,可以认定为非法占有;行为人挪用公款后采取虚假发票平账、销毁有关账目等手段,使挪用的公款已难以在单位财物账目上反映出来,且没有归还行为的;行为人截取单位收入不入账,非法占有,使所占有的公款难以在单位财物账目上反映出来,且没有归还行为的;有证据证明行为人有能力归还所挪用的公款而拒不归还,并隐瞒挪用的公款去向的。

认定非法占有的主观目的，是认定贪污罪成立的必需条件。如果行为人被控贪污罪，但其行为尚无足够的证据被认定为是具有非法占有的目的；或者说，根据现有证据，尚有其他的可能性，则将是本罪名的一个重大的辩点。甚至，可以作无罪辩护。

（六）量刑时不得重复评价

最高人民法院、最高人民检察院在2016年4月18日颁布实施的《关于办理贪污贿赂刑事案件适用法律若干问题的解释》第1条将贪污数额虽未满3万元但已达到1万元以上，并且具有"曾因故意犯罪受过刑事追究"、"赃款赃物用于非法活动"、"拒不交代赃款赃物去向或者拒不配合追缴工作，致使无法追缴"等情节之一的，应予立案追诉。这也就是说，贪污数额达到一万元以上但未满三万元的，本来是不入罪的。但因为具备以上情节之一的，被刑法加重评价，就入罪了。既然这些情节在入罪时已经被刑法评价了一次，那么在对行为人量刑时就不应再评价一次。即这一情节在量刑时，不应再作为从重情节或者作为较高一档刑期的构成要件情节予以考虑。这是一个重要的辩点，辩护人在辩护时，要善于掌握。

（七）既遂和未遂的认定

《刑法》总则规定，犯罪未遂是故意犯罪的一种未完成形态。只要已经着手实行犯罪，由于意志以外的原因未得逞，即为未遂行为。具体到贪污罪名而言，只要实施了非法侵吞、窃取、骗取公共财物的行为，就成立贪污罪；如果由于意志以外的原因未能将公共财物非法占有的，即为贪污罪未遂。比如已做好假账但在银行划款时被发现了，即为贪污罪的未遂。是否非法占有了公共财物，是贪污罪的既遂条件。

最高人民法院司法指导性文件指出，贪污罪是一种以非法占有为目的的财产性职务犯罪。其与盗窃、诈骗、抢夺等侵犯财产罪一样，应当以行为人是否实际控制财物作为区分贪污罪既遂与未遂的标准。对于行为人利用职务上的便利，实施了虚假平账等贪污行为，但公共财物尚未实际转移，或者尚未被行为人控制就被查获的，应当认定为贪污未遂。行为人控制公共财物后，是否将财物局据为己有，不影响贪污既遂的认定。

被控贪污罪的被告人，可以根据以上规定，准确地界定自己的行为是贪污既遂还是贪污未遂，从而为自己寻找有利的辩点。

（八）物价鉴定的质证

行为人如果贪污的是有形的财物，比如是电脑、汽车、珠宝、文物、字画等，则公诉机关必须使用物价鉴定来确定贪污的数额。而这个数额,直接关系到量刑的轻重。于是,对物价鉴定的质证直接关系到行为人切身利益。从司法实践中来说,通过对物价鉴定的质证,打掉部分数额甚至全部推翻物价鉴定书都是可能的。

第一,鉴定人和鉴定机构是否具有专业的价格鉴定资质。对这些鉴定资质,必须要有真实、合法、有效的证据证明,否则不应作为定案的根据。第二,鉴定的样本必须是真实的。如果没有充分的证据证明鉴定样本就是行为人贪污的财物,则不能作为定案的根据。第三,现行司法实践中,物价鉴定有很多法规、规章和技术性规范,鉴定的程序和鉴定的方法是否合乎这些法规、规章和技术性规范。如果该物价鉴定意见只有结论,而没有鉴定的过程、进行鉴定所应采取的科学的方法、鉴定的依据,则不能作为定案的根据。第四,如果贪污的珠宝、文物、字画的话,则首先应进行真伪的鉴定。如果是假货,自然就不构成贪污罪。第五,财物价格认定常用的方法有市场法、成本法、专家咨询法。如果贪污的财物是汽车、电脑等,则可针对这些物品到市场上详细打听市场上可能的价格。必要时寻求专家证人的帮助,以其能打掉一部分价格。第六,同一个物品在不同的日期会有不同的价格,鉴定的物价基准日应该是贪污行为发生之日。如果因为不合理的基准日而导致过高的价格,则可要求重新鉴定,并打掉不合理的过高的价格。

(九)贪污数额特别巨大与国家、人民利益遭受特别重大损失的因果关系

2015 年 8 月 29 日全国人大常委会通过《刑法修正案(九)》,对贪污罪的量刑条款作出了修订。其中规定:“贪污数额特别巨大或者有其他特别严重情节的,处十年以上有期徒刑或者无期徒刑,并处罚金或者没收财产;数额特别巨大并使国家和人民利益遭受特别重大损失的,处无期徒刑或者死刑,并处没收财产。”至于何为数额特别巨大,修正案中并未规定。

这也就是说,贪污数额特别巨大只是判处十年以上有期徒刑。但贪污数额特别巨大并使国家和人民利益遭受特别重大损失的,最高可判处死刑。对于“国家、人民利益遭受特别重大损失”的认定,以及贪污数额特别巨大与国家、人民利益遭受特别重大损失的因果关系的认定,成为贪污罪死刑辩护的至关重要的方面。

究竟如何认定上述两方面,需要最高人民法院出台具体的司法解释。但笔者认为,《刑法修正案(九)》通过后,基本上已没有贪官被判处死刑,国有建筑企业和房地产企业的国家工作人员判处死刑的可能性会更小。毕竟贪污罪只是贪钱而已,并没有侵害他人的生命。在废除死刑的国际潮流下,虽然国家没有废除贪污罪的死刑,但今后国家对贪污罪的死刑肯定是严格控制的。所谓“国家、人民利益遭受特别重大损失”是很抽象的,这实际上赋予了人民法院自由裁量的空间。

(十)认罪、悔罪、退赃

《刑法修正案(九)》规定:“犯第一款罪(笔者注:指贪污罪),在提起公诉前如实供述自己罪行、真诚悔罪、积极退赃,避免、减少损害结果的发生,有第一项规定情形的(笔者注:指贪污数额较大),可以从轻、减轻或者免除处罚;有第二项、第三项规定情形的(笔者注:指贪污数额巨大和特别巨大),可以从轻处罚。”这一规定,是在新时期下,为贯彻宽严相济的形势政策和适应反腐败斗争的需要而作出的。行为人如果确实实施了贪污行为,并且够入罪的标准,应善于把握这一有利的辩点,争取一个好的结果。

(十一)自首、立功

自首和立功,在刑法总则里一直都是作为法定从轻情节存在的。对于所有的罪名都是同等适用的,贪污罪也不例外。

1. 普通自首

贪污罪的嫌疑人在被纪检监察机关调查谈话、讯问、采取调查措施或者采取强制措施前,自动投案,如实供述的,构成自首,按《刑法》总则中关于自首的规定处理。对于如实供述,需要注意的是,嫌疑人自动投案并如实供述自己的罪行后又翻供的,不能认定为自首;但在一审判决前又能如实供述的,应当认定为自首。

2. 同种罪行的自首

没有自动投案,办案机关(包括纪检监察机关、检察机关、公安机关)所掌握的线索和证据指向的犯罪事实不成立,在此范围外嫌疑人又交代同种罪行的,以自首论。比如检察机关掌握嫌疑人贪污的线索和证据,但侦查后发现不构成犯罪,而行为人又交代了他另外一笔贪污的事实,则另外一笔贪污的事实构成自首。

3 不同种罪行的自首

没有自动投案,办案机关(包括纪检监察机关、检察机关、公安机关)所掌握的线索和证据指向的犯罪事实不成立,在此范围外嫌疑人又交代不同种罪行的,以自首论。比如:检察机关掌握嫌疑人贪污的线索和证据,但侦查后发现不构成犯罪,而行为人又交代了他受贿的事实,则其受贿罪的事实构成自首。

4. 立功

《刑法》第68条规定,犯罪分子有揭发他人犯罪行为,查证属实的,或者提供重要线索,从而得以侦破其他案件等立功表现的,可以从轻或者减轻处罚;有重大立功表现的,可以减轻或者免除处罚。这里需要注意的是,嫌疑人检举揭发他人犯罪行为,必须是不属于自己如实供述的范围。如果揭发他人犯罪的行为,是其依法应该供述的范围,那就不构成立功。比如,国家工作人员检举他人向自己行贿,那么对于受贿的部分他就不构成立功。因为,如实交代他受贿的行为,本来就是他的法定义务。但如果他检举揭发他人向第三人行贿,则依法构成立功。

第二节 职务侵占罪的风险识别与辩点分析

一、职务侵占罪的构成要件

(一)概念

职务侵占罪是指公司、企业或者其他单位的人员,利用职务上的便利,将本单位财物非法占为己有,数额较大的行为。

(二)构成要件

1. 本罪主体为特殊主体,包括公司、企业或者其他单位的人员,而且这类人员不属于国家工作人员,即非国家工作人员。依照《刑法》的规定,凡具有国家工作人员身份的人员,利用职务上的便利,侵占本单位的财物的,依照《刑法》第382条、第383条关于贪污罪的规定处罚;不具有国家工作人员身份的,利用职务上的便利,侵占本单位财物,按职务侵占罪论处。

2. 本罪在主观方面是直接故意,且具有非法占有公司、企业或其他单位财物的目的。

3. 本罪的犯罪客体是公司、企业或者其他单位的财产所有权。公司、企业的概念大家都好理解,其他单位是指除公司、企业以外的非国有的社会团体或经济组织、集体或者民办的事业单位。职务侵占罪侵犯的对象是公司、企业或者其他单位的动产、不动产,有形物、无形物等。例如,在单位占有、管理之下的人民币、外币、有价证券,债权,厂房,电力,煤气,天然气,工业产权等。

4. 本罪在客观方面表现为利用职务上的便利,侵占本单位财物,数额较大的行为。所谓利用职务上的便利,是指利用职权及与职务有关的便利条件。如果不是利用职务上的便利,而仅是利用工作上的便利如熟悉环境、容易混入现场、易接近目标等。即使取得了财物,也不是构成本罪。构成犯罪的,应当以诸如盗窃罪论处。所谓数额较大,根据最高人民法院、最高人民检察院于2016年4月18日颁布的《关于办理贪污贿赂刑事案件适用法律若干问题的解释》,人民币 6 万元为数额较大。

职务侵占罪的完成,则应视为既遂;没有完成,应以未遂论处。

二、职务侵占罪的量刑规定

根据《刑法》第 271 条的规定,公司、企业或者其他单位的人员,利用职务上的便利,将本单位财物非法占为已有,数额较大的,处五年以下有期徒刑或者拘役;数额巨大的,处五年以上的有期徒刑,可以并处没收财产。

国有公司、企业或者其他国有单位中从事公务的人员和国有公司、企业或者其他国有单位委派到非国有公司、企业以及其他单位从事公务的人员有前款行为的,依照本法第三百八十二条、第三百八十三条的规定定罪处罚。

《刑法》第 183 条第 1 款还规定,保险公司的工作人员利用职务上的便利,故意编造未曾发生的保险事故进行虚假理赔,骗取保险金归自己所有的,依照本法第二百七十一条的规定定罪处罚。

至于何为"数额较大"、"数额巨大",最高人民法院、最高人民检察院于 2016 年 4 月 18 日颁布了《关于办理贪污贿赂刑事案件适用法律若干问题的解释》给出了答案。该解释第 11 条规定,职务侵占罪中的"数额较大"、"数额巨大"的数额起点,按照贪污罪相对应的数额标准规定的 2 倍、五倍执行,即"数额较大"为 6 万元以上,"数额巨大"为 100 万元以上。

三、职务侵占罪的认定标准

(一)本罪与贪污罪的区别

1. 企业或者其他单位的人员,即非国家工作人员;而贪污罪的主体只能是国家工作人员,包括在国有公司、企业或者其他公司、企业中从事公务的人员,以及国有公司、国有企业委派到非国有公司、企业、其他单位中从事公务的人员。

2. 本罪是利用职务的便利,侵占本单位财物的行为;而贪污罪是指利用职务上的便利侵吞、盗窃、骗取公共财物的行为。

3. 本罪的对象必须是自己职权范围内或者是工作范围内的本单位的财物。它既可能是公共财物,也可能是私有财物。而贪污罪则只能是公共财物。

4. 本罪的最高法定刑只有 15 年有期徒刑,而贪污罪的最高法定刑为死刑。

(二)本罪与盗窃罪的界限

1. 本罪的犯罪主体是特殊主体,盗窃罪的犯罪主体为一般主体。

2. 本罪对象只能是本单位的财物；而盗窃罪的对象是他人财物，包括公私财物，而且多为犯罪行为前不被自己所控制的他人财物。

3. 本罪是利用职务的便利侵占实际管理的本单位财物；而盗窃罪则是采用秘密窃取的手段获取他人财物的行为。

4. 本罪最高法定刑是15年有期徒刑，法定刑较轻，且量刑的幅度较小；而盗窃罪的最高法定刑为无期徒刑，量刑幅度较宽。

（三）本罪与侵占罪的界限

1. 本罪的主体是特殊主体，即公司、企业或者其他单位的工作人员，而侵占罪的主体为一般主体。

2. 本罪在主观方面表现为明知是单位的财物而故意采取侵吞、窃取、欺诈等手段非法占为己有；而侵占罪的主观内容则是明知是自己代为保管的他人财物或者是遗忘物、埋藏物而故意占为己有，拒不交还。

3. 本罪客观方面为利用职务之便将单位财物非法占为己有，采取的是侵吞、窃取、骗取等手段，财物是否先已为其持有不影响本罪成立；而侵占罪则必先正当、善意、合法地持有了他人的财物，再利用各种手段占为己有且拒不交还，行为人不必要求利用职务之便。

4. 本罪所侵犯的对象是公司、企业或者其他单位的财物；侵占罪所侵犯的仅仅是他人的三种特定物，即系为自己保管的他人财物、遗忘物或者埋藏物。他人仅是指个人，而不包括单位。

5. 本罪所侵犯的客体是公私财物的所有权；而侵占罪所侵犯的仅是他人财物的所有权。

6. 本罪不属于告诉才处理的案件，而侵占罪则属于只有告诉的才处理。

四、典型案例

张某某职务侵占罪案①

[案号]内蒙古自治区阿荣旗人民法院(2015)阿刑初字第00057号

公诉机关：内蒙古自治区阿荣旗人民检察院。

被告人：张某某，男，1972年11月26日出生于内蒙古自治区鄂尔多斯市，汉族，小学文化，原系阿荣旗兰溪湾酒店有限责任公司执行董事兼经理，户籍所在地

① 案例来源：中国裁判文书网。

内蒙古自治区鄂尔多斯市东胜区,住内蒙古自治区鄂尔多斯市东胜区。2013年4月8日因涉嫌犯职务侵占罪、挪用资金罪被阿荣旗公安局刑事拘留,2013年5月15日由阿荣旗公安局决定取保候审,2014年5月13日由阿荣旗公安局决定监视居住,2014年9月12日因涉嫌犯职务侵占罪由阿荣旗人民检察院决定取保候审,2015年2月25日由本院决定继续取保候审。

辩护人:胡某某,陕西驼城律师事务所律师。

阿荣旗人民检察院以阿检公诉刑诉(2015)14号起诉书指控被告人张某某犯职务侵占罪,于2015年2月15日向本院提起公诉。本院受理后,依法组成合议庭,公开开庭审理了本案。阿荣旗人民检察院指派检察员王某某、代理检察员勾某某出庭支持公诉,被告人张某某及其辩护人胡某某到庭参加诉讼。现已审理终结。

阿荣旗人民检察院指控,2011年,兰溪湾酒店有限责任公司股东王某甲向时任该公司经理的被告人张某某个人借款260万元,张某某分3次将260万元转账至王某甲个人账户。其中最后一笔借款20万元系兰溪湾酒店有限责任公司财产。该20万元系2011年8月2日在张某某的指使下,由时任兰溪湾酒店有限责任公司出纳员丁某汇给王某甲。王某甲于2012年6月,分3次将260万元借款本金及利息归还给张某某,其中,包括2011年8月2日张某某挪用兰溪湾酒店有限责任公司的20万元。但张某某未将20万元及利息归还兰溪湾酒店,而是通过虚构债权人并制作虚假收据的方式,以支付工程款名义将财务账目做成已支付,非法侵占兰溪湾酒店有限责任公司20万元。上述事实,公诉机关当庭出示了企业法人营业执照、工商行政管理局档案、支款审报单、记账凭证等书证,证人王某甲、丁某、王某乙等人的证言,被告人张某某的供述与辩解等证据。依据以上事实及证据,公诉机关认为被告人张某某利用自己担任阿荣旗兰溪湾酒店有限责任公司经理的职务便利,采用制作虚假票据的方式,将本单位的财物非法占为己有,数额较大,其行为触犯了《中华人民共和国刑法》第二百七十一条第一款之规定,应当以职务侵占罪追究其刑事责任。被告人张某某犯罪后能够自动投案,如实供述自己的罪行,系自首。根据《中华人民共和国刑法》第67条第1款之规定,可从轻或者减轻处罚。

被告人张某某对公诉机关指控的犯罪事实如实供述。

被告人张某某辩护人提出以下辩护意见,认定被告人张某某犯职务侵占罪的证据不足:2011年8月2日,被告人张某某指使出纳丁某将阿荣旗兰溪湾酒店有限责任公司的公款20万元出借给王某甲,之后王某甲将该款偿还给了被告人,被告人未及时将该款交回阿荣旗兰溪湾酒店有限责任公司,这一事实是清楚的。但公诉机关指控被告人张某某虚构收款人“李某某”以李某某名义虚支20万元工程款，以做假账的方式侵占该款。这一指控没有证据支持。辩护人认为本案事实不清、证据不足，根据疑罪从无的原则，应当判决被告人张某某无罪。

经本院审理查明，2011年，阿荣旗兰溪湾酒店有限责任公司股东王某甲，向时任阿荣旗兰溪湾酒店有限责任公司执行董事、经理的被告人张某某个人借款人民币260万元。张某某先后分3次将钱款借给王某甲，2011年8月2日最后一次汇款给王某甲20万元。此款系在张某某授意下，由时任阿荣旗兰溪湾酒店有限责任公司出纳员的丁某从该公司账户将公司财产人民币20万元汇给王某甲。2012年6月，王某甲将借款全部偿还给张某某，张某某未将阿荣旗兰溪湾酒店有限责任公司财产人民币20万元归还给公司，而是通过虚构债权人"李某某"，并指使他人制作支付凭证，以支付工程款名义将财务账目做成已支付，非法侵占阿荣旗兰溪湾酒店有限责任公司人民币20万元。2013年4月8日，被告人张某某主动到公安机关投案；2015年4月24日，被告人张某某将赃款20万元上缴本院，现已退还给被害单位阿荣旗兰溪湾酒店有限责任公司。

上述事实有公诉机关、被告人提交，并经法庭质证、认证的下列证据予以证明。

证据一：报案材料，证实2012年6月27日，鄂尔多斯市居民刘某某、王某甲、王某乙、牛某某报案称，刘某某、王某甲、王某乙、牛某某、郝某某、张某某共同出资筹建了阿荣旗兰溪湾酒店有限责任公司。酒店建成后，张某某为法定代表人，负责酒店具体经营。张某某利用职务之便，将本单位的财物非法据为已有，请求阿荣旗公安局处理。

证据二：阿荣旗工商行政管理局档案材料、企业法人营业执照，证实2010年5月28日，阿荣旗兰溪湾酒店有限责任公司成立，张某某为该公司的执行董事兼经理、法定代表人；2013年4月9日，该公司法定代表人变更为刘某某。

证据三：阿荣旗兰溪湾酒店0079号－0001/00XX记账凭证，证实偿付应付工程款20万元。

证据四：阿荣旗兰溪湾酒店0079号－0001/00XX记账凭证后所附的中国工商银行业务委托书回执，证实2011年8月2日阿荣旗兰溪湾酒店有限责任公司汇款人民币20万至户名为王某甲卡号为62297600801012002XX的账户。

证据五：阿荣旗兰溪湾酒店0079号记账凭证后所附的支款审报单，证实2011年8月2日支款内容为付张总款（汇至鄂尔多斯王某甲），支款金额为人民币20万元。经办人为丁某，领导张某某、财务负责人王某乙均已签字。

证据六：阿荣旗兰溪湾酒店0079号记账凭证后所附的收据，证实2011年8月4日，名为李某某的人收到工程款人民币20万元。

证据七：证人王某甲的证言，证实2011年王某甲曾向张某某个人借款260多万元,张某某分3次将这260多万元转账给王某甲,最后一次,张某某转账给王某甲20万元。王某甲在看兰溪湾酒店有限责任公司的审计报告时发现,张某某借给王某甲的260多万元中,最后一次转账给王某甲的20万元是兰溪湾酒店的钱。2012年6月左右,王某甲将260多万元的借款均还给了张某某,但张某某并没将兰溪湾酒店的20万元入兰溪湾酒店的账上。

证据八:证人丁某的证言,证实2011年8月2日,当时任职兰溪湾酒店出纳员的丁某经手办理了,从兰溪湾酒店账户转账至鄂尔多斯王某甲20万元。这款项是经理张某某让丁某汇款的。当时张某某问丁某手里是否有20万元钱,丁某说有,张某某就告诉丁某账号,让丁某给对方打款20万元。当时丁某手里只有兰溪湾酒店的公款,没有张某某个人钱款。

证据九:证人王某乙的证言,证实2011年春天,王某乙担任兰溪湾酒店客房部经理。当时,酒店没有财务经理,张某某让王某乙代理张某某管理酒店财务,就是财务方面有什么问题,王某乙向张某某汇报之后,如果张某某同意,王某乙就可以代表张某某签字,签字时签王某乙自己的名字。张某某不在兰溪湾酒店时,王某乙向张某某打电话请示,经张某某同意后,王某乙才能签字审批。关于2011年8月2日,丁某经办的从兰溪湾酒店有限责任公司账户汇至鄂尔多斯王某甲账户20万元的事情,丁某在找王某乙签支款审报单时,王某乙电话请示张某某后进行了签字。还证实,王某乙只对兰溪湾酒店财务支出进行签字审批。对于张某某个人钱款的收支,是不需要王某乙签字审批的。阿荣旗兰溪湾酒店0079号记账凭证后所附内容是垫付工程款,收款人是李某某的收据,是王某乙制作的,李某某的名字是编造的,但不是王某乙编造的。

证据十:被告人张某某在侦查机关的供述,证实2011年王某甲曾向张某某个人借过260万元钱,现在钱都已还给张某某了。至于有兰溪湾酒店20万元钱是什么原因汇给王某甲,张某某说不清了。这20万元汇出后,有一天王会计(王某丙)找张某某说张某某汇走的此20万元账目不平,因为张某某没想起来,就没同意。过了几天,王会计与王某乙一起找张某某,又跟张某某说酒店汇给王某甲20万元的事是张某某让汇的,张某某还是没想起来为何给王某甲汇款,就编了一个"李某某"的名字,让别人写了一张收款人是"李某某"的20万元收据,交给王会计冲抵账目了。

证据还有证人刘某某、牛某某、王某乙、郝某某的证言,被告人张某某的户籍证明及被告人张某某提交的悔过书。以上证据经审查其来源合法,本院均予以确认。

本院认为,被告人张某某利用在阿荣旗兰溪湾酒店有限责任公司担任经理的职务便利,将该公司的财产非法占为己有,数额较大,其行为已构成职务侵占罪。

公诉机关指控的犯罪事实清楚,证据确实充分,罪名成立,本院予以支持。被告人张某某辩护人提出的公诉机关指控被告人张某某虚构收款人"李某某"以李某某名义虚支20万元工程款,以做假账的方式侵占该款,这一指控没有证据支持。根据疑罪从无的原则,应当判决被告人张某某无罪的辩护意见,本案中,证人王某甲、丁某、王某乙的证言,被告人张某某的供述,2011年阿荣旗兰溪湾酒店有限责任公司0079号－0001/00XX记账凭证及所附材料等证据,能够形成完整的证据链,证实张某某利用职务便利,侵占阿荣旗兰溪湾有限责任公司财产人民币20万元的事实。故对此辩护意见,本院不予以采纳。鉴于被告人张某某案后自动投案,如实供述犯罪事实,系自首,且积极退还全部赃款,确有悔罪表现,依法可予以从轻处罚。依照《中华人民共和国刑法》第二百七十一条第一款、第六十七条第一款、第七十二条第一款、第七十三条第二款、第三款之规定,判决如下:

被告人张某某犯职务侵占罪,判处有期徒刑三年,缓刑四年。

(缓刑考验期限,从判决确定之日起计算。)

如不服本判决,可在接到判决书的第二日起十日内,通过本院或者直接向呼伦贝尔市中级人民法院提出上诉,书面上诉的,应当提交上诉状正本一份,副本两份。

审 判 长 李某某
审 判 员 唐某某
人民陪审员 林某某
二〇一五年五月二十七日
书 记 员 田 某

五、辩点分析

职务侵占罪与贪污罪其实具有强烈的相似性,它们的区别主要是行为主体的区别。凡具有国家工作人员身份的人员,利用职务上的便利,侵占本单位的财物的,应以贪污罪的规定定罪处罚;不具有国家工作人员身份的,利用职务上的便利,侵占本单位财物,应以职务侵占罪论处。

职务侵占罪的辩点主要从以下几个方面厘清:主体的认定,"利用职务上的便利"的认定,本单位财物的认定,非法占有目的的认定,既遂和未遂的认定,物价鉴定的质证,认罪、悔罪和退赃,自首和立功等。

(一)主体的认定

职务侵占罪的主体,为"公司、企业或者其他单位的人员"。具体而言,有两个方面：一是国有公司、企业、事业单位、人民团体中的非国家工作人员利用职务之便非法占有单位财物，数额较大的；二是非国有公司、企业或者其他单位中的非国家工作人员，利用职务之便非法占有本单位财物，数额较大的。这两方面的人员均在单位拥有一定的职权、职务，或从事具有一定实际内容的工作，可以利用职务之便侵占单位财物，进而成为职务侵占罪的犯罪主体。

被指控职务侵占罪的嫌疑人或被告人及其辩护人，可以根据以上规定，准确地界定自己是否是职务侵占罪的主体。如果不构成上述主体，同时也不是共犯的，则不构成职务侵占罪。

（二）“利用职务上的便利”的认定

《现代汉语词典》对“职务”的解释为：“职位规定应该担任的工作”。因此，职务是一项工作，包括担任单位的管理职责和从事具体的业务活动，如董事、监事、经理、会计。因这种职务所产生的管理、经手本单位财物的便利，即职务上的便利。职务侵占罪不要求主体必须是单位的正式员工。即使是聘任制甚至劳务员工，如果在单位有自己负责或者经手的事项，并利用这种岗位职责的便利，非法侵占单位财产，也能构成本罪。对于不是利用职务上的便利，而是利用工作上的便利，比如因工作关系熟悉作案环境，因工作关系易于接近作案目标，因工作关系容易进入某些场所的便利，侵占本单位的财产，不能认定为职务侵占罪。

是否属于利用职务上的便利，对于界定罪与非罪具有重大的意义，也是本罪罪名的一个重大的辩点。被控职务侵占罪的当事人及其辩护人，要善于把握。

（三）本单位财物的认定

职务侵占罪罪名中的“本单位财物”是公私财产。因为本罪罪名中的公司、企业或者其他单位，既可能是集体性质的，也可能是私人所有的。“本单位财物”通常是行为人所在单位的合法财物。对于行为人所在单位依法负有保管、运输等义务以及享有使用、占有等权利的非本单位的财物，应以本单位财物论。

（四）非法占有目的的认定

张明楷教授说，所谓非法占有目的，是指排除权利人，将他人的财物作为自己的财物进行支配，并遵从财物的用途进行利用、处分的意思和心理状态。具体到职务侵占罪而言，其主观方面是故意，并且具有非法占有的目的，即是一种明知是本单位的公共财物，仍然希望排除单位对该财物的支配，使自己非法占有该财物并对该财物予以利用的主观心理状态。非法占有公共财物后，如果转移给他人或者捐献给社会，不影响非法占有的认定。那么，如何认定非法占有呢？笔者认为，认定非法占有，必须先准确地分清非法占有的心理状态与挪用的心理状态的区别。

对于行为人携带挪用的本单位资金潜逃的，对其携带潜逃的资金部分，可以认定为非法占有；行为人挪用资金后采取虚假发票平账、销毁有关账目等手段，使挪用的资金难以在单位财物账目上反映出来，且没有归还行为的；行为人截取单位收入不入账，非法占有，使所占有的资金难以在单位财物账目上反映出来，且没有归还行为的；有证据证明行为人有能力归还所挪用的资金而拒不归还，并隐瞒挪用的资金去向的。

认定非法占有的主观目的，是认定职务侵占罪成立的必需条件。如果行为人被控职务侵占罪，但其行为尚无足够的证据被认定为是具有非法占有的目的。或者说，根据现有证据，尚有其他的可能性，则将是本罪名的一个重大的辩点，甚至可依此作无罪辩护。

（五）既遂和未遂的认定

《刑法》总则规定，犯罪未遂是故意犯罪的一种未完成形态。只要已经着手实行犯罪，由于意志以外的原因未得逞，即为未遂行为。具体到职务侵占罪名而言，只要实施了非法占有本单位财物的行为，就成立职务侵占罪。如果由于意志以外的原因未能将本单位财物非法占有的，即为职务侵占罪未遂。比如已做好假账，但在银行划款时被发现了，即为职务侵占罪的未遂。是否非法占有了本单位的财物，是职务侵占罪的既遂条件。

职务侵占罪是一种以非法占有为目的的财产性犯罪，与盗窃、诈骗、抢夺等侵犯财产罪一样，应当以行为人是否实际控制财物作为区分既遂与未遂的标准。对于行为人利用职务上的便利，实施了虚假平账等侵占行为，但本单位财物尚未实际转移，或者尚未被行为人控制就被查获的，应当认定为职务侵占未遂。行为人控制本单位财物后，是否将财物局据为己有，不影响职务侵占罪既遂的认定。

被控职务侵占罪的嫌疑人或者被告人，可以根据以上规定，准确地界定自己的行为既遂还是未遂，从而为自己寻找有利的辩点。

（六）物价鉴定的质证

如果行为人职务侵占的是有形的财物，比如是电脑、汽车、珠宝、文物、字画等，则公诉机关必须使用物价鉴定来确定贪污的数额，而且这个数额直接关系到量刑的轻重。于是，对物价鉴定的质证直接关系到行为人切身利益。从司法实践中来说,通过对物价鉴定的质证,打掉部分数额甚至全部推翻物价鉴定书都是可能的。

第一,鉴定人和鉴定机构是否具有专业的价格鉴定资质。对这些鉴定资质,必须要有真实、合法、有效的证据证明,否则不应作为定案的根据。第二,鉴定的样本必须是真实的。如果没有充分的证据证明鉴定的样本就是行为人职务侵占的财物,则不能作为定案的根据。第三,现行司法实践中,物价鉴定有很多法规、规章和技术性规范,鉴定的程序和鉴定的方法是否合乎这些法规、规章和技术性规范。如果该物价鉴定意见只有结论,而没有鉴定的过程、进行鉴定所应采取的科学方法、鉴定的依据,则不能作为定案的根据。第四,如果职务侵占的珠宝、文物、字画的话,则首先应进行真伪的鉴定。如果是假货,自然就不构成职务侵占罪。第五,财物价格认定常用的方法有市场法、成本法、专家咨询法,如果职务侵占的财物是汽车、电脑等,则可针对这些物品到市场上详细打听市场上可能的价格。必要时寻求专家证人的帮助,以其能打掉一部分价格。第六,同一个物品在不同的日期会有不同的价格,鉴定的物价基准日应该是职务侵占行为发生之日。如果因为不合理的基准日而导致过高的价格,则可要求重新鉴定,并打掉不合理的过高的价格。

(七)认罪、悔罪、退赃

《刑法修正案(九)》已经将涉嫌贪污罪在提起公诉前如实供述自己罪行、真诚悔罪、积极退赃,作为法定从轻处罚的情节。而对于职务侵占罪,则没有这样的规定。但根据最高人民法院的量刑指导意见和各省高级人民法院的实施细则,如实供述、真诚悔罪、积极退赃,一直都是作为一个重要的酌定从轻情节而存在的。被控职务侵占罪的被告人及其辩护人应在实际案件中抓住这一有利的辩点,为自己或当事人作辩护。

(八)自首、立功

自首和立功在《刑法》总则里一直都是作为法定从轻情节存在的,对于所有的罪名都是同等适用的,职务侵占罪也不例外。这两点也是重要的辩点,被告人及其辩护人要善于把握。

1. 普通自首

职务侵占罪的嫌疑人在被讯问、被采取强制措施前,自动投案,如实供述的,构成自首,按《刑法》总则中关于自首的规定处理。对于如实供述,需要注意的是,嫌疑人自动投案并如实供述自己的罪行后又翻供的,不能认定为自首;但在一审判决前又能如实供述的，应当认定为自首。

2. 同种罪行的自首

没有自动投案，公安机关所掌握的线索和证据指向的犯罪事实不成立。在此范围外嫌疑人又交代同种罪行的，以自首论。比如公安机关掌握嫌疑人职务侵占的线索和证据，但侦查后发现不构成犯罪，而行为人又交代了他另外一笔职务侵占的事实，则另外一笔职务侵占的事实构成自首。

3. 不同种罪行的自首

没有自动投案，公安机关所掌握的线索和证据指向的犯罪事实不成立。在此范围外嫌疑人又交代不同种罪行的，以自首论。比如公安机关掌握嫌疑人职务侵占的线索和证据，但侦查后发现不构成犯罪，而行为人又交代了他受贿的事实，则其受贿罪的事实构成自首。

4. 立功

《刑法》第 68 条规定，犯罪分子有揭发他人犯罪行为，查证属实的，或者提供重要线索，从而得以侦破其他案件等立功表现的，可以从轻或者减轻处罚；有重大立功表现的，可以减轻或者免除处罚。这里需要注意的是，嫌疑人检举揭发他人犯罪行为，必须是不属于自己如实供述的范围。如果揭发他人犯罪的行为，是其依法应该供述的范围，那就不构成立功。比如国家工作人员检举他人向自己行贿，那么对于受贿的部分他就不构成立功。因为，如实交代他受贿的行为，本来就是他的法定义务。但如果他检举揭发他人向第三人行贿，则依法构成立功。

第三节　受贿罪的风险识别与辩点分析

一、受贿罪的构成要件

（一）概念

受贿罪是指国家工作人员利用职务上的便利，索取他人财物，或者非法收受他人财物，为他人谋取利益的行为。

（二）构成要件

1. 本罪的主体是特殊主体，即只能由国家工作人员构成。据《刑法》第 93 条规定，国家工作人员包括在国家机关中从事公务的人员和在国有公司、企事业单位、人民团体中从事公务的人员，以及国家机关、国有公司、企事业单位委派到非国有公司、企事业单位、社会团体从事公务的人员，还有其他依照法律从事公务的人员。

2. 本罪在主观方面是故意，过失行为不构成本罪。如果国家工作人员为他人谋利益，并无受贿意图，后者以酬谢名义将财物送至其家中，而该国家工作人员并不知情，不能以受贿论处。但如果行为人以各种方法掩盖其真实的犯罪目的，对于证据确实、充分的，仍然认定为受贿罪。

3. 本罪侵犯的客体是复杂客体。即国家机关、国有公司、企事业单位、人民团体的正常工作秩序和国家工作人员职务行为的廉洁性。本罪的犯罪对象是财物。但并不只是有形物，而是指一切物质性利益、财产性利益。

4. 本罪在客观方面表现为行为人具有利用职务上的便利，向他人索取财物，或者收受他人财物并为他人谋取利益的行为。利用职务之便包括直接利用职务上的便利，以及利用与职务有关的便利条件。所谓利用与职务有关的便利，是指利用本人的职权或地位形成的便利条件，通过其他国家工作人员为他人谋取利益，本人索取财物或存非法收受财物的行为。

二、受贿罪的量刑规定

根据《刑法》第385条的规定，国家工作人员利用职务上的便利，索取他人财物的，或者非法收受他人财物，为他人谋取利益的，是受贿罪。国家工作人员在经济往来中，违反国家规定，收受各种名义的回扣、手续费，归个人所有的，以受贿论处。

《刑法》第388条规定，国家工作人员利用本人职权或者地位形成的便利条件，通过其他国家工作人员职务上的行为，为请托人谋取不正当利益，索取请托人财物或者收受请托人财物的，以受贿论处。

关于对受贿罪如何量刑的问题，《刑法》第386条规定，对犯受贿罪的，根据受贿所得数额及情节，依照本法第383条的规定处罚。索贿的从重处罚。受贿罪适用与贪污罪完全相同的量刑幅度和量刑情节。而《刑法修正案（九）》对贪污罪的量刑幅度和量刑情节作了重大修改。因此，受贿罪也适用这一修改条款。

三、受贿罪的认定标准

（一）索贿和受贿的区别

索取他人财物的，不论是否“为他人谋取利益”，均可构成受贿罪；非法收受他人财物，同时具备“为他人谋取利益”的，才能构成受贿罪。为他人谋取的利益是否正当、是否实现，不影响受贿罪的成立。

（二）共同受贿和介绍贿赂的区别

认定非国家工作人员与国家工作人员是否构成共同受贿犯罪时，应注意把非国家工作人员向国家工作人员介绍贿赂区别开来。介绍贿赂的，只在国家工作人员与行贿人中间起牵线搭桥的作用，没有介入为行贿人谋取利益的具体行为。介绍贿赂人即使从行贿人处得到钱物，也只是行贿人单独给他的好处费、感谢费，而不是行贿。共同受贿罪中的非国家工作人员，则参与了国家工作人员利用职务便利为他人谋取利益的行为。没有该非国家工作人员的参与，国家工作人员一般无法独立利用职务为他人谋取利益。

（三）划清借款与受贿的界限

司法实践中，犯罪分子为了逃避制裁，常常把受贿打扮成“借款”的表象，对此需要格外注意辨别。对于国家工作人员利用职务上的便利，以借为名向他人索取财物，收受财物为他人谋取利益的，应当依法认定为受贿。具体认定时，不能仅仅看是否有书面借款手续，还应当按照《全国法院审理经济犯罪案件工作座谈会纪要》第3条第(6)项“以借款为名索取或者非法收受财物行为的认定”，根据以下因素综合判定：(1)有无正当、合理的借款事由；(2)款项的去向；(3)双方平时关系如何、有无经济往来；(4)国家工作人员是否利用职务上的便利为出借方谋取利益；(5)借款后是否有归还的意思表示和行为；(6)是否有归还的能力；(7)未归还的原因等情形。

四、典型案例

杜某某受贿案①

[案号]重庆市第五中级人民法院(2008)渝五中刑终字第171号

原公诉机关：重庆市永川区人民检察院。

上诉人(原审被告人)：杜某某，男，×年×月×日出生，×民族，重庆市沙坪坝区人，大学文化，原重庆市沙坪坝区房屋管理局局长，住×××。

辩护人王某，重庆市红岩律师事务所律师。

① 案例来源：中国裁判文书网。

辩护人陶某，重庆市红岩律师事务所律师。

重庆市永川区人民法院审理重庆市永川区人民检察院指控原审被告人杜某某犯受贿罪一案，于2008年2月20日作出(2008)永刑初字第50号刑事判决。原审被告杜某某不服，提出上诉。本院受理后，依法组成合议庭，通过阅卷，讯问上诉人，听取辩护人的意见，认为本案事实清楚，决定不开庭审理。现已审理终结。

原判认定，被告人杜某某在担任重庆市沙坪坝区房屋管理局局长期间，利用职务之便，于1998年收受重庆市沙坪坝区向乐村89号联建房建筑商张某某贿赂人民币1.2万元，于2001年收受重庆市顺华房地产开发有限责任公司项目经理聂某某贿赂人民币5万元；2001年至2003年，利用职务之便为重庆世家房地产发展有限公司总经理李某某引荐工程，先后两次收受李某某贿赂共计人民币3万元。被告人杜某某已退清全部赃款，一审期间检举他人受贿犯罪已查证属实。

原判认为，被告人杜某某身为国家工作人员，利用其职务上的便利，多次为开发商谋取利益，收受贿赂人民币9.2万元。其行为已构成受贿罪，应负刑事责任。原公诉机关指控被告人杜某某收受行贿人张某某人民币2万元、聂某某人民币10万元、李某某人民币5万元的事实，经审查，行贿人证词与受贿人部分供述在行、受贿金额方面存在出入。按照存疑有利于被告人的原则出发，对本案被告人杜某某受贿金额作出上述认定。对于被告人杜某某及其辩护人提出杜某某收受李某某的钱没有利用职务之便，该行为不属于受贿犯罪的意见，原判认为，被告人杜某某利用其职务上的影响力及与自身职务相关的便利条件为他人谋取利益，收受他人贿赂，其行为符合受贿罪构成要件。被告人杜某某检举他人犯罪，经查证属实，具有立功情节，依法可从轻处罚。遂依照《中华人民共和国刑法》第三百八十五条、第三百八十六条、第三百八十三条第二款、第六十八条、第六十四条的规定，对被告人杜某某犯受贿罪，判处有期徒刑六年；对被告人杜某某退出的赃款人民币9.2万元予以没收，上缴国库。

上诉人杜某某提出：(1)为李某某提供“互感器厂危房改造”项目信息，没有利用其担任重庆市沙坪坝区房屋管理局局长的职务便利，该行为不属于利用职务之便为他人谋取利益的行为；2001年春节期间收取过李某某的“拜年费”，但只有几百元钱；2002年春节期间，李某某所送人民币2万元被其当场拒收；(2)收取张某某好处费是因帮张某某向相关职能部门联系、协调工程，所收取费用已用于各项协调工作；(3)收取聂某某人民币5万元中的大部分已用于向“建字口”的相关人员发放“辛苦费”；(4)主动交代司法机关尚未掌握的部分受贿事实，并有立功情节，请求二审法院减轻处罚。

辩护人提出：(1)上诉人杜某某具有立功情节和悔罪表现，该情节在原判量刑时未得到充分体现，以致原判对上诉人杜某某量刑过重；(2)原判认定上诉人杜某某利用职务之便收受行贿人张某某、聂某某贿赂的证据尚不能做到确实、充分；(3)上诉人杜某某为李某某提供工程项目信息，并向房屋管理系统以外的其他人引荐李某某，已超出其职权和职务影响范围，不属于利用职务之便为他人谋取利益的行为；2002年春节期间，李某某送给上诉人杜某某的人民币2万元已被杜某某当场拒收，该金额不应计入上诉人受贿金额。

经二审审理查明，1998年至2003年，上诉人杜某某利用担任重庆市沙坪坝区房屋管理局(以下简称沙区房管局)局长的职务便利，为请托人谋取利益，收受工程开发、建筑商张某某、聂某某、李某某好处费共计人民币9.2万元。具体事实如下：

(一)1998年，建筑商张某某为了使其承建的沙区房管局与深圳地者物业有限公司联合开发的"向乐村89号联建房"工程款得到支付，送给上诉人杜某某人民币1.2万元。

上述事实，有经原审法院质证，并经本院审查后予以确认的下列证据证实：

1. 重庆市沙坪坝区人大常委会任免通知、干部履历表等书证证实，上诉人杜某某于1996年5月29日起任重庆市房屋管理局沙坪坝区分局局长，1998年4月15日起任重庆市沙坪坝区房屋管理局局长。

2. 证人张某某证词证实，1998年深圳地者房地产公司与沙区房管局下属沙坪坝房管所联合改建向乐村89号，其作为建筑商。后地者公司的老总房某某跑了，他的工程款就一直拖欠。其就找到沙区房管局支付工程款，但沙区房管局局长杜某某始终不付钱。后他分两次送给了杜某某人民币1.2万元。过了一段时间，沙区房管局就陆续将工程款人民币300多万元付给了他。

3. 上诉人杜某某供述，1998年，沙坪坝房管所与深圳地产公司联合开发"向乐村86号联建房"。但因深圳公司资金不到位，未按时支付建筑商工程款和民工工资。后经沙区政府协调，由沙区房管局安排行政资金垫付，解决民工工资问题。当年国庆节前，该工程建筑商张总(具体名字记不清楚)约他喝茶，对沙区房管局帮助他解决民工工资问题表示感谢，送给他人民币2万元至3万元。

4. "向乐村89号"工程合作协议及付款凭证证实，沙区房管局与深圳地者公司签订合作开发协议，并于2000年陆续向建筑商张某某挂靠的"重庆六建"支付工程款。

上诉人杜某某多次供述所称受贿事由与张某某证词所称请托事项一致。且该二人谈到沙区房管所与深圳地者物业有限公司联合开发"向乐村工程"过程中，深圳地者物业有限公司拖欠建筑商工程款的事实，能够得到沙区人民法院民事判决书及沙区房管局向重庆市第六建筑公司支付向乐村89号工程款凭证等书证证实。上诉人杜某某基于职务上的行为收取他人感谢费,其行为构成受贿罪。受贿金额按照有利于被告人的原则,可就低认定为人民币1.2万元。杜某某一审庭审及上诉称,收取张某某人民币2万元与沙区房管局代开发商向建筑商张某某支付工程款无关,系接受张某某请托为其向其他职能部门联系、协调工程。该辩解不能得到张某某证词印证,对该辩解不予采纳。

(二)2001年,沙区房管局下属土湾房管所决定与重庆市顺华房地产开发有限责任公司联合改造"工人村片区"("奥林骄子"工程)。该公司项目经理聂某某为感谢上诉人杜某某对其取得工程开发权的支持,送给上诉人杜某某好处费人民币5万元。

上述事实,有经原审法院质证,并经本院审查后予以确认的下列证据证实:

1. 证人聂某某证词证实,2001年,其挂靠重庆市顺华房地产开发有限责任公司与沙区房管局下属土湾房管所签订协议,取得"龙华大厦"(销售时又称"奥林骄子")的开发权。该项目决定由他做是经沙区房管局决定的,并且房管局局长即上诉人杜某某是同意的。其为感谢上诉人杜某某将该项目交给他开发,而送给杜人民币10万元。

2. 上诉人杜某某供述,2001年,沙区房管局决定将沙区土湾片区的一个开发项目进行招商。经沙区房管局党委会研究决定将该工程交给聂某某的公司做,其也表态同意。过了几天,聂某某就到他家,送给他人民币5万元,感谢他对聂某某取得该项目的关心和支持。该5万元中的3.3万元左右被其用于给局机关工作人员及中干发清凉饮料费,其余1.7万元用于个人开支。

3. 联合改造危旧房补充协议证实,聂某某作为重庆市顺华房地产开发有限责任公司委托代理人,与沙区房管局下属土湾房管所签订"工人村片区"工程开发、建筑协议。

上诉人杜某某在侦查阶段对收受聂某某人民币5万元作了多次供述。其供述的受贿事由、时间段、金额较为稳定,与行贿人聂某某陈述的行贿事由、时间段吻合,并且能够得到客观书证印证。关于上诉人杜某某提出所收取聂某某好处费中的大部分用于了"协调",已实际支出部分应从受贿数额中扣除的问题。因上诉人杜某某收受他人所给人民币的行为自钱财交付即告完成,上诉人对贿赂款的支配属于赃款使用,不影响本案受贿金额认定。故对上诉人杜某某的上述辩解不予采纳,受贿金额按照有利于被告人的原则可就低认定为人民币5万元。

(三)2000年左右,重庆世家房地产发展有限公司拟开发重庆市沙坪坝区"互感器厂地块"。该公司总经理李某某为感谢上诉人杜某某的介绍、引荐,并为得到上诉人杜某某今后继续关照,于2001年春节、2002年春节期间共送给上诉人杜某某人民币3万元。

上述事实,有经原审法院质证,并经本院审查后予以确认的下列证据证实:

1. 证人李某某证词证实,2000年左右,时任沙区房管局局长的杜某某同意将“互感器厂地块”交给她的世家房地产公司开发。为表示感谢和今后得到杜某某继续关照,其于2001年春节前,在“丽苑酒店”茶楼送给杜某某人民币1万元,杜收下;2002年春节期间,在“丽苑酒店”茶楼送给杜某某人民币2万元,杜收下。

2. 上诉人杜某某供述,2000年或2001年,沙区房管局下属沙坪坝房管所与沙区劳动路一个厂联合进行的危房改造项目进行不下去了。李某某通过他人介绍找到他,他向李某某推荐了该项目,并当着李某某的面给对方厂长打了一个电话。后三家达成协议,沙坪坝房管所退出,由李某某补偿沙坪坝房管所投入的人民币60万元。后李某某在该地块上开发了“阳光驿站”项目。2001年春节左右,其在“丽苑酒店”收受李某某所送人民币1万元;2002年春节期间,在“丽苑酒店”收受李某某所送人民币2万元。其认为李某某送钱给他,一来是因为他为李某某作了引荐,并同意李某某代替沙坪坝房管所与互感器厂开发“阳光驿站”项目;二来是因为他作为房管局局长,在拆迁、协调各单位周边关系上有权力和影响力,李某某在以后的项目开发中需要他的支持。

3. 证人牟某某(重庆市沙坪坝区房屋管理局沙坪坝房管所所长)证词证实,1997年,沙坪坝房管所与互感器厂协议准备兼并互感器厂进行土地开发,因价格差距太大没有谈拢。后世家房地产公司的李某某得到消息,准备单独兼并互感器厂进行开发。沙坪坝房管所要求互感器厂退回其前期投入的人民币50万元。互感器厂同意并支付了该50万元,沙坪坝房管所退出,由世家房地产公司进行了开发。

4. 付款凭证证实,2002年6月、8月、12月,重庆世家房地产发展有限公司先后支付沙区房管局“互感器厂工程款”共计人民币50万元。

关于上诉人杜某某收受李某某感谢费的数额问题,经审查,上诉人杜某某在接受检察机关第一次讯问时即供述收受李某某感谢费人民币3万元的事实。后又多次供述该事实,与李某某证词证实的请托事由、时间、地点、金额一致。其提出,第一次即2001年春节只收到几百元和第二次即2002年春节当场退还给李某某人民币2万元的辩解,无其他证据佐证。故对上诉人杜某某的上述辩解不予采纳。

关于上诉人杜某某收受李某某感谢费是否利用职务之便的问题,本院认为,证人李某某因为上诉人杜某某职务上的影响力,请求杜某某在其今后的工程开发中给予关照,杜某某承诺并收取李某某给予的感谢费人民币3万元。该行为符合受贿犯罪利用职务之便为他人谋取利益的客观行为特征,故对上诉人杜某某及其辩护人的辩解、辩护意见不予采纳。

此外，上诉人杜某某退出赃款人民币9.2万元，一审审理期间检举他人受贿犯罪事实已查证属实。

本院认为，上诉人杜某某身为国家工作人员，利用职务之便，为他人谋取利益，收受他人贿赂共计人民币9.2万元，其行为已构成受贿罪。上诉人杜某某一审审理期间检举他人犯罪事实属实，具有立功情节。上诉人杜某某向有关部门提供的其他检举线索，二审审理期间尚未查证属实。原判认定事实清楚，适用法律及量刑并无不当，审判程序合法。但鉴于上诉人杜某某被采取强制措施后能主动交代司法机关尚未掌握的部分犯罪事实，并能退清全部赃款，具有一定认罪悔罪表现，综合考虑其具有的法定从轻、减轻处罚情节及酌定从轻处罚情节，依法可对其减轻处罚。依据《中华人民共和国刑事诉讼法》第一百八十九条第(二)项、《中华人民共和国刑法》第三百八十五条、第三百八十六条、第三百八十三条第一款第(二)项、第六十八条第一款、第六十四条的规定，判决如下：

一、维持重庆市永川区人民法院(2008)永刑初字第50号刑事判决的第二项，即被告人杜某某退出的赃款人民币9.2万元予以没收，上缴国库；

二、撤销重庆市永川区人民法院(2008)永刑初字第50号刑事判决的第一项，即被告人杜某某犯受贿罪，判处有期徒刑六年；

三、上诉人(原审被告人)杜某某犯受贿罪，判处有期徒刑三年。

(刑期从判决执行之日起算。判决执行之前先行羁押的，羁押一日折抵刑期一日。即自2007年9月16日起至2010年9月15日止。)

本判决为终审判决。

审　判　长　林　某
审　判　员　卢某某
代理审判员　余　某
二〇〇八年八月二十一日
书　记　员　梁　某

五、辩点分析

受贿罪的辩点主要从以下几个方面厘清：“国家工作人员”的认定，“职务上的便利”的认定，“他人财物”的认定，“为他人谋取利益”的认定，受贿共犯的认定，“特定关系人”的认定，既遂和未遂的认定，物价鉴定的质证，认罪、悔罪和退赃，自首和立功等。

(一)“国家工作人员”的认定

受贿罪的行为主体必须是国家工作人员。同样的行为，如果不是国家工作人员，则不能构成受贿罪，而可能构成非国家工作人员受贿罪。根据《刑法》第93条的规定，国家工作人员包括四类人：国家机关中从事公务的人员；国有公司、企业、事业单位、人民团体中从事公务的人员；国家机关、国有公司、企业、事业单位委派到非国有公司、企业、事业单位、社会团体从事公务的人员；其他依照法律从事公务的人员。

对于国家机关中从事公务的人员；国有公司、企业、事业单位、人民团体中从事公务的人员，通常比较好理解，司法实践中也比较好认定。对于国家机关、国有公司、企业、事业单位委派到非国有公司、企业、事业单位、社会团体从事公务的人员，通常指国有独资公司、独资企业委派到股份有限公司或者国有参股、控股公司从事公务的人员。这些人员虽是被委派的，但其担任职务仍然要由股份有限公司或者国有参股、控股公司的股东大会或者董事会表决通过。不能因为是由这些公司的股东大会或者董事会表决通过的，就否定是国有公司、企业、事业单位委派到非国有公司、企业、事业单位、社会团体从事公务的人员。《刑法》第93条没有规定人民团体委派到非国有公司、企业、事业单位、社会团体从事公务的人员属于国家工作人员。因此，按照罪刑法定原则，这类人员不能被视为是受贿罪中的国家工作人员。对于“其他依照法律从事公务的人员”，则是刑法的一个兜底条款，主要包括：依法履行职责的人大代表；法院人民陪审员；协助乡镇人民政府、街道办事处从事行政管理工作的村民委员会、居民委员会工作人员等。尤其需要注意的是，村民委员会工作人员对征地拆迁的管理以及征地、拆迁补偿费用的分配是属于协助乡镇人民政府、街道办事处从事的行政管理工作。如果对索取他人财物或者收受他人财物，为他人谋取利益的，可以构成受贿罪的主体。

根据最高人民法院的批复，国家工作人员利用职务上的便利，为请托人谋取利益，并与请托人事先约定，在其离退休后收受请托人财物的，应以受贿罪定罪处罚。即为他人谋取利益的行为是在职期间，收受财物的行为是在离职后，仍然以受贿罪论处。

另外，1997年《刑法》颁布实施之前，离退休人员利用本人原职权和地位形成的便利条件，通过在职国家工作人员职务上的行为，或者由在职国家工作人员出面打招呼，再通过其他国家工作人员职务上的行为，为请托人谋取不正当的利益，也属于利用职务上的便利。但1997年《刑法》颁布实施之后，离退休的人员已经不能作为国家工作人员的主体，因此也不能构成受贿罪的主体。针对离退休人员收受他人财物为他人谋取利益的行为，2009年《刑法修正案（七）》特别规定了利用影响力受贿罪，对这一违法行为进行了规制。

对于建筑房地产企业的管理人员来说，只有构成从事公务的国家工作人员，才能构成受贿罪。否则，即使发生索取他人财物或者收受他人财物的行为，也不构成受贿罪,只能构成非国家工作人员受贿罪。而非国家工作人员受贿罪的罪名要轻很多,量刑也要轻很多。这是被指控犯受贿罪的一个重要的辩点。

(二)"职务上的便利"的认定

《刑法》第385条规定,国家工作人员利用职务上的便利,索取他人财物的,或者非法收受他人财物,为他人谋取利益的,是受贿罪。《刑法》第388条规定,国家工作人员利用本人职权或者地位形成的便利条件,通过其他国家工作人员职务上的行为,为请托人谋取不正当利益,索取请托人财物或者收受请托人财物的,以受贿论处。因此,"利用职务上的便利",既包括利用本人职务上的主管、负责、承办某项公共事务的职权,也包括利用职务上有隶属、制约关系的其他国家工作人员的职权。担任单位领导职务的国家工作人员通过不属于自己的主管的下级部门的国家工作人员的职务为他人谋取利益的,也应当认定为"利用职务上的便利"为他人谋取利益。

受贿罪最核心的特征,就是其行为侵犯国家工作人员职务行为的廉洁性和不可收买性。被控受贿罪的被告人及其辩护人,可以以此来界定受贿罪的罪与非罪,寻求辩护空间。

(三)"他人财物"的认定

《刑法》将贿赂的内容限定为财物。财物是指具有价值的可以管理的有形物、无形物以及财产性利益。能够转移占有的有形物与无形物,属于财物自不待言,但财产性利益也应包括在内。因为财产性利益可以通过金钱估价,也可以被行为人用来行贿,进而侵害国家工作人员职务的廉洁性和不可收买性。因此,没有理由将财产性利益排除在财物之外。受贿罪的本质是权钱交易,将能够转移占有与使用的财产性利益解释为财物,完全符合受贿罪的本质。至于非财产性利益,则不属于财物。虽然从受贿罪的实质以及国外的刑法立法与司法实践上看,贿赂可能包括非财产性利益,比如说性贿赂。但中国一贯实行宽严相济的刑事政策,这就决定了要将受贿的认定控制在适当的范围内。如将非财产性利益视为贿赂,则扩大了受贿罪的处罚范围。因此,当前条件下,还不适宜将非财产性利益作为贿赂。

根据以上理解,如果行为人收受的既不是有形物、无形物,也不是财产性利益,而是非财产性利益,比如说是"性",则不构成受贿罪。

(四)"为他人谋取利益"的认定

如果国家工作人员收受财物,但事实上并没有为他人谋取利益的,则不成立受贿罪。因此,为他人谋取利益是受贿罪的客观要件。为他人谋取的利益是否已经实现,不影响受贿罪的成立。最高人民法院、最高人民检察院 1989 年《关于执行〈关于惩治贪污罪贿赂罪的补充规定〉若干问题酌解答》也指出:非法收受他人财物,同时具有“为他人谋取利益”的,才能构成受贿罪。为他人谋取的利益是否正当,为他人谋取的利益是否实现,不影响受贿罪的成立。据此,为他人谋取利益,是指客观上有为他人谋取利益的行为,而不要求实际上使他人取得了利益。这种观点在法理上被称为旧客观说。

而新客观说认为,为他人谋取利益的许诺也是谋取利益的一种行为。许诺既可以是明示的,也可以是暗示的。当他人主动行贿并提出为其谋取利益的要求后,国家工作人员虽没明确答复办理,但只要不予拒绝,就应当认为是一种暗示的许诺。许诺既可以直接对行贿人许诺,也可以通过第三者对行贿人许诺。许诺既可以是真实的,也可以是虚假的。虚假许诺与为他人谋取利益的行为相结合,也可以构成受贿罪。所谓虚假许诺,是指国家工作人员具有为他人谋取利益的职权或者职务条件,在他人有求于自己时,并不打算为他人谋取利益,却又承诺为他人谋取利益。但虚假承诺构成受贿罪是有条件的:其一,一般只能在收受财物后作虚假承诺;其二,许诺的内容与国家工作人员的职务有关联;其三,因为许诺而在客观上形成了为他人谋取利益的约定。

如果被控受贿罪的被告人,既没有为他人谋取利益的实际行为,也没有许诺的行为(如果没有口头的许诺,但收受了他人财物却没有拒绝,视为一种暗示的许诺),则不构成受贿罪。

(五)量刑时不得重复评价

最高人民法院、最高人民检察院在 2016 年 4 月 18 日颁布实施的《关于办理贪污贿赂刑事案件适用法律若干问题的解释》第 1 条将受贿数额虽未满 3 万元但已达到 1 万元以上,并且具有“曾因故意犯罪受过刑事追究”、“赃款赃物用于非法活动”、“拒不交代赃款赃物去向或者拒不配合追缴工作,致使无法追缴”等情节之一的,应予立案追诉。这也就是说,受贿数额达到 1 万元以上但未满 3 万元的,本来是不入罪的。但因为具备以上情节之一的,被刑法加重评价,就入罪了。既然这些情节在入罪时已经被刑法评价了 1 次,那么在对行为人量刑时就不应再评价 1 次。即这一情节在量刑时,不应再作为从重情节或者作为较高一档刑期(3 年以上 10 年以下有期徒刑;10 年以上有期徒刑、无期徒刑或者死刑)的构成要件情节予以考虑。

（六）受贿共犯的认定

根据《刑法》的规定，受贿罪的主体只能是国家工作人员。但是，在特殊情况下，非国家工作人员，是可以成为受贿罪的共犯的。最高人民法院于 2003 年 11 月 13 日颁布的《全国法院审理经济犯罪案件工作座谈会纪要》中规定，根据刑法关于共同犯罪的规定，非国家工作人员与国家工作人员勾结伙同受贿的，应当以受贿罪的共犯追究刑事责任。非国家工作人员是否构成受贿罪共犯，取决于双方有无共同受贿的故意和行为，国家工作人员的近亲属向国家工作人员代为转达请托事项，收受请托人财物并告知该国家工作人员，或者国家工作人员明知其近亲属收受了他人财物，仍按照近亲属的要求利用职权为他人谋取利益的，对该国家工作人员应认定为受贿罪，其近亲属以受贿罪共犯论处。近亲属以外的其他人，与国家工作人员通谋，由国家工作人员利用职务上的便利为请托人谋取利益，收受请托人财物后双方共同占有的，构成受贿罪共犯，国家工作人员利用职务上的便利为他人谋取利益，并指定他人将财物送给其他人，构成犯罪的，应以受贿罪定罪处罚。

被控受贿罪的被告人及其辩护人，可以根据以上规定准确地界定该被告人是否受贿罪的共犯。如果是共犯，则可以根据其共同犯罪中的地位和作用，寻找辩护的空间。

（七）"特定关系人"的认定

"特定关系人"，是指与国家工作人员有近亲属、情妇（夫）以及其他共同利益关系的人。

国家工作人员利用职务上的便利为请托人谋取利益，授意请托人将有关财物给予特定关系人的，以受贿论处。特定关系人与国家工作人员通谋，共同实施受贿行为的，对特定关系人以受贿罪的共犯论处。特定关系人没有与国家工作人员通谋，没有与国家工作人员共同实施受贿行为，只是由该国家工作人员指定行贿人将财物给予给特定关系人的，只能对该国家工作人员以受贿罪论处，特定关系人不构成受贿罪。

（八）既遂和未遂的认定

《刑法》总则规定，犯罪未遂是故意犯罪的一种未完成形态。只要已经着手实行犯罪，由于意志以外的原因未得逞，即为未遂行为。具体到受贿罪名而言，只要以明示或暗示的方式许诺为他人谋取利益，收受了他人财物，就构成受贿罪。

如果由于意志以外的原因未能收受他人财物,即为受贿罪未遂。是否收受他人财物,是受贿罪的既遂条件。

为他人谋取利益或者许诺为他人谋取利益,是受贿罪的客观要件。国家工作人员在非法收受他人财物之前或者之后许诺为他人谋取利益,就在客观上形成了权钱交易的约定。同时使人们产生以下认识:国家工作人员的职务行为是可以收买的,只要给予财物,就可以使国家工作人员为自己谋取各种利益。这本身就使职务行为的不可收买性受到了侵犯。按照新客观说,为他人谋取利益的许诺本身是一种行为。故只要收受了财物就是受贿既遂,而不是待实际上为他人谋取利益之后才是既遂。

被控受贿罪的被告人,可以根据以上规定,准确地界定自己的行为是受贿既遂还是受贿未遂,从而为自己寻找有利的辩点。

(九)物价鉴定的质证

行为人如果受贿的是有形的财物,如电脑、汽车、珠宝、文物、字画,则公诉机关必须使用物价鉴定来确定受贿的数额,而这个数额直接关系到量刑的轻重。于是,对物价鉴定的质证直接关系到行为人切身利益。从司法实践中来说,通过对物价鉴定的质证,打掉部分数额甚至全部推翻物价鉴定书都是可能的。

第一,鉴定人和鉴定机构是否具有专业的价格鉴定资质,对这些鉴定资质,必须要有真实、合法、有效的证据证明。否则不应作为定案的根据。第二,鉴定的样本必须是真实的。如果没有充分的证据证明鉴定的样本就是行为人收受的财物,则不能作为定案的根据。第三,现行司法实践中,物价鉴定有很多法规、规章和技术性规范,鉴定的程序和鉴定的方法是否合乎这些法规、规章和技术性规范。如果该物价鉴定意见只有结论,而没有鉴定的过程、进行鉴定所应采取的科学的方法、鉴定的科学合法的依据,则不能作为定案的根据。第四,如果收受的财物是珠宝、文物、字画的话,则首先应进行真伪的鉴定;如果是假货,自然就不构成受贿罪。第五,财物价格认定常用的方法有市场法、成本法、专家咨询法。如果收受的财物是汽车、电脑等,则可针对这些物品到市场上详细打听市场上可能的价格;必要时寻求专家证人的帮助,以其能打掉一部分价格。第六,同一个物品在不同的日期会有不同的价格,鉴定的物价基准日应该是收受财物行为发生之日。如果因为不合理的基准日而导致过高的价格,则可要求重新鉴定,并打掉不合理的过高的价格。

(十)认罪、悔罪、退赃

《刑法修正案(九)》已经将涉嫌贪污罪在提起公诉前如实供述自己罪行、真诚悔罪、积极退赃，作为法定从轻处罚的情节。对于受贿罪，则没有这样的规定。但根据最高人民法院的量刑指导意见和各省高级人民法院的实施细则，如实供述、真诚悔罪、积极退赃，一直都是作为一个重要的酌定从轻情节而存在的。被控受贿罪的被告人及其辩护人应在实际案件中抓住这一有利的辩点，为自己或当事人作辩护。

（十一）自首、立功

自首和立功在《刑法》总则里一直都是作为法定从轻情节存在的，对于所有的罪名都是同等适用的，受贿罪也不例外。

1. 普通自首

受贿罪的嫌疑人在被纪检监察机关调查谈话、讯问、采取调查措施或者采取强制措施前，自动投案，如实供述的，构成自首，按《刑法》总则中关于自首的规定处理。对于如实供述，需要注意的是，嫌疑人自动投案并如实供述自己的罪行后又翻供的，不能认定为自首；但在一审判决前又能如实供述的，应当认定为自首。

2. 同种罪行的自首

没有自动投案，办案机关（包括纪检监察机关、检察机关、公安机关）所掌握的线索和证据指向的犯罪事实不成立。在此范围外嫌疑人又交代同种罪行的，以自首论。比如检察机关掌握嫌疑人受贿的线索和证据，但侦查后发现不构成犯罪，但行为人又交代了他另外一笔受贿的事实，则另外一笔受贿的事实构成自首。

3. 不同种罪行的自首

没有自动投案，办案机关（包括纪检监察机关、检察机关、公安机关）所掌握的线索和证据指向的犯罪事实不成立。在此范围外嫌疑人又交代不同种罪行的，以自首论。比如检察机关掌握嫌疑人受贿的线索和证据，但侦查后发现不构成犯罪，而行为人又交代了他贪污的事实，则其贪污罪的事实构成自首。

4. 立功

《刑法》第 68 条规定，犯罪分子有揭发他人犯罪行为，查证属实的，或者提供重要线索，从而得以侦破其他案件等立功表现的，可以从轻或者减轻处罚；有重大立功表现的，可以减轻或者免除处罚。这里需要注意的是，嫌疑人检举揭发他人犯罪行为，必须是不属于自己如实供述的范围。如果揭发他人犯罪的行为，是其依法应该供述的范围，那就不构成立功。比如国家工作人员检举他人向自己行贿，那么对于受贿的部分他就不构成立功。因为如实交代他受贿的行为，本来就是他的法定义务。但如果他检举揭发他人向第三人行贿，则依法构成立功。

第四节 非国家工作人员受贿罪的风险识别与辩点分析

一、非国家工作人员受贿罪的构成要件

(一)概念

非国家工作人员受贿罪是指公司、企业或者其他单位的工作人员利用职务上的便利,为他人谋取利益的,索取他人财物或者非法收受他人财物,数额较大的行为。

(二)犯罪构成

1. 本罪的主体为特殊主体,必须是公司、企业或者其他单位的工作人员,且必须是负有组织、领导、监督、管理职责的人员。比如:公司、企业的董事、监事、经理、财务人员、车间主任等;事业单位的负责人及部门负责人;以及村委会主任、村支书等村基层组织负责人员。对于单纯提供劳务或者单纯提供技术服务的人员,不能成为本罪的主体。

另外,金融机构和国有事业单位中的工作人员,不是从事组织、领导、监督、管理职责的人员,由于其职务与行贿之间可能具有因果关系,因此也可以构成本罪的主体。如果是国有公司、企业中从事公务的人员和国有公司、企业委派到非国有公司、企业从事公务的人员犯有上述受贿的行为,以贪污贿赂罪中的受贿罪论处。

2. 本罪在主观方面,只能是出于故意,过失不能构成本罪。

3. 本罪侵害的客体,是国家对非国有独资的公司、企业以及非国有事业单位、其他组织的工作人员职务廉洁制度和社会主义市场经济公平交易的秩序。

4. 在犯罪的客观方面表现为利用职务上的便利,索取他人财物或者非法收受他人财物,为他人谋取利益的行为。所谓"财物",既包括金钱和实物,也包括可以用金钱计算数额的财产性利益,如提供房屋装修费用、旅游费用。在经济往来中,利用职务上的便利,违反国家规定,收受各种名义的回扣、手续费,归个人所有的,以非国家工作人员受贿罪论处。

二、非国家工作人员受贿罪的量刑规定

《刑法修正案(六)》第7条和《刑法》第163条规定:公司、企业或者其他单位的工作人员利用职务上的便利,索取他人财物或者非法收受他人财物,为他人谋取利益,数额较大的,处5年以下有期徒刑或者拘役;数额巨大的,处5年以上有期徒刑,可以并处没收财产。

公司、企业或者其他单位的工作人员在经济往来中,利用职务上的便利,违反国家规定,收受各种名义的回扣、手续费,归个人所有的,依照前款的规定处罚。

国有公司、企业或者其他国有单位中从事公务的人员和国有公司、企业或者其他国有单位委派到非国有公司、企业以及其他单位从事公务的人员有前两款行为的,依照本法第385条、第386条的规定定罪处罚。

关于何为“数额较大”、“数额巨大”的问题,最高人民法院、最高人民检察院于2016年4月18日颁布了《关于办理贪污贿赂刑事案件适用法律若干问题的解释》给出了最新的答案(原来的规定是5000元以上即为数额较大,10万元以上即为数额巨大)。该解释第11条规定,非国家工作人员受贿罪中的“数额较大”、“数额巨大”的数额起点,按照贪污罪、受贿罪相对应的数额标准规定的两倍、五倍执行,即“数额较大”为6万元以上,“数额巨大”为100万元以上。

三、非国家工作人员受贿罪的认定标准

1. 非国家工作人员受贿罪罪与非罪的界限

(1)根据《刑法》第163条的规定,构成公司、企业、其他单位人员受贿罪必须是受贿数额较大的,不足较大数额的按一般受贿行为处理。根据最高人民法院2016年的司法解释,不满6万元的不以本罪论处。

(2)公司、企业、其他单位人员在法律、政策许可的范围内,通过自己的劳动换取合理报酬的,不属于利用职务上的便利受贿。因而是合法行为而不是犯罪。

(3)公司、企业、其他单位人员索取他人财物,没有为他人谋取利益的行为,不构成本罪。这一点与受贿罪不同。受贿罪索取他人财物,没有为他人谋取利益也构成犯罪,且从重处罚。

(4)区分以收受回扣、手续费为形式的受贿罪与正当业务行为的界限。在正常的市场交易行为中,取得符合《反不正当竞争法》规定的折扣、佣金是正当业务行为;而利用职务上的便利,违反国家规定,收受各种名义的回扣、手续费归个人所有的,应认定为公司、企业、其他单位人员受贿罪。

2. 正确认定和处理共犯

非国家工作人员与国家工作人员通谋，共同收受他人财物，构成他人犯罪的，根据双方利用职务便利的具体情形，分别定罪追究刑事责任：(1)利用非国家工作人员的职务便利为他人谋取利益的，以非国家工作人员受贿罪追究刑事责任；(2)利用国家工作人员的职务便利为他人谋取利益的，以受贿罪追究刑事责任；(3)分别利用各自的职务便利为他人谋取利益的，按照主犯的犯罪性质追究刑事责任，分不清主从犯的，可以受贿罪追究刑事责任。

四、典型案例

杨某某受贿、非国家工作人员受贿案①

一、基本案情

被告人杨某某，男，1967 年 3 月 7 日出生，尤溪县电力公司职工。2001 年 1 月 11 日至 2003 年 4 月，任尤溪县银龙电力建设工程有限责任公司（以下简称银龙公司）经理；2003 年 4 月至 2004 年 11 月，任尤溪县银力电力工程有限责任公司（以下简称银力公司）经理。2012 年 6 月 16 日，因涉嫌受贿罪被逮捕。

尤溪县人民检察院指控，2001 年至 2004 年 11 月，被告人杨某某在担任尤溪县电力公司下属的银龙公司、银力公司经理期间，利用职务上的便利，在安排电工电器货款、工程人工费、指定工程承包人的过程中，非法收受他人贿赂人民币（以下币种同）6 万元，并为他人谋取利益，应当以受贿罪追究其刑事责任。

尤溪县人民法院经审理查明：

1999 年 6 月 15 日，尤溪县银龙公司成立。该公司系国有参股公司，股东为尤溪县电力公司（国有独资公司）、尤溪县电力公司工会委员会。其中，尤溪县电力公司出资 105 万元，占 34%；工会职工个人集资 205 万元，占 66%。2001 年 1 月 21 日，被告人杨某某被电力公司任命为银龙公司经理，履行组织、领导、监督、管理职责。2003 年 3 月，银龙公司召开公司股东会作出决议，同意解散银龙公司，撤回尤溪县电力公司注入银龙公司的资本金及由此形成的收益，直接由职工出资组建新的公司，公司名称由原来的银龙公司变更为银力公司。银力公司由尤溪县电力公司 37 名职工共同发起组建，公司注册资本 233 万元。其中，杨某某个人出资 6.3 万元。2003 年 4 月 9 日，经全体股东会研究决定由杨某某担任银力公司经理。

2001 年 1 月至 2002 年年底，杨某某在担任银龙公司经理期间，利用职务上

---

① 案例来源：《刑事审判参考》2013 年第 2 集（总第 91 集）。

的便利,在办理电器电工配件采购与货款结算、电力线路架设、变压器安装工程等过程中,共收受王某某贿赂1.5万元、苏某某贿赂1.5万元;2003年4月至2004年年底在担任银力公司经理期间,其利用职务上的便利,在安排电器电工配件采购与货款结算、电力线路架设、变压器安装工程等过程中共收受王某某贿赂2万元、苏某某贿赂1万元。

2012年6月5日,被告人杨某某被尤溪县人民检察院传唤到案,到案后退出全部赃款。

尤溪县人民法院认为,银龙公司系国有参股公司,被告人杨某某受尤溪县电力公司委派至该公司担任公司经理,履行组织、领导、监督、管理职责,系从事公务。其在担任该公司经理期间,利用职务便利收受他人贿赂3万元,为他人牟利,其行为构成受贿罪。但由银龙公司改制成功的银力公司系电力公司职工个人出资,没有国有股份,不属于国家出资企业。杨某某系根据银力公司全体股东会研究决定担任该公司经理,在银力公司管理电力公司职工个人出资的资金,其行使的不是国家公务。其利用经理的职务便利,收受他人贿赂3万元,为他人牟利,其行为构成非国家工作人员受贿罪。依照《中华人民共和国刑法》第64条、第93条、第163条第1款、第383条第1款第2项、第385条第1款、第386条之规定,尤溪县人民法院以被告人杨某某犯受贿罪,判处有期徒刑2年;犯非国家工作人员受贿罪,判处有期徒刑1年;决定执行有期徒刑2年6个月。一审宣判后,被告人杨某某没有提出上诉,检察机关没有抗诉,判决已发生法律效力。

二、主要问题

分别在国有独资公司委派到国有参股公司、国有参股公司改制为非国家出资企业任职期间收受贿赂的行为如何定性?

三、裁判理由

公诉机关认为,被告人杨某某在前后担任银龙公司、银力公司经理期间,收受贿赂的行为,均构成受贿罪。尤溪县人民法院认为,杨某某在银龙公司担任经理期间,收受的贿赂构成受贿罪;而在银力公司担任经理期间,收受的贿赂则构成非国家工作人员受贿罪。可见,本案争议的焦点在于杨某某在银龙公司、银力公司担任经理期间主体身份的认定。

我们认为,尤溪县人民法院的判决是正确的。具体理由如下:

1. 杨某某担任银龙公司经理的身份属于委派型国家工作人员

《刑法》第93条第2款规定:"国有公司、企业、事业单位、人民团体中从事公务的人员和国家机关、国有公司、企业、事业单位委派到非国有公司、企业、事业单位、社会团体从事公务的人员,以及其他依照法律从事公务的人员,以国家工作人员论。"该条规定的国有公司、企业仅限于国有独资公司、企业。本案中尤溪县电力公司系国有独资公司，也就是刑法意义上的国有公司。根据最高人民法院2003年发布的《全国法院审理经济犯罪案件工作座谈会纪要》（以下简称《纪要》）规定，“所谓委派，即委任、派遣，其形式多种多样，如任命、指派、提名、批准等。”银龙公司系尤溪县电力公司的参股公司，虽然国有股份占34%，不具有国有控股地位。但其经营的业务范围属于特种行业，在很大程度上受尤溪县电力公司的监督管理。因此，尤溪县电力公司有权向银龙公司委派工作人员参与经营管理。根据《纪要》相关规定，被告人杨某某作为国有公司尤溪县电力公司的职工，接受尤溪县电力公司任命，代表国有公司在国有参股公司银龙公司出任经理职务，从事组织、领导、监督、管理等工作，应当以国家工作人员论。杨某某作为国家工作人员在银龙公司从事的管理行为系监督、管理国有财产的职务活动，根据《纪要》的相关规定，应当认定为“从事公务”。因此，杨某某在银龙公司任职期间，具备国家工作人员身份，进行的管理活动是从事公务行为。其利用担任经理的职务便利，在办理电器电工配件采购与货款结算、电力线路架设、变压器安装工程等过程中收受他人贿赂3万元，构成受贿罪。

2. 杨某某担任银力公司经理的身份不属于国家工作人员

根据最高人民法院、最高人民检察院2010年联合发布了《关于办理国家出资企业中职务犯罪案件具体应用法律若干问题的意见》（以下简称《意见》）的规定，被告人的身份是否属于国家工作人员，主要从3个方面予以认定：一是被告人所在公司本身的性质；二是被告人职务任命的形式；三是被告人从事的工作性质。

（1）杨某某所在的银力公司不属于国家出资企业。根据《意见》规定，“国家出资企业”包括国家出资的国有独资公司、国有独资企业，以及国有资本控股公司、国有资本参股公司。银龙公司进行了改制，国有股份全部撤出。改制后成立的银力公司系尤溪县电力公司职工个人出资，杨某某个人亦出资6.3万元。该公司没有国有股份，不属于国家出资企业。

（2）杨某某担任银力公司经理是该公司全体股东大会研究决定的。改制后的银力公司与尤溪县电力公司，已经没有任何隶属或者控制关系。杨某某担任银力公司经理，是经该公司全体股东大会研究决定的，而不是由尤溪县电力公司委派任命。银力公司股东大会任命杨某某为公司经理，主要基于其经营管理公司的业务能力与水平，与其个人的尤溪县电为公司职工身份以及与尤溪县电力公司本身没有任何关联。

（3）杨某某行使的职权不具有公务的性质。根据《纪要》规定，从事公务，是指代表国家机关、国有公司、企业事业单位、人民团体等履行组织、领导、监督、管理等职责。公务主要表现为与职权相联系的公共事务以及监督、管理国有财产的职务活动。如国家机关工作人员依法履行职责，国有公司的董事、经理、监事、会计、出纳人员等管理、监督国有财产等活动，属于从事公务。杨某某在银力公司行使经理职权，管理电力公司职工个人出资的资金，其行为不具有公务性质。杨某某利用担任银力公司经理的职务便利，收受他人贿赂3万元，为他人牟利，其行为构成非国家工作人员受贿罪。

3. 杨某某在改制前后身份发生变化的犯罪应当数罪并罚

根据《意见》关于改制前后主体身份发生变化的犯罪的处理规定："国家工作人员在国家出资企业改制前后利用职务上的便利实施犯罪，在其不具有国家工作人员身份后又实施同种行为，依法构成不同犯罪的，应当分别定罪，实行数罪并罚。"杨某某在银龙公司任职期间系国家工作人员，在银力公司任职期间不具有国家工作人员身份。其在改制前后接受贿赂的行为，因身份发生变化，分别构成受贿罪和非国家工作人员受贿罪；应当数罪并罚。

五、辩点分析

对于非国家工作人员受贿罪，通常有如下方面的辩点：入罪数额标准，"非国家工作人员"的认定，"利用职务上的便利"的认定，"为他人谋取利益"的认定，受贿数额的认定，退赃退缴的认定，共同犯罪中的地位和作用，自首立功等。

（一）入罪数额标准

根据2016年最高人民法院、最高人民检察院《关于办理贪污贿赂刑事案件适用法律若干问题的解释》的规定：公司、企业或者其他单位的工作人员索贿或者受贿数额在六万元以上的，以非国家工作人员论处。也就是说，非国家工作人员受贿六万元以下的，不构成犯罪。

（二）"非国家工作人员"的认定

根据《刑法》第163条和最高人民检察院《关于办理商业贿赂刑事案件适用法律问题的意见》，非国家工作人员包括以下几种人员。

1. 国有公司、企业以及其他国有单位中的非国家工作人员，比如在国有公司、企业、国有单位中从事后勤服务的人员，因为他们不是从事公务，所以应以非国家工作人员论。当然，他们在国有公司、企业、单位担任一定的工作职责，也可以存在利用职务上的便利索取或收受贿赂的情形。但其受贿，只能定非国家工作人员受贿罪。

2. 非国有公司、企业的工作人员。包括国有控股、参股公司的工作人员和民营企业的工作人员，董事、监事、经理、管理人员和职工。

3. 其他单位中的非国家工作人员。包括在非国有事业单位、社会团体中的工作人员和村民委员会、居民委员会、村民小组等常设性组织的工作人员，以及为组织体育赛事、文艺演出或者其他正当活动而成立的组委会、筹委会、工程承包队等非常设性组织的工作人员。

被告人究竟是国家工作人员还是非国家工作人员，这是本罪名的一个重要的辩点。在相同的受贿情节下，非国家工作人员受贿要比国家工作人员受贿轻很多。

（三）“利用职务上的便利”的认定

首先，要明确“利用职务上的便利”与“工作上的便利”的区别。不论是受贿罪还是非国家工作人员受贿罪，本质上都是一种权钱交易，与行为人的职权密不可分。这种“职务上的便利”不包括“工作上的便利”，两者具有本质上的不同。“工作上的便利”是指行为人在履职过程中产生的便利条件，与职权没有内在联系。比如一个工厂的操作工因为工作岗位的便利而对场内的材料物质的存放有了清楚的了解，每天趁场内无人时就盗窃一点物资，积少成多，后因此事涉嫌盗窃罪被刑事拘留。这个工厂的操作工就是利用了他工作上的便利条件，而不是职务上的便利。因为他的职权并不涉及管理、保管厂内的物质资料。因此，准确地区分“职务上的便利”与“工作上的便利”是准确界定本罪名罪与非罪的一个关键因素。

本罪名中的“利用职务上的便利”，是指利用本人在公司、企业或者其他单位中组织、领导、监督、管理等职权以及利用与上述职权有关的便利条件，通常包括在公司、企业、其他单位的支配、管理、控制等职权。其与受贿罪中的“利用职务上的便利”是有区别的，其区别在于：(1) 非国家工作人员受贿罪中“利用职务上的便利”不包括间接利用本人职权，仅指直接利用本人职权；(2) 非国家工作人员在离职后收取贿赂，或利用原职权或地位形成的便利条件，索取或收受贿赂，不能以非国家工作人员受贿罪论处。

因此，非国家工作人员受贿中“利用职务上的便利”的范围比国家工作人员受贿中的“利用职务上的便利”的范围要窄。这里面存在巨大的辩护空间，往往决定着是有罪还是无罪。

（四）“为他人谋取利益”的认定

根据《刑法》第 163 条规定和罪刑法定原则，构成本罪必须要有“为他人谋取利益的情形”。如果行为人收受了或者索取了他人的财物，但并没有为他人谋取利益，是不能定罪的。

2003 年 11 月 13 日，最高人民法院《全国法院审理经济犯罪案件工作座谈会纪要》规定：“为他人谋取利益包括承诺、实施和实现三个阶段的行为，只要具有其中的一个阶段的行为，如国家工作人员收受他人财物时，根据他人提出的具体请托事项，承诺为他人谋取利益的，就具备了为他人谋取利益的要件。明知他人有具体请托事项而收受其财物的，视为承诺为他人谋取利益。”

上述规定，是认定“为他人谋取利益”的重要依据。其中，实施阶段和实现阶段相对来说容易认定一些。而承诺阶段如何认定，相对来说要困难一点。那么，如何认定“承诺”呢？主要有两种方法：一种是行为人明确地对行贿人予以口头承诺或书面承诺；另外一种是行为人明知行贿人对其有请托事项，仍然收受他人财物的，即是一种默示的承诺。这些方面在辩护中存在巨大的辩护空间，辩护人要善于抓住关键的辩点，一招致命。

（五）受贿数额的认定

和其他罪名一样，非国家工作人员受贿罪所涉及的数额直接关系到量刑的轻重。《刑法》第 163 条规定，索取或者非法收受他人财物，为他人谋取利益，数额较大的，处五年以下有期徒刑或者拘役；数额巨大的，处五年以上有期徒刑，可以并处没收财产。

按照最高法、最高检的司法解释，6 万元以上属于“数额较大”，100 万元以上属于“数额巨大”。

（六）退赃退缴的认定

非国家工作人员收受的财物在法律上属于赃款，依法应当予以追缴。根据最高人民法院《量刑指导意见》和相关司法文件的规定，如嫌疑人主动退赃退缴的，属于酌定从轻处罚情节，可以视情况酌定从轻处罚；如果是嫌疑人的近亲属帮助嫌疑人退赃退缴的，也视为嫌疑人退赃退缴。

（七）共同犯罪中的地位和作用

如果非国家工作人员与其他自然人通谋，相互勾结，利用非国家工作人员职务上的便利，收受他人财物，共同构成非国家工作人员受贿罪，属于共同犯罪。凡是共同犯罪，都应区分其在共同犯罪中各自的地位和作用（区分主犯、从犯，以及第一主犯、第二主犯等或第一从犯、第二从犯、第三从犯等），地位高、作用大的会重一些；地位低、作用小的会轻一些。至于如何区分地位和作用，则应看是谁起意的？是谁策划的？是谁指挥的？是谁实施的？受贿后的获取的利益归谁所有？谁的比例大等。

（八）自首立功

1. 普通自首

非国家工作人员受贿罪的嫌疑人在被讯问、被采取强制措施前，自动投案，如实供述的，构成自首，按《刑法》总则中关于自首的规定处理。对于如实供述，需要注意的是，行贿人自动投案并如实供述自己的罪行后又翻供的，不能认定为自首；但在一审判决前又能如实供述的，应当认定为自首。

2. 同种罪行的自首

没有自动投案，公安机关所掌握的线索和证据指向的犯罪事实不成立。在此范围外嫌疑人又交代同种罪行的，以自首论。比如，公安机关掌握嫌疑人作为非国家工作人员受贿的线索和证据，但侦查后发现不构成犯罪，而行为人又交代了他接受其他人财物的事实，则其收受其他人财物的罪行构成自首。

3. 不同种罪行的自首

没有自动投案，公安机关所掌握的线索和证据指向的犯罪事实不成立。在此范围外嫌疑人又交代不同种罪行的，以自首论。比如公安机关掌握嫌疑人作为非国家工作人员受贿的线索和证据，但侦查后发现不构成犯罪，而行为人又交代了他贪污国家财物的事实，则其贪污罪构成自首。

4. 立功

《刑法》第 68 条规定，犯罪分子有揭发他人犯罪行为，查证属实的，或者提供重要线索，从而得以侦破其他案件等立功表现的，可以从轻或者减轻处罚；有重大立功表现的，可以减轻或者免除处罚。这里需要注意的是，嫌疑人检举揭发他人犯罪行为，必须是不属于自己如实供述的范围。如果揭发他人犯罪的行为，是其依法应该供述的范围，那就不构成立功。比如，非国家工作人员检举他人向自己行贿，那么他就不构成立功。因为，如实交代他受贿的行为，本来就是他的法定义务。但如果他检举揭发他人向第三人行贿，则依法构成立功。

第五节　行贿罪的风险识别与辩点分析

一、行贿罪的构成要件

（一）概念

行贿罪是指为谋取不正当利益，给予国家工作人员以财物的行为。

（二）本罪的构成要件

1. 犯罪的主体限于自然人，单位不能成为本罪的主体。

2. 主观上属于故意，过失不构成本罪。行为人明知自己给予国家工作人员以财物的行为侵犯了国家工作人员职务行为的廉洁性，但为了利用对方的职务行为或职权、地位形成的便利条件，为了谋取不正当利益，而故意给予国家工作人员以财物。根据司法解释，“谋取不正当利益”是指谋取违反法律、法规、规章和国家政策规定的利益，以及要求国家工作人员提供违反法律、法规、规章、政策、行业规范的规定，为自己提供帮助或者方便条件。违背公平、公正原则，在经济、组织人事管理等活动中，谋取竞争优势的，应当认定为“谋取不正当利益”。

3. 侵犯的客体是国家机关和国有公司、企业、事业单位、人民团体的廉洁制度，行贿的对象必须是国家工作人员。

4. 客观方面表现为行为人为了谋取不正当利益，给予国家工作人员以数额较大财物的行为。《刑法》第 389 条第 2 款规定：“在经济往来中，违反国家规定，给予国家工作人员以财物，数额较大的，或者违反国家规定，给予国家工作人员以各种名义的回扣、手续费的，以行贿论处”。但根据《刑法》第 389 条第 3 款的规定，因被勒索给予国家工作人员财物，没有获得不正当利益的，不是行贿。

二、行贿罪的量刑规定

《刑法》第 390 条规定：“对犯行贿罪的，处五年以下有期徒刑或者拘役，并处罚金；因行贿谋取不正当利益，情节严重的，或者使国家利益遭受重大损失的，处五年以上十年以下有期徒刑，并处罚金；情节特别严重的，处十年以上有期徒刑或者无期徒刑，并处罚金或者没收财产。行贿人在被追诉前主动交代行贿行为的，可以从轻或者减轻处罚。其中，犯罪较轻的，对侦破重大案件起关键作用的，或者有重大立功表现的，可以减轻或者免除处罚。”

在对犯罪嫌疑人、被告人追诉和量刑时，应注意以下几个法律问题：

1. 根据最高人民法院、最高人民检察院《关于办理贪污贿赂刑事案件适用法律若干问题的解释》的规定，为谋取不正当利益，向国家工作人员行贿，数额在3万元以上的，或者行贿数额在1万元以上不满3万元，但具有“向三人以上行贿的、将违法所得用于行贿的、通过行贿谋取职务提拔调整的、向负有食品、药品、安全生产、环境保护等监督管理职责的国家工作人员行贿实施非法活动的、向司法工作人员行贿影响司法公正的、造成经济损失数额在50万元以上不满100万元的”等情形之一的，应当依照《刑法》第390条的规定以行贿罪追究刑事责任。多次行贿未经处理的，按照累计行贿数额处罚。

司法实践中，对于行贿数额、情节较轻的，虽不追究其刑事责任。但行贿所得非法财物，则应当依法追缴、责令退赔或者返还被害人。

2. 行贿数额在100万元以上不满500万元的，或者行贿数额在50万元以上不满100万元，但具有“向三人以上行贿的、将违法所得用于行贿的、通过行贿谋取职务提拔调整的、向负有食品、药品、安全生产、环境保护等监督管理职责的国家工作人员行贿实施非法活动的、向司法工作人员行贿影响司法公正的”等情形之一的，属于“情节严重”，处5年以上10年以下有期徒刑，并处罚金。

为谋取不正当利益，向国家工作人员行贿，造成经济损失数额在100万元以上不满500万元的，属于“使国家利益遭受重大损失”，处五年以上十年以下有期徒刑，并处罚金。

3. 行贿数额在500万元以上的，或者行贿数额在250万元以上不满500万元，但具有“向三人以上行贿的、将违法所得用于行贿的、通过行贿谋取职务提拔调整的、向负有食品、药品、安全生产、环境保护等监督管理职责的国家工作人员行贿实施非法活动的、向司法工作人员行贿影响司法公正的”等情形之一的，属于“情节特别严重”，处10年以上有期徒刑或者无期徒刑，并处罚金或者没收财产。

为谋取不正当利益，向国家工作人员行贿，造成经济损失数额在500万元以上的，属于“使国家利益遭受特别重大损失”，处10年以上有期徒刑或者无期徒刑，并处罚金或者没收财产。

4. 最高人民法院、最高人民检察院于2013年1月1日实施的《关于办理行贿刑事案件具体应用法律若干问题的解释》对司法实践中常见的对行贿人处罚中的一些疑难问题作出了规定：

（1）“行贿人谋取不正当利益的行为构成犯罪的，应当与行贿犯罪实行数罪并罚。”

(2)“因行贿人在被追诉前主动交代行贿行为而破获相关受贿案件的,对行贿人不适用刑法第六十八条关于立功的规定,依照刑法第三百九十条第二款的规定,可以减轻或者免除处罚。”

(3)“行贿人被追诉后如实供述自己罪行的,依照刑法第六十七条第三款的规定,可以从轻处罚;因其如实供述自己罪行,避免特别严重后果发生的,可以减轻处罚。”

(4)“行贿人揭发受贿人与其行贿无关的其他犯罪行为,查证属实的,依照刑法第六十八条关于立功的规定,可以从轻、减轻或者免除处罚。”

(5)“实施行贿犯罪,具有下列情形之一的,一般不适用缓刑和免予刑事处罚:①向三人以上行贿的;②因行贿受过行政处罚或者刑事处罚的;③为实施违法犯罪活动而行贿的;④造成严重危害后果的;⑤其他不适用缓刑和免予刑事处罚的以情形。具有刑法第三百九十条第二款规定的情形的,不受前款规定的限制。”

(6)“行贿犯罪取得的不正当财产性利益应当依照刑法第六十四条的规定予以追缴、责令退赔或者返还被害人。因行贿犯罪取得财产性利益以外的经营资格、资质或者职务晋升等其他不正当利益,建议有关部门依照相关规定予以处理。”

5. 根据《刑法》第 390 条第 2 款的规定[《刑法修正案(九)》对此进行了修正],对于行贿人构成犯罪,但在被追诉前,能主动交代行贿行为,实际也是对受贿人揭发检举的,依法可对其行贿犯罪从轻处罚或者减轻处罚。具体是从轻还是减轻处罚,可根据行贿的情节和交代行贿行为、检举揭发受贿人后挽回损失的情况决定。这里需要指出的是,符合《刑法》第 390 条第 2 款规定的“行贿人在被追诉前主动交代行贿行为”的情形,自然也符合《刑法》第 67 条的规定,构成自首。因为本条款对行贿犯罪的“自首”作了特别规定,行贿人构成犯罪,在被追诉前主动交代行贿行为的,不再以一般自首对待,而应当直接引用本条款的规定,对被告人可以依法从轻处罚或者减轻处罚。根据《行贿解释》第 13 条的规定:“刑法第三百九十条第二款规定的‘被追诉前’,是指检察机关对行贿人的行贿行为刑事立案前。”

三、行贿罪的认定标准

(一)划清本罪与非罪的界限

为谋取不正当利益而自愿向他人行贿的,以行贿罪论处;为谋取不正当利益而被他人索取贿赂的,也应以行贿罪论处。因被索取或者被勒索而行贿,但没有获得不正当利益的,不以行贿罪论。《刑法》第389条第3款明确规定:“因被勒索给予国家工作人员以财物,没有获得不正当利益的,不是行贿。”

(二)划清行贿与馈赠的界限

赠送礼物纯属私人亲情友谊的表现,不附另任何条件,而且数额一般不大;行贿则是请求对方利用职务之便为其谋取不正当利益的一种权钱交易。

(三)划清一罪与数罪的界限

行贿行为本身就是一种犯罪行为。以行贿而进行违法活动构成其他犯罪的,例如以行贿的方式而进行走私、诈骗等违法犯罪活动,应分别定罪,实行数罪并罚。

四、典型案例

袁某行贿案①

一、基本案情

被告人袁某,女,1976年4月7日出生于江苏省姜堰市,硕士研究生,国家注册建筑师,系上海同济华润建筑设计有限公司项目经理,住姜堰市府两新村8号楼401室。因涉嫌犯行贿罪于2011年4月12日被监视居住,同月13日被取保候审。

江苏省兴化市人民检察院以被告人袁某犯行贿罪,向兴化市人民法院提起公诉。

被告人袁某对公诉机关的指控无异议。其辩护人的辩护意见为:(1)被告人送钱给刘某某是出于感谢,没有以“为谋取不正当利益”为目的,不构成行贿罪;(2)即使构成犯罪,合同系同济大学建筑设计研究院(集团)有限公司签订,该公司亦有“谋取不正当利益”的故意;(3)如果被告人构成犯罪,因其在配合泰州市人民检察院调查刘某某案件时,就已主动交代送钱给刘某某的事实,不仅符合《刑法》第67条第3款的规定,更符合《刑法》第390条第2款的规定,故建议对其免除处罚。

兴化市人民法院根据江苏省泰州市中级人民法院指定管辖立案,经公开审理查明:2010年5月,被告人袁某通过同学沈某某(泰州市路灯管理处主任,另案处

① 案例来源:《刑事审判参考》2012年第3集(总第86集)。

理）的介绍，与负责拆迁安置房开发建设的泰州市海陵房产开发公司经理刘某某（国家工作人员，另案处理）相识，并委托沈某某向刘某某索要其使用的银行卡号。后其于2010年6月14日向该卡存入人民币（以下币种同）4000元；2010年9月18日向该卡存入2万元；又于2011年3月12日向该卡存入10万元，总计12.4元。在刘某某的帮助下，未经招标程序，被告人袁某以挂靠单位同济大学建筑设计研究院（集团）有限公司的名义，承揽了泰州市迎春东路安置小区海曙颐园的规划设计项目。

2011年4月11日，被告人袁某在配合检察机关调查刘某某问题时，交代了向刘某某行贿的事实。

兴化市人民法院认为，被告人袁某在经济往来中，给予国家工作人员以财物，数额较大，其行为构成行贿罪。公诉机关起诉指控袁某犯罪的事实清楚，证据确实、充分，罪名成立，予以支持。关于袁某的辩护人提出袁某没有以为谋取不正当利益为目的送钱给刘某某的意见，经查，根据《中华人民共和国招标投标法》的规定，袁某是从业多年的国家注册建筑师，应当知道投资泰州市迎春东路安置小区海曙颐园项目必须进行招标。然而通过承诺送钱的方式非法获得其规划设计项目，其行为违反了国家规定。故不论被告人是否具有谋取不正当利益或者出于感谢的目的，均应以行贿论处。关于袁某的辩护人提出，同济大学建筑设计研究院（集团）有限公司有谋取不正当利益的故意的意见。经查，袁某挂靠于该公司，是承揽泰州市迎春东路安置小区海曙颐园的规划设计项目的主要受益者，同济大学建筑设计研究院（集团）有限公司是否具有谋取不正当利益的故意不影响本案的认定。关于袁某的辩护人提出袁某在配合泰州市人民检察院调查刘某某案件的时候，就已主动交代送钱给刘某某的事实。这不仅符合《刑法》第67条第1款的规定，更符合《刑法》第390条第2款的规定，建议对其免除处罚的辩护意见。经查，袁某在检察机关立案前即已交代其行贿行为。其行为符合《刑法》第390条第2款规定的情形，故对此辩护意见予以采信，结合本案的具体情况，决定对袁某免予刑事处罚。据此，依照《中华人民共和国刑法》第三百八十九条、第三百九十条第二款及最高人民法院、最高人民检察院、司法部《关于适用普通程序审理“被告人认罪案件”的若干意见》（试行）第九条之规定，兴化市人民法院以被告人袁某犯行贿罪，判处免予刑事处罚。

一审宣判后，被告人未提出上诉，检察机关亦未抗诉，判决已发生法律效力。

二、主要问题

1. 被告人袁某是否构成行贿罪？

2. 配合检察机关调查他人受贿案件时，交代向他人行贿的事实，能否认定为“被追诉前主动交代”？

三、裁判理由

（一）被告人袁某通过给予国家工作人员财物以达到规避竞争而取得特殊利益的目的，属于谋取不正当利益，依法构成行贿罪。

根据《刑法》第389条第1款的规定，行贿罪是指为谋取不正当利益，给予国家工作人员财物的行为。本案在构成行贿罪的犯罪主体、客体、客观方面均无异议，有争议的是构成该罪的主观方面，即如何界定“为谋取不正当利益”的范围。最高人民法院、最高人民检察院《关于在办理受贿犯罪大要案的同时要严肃查处严重行贿犯罪分子的通知》（以下简称《通知》）第2条规定，“谋取不正当利益”是指谋取违反法律、法规、国家政策和国务院各部门规章规定的利益，以及要求国家工作人员或者有关单位提供违反法律、法规、国家政策和国务院各部门规章规定的帮助或者方便条件。最高人民法院、最高人民检察院《关于办理商业贿赂刑事案件适用法律若干问题的意见》（以下简称《商业贿赂意见》）第9条第1款对此作了进一步规定：“在行贿犯罪中，‘谋取不正当利益’，是指行贿人谋取违反法律、法规、规章或者政策规定的利益，或者要求对方违反法律、法规、规章、政策、行业规范的规定提供帮助或者方便条件。”

根据《招标投标法》第3条的规定，全部或者部分使用国有资金投资或者国家融资的工程建设项目包括项目的勘察、设计、施工、监理以及与工程建设有关的重要设备、材料等的采购，必须进行招标。本案就是属于原本需要进行招标投标程序的竞争才可能获得利益，袁某却通过行贿手段规避招投标程序而直接获得工程项目的情形。对此，《商业贿赂意见》第9条第2款专门规定：“在招标投标、政府采购等商业活动中，违背公平原则，给予相关人员财物以谋取竞争优势的，属于‘谋取不正当利益’。”

本案被告人袁某是从业多年的国家注册建筑师，应当知道由国有资金投资的拆迁安置房项目依据《招标投标法》的上述规定必须进行招标。其却通过行贿手段，非法获得本应当通过招投标竞争方可能取得的规划设计项目。袁某虽然以挂靠单位同济大学建筑设计研究院（集团）有限公司的名义承揽规划设计项目，但其是承揽泰州市迎春东路安置小区海曙颐园规划设计项目的直接负责人和主要受益者。其行贿行为不但严重违反国家规定，而且明显具有谋取不正当利益的目的。故法院认定其构成行贿罪是正确的。

（二）在检察机关对其立案前交代行贿事实，属于被追诉前主动交代的情形。

基于受贿行为所侵害的法益一般情况下比行贿行为更为严重，为鼓励行贿者揭发、举报犯罪，打破同盟关系，刑法在对行贿犯罪的处理上给了行为人更多从宽处理的机会。《刑法》第390条第2款规定：“行贿人在被追诉前主动交代行贿行为的，可以减轻处罚或者免除处罚。”通过给行贿人以减轻或免除处罚的机会，换取行贿人主动交代行贿行为，揭发受贿犯罪，本质上符合维护国家公权力的廉洁性这一打击贿赂犯罪的根本目的，有利于司法机关获取贿赂犯罪证据，重点打击受贿行为，同时还能够贯彻和体现我国刑事司法中宽严相济的刑事政策精神。对是否属于被追诉前主动交代行贿行为情形的认定，关键在于对“被追诉”的理解。追诉是指司法机关依照法定程序进行的追究犯罪分子刑事责任的一系列司法活动，包括立案侦查、审查起诉、开庭审判等诉讼过程。1996 年《刑事诉讼法》第 83 条规定：“公安机关或者人民检察院发现犯罪事实或者犯罪嫌疑人，应当按照管辖范围，立案侦查。”从该规定分析，立案侦查是司法机关进行刑事追诉活动的开始。此外，1996 年《刑事诉讼法》第 61 条规定：“公安机关对于一些特定情形的现行犯和重大嫌疑分子，可以先行拘留。”因而，司法机关在立案前的某些紧急情况下依法采取的强制措施和讯问犯罪嫌疑人等活动也属于追诉活动的一部分。但这只能视为一种例外情形。因此，“被追诉前”通常是指司法机关立案侦查之前。行贿罪是否“被追诉”，应当以检察机关是否立案为准。

行贿人向纪检监察部门、司法机关举报受贿人的受贿行为，显然属于被追诉前主动交代行贿行为的情形。行贿人在纪检监察部门查处他人受贿案件时，交代（承认）向他人行贿的事实，亦应属于被追诉前主动交代行贿行为的情形。即使检察机关已经对受贿人立案查处，行贿人作为证人接受检察机关调查。只要检察机关对行贿人尚未立案查处，行贿人承认其向受贿人行贿的事实，也应当认定为被追诉前主动交代行贿行为的情形。本案公诉机关未认定被告人具有被追诉前主动交代行贿行为的情形，但法院根据被告人在检察机关对其行贿行为立案查处前已经交代了向刘某某行贿的事实证据，认定被告人具有被追诉前主动交代行贿行为的情形，并结合本案的具体情况，决定对被告人免予刑事处罚是妥当的。

（撰稿：江苏省兴化市人民法院　卞婧娴　审编：最高人民法院刑四庭　陆建红）

五、辩点分析

对于行贿罪，通常有如下方面的辩点：入罪数额标准，“不正当利益”的认定，行贿情节、损失的认定，对国家工作人员行贿还是对特定关系人行贿还是对单位行贿，是否是被勒索，是否是在被追诉前主动交代行贿行为，共同犯罪中的地位和作用，自首立功等。

（一）入罪数额标准

根据最高人民法院、最高人民检察院《关于办理贪污贿赂刑事案件适用法律若干问题的解释》的规定，为谋取不正当利益，向国家工作人员行贿，数额在 3 万元以上的，或者行贿数额在 1 万元以上不满 3 万元，但具有“向三人以上行贿的、将违法所得用于行贿的、通过行贿谋取职务提拔调整的、向负有食品、药品、安全生产、环境保护等监督管理职责的国家工作人员行贿实施非法活动的、向司法工作人员行贿影响司法公正的、造成经济损失数额在 50 万元以上不满 100 万元的”等情形之一的，应当依照《刑法》第 390 条的规定以行贿罪追究刑事责任。多次行贿未经处理的，按照累计行贿数额处罚。这也就是说，行贿数额如果在 1 万元以下的，或者在 1 万元以上但不具备上述情形之一的，不承担刑事责任。

（二）“不正当利益”的认定

《刑法》对行贿罪设置了“为谋取不正当利益”的条件，对此，理论界和实务界存在一定争议。有观点认为，该条件使行贿罪的范围过于狭窄。我们认为，这种观点存在的问题在于对“谋取不正当利益”进行了狭义的理解。其认为只有谋取的利益本身是非法的，才构成行贿罪。根据司法解释、司法文件对“谋取不正当利益”的界定，“谋取不正当利益”既包括谋取各种形式的不正当利益，也包括以不正当手段谋取合法利益；既包括实体违规，也包括程序违规。实体违规是指行贿人企图谋取的利益本身违反有关规定，即利益本身不正当，通常表现为国家禁止性的利益和特定义务的不当免除两种情形；前者如通过行贿使公路管理人员对超载货车放行，后者如通过行贿使本应依法履行的纳税、缴纳罚款等义务得以减免。程序违规是指国家工作人员或有关单位为行贿人提供违法、违规或违反国家政策的帮助或者便利条件，即利益取得方式不正当，其可罚性基础并不在于利益本身的违法，而是基于为谋取利益所提供的“帮助或者方便条件”是违规的。即便行为人获取的利益本身可能是合法的，但其通过行贿手段要求国家工作人员或者有关单位为获取该利益所提供的“帮助或者方便条件”是违反相关法律法规等规定的，就属于在程序上不符合规定，仍然应当被认定为程序违法所导致的“谋取不正当利益”。具体而言，其主要包括两种情况：一是本不具备获取某种利益的条件，通过行贿而取得该利益，如贷款、提干、招干等；二是需要经过竞争才可能取得的利益，如行贿人虽然符合晋级、晋升、工程承揽的条件，但为了使自己优于他人晋级、晋升、工程承揽的竞争优势而给予国家工作人员财物。

（三）行贿情节、国家利益损失的认定

根据《刑法》第 390 条和最高人民法院、最高人民检察院《关于办理贪污贿赂刑事案件适用法律若干问题的解释》，行贿情节、损失包括“情节严重”、“情节特

别严重”两种情形，国家利益损失包括“国家利益遭受重大损失”、“国家利益遭受特别重大损失”两种情形。“情节严重”和“国家利益遭受重大损失”处五年以上十年以下有期徒刑，并处罚金；“情节特别严重”和“国家利益遭受特别重大损失”处十年以上有期徒刑或者无期徒刑，并处罚金或者没收财产。

1.“情节严重”包括以下几个方面

(1)行贿数额在100万元以上不满500万元的；

(2)行贿数额在50万元以上不满100万元，并具有下列情形之一的：向三人以上行贿的；将违法所得用于行贿的；向负有食品、药品、安全生产、环境保护等监督管理职责的国家工作人员行贿，实施非法活动的；向司法工作人员行贿，影响司法公正的；

(3)因行贿谋取不正当利益，造成经济损失数额在100万元以上不满500万元的，应当认定为《刑法》第390条第1款规定的“使国家利益遭受重大损失”。

2.“情节特别严重”包括以下几个方面：

(1)行贿数额在500万元以上的；

(2)行贿数额在250万元以上不满500万元，并具有下列情形之一的：向三人以上行贿的；将违法所得用于行贿的；向负有食品、药品、安全生产、环境保护等监督管理职责的国家工作人员行贿，实施非法活动的；向司法工作人员行贿，影响司法公正的；

(3)造成经济损失数额在五百万元以上的。

3.具有以下行贿情节的，一般不适用缓刑和免予刑事处罚

向三人以上行贿的；因行贿受过行政处罚或者刑事处罚的；为实施违法犯罪活动而行贿的；造成严重危害后果的；其他不适用缓刑和免予刑事处罚的情形。

行贿人在检察机关对其刑事立案前主动交代行贿行为的，不受前款规定的限制。

4.行贿的数额是通过何种证据形式来证明的，这一点往往具有重大的辩点。如果是现金，则不具有争议；如果是财物，则针对财物所作出的物价鉴定意见，辩护人是有权质证并提出质疑的。另外，“国家利益遭受重大损失”、“国家利益遭受特别重大损失”是通过何种证据形式证明的。它们是通过何种方式、方法计算得来的，对其计算方法和损失评估报告或损失鉴定意见，辩护人都是可以质证和质疑的。

(四)对国家工作人员行贿还是对特定关系人行贿还是对单位行贿

对国家工作人员行贿构成行贿罪，根据《刑法》第390条的规定，有3档量刑层次。分别为五年以下，五年以上十年以下，十年以上或者无期徒刑；如果是对特

定关系人行贿，根据《刑法修正案（九）》的规定，构成为利用影响力行贿罪，其量刑档次分别为3年以下有期徒刑或者拘役，3年以上7年以下有期徒刑，7年以上10年以下有期徒刑。这也就是说，在相同的情节下，对特定关系人的行贿要比对国家工作人员行贿要轻得多。

如果是对单位行贿，则量刑档次为3年以下有期徒刑或者拘役，即不管情节有多严重，最高的刑期也只有3年。

（五）是否是被勒索

《刑法》第389条的规定，因被勒索给予国家工作人员以财务，没有获得不正当利益的，不是行贿。根据此条的规定，当事人如果被国家工作人员勒索的，则要看他（她）获取了不正当利益。如果获取了不正当利益，则构成行贿；如果没有获取不正当利益，则不构成行贿。

所谓的“不正当利益”，是指行贿人谋取的利益违反法律、法规、规章、政策规定，或者要求国家工作人员违反法律、法规、规章、政策、行业规范的规定，为自己提供帮助或者方便条件。违反公平、公正的原则，在市场经营、商业服务、组织人事管理等活动中，谋取竞争优势的，应当认定为“谋取不正当利益”。

对于被指控犯行贿罪的被告人，如果是被勒索，并且获得的是正当利益（包括程序正当和实体正当两个方面），那么他和他的辩护人可以为其作无罪辩护。

（六）是否是在被追诉前主动交代行贿行为

行贿和受贿是一个对向犯，国家重点打击的是受贿而不是行贿。在侦查受贿罪的过程中，往往需要行贿罪的指证，才能将受贿者定罪。基于打击受贿犯罪的需要，《刑法修正案（九）》规定，行贿人在被追诉前主动交代行贿行为的，可以从轻或者减轻处罚。其中，犯罪较轻的，对侦破重大案件起关键作用的，或者有重大立功表现的，可以减轻或者免除处罚。那么，什么是被追诉前呢？司法解释给出了答案，即检察机关对行贿人的行贿行为刑事立案前。也就是说，检察机关对行贿案件初查时，或者对受贿人已经立案，但对行贿人还没有立案的，只要还没有正式立案，行贿人主动交代行贿行为的，都可以从轻或者减轻处罚。这是一个重要的辩点，实践中要注意挖掘。

（七）共同犯罪中的地位和作用

如果是两个以上的自然人通谋，相互勾结、共同行贿，构成行贿罪的，则属于共同犯罪。应区分其在共同行贿中各自的地位和作用，即区分主犯、从犯，以及第一主犯、第二主犯、第一从犯、第二从犯、第三从犯。地位高、作用大的会重一些；地位低、作用小的会轻一些。至于如何区分共同犯罪的地位和作用，则应看是谁起意的、策划的？是谁实施的？是谁指挥的？行贿的钱是谁出的？行贿后的获取的利益归谁所有，等等。

（八）自首、立功

1. 特殊形式的自首

《刑法》在总则中规定了自首和立功的处理原则。但为了鼓励行贿人自首，在分则里规定了一种特殊形式的自首，即“行贿人在被追诉前主动交代行贿行为的，可以从轻或者减轻处罚”。当行贿人符合前述情形的，即适用分则的规定，不再适用总则的规定。

2. 自首

就是行贿人在被刑事立案后，在被纪检监察机关调查谈话、讯问、采取调查措施或者采取强制措施前，自动投案，如实供述的，构成自首，按《刑法》总则中关于自首的规定处理。对于如实供述，需要注意的是，行贿人自动投案并如实供述自己的罪行后又翻供的，不能认定为自首；但在一审判决前又能如实供述的，应当认定为自首。

3. 同种罪行的自首和不同种罪行的自首

没有自动投案，办案机关（包括纪检监察机关、检察机关、公安机关）所掌握的线索指向的犯罪事实不成立，在此范围外行贿人交代同种罪行的，以自首论。比如检察机关掌握行为人行贿的线索，但侦查后发现不构成犯罪，而行为人又交代了向他人行贿的事实，则其向他人行贿的罪行应当视为自首。

没有自动投案，办案机关（包括纪检监察机关、检察机关、公安机关）所掌握的线索指向的犯罪事实不成立。在此范围外，行贿人交代不同种罪行的，以自首论。比如检察机关掌握行为人行贿的线索，但侦查后发现不构成犯罪，而行为人又交代了挪用公款的事实，则其挪用公款的罪行应当视为自首。

4. 立功

《刑法》第 68 条规定，犯罪分子有揭发他人犯罪行为，查证属实的，或者提供重要线索，从而得以侦破其他案件等立功表现的，可以从轻或者减轻处罚；有重大立功表现的，可以减轻或者免除处罚。这里需要注意的是，行贿人检举揭发他人犯罪行为，必须是不属于自己如实供述的范围。如果揭发他人犯罪的行为，是其依法应该供述的范围，那就不构成立功。比如，行贿和受贿是对向犯，行贿人检举揭发的他人受贿的款物如果就是他本人行贿的，那么他就不构成立功。因为，如实交代他行贿的行为，本来就是他的法定义务。但如果他交代的他人受贿的款物不是他本人行贿的，而是其他人行贿的，则他的检举揭发构成立功。

第六节　单位行贿罪的风险识别与辩点分析

一、单位行贿罪的构成要件

（一）概念

单位行贿罪是指单位为谋取不正当利益而行贿，或者违反国家规定，给予国家工作人员以回扣、手续费，情节严重的行为。

（二）构成要件

1. 本罪的犯罪主体必须是单位。根据《刑法》第 30 条的规定，指的是公司、企业、事业单位、机关、团体。而根据最高人民法院《关于审理单位犯罪案件具体应用法律有关问题的解释》的规定，“公司、企业、事业单位”既包括国有、集体所有的公司、企业、事业单位，也包括依法设立的合资经营、合作经营企业和具有法人资格的独资、私营等公司、企业、事业单位。在单位行贿罪中，还存在单位内部机构行贿犯罪的可能性。所谓单位内部机构是相对于单位整体而言的，是指法人的分支机构，单位内设的科、室、部等下属小单位。单位内部机构可以成为单位行贿罪的犯罪主体，其犯罪行为应按单位犯罪惩处。

2. 本罪在主观方面表现为直接故意，并且具有为本单位谋取不正当利益的目的。

3. 本罪侵犯的客体是国家工作人员的职务廉洁性，犯罪对象只能是国家工作人员。

4. 本罪在客观方面表现为直接负责的主管人员或直接责任人员根据本单位的意志以单位名义实施的行贿行为。具体包括为谋取不正当利益而行贿，以及违反国家规定，给予国家工作人员以回扣、手续费。司法实践中常见的单位行贿行为主要有：(1)经单位研究决定的由有关人员实施的行贿行为；(2)经单位主管人员批准，由有关人员实施的行贿行为；(3)单位主管人员以法定代表人的身份实施的行贿行为。

根据《刑法》的有关规定，行贿行为的违法所得必须归单位所有，如果归个人所有，应以自然人的行贿罪论处。最高人民法院《关于审理单位犯罪案件具体应用法律有关问题的解释》第2条、第3条分别规定：个人为进行违法犯罪活动而设立的公司、企业、事业单位实施犯罪的，或者公司、企业、事业单位设立后，以实施犯罪为主要活动的，不以单位犯罪论处；盗用单位名义实施犯罪，违法所得由实施犯罪的个人私分的，依照刑法有关自然人犯罪的规定定罪处罚。

二、单位行贿罪的量刑规定

根据《刑法》第393条的规定，单位为谋取不正当利益而行贿，或者违反国家规定，给予国家工作人员以回扣、手续费，情节严重的，对单位判处罚金，并对其直接负责的主管人员和其他直接责任人员，处5年以下有期徒刑或者拘役，并处罚金。因行贿取得的违法所得归个人所有的，依照本法第389条、第390条的规定定罪处罚（按行贿罪而不是单位行贿罪定罪处罚）。

最高人民检察院《关于人民检察院直接受理立案侦查案件立案标准的规定（试行）》（高检发释字〔1999〕2号）规定，涉嫌单位行贿，有下列情形之一的，应予立案：（1）单位行贿数额在20万元以上的；（2）单位为谋取不正当利益而行贿，数额在10万元以上不满20万元，但具有下列情形之一的：①为谋取非法利益而行贿的；②向3人以上行贿的；③向党政领导、司法工作人员、行政执法人员行贿的；④致使国家或者社会利益遭受重大损失的。

根据以上规定，单位行贿罪实行双罚制，对单位判处罚金，对单位中直接负责的主管人员和其他直接责任人员的最高量刑为五年有期徒刑，不论其行贿有多少数额。单位行贿的数额在10万元以上，才可能构成犯罪；10万元以下的，不构成犯罪。

三、单位行贿罪的认定标准

（一）划清单位行贿罪与对单位行贿罪的界限

两罪主要的区别在于：一是行贿的主体不同，单位行贿罪只能由单位构成；而对单位行贿罪，其主体既可以由单位构成，也可以由个人构成。二是行贿的对象不同，单位行贿罪的行贿对象是国家工作人员；而对单位行贿罪的行贿对象必须是单位，且只能是国家机关、国有公司、企业、事业单位和人民团体。

（二）单位行贿中“单位”范围的界定

《刑法》第30条将单位犯罪的主体规定为“公司、企业、事业单位、机关、团体”，从字面上来看，单位的范围是明确的，但是仍有几个方面需要厘清：

1. 刑法理论的通说认为，公司、机关、事业单位及其分支机构、内设职能部门能够成为单位犯罪主体，个体工商户不能成为单位犯罪主体。司法实践也普遍认同这一观点。

2. 合伙人均为单位的合伙企业，以及合伙人都是个人的合伙企业是可以成为单位犯罪主体的。个人合伙企业的合伙事务执行人为谋取本企业的不正当利益而行贿，应当认定为单位犯罪。因此，合伙企业作为企业单位，能够成为单位犯罪的主体。

3. 实践中，有些公司的股东名义上是多人，实际上只有一人出资，以及一人有限责任公司的财产与出资人的个人财产混同，无法划清的，如果确有证据证明为特定一人出资、一人从事经营管理活动，主要利益归属于该特定个人的，按个人行为处理。

四、典型案例

宁夏富地房地产开发有限公司、王某单位行贿案①

[案号]宁夏回族自治区银川市兴庆区人民法院(2015)兴刑初字第180号

公诉机关：宁夏回族自治区银川市兴庆区人民检察院。

被告单位：宁夏富地房地产开发有限公司，住所地宁夏回族自治区银川市兴庆区。

法定代表人：王某甲，系该公司总经理。

诉讼代表人：高某某，系宁夏富地房地产开发有限公司办公室主任。

辩护人：杨某某，宁夏兴业律师事务所律师。

辩护人：田某，宁夏辅德律师事务所律师。

被告人：王某甲，男，1972年3月10日出生，回族，大专文化，宁夏回族自治区银川市人，系宁夏富地房地产开发有限公司总经理、法定代表人，户籍所在地宁夏回族自治区银川市兴庆区。2014年7月12日因涉嫌犯行贿罪被宁夏回族自治区人民检察院决定监视居住，2015年1月11日被刑事拘留，2015年1月26日由银川市公安局执行逮捕。现羁押于银川市看守所。

辩护人：祖某某，宁夏兴业律师事务所律师。

辩护人：赵某某，宁夏辅德律师事务所律师。

银川市兴庆区人民检察院以银兴检公诉刑诉(2015)第2号起诉书指控被告单位宁夏富地房地产开发有限公司、被告人王某甲犯单位行贿罪，于2015年2月

① 案例来源：中国裁判文书网。

12日向本院提起公诉。本院依法组成合议庭，于2015年2月26日公开开庭进行了审理。银川市兴庆区人民检察院指派检察员黄某某出庭支持公诉，被告单位宁夏富地房地产开发有限公司的诉讼代表人高某某、辩护人杨某某、田磊、被告人王某甲及其辩护人祖某某、赵某某到庭参加诉讼。现已审理终结。

银川市兴庆区人民检察院指控：

2010年至2012年，被告单位宁夏富地房地产开发有限公司（以下简称富地公司）参与银川市兴庆区旧城南部改造工程，涉及兴庆区光华门村、民乐村等地。在此过程中，富地公司与银古路街道办事处协作完成征地拆迁工作。富地公司负责丈量拆迁房屋的面积、拆迁地上附着物、安置房建设并对剩余地块进行商业开发。为解决征地过程中拆迁户拒绝拆迁等问题，加快拆迁安置及商业开发的工程进度，担任富地公司总经理的被告人王某甲找到时任银川市公安局副局长、兴庆区党委常委、政法委书记、银川市公安局兴庆区分局局长的周某甲（另案处理），请求其帮助协调兴庆区分局的相关部门，为富地公司拆迁提供维稳及安保支持，加快富地公司的拆迁速度。王某甲为感谢周某甲在征地拆迁中提供的帮助，进一步维系与周某甲的关系，在2011年至2014年，通过送现金、送收藏品、低价出售房屋等形式多次向周某甲行贿，具体事实如下：

1. 2011年8月18日，被告人王某甲在其富地公司的办公室内送给周某甲100万元现金。

2. 2011年至2014年，被告人王某甲每年以到周某甲家"拜年"的名义，分4次每次送给周某甲现金10万元，共计40万元。

3. 2012年年中的一天，在周某甲准备到外地学习考察时，被告人王某甲在其办公室内送给周某甲10万元现金。

4. 2013年5月，周某甲对被告人王某甲说要去北京找人办事，想买一幅画送礼，需要40万元。王某甲让其公司出纳崔某某于2013年5月19日给画商吴某某电汇40万元。

5. 2012年8月，周某甲向被告人王某甲提出让其侄子周某乙以低价购买富地公司开发的某小区的商品房，王某甲表示同意。2012年10月7日，富地公司以低于市场价26万元的价格将某小区某室出售给周某乙。差额26万元由王某甲个人补齐，变相向周某甲行贿26万元。

6. 2012年上半年，被告人王某甲送给周某甲一块寿山石印章。2012年下半年，王某甲送给周某甲一个犀牛角杯。经自治区价格认证中心鉴定，寿山石印章价值0.1万元，犀牛角杯价值19.6万元，两件收藏品合计19.7万元。

公诉机关认为，被告单位富地公司、被告人王某甲的行为已构成单位行贿罪，应适用《中华人民共和国刑法》第三百九十三条之规定定罪量刑，并提交了证实被告单位及被告人犯罪的户籍证明、证人证言、被告人王某甲的供述和辩解等相关证据。

被告单位富地公司对公诉机关指控的犯罪事实无异议,表示自愿认罪。

被告单位富地公司的辩护人提出的辩护意见是,被告单位富地公司只是协助政府进行拆迁,并没有要求周某甲超出其正常职责范围为公司谋取不正当利益。富地公司由于法定代表人的长期缺席,致使承建的旧城改造工程停滞,面临巨大困难,要求对被告单位从轻处罚。

被告人王某甲对公诉机关指控的犯罪事实无异议,表示自愿认罪。

被告人王某甲的辩护人提出的辩护意见是,公诉机关指控的6起犯罪事实,除第2起外,其余5起均应认定为周某甲索贿。王某甲在被批准逮捕之前,主动向检察机关交代向周某甲单位行贿的事实,应认定为追诉前主动交代的情形。王某甲具有坦白情节,系初犯。

经审理查明:富地公司于2009年4月16日成立,法定代表人为王某甲。2010年至2012年,被告单位富地公司参与银川市兴庆区旧城南部改造工程,该改造工程涉及银川市兴庆区光华门村、民乐村等地。富地公司与银古路街道办事处协作完成征地拆迁工作,富地公司负责丈量拆迁房屋的面积、拆迁地上附着物、安置房建设并对剩余地块进行商业开发。为解决征地过程中拆迁户拒绝拆迁、阻拦强制拆迁等问题,加快拆迁安置及商业开发的工程进度,担任富地公司总经理的被告人王某甲找到时任银川市公安局副局长、兴庆区党委常委、政法委书记、银川市公安局兴庆区分局局长的周某甲(另案处理),请求其帮助协调兴庆区分局的相关部门,为富地公司拆迁工作提供维稳及安保支持,加快富地公司拆迁工作的速度。富地公司在拆迁时如遇到阻拦,周某甲便指派分局分管领导带领民警到拆迁现场进行处理。为感谢周某甲在征地拆迁中提供的帮助,进一步维系与周某甲的关系,在2011年至2014年,王某甲通过送现金、送收藏品、低价出售房屋等形式,多次向周某甲行贿,具体事实如下:

1. 周某甲以曾从王某乙处借款100万元为由,提出先从王某甲处拿100万元,王某甲表示同意。2011年8月18日,被告人王某甲在其富地公司的办公室内送给周某甲现金100万元。

2. 2011年至2014年间,被告人王某甲每年以给周某甲"拜年"的名义,在周某甲居住的小区门口,分4次每次送给周某甲现金10万元,共计40万元。

3. 2012年六七月份的一天,周某甲来到王某甲的办公室。在聊天过程中,周某甲说起要到外地学习考察,被告人王某甲在办公室内送给周某甲10万元现金。

4. 2013年5月,周某甲对被告人王某甲说要去北京找人办事,想买一幅画送礼,需要40万元,王某甲便让富地公司出纳崔某某办理此事。崔某某于2013年5

月19日，以其丈夫郭某甲的名义给画商吴某某汇款40万元。

5. 2012年8月，周某甲向被告人王某甲提出让其侄子周某乙以低价购买富地公司开发的某小区的商品房，王某甲表示同意。2012年10月7日，富地公司以低于市场价26万元的价格将某小区某室出售给周某乙。差额26万元由王某甲个人补齐，变相向周某甲行贿26万元。

6. 2012年上半年，被告人王某甲送给周某甲一块寿山石印章。2012年下半年，王某甲送给周某甲一个犀牛角杯。经自治区价格认证中心鉴定，寿山石印章价值0.1万元，犀牛角杯价值19.6万元，两件收藏品合计19.7万元。

被告人王某甲归案后，如实供述犯罪事实。

上述事实，有公诉机关当庭出示，经法庭质证、认证的下列证据予以证实。

1. 企业法人营业执照、组织机构代码证、税务登记证、公司设立登记申请书，证实富地公司于2009年4月16日成立，法定代表人为王某甲。公司成立之初，股东为王某甲、刘某甲，后变为王某甲、顾某。

2. 户籍证明，证实被告人王某甲出生于1972年3月10日，犯罪时系成年人。

3. 银川市兴庆区人民政府的决定、旧城南部拆迁补偿安置协议、会议纪要、记账凭证、转账支票存根、收据，证实旧城南部拆迁安置工作由富地公司负责，兴庆区拆迁办给富地公司拨付建设、改造、拆迁等资金。

4. 干部履历表、中共银川市委员会文件、银川市人民政府文件、干部任免审批表、中共银川市兴庆区委办公室通知，证实周某甲系国家工作人员。其在兴庆区主持政法委工作，分管法院、检察院和社会综合治理工作。

5. 储蓄明细清单、个人业务存(取)款凭证、进账单，证实2011年8月18日，富地公司出纳崔某某从其银行账户中取现150万元。

6. 个人业务凭证、记账凭证、支票存根，证实2014年5月19日，崔某某以其丈夫郭某甲的名义向吴某某的工商银行账户存入40万元。

7. 个人业务凭证大额业务转账审批表、存款凭条、进账单，证实2012年8月3日，周某丙给周某乙转款2万元；2012年8月24日，周某丙给富地公司转款517560元；2012年8月28日，王某甲给崔某某转款26万元。同日崔某某给周某乙转款26万元；2012年8月30日，周某乙给富地公司转款262077元。

8. 商品房买卖合同、销售不动产发票，证实2012年10月7日，周某乙与富地公司签订商品房买卖合同。周某乙购买富地公司出售的某小区某室，总金额为799637元。

9. 涉案财物价格认定结论书、宣布笔录，证实寿山石印章价值1000元，犀牛角杯价值19.6万元，王某甲对鉴定结论无异议。

10. 富地公司出纳崔某某的陈述，证实2011年8月的一天，王某甲对崔某某说需要100万元现金。崔某某从银行提现150万元,将其中的100万元送到了王某甲的办公室。2012年8月的一天,王某甲将崔某某叫到办公室,将周某乙的账号给了崔某某,让崔某某从王某甲的账户转26万元到周某乙的账户上,崔某某将26万元转到周某乙在工商银行的账户。转账后崔某某给周某乙打电话,告诉周某乙款项已转,后周某乙将这26万元交到富地公司。2013年5月的一天,王某甲将吴某某的账号给了崔某某,让崔某某往吴某某的账户存入40万元。崔某某以其丈夫郭某甲的名义给吴某某电汇了40万元,并告诉王某甲款已转出。

11. 张某的陈述,证实2013年5月份,张某和周某甲在喝茶的时候,周某甲问张某有没有关系帮他再往上提一提。张某给北京的朋友吴某某打电话说此事,吴某某说没问题,并说找领导办事不能空手去,带幅画比较合适。随后张某和周某甲一同去北京,吴某某带着一幅画到酒店找见张某。周某甲看了画后说只要能拿的出手就行,张某就把周某甲的简历交给了吴某某。吴某某把其账号发给了张某,张某又发给了周某甲。张某和周某甲回到银川市后,周某甲给张某打电话说画款已经打了,吴某某也收到此款。

12. 周某乙的陈述,证实2012年6月左右,周某甲让周某乙到某小区看房,看后决定在该小区购买房屋。2012年8月的一天,周某丙给周某乙在工商银行的账户转了2万元。周某乙将此款交了购房款,后周某丙给周某乙说其给售楼部转账51万元左右。有一天,有个女人给周某乙打电话说给周某乙的账户上转了26万元,让周某乙去缴纳房款。周某乙给周某甲打电话问这26万元是怎么回事,周某甲让将这26万元交给售楼部。周某乙将26万元连同卡上的2000余元转账交给了售楼部,并与富地公司签订了商品房买卖合同。

13. 周某丙的陈述,证实2012年6月,周某丙要给周某乙在银川市购买一套住房。其问周某乙是否有认识的房地产老板,购买房屋时给便宜点。后周某乙给周某丙说周某甲让周某乙去银川市富地启城(某小区)去看房,周某丙决定在该小区买房。2012年8月,周某丙给周某乙2万元,让其缴纳房款。后周某丙又缴纳房款51万元。

14. 王某丙的陈述,证实2010年至2012年,按照兴庆区政府的要求,周某甲对旧城改造的维稳工作负总责,由王某丙具体负责现场处置。旧城南部改造的拆迁工作是由富地公司进行的,在拆迁时与被拆迁户发生冲突,周某甲就指派王某丙带领民警到现场处理。如果没有兴庆区公安分局民警到拆迁现场予以配合,富地公司不能够顺利完成拆迁工作。

15. 曾某的陈述,证实拆迁现场平时由辖区派出所派2名到3名民警维持秩序。如果出现被拆迁户扬言对抗政府拆迁,阻挠施工或者有过激行为的,民警会出面将其带离拆迁现场;有时也会带到派出所进行处理。2012年8月的一天,周某甲曾让曾某带领30名干警到百姓购物城对面的拆迁现场将阻拦拆迁的人员强制带离。

16. 赵某、王某丁、李某甲、郭某乙、王某戊的陈述,证实前进街派出所、富宁街派出所民警曾在富地公司的拆迁现场维持秩序。如果遇到钉子户阻拦施工,情绪激烈的情况,则进行劝解或者强制带离现场。如果遇到群体性事件或者紧急情况,则会抽调巡防大队的警力由兴庆区公安分局领导带队到拆迁现场支援。派出所曾对阻拦拆迁的人员进行过行政拘留。

17. 纳某、刘某乙、李某乙、朱某的陈述、行政拘留执行通知书,证实富地公司的拆迁现场都有警察在现场执勤。遇到阻拦强拆的,警察就会将人员强制带离,阻拦强拆的刘某乙曾被行政拘留过。

18. 周某甲的陈述,证实周某甲曾从王某乙处借款100万元。到了2011年,因为资金没有回笼,周某甲就找到王某甲说先从王某甲处拿100万元,王某甲答应了。过了几天,周某甲和一叫“杨子”的人一起到王某甲的办公室拿了100万元。随后,周某甲将这100万元还给了王某乙。2011年、2012年、2013年、2014年每年春节前,王某甲来到周某甲所住的陶然水岸小区东门口给周某甲拜年。每次送给周某甲10万元,共计40万元。2012年六七月,周某甲带队去深圳考察,出差前来到王某甲的办公室。王某甲听说周某甲要出差,就给了周某甲10万元让其在路上花。2012年六七月,周某甲让王某甲在富地公司开发的永乐小区给周某乙优惠一套住房,并让周某乙和王某甲联系。后来,周某甲听周某乙说王某甲给优惠了26万元左右。2012年,王某甲送给周某甲一个寿山石印章,一个紫红色仿古犀牛角杯。2013年5月,周某甲和张某去北京办事,通过张某花了40万元购买了一幅画用于办事。这40万元的画款是周某甲让王某甲给支付的。王某甲送给周某甲上述款项及物品,是因为周某甲是兴庆区南部旧城拆迁工作维稳小组的组长。其给富地公司的拆迁工作给予大力支持,需要警力时及时出警,需要维稳时及时维稳;同时也为了维持合作关系,继续拉近二人的关系,故对周某行贿。

19. 被告人王某甲的供述,证实2009年富地公司注册成立。2011年因富地公司参与兴庆区旧城南部拆迁改造工程,周某甲负责旧城南部拆迁工作的维稳工作,王某甲与周某甲认识。2011年下半年的一天上午,周某甲来到王某甲的办公室与王某甲聊天。在聊天过程中,周某甲提到宁夏海利达房地产开发公司的老总王某乙之前给周某甲送了100万元,周某甲将这100万元用于做生意。但周某甲觉得王某乙人不可靠,想把100万元退还给王某乙,王某甲提出其送给周某甲100万元,让周某甲将100万元还给王某乙,周某甲答应了。王某甲就安排公司的出纳崔某某从公司账户上取现100万元,将这100万元现金装到一个装矿泉水的纸箱子里,在其办公室交给了周某甲。2011年、2012年、2013年、2014年春节,王某甲以拜年的名义在周某甲所住小区的门口给予周某甲现金共计40万元(每年10万元)。2012年上半年的一天,王某甲在聊天时说其父母家收藏了一些好东西,叫周某甲一起去看看。二人来到银川市兴庆区某小区某室王某甲的父母家中看完王某甲的收藏品后,王某甲将一块寿山石印章送给了周某甲。2012年年中的一天,周某甲来到王某甲的办公室。在聊天过程中,周某甲说过几天要去外地出差,到出差地后要请朋友吃饭。王某甲就给了周某甲10万元,让周某甲出差时请人吃饭时用,周某甲将钱收下。2012年七八月的一天,周某甲来到王某甲的办公室说其侄子周某乙想在银川市买套房子,让其把富地公司开发的旧城南部某小区的房子以成本价卖给周某乙一套,王某甲答应了。该小区的房子市场价为每平方米6000元,成本价为每平方米3000多元。过了几天,周某乙到办公室找王某甲谈买房的事情。如果富地公司按照成本价出售房屋被税务部门、物价部门发现,就会处罚公司。所以王某甲对周某乙说,售房合同按照市场价签订。但其让周某乙按成本价交房款,不足的差价部分由王某甲补上,周某乙答应了。随后周某乙与富地公司签订房屋买卖合同,富地公司将该小区的一套房屋出售给周某乙。合同是按照市场价签订的,但周某乙实际上是按成本价交的房款,这套房子比市场价便宜了26万多元。王某甲让公司出纳崔某某从王某甲的账户往周某乙的账户上打了26万多元。打款后,王某甲给周某甲打电话说已按成本价将房屋出售给周某乙,和正常的市场价相差26万多元,其已往周某乙的账户上打款26万元,让周某乙再把26万元交到富地公司,后周某乙将26万多元房款交清。这26万多元实际上是王某甲送给周某甲的。2012年下半年的一天,周某甲对王某甲说想去王某甲父母家再看看收藏品。在看收藏品的过程中,周某甲说一个犀牛角杯非常好,王某甲就把这只犀牛角杯送给了周某甲。2013年5月的一天,周某甲给王某甲打电话说要去北京出差办事,想买一幅画给人送礼,让王某甲准备40万元用来买画。王某甲就让公司出纳崔某某往周某甲提供的银行账号内打款40万元。送给周某甲上述款项及物品的原因是因为富地公司参与兴庆区旧城南部拆迁改造工作,周某甲是拆迁改造领导小组的副组长,负责旧城南部拆迁工作的维稳工作。如果富地公司在拆迁中遇到障碍,就需要兴庆区公安分局出动警力进行维稳。在拆迁工作上,富地公司和周某甲配合得比较好。为感谢周某甲在拆迁工作上的配合,同时也为了拉近关系,给予公司更大的帮助,故向周某行贿。在兴庆区旧城南部拆迁改造工作中,兴庆区公安分局出过警。

本院认为,被告单位富地公司为谋取不正当利益,给予国家工作人员财物共计235.7万元,其行为已构成单位行贿罪。被告人王某甲作为被告单位富地公司的法定代表人、总经理,是被告单位富地公司实施单位行贿犯罪直接责任的主管人员,其行为已构成单位行贿罪。公诉机关指控被告单位富地公司、被告人王某甲犯单位行贿罪的罪名成立。对被告单位富地公司应处罚金,对被告人王某甲应处五年以下有期徒刑。被告单位富地公司自愿认罪,可酌情从轻处罚;被告人王某甲归案后如实供述犯罪事实,具有坦白情节,依法可从轻处罚。被告人王某甲的辩护人提出的相应辩护意见,本院予以采纳。对于被告单位富地公司的辩护人提出的被告单位富地公司只是协助政府进行拆迁,并没有要求周某甲超出其正常职责范围为公司谋取不正当利益,以及被告人王某甲的辩护人提出的公诉机关指控的6起犯罪事实,除第2起外,其余5起均应认定为周某甲索贿的辩护意见,经法庭核实,被告单位富地公司及其被告人王某甲为富地公司的拆迁工作顺利进行,完成其公司利益的最大化而向周某甲行贿,其行为均已构成单位行贿罪。故对辩护人提出的辩护意见,本院不予采纳。对于被告人王某甲的辩护人提出的被告人王某甲在被批准逮捕之前,主动向检察机关交代向周某甲林单位行贿的事实,应认定为追诉前主动交代的情形的辩护意见,经法庭核实,被告人王某甲系到案后才供述富地公司向周某甲行贿的犯罪事实,其行为不属于被追诉前主动交代的情形。故对辩护人提出的辩护意见,本院不予采纳。为了维护社会秩序,保护国家机关、公司、企业、事业单位和团体的正常管理活动和职能活动及声誉不受侵犯。依照《中华人民共和国刑法》第三百九十三条,第三十条,第三十一条,第六十七条第三款,第五十二条,第七十二条第一款,第七十三条第二款、第三款之规定,判决如下:

一、被告单位宁夏富地房地产开发有限公司犯单位行贿罪,判处罚金人民币一百万元(罚金已缴纳)。

二、被告人王某甲犯单位行贿罪,判处有期徒刑二年六个月,缓刑三年。(缓刑考验期限从判决确定之日起计算)。

如不服本判决,可在接到判决书的第二日起十日内,通过本院或直接上诉于宁夏银川市中级人民法院,书面上诉的,应当提交上诉状正本五份。

审 判 长 刘 某
审 判 员 白 某
代理审判员 严 某
二〇一五年三月四日
书 记 员 赵某某

五、辩点分析

对于单位行贿罪,通常有如下方面的辩点:入罪的数额标准,“不正当利益”的认定,谋取不正当利益与违反国家规定之间的关系,直接负责的主管人员和其他直接责任人员的认定，个人行贿和单位行贿的区分，共同犯罪的认定，自首立功等。

（一）入罪的数额标准

根据最高人民检察院于 1999 年 9 月 16 日颁布实施的《关于人民检察院直接受理立案侦查案件立案标准的规定》，单位为谋取不正当利益，行贿数额在 20 万元以上的，或者行贿数额在 10 万元以上不满 20 万元的，但具有以下情形的，应予追诉立案：(1)为谋取非法利益而行贿的；(2)向 3 人以上行贿的；(3)向党政领导、司法工作人员、行政执法人员行贿的；(4)致使国家或者社会利益遭受重大损失的。

这也就是说，单位行贿数额低于 20 万元一般是不追究刑事责任的。但如果是谋取法律所明确禁止的非法利益的（不仅仅是不正当利益），超过 10 万就应追究刑事责任了。另外，如果是向 3 人以上行贿的，向党政领导、司法工作人员、行政执法人员行贿的，超过 10 万元就应追究刑事责任了。

那么，如何认定非法利益，如何认定 3 人、如何认定党政领导、司法工作人员、行政执法人员，这里面就存在很大的辩护空间。嫌疑人及其辩护人应善于抓住这里的辩点。

（二）“不正当利益”的认定

《刑法》对单位行贿罪设置了“为谋取不正当利益”的条件。对此，理论界和实务界存在一定争议。有观点认为，该条件使行贿罪的范围过于狭窄。我们认为，这种观点存在的问题在于对“谋取不正当利益”进行了狭义的理解，认为只有谋取的利益本身是非法的，才构成行贿罪。根据司法解释、司法文件对“谋取不正当利益”的界定，“谋取不正当利益”既包括谋取各种实体上的不正当利益，也包括以不正当手段谋取的合法利益；既包括实体违规，也包括程序违规。实体违规是指行贿人企图谋取的利益本身违反有关规定，即利益本身不正当。其通常表现为，国家禁止性的利益获取和特定义务的不当免除两种情形。前者如通过行贿使公路管理人员对超载货车放行，后者如通过行贿使本应依法履行的纳税、缴纳罚款等义务得以减免。程序违规是指国家工作人员或有关单位为行贿人提供违法、违规或违反国家政策的帮助或者便利条件，即利益取得方式不正当。其可罚性基础并不在于利益本身的违法，而是基于为谋取利益所提供的“帮助或者方便条件”是违规的。即便行为人获取的利益本身可能是合法的，但其通过行贿手段要求国家工作人员或者有关单位为获取该利益所提供的“帮助或者方便条件”是违反相关法律法规等规定的，就属于在程序上不符合规定，仍然应当被认定为程序违法所导致的“谋取不正当利益”。具体而言，其主要包括两种情况：一是本不具备获取某种利益的条件，通过行贿而取得该利益，如贷款、提干、招干等；二是需要经过竞争才可能取得的利益，如行贿人虽然符合晋级、晋升、工程承揽的条件，但为了使自己优于他人晋级、晋升、工程承揽的竞争优势而给予国家工作人员财物。

正确认定上述“不正当利益”的精神内涵，对于准确把握单位行贿罪的罪与非罪有着重要的意义。被控单位行贿罪的嫌疑人及其辩护人，要善于在此中挖掘辩护空间。

（三）谋取不正当利益与违反国家规定之间的关系

《刑法》第 393 条将单位行贿罪分为两种情形：一种是单位为谋取不正当利益而行贿的；另一种是单位违反国家规定，给予国家工作人员以回扣、手续费。对于前一种情形，已明确规定为“谋取不正当利益”这一要件；而对后一种情形，则没有规定为“谋取不正当利益”这一要件。有人认为，如果对第二种情形也必须具备为单位“谋取不正当利益”这一要件，势必放纵单位行贿犯罪的发生。甚至有人认为，这势必形成为谋取正当利益而行贿应受法律保护的推断。他们因而建议，无论谋取什么样的利益，只要给予国家工作人员以财物，所取得或可能取得的利益是通过国家工作人员的职权所完成的，即构成单位行贿罪。我们认为，持该种见解的人割裂了“谋取不正当利益”与“违反国家规定”之间应有的联系，即对于谋取自身应得的利益，如果是通过违反国家规定的形式或手段获得，因该形式与手段的非法性，实质上已转化为“谋取不正当利益”。最高法、最高检于 1999 年 3 月 4 日《关于在办理受贿犯罪大要案的同时严肃查处严重行贿犯罪分子的通知》中对“谋取不正当利益”作了如下解释：“谋取不正当利益”是指谋取违反法律、法规、国家政策和国务院各部门规章规定的利益，以及要求国家工作人员或者有关单位提供违反法律、法规、国家政策和国务院各部门规章规定的帮助或者方便条件。此规定的前半段是指典型的不正当利益，而后半段则是因利益的取得手段和方式不合法、不正当而转化为“不正当利益”。持否定“不正当利益”为单位行贿罪必备构成要件的人，其主导思想是出于打击受贿犯罪的需要，必须惩罚行贿犯罪。他们认为，受贿与行贿是一对导致腐败的孪生兄弟。受贿既然严惩，行贿岂能宽恕，因而力主取消“谋取不正当利益”这一构成要件。显然，这已超出了最高法、最高检司法解释的权限，只能由立法机关根据反腐败斗争的需要对《刑法》的有关规定作适当修改。在当前的法律条件下，应严格按照《刑法》的罪刑法定原则，以“谋取不正当利益”作为单位行贿罪的构成要件，惩罚此类犯罪。

对于某些单位因被勒索而给予国家工作人员以财物，没有获得不正当利益的（包括实体正当和程序正当），不能认定为单位行贿罪。对于确实是因被勒索的单位行贿行为，辩护人应作无罪辩护。

（四）直接负责的主管人员和其他直接责任人员的认定

《刑法》第393条规定，“直接负责的主管人员和其他直接责任人员”应对单位行贿行为承担刑事责任。所谓直接负责的主管人员，是指直接策划、组织、指挥或批准单位行贿活动的单位领导人员，通常情况下为本单位的董事长、总经理、副总经理等。但不能一概而论，不知道或不起决定作用的单位领导人，不能成为追究刑事责任的主管人员。所谓其他直接责任人员，则指直接实施、积极参加单位行贿活动，并起重要作用的人员。单位行贿罪，往往不是靠一两个自然人的行为来完成，其涉及的人员可能较多。其中有的人确实不知情，有的明知不对或可能有问题，但慑于权力而实施了行贿行为。对这些人员，应与“直接责任人员”区别开来。

在单位行贿犯罪中，并非所有的直接责任人员都负有同等的责任。这种犯罪虽然也是自然人实施的一种有组织的犯罪，但它与传统刑法中的共同犯罪相比，无论在形式上还是在实质上都有较大的区别。因此，不能像共同犯罪的成员那样分为主犯、从犯、胁从犯、教唆犯，而只能根据他们在单位行贿犯罪过程中所处的地位和所起的作用，分为主要和次要责任人员。对于确定直接责任人员的主次，应从以下几个方面考虑：一是职权的大小。职责权限越大，应负的责任也就越大。二是因果关系的形式。在因果关系锁链中，起支配作用的行为人负主要作用。三是所起作用的程度。主动出谋划策、积极实施者，所担负的责任相对要重。

在具体的司法实践中，单位犯罪牵扯的人较多，但真正被追究刑事责任的只是作用最大的一个或两个人，其余的一般不追究责任。

（五）个人行贿和单位行贿的区分

按照法学通说和最高人民法院的司法解释，单位犯罪必须是单位领导决策或集体研究决策，体现单位意志，所获得的利益归单位所有的犯罪。是否以单位名义实施，不是必备的要件。有的单位犯罪不需要什么名义就可以实施；有的单位犯罪不以自己的名义实施，而是假冒他人的名义实施。具体到单位行贿，也是如此。

根据《刑法》第390条的规定，犯行贿罪最低的刑罚是拘役。随着行贿数额和犯罪情节的提高，最高可判处十年以上有期徒刑或者无期徒刑，并处罚金或者没收财产。《刑法》第 393 条规定,犯单位行贿罪的,最低也是拘役,但最高则是五年有期徒刑。也就是说,只要是单位行贿,无论数额多少,情节严重的程度,哪怕是行贿数额是几千万、几个亿甚至是几十个亿,最高都只有五年有期徒刑。因此,当个人行贿和单位行贿似是而非、容易混淆时,正是嫌疑人及其辩护人寻找有利的辩护空间的重大时机。

(六)共同犯罪中的认定

单位行贿的共同犯罪与其他的共同犯罪相比,有点特殊。单位行贿的共同犯罪通常有以下两种形式。

一是单位与单位之间的共同行贿犯罪。其特点是:(1)参与共同行贿的主体都是单位,所有具体实施人都是为实现其单位的意志而进行的行贿犯罪;(2)各单位都是为实施行贿而共同结合在一起,彼此的地位都是平等的,但也不排除有些上级单位对下级单位、势力大的单位对势力小的单位进行胁迫、利诱;(3)具有共同行贿的故意并由各单位的具体实施人产生和表现出来;(4)具有共同的行贿目的,都是为各自单位谋取不正当利益,所谋得的不正当利益为共同参与行贿的单位所瓜分。尽管法律没有对单位共同行贿的刑事责任的划分作出明确规定,但应根据单位在共同行贿罪中所处的地位和作用,分别按单位主犯、单位从犯、单位胁从犯和单位教唆犯处罚。

二是单位与自然人之间的共同行贿犯罪。其特点是:(1)参与共同行贿的主体既有单位,也有自然人。(2)单位与自然人为了实施行贿犯罪活动结合在一起,他们各自以独立的主体参加行贿犯罪,彼此地位平等,没有隶属关系。(3)单位中的具体实施人是按单位的意志进行行贿犯罪活动,自然人按个人的意志进行行贿犯罪活动。但彼此之间形成统一的行贿故意和完整的行贿犯罪行为。(4)行贿犯罪所得利益分别为单位和自然人所有。单位与自然人的共同行贿犯罪,应根据单位和自然人在共同犯罪中所起的作用确定。只有单位起主要作用的或单位与自然人作用相当的,才能构成单位行贿罪的共同犯罪;而自然人起主要作用的,则应确定为行贿罪的共同犯罪。

(七)自首、立功

1. 自首

单位行贿人在被刑事立案后,在被纪检监察机关调查谈话、讯问、采取调查措施或者采取强制措施前,自动投案,如实供述的,构成自首,按《刑法》总则中关于自首的规定处理。对于如实供述,需要注意的是单位行贿人自动投案并如实供述自己的罪行后又翻供的，不能认定为自首；但在一审判决前又能如实供述的，应当认定为自首。

2. 同种罪行的自首和不同种罪行的自首

没有自动投案，办案机关（包括纪检监察机关、检察机关、公安机关）所掌握的线索指向的犯罪事实不成立。在此范围外单位行贿人交代同种罪行的，以自首论。比如，检察机关掌握行为人单位行贿的线索，侦查后发现不构成犯罪，但行为人又交代了他代表该单位向第三人行贿的事实，则其向第三人行贿的罪行应当视为自首。

没有自动投案，办案机关（包括纪检监察机关、检察机关、公安机关）所掌握的线索指向的犯罪事实不成立。在此范围外单位行贿人交代不同种罪行的，以自首论。比如检察机关掌握单位行贿人行贿的线索，侦查后发现不构成犯罪，但该人又交代了挪用公款的事实，则其挪用公款的罪行应当视为自首。

3. 立功

《刑法》第 68 条规定，犯罪分子有揭发他人犯罪行为，查证属实的，或者提供重要线索，从而得以侦破其他案件等立功表现的，可以从轻或者减轻处罚；有重大立功表现的，可以减轻或者免除处罚。这里需要注意的是，单位行贿人检举揭发他人犯罪行为，必须是不属于自己如实供述的范围。如果揭发他人犯罪的行为，是其依法应该供述的范围，那就不构成立功。比如，行贿和受贿是对向犯，单位行贿人检举揭发他人受贿的款物如果就是他本人行贿的，那么他就不构成立功。因为，如实交代他行贿的行为，本来就是他的法定义务。但如果他交代的他人受贿的款物不是他本人行贿的，而是其他人行贿的，则他的检举揭发构成立功。

第七节 挪用公款罪的风险识别与辩点分析

一、挪用公款罪的构成要件

（一）概念

挪用公款罪是指国家工作人员，利用职务上的便利，挪用公款归个人使用，进行非法活动的，或者挪用公款数额较大、进行营利活动，或者挪用数额较大、超过 3 个月未还的行为。

(二)构成要件

1. 挪用公款罪的主体是特殊主体,即国家工作人员。这里所说的国家工作人员与《刑法》所规定的贪污罪中国家工作人员的内涵、外延是相同的。

2. 本罪在主观方面是直接故意。行为人明知是公款而故意挪作他用,其目的是非法取得公款的使用权。但其在主观上,只是想暂时取得公款的使用权,准备日后归还,并不打算占有。至于行为人挪用公款的动机,则可能是多种多样的,有的是为了营利,有的出于一时的家庭困难,有的为了从事违法犯罪活动,动机如何,不影响本罪的成立。

3. 本罪侵犯的客体,主要是公共财产的使用权、收益权。挪用公款罪侵犯的直接客体是公款的使用权,行为人挪用公款后因此获得收益。于是公款的收益权成为本罪侵犯的间接客体。

公款的典型表现形式是货币,另外股票、债券等有价证券以及金融凭证也属于公款。根据《刑法》第 384 条的规定,挪用用于救灾、抢险、防汛、优抚、扶贫、移民、救济款物归个人使用的,要按挪用公款罪从重处罚,因此这些特定的公款、公物可以成为本罪的对象。挪用公物归个人使用,情节严重,需要追究刑事责任的,可以折价按挪用公款罪处罚。因而一般的公物也可以成为本罪的对象。

4. 本罪的客观方面表现为行为人实施了利用职务上的便利,挪用公款归个人使用,进行非法活动,或者挪用数额较大的公款进行营利活动,或者挪用数额较大的公款超过 3 个月未还的行为。具体包括以下 3 种情况。

(1)挪用公款归个人使用进行非法活动。这里所说的非法活动是指挪用公款供挪用人或他人进行走私、赌博、吸毒、嫖娼、非法经营等违法犯罪活动。对这种情况的定罪,《刑法》第 384 条没有要求挪用公款的数额要达到较大,也没有规定挪用达到多长时间。但根据最高法、最高检于 2016 年 4 月 18 日实施的《关于办理贪污贿赂刑事案件适用法律若干问题的解释》的规定,挪用公款归个人使用,进行非法活动的,以 3 万元为起点。如果挪用公款归个人使用进行非法活动未达到以上标准的,可不认为是犯罪。

(2)挪用公款归个人进行营利活动,并且数额较大的。这是指挪用数额较大的公款作为挪用人或者他人进行营利活动的资本,如挪用人或者他人将挪用的公款用于生产、经营,作为企业入股资金,借给他人而个人取利等。这里的数额较大以挪用公款 5 万元为起点,对于挪用数额较大的公款归个人进行营利活动的,法律不要求挪用公款要达到多长时间,也不要求行为人达到营利目的。

(3)挪用公款归个人用于上述非法活动、营利活动以外的用途,并且数额较大,超过 3 个月未还的。如挪用公款用于建造私房、购置家具和其他生活用品、办理婚丧、支付私人医疗费用、偿还家庭、个人债务等。这种情况既要求挪用公款要达到5万元以上,也要求挪用公款要超过3个月未还。如果挪用公款数额较大,超过3个月,在案发前已全部归还本金的,可以从轻处罚或减轻处罚,给国家、集体造成的利益损失应予追缴。

在实践中,也有这样的情形。行为人多次挪用公款,用后次挪用的公款归还前次挪用的公款,而每次挪用的间隔时间都不超过3个月。对此,应从第一次挪用公款的时间算起,连续累计至挪用行为终止。在追究行为人的刑事责任时,挪用公款的数额按最后未归还的金额认定。

二、挪用公款罪的量刑规定

根据《刑法》第384条的规定,"国家工作人员利用职务上的便利,挪用公款归个人使用,进行非法活动的,或者挪用公款数额较大、进行营利活动的,或者挪用公款数额较大、超过三个月未还的,是挪用公款罪,处五年以下有期徒刑或者拘役;情节严重的,处五年以上有期徒刑。挪用公款数额巨大不退还的,处十年以上有期徒刑或者无期徒刑。挪用救灾、抢险、防汛、优抚、扶贫、移民、救济款物归个人使用的,从重处罚"。

另外,《刑法》第185条规定,银行或者其他金融机构的工作人员利用职务上的便利,挪用本单位或者客户资金的,依照本法第272条的规定(挪用资金罪)定罪处罚。国有金融机构工作人员和国有金融机构委派到非国有金融机构从事公务的人员有前款行为的,依照本法第384条的规定(挪用公款罪)定罪处罚。

根据最高法、最高检于2016年4月18日实施的《关于办理贪污贿赂刑事案件适用法律若干问题的解释》的规定:

1. 挪用公款归个人使用,进行非法活动,数额在3万元以上的,应当依照《刑法》第384条的规定以挪用公款罪追究刑事责任;数额在300万元以上的,应当认定为《刑法》第389条第1款规定的"数额巨大"。具有下列情形之一的,应当认定为"情节严重":(1)挪用公款数额在100万元以上的;(2)挪用救灾、抢险、防汛、优抚、扶贫、移民、救济特定款物,数额在50万元以上不满100万元的;(3)挪用公款不退还,数额在50万元以上不满100万元的;(4)其他严重的情节。以上"情节严重"的,处5年以上有期徒刑;"数额巨大"拒不退还的,处10年以上有期徒刑或者无期徒刑。

2. 挪用公款归个人使用,进行营利活动或者超过3个月未还,数额在5万元以上的,应当认定为《刑法》第384条第1款规定的"数额较大";数额在500万元以上的,应当认定为《刑法》第384条第1款规定的"数额巨大"。具有下列情形之一的,应当认定为"情节严重":(1)挪用公款数额在200万元以上的;(2)挪用救灾、抢险、防汛、优抚、扶贫、移民、救济特定款物,数额在100万元以上不满200万元的;(3)挪用公款不退还,数额在100万元以上不满200万元的;(4)其他严重的情节。以上“情节严重”的,处5年以上有期徒刑;“数额巨大”拒不退还的,处10年以上有期徒刑或者无期徒刑。

三、挪用公款罪的认定标准

(一)区分罪与非罪的界限

挪用公款行为是否构成犯罪,是否已达到必须追究刑事责任的程度,要从挪用公款的具体数额,挪用公款的目的、用途、时间,是否归还、造成损失大小等方面综合分析,加以认定。

1. 关于承包、租赁企业中挪用公款罪与非罪的界限。国家工作人员承包、租赁企业中的流动资金如果仍属公款,即发包方拨付给的一定经营款,行为人将其挪作承包、租赁项目以外的其他个人用途,同样具有社会危害性,属于挪用公款归个人使用的性质。但考虑到承包、租赁企业经营、管理的特殊情况,对承包、租赁企业中的挪用公款犯罪的认定要特别从严掌握,不宜轻易定罪。只要承包、租赁人到期完成了合同,没有给本单位造成实际损失的,对其挪用公款的行为可不按犯罪处理。

2. 2010年11月26日最高人民法院、最高人民检察院《关于办理国家出资企业中职务犯罪案件具体应用法律若干问题的意见》第3条规定,国家出资企业的国家工作人员在公司、企业改制过程中为购买公司、企业股份,利用职务上的便利,将公司、企业的资金或者金融凭证、有价证券等用于个人贷款担保的,以挪用公款罪定罪处罚;行为人在改制前的国家出资企业持有股份的,不影响挪用数额的认定,但量刑时应当酌情考虑。如以上行为经有关部门批准或者按照有关政策规定而实施,可以视具体情况不作为犯罪处理。

(二)挪用公款罪的罪数问题

1. 挪用公款给他人使用,使用人与挪用人共谋,指使或者参与策划取得挪用款的,以挪用公款罪的共犯定罪处罚。但使用人只是单纯提出借用公款的,没有要求挪用人采用挪用的方式借款的,不认定为挪用公款罪的共犯。使用人具有诈骗故意时,不影响国家工作人员成立挪用公款罪。

2. 因挪用公款索取、收受他人贿赂构成犯罪的,或者挪用公款进行非法活动构成其他犯罪的,数罪并罚。

3. 明知他人使用公款进行犯罪活动,而挪用公款给他人使用的,数罪并罚。

例如，明知他人使用公款用于贩卖毒品，而将公款挪用给他人的，成立挪用公款罪的正犯与贩卖毒品罪的帮助犯，数罪并罚。

（三）挪出公款后肆意挥霍如何定性

根据最高人民法院《关于审理挪用公款案件具体应用法律若干问题的解释》第6条的规定，行为人携带公款潜逃，说明其在主观上已无意归还所挪用的公款，其主观故意已由非法使用公款转化为非法占有公款，构成贪污罪。

与挪用公款后携带公款潜逃相类似，挪用后肆意挥霍公款同样是一种挪用公款罪转化贪污罪的表现形式，行为人往往抱着一种侥幸的心理，想有机会就还，没机会就不还，其主观上不想退还，具有非法占有的目的，构成贪污罪。

（四）正确理解挪用公款"归个人使用"的含义

为进一步明确《刑法》第384条有关规定的含义，严格依法惩处挪用公款的犯罪活动。2002年4月28日，全国人大常委会对《刑法》第384条第1款作了如下解释："有下列情形之一的，属于挪用公款'归个人使用'：(1)将公款供本人、亲友或者其他自然人使用的(2)以个人名义将公款供其他单位使用的；(3)个人决定以单位名义将公款供其他单位使用，谋取个人利益的。"

上述解释中的"个人决定"，既包括行为人在职权范围内决定，也包括超越职权范围决定。"谋取个人利益"，既包括行为人与使用人事先约定谋取个人利益实际尚未获取的情况，也包括虽未事先约定但实际已获取了个人利益的情况。其中的"个人利益"，既包括不正当利益，也包括正当利益；既包括财产性利益，也包括非财产性利益，如升学、就业、提拔。

对于经单位领导集体研究决定将公款给个人使用，或者单位负责人为了单位的利益，决定将公款给个人使用的，不能以挪用公款罪定罪处罚。上述行为致使单位遭受重大损失，构成其他犯罪的，依照刑法的有关规定对责任人员定罪处罚。

四、典型案例

杨某某挪用公款案[①]

原公诉机关：北京市人民检察院第二分院。

上诉人（原审被告人）：杨某某，女，59岁（1956年2月15日出生），原北京市

① 案例来源：中国裁判文书网。

怀柔县服务公司；因涉嫌犯挪用公款罪于2011年4月21日被羁押，同年5月6日被逮捕；现羁押在北京市第一看守所。

辩护人：徐某，北京市大成律师事务所律师。

北京市第二中级人民法院审理北京市人民检察院第二分院指控原审被告人杨某某犯贪污罪、挪用公款罪一案，于二〇一二年十二月二十日作出(2012)二中刑初字第1062号刑事判决。宣判后，杨某某提出上诉。本院依法组成合议庭，公开开庭进行了审理，于二〇一三年七月十六日作出(2013)高刑终字第109号刑事裁定，以原审判决认定杨某某犯贪污罪的事实不清楚为由，撤销原判，发回原审法院重新审判。北京市第二中级人民法院依法另行组成合议庭重新审理后，于二〇一四年八月十三日作出(2014)二中刑初字第106号刑事判决。宣判后，杨某某不服，向本院提出上诉。本院依法组成合议庭，公开开庭审理了本案。北京市人民检察院指派检察员高某某、代理检察员王某某法出庭履行职务。上诉人杨某某及其辩护人徐某到庭参加诉讼。本案现已审理终结。

北京市第二中级人民法院刑事判决书认定：

一、贪污的事实

(一)2001年间，被告人杨某某在担任北京市怀柔县服务公司、北京康盛服务公司(以下简称康盛公司)经理期间，利用职务便利，在康盛公司下属企业春光商场改制过程中，虚假折抵退休职工医疗费；并在评估过程中，隐瞒有关房产已建成和投入使用的事实，进而低估资产，非法占有公共财物，共计价值人民币1220万余元。

一审法院认定上述事实的证据有：中共怀柔县委组织部通知、怀柔区商务委员会纪律检查委员会出具的证明文件、康盛公司工商档案资料；恒源评估公司资产评估报告、康盛公司关于对春光商场进行改制的请示、关于对康盛公司春光商场进行改制的申请、关于将康盛公司春光商场改制为有限责任公司的申请、怀柔县商业委员会关于春光商场进行改制请示、申请的批复、康盛公司向怀柔县国有资产管理局报送的关于春光商场职工买断企业净资产的请示、怀柔县国有资产管理局批复、市体改委、市经委关于进一步加快本市国有小企业改革的若干意见、怀柔县服务公司与宏怀公司、县经管站签订的拆迁安置协议、怀柔县服务公司与县经管站签订的补充协议、县经管站出具的说明文件、康盛公司与宏怀公司签订的拆迁安置协议、北京怀柔望怀建筑工程公司出具的说明文件、康盛公司致县经管站的函件及附件、房屋所有权转移登记申请书、存量房屋买卖合同、房屋租赁合同、怀柔县服务公司与北京怀建集团恒新泰有限公司签订的协议、工程竣工验收备案表及县经管站出具的说明、房屋土地测绘技术报告书、北京市消防局建筑工程消防验收意见书、工程竣工验收备案表、北京怀柔望怀建筑工程公司出具的说明、蒋某与李某

1、蔡某签订的中介协议、杨某某与蔡某、李某1签订的股权转让意向书、股权转让协议、补充协议及杨某与蔡某签订的补充协议、康弘娱乐公司、康弘富莱尔公司、春光商场、隆福饭庄等单位的工商档案资料、北京高地经典房地产评估有限责任公司出具的房地产估价报告;证人张某1、王某1、吕某1、崔某、赵某、陈某1、徐某1、杜某1、吴某、范某、邹某、梁某1、王某2、郭某1、段某、谭某、苏某、方某、梅某、王某3、金某、张某2、牛某、魏某、李某2、娄某、张某3、孙某、孟某、王某4、彭某、张某4、刘某1、赫某、万某、陈某2、杜某2、解某、刘某2、刘某3、池某、柳某、薛某、徐某2、蒋某、蔡某等人的证言及被告人杨某某在侦查阶段的供述。

(二)2001年,被告人杨某某在担任原北京市怀柔县服务公司、康盛公司经理期间,利用职务便利,采用将国有土地使用权无偿转让给其个人控制公司的方式,非法占有康盛公司8271.21平方米的国有土地使用权,共计价值人民币7074365.91元。

一审法院认定上述事实的证据有:康盛公司关于将所属南小街17号院土地按改制政策转让给改制企业康弘娱乐公司的请示及所附土地转让协议书、康盛公司关于土地重组转制的申请、怀柔县京怀国有土地使用权出让合同、怀柔县房地局用地科发证函、京怀国有土地使用证、北京市城镇国有土地登记审批表、土地使用权名称变更说明、北京国地不动产咨询中心土地估价报告、怀柔县人民政府第四十七期专题会议纪要;证人郭某2、闫某、陈某3、刘某4、张某5、胡某等人的证言及被告人杨某某在侦查阶段的供述。

二、挪用公款的事实

2000年11月间,被告人杨某某在担任北京市怀柔县服务公司、康盛公司经理期间,利用职务便利,私自指使下属人员从康盛公司设立的账户转出公款人民币358989元,用于其购买康盛公司下属怀兴饭庄改制后成立的北京怀兴饭庄有限公司的股份。

2011年4月21日,被告人杨某某被抓获归案。案发后,检察机关冻结了房产6套及国有土地使用权8271.21平方米。

一审法院认定上述事实的证据有:驰原公司工商登记档案资料打印件、驰原公司在北京农商银行青春路支行的账户对账单、转账支票、存款凭条;证人吕某2、崔某、吕某1、李某3、陶某、梁某2、徐某1等人的证言及被告人杨某某在侦查阶段的供述以及抓获经过、立案决定书、拘传证、拘留证、逮捕证、检察机关《关于对杨某某涉案房产和土地办理禁止交易的函》、常住人口基本信息打印件等。

一审法院判决书还列述了辩护人当庭宣读、出示的北京市人民政府办公厅文件《北京市人民政府办公厅转发市体改委市经委关于进一步加快本市国有小企业改革若干意见的通知》《怀柔县服务公司关于将未参与改制评估的剩余资产及

106 名离退休职工移交给改制企业管理的报告》《怀柔政务 53 期》;康盛公司收取春光商场租金的凭证、康盛公司将收取的租金用于退休职工药费的表格、《关于印发企业重组转制有关政策的通知》文件;丧葬费支出凭单、报销医疗费的凭证、怀柔劳动和社会保障局《关于企业转制预留离退休人员费用的批复》、支票存根以及记账凭证、借款凭证、会计记录及证人闫某、陈某 3、柳某、穆某、杨某 2 等人的证言等。

一审法院在判决书中列述的证明上述事实的有关证据,已经一审法院庭审质证属实并予以确认;对辩护人当庭宣读、出示的证据,一审法院认为不影响本案的定性或与本案无关联,均不予确认。

一审法院认为,被告人杨某某身为国有企业中的国家工作人员,在企业改制过程中,利用负责改制的职务便利,采取隐瞒、骗取等手段非法占有巨额国有资产,其行为已构成贪污罪;其又利用职务便利,挪用公款用于个人购买改制企业股份的营利活动,其行为又已构成挪用公款罪,且系挪用公款数额巨大不退还,对其所犯贪污罪、挪用公款罪依法应当数罪并罚。北京市人民检察院第二分院指控被告人杨某某犯贪污罪、挪用公款罪的事实清楚,证据确实、充分,指控的罪名成立。鉴于被告人杨某某贪污犯罪造成的损失大部分可以挽回,挪用公款犯罪造成的损失亦可以挽回,案发前个人尚未实际全部占有贪污犯罪的财产等情节,对被告人杨某某所犯贪污罪和挪用公款罪均酌予从轻处罚。根据被告人杨某某犯罪的事实,犯罪的性质、情节和对于社会的危害程度,依法判决:被告人杨某某犯贪污罪,判处无期徒刑,剥夺政治权利终身,并处没收个人全部财产;犯挪用公款罪,判处有期徒刑十年,决定执行无期徒刑,剥夺政治权利终身,并处没收个人全部财产。已冻结在案的房屋产权及国有土地使用权收归北京市怀柔区人民政府国有资产监督管理委员会(附清单),继续追缴被告人杨某某的犯罪所得,发还北京市怀柔区人民政府国有资产监督管理委员会。

杨某某上诉提出,一审判决不公,其是冤枉的,侦查机关取得的都是假证据。其委托律师调取了证据,希望二审法院查明事实,公正判决。

杨某某的辩护人提出的辩护意见为:康盛服务公司下属春光商场改制时,用预留 25 个退休的康盛服务公司员工、但非春光商城职工的预留医药费用抵扣净资产的做法,符合当时政策规定。其已经向改制主管部门请示汇报,并获得批准,不是贪污的表现形式。春光商场改制时,杨某某没有“隐瞒有关房屋已经建成和投入使用的事实”,将因拆迁补偿并出租的房屋作为“在建工程”评估是评估机构自行评估的结果,杨某某不存在刻意隐瞒资产真实情况的情形。康盛公司将包括土地在内的全部资产、所有在职职工及退休职工无偿转让给康弘公司,是在怀柔县政府指导下的企业改制行为。这是作为北京康盛公司改制后的遗留问题来处理，而不是杨某某贪污国有资产的情形。在改制时，贪污指控涉及的财产和杨某某没有任何权属关系；杨某某没有也不可能“非法占有”涉案国家财产。一审法院认定杨某某犯贪污罪和挪用公款罪，事实不清、证据不足，恳请二审法院撤销原判，宣告杨某某无罪。如认定杨某某实施的行为构成挪用公款罪，也应参照适用《刑法修正案（九）》的规定予以改判。

北京市人民检察院派员发表的出庭意见为：一审判决认定杨某某犯贪污罪的部分事实不清，证据不足，部分证据虚假。原判认定杨某某在服务公司下属企业春光商场改制过程中，虚假折抵退休职工医疗费，证据不足；认定杨某某隐瞒“春光商场”新楼已建成并投入使用的证据不足；认定杨某某使用两套合同骗取审批，证据尚未充足；认定杨某某“利用职务便利采用将国有土地使用权无偿转让给其个人控制的公司方式，非法占有康盛公司国有土地使用权”尚缺少必要证据。一审判决认定服务公司或杨某某在企业改制时进行“虚假折抵”、实际不负担职工相关费用的意见缺少充分的证据。一审判决认定杨某某犯挪用公款罪的事实清楚，证据确实充分，建议二审法院对贪污罪部分予以改判，对挪用公款罪部分驳回上诉，维持原判。

在本院庭审中，杨某某的辩护人申请出示了《怀柔县服务公司西马道2号楼房屋产权证发放统计表》及服务公司部分暖气费、洗理费、补助及医疗保险费、银行转账凭证等，欲证明《统计表》中没有孟某的名字。陈某1证明其与孟某是邻居，是其介绍孟某做评估业务的证言是虚假的；以及康盛公司一直以收取的租金用于退休职工包含医药费在内的各项支出。经查，辩护人所出示的《统计表》仅能反映居住该楼的产权人的姓名，不能确认孟某的真实住址。所出示的财务表格及银行转账凭证等均系复印件，没有出证单位的证明及公章确认；表格所列人员无签字、转账凭证指向的内容不清，且没有财务人员的签字盖章，故辩护人所出示的前述证据，对案件事实不具有证明力，本院不予确认。

在本院审理期间，北京市人民检察院向本院提出需要调取新的证据并申请证人陈某1、徐某1、陈某3、郭某2、孟某、刘某4、闫某、李某4等人出庭作证。在本院庭审时，证人陈某1、徐某1、陈某3、孟某、刘某4出庭作证，检察员当庭宣读了在二审期间调取的证人闫某、郭某2、李某4的证言，并出示了证人薛某的证明及支出凭证复印件。经查，前述所列证人证言均已在一审法院公开开庭审理中举证质证，并非新的证据。个别证人证言本身前后矛盾，对同一证人在不同时期所作不同证言，既没有合理解释，又没有相关证据印证，本院不予采信。对于出示的支出凭证复印件，经查，该支出凭证显示不出所开具的单位，多数没有单位印章及会计和出纳的签章，现有签章模糊不清，无法辨认核实，不具有证明效力，本院不予确认。

对于上诉人杨某某所提“一审判决不公，其是冤枉的，侦查机关取得的都是假证据"的上诉理由,经查,上诉人杨某某借助其国家工作人员的地位,借助受委派实施改制并系国有公司经理的身份,利用改制中政策、制度、管理中存在的漏洞,采用压低国有资产价值、无偿转让国有土地使用权的手段,将国有财产非法占为己有。另杨某某在改制中,使用国有公司资金为其个人购买改制后非国有公司的股份,致使国有资产遭受重大损失,杨某某的行为依法已分别构成贪污罪和挪用公款罪。一审法院经公开开庭审理,并对相关证据进行举证质证,认定杨某某犯贪污罪、挪用公款罪的基本事实清楚,证据确实。对于杨某某的辩护人所提"康盛服务公司下属春光商场改制时,用预留25个退休的康盛服务公司员工抵扣净资产的做法,符合当时政策规定,不是贪污的表现形式"的意见,经查,县政府确定的改制对象是春光商场,是分步骤按成熟条件先后进行的,并非康盛服务公司全部下属公司同时进行改制。杨某某采用冒用康盛服务公司25名退休职工名义折抵国有资产,被冒用的退休职工并未实际享受到改制后应得利益,但被折抵的资产被杨某某实际占有。所提"杨某某没有隐瞒有关房屋已经建成和投入使用的事实;评估是评估机构自行评估的结果,杨某某不存在刻意隐瞒资产真实情况的情形"的意见,经查,春光商场、隆福饭庄在评估期间已实际建成,与原有建筑的价值差距明显。且杨某某已经将新建筑对外签订了租赁合同,对于"春光商场"应如何进行评估。杨某某应当明知;评估机构是根据委托人的委托事项进行评估,"在建工程"显系违背事实,且"在建工程"应属待确定价值。用待确定价值作为改制价值折抵,明显与客观事实不符。所提"康盛公司将土地无偿转让给康弘公司,是在怀柔县政府指导下的企业改制行为。其相应对价是康弘公司106名退休职工及多名重病号的医疗费用,而不是杨某某贪污国有资产的情形"的意见,经查,国有土地不存在无偿转让的理由,辩护人所提涉案相关企业承担了106名退休职工及多名重病号的医疗费用,即为有偿转让。但有偿转让就必须确定转让的财产价值,不可能在没有确定偿付对象,没有确定转让价值的情况下,就决定将国有土地使用权无偿转让给非国有公司使用;且在案没有证据证实康弘公司实际承担了106名退休职工及多名重病号的医疗费用。所提"驰原公司、康盛服务公司和怀兴饭庄三个单位的财务凭证和账簿表明,徐某1退股的款项出自怀兴饭庄,杨某某不存在挪用公款的行为"的意见,经查,杨某某对于自己没有实际出资,而购买了怀兴饭庄的股权一节无异议。在案证人崔某的证言及驰原公司在北京农商银行对账单、转账支票、存款凭条证实,杨某某购买徐某1的股权款系从驰原公司支出。故杨某某及其辩护人分别所提上诉理由和辩护意见均不能成立,本院均不予采纳。

对于检察员发表的出庭意见,经查,检察院申请出庭作证的证人证言,不能否定一审法院已经庭审质证的证据效力,不能否定杨某某所犯贪污罪的事实,杨某某的行为确已构成贪污罪。故对于北京市人民检察院所提一审判决认定杨某某犯贪污罪的事实不清，证据不足，部分证据虚假，建议二审法院予以改判的意见，本院不予采纳。所提对挪用公款维持原判定罪的意见，本院予以采纳。

本院认为，上诉人杨某某身为国有企业中的国家工作人员，在企业改制过程中，利用负责改制的职务便利，采取隐瞒、骗取等手段非法占有巨额国有资产。其行为已构成贪污罪，依法应予惩处。杨某某又利用职务便利，挪用公款用于个人购买改制企业股份的营利活动。其行为又已构成挪用公款罪，且挪用公款数额较大，依法应与其所犯贪污罪并罚。一审法院根据杨某某犯罪的事实，犯罪的性质、情节及对于社会的危害程度，依法对其所作的判决，事实清楚，证据确实、充分，定罪正确，审判程序合法。鉴于上诉人杨某某贪污犯罪造成的损失大部分可以挽回、挪用公款犯罪造成的损失亦可以挽回等情节，并鉴于在本院审理期间，《刑法修正案（九）》公布实施，对《刑法》第383条作出了修正，依据从旧兼从轻的原则，因法律的变化导致一审法院对杨某某所犯贪污罪和挪用公款罪量刑不当，应予改判。综上，本院依照《中华人民共和国刑法》第十二条第一款、第三百八十二条第一款、第三百八十四条第一款、第六十九条、第六十一条、第六十四条和《中华人民共和国刑法修正案（九）》第四十四条第一款第三项、第二款、第五十二条及《中华人民共和国刑事诉讼法》第二百二十五条第一款第（一）项、第（二）项之规定，判决如下：

一、维持北京市第二中级人民法院（2014）二中刑初字第106号刑事判决书主文第二项、第三项：（二）已冻结在案的房屋产权及国有土地使用权收归北京市怀柔区人民政府国有资产监督管理委员会（附清单）。（三）继续追缴被告人杨某某的犯罪所得，发还北京市怀柔区人民政府国有资产监督管理委员会。

二、撤销北京市第二中级人民法院（2014）二中刑初字第106号刑事判决书主文第一项：（一）被告人杨某某犯贪污罪，判处无期徒刑，剥夺政治权利终身，并处没收个人全部财产；犯挪用公款罪，判处有期徒刑十年，决定执行无期徒刑，剥夺政治权利终身，并处没收个人全部财产。

三、上诉人杨某某犯贪污罪，判处有期徒刑十四年；犯挪用公款罪，判处有期徒刑五年，决定执行有期徒刑十八年。

（刑期自判决执行之日起计算；判决执行以前先行羁押的，羁押一日折抵刑期一日，即自2011年4月21日起至2029年4月20日止）

本判决为终审判决。

审 判 长　李某某
审 判 员　邓　某
代理审判员　任某某
二〇一五年十一月十日
书 记 员　王　某

五、辩点分析

挪用公款罪的辩点主要从以下几个方面厘清："国家工作人员"的认定，"利用职务上的便利"的认定，挪用公款罪的对象即"公款"的认定，"挪用"主观目的的认定，挪用公款"归个人使用"的认定，共同犯罪的认定，既遂和未遂的认定，挪用公款的罪数认定，认罪、悔罪和退赃，自首和立功等。

（一）"国家工作人员"的认定

挪用公款罪的行为主体必须是国家工作人员。同样的挪用行为，如果不是国家工作人员，则不能构成挪用公款罪，而是可能构成挪用资金罪。根据《刑法》第93条的规定，国家工作人员包括四类人：国家机关中从事公务的人员；国有公司、企业、事业单位、人民团体中从事公务的人员；国家机关、国有公司、企业、事业单位委派到非国有公司、企业、事业单位、社会团体从事公务的人员；其他依照法律从事公务的人员。

所谓"从事公务"，是指从事的事务具有公共性和行政管理性。国立大学里的授课教师、公立医院的医生虽然都具有国有事业单位的编制，但其工作事务不具有公共性和行政管理性。所以不属于从事公务的国家工作人员，不能构成挪用公款罪的主体。当然，如果他们临时受托从事带有公共性和行政管理性的事务，比如代为管理本单位的款项，则可以成为挪用公款罪的主体。

对于国家机关中从事公务的人员；国有公司、企业、事业单位、人民团体中从事公务的人员，通常比较好理解，司法实践中也比较好认定。

对于国家机关、国有公司、企业、事业单位委派到非国有公司、企业、事业单位、社会团体从事公务的人员，通常指国有独资公司、独资企业委派到股份有限公司或者国有参股、控股公司从事公务的人员。这些人员虽是被委派的，但其担任职务仍然要由股份有限公司或者国有参股、控股公司的股东大会或者董事会表决通过。不能因为是由这些公司的股东大会或者董事会表决通过的，就否定是国有公司、企业、事业单位委派到非国有公司、企业、事业单位、社会团体从事公务的人员。

《刑法》第93条没有规定人民团体委派到非国有公司、企业、事业单位、社会团体从事公务的人员属于国家工作人员，因此按照罪刑法定原则，这类人员不能被视为是挪用公款罪名的国家工作人员。

对于"其他依照法律从事公务的人员"，则是《刑法》的一个兜底条款。其主要包括：依法履行职责的人大代表；法院人民陪审员；协助乡镇人民政府、街道办事处从事行政管理工作的村民委员会、居民委员会工作人员等。尤其需要注意的是，村民委员会工作人员对征地拆迁的管理以及征地、拆迁补偿费用的分配是属于协助乡镇人民政府、街道办事处从事的行政管理工作，如果对公共财物发生了挪用行为的，可以构成本罪的主体。

对于建筑房地产企业的管理人员来说，只有从事公务的国家工作人员，才能构成挪用公款罪。否则，即使发生挪用行为，也只能构成挪用资金罪。如此，罪名要轻很多，量刑也要轻很多。辩护人可以根据案件的具体情况作挪用资金罪的定性辩护（形式上作挪用公款罪的无罪辩护，是否构成挪用资金罪由法庭认定），这是被指控犯挪用公款罪的一个重要的辩点。

（二）“利用职务上的便利”的认定

根据有关司法解释和司法指导文件的规定，“利用职务上的便利”，是指利用职务上主管、管理、经手公共财物的权力及方便条件。主管，是指行为人本人虽然不具体管理、经手公共财物，但是对公共财物具有调拨、统筹、使用的决定权和决策权；管理，是指具有监守、保管、使用公共财物的职权；经手，是指具有领取、支出等经办公共财物的某些方便条件。基于以上理解，这里的职务便利是指职权的便利，而不是因工作关系熟悉作案环境，因工作关系易于接近作案目标，因工作关系容易进入某些场所的便利。比如，某房地产公司的出纳李某，将5万元的公司款项放在办公室里，公司行政办公室的王某在下班后将该款项拿走，并予以挥霍。王某在此案中就不属于利用职务上的便利，而只是利用工作关系能够进入到李某办公室的便利。因此，本案中王某不构成挪用公款罪，也不构成贪污罪，而是构成到盗窃罪。在现阶段，挪用公款罪比盗窃罪的罪名要重，这在辩护中是一个重要的辩点。

（三）挪用公款罪的对象即“公款”的认定

公款是公共财产的一种，依照《刑法》384条的规定，挪用公款罪的犯罪对象包括公款和救灾、抢险、防汛、优抚、扶贫、移民、救济款物。所谓公款，即是归单位所有或管理、控制下的资金，包括归国有单位所有的资金和行为人被国有单位委派到非国有单位从事公务的非国有单位所有的资金。从资金的状态上来看，包括货币形态的资金和以有价证券等为载体的资金。货币形态的资金属于当然的公款。根据最高检的批复，失业保险基金和下岗职工基本生活保障资金属于货币形式的资金，可以成为挪用公款罪的犯罪对象。金融凭证、单位“小金库”资金、国库券等有价证券形态的资金都可以作为挪用公款罪的对象。

广义的有价证券包括商品证券、货币证券和资本证券。商品证券是证明持有人拥有商品所有权或使用权的凭证,如提货单、运货单、仓库栈单等。货币证券是指本身能使持有人或第三者取得货币索取权的有价证券,主要包括两大类:一类是商业证券,主要是商业汇票和商业本票;另一类是银行证券,主要是银行汇票、本票和支票。资本证券是指由金融投资或与金融投资有直接联系的活动而产生的证券,持有人有一定的收入请求权。资本证券是有价证券的主要形式,股票和债券是其最主要的品种;其他证券包括基金证券、证券衍生品。对于货币证券和资本证券,是以资金、货币为载体的有价证券,挪用此种有价证券无异于挪用了资金、货币,当然可以成为挪用公款罪的犯罪对象。而对于商品证券,是以物品为载体的有价证券,"体现的是物品的请求权和特定物品的存在价值,其一旦被挪用,损害的是物品的使用、收益权"。故单位的商品证券不属于公款,不能成为挪用公款罪的犯罪对象。

利用职务上的便利,以使用公有债权抵消个人债务为目的,擅自出具抵款手续,造成公有债权归个人使用,该公有债权也可成为挪用公款罪的犯罪对象。另外,依照刑法的规定,非特定公物(《刑法》第 384 条第 2 款中的救灾、抢险、防汛、优抚、扶贫、移民、救济款物以外的公物)是不能成为挪用公款罪的犯罪对象的。但如果是以使用变价款为目的挪用非特定公物的行为,其实质就是挪用公款。所以,在这种特定条件下非特定公物就能够成为挪用公款罪的对象。

对于被指控犯挪用公款罪的嫌疑人聘请的律师而言,其挪用的对象是否就是刑法规制中的挪用公款罪的"公款"。这是界定罪与非罪的重要标准,也是嫌疑人及其辩护人的一个辩点。

(四)"挪用"主观目的的认定

挪用公款的意思是指将公款挪用而不是占有。也就是说,挪用公款罪中的行为人对公款只有非法使用的故意,而不具有非法占有的故意。如果具有非法占有的故意,那就是贪污罪了。

众所周知,我国《刑法》实行主客观一致的归罪原则。成立挪用公款罪不仅需要有挪用公款的行为,还需要有对公款的挪用故意和目的。对于挪用公款罪中的"挪用"的主观目的的认定,是认定挪用公款罪的前提条件。由于挪用公款罪的量刑轻于贪污罪,故对挪用公款的"挪用"目的可以采取举重以明轻的方式,即公款在被行为人使用的情况下,如果公诉机关没有确实、充分的证据证明行为人具有非法占有的目的,则行为人只可能具有挪用的目的。

（五）挪用公款"归个人使用"的认定

挪用公款罪的本质特征是将单位公款非法置于个人的支配之下，也就是公款私用。所谓公款私用，是指个人非法支配、使用单位公款，侵犯了本单位对于公款的占有、使用、收益权。因此，挪用公款归个人使用，是挪用公款罪的一个法定构成要件。正确理解挪用公款"归个人使用"的含义，关系到某种行为是否构成挪用公款罪的问题。

1997年《刑法》修订时，按照当时的规定，只有挪用公款归个人使用的，才构成挪用公款罪，归单位使用的，不构成挪用公款罪。后来对何谓"归个人使用"，出现了一个发展变化的过程。其历经1998年最高人民法院《关于审理挪用公款案件具体应用法律若干问题的解释》、2001年最高人民法院《关于如何认定挪用公款归个人使用有关问题的解释》两个司法解释，最终2002年由全国人大常委会通过《关于对中华人民共和国刑法第三百八十四条第一款的解释》，对挪用公款"归个人使用"的含义进行了适当的扩张解释。该解释规定，不仅仅挪用公款归个人使用可以构成挪用公款罪。在一定条件下，挪用公款归其他单位使用，也可以构成挪用公款罪，具体内容如下。

第一，将公款供本人、亲友或者其他自然人使用的，无论本人、亲友还是其他自然人，相对于单位来讲都是个人。这是一种典型的挪用公款归个人使用的表现形式。

第二，以个人名义将公款供其他单位使用的。该行为的关键是"以个人名义"，是指打着个人的旗号。实践中，多表现为在单位的出借款条上或者其他提供款项的文件上签的是个人的名字，且无单位的公章。这样，虽然把单位的公款借给了其他单位，但手续上反映的却是个人把钱借出，其中"供"是提供的意思。公款属于单位，而非个人。虽然单位负责人在职权范围内有决定一定数额公款使用的权力，但实际上是单位赋予其负责人代表单位正确支配、使用公款的权力，绝不意味着单位授权其负责人可以个人名义任意非法支配、使用单位公款。以个人名义将公款供其他单位使用，本身就是将公款非法置于个人的支配之下的一种表现形式。根据上述全国人大常委会的立法解释，以个人名义将公款供其单位使用的，无须再看是否谋取个人利益，即可认定挪用公款"归个人使用"。

第三，个人决定以单位名义将公款供其他单位使用，谋取个人利益的。个人决定以单位名义将公款供其他单位使用，谋取个人利益，实际上是以公款谋取个人私利的一种方式，符合将公款非法置于个人的支配之下公款私用的本质特征。"个人决定"，既包括行为人在其职权范围内决定，也包括超越职权决定。但是，单位集体讨论决定的，不属于"个人决定"。"以单位名义"，是指出借、提供公款的主体是单位，而非个人。“谋取个人利益”，即包括行为人与使用人事先约定谋取个人利益实际尚未获取的情况，也包括虽未事先约定但实际已获取了个人利益的情况。其中的“个人利益”，既包括合法利益，也包括非法利益；既包括谋取财产性利益，如钱物，也包括谋取非财产性利益，如子女升学、就业等。

实践中，经单位领导集体研究决定将公款给个人使用，或者单位负责人为了单位的利益，决定将公款给个人使用的，不属于公款私用，不能以挪用公款罪定罪处罚。如果上述行为致使单位遭受重大损失，构成其他犯罪的，应依照《刑法》的有关规定对责任人员定罪处罚。对于个人决定以单位名义将公款供其他单位使用，没有谋取个人利益的，也不属于公款私用，而属于单位之间的拆借，一般也不能以挪用公款罪定罪处罚。

以上关于“归个人使用”的理解和认定，属于界定罪与非罪的重大问题。被控挪用公款罪的嫌疑人及其辩护人应抓住这里面的辩点，挖掘辩护空间。

（六）挪用公款罪共犯的认定

按照《刑法》的规定，挪用公款罪的行为主体是国家工作人员，但并非只有国家工作人员才能构成挪用公款罪。最高人民法院的司法解释规定：国家工作人员挪用公款给他人使用，使用人与挪用人共谋，指使或者参与策划取得挪用款的，以挪用公款罪的共犯定罪处罚。

按照《刑法》的规定，共犯是有共同的犯罪故意和共同的犯罪行为。如果行为人不是国家工作人员，但事前或事中与国家工作人员相勾连，利用国家工作人员的职务便利，挪用公款，可以构成挪用公款罪。如果行为人没有事前或事中与国家工作人员相勾连，仅是事后使用了该国家工作人员挪用的公款，则不构成挪用公款罪。如果挪用人骗取国家工作人员的信任，通过国家工作人员的行为挪用公款进行营利活动或者非法活动，但未满 3 个月即归还。因该国家工作人员不知道挪用人将该公款从事了营利活动或者非法活动，按照主客观一致的原则，仅挪用人构成挪用公款罪，该国家工作人员不构成犯罪。

（七）既遂和未遂的认定

《刑法》总则规定，犯罪未遂是故意犯罪的一种未完成形态，只要已经着手实行犯罪，由于意志以外的原因未得逞，即为未遂行为。具体到挪用公款罪名而言，只要实施了挪用公款的行为，就成立挪用公款罪。如果由于意志以外的原因未能将公款挪用的，即为挪用公款罪未遂。比如在银行准备将公款取出时被发现制止，即构成挪用公款罪的未遂。

挪用公款是一种职务犯罪，以行为人是否实际控制公款作为区分挪用公款罪既遂与未遂的标准。至于司法实践中存在的一种“挪而未用”行为，不应当认定为未遂，而应当认定为既遂。从行为关系来看，“挪”是本罪的实行行为，“用”只是“挪”的后续行为，“挪”才是刑法打击本罪的根本所在。挪用公款罪的客体，为公款的占有、使用、收益权以及国家工作人员职务行为的廉洁性。行为人挪出了公款，使公款脱离单位的控制，就不仅仅侵犯了单位对该款项的占有、使用、收益权，还侵犯了国家工作人员职务的廉洁性。“挪而未用”的行为对挪用公款罪客体的侵害已经完成，只要挪用公款的数额和时间符合刑法规定的构成要件，则该“挪而未用”的行为构成挪用公款罪的既遂。

被控挪用公款罪的嫌疑人及其辩护人，可以根据以上规定，准确地界定嫌疑人的行为是挪用公款的既遂还是未遂，在案件中寻找有利的辩点。

(八)挪用公款的罪数认定

在司法实践中，挪用公款罪的罪数认定主要有两种情况：一种情况是挪用公款并受贿的罪数认定，另一种是挪用公款进行非法活动的罪数认定，现分别予以阐述。

1. 挪用公款并受贿的罪数认定

这里面又包括两种情况：一是将公款供本人、亲友、或者其他自然人使用，或者以个人名义将公款供其他单位使用的，都属于挪用公款归个人使用，不需要以谋取个人利益为要件。因为，他们本身就是公款私用。那么因公款私用索取、收受他人贿赂的，这种具有牵连关系的挪用公款罪与受贿罪，是从一重处断还是数罪并罚？我们认为，全国人大常委会针对挪用公款的立法解释仅就挪用公款“归个人使用”的含义进行了解释。对于此立法解释以外的内容，仍应以最高人民法院在1998年、2001年颁布的两个司法解释为准。根据1998年司法解释的规定，挪用公款索取、收受贿赂构成犯罪的，依照数罪并罚的规定处罚。二是根据立法解释，个人决定以单位名义将公款供其他单位使用，谋取个人利益的，属于“公对公”型挪用公款罪。如果个人决定以单位名义将公款供其他单位使用，没有谋取个人利益的，则不属于挪用公款归个人使用，不作为犯罪处理。如果一个人借“公对公”型挪用公款索取、收受他人贿赂的，则其索取、收受贿赂的行为是“公对公”借款行为构成“公对公”型挪用公款罪的前提条件。这两种行为不能重复评价。刑法通说认为，行为人构成挪用公款罪与受贿罪的想象竞合犯，应择一重罪处罚。

2. 挪用公款进行非法活动的罪数认定

挪用公款进行赌博、非法经营或雇凶杀人等非法活动的，挪用公款是手段行为,赌博、非法经营或雇凶杀人是目的行为,这在理论上属于牵连犯。对于牵连犯,理论上是择一重罪处罚。但如果是《刑法》或者司法解释明确规定数罪并罚的,应当数罪并罚。最高人民法院在1998年的挪用公款司法解释里规定:挪用公款进行非法活动构成其他犯罪的,依照数罪并罚的规定处罚。这一规定具有法律效力,必须遵照执行。

被指控挪用公款的嫌疑人如果是"公对公"借款型的挪用行为,在被同时指控犯两个罪时(数罪并罚),可以据理力争,为自己寻找有利的辩护理由,打掉一个罪名完全是可以的。

(九)认罪、悔罪、退赃

《刑法修正案(九)》已经将涉嫌贪污罪在提起公诉前如实供述自己罪行、真诚悔罪、积极退赃作为法定从轻处罚的情节,对于挪用公款罪则没有这样的规定。但根据最高人民法院的量刑指导意见和各省高级人民法院的实施细则,如实供述、真诚悔罪、积极退赃,一直都是作为一个重要的酌定从轻情节而存在的。被控挪用公款罪的嫌疑人如在案件中具备这些酌定从轻情节,毫无疑问将是一个重要的有利辩点。

(十)自首、立功

自首和立功在《刑法》总则里一直都是作为法定从轻情节存在的,对于所有的罪名都是同等适用的,挪用公款罪也不例外。

1. 普通自首

挪用公款罪的嫌疑人在被纪检监察机关调查谈话、讯问、采取调查措施或者采取强制措施前,自动投案,如实供述的,构成自首,按《刑法》总则中关于自首的规定处理。对于如实供述,需要注意的是,嫌疑人自动投案并如实供述自己的罪行后又翻供的,不能认定为自首;但在一审判决前又能如实供述的,应当认定为自首。

2. 同种罪行的自首

没有自动投案,办案机关(包括纪检监察机关、检察机关、公安机关)所掌握的线索和证据指向的犯罪事实不成立。在此范围外嫌疑人又交代同种罪行的,以自首论。比如检察机关掌握嫌疑人挪用公款的线索和证据,侦查后发现不构成犯罪,但行为人又交代了他另外一笔挪用公款的事实,则另外一笔挪用公款的事实构成自首。

3. 不同种罪行的自首

没有自动投案,办案机关(包括纪检监察机关、检察机关、公安机关)所掌握的线索和证据指向的犯罪事实不成立。在此范围外嫌疑人又交代不同种罪行的，以自首论。比如检察机关掌握嫌疑人挪用公款的线索和证据，侦查后发现不构成犯罪，但行为人又交代了他受贿的事实，则其受贿罪的事实构成自首。

4. 立功

《刑法》第 68 条规定，犯罪分子有揭发他人犯罪行为，查证属实的，或者提供重要线索，从而得以侦破其他案件等立功表现的，可以从轻或者减轻处罚；有重大立功表现的，可以减轻或者免除处罚。这里需要注意的是，嫌疑人检举揭发他人犯罪行为，必须是不属于自己如实供述的范围。如果揭发他人犯罪的行为，是其依法应该供述的范围，就不构成立功。比如国家工作人员检举他人向自己行贿，那么对于受贿的部分他就不构成立功。因为，如实交代他受贿的行为，本来就是他的法定义务。但如果他检举揭发他人向第三人行贿，则依法构成立功。

第八节　挪用资金罪的风险识别与辩点分析

一、挪用资金罪的构成要件

（一）概念

挪用资金罪是指公司、企业或者其他单位的工作人员利用职务上的便利，挪用本单位资金归个人使用或者借贷给他人，数额较大、超过 3 个月未还的，或者虽未超过 3 个月，但数额较大、进行营利活动的，或者进行非法活动的行为。本罪的前身是 1995 年 2 月 28 日全国人大常委会颁布的《关于惩治违反公司法的犯罪的决定》中第 11 条所规定的公司、企业人员挪用单位资金罪，1997 年《刑法》更改为本罪。

（二）构成要件

1. 本罪的主体为特殊主体，即公司、企业或者其他单位的工作人员。具体包括 3 种不同身份的自然人，一是非国有公司、企业或者其他单位中的非国家工作人员；二是在国有公司、国有企业、事业单位、人民团体中不具有国家工作人员身份的工作人员；三是根据最高人民法院 2000 年 2 月 13 日通过的《关于对受委托管理、经营国有财产人员挪用国有资金行为如何定罪问题的批复》的规定，“受国家机关、国有公司、企业、事业单位、人民团体委托,管理、经营国有财产的非国家工作人员”,也可以成为本罪的主体。具有国家工作人员身份的人,不能成为本罪的主体,如果实施了挪用本单位资金的行为,则依照《刑法》384 条规定的挪用公款罪定罪处罚。

2. 本罪在主观方面只能出于故意,即行为人明知自己在挪用本单位资金,仍然利用职务上的便利,而仍故意为之。挪用或借贷的目的是非法暂时取得本单位资金的使用权,准备以后再归还。

3. 本罪所侵害的客体是公司、企业或者其他单位资金的使用、收益权,对象则是本单位的资金。资金一般是以货币形态表现的,但也可以股票、国库券、债券等有价证券的形式存在。

4. 本罪在客观方面表现为行为人利用职务上的便利,挪用本单位资金归个人使用或者借贷给他人,数额较大、超过 3 个月未还的,或者虽未超过 3 个月,但数额较大、进行营利活动的,或者进行非法活动的行为。

所谓挪用是指利用职务上的便利,擅自动用单位资金归本人或他人使用,但准备日后归还。所谓利用职务上的便利,是指利用本人在职务上主管、经管或经手单位资金的方便条件。例如财物负责人利用主管财务的职务,出纳员利用保管现金的职务,以及其他工作人员利用经手单位资金的便利条件。未利用职务上的便利,则不能构成挪用资金罪。所谓挪用单位资金归个人适用或者借贷给他人使用,根据 2000 年 6 月 30 日最高人民法院《关于如何理解刑法第 272 条规定的“挪用单位资金归个人使用或借贷给他人”问题的批复》,挪用单位资金归个人使用或者借贷给他人使用,是指公司、企业或者其他单位的非国家工作人员,利用职务上的便利,挪用本单位资金归本人或者其他自然人使用,或者挪用人以个人名义将挪用的资金借给其他自然人和单位的行为。

二、挪用资金罪的量刑规定

根据《刑法》第 272 条的规定,公司、企业或者其他单位的工作人员,利用职务上的便利,挪用本单位资金归个人使用或者借贷给他人,数额较大、超过三个月未还的,或者虽未超过三个月,但数额较大、进行营利活动的,或者进行非法活动的,处三年以下有期徒刑或者拘役;挪用本单位资金数额巨大的,或者数额较大不退还的,处三年以上十年以下有期徒刑。

国有公司、企业或者其他国有单位中从事公务的人员和国有公司、企业或者其他国有单位委派到非国有公司、企业以及其他单位从事公务的人员有前款行为的,依照本法第三百八十四条的规定(挪用公款罪)定罪处罚。

另外,《刑法》第 185 条第 1 款规定:“银行或者其他金融机构的工作人员利用职务上的便利，挪用本单位或者客户资金的，依照本法第二百七十二条的规定定罪处罚。”

根据最高人民法院、最高人民检察院于2016年4月18日实施的《关于办理贪污贿赂刑事案件适用法律若干问题的解释》的规定：

（1）挪用资金归个人使用，进行非法活动，数额在6万元以上的，应当以挪用资金罪追究刑事责任；数额在200万元以上的，应当认定为“数额巨大”。以上“数额巨大”的，处三年以上十年以下有期徒刑。

（2）挪用资金归个人使用或者借贷给他人，数额较大、超过3个月未还的，或者虽未超过3个月，但数额较大、进行营利活动的，数额在10万元以上的，应当认定为“数额较大”；数额在400万元以上的，应当认定为“数额巨大”。以上“数额巨大”，或者“数额较大”不退还的，处3年以上10年以下有期徒刑。

三、挪用资金罪的认定标准

（一）罪与非罪的界限

1. 关于挪用资金罪中“进行非法活动的”情形，虽然《刑法》未规定数额上的要求，但根据最新司法解释的规定，挪用数额小于6万元的，被认为社会危害性不大，不作为犯罪处理，而只是作为一般的违法行为处理。

2. 关于挪用资金罪中“数额较大、超过3个月未还的”这种情形，“超过3个月未还”是构成挪用资金罪的必备要件。在这种情况下，挪用本单位资金是否超过3个月未还是区分一般违法行为和挪用资金罪的重要界限。

3. 对于挪用资金罪中“虽未超过3个月，但数额较大，进行营利活动的”和“进行非法活动的”这两种情况，如果挪用的时间很短，造成的社会危害性不大，可以作为刑法第13条规定的“情节显著轻微危害不大”的情况，不认为是犯罪，作为一般的挪用本单位资金的违法违纪行为处理。

（二）挪用资金罪与挪用公款罪的界限

根据《刑法》第384条的规定，挪用公款罪是指国家工作人员利用职务上的便利，挪用公款归个人使用，进行非法活动的，或者挪用公款数额较大、进行营利活动的，或者挪用公款数额较大、超过3个月未还的行为。挪用资金罪与挪用公款罪在客观上都表现为利用职务上的便利挪用资金的行为，在主观上都是挪用的故意。但是，这两种犯罪是有明显的区别的：

1. 挪用资金罪侵犯的客体是公司、企业或者其他单位的资金的使用权，对象是公司、企业或者其他单位的资金。挪用公款罪侵犯的客体是公款的使用权和国家机关的威信、廉洁制度等,既有侵犯财产的性质,又有渎职的性质。因此,本法将挪用公款罪规定本法分则第 8 章的贪污贿赂罪专章中,而不是“侵犯财产罪”专章中。

2. 挪用资金罪的主体是公司、企业或者其他单位的工作人员,但国家工作人员除外。挪用公款罪的主体是国家工作人员,包括国家机关中从事公务的人员,国有公司、企业、事业单位、人民团体中从事公务的人员,国家机关、国有公司、企业、事业单位委派到非国有公司、企业、事业单位、社会团体从事公务的人员,以及其他依照法律从事公务的人员。因此,《刑法》第 272 条第 2 款明确规定,国有公司、企业或者其他国有单位中从事公务的人员和国有公司、企业或者其他国有单位委派到非国有公司、企业以及其他单位从事公务的人员,利有职务上的便利,挪用本单位资金的,依照《刑法》第 384 条关于挪用公款罪的规定定罪处罚。

(三)挪用资金罪与挪用特定款物罪的界限

根据《刑法》第 273 条的规定,挪用特定款物罪是指挪用用于救灾、抢险、防汛、优抚、扶贫、移民、救济款物,情节严重,致使国家和人民群众利益遭受重大损害的行为。

挪用资金罪和挪用特定款物罪都是挪用性质的犯罪,但仍然有明显的区别。

1. 挪用资金罪侵犯的客体是公司、企业或者其他单位的资金的使用权,对象是公司、企业或者其他单位的资金。挪用特定款物罪侵犯的客体是国家对用于救灾、抢险、防汛、优扰、扶贫、移民、救济款物专款专用的财经管理制度和公共财物的使用权,对象是用于救灾、抢险、防汛、优抚、扶贫、移民、救济的特定物款。

2. 挪用资金罪客观表现为公司、企业或者其他单位的工作人员,利用职务上的便利,挪用本单位资金归个人使用或者借贷给他人,数额较大、超过 3 个月未还的,或者虽未超过 3 个月,但数额较大、进行营利活动的,或者进行非法活动的行为。挪用特定款物罪在客观上表现为,挪用用于救灾、抢险、防汛、优抚、扶贫、移民、救济款物,将特定款物非法调拨、使用于其他方面,如修建办公楼、购买汽年,进行生产、经营性的投资等,情节严重,致使国家和人民群众利益遭受重大损害的行为。国家工作人员挪用前述特定款物归个人使用的,以挪用公款罪从重处罚。

3. 挪用单位资金罪的主体是公司、企业或者其他单位的工作人员,不包括国家工作人员。挪用特定款物罪的主体是在国家机关等单位支配、管理特定款物的主管人员等直接责任人员。

4. 挪用资金罪中行为人明知是其所在的公司、企业或者其他单位的资金,仍然希望利用职务上的便利,挪归个人使用或者借贷给他人。挪用特定款物罪行为人明知是用于救灾、抢险、防汛、优抚、扶贫、移民、救济款物专用,却挪作他用。

四、典型案例

尹某挪用资金、青岛某置业有限公司单位行贿案①

[案号]山东省青岛市中级人民法院(2014)青刑二终字第94号

原公诉机关:山东省即墨市人民检察院。

上诉人(原审被告人):尹某,系某公司、青岛某集团有限公司董事长。因涉嫌犯行贿罪于2012年3月2日被刑事拘留,同年3月16日被取保候审;因涉嫌犯挪用资金罪于2012年6月7日被取保候审,2014年3月22日被监视居住。

辩护人:郑某某,山东柏瑞律师事务所律师。

辩护人:魏某某,山东琴岛律师事务所律师。

原审被告单位:某公司。

法定代表人:尹某,董事长。

诉讼代表人:孙某。

原审被告单位:青岛某置业有限公司(现变更为青岛某集团有限公司),住所地即墨市经济开发区舞旗埠村。

法定代表人:尹某,董事长。

诉讼代表人:毛某。

山东省即墨市人民法院审理山东省即墨市人民检察院指控原审被告单位某公司、青岛某置业有限公司犯单位行贿罪,原审被告人尹某犯挪用资金罪、职务侵占罪一案,于二〇一四年三月十九日作出(2013)即刑初字第397号刑事判决。宣判后,原审被告人尹某不服,提出上诉。本院受理后,依法组成合议庭,于2014年7月15日公开开庭对本案进行了审理。青岛市人民检察院指派代理检察员宁楠出庭履行职务,上诉人尹某及其辩护人郑某某、魏某某,原审被告单位青岛某置业有限公司诉讼代表人毛某到庭参加诉讼。现已审理终结。

原审判决认定:2001年8月,被告人尹某与刘某、徐某某三人投资成立青岛某置业有限公司,刘某担任董事长。2003年2月,刘某因涉嫌贷款诈骗被青岛市公安局指定居所监视居住,被告人尹某与徐某某通过承办此案的时任青岛市公安局经侦处副处长韩某(另案处理)将股权转让协议带入刘某被监视居住的居所,迫使犯罪嫌疑人刘某签名同意将其在公司的1200万元股份分别转让给被告人尹某800万元、徐某某400万元。2003年2月17日,依据股权转让协议,通过股东

① 案例来源:中国裁判文书网。

会决议,青岛某置业有限公司申请变更登记,股东刘某将其公司的1200万元股份转让给尹某800万元、徐某某400万元。同时将公司名称变更为青岛某集团有限公司,公司法定代表人变更为尹某。事后,被告人尹某于同年3月,以青岛某置业有限公司名义向青岛某房地产开发有限公司借款28万余元购买了价值人民币28.2万元的本田雅阁HG7240型轿车一辆送给了韩某。该车以青岛某房地产开发有限公司的名义办理了登记,2010年9月14日过户到韩某妻子马某某名下,原车牌号由鲁U×××××变更为鲁B×××××。

原审判决认定上述事实的证据有:破案经过、机动车注册登记申请表及销售发票、购置税收据、销售合约书、借款明细与收据、股东会决议、股权转让协议、变更登记申请、私营企业登记信息查询结果、户籍证明、辨认笔录、证人证言、被告人供述等。

原审法院认为,被告人尹某为谋取不正当利益,给予国家工作人员财物,情节严重,其行为构成行贿罪。公诉机关指控被告单位某公司、青岛某置业有限公司犯单位行贿罪,被告人尹某犯挪用资金罪、职务侵占罪的事实不清,证据不足,不予支持。依照《中华人民共和国刑法》第三百八十九条第一款、第三百九十条第一款、第四十七条,《中华人民共和国刑事诉讼法》第一百九十五条第(三)项之规定,以行贿罪判处被告人尹某有期徒刑五年;被告单位某公司无罪;被告单位青岛某置业有限公司无罪。

上诉人(原审被告人)尹某及其辩护人的主要上诉理由、辩护意见是:原审法院将公诉机关指控青岛某置业有限公司行贿事实认定为上诉人个人行贿,违反了法律规定程序;上诉人通过韩某让刘某将青岛某房地产开发有限公司青岛某置业有限公司的股份转让给上诉人和徐某某是正当的民事行为,主观上没有谋取不当利益的故意,客观上没有获取不当利益,且上诉人事后并未向青岛某房地产开发有限公司借款给韩某买车,原判认定事实不清,请求依法改判上诉人无罪。

青岛市人民检察院的出庭意见是:上诉人尹某为谋取不正当利益,与他人共同向国家工作人员行贿,虽购车资金来源不明,但不影响其行贿罪的认定,原判程序合法,认定事实清楚,定性准确,量刑适当。

二审审理期间,上诉人尹某提交认罪悔过书1份。其辩护人向法庭出示了青岛某置业有限公司拆迁费发放表、记账凭证、收据等证据,用于证明青岛某置业有限公司于2003年2月25日向青岛某房地产开发有限公司借款287174.9元的真实用途。出庭检察员对认罪悔过书无异议,对其余证据形式表示异议,认为青岛某置业有限公司存在账目不全的情况,购车资金来源不明,但不影响对上诉人的定罪。

二审审理查明:上诉人(原审被告人)尹某与徐某某为防止公司财产受刘某贷款诈骗案件牵连造成损失,通过韩某将股权转让协议等文件带入刘某被监视居住的居所让刘某签名后，完成了刘某与尹某、徐某某之间的股权转让。

经我院委托青岛市市北区司法局对上诉人尹某进行调查评估，认为被告人尹某具备实行社区矫正的条件。

认定上述事实的证据有经庭审质证、本院确认的青岛市市北区司法局出具的调查评估意见及一审证据股权转让协议、证人证言、被告人供述等。

二审审理查明的其他事实和证据与一审一致。

关于上诉人尹某及其辩护人所提"原审法院将公诉机关指控青岛某置业有限公司行贿事实认定为上诉人个人行贿，违反了法律规定程序"的上诉理由及辩护意见，根据最高人民法院关于适用《中华人民共和国刑事诉讼法》的解释第二百四十一条第一款第（二）项、第二款之规定，起诉指控的事实清楚，证据确实、充分，指控的罪名与审理认定的罪名不一致的，应当按照审理认定的罪名作出有罪判决；人民法院应当在判决前听取控辩双方的意见，保障被告人、辩护人充分行使辩护权。本院认为，上诉人尹某在原审庭审中对自己的行贿行为予以否认并进行了辩解，其辩护人亦就上诉人行为不构成行贿犯罪发表了辩护意见。原审法院经审理改变公诉机关指控的罪名，未影响原审被告人、辩护人辩护权的行使。该上诉理由及辩护意见不成立，本院不予采纳。

关于上诉人尹某及其辩护人所提"上诉人通过韩某让刘某将青岛某置业有限公司的股份转让给上诉人和徐某某是正当的民事行为，主观上没有谋取不当利益的故意，客观上没有获取不当利益，且上诉人事后并未向青岛某房地产开发有限公司借款给韩某买车，原判认定事实不清，请求依法改判上诉人无罪"的上诉理由及辩护意见，法释〔2012〕22号最高人民法院、最高人民检察院《关于办理行贿刑事案件具体应用法律若干问题的解释》第十二条规定，行贿犯罪中的"谋取不正当利益"，是指行贿人谋取的利益违反法律、法规、规章、政策规定，或者要求国家工作人员违反法律、法规、规章、政策、行业规范的规定，为自己提供帮助或者方便条件。本院认为，上诉人尹某在其公司法定代表人、董事长刘某被公安机关监视居住期间，为防止公司利益受损，通过刘某案件的侦办人员违反规定，迫使刘某签署了股权转让协议，完成股份转让，应认定为谋取了不正当利益。上诉人尹某向韩某行贿的事实有上诉人的供述、机动车注册登记申请表及销售发票、销售合约书、股权转让协议、变更登记申请、证人证言等证据在案佐证，足以认定。该上诉理由及辩护意见不成立，本院不予采纳。

关于本案是否是单位犯罪的问题，经查，2003年2月17日公司变更登记前，青岛某置业有限公司在册股东为刘某、尹某、徐某某三人，其中刘某为公司法定代表人、董事长，尹某为公司监事。2003年2月，刘某被监视居住后，上诉人尹某与徐某某为避免公司利益受刘某案件牵连受损，共同商议决定让韩某将股权转让协议等带入刘某被监视居住的居所签字后,完成股权转让。以上事实有在案书证、证人证言、被告人供述等相互印证,足以认定。本院认为,根据《中华人民共和国公司法》有关规定,公司股东的资产收益权与公司的财产所有权是两种不同的权能,公司股东只有在退出公司、公司清算、公司分红等情形下,才能实现自己的资产收益权。本案上诉人尹某,作为青岛某置业有限公司股东,实施的上述行为,虽然其个人在公司股份发生变化,但其直接目的是为避免公司财产受损,依法应认定为青岛某置业有限公司犯罪。

综上,本院认为,上诉人(原审被告人)尹某作为原审被告单位青岛某置业有限公司其他直接责任人员,为给原审被告单位青岛某置业有限公司谋取不正当利益,给予国家机关工作人员财物,情节严重,上诉人尹某与原审被告单位青岛某置业有限公司均构成单位行贿罪。原审判决认定上诉人尹某犯行贿罪不当,本院依法予以纠正。青岛市人民检察院出庭意见不成立,本院不予支持。鉴于上诉人尹某认罪悔罪,经青岛市市北区司法局调查评估,对其适用缓刑对所在社区没有重大不良影响,本院依法对其从轻处罚并适用缓刑。依照《中华人民共和国刑事诉讼法》第二百二十五条第一款第(一)项、第(二)项,《中华人民共和国刑法》第三百九十三条、第三十条、第三十一条、第四十五条、第四十七条、第五十二条、第五十三条、第七十二条、第七十三条、第七十六条的规定,判决如下:

一、维持山东省即墨市人民法院(2013)即刑初字第397号刑事判决第二项,即"被告单位某无罪";

二、撤销山东省即墨市人民法院(2013)即刑初字第397号刑事判决第一项、第三项,即"被告人尹某犯行贿罪,判处有期徒刑五年","被告单位青岛某置业有限公司无罪";

三、原审被告单位青岛某置业有限公司犯单位行贿罪,判处罚金人民币五万元(罚金于判决生效之日起一个月内缴纳);

四、上诉人(原审被告人)尹某犯单位行贿罪,判处有期徒刑二年,缓刑二年。(缓刑考验期限,从判决确定之日起计算。在缓刑考验期限内,依法实行社区矫正。)

本判决为终审判决。

审 判 长 傅某某

代理审判员 潘某某

代理审判员 安 某

二〇一四年十二月十一日

书 记 员 李某某

书 记 员 李某某

备注:本案中,公诉机关指控的挪用资金罪的罪名明显不成立,故人民法院没有认定该罪名。

五、辩点分析

挪用资金罪的辩点主要从以下几个方面厘清:“非国家工作人员”的认定,“利用职务上的便利”的认定,挪用资金罪的对象即“资金”的认定,挪用资金“归个人使用”的认定,共同犯罪的认定,既遂和未遂的认定,挪用资金的罪数认定,认罪、悔罪和退赃,自首和立功等。

(一)“非国家工作人员”的认定

根据法律和司法解释的规定,挪用资金罪的“非国家工作人员”主要包括三类:一类是非国有公司、企业或者其他单位中的非国家工作人员。二类是在国有公司、企业、事业单位、人民团体中的不具有国家工作人员身份的非国家工作人员。三类是根据最高人民法院2000年2月13日通过的《关于对受委托管理、经营国有财产人员挪用国有资金行为如何定罪问题的批复》的规定,“受国家机关、国有公司、企业、事业单位、人民团体委托,管理、经营国有财产的非国家工作人员”,也可以成为本罪的主体。

挪用资金罪的行为主体必须是非国家工作人员。同样的挪用行为,同样的挪用对象,如果不是非国家工作人员,则不能构成挪用资金罪,只可能构成挪用公款罪。也就是说,挪用资金罪和挪用公款罪最本质、最核心的区别是国家工作人员和非国家工作人员的区分。对于挪用国有资金的行为,如果是非国家工作人员的职务行为,只能定挪用资金罪,而不能定挪用公款罪。

对于建筑房地产企业的管理人员来说,只有国有建筑企业、国有房地产企业或者国有建筑企业、国有房地产企业委派到国有控股、国有参股企业中的国家工作人员,才能构成挪用公款罪。除此之外,发生挪用单位资金的行为,只能以挪用资金罪定罪处罚。挪用资金罪的最高量刑为有期徒刑10年,而挪用公款罪的最高量刑为10年以上有期徒刑或者无期徒刑。因此,挪用资金罪比挪用公款罪的罪名要轻很多,量刑也要轻很多。被指控挪用资金的嫌疑人及其辩护人应抓住挪用公款和挪用资金构成要件上的区别,挖掘辩护空间,为自己或当事人作有利的辩护。

(二)“利用职务上的便利”的认定

《现代汉语词典》对“职务”的解释为:“职位规定应该担任的工作”。因此,职务是一项工作,包括担任单位的管理职责和从事具体的业务活动,比如董事、监事、经理、会计等。因这种职务所产生的管理、经手本单位财物的便利,即职务上的便利。挪用资金罪不要求主体必须是单位的正式员工。即使是聘任制甚至劳务员工,如果在单位有自己负责或者经手的事项,并利用这种岗位职责的便利,非法挪用单位的资金,也能构成本罪。

是否属于利用职务上的便利,对于界定罪与非罪具有重大的意义,也是本罪罪名的一个重大的辩点。被控职务侵占罪的当事人及其辩护人,要善于把握。

(三)挪用资金罪的对象即"资金"的认定

挪用资金罪和挪用公款罪都属于挪用本单位财产的犯罪。其最本质的区别是行为主体的区别,即利用职务上的便利的行为人到底是非国家工作人员还是国家工作人员,是非国家工作人员的属于挪用资金罪,是国家工作人员的属于挪用公款罪。

至于挪用资金罪的挪用对象,则是指挪用人所在单位合法所有的或者处在挪用人所在单位管理、保管下的资金。资金包括货币形态的资金和以有价证券等为载体的资金,金融凭证、单位"小金库"资金、国库券等有价证券形态的资金都可以作为挪用资金罪的对象。

广义的有价证券包括商品证券、货币证券和资本证券。商品证券是证明持有人拥有商品所有权或使用权的凭证,如提货单、运货单、仓库栈单等。货币证券是指本身能使持有人或第三者取得货币索取权的有价证券,主要包括两大类:一类是商业证券,主要是商业汇票和商业本票;另一类是银行证券,主要是银行汇票、本票和支票。资本证券是指由金融投资或与金融投资有直接联系的活动而产生的证券,持有人有一定的收入请求权。资本证券是有价证券的主要形式,股票和债券是其最主要的品种;其他资本证券包括基金证券、证券衍生品。对于货币证券和资本证券,是以资金、货币为载体的有价证券。挪用此种有价证券无异于挪用了资金、货币,当然可以成为挪用资金罪的犯罪对象。而对于商品证券,是以物品为载体的有价证券,"体现的是物品的请求权和特定物品的存在价值。其一旦被挪用,损害的是物品的使用、收益权"。故单位的商品证券不属于资金,不能成为挪用资金罪的犯罪对象。

利用职务上的便利,以使用单位债权抵销个人债务为目的,擅自出具抵款手续,造成单位债权归个人使用,该单位债权也可成为挪用资金罪的犯罪对象。另外,挪用单位的物品是不能成为挪用资金罪的犯罪对象的。但如果是以使用变价款的目的挪用单位物品的行为,其实质就是挪用单位的资金。因此,在这种特定条件下挪用单位物品是能够成为挪用资金罪的犯罪对象的。

对于被指控犯挪用资金罪的嫌疑人聘请的律师而言,其挪用的对象是否就是《刑法》规制中的挪用资金罪中的"资金",是界定罪与非罪的重要标准,也是嫌疑人及其辩护人的一个辩点。

（四）“挪用”主观目的的认定

挪用资金的意思是指将单位的资金挪用而不是占有。也就是说，挪用资金罪中的行为人对单位资金只有非法使用的故意，而不具有非法占有的故意。如果具有非法占有的故意，那就是职务侵占罪了。

众所周知，我国《刑法》实行主客观一致的归罪原则。成立挪用资金罪不仅需要有挪用单位资金的行为，还需要有对资金的挪用故意和目的。对于挪用资金罪中的“挪用”的主观目的的认定，是认定挪用资金罪的前提条件。由于挪用资金罪的量刑轻于职务侵占罪，故对挪用资金的“挪用”目的可以采取举重以明轻的方式，即资金在被行为人使用的情况下，如果公诉机关没有确实、充分的证据证明行为人具有非法占有的目的，则行为人只可能具有挪用的目的，只能构成挪用资金罪而不能构成职务侵占罪。对被控挪用资金罪的嫌疑人及其辩护人来说，这是一个很重要的辩点。

（五）挪用资金“归个人使用”的认定

挪用资金罪的本质特征是将单位的资金非法置于个人的支配之下，个人非法支配、使用单位的资金，侵犯了单位对于单位资金的占有、使用、收益权。因此，挪用资金归个人使用，是挪用资金罪的一个法定构成要件。按照2004年9月8日全国人大常委会法制工作委员会刑法室《关于挪用资金罪有关问题的答复》，《刑法》第272条规定的挪用资金罪中的“归个人使用”与《刑法》第384条规定的挪用公款罪中的“归个人使用”的含义基本相同。1997年修改《刑法》时，针对当时挪用资金中比较突出的情况，在规定“归个人使用时”的同时，进一步明确了“借贷给他人”属于挪用资金罪的一种表现形式。

因此，全国人大常委会对于挪用公款罪“归个人使用”的立法解释同样也适用于挪用资金罪。

第一，将单位资金供本人、亲友、其他自然人使用或者借贷给他人的，是典型的挪用资金归个人使用的表现形式。

第二，以个人名义将单位资金供其他单位或者借贷给其他单位使用的，属于一种特殊的挪用资金归个人使用的表现形式。

第三，个人决定以单位名义将公款供其他单位使用，谋取个人利益的，是又一种特殊的挪用资金归个人使用的表现形式。其中的“个人利益”，既包括合法利益，也包括非法利益；既包括谋取财产性利益，如钱物，也包括谋取非财产性利益，如子女升学、就业。

实践中,经单位领导集体研究决定将公款给个人使用,或者单位负责人为了单位的利益,决定将单位资金给个人使用的,不属于单位资金私用,不能以挪用资金罪定罪处罚。如果上述行为致使单位遭受重大损失,构成其他犯罪的,应依照刑法的有关规定对责任人员定罪处罚。对于个人决定以单位名义将单位资金供其他单位使用,没有谋取个人利益的,也不属于单位资金私用,而属于单位之间的拆借,一般也不能以挪用资金罪定罪处罚。

以上关于"归个人使用"的理解和认定,属于界定挪用资金罪罪与非罪的重大问题。被控挪用资金罪的嫌疑人及其辩护人应抓住这里面的辩点,挖掘辩护空间。

(六)挪用资金罪共犯的认定

按照《刑法》的规定,挪用资金罪的行为主体是利用自己职务上的便利的非国家工作人员,但并非只有这种行为主体才能构成挪用资金罪。按照《刑法》的规定,共同犯罪是指有共同的犯罪故意和共同的犯罪行为。如果行为人没有职务上的便利,但与具有职务上便利的非国家工作人员事前或事中相勾连,利用该非国家工作人员的职务便利,挪用资金,可以构成挪用资金罪。如果行为人在事前或事中没有与该非国家工作人员相勾连,仅是事后使用了该非国家工作人员挪用的资金,则不构成挪用资金罪。如果行为人骗取具有职务上便利的非国家工作人员的信任,通过该非国家工作人员的行为挪用资金进行营利活动或者非法活动,但未满 3 个月即归还,因该非国家工作人员不知道行为人将该资金从事了营利活动或者非法活动,按照主客观一致的原则,仅行为人构成挪用资金罪,该非国家工作人员不构成犯罪。

另外,如果是在国有公司、企业或者国有控股、参股的公司、企业或其他单位中,不具有国家工作人员身份的人与国家工作人员相勾结,分别利用各自的职务便利,共同将本单位资金挪用的,按照主犯的犯罪性质定罪。即如果主犯是国家工作人员就定挪用公款罪,如果主犯是非国家工作人员就定挪用资金罪。

被控挪用资金罪的嫌疑人及其辩护人要能从以上规定中寻找对嫌疑人有利的辩点,为自己或当事人辩护。

(七)既遂和未遂的认定

《刑法》总则规定,犯罪未遂是故意犯罪的一种未完成形态。只要已经着手实行犯罪,由于意志以外的原因未得逞,即为未遂行为。具体到挪用资金罪名而言，只要实施了挪用资金的行为，并达到一定的数量，就成立挪用资金罪。如果由于意志以外的原因未能将资金挪用的，即为挪用资金罪未遂。比如在银行准备将资金取出时被发现制止，即构成挪用资金罪的未遂。

挪用资金罪以行为人是否实际控制单位资金，作为区分挪用资金罪的既遂与未遂的标准。至于司法实践中存在的一种“挪而未用”行为，不应当认定为未遂，而应当认定为既遂。从行为关系来看，“挪”是本罪的实行行为，“用”只是“挪”的后续行为，“挪”才是刑法打击本罪的根本所在。挪用资金罪的客体为单位资金的占有、使用、收益权，以及非国家工作人员职务行为的廉洁性。行为人挪出了本单位资金，使资金脱离单位的控制，就不仅仅侵犯了单位对该款项的占有、使用、收益权，还侵犯了国家工作人员职务的廉洁性。“挪而未用”的行为对挪用资金罪客体的侵害已经完成，只要挪用资金的数额和时间符合《刑法》规定的构成要件，则该“挪而未用”的行为构成挪用资金罪的既遂。

被控挪用资金罪的嫌疑人及其辩护人，可以根据以上规定，准确地界定嫌疑人的行为是挪用资金罪的既遂还是未遂，在案件中寻找有利的辩点。

（八）挪用资金罪的罪数认定

在司法实践中，挪用资金罪的罪数认定主要有两种情况：一种情况是挪用并受贿的罪数认定；另一种是挪用资金进行非法活动的罪数认定，现分别予以阐述。

1. 挪用资金并受贿的罪数认定包括两种情况：第一种是将单位资金供本人、亲友或者其他自然人使用的，或者以个人名义将本单位资金供其他单位使用的，都属于挪用资金归个人使用，不需要以谋取个人利益为要件。因为，他们本身就是将单位资金私用。那么，将单位资金给他人私用并索取、收受他人贿赂的，这种具有牵连关系的挪用资金罪与受贿罪，是从一重处断还是数罪并罚？我们认为，应参照挪用公款的规定实行数罪并罚。第二种是根据立法解释，仅有“单位对单位”的借款而没有谋取个人利益的，属于单位之间的借贷关系，不能作为犯罪处理。如果行为人个人决定将单位资金供其他单位使用并谋取个人利益的，属于“单位对单位”型挪用资金罪。其索取、收受贿赂的行为是行为人构成“单位对单位”型挪用资金罪的前提条件，这两种行为不能重复评价。行为人构成挪用资金罪与受贿罪的想象竞合犯，应择一重罪处罚。

2. 挪用资金进行非法活动的罪数认定。挪用资金进行赌博、非法经营或雇凶杀人等非法活动的，挪用资金是手段行为，赌博、非法经营或雇凶杀人是目的行为。这在理论上属于牵连犯。对于牵连犯，理论上是择一重罪处罚。如果《刑法》或者司法解释没有明确规定数罪并罚的，应当择一重罪处罚。这一点与挪用公款罪截然不同（对挪用公款罪，司法解释明确规定按数罪并罚处理），这也是挪用资金罪的罪名轻于挪用公款罪的好处。

（九）认罪、悔罪、退赃

《刑法修正案（九）》已经将涉嫌贪污罪在提起公诉前如实供述自己罪行、真诚悔罪、积极退赃，作为法定从轻处罚的情节，对于挪用资金罪则没有这样的规定。但根据最高人民法院的量刑指导意见和各省高级人民法院的实施细则，如实供述、真诚悔罪、积极退赃，一直都是作为一个重要的酌定从轻情节而存在的。被控挪用资金罪的嫌疑人如在案件中具备这些酌定从轻情节，毫无疑问将是一个重要的有利辩点。

（十）自首、立功

自首和立功在《刑法》总则里一直都是作为法定从轻情节存在的，对于所有的罪名都是同等适用的，挪用资金罪也不例外。

1. 普通自首

挪用资金罪的嫌疑人在被公安机关采取强制措施前，自动投案，如实供述的，构成自首，按《刑法》总则中关于自首的规定处理。对于如实供述，需要注意的是，嫌疑人自动投案并如实供述自己的罪行后又翻供的，不能认定为自首；但在一审判决前又能如实供述的，应当认定为自首。

2. 同种罪行的自首

没有自动投案，公安机关所掌握的线索和证据指向的犯罪事实不成立。在此范围外嫌疑人又交代同种罪行的，以自首论。比如公安机关掌握嫌疑人挪用资金的线索和证据，侦查后发现不构成犯罪。但行为人又交代了他另外一笔挪用资金的事实，则另外一笔挪用资金的事实构成自首。

3 不同种罪行的自首

没有自动投案，公安机关所掌握的线索和证据指向的犯罪事实不成立。在此范围外嫌疑人又交代不同种罪行的，以自首论。比如公安机关掌握嫌疑人挪用资金的线索和证据，侦查后发现不构成犯罪，但行为人又交代了他受贿的事实，则其受贿罪的事实构成自首。

4. 立功

《刑法》第 68 条规定，犯罪分子有揭发他人犯罪行为，查证属实的，或者提供重要线索，从而得以侦破其他案件等立功表现的，可以从轻或者减轻处罚；有重大立功表现的，可以减轻或者免除处罚。这里需要注意的是，嫌疑人检举揭发他人犯罪行为，必须是不属于自己如实供述的范围。如果揭发他人犯罪的行为，是其依法应该供述的范围,就不构成立功。比如国家工作人员检举他人向自己行贿,那么对于受贿的部分他就不构成立功。因为,如实交代他受贿的行为,本来就是他的法定义务。但如果他检举揭发他人向第三人行贿,则依法构成立功。

第四章

忽视市场经济秩序而带来的刑事法律风险

导　言

建筑企业、房地产企业作为社会主义市场经济秩序的经营主体，应该要遵守市场经济秩序，尤其是市场秩序和公司、企业的管理秩序。如果忽视这两方面的市场经济秩序，会带来相应的刑事法律风险。其中，忽视市场秩序会带来串通投标罪、合同诈骗罪的风险，忽视公司、企业管理秩序会带来妨害清算罪、虚假破产罪的风险。

第一节　串通投标罪的风险识别与辩点分析

一、串通投标罪的构成要件

（一）概念

串通投标罪，指投标者相互串通投标报价，损害招标人或者其他投标人利益，或者投标者与招标者串通投标，损害国家、集体、公民的合法权益，情节严重的行为。

（二）构成要件

1. 是特殊主体；就投标人而言，是一般主体。依《刑法》第 231 条之规定，单位也能成为本罪主体。单位犯本罪的，实行两罚制，即对单位判处罚金，对其直接负责的主管人员和其他直接责任人员追究相应的刑事责任。本罪属于共同犯罪，构成本罪的投标人或招标人都是共同犯罪的实行犯。

2. 本罪在主观方面是故意，即明知自己串通投标的行为会损害招标人或其他投标人的利益，或者损害国家、集体、公民的合法权益，仍然实施串通投标的行为，并希望或放任这种危害后果的发生。

3. 本罪侵犯的是复杂客体，既侵犯了其他投标人或国家、集体的合法权益，又侵犯了社会主义市场经济公平竞争的秩序。

4. 本罪在客观方面表现为串通投标的行为。所谓串通投标，是指在招标投际的过程中，投标人之间私下串通，抬高标价或压低标价，共同损害招标人或其他投标人的利益，或者投标人与招标人之间相互勾结，损害国家、集体、公民的合法权益的行为。本罪属情节犯，只有情节严重的才构成本罪，所谓情节严重，主要是指采用卑劣手段串通投标的；多次实施串通投标行为的；给招标人或者其他投标人造成严重经济损失的；造成恶劣的影响；等等。

二、串通投标罪的量刑规定

《刑法》第 223 条规定：投标人相互串通投标报价，损害招标人或者其他投标人利益，情节严重的，处 3 年以下有期徒刑或者拘役，并处或者单处罚金。投标人与招标人串通投标，损害国家、集体、公民的合法利益的，依照前款的规定处罚。

本罪的量刑通常在判处自由刑的同时，一并判处罚金刑，或者单独适用罚金刑；另外，本罪是必要的共犯，即只有两个以上的主体，即投标人相互串通报价，或者招标人和投标人串通投标，共同实施犯罪才能完成。至于如何确定各自在共同犯罪中的地位、作用，要根据案件的具体情况，依照《刑法》总则的规定处罚。

三、串通投标罪的认定标准

（一）串通投标罪与贿赂罪牵连行为的认定

行为人犯串通投标罪的同时，往往可能牵连犯有贿赂罪、侵犯商业秘密罪等罪名，如投标人贿赂招标人许以特定利益，诱使其泄露标底，或者招标人接受贿赂，泄露标底等商业秘密。因此，本罪往往可能出现牵连犯罪的情况。对于牵连犯罪在法律、司法解释没有特别规定的情形下,应依照刑法通说,从一重罪处断。

(二)串通投标罪必须要有两个以上的主体才能构成

串通投标罪依照《刑法》的规定,是一种必要的共同犯罪,必须由两个以上的行为主体才能构成。其特点是以两个以上行为主体的共同串通投标行为,作为犯罪构成的要件。一般地说,投标人之间,招标人与投标人之间相互勾结实施串通投标行为,情节严重的即构成该罪的共犯。一个招标人或一个投标人不可能单独构成该种犯罪。实现串通投标犯罪是一个复杂的过程,在犯罪过程中,要涉及很多环节。各成员必须有明确、细致的分工,才能完成串通投标活动,故在共同犯罪过程中所起的作用、地位必然不同。因此,对涉嫌串通投标罪的人员应区分主、从犯。

四、典型案例

林某串通投标案①

公诉机关:浙江省象山县人民检察院。

被告人林某因涉嫌犯串通投标罪于2012年7月25日被象山县公安局传唤,次日被取保候审,2013年12月4日被象山县人民检察院依法决定逮捕。现羁押于浙江省象山县看守所。

浙江省象山县人民检察院以象检刑诉(2013)645号起诉书指控被告人林某犯串通投标罪,于2013年12月23日向本院提起公诉。本院于同日立案,依法组成合议庭,适用普通程序,公开开庭审理了本案。浙江省象山县人民检察院指派代理检察员李某出庭支持公诉,被告人林某到庭参加诉讼。现已审理终结。

浙江省象山县人民检察院指控,2010年12月,象山县东陈乡沙岗东路道路工程面向社会公开招标,宁波市华东建设工程有限公司等多家公司报名投标。被告人林某以天鸿建设集团有限公司的名义报名投标,后宁波市华东建设工程有限公司、天鸿建设集团有限公司等十余家公司入围。被告人林某为承接该工程,遂联系了入围投标的浙江跃龙园林建设有限公司、浙江沧海市政园林建设有限公司、宁波鼎立建设有限公司、南昌市市政工程开发有限公司、江西宏盛建业集团有限公司的相关负责人,要求上述公司中标后将工程交由其承接,并与上述公司串通投标标底,提供给每家公司人民币12万元作为保证金。同时,被告人林某又联

① 案例来源:胜华辩护网。

系了宁波市华东建设工程有限公司员工张某乙，交给其人民币12万元作为投标保证金，要求该公司中标后将工程交由自己承接。2011年1月，宁波市华东建设工程有限公司以人民币447.7916万元的报价成为东陈乡沙岗东路道路工程的中标单位，并将工程交由被告人林某承接。投标结束后，被告人林某分别支付给浙江跃龙园林建设有限公司、浙江沧海市政园林建设有限公司、南昌市市政工程开发有限公司好处费人民币0.3万元。为证明上述事实，公诉机关提交了相应的证据。公诉机关认为，被告人林某与其他投标人相互串通投标报价，损害招标人利益，情节严重，其行为已触犯《中华人民共和国刑法》第二百二十三条第一款，应当以串通投标罪追究其刑事责任。被告人林某到案后如实供述自己的罪行，根据《中华人民共和国刑法》第六十七条第三款，可以从轻处罚。提请法院依法惩处。

被告人林某对起诉书指控的事实和证据均无异议。

经审理查明，2010年12月，象山县东陈乡沙岗东路道路工程面向社会公开招标。该工程造价约人民币600万元，投标保证金为人民币12万元，被告人林某即以天鸿建设集团有限公司的名义报名参与该工程投标。2010年12月30日，宁波市华东建设工程有限公司、天鸿建设集团有限公司、浙江跃龙园林建设有限公司、宁波祥和建设有限公司、江西中恒建设集团公司、浙江沧海市政园林建设有限公司、宁波鼎立建设有限公司、武汉市汉阳市政建设集团公司、南昌市市政工程开发有限公司、浙江良和交通建设有限公司、江西宏盛建业集团有限公司、华锦建设集团股份有限公司12家投标单位入围参与象山县东陈乡沙岗东路道路工程投标。

被告人林某为了承接象山县东陈乡沙岗东路道路工程，先后联系了浙江跃龙园林建设有限公司、浙江沧海市政园林建设有限公司、宁波鼎立建设有限公司、南昌市市政工程开发有限公司、江西宏盛建业集团有限公司的相关负责人，要求上述单位中标后将工程交给被告人林某承接，上述单位相关负责人予以同意。后被告人林某分别为浙江跃龙园林建设有限公司、浙江沧海市政园林建设有限公司、宁波鼎立建设有限公司提供投标保证金人民币12万元，并主动以提供投标保证金的名义分别向南昌市市政工程开发有限公司、江西宏盛建业集团有限公司质押人民币12万元；且被告人林某在竞标过程中协调上述5家投标单位的投标标价的浮动率，使上述5家投标单位以及天鸿建设集团有限公司串通投标报价。同时，被告人林某联系宁波市华东建设工程有限公司具体负责招投标事务的员工张某乙，要求该公司中标后将该工程交给被告人林某承接，并主动以提供投标保证金的名义向该公司提供人民币12万元。

2011年1月7日，宁波市华东建设工程有限公司以中标造价人民币447.7916万元成为象山县东陈乡沙岗东路道路工程的中标单位，后将该工程交给被告人林某承接。投标结束后,被告人林某分别向浙江跃龙园林建设有限公司、浙江沧海市政园林建设有限公司、南昌市市政工程开发有限公司支付人民币0.3万元。

被告人林某到案后,如实供述了自己的上述犯罪事实。

上述事实,有公诉机关提交,并经法庭质证、认证的下列证据予以证实。

1.证人吴某的证言,证实了他是南昌市市政工程开发有限公司象山分公司的负责人,负责该公司参与象山县东陈乡沙岗东路道路工程的投标工作。2010年12月,他们公司报名并入围该工程的投标。后林某多次联系他让他们公司中标后将该工程交给林某承接,他就同意了。后林某拿了投标保证金人民币12万元到他办公室,他告诉林某他们公司的投标保证金已经缴纳了。但林某为了确保他们公司帮林某投标坚持把该人民币12万元放在他们公司,他就收下了。开标前,林某让他们公司的标底定的靠上一点,他就按照林某的要求把标底定在下浮14.43%,但他们公司没有中标。后他将人民币12万元退还林某,林某向他支付人民币0.3万元。

2.证人钮某的证言,证实了他是江西宏盛建业集团有限公司象山分公司的负责人,负责该公司参与象山县东陈乡沙岗东路道路工程的投标工作。2010年12月,他们公司报名并入围该工程的投标。后林某到他们公司要求他们公司中标后将该工程交给林某承接,并拿了投标保证金人民币12万元到他办公室。他告诉林某他们公司的投标保证金已经缴纳了,但林某为了确保他们公司帮林某投标坚持把该人民币12万元放在他们公司,他就收下了并答应帮林某去投标。后林某告诉他已联系的其他公司填好了一些标底,叫他不要填,并让他把标底填的靠上一点。他就按照林某的要求把标底定在下浮14.27%,但他们公司没有中标。后他将人民币12万元退还林某。

3.证人胡某听的证言,证实了他在浙江沧海市政园林建设有限公司工作,负责该公司参与象山县东陈乡沙岗东路道路工程的投标工作。2010年12月,他以浙江沧海市政园林建设有限公司名义报名该工程的投标,后他又联系了浙江跃龙园林建设有限公司报名该工程的投标。经过资格审查,该两家公司都入围参与竞标。后林某电话联系他要求中标后将该工程交给林某承接,投标保证金和费用由林某提供,他就同意了。林某为该两家公司各提供投标保证金人民币12万元,该两公司也根据林某提供的投标报价参与竞标。后他从投标保证金中扣留了人民币0.6万元,其他退还给了林某。

4.证人王某的证言,证实了他是宁波鼎立建设有限公司象山分公司的负责人,负责该公司参与象山县东陈乡沙岗东路道路工程的投标工作。2010年12月,他们公司报名并入围该工程的投标,林某联系他要求他们公司中标后将该工程交给林某承接,他答应了。林某为他们公司提供了投标保证金人民币12万元,他们公司按照林某提供的标底下浮14.87%参与竞标,后他将人民币12万元退还林某。

5. 证人张甲的证言,证实了2010年12月,他按照宁波鼎立建设有限公司象山分公司的负责人王某的要求,为该公司参与象山县东陈乡沙岗东路道路工程的投标办理相关事宜,但他们公司最终没有中标以及相关费用向该公司出纳报销。

6. 证人张乙的证言,证实了她在宁波市华东建设工程有限公司工作,负责该公司参与象山县东陈乡沙岗东路道路工程的投标工作。2010年12月,他们公司报名并入围该工程的投标。林某跟她说让他们公司中标后将该工程交给林某承接,并提供保证金人民币12万元。她告诉林某她们公司的投标保证金已经缴纳了,承接工程的事情她要问公司负责人。但林某坚持把该人民币12万元放在她们公司,她就收下了。她遂打电话向公司负责人倪某某汇报了上述情况。倪某某没有答复是否给林某承接,就说把钱先放着。她们公司中标后,林某和倪某某商谈后,倪某某答应将该工程交给林某承接。后她把人民币12万元退还林某的事实。

7. 证人陈某的证言,证实了他在宁波市华东建设工程有限公司经营处工作。2010年12月,他们公司报名并入围象山县东陈乡沙岗东路道路工程的投标。后由他们公司缴纳投标保证金人民币12万元以及该工程,最终由他们公司中标。

8. 证人章某的证言,证实了她是浙江跃龙园林建设有限公司经营科负责人,负责该公司参与象山县东陈乡沙岗东路道路工程的投标工作。2010年下半年,胡某听电话告知她象山县东陈乡沙岗东路道路工程在招投标。她们公司报名并入围该工程的投标,后她们公司委托胡某听制作开标的标书。

9. 证人张丙的证言,证实了他在武汉市汉阳市政建设集团公司工作,负责该公司参与象山县东陈乡沙岗东路道路工程的投标工作。2010年12月,他们公司报名并入围该工程的投标,但没有中标。

10. 证人欧某的证言,证实了他是宁波祥和建设有限公司经营科负责人,负责该公司参与象山县东陈乡沙岗东路道路工程的投标工作。2010年12月,他们公司报名并入围该工程的投标。后林某电话告知他林某已经联系了好几家公司,让他们公司中标后将该工程交给林某承接,但他并没有同意。

11. 证人孙某的证言,证实了他在华锦建设集团股份有限公司工作,负责该公司参与象山县东陈乡沙岗东路道路工程的投标工作。2010年12月,他们公司报名并入围该工程的投标,但没有中标。

12. 招标公告,证实了2010年12月,象山县东陈乡沙岗东路道路工程面向社会公开招标,工程造价约人民币600万元,投标保证金为人民币12万元的事实。

13. 招标资料,证实了象山县东陈乡沙岗东路道路工程招投标的时间、地点、参与单位、评标、开标等具体招投标情况的事实。

14. 建设工程施工合同、中标通知书、中标公告，证实了2011年1月7日，宁波市华东建设工程有限公司以中标造价人民币447.7916万元成为象山县东陈乡沙岗东路道路工程中标单位的事实。

15. 到案经过、情况说明，证实了被告人林某到案情况的事实。

16. 户籍证明，证实了被告人林某身份情况的事实。

17. 被告人林某的供述，证实了2010年下半年，象山县东陈乡沙岗东路道路工程面向社会招标，他以天鸿建设集团有限公司的名义报名并入围参与该工程的投标。他为了承接该工程先后联系武汉市汉阳市政建设集团公司、宁波祥和建设有限公司、浙江良和交通建设有限公司，要求上述公司中标后将工程交给他承接，但对方没有同意。他又联系了浙江沧海市政园林建设有限公司、浙江跃龙园林建设有限公司的胡某听、宁波鼎立建设有限公司的王某、南昌市市政工程开发有限公司的吴某、江西宏盛建业集团有限公司的钮某，要求上述公司中标后将工程交给他承接，对方都同意了。他分别为浙江沧海市政园林建设有限公司、浙江跃龙园林建设有限公司、宁波鼎立建设有限公司提供了投标保证金人民币12万元，并以投标保证金的名义分别向南昌市市政工程开发有限公司、江西宏盛建业集团有限公司提供人民币12万元。后浙江沧海市政园林建设有限公司、浙江跃龙园林建设有限公司、宁波鼎立建设有限公司按照他提供的标底参与竞标。他让南昌市市政工程开发有限公司、江西宏盛建业集团有限公司把标底定得靠上一些，该两家公司按照他的要求调整了标底。同时，他联系了宁波市华东建设工程有限公司的张某乙，要求该公司中标后将该工程交给他承接，并以投标保证金的名义向该公司提供了人民币12万元。宁波市华东建设工程有限公司中标后，将该工程交给了他承接以及他向胡某听支付了人民币0.6万元、向吴某支付了人民币0.3万元。

本院认为，被告人林某采取投标人之间约定中标的手段串通投标报价，损害招标人的利益，情节严重，其行为已构成串通投标罪。公诉机关指控的罪名成立。公诉机关认为被告人林某到案后能如实供述自己的罪行，依法可以从轻处罚的意见，符合法律规定，本院予以采纳。依照《中华人民共和国刑法》第二百二十三条第一款、第六十七条第三款的规定，判决如下：

被告人林某犯串通投标罪，判处有期徒刑八个月，并处罚金人民币五万元。

（刑期从判决执行之日起计算。判决执行以前先行羁押的，羁押一日折抵刑期一日，即自2013年12月4日起至2014年8月1日止。罚金限判决生效后一个月内缴纳。）

如不服本判决，可在接到判决书的第二日起十日内，通过本院或者直接向浙江省宁波市中级人民法院提出上诉。书面上诉的，应当提交上诉状正本一份，副本两份。

审　判　长　黄某某
人民陪审员　孙某某
人民陪审员　郑某某
二〇一四年一月十四日
书　记　员　黄　某

五、辩点分析

对于串通投标罪，通常有以下几个辩点："串通投标"行为的认定，主体的认定，串通投标行为"情节严重"的认定，共同犯罪的地位和作用，自首立功等。

（一）"串通投标"行为的认定

所谓串通投标是指在招标投际的过程中，投标人之间私下串通，抬高标价或压低标价，共同损害招标人或其他投标人的利益，或者投标人与招标人之间相互勾结，损害国家、集体、公民的合法权益的行为。串通投标主要有两种表现形式：第一是投标者相互的串通投标，投标人间相互约定，一致抬高投标报价或一致压低投标报价；或投标人之间约定，在类似项目中轮流以高价位或低价位中标；第二是投标者与招标者串通投标。而这第二种串通投标的情形比较复杂，通常有以下几种形式。

1. 招标者故意泄露标底，即招标人有意向某一特定投标人透露其标底行为。

2. 招标者在公开开标之前，私下开启投标人标书，并通告给尚未报送标书的投标人。

3. 招标者故意引导促使某人中标，即招标人在要求投标人就其标书作澄清事实时，故意做引导性提问，以促成该投标人中标。

4. 招标实行差别对待，即招标在审查、评选标书时，对同样的标书实行差别对待，或者对不同的投标者实施差别对待。

5. 招标者故意让不合格投标者中标，即招标者允许不符合投标资格的投标者参加投标，并让其中标。

6. 投标者贿赂获密，即投标者通过贿赂手段，在公开开标之前，从招标者处获取投标者报价或其他投标条件的行为。

7. 投标者给招标者标外补偿，即投标人有意与招标人商定，在公开投标时压低标价，中标后再给招标人以额外补偿。

8. 招标者给投标者标外偿金，即招标者与某投标者商定，在公开投标时，故意抬高标价，使标价高于通常价，而致其他投标者上当吃亏。高价定标后，招标者按约定给故意抬高标价的投标者一定的偿金。

综上，串通投标的表现形式多种多样，但万变不离其宗。串通投标的行为使得招标投标形同虚设，从而失去市场竞争性，侵害了社会主义市场经济的竞争秩序。这是串通投标行为的根本危害本质。把握这种本质，就能正确认定“串通投标”的行为，界定罪与非罪的重大问题，并从中寻找辩护空间。

（二）串通投标罪主体的认定

根据《刑法》第223条和第231条的规定，此处的投标人既可以是自然人，也可以是单位。《招标投标法》第8条和第25条进一步规定了“招标人”和“投标人”的概念，即串通投标罪的主体是特殊主体，仅限于招标人和投标人。招标人通常会是单位，投标人以单位的居多，但也不排除是个人。那么，在投标人是单位的情况下，如何区分串通投标中的单位行为和个人行为呢？

串通投标行为一般是通过具体经办者实施的，经办人的行为是单位行为还是个人行为，直接关系到是单位犯罪还是个人犯罪。在司法实践中，大量的串通投标行为都是招标人、投标人的内部人员或挂靠人员私自所为。其行为不能代表招标人，因此不能认定为是单位犯罪，但可以以个人串通投标罪追究刑事责任。《刑法》中的招标人，应理解为招标参与人，不一定是指招标人整体。招标人、投标人多是单位，但单位又是自然人控制的。参与招标、投标活动的人员，既是他单位的一员，同时也是一个自然人。这种双重身份决定了他在招标活动中的行为既可能是代表其单位的行为，也可能是其作为招标、投标参与人擅自实施的行为。当单位内部决策机构或决策者决定实施串通投标行为时，作为单位具体实施者的招标参与人的行为才能被认定为单位行为。当司法机关追究其犯罪时，应以单位犯罪追究其责任。如果招标参与人串通投标的行为不能反映是单位的决策，则该行为不能认定为单位行为和单位犯罪。构成犯罪的，只能以个人串通投标罪论处。本节典型案例中的林某就属于这种情况。

以上是界定单位犯罪和个人犯罪的标准。对于建筑企业和房地产企业来说，如果被控是串通投标罪的单位犯罪，但根据上述标准实际上应该被认定为个人犯罪。那么，企业的辩护人就应该为企业作无罪辩护（形式上作无罪辩护，是否属于个人犯罪由人民法院裁判，企业的辩护人不对个人作出指控，因为那是公诉人的事情）。这样，企业就可以避免罚金的刑罚。

(三)串通招投标行"情节严重"的认定

根据最高检、公安部《立案追诉标准(二)》第76条规定,情节严重主要是指以下几种情形:一是损害招标人、投标人或者国家、集体、公民的合法利益,造成的直接经济损失数额在50万元以上的;二是违法所得数额在10万元以上的;三是中标项目金额在200万元以上的;四是对其他投标人、招标人等投标活动参加人采取威胁、欺骗等非法手段的;五是虽未达到上述数额标准,但两年内因串通投标,受过行政处罚二次以上,又串通投标的;六是其他情节严重的情形。以上几种情形,只要一种情形符合就属于串通投标的行为。

本节典型案例中,林某的中标项目金额在200万元以上,属于串通投标"情节严重"的行为,依法应追究刑事责任。而对于其他的几种情形,比如说行为人被指控串通投标行为给损害招标人、投标人或者国家、集体、公民的合法利益造成直接经济损失数额在50万元以上的或者是违法所得数额在10万元以上的,嫌疑人及其辩护人可以对此数额进行证据辩护,即直接经济损失数额在50万元以上的或者是违法所得数额在10万元以上是由哪些证据组成的,证据是否确实充分,有无瑕疵,该数额与串通投标的行为有无因果关系。在司法实践中,这类的案件辩护空间较大。

(四)共同犯罪的地位和作用

通常而言,串通投标罪是必要的共同犯罪,必须要有两个以上的主体共同实施才能完成。但是有一种情况,一个自然人或一个单位可以构成串通投标罪,即当一个人或一个单位操控不知情的多家公司围标,这个人或这家单位就单独构成串通投标罪。除此之外,大多数情况下,串通投标罪是以共同犯罪的形式出现的。在这种情况下,应区分共同犯罪行为人的地位和作用,谁的作用大?谁的作用小?谁是指挥者?谁是实施者?谁是帮助者?等等。

在共同犯罪案件中,有的案件会区分主犯和从犯。那么对于从犯,就可以根据《刑法》总则的规定予以从轻、减轻或者免除处罚;有的案件共同犯罪行为地位和作用相当,那么就不会区分主犯和从犯,都认定为主犯。但即便如此,司法实践中,通常也会区分第一主犯、第二主犯、第三主犯等,并拉开量刑层次。

(五)自首和立功

1. 普通自首

串通投标罪的嫌疑人在被讯问、被采取强制措施前,自动投案,如实供述的,构成自首,按《刑法》总则中关于自首的规定处理。对于如实供述,需要注意的是,嫌疑人自动投案并如实供述自己的罪行后又翻供的,不能认定为自首;但在一审判决前又能如实供述的,应当认定为自首。

2. 同种罪行的自首

没有自动投案,公安机关所掌握的线索和证据指向的犯罪事实不成立。在此范围外嫌疑人又交代同种罪行的,以自首论。比如,公安机关掌握嫌疑人作为串通投标的线索和证据,侦查后发现不构成犯罪,但行为人又交代了他在其他地方串通投标的事实,则其在其他地方串通投标的罪行构成自首。

3 不同种罪行的自首

没有自动投案,公安机关所掌握的线索和证据指向的犯罪事实不成立。在此范围外嫌疑人又交代不同种罪行的,以自首论。比如,公安机关掌握嫌疑人作为串通投标的线索和证据,侦查后发现不构成犯罪,但行为人又交代了他诈骗财物的事实,则其诈骗罪构成自首。

4. 立功

《刑法》第68条规定,犯罪分子有揭发他人犯罪行为,查证属实的,或者提供重要线索,从而得以侦破其他案件等立功表现的,可以从轻或者减轻处罚;有重大立功表现的,可以减轻或者免除处罚。这里需要注意的是,嫌疑人检举揭发他人犯罪行为,必须是不属于自己如实供述的范围,如果揭发他人犯罪的行为,是其依法应该供述的范围,那就不构成立功。比如,嫌疑人交代自己通过行贿的方式买通招标人的工作人员,让该工作人员与自己暗中勾结,串通投标,并检举该工作人员接受自己的贿赂,那么他就不构成立功。因为,如实交代他行贿和串通投标的行为,本来就是他的法定义务。但如果他检举揭发他人贪污、挪用公款等经查证属实,则依法构成立功。

第二节　合同诈骗罪的风险识别与辩点分析

一、合同诈骗罪的构成要件

(一)概念

合同诈骗罪是指以非法占有为目的,在签订、履行合同过程中,采取虚构事实或者隐瞒真相等欺骗手段，骗取对方当事人财物数额较大的行为。

（二）构成要件

1. 本罪的犯罪主体包括自然人和单位。实践中，应当注意从合同诈骗的犯罪意志和利益归属两点把握究竟是个人合同诈骗罪还是单位合同诈骗罪（是否以单位名义签订、履行合同，不应成为区分个人合同诈骗与单位合同诈骗的标志）。而且，这两点之中，利益归属应当优先考虑，对那些以单位名义实施的而实际谋取的利益归属于个人的一律应以个人犯罪论处。

2. 本罪的主观方面为直接故意，且具有非法占有他人财物的目的。刑法理论认为，“犯罪目的是指犯罪人希望通过实施行为实现某种危害结果的心理态度，犯罪目的仅存于直接故意中”。因此，合同诈骗罪这种目的型犯罪只能存在直接故意的形态，间接故意只能构成民事欺诈。

3. 本罪侵犯的客体是诚实信用的社会主义市场经济秩序和合同当事人的财产所有权，犯罪对象是公私财物。对于合同诈骗罪的行为人而言，签订合同的着眼点不在合同本身的履行，而在对合同标的物或定金的非法占有，合同仅仅是诈骗采用的形式。

4. 本罪客观方面表现为行为人在签订或履行合同过程中，虚构事实、隐瞒真相，骗取对方当事人数额较大的财物的行为。“虚构事实”是指行为人捏造虚假的事实，骗取被害人信任。其表现形式主要为：虚假的身份、虚假的法律文书、虚假的履行能力、虚构的事实等。“隐瞒真相”是指隐瞒自己实际上不可能履行合同的事实，隐瞒自己不履行合同的犯罪意图；隐瞒合同中自己有义务告知对方的其他事实。

从本质上来讲，合同诈骗罪属诈骗犯罪的范畴，在客观构成上完全适用诈骗犯罪的构成模式。即欺诈行为→被害人产生错误认识→被害人基于错误认识而处分财产→行为人或第三人获得财产→被害人的财产损失。

二、合同诈骗罪的量刑规定

依据《刑法》第224条规定，犯合同诈骗，数额较大的，处3年以下有期徒刑或者拘役，并处或者单处罚金；数额巨大或者有其他严重情节的，处3年以上10年以下有期徒刑，并处罚金；数额特别巨大或者有其他特别严重情节的，处10年以上有期徒刑或者无期徒刑，并处罚金或者没收财产。依据《刑法》第231条规定，单位犯本罪的，对单位判处罚金，并对其直接负责的主管人员和其他直接责任人员，依照第224条的规定处罚。

对于合同诈骗罪的量刑问题，有两点需要注意的问题。

1. 本罪有3个量刑档次，按照最高检、公安部《立案追诉标准（二）》第77条的规定，“数额较大”的标准为2万元以上；“数额巨大或者有其他严重情节”、“数额特别巨大或者有其他特别严重情节”是判处较重刑罚的前提条件，但何谓数额巨大，何谓数额特别巨大，最高法、最高检、公安部都还没有做出司法解释。

在司法实践中，对于利用合同进行诈骗的，因其情况复杂，在数额标准上应适当高于普通诈骗罪的数额标准。目前，湖北省普通诈骗罪的“数额较大”的标准为5000元，“数额巨大”的标准为5万元，“数额特别巨大”的标准为50万元，合同诈骗罪的数额标准应当高于普通诈骗罪，具体由各地法院根据法律精神和各地实际具体掌握，自由裁量。但根据两罪之间已有的“较大数额”的标准的差距（诈骗罪是5000元，合同诈骗罪是2万元），可以评估出合同诈骗罪“数额巨大”和“数额特别巨大”的标准。

2. 合同诈骗的数额应当以行为人实际骗取的数额认定。合同标的数额可以作为量刑情节予以考虑。行为人利用合同多次进行诈骗或者连续进行诈骗，用后次诈骗的款项归还前次诈骗款项的，应按最后实际诈骗数额计算。上述情节可作为量刑情节予以考虑。

三、合同诈骗罪的认定标准

（一）合同诈骗罪和合同纠纷的界限

区分两者的关键在于行为人主观上是否具有非法占有对方当事人财物的目的，客观上是否利用商务合同实施骗取对方当事人数额较大的财物的行为。合同纠纷往往是合同当事人具有一定的履约能力和担保，只是由于客观上的某些原因不能履行合同而使对方当事人遭受损失，以致产生纠纷，造成纠纷的当事人并无占有他人财物的故意，也没有虚构事实、隐瞒真相，骗取他人财物的行为。

（二）合同诈骗罪与合同欺诈行为的界限

合同诈骗与合同欺诈行为有以下三大不同：

一是主观目的不同。合同诈骗罪是以直接非法占有公私财物为故意内容，而民事欺诈是通过双方履约来间接获取非法财产利益。

二是客观方面的行为不同。合同诈骗罪侵犯的是财物所有权，作为犯罪对象的公私财物，并未充当合同设定的权利、义务的体现者，始终是物权的体现者；而民事欺诈行为侵犯的则是债权，即作为侵犯对象的公私财物，是已经进入合同设定的生产、流通领域的权利义务的体现者。

(三)合同诈骗罪与夸大履约能力骗签合同行为的界限

合同诈骗罪,行为人往往不具有履约能力,并且具有非法占有他人财物的目的;而夸大履约能力签订合同,行为人虽具有一定的履约能力,但故意夸大自己的履约能力,目的只是使对方当事人信任自己,并与之签订合同。所签的合同应当说是真实的,签订合同后行为人也能积极履行合同,并不具有非法占有他人财物的目的。即使经过努力仍不能全部履行合同,给对方造成经济损失。但有归还所欠财物意图的,就不能按照合同诈骗罪处理。

(四)合同诈骗与“借鸡生蛋”的界限

前者是想永久地占有对方当事人的财物,后者不过是因一时资金困难,企图临时占用他人财物用于自己的某种临时用途,在短期内还会予以偿还。比如房地产商将抵押后的商品房卖给业主,但其主观目的并不是非法占有业主的财产,而是希望在获得业主的购房款后,用业主的购房款偿还抵押权人,并解除抵押。这实际上就是一种“借鸡生蛋”的行为,不属于合同诈骗行为。

(五)正确界定合同诈骗罪中的“合同”

从犯罪客体看,合同诈骗罪规定在《刑法》第3章“破坏社会主义市场经济秩序罪”的第八节“扰乱市场秩序罪”之中。这种犯罪不仅侵犯他人财产所有权,而且侵犯国家合同管理制度,破坏社会主义市场经济秩序。因此,合同诈骗罪中的“合同”,主要是指经济、商务合同。凡是与社会主义市场经济秩序无关的合同,如监护、收养、抚养等有关身份关系的合同或者协议,以及赠与合同、劳务合同等,均不属于合同诈骗罪中的合同。

四、典型案例

王某某合同诈骗案①

被告人:王某某,男,1969年8月15日出生。2010年5月29日因涉嫌犯合同诈骗罪被逮捕。

山东省济南市天桥区人民检察院指控,济南大有升房地产开发有限公司(以

① 案例来源:《刑事审判参考》2014年第2集(总第97集)。

下简称大有升公司)成立于1998年,2003年更名为济南普天大有房地产开发有限责任公司(以下简称普天大有公司)。被告人王某某在普天大有公司任职并实际控制该公司期间,在公司资不抵债的情况下,隐瞒真相,于2007年8月至2008年8月间,自己或者指使公司其他工作人员以公司名义与客户签订商品房买卖合同,将已经出售的天旺浅水湾项目4套房屋再次出售,骗取被害人郭某等4客户的购房款共计人民币(以下币种同)155万元,用于支付公司诉讼费、房租、职工工资、偿还债务等。济南市天桥区人民检察院以被告人王某某犯合同诈骗罪,向天桥区人民法院提起公诉。

济南市天桥区人民法院经公开审理认为,公诉机关的指控成立,以被告人王某某犯合同诈骗罪,判处有期徒刑13年,并处罚金50万元。

宣判后,被告人王某某不服,提出上诉。济南市中级人民法院经审理认为,原审法院认定王某某犯合同诈骗罪的事实不清,证据不足,遂裁定撤销原判,发回重审。

济南市天桥区人民法院经重新审理,宣判被告人王某某无罪。

宣判后,济南市天桥区人民检察院以被告人王某某一房二卖的行为构成合同诈骗罪,天桥区人民法院认定王某某无罪错误为由提出抗诉。

济南市人民检察院支持抗诉,被告人王某某未提出上诉。

被告人王某某及其辩护人基于以下理由提请法庭维持原判:一是唐某购买其公司开发的3套房屋,因逾期交房不到一年即被法院判令其公司承担与唐某预付房款人民币(以下币种同)2022628元等值的巨额违约金。其公司是在500万元银行资金被冻结的情况下,无奈与唐某达成总额仍为290万元的和解协议,并在唐某的进一步胁迫下,同时签订了以其公司开发的另外4套房屋抵顶200万元违约金的协议。所谓的和解协议显失公平,济南市中级人民法院已经将该违约金纠纷案以违约金过高为由发回重审。如果其公司未受到胁迫,显然是不会再与唐某达成上述和解协议的。其公司与唐某之间不是真正的房屋买卖关系,且给唐某保留的1套房屋价值已经足够赔偿其合法应得的违约金。因此,其公司对唐某不属于诈骗。同时,其公司是在给唐某保留了1套房屋作为对其违约金赔偿的前提下,将另外3套房屋出售给本案3名购房人,完全合法合理。其公司的真实意愿就是将3套房屋出售给3名购房人,由此也显然不构成诈骗。二是其公司将济南天岳实业有限公司(以下简称天岳公司)党委书记李某购买的房屋另行出售,是在公司已经决定将天岳公司经理温某无偿占有的该公司4套房屋中的1套调整给李某的前提下进行的,对前后购房人均有房源保障,因此均不构成诈骗。三是公司进行股权、资产转让时,已经与相关公司就其公司债务承担达成协议,其没有故意隐瞒公司债务。四是公诉机关指控的是单位行为,但没有起诉单位犯罪,于法无据。

济南市中级人民法院经公开审理查明:

大有升公司于1998年2月成立,2003年5月更名为普天大有公司。被告人王某某自2003年5月至2009年4月负责该公司全面工作,系该公司实际控制人。

2000年4月至2001年1月,唐某先后购买大有升公司开发的一期天旺嘉园小区房屋3套,房价总计2628万元,唐某预付购房款2022628元。双方约定其中1套于2001年6月30日交房,另2套于2001年10月30日交房,大有升公司承诺逾期交房每月按已付房款的20%或者每日按已付房款的1%给付违约金。后大有升公司未能如期交房,2002年3月、8月,唐某向济南市天桥区人民法院分别提起民事诉讼,请求判令被告大有升公司支付逾期交房违约赔偿金共计2022628元。同年7月,大有升公司的500万元资金被济南市天桥区人民法院冻结。2003年5月18日,济南市天桥区人民法院判决大有升公司支付唐某上述3套房屋逾期交房违约金共计2022628元。大有升公司不服提出上诉,济南市中级人民法院经审理认为一审判决支付的违约金数额过高,以事实不清、适用法律不当为由,裁定撤销原判,发回重审。在该案民事重审期间,2005年1月9日,普天大有公司与唐某同时签订了普天大有公司赔偿唐某200万元逾期交房违约金协议和唐某用天桥区人民法院过付的200万元作为购房款购买普天大有公司开发的二期天旺浅水湾4套房屋协议。同年1月12日,天桥区人民法院出具了普天大有公司赔偿唐某200万元违约金的民事调解书。唐某将法院划拨的200万元汇至普天大有公司的账户,用作上述二期天旺浅水湾4套房屋的购房款。

2000年起,天岳公司将其名下的土地转让给大有升公司开发房地产,大有升公司一直拖欠天岳公司的土地转让款。2005年年初,天岳公司经理温某无偿占有了普天大有公司开发的一、二期房屋各2套。2005年11月,普天大有公司与天岳公司党委书记李某商定,由李某偿还普天大有公司在银行的一笔贷款的余款83249.56元,普天大有公司将其开发的二期天旺浅水湾房屋1套抵偿给李某,双方为此签订了购房合同。此后,李某按月向银行偿还贷款冲抵购房款。2006年年底。普天大有公司内部商定,将李某购买的上述房屋卖掉,将温某无偿占有的二期房屋中的1套调整给李某,但此事未告知李某、温某。

普天大有公司在经营中,因与承建商发生纠纷,以致未能如约交房,导致业主、承建商、贷款银行等纷纷起诉。自2005年12月起,普天大有公司连年出现巨额亏损。2007年8月至2008年8月,王某某自己或者指使公司其他工作人员以公司名义与客户签订商品房买卖合同,将上述已经出售给唐某、李某的二期天旺浅水湾4套房屋再次出售,并将收取的郭某等4购房户的购房款共计155万元,用于支付公司债务、诉讼费、职工工资、电费等。

2008年9月，王某某代表普天大有公司与福州圣满房地产开发有限公司(以下简称圣满公司)签订协议。普天大有公司将公司股权及土地等资产转让给圣满公司，并约定了圣满公司应当承担的普天大有公司债务总额。2009年4月，普天大有公司原股东将股权转让给圣满公司的谢某、范某二人。同年5月，该公司法定代表人变更为谢某。2010年2月，普天大有公司更名为济南鑫泽房地产开发有限公司，同年4月又更名为大有升公司。

济南市中级人民法院认为，普天大有公司与唐某虽然在形式上签订了天旺浅水湾4套房屋销售合同，但实际上是以4套房屋抵顶数额过高的双方之间另3套房屋买卖的逾期交房违约金，违约金纠纷是双方签订该4套房屋销售合同的事实基础。此后，该公司在为唐某保留了其中1套房屋的前提下，将其余3套房屋转卖，系事出有因。先期违约金纠纷的存在对于评价行为人转售房屋主观上是否具有非法占有他人财物目的具有影响，该公司将已经出售给李某的1套房屋再出售给他人，是在已经作出将天岳公司经理温某无偿占有的普天大有公司房屋中的1套调整给李某的决定之后进行的。4套房屋当时均在开发建设之中，均有房源保障。普天大有公司将收取的4购房人的购房款用于支付电费、员工工资及诉讼费等公司运营必不缺少的费用，也表明其有继续经营的意愿和行为。综合上述事实，王某某及其辩护人提出的普天大有公司具有将4套房屋交付后手4购房人的真实意思表示的辩解、辩护意见与客观事实相符，不能认定该公司具有非法占有后手购房人购房款的主观目的。就普天大有公司与前手购房人唐某、李某二人的关系而言，不能仅因该公司在没有事先告知二人的情况下将二人所购房屋转卖即认定其具有非法占有二人财物的目的。房屋转售有无事先告知与双方可能引发民事纠纷具有因果关系，而与认定该公司具有非法占有二人财物的目的并不具有必然的因果关系。普天大有公司和圣满公司在实施股权及土地转让时，双方约定的圣满公司为普天大有公司承担的债务是一个总数，没有列明究竟包括哪些债务。如果因本案一房二卖而产生了相关债务，也完全可以视为上述债务总额内的一部分，并与其他债务一并平等获得清偿，将因一房二卖所可能产生的债务视为约定承担债务之外的超出部分没有事实依据。退一步讲，即使认定该部分债务属于超出部分，也不能仅因客观上存在债务超出即认定普天大有公司故意隐瞒了该部分债务，没有证据证明其故意实施了隐瞒行为。在普天大有公司与圣满公司已经约定由圣满公司承担清偿巨额债务的义务，事实上圣满公司也已经清偿了数千万元债务的情况下，如果仅因涉及本案一房二卖的相关债务没有清偿即认定王某某的行为构成诈骗，而已经清偿的债务却不构成诈骗，显然属于客观归罪，不符合主客观相统一的认定犯罪的基本原理。本案涉及的一房二卖的行为属于民事法律规范调整的范围。原审判决王某某无罪适用法律准确,抗诉机关及二审出庭的检察员提出的抗诉理由和出庭意见不能成立,不予采纳。据此,依照《中华人民共和国刑事诉讼法》第二百二十五条第一款第一项之规定,济南市中级人民法院裁定驳回抗诉,维持原判。

二、主要问题

如何准确对一房二卖的行为进行刑民界分?

三、裁判理由

本案争议的焦点是普天大有公司、被告人王某某一房二卖的行为是否构成合同诈骗罪。司法实践中,一房二卖的行为究竟是属于民法调整范围,认定为民事欺诈,还是应当纳入刑法规制范围,以合同诈骗罪定罪处罚,存在不同认识。我们认为,对一房二卖的行为定性,关键在于行为人主观上是否具有非法占有的目的。而在此类案件中,行为人是否具有非法占有目的,需要综合行为人一房二卖的具体原因、交房的真实意思表示内容、行为人是否具有调剂交房的能力以及清偿相关债务的能力等方面的事实进行认定。特别是在售房款没有被个人挥霍、占有而是用于继续经营的情况下,对一房二卖行为人非法占有目的的认定更要审慎把握。

(一)在对一房二卖行为人是否具有非法占有他人财物的目的进行分析、认定时,要重点考察一房二卖的具体情由

本案中,仅从起诉书指控的事实来看,被告人王某某在普天大有公司出现资不抵债的情况下,将已经签订销售合同的房屋再与他人另行签订销售合同转卖,与一般的一房二卖行为无异,非法占有的目的似不证自明。然而,从人民法院审理查明的事实分析,普天大有公司一房二卖的行为系事出有因,认定该公司在签订有关房屋销售合同时即具有非法占有他人财物的目的,理由不足。

1. 就普天大有公司与唐某有关的房屋一屋二卖行为,依据审理查明的事实和有关刑法理论,不能认定该公司具有非法占有唐某和二手购房者财物的目的。

普天大有公司不具有刑法上非法占有唐某财物的目的。普天大有公司为唐某保留其中1套房屋而将其余3套房屋转卖,系因为其认为唐某所主张的违约金赔偿数额过高、和解协议显示公平。具体情况是:审理该民事纠纷的法院一审判决普天大有公司支付给唐某与其预付款等值的巨额违约金,后二审法院以违约金过高为由将该案发回重审。在该案重新审理期间,从形式上看,双方达成了与原一审判决支付违约金数额相差仅2万余元的和解协议,并同时达成了唐某以该和解协议的已付款购买普天大有公司的4套房屋的协议。但此协议的签订仍有乘人之危的嫌疑,毕竟普天大有公司仍处于急需资金的境地。否则,协议中不会商定以已付款购买4套房屋的内容。不过由此造成的结果是,唐某本来购买3套房

屋,但仅因逾期交房不到1年即可以获得7套房屋。可以说,这种显失公平是诱发普天大有公司一房二卖的主要因素之一。对于这种自认为本属于自己财产,而因为不合理因素转变为他人财产,此后使用不正当手段取回的行为,要区别于一般的非法占有行为。对此类行为应进行非法占有目的的认定,不能仅从形式上侵犯了法益而一律入罪,刑法应当保留必要的克制,体现其附属性、谦抑性。这一理论和做法也已得到司法实践和相关司法解释的认同。如最高人民法院2005年印发的《关于审理抢劫、抢夺刑事案件适用法律若干问题的意见》第7条规定:"抢劫赌资、犯罪所得的赃款赃物的,以抢劫罪定罪,但行为人仅以其所输赌资或所赢赌债为抢劫对象,一般不以抢劫罪定罪处罚。构成其他犯罪的,依照刑法的相关规定处罚。"根据这一规定,对于赌徒之间相互以赌资、赌债为抢劫对象的,不以抢劫罪定罪,主要考虑到这类行为"事出有因",行为人认为其所抢的是本属于其本人的财物。而从一般公众角度来看,被抢方也不应获得涉案财物的所有权。本案中,普天大有公司并没有将唐某用该公司支付的200万元违约金购买的4套房屋全部转卖他人,而是为唐某保留了1套,正是表明其主观上具有这样的意识:唐某应该得到的经济赔偿部分我不动,不合理的、对我显失公平的、本就属于我的财产,我至少要短暂地行使使用权(在案证据不能证实普天大有公司具有拒不支付的故意)。这样的一种主观心态显然不能等同于一般侵犯财产犯罪中非法占有他人财物的目的。

此外,普天大有公司在为唐某保留了1套房屋的前提下,将另外3套房屋转卖,还有公司当时面临经营困境,急需资金的原因。普天大有公司这样做,是为了短时间内获取资金,是形势所趋。在其理念中,公司只要维持正常经营,其完全可以通过其他形式偿付唐某的债务,如再通过民事诉讼等方式,确定合同履行的方式以及违约金损失的赔偿等。可见,本案中普天大有公司非法占有的目的并不明显。

基于上述论述,就普天大有公司将与唐某签订的房屋销售合同项下的该3套房屋转卖他人的行为,我们认为,不具有刑法意义上的非法占有他人财物的目的。

普天大有公司不具有非法占有二手购房者财物的目的。普天大有公司将上述唐某用显失公平的违约金作为购房款购买的其公司4套房屋中的3套转卖他人,其主观上具有将3套房屋交付二手购房者的真实意思表示。一般的一房二卖行为人在签订二卖合同时,不具有向二手购房人交房的真实意思。而本案普天大有公司一房二卖的行为主要针对的是唐某主张违约金过高的行为,即一手购房人。在其看来,转卖的3套房屋在二卖合同签订时均在开发建设过程中。在公司维持正常运转的情况下,其可以顺利交房,即如一手购房人主张权利,影响其将转卖房交到二手购房人手里,其也可以通过房源调剂解决此问题。因此,可以基本认定普天大有公司对二手购房者具有交房的真实意思。普天大有公司转卖3套房是为了解决资金困难,而不是出于非法占有财物的目的。

2. 就普天大有公司与李某有关房屋的一屋二卖行为,依据审理查明的事实,不能认定该公司具有非法占有财物的目的。在对该房屋二卖时,该公司已经做出了给一买方即李某调整房源的决定。无论是一手购房者还是二手购房者,在房源上都是有保障的。因此,普天大有公司对于一手、二手购房者都没有非法占有其财物的目的。

3. 普天大有公司在签订合同时虽隐瞒了部分事实,但不能据此认定其具有刑法意义上的非法占有他人财物的目的。虚构事实、隐瞒真相,是民事欺诈和刑事诈骗的共同手段行为。因此并非只要实施了虚构事实、隐瞒真相的行为,就构成刑事诈骗。要认定构成刑事诈骗,关键要看行为人是否具有非法占有目的。本案中,在签订房屋二卖合同时,普天大有公司对一手、二手均隐瞒了与另一方签订合同的事实。但这些隐瞒行为是为了顺利签订合同,很显然其如果没有隐瞒与前手已经签订的房屋买卖合同事实,与二手的房屋买卖合同事实上根本不可能签订。然而,经深入分析,这种为了签订合同的隐瞒事实并不意味着必然具有非法占有他人财物的目的,两者在逻辑上不能等同。

(二)对于一房二卖实际交房前发生了股权、资产转让等公司变更事项的,要重点考察公司变更过程中对公司债务的处置情况

普天大有公司与后手再次签订房屋销售合同后,并没有将购房者支付的购房款挥霍,或是用于高风险经营以及其他不当、非法用途,而是用于公司经营和清偿所负债务,这恰恰表明其有继续正常经营的意愿和行为。后被告人王某某将公司股权、土地等转让他人,并与受让方签订了协议,约定了公司股权、土地转让及公司债务承担等内容。双方虽然未就上述一房二卖购房合同今后如何实际履行作出明确安排,但这属于公司变更过程中的未明确事项,不能据此推定王某某此时产生了非法占有他人财物的故意。具体理由如下:

一是王某某在公司变更时并没有实施转移、隐匿公司资产的行为。至于一房二卖可能产生的债务当时未予以明确的原因,主要在于公司股权、资产转让、受让双方对于债务承担仅作了概括的总额约定。

二是在公司变更之际,王某某作为转让方与受让方就公司债务作了充分的约定,使包括本案一房二卖所可能产生的债务有了清偿保障。一方面,双方约定了受让方应当承担的债务总额。涉案4套房屋当时均在开发建设之中,均有房源保障。如果按照该公司将4套房屋交付给二卖购房人的意思表示履行合同,也就不存在因不向二卖购房人履行交房义务而产生债务的问题。退一步讲,如果因一房二卖产生了债务,完全可以视为该债务总额的一部分,而与其他债务平等获得清

偿,将因一房二卖所可能产生的债务视为约定承担债务之外的超出部分没有事实依据。另一方面,转让、受让双方除约定上述债务承担总额外,还约定了如果实际债务超出该债务总额;超出部分由王某某承担民事责任。双方关于公司债务承担的约定,属于公司变更过程中转让、受让双方的内部约定。依据《公司法》关于公司发生股权转让等变更的,原公司债务由变更后的公司承继的规定,尽管该约定不能对抗外部债权人,即变更后的公司应当承继以前公司所负债务,但该约定对于内部转、受让双方而言是有效的。由此表明,双方对于可能超出的债务作了充分的预计和约定。事实上,圣满公司在受让普天大有公司股权、资产后,已经如约清偿了数千万元债务。如果仅因涉及本案一房二卖的相关债务没有清偿即认定王某某的行为构成诈骗,而已经清偿的债务却不构成诈骗,则有客观归罪之嫌。

三是本案没有证据证明涉案房屋的实际归属状态如何,也没有证据证明后手购房人如果没有获得房屋,有没有获得相应的赔偿,即本案侦查机关未就普天大有公司一房二卖是否已经给他人造成经济损失调取任何证据。这些关键证据的缺失,也是本案难以认定行为人主观上具有非法占有目的的原因之一。实际上,普天大有公司在操作股权、资产转让过程中如何处置公司债务的事实未得到侦查机关、公诉机关的应有重视。这一点从本案虽然指控的是单位犯罪,却在程序上未起诉普天大有公司这一事实体现出来。忽视公司变更中的债务承担容易导致在定性上割裂公司和个人之间的关系,从而就不可能对一房二卖行为作出准确的审查定性。

(三)在刑民交叉案件中《刑法》应尽可能保持其谦抑性

在我国法律体系中,刑法是其他部门法的保障法。没有《刑法》作后盾、作保障,其他部门法往往难以得到彻底贯彻实施。这一定位同时表明,只有当一般部门法不能充分保护某种法益时,才由《刑法》保护。这就是刑法理论所主张的刑法的附属性、谦抑性。在经济交往中,在不损害公共利益、集体利益或者第三人利益的前提下,应当尽可能遵循当事人意思自治原则,保留由当事人自己处理、解决纠纷的最大空间,《刑法》应尽可能保持其谦抑性。

就本案而言,普天大有公司签订一房二卖有关合同时确实存在特殊原因。在尚未履行合同约定的交房义务时,发生了股权、资产转让等公司变更事项,公司变更相关主体对公司债务如何承担也已作了相关的约定。故认定被告人王某某具有非法占有他人财物的目的的事实难以成立,不符合合同诈骗罪的构成特征。一审、二审法院认定无罪是正确的。

五、辩点分析

对于合同诈骗罪,通常有以下几个辩点:“以非法占有为目的”的认定,欺骗行为的认定,对方当事人的认定,诈骗数额的认定,单位犯罪还是个人犯罪的认定,共同犯罪的地位和作用,自首立功等。

(一)"以非法占有为目的"的认定

合同诈骗罪的构成要件不仅要求合同的当事人在签订、履行合同的过程中,实施了虚构事实、隐瞒真相的行为,而且还要求合同当事人具有非法占有对方当事人财物的目的。仅仅实施了虚构事实、隐瞒真相的行为,并不能构成合同诈骗罪。比如一般性的合同欺诈行为,也是一种虚构事实、隐瞒真相的行为。但由于他不具有非法占有的目的,因此不构成合同诈骗罪。因此,"以非法占有为目的"是构成合同诈骗罪的一个重要的要件,也是最重要的一个辩点。这里面隐藏着巨大的辩护空间。本节典型案例中的被告人王某某就是因为不具有非法占有的目的而被人民法院宣判无罪的。

那么,什么是非法占有呢?笔者认为,非法占有是一种状态,这种状态不仅包括使被诈骗对象失去财物所有权的状态,还包括行为人虽然没有正式取得所有权,但长期非法控制他人财产,使该财产的原所有人失去对该财产控制的状态。同时,非法占有还要求行为人对将该财产有"据为己有"的想法和目的。

从证据的角度来说,合同诈骗罪中"以非法占有为目的"的认定,通常有两种方式:一种是嫌疑人自己的口供,自己承认自己具有非法占有为目的;另一种是从行为人客观行为、客观表现来进行推定,根据其行为推定其具有非法占有的目的。目前,从司法实践来看,嫌疑人在被讯问时承认自己具有非法占有的目的的情形很少。一般人都不会那么"傻帽",而会找各种理由为自己推脱。因此,在合同诈骗案中,通过嫌疑人的客观行为推定其具有非法占有的目的是认定其具有"以非法占有为目的"的最主要方式。

认定嫌疑人是否具有非法占有为目的,通常可以从嫌疑人是否具有履行合同的实际能力、实际意愿,嫌疑人是否采用欺骗的手段,嫌疑人在签约后有无实际的履行合同的行为,嫌疑人在违约后的表现等几个方面的行为综合进行推定。具体而言,即是指从嫌疑人是否具有履行合同的资金、技术、人力、物力方面的能力,嫌疑人签订合同使用的姓名、身份、公章等是否是真实的,嫌疑人有没有虚构不存在的单位与他人签订合同,嫌疑人有没有提供虚假的担保,嫌疑人有没有虚构不存在的标的,嫌疑人有没有隐瞒自己没有履约能力的事实,嫌疑人有没有虚构履行合同意愿的事实,嫌疑人有没有履行合同的实际行为,嫌疑人违反合同约定后有没有承担责任的表现,嫌疑人虚构事实、隐瞒真相是否是有特定的原因等多方面综合推定,推定要符合逻辑法则和经验法则。对于刑民交叉的案件,要从《刑法》的歉抑性方面进行分析。

(二)欺骗行为的认定

合同诈骗罪是诈骗罪的一种特殊形式,其行为的核心特征与诈骗罪的行为特征是相同的,即都使用了虚构事实、隐瞒真相的欺骗行为。根据《刑法》第224条的规定,欺骗行为既可以出现在签订阶段,也可以出现在履行合同过程中。欺骗行为绝大多数是作为,而不是单纯的不作为。这类行为通常包括以下几种情形:(1)以虚构的单位或者冒用他人名义签订合同;(2)以伪造、变造、作废的票据或者其他虚假的产权证明作担保,即以这些票据或证明作为自己能够履行合同的证据,以骗得对方当事人签订合同;(3)没有实际履行能力,以先履行小额合同或者部分履行合同的方法,诱骗对方当事人继续签订和履行合同;(4)收受对方当事人给付的货物、货款、预付款或者担保财产后逃匿;(5)以其他方法骗取对方当事人财物。其他方法包括但不限于盗窃、骗取、伪造、变造签订合同所必需的法律文件、文书、制造合法身份、履约能力的假象,虚构不存在的基本事实,虚构不存在的合同标的,隐瞒自己实际上不可能履行合同的事实,隐瞒自己不履行合同的犯罪意图,隐瞒合同中自己有义务告知对方的其他事实等。

对于以上几种情形的欺骗行为,我们可以具体举例说明:

(1)签订虚假购销合同,骗取货物。有的伪造证件、合同书与对方签订合同;有的伪造银行或其他部门的担保书,以合法身份与对方签订合同;有的伪造银行汇票,盗窃单位空白支票,利用失效的支票或空头支票诱惑对方订合同;有的以洽谈业务、订货、帮助他人推销产品为由,与对方签订合同;等等。行为人行骗时大都隐瞒真实身份,以先提货、后付款为由,利用对方急于推销自己产品的心理,骗取货物。然后将货物低价销售、私吞货款,或者将货物用于还债、作抵押等。

(2)虚构货源,签订空头合同,诈骗货款。有的伪造上级主管部门的假批文作货源;有的以伪造的提货单作货源;有的抓住对方急需某种紧俏物资和商品的心理,口头虚构货源;有的故意让对方看不属于自己却谎称是自己的货,或根本无货可看,蒙骗对方;有的则以伪造的买卖合同作货源;等等。

(3)伪造身份签订虚假合同,骗取他人预付款或定金。利用这种方式进行诈骗的行为人有两种心理:一种是只要将预付款或定金骗到手,就算大功告成;另一种是先骗得预付款或定金,然后如有可能骗到货款就继续骗取货款,没有可能就一走了之。

(4)以诱饵开路骗取他人钱物。有的犯罪分子为了达到骗取对方巨额财物的目的,以给付部分预付款为诱饵,一旦把对方的钱物置于自己的控制之下后,就溜之大吉;还有的以部分履行合同的手段骗取对方信任,诱使对方进一步按合同交付财物,采取放长线、钓大鱼的欺诈手段骗钱骗物。

(5)签订假合同,骗取他人的活动费、好处费或提成费等。这些人同对方签订合同的真正目的不是为了骗取货物、货款,也不是为了骗取定金或预付款,而是为了一次性地骗取各种名义的费用。只要将这笔财物骗到手,就远走高飞。这些人一般都伪造身份、证件,自称能买到急需紧俏物资或以帮助对方推销产品为诱饵,与对方签订虚假买卖合同。

(6)以联合经商、投资、协作等名义,与他人签订合同,进行诈骗。运用这种方式进行诈骗的,行为人往往是在合法的身份掩盖下,以某公司、货场等的名义,伪造营业执照和注册资金等,欺骗他人与之签订联合经营协议,骗取他人的钱财。

另外,根据刑法通说,合同诈骗罪不仅要求行为人要有虚构事实、隐瞒真相的行骗行为,还要有合同对方当事人的上当受骗行为,再加上行为人要具有非法占有的目的,三者结合,才能构成合同诈骗罪。被指控合同诈骗罪的嫌疑人及其辩护人,应把握合同诈骗罪的主客观要件,正确地界定罪与非罪的问题,从中寻找辩护空间。

(三)对方当事人的认定

《刑法》第224条规定,以非法占有为目的,在签订、履行合同过程中,骗取对方当事人财物,数额较大的,构成合同诈骗罪。那么,哪些人是本罪名中的对方当事人呢?合同诈骗罪的对方当事人通常是与嫌疑人签订书面合同或口头合同的人(自然人或法人),是嫌疑人欺骗的对象,也即财产受到损失的那个人。但也有例外。比如,担保人、反担保人也可以成为嫌疑人诈骗的对方当事人。

嫌疑人在虚构事实、隐瞒真相的情形下向出借人借款,出借人要求嫌疑人提供担保,否则不予借款。于是,嫌疑人又花言巧语骗取担保人为其借款行为提供担保,在满足了出借人的担保要求后,嫌疑人获得了出借人的借款后,挥霍、挪用、携款潜逃了。在此情况下,如何认定被诈骗的当事人,是出借人还是担保人?

我们认为,此种情形下,被嫌疑人诈骗的当事人是担保人而非出借人。虽然嫌疑人虚构事实、隐瞒真相的直接对象是出借人,但出借人为了确保所贷出的款项安全可靠,已经要求嫌疑人提供担保。担保人作为借款合同中的第三人,在嫌疑人不能偿还借款本息时,担保人势必要承担共同偿还借款的连带责任。嫌疑人虚构事实骗取出借人和担保人的信任,非法占有钱款后,出借人可以依据担保合同从担保人处获取担保财产。于是担保人成了嫌疑人债务的实际承担者,被嫌疑人诈骗的财产损失者就成了担保人。即使担保人由于种种原因无法偿还嫌疑人的借款,出借人的债权无法实现从而其财产受到实际的损失。但只要担保人与出借人之间所订立的担保合同具有法律效力,出借人与担保人之间就成立债权、债务关系,法律关系的最终落脚点和诈骗行为的侵害对象就应当认定为担保人而非出借人。再者,担保既是为了保证债权人能够对债务人享有的债权得到履行,也是为了保证债务人能够向债权人履行债务。担保合同的对象应该是主合同的双方而不是单方,与债权人签订担保合同不影响与债务人存在担保合同的效力。既然担保人可以成为主合同债务人的相对方(嫌疑人),自然也就可以成为主合同债务人诈骗的对象,即《刑法》第224条所规定的"对方当事人"。

综上所述,担保人是可以成为嫌疑人诈骗的对方当事人的。同理,反担保人亦然,这里不再赘述。

(四)诈骗数额的认定

根据《刑法》第224条规定,犯合同诈骗,数额较大的,处3年以下有期徒刑或者拘役,并处或者单处罚金;数额巨大或者有其他严重情节的,处3年以上10年以下有期徒刑,并处罚金;数额特别巨大或者有其他特别严重情节的,处10年以上有期徒刑或者无期徒刑,并处罚金或者没收财产。按照最高人民检察院、公安部的追诉标准,人民币2万元以上才能构成"数额较大"。这比普通诈骗罪的5000元的"数额较大"的标准要高很多。至于何为"数额巨大"、"数额特别巨大",还有待于最高人民法院作出具体的司法解释。

综上,诈骗数额的多少,直接关系到量刑的轻重。于是数额成为本罪的一个重要的辩点之一。如果嫌疑人诈骗的数额直接体现为金钱的话,则要以既遂作为标准。如果是未遂,依法可以比照既遂犯从轻或减轻处罚。嫌疑人利用合同多次进行诈骗或者连续进行诈骗,用后次诈骗的款项归还前次诈骗款项的,应按最后实际诈骗数额计算。如果嫌疑人诈骗的数额体现为物品的话,则势必要作价格鉴定。而价格鉴定在司法实践中弹性较大,辩护人可以对价格鉴定意见书进行充分的质证,必要时聘请专家证人帮助质证,从而获取辩护空间。

(五)诈骗行为与支付财物之间的因果关系

在合同诈骗罪中,嫌疑人的诈骗行为与合同的"对方当事人"支付财物之间必须要有因果关系。如果合同的"对方当事人"向嫌疑人支付财物的行为并不是嫌疑人的诈骗行为而产生的,而是因为别的什么原因而产生的,则两者之间不具有因果关系,因此不构成诈骗罪。

(六)单位犯罪还是个人犯罪的认定

按照最高人民法院关于单位犯罪的司法解释,秉持单位的意志、以单位的名义(非绝对要件,有的不以本单位名义)、利益归属于单位的犯罪是单位犯罪。合同诈骗罪中既有单位犯罪,也有个人犯罪。在司法实践中,如果是单位犯罪,对直接负责的主管人员和其他直接责任人员的量刑要轻很多,因为犯罪的利益归属不直接属于他们本人。

故此,判断是否属于合同诈骗罪的单位犯罪有3个依据:一是是否秉持单位的意志;二是是否以单位的名义进行;三是合同的诈骗的利益是否归属于单位。其中,第一项和第三项是核心的依据,必不可少。那么,以单位名义进行的合同诈骗是否都是单位犯罪呢?答案是不尽然,下列几种情形就是名为单位实为个人实施的合同诈骗罪。

1. 个人为进行违法犯罪活动而设立公司、企业、事业单位,并利用这些公司、企业、事业单位实施合同诈骗的;或者公司、企业、事业单位设立后,以实施合同诈骗犯罪为主要活动的,应认定为个人犯罪。

2. 国有或者集体企业租赁给个人经营的企业,承租人利用企业名义诈骗的,应认定为个人诈骗。

3. 国有企业或者集体企业为个人提供营业执照,名为集体实为个人的企业,企业人员以企业名义进行合同诈骗,应以个人诈骗论。

4. 没有资金、场地、从业人员等有名无实的皮包公司,对它们利用合同诈骗的,应以个人诈骗论。

5. 由被挂靠企业提供营业执照,而挂靠人员自筹资金、自主经营、自担风险的挂靠企业,挂靠人员实施合同诈骗罪应认定为个人诈骗。

对于是个人合同诈骗还是单位合同诈骗,法律上要作准确的区分。如果嫌疑人被控个人合同诈骗但实际上应属于单位合同诈骗,嫌疑人及其辩护人应抓住辩点,作单位犯罪的定性辩护。因为单位犯罪的利益是归属于单位,直接负责的主管人员和其他直接责任人员他们个人并没有从中得到好处,主观恶性较低,量刑也比个人犯罪轻。

(七)共同犯罪的地位和作用

与其他犯罪一样,合同诈骗罪也有共同犯罪。当公诉机关指控二人以上的被告人共同触犯了合同诈骗罪的时候,人民法院通常会会而且也必须区分共同犯罪行为人的地位和作用。谁的作用大?谁的作用小?谁是指挥者?谁是实施者?谁是帮助者?主要的利益归谁所有?等等。

在共同犯罪案件中,通常会区分主犯和从犯。对于从犯,可以根据《刑法》总则的规定予以从轻、减轻或者免除处罚。但有的案件共同犯罪行为地位和作用相当。那么,人民法院也可以不区分主犯和从犯,都认定为主犯。但即便如此,司法实践中,通常也会区分第一主犯、第二主犯、第三主犯等,并拉开量刑层次。这些都将成为重要的辩点。

(八)自首和立功

1. 普通自首

合同诈骗罪的嫌疑人在被讯问、被采取强制措施前,自动投案,如实供述的,构成自首,按《刑法》总则中关于自首的规定处理。对于如实供述,需要注意的是,嫌疑人自动投案并如实供述自己的罪行后又翻供的,不能认定为自首;但在一审判决前又能如实供述的,应当认定为自首。

2. 同种罪行的自首

没有自动投案,公安机关所掌握的线索和证据指向的犯罪事实不成立。在此范围外嫌疑人又交代同种罪行的,以自首论。比如,公安机关掌握嫌疑人作为合同诈骗罪的线索和证据,侦查后发现不构成犯罪。但行为人又交代了他在其他地方合同诈骗的事实,则其在其他地方合同诈骗的罪行构成自首。

3 不同种罪行的自首

没有自动投案,公安机关所掌握的线索和证据指向的犯罪事实不成立。在此范围外嫌疑人又交代不同种罪行的,以自首论。比如,公安机关掌握嫌疑人作为合同诈骗的线索和证据,侦查后发现不构成犯罪。但行为人又交代了他敲诈勒索的事实,则其敲诈勒索罪构成自首。

4. 立功

《刑法》第 68 条规定,犯罪分子有揭发他人犯罪行为,查证属实的,或者提供重要线索,从而得以侦破其他案件等立功表现的,可以从轻或者减轻处罚;有重大立功表现的,可以减轻或者免除处罚。这里需要注意的是,嫌疑人检举揭发他人犯罪行为,必须是不属于自己如实供述的范围。如果揭发他人犯罪的行为是其依法应该供述的范围,那就不构成立功。

第三节　妨害清算罪的风险识别与辩点分析

一、妨害清算罪的构成要件

(一)概念

妨害清算罪是指公司、企业进行清算时,隐匿财产,对资产负债表或者财产清单作虚假记载,或者在未清偿债务前擅自分配公司、企业财产,严重损害债权人或者其他人利益的行为(其他人主要是指公司、企业职工、清算组成员及公司、企业所欠税款的税务部门)。

(二)构成要件

1. 本罪的主体是特殊主体,即进行清算的公司、企业直接负责的主管人员和其他直接责任人员。由于公司、企业已依法解散、被责令关闭或者被宣告破产,已经停止对外进行经营活动,公司、企业原来的代表人已不能进行有法律意义的活动。所以,构成本罪的犯罪行为实际上是由清算组代表公司、企业所实施的。承担刑事责任的,也就是清算组成员中直接负责的主管人员和其他直接责任人员。

2. 本罪在主观方面属于故意,即明知隐匿公司财产、对资产负债表或者财产清单作虚伪记载,或者清偿债务前分配公司财产会损害债权人或者其他人的利益,而故意实施该行为,过失不构成本罪。

3. 本罪侵犯的客体是国家对公司、企业的清算制度以及债权人或其他人的合法权益。公司、企业清算是公司、企业解散或者结业活动中的一项重要活动。清算的目的,是了结、清理公司、企业的债权债务,保护债权人的利益并在能够清偿公司、企业债务的情况下,分配公司、企业的所有财产。行为人如果在清算组进行清算期间,为了隐匿财产而制作虚假的资产负债表或财产清单,或者在公司、企业债务尚未清偿之前私自分配公司、企业财产。这种行为不仅会造成公司、企业清算工作失去真实的、客观的依据,而且还妨害了对公司、企业财产的清理,侵害了债权人或其他人的合法权益。

4. 本罪在客观上表现为在公司、企业清算时,隐匿财产,对资产负债表或者财产清单作虚伪记载或者未清偿债务前分配公司、企业财产,严重损害债权人或者其他人利益人。本罪必须发生在公司、企业清算过程中,客观行为方式主要有:(1)隐匿财产。(2)对资产负债表或财产清单作虚伪记载。(3)在未清偿债务前,分配公司、企业财产。

二、妨害清算罪的量刑规定

根据《刑法》第162条的规定,公司、企业进行清算时,隐匿财产,对资产负债表或者财产清单作虚伪记载或者在未清偿债务前分配公司、企业财产,严重损害债权人或者其他人利益的,对其直接负责的主管人员和其他直接责任人员,处五年以下有期徒刑或者拘役,并处或单处二万元以上二十万以下罚金。

本罪属于单位犯罪,实行单罚制,即只处罚单位直接负责的主管人员和其他直接责任人员,不处罚单位。因为该单位已经处于清算中,如果处以罚金刑,恐不好执行,社会效果也不好,故法律没有规定处罚单位。

根据最高检、公安部《立案追诉标准(二)》第7条的规定,公司、企业进行清算时,隐匿财产,对资产负债表或者财产清单作虚伪记载或者在未清偿债务前分配公司、企业财产,涉嫌下列情形之一的,应予立案追诉:(一)隐匿财产价值在五十万元以上的;(二)对资产负债表或者财产清单作虚伪记载涉及金额在五十万元以上的;(三)在未清偿债务前分配公司、企业财产价值在五十万元以上的;(四)造成债权人或者其他人直接经济损失数额在十万元以上的;(五)虽未达到上述数额标准,但应清偿的职工工资、社会保险费用和法定补偿金得不到及时清偿,造成恶劣社会影响的;(六)其他严重损害债权人或者其他人利益的情形。

三、妨害清算罪的认定标准

(一)本罪与提供虚假财会报告罪的区别

两者在主观上都出于故意,客观上都存在虚伪记载资产负债表或财产清单的行为,且都是实行单罚制的单位犯罪,但两者有本质区别:

(1)本罪侵犯的是公司、企业清算制度及债权人和其他人的合法权益,提供虚假财会报告罪侵犯的是公司财务会计制度及股东和其他人的利益。

(2)本罪只发生在公司、企业清算期间,提供虚假财会报告罪则发生在公司正常运作期间。本罪表现为隐匿财产、虚伪记载资产负债表和财产清单或者在未清偿债务前分配公司企业财产,而提供虚假财会报告罪主要表现为编制或者隐瞒重要事实的财务会计报告。

(3)本罪行为人的目的是逃避公司、企业债务,而提供虚假财会报告罪则是欺骗股东和社会公众,骗取他们的投资。

(二)本罪与职务侵占罪的区别

(1)本罪主体为正在进行清算的公司、企业,是单位犯罪,而职务侵占罪的主体是公司的人员,包括董事、监事、经理及一般工作人员均可成为犯罪主体,是自然人犯罪。

(2)本罪的目的是为了逃避公司、企业债务,而职务侵占罪的目的则是为了非法占有公司财产。

(3)本罪侵犯的是公司、企业清算制度和债权人及其他人的利益,而职务侵占罪所侵犯的客体是公司、企业财产权及股东的利益。

(4)本罪表现为在公司、企业清算期间,隐匿财产、在资产负债表或财产清单上作虚伪记载或者在未清偿债务前分配公司、企业财产,严重损害债权人及其他人利益的行为。职务侵占罪则表现为公司、企业或其他单位的人员,利用职务上的便利,将本单位财物非法占为己有,数额较大的行为。

四、典型案例

沈某某等人挪用资金、妨害清算案①

一、基本案情

被告人沈某某,男,1962 年 7 月 1 日出生,高中文化,原系上海和城实业有限公司五金分公司经理。因涉嫌犯贪污、挪用公款罪,于 1999 年 7 月 23 日被逮捕。

被告人徐某某,男,1959 年 6 月 24 日出生,高中文化,原系上海和城实业有限公司五金分公司管理人员。因涉嫌犯贪污、挪用公款罪,于 1999 年 5 月 23 日被逮捕。

被告人汪某某,男,1958 年 3 月 14 日出生,高中文化,原系上海和城实业有限公司五金分公司管理人员。因涉嫌犯贪污、挪用公款罪,于 1999 年 7 月 23 日被逮捕。

上海市长宁区人民检察院以被告人沈某某、徐某某、汪某某犯贪污、挪用公款罪,向上海市长宁区人民法院提起公诉。

起诉书指控:被告人沈某某、徐某某、汪某某身为上海和城实业有限公司五金分公司(以下简称五金分公司)的经理及管理人员,借五金分公司停业清理之机,于 1998 年 3 月伪造了一份关于五金分公司仓库内总价值人民币 113 万余元的库存商品为 3 人所有的书面证明,送交上海杨浦审计事务所予以实物验资;又于同年 4 月 22 日从五金分公司的账号内划出人民币 10 万元,经由上海星美终端电器经营部的账号转至上海杨浦审计事务所作为货币验资(同年 5 月 6 日被划还),从而成立了私营性质的上海富劳五金机械有限公司(以下简称富劳公司),总注册资金人民币 100 万元。之后,三被告人陆续将五金分公司仓库内总价值人民币 100 余万元的库存商品非法转移至富劳公司等处。经对分公司现有账册进行审计发现,该分公司总价值人民币 28.1 万余元的资产被三被告人非法予以侵吞。三被告人的行为已构成贪污罪、挪用公款罪。

三被告人及其辩护人的辩解及辩护意见均称:被告人转移的库存商品都是代销商品,并分别办理了退货或转移债权债务的手续,没有非法占有公司财产的故

① 案例来源:《刑事审判参考》2003 年第 6 集(总第 35 集)。

意和行为;挪用10万元只为验资,未从事营利活动;不具备贪污罪和挪用公款罪的主体身份,检察机关的起诉事实不清、证据不足。

上海市长宁区人民法院经公开审理查明:

上海中山建设实业发展总公司(以下简称中山公司)原系长宁区建设委员会(以下简称长宁区建委)管辖下的一个国有公司,上海和城实业有限公司(以下简称和城公司)系长宁区市政建设开发总公司(以下简称市政公司)的子公司。1995年7月,被告人沈某某受聘于和城公司。1996年10月,沈某某承包经营和城公司所属的和城商场,承包期1年,沈某某聘用徐某某、汪某某从事管理。承包之初,沈某某征得和城公司总经理张某某同意,将和城商场转包给孙某经营;和城公司专门设立五金工具部,交由沈某某、徐某某、汪某某共同负责经营。从1996年10月起至1997年7月31日止,和城公司以广告费、橱窗、代发工资、打字费、自行车、拨款等方式,逐步向五金工具部投入资金约人民币31.636978万元。1997年8月,和城公司成立五金分公司,取得了非独立核算、非企业法人的营业执照。公司任命沈某某为负责人,采用赊账方式经营。1997年10月,和城商场承包到期,和城公司未向沈某某收取商场承包费10万元,也未与沈签订五金分公司的承包合同。

1997年9月底,长宁区建委宣布由中山公司接管市政公司及其下属管理的企业,包括和城公司。中山公司经过调查,决定对市政公司下属的全部三产企业进行自我清理和整顿。并于1998年4月7日成立清理小组负责和城公司日常工作,召开和城公司全体职工会议,宣布停止总经理张景华的工作,要求和城公司所属企业的印章全部移交清理小组。因考虑五金分公司经营情况较好,清理小组同意五金分公司继续经营。但要求五金分公司1万元以上的货款支付必须得到清理小组同意,并收缴了五金分公司的支票印鉴章。

1998年3月,三被告人共谋设立私营公司,由被告人徐某某具体操作。徐某某办理私营企业注册登记时得知,验资需个人拥有物资,并拥有一定比例的资金方可进行。于是,三名被告人经商议,由汪某某伪造一份关于五金分公司现库存货物(金额113万元)归该三人所有的书面证明,连同分公司的10万元资金一并转入上海杨浦审计事务所进行验资。1998年4月底,富劳公司注册成立;5月上旬,用于验资的10万元归还分公司。7月初,富劳公司在上海市民京路开设门市部,从事五金工具的经营活动,由徐某某负责。

同年五六月,清理小组从月份报表上发现五金分公司出现亏损现象,要求沈某某说明亏损原因。三名被告人无视清理小组的要求,不愿如实汇报五金分公司的经营状况,且五金分公司账册开设混乱。中山公司经研究认为,五金工具项目与中山公司经营的内容不相符,决定关闭五金分公司,并于7月28日将该决定告诉沈某某。沈某某向清理小组提出由沈某某、徐某某、汪某某3人买断五金分公司，将自己的劳动关系先行调入和城公司，再转入街道的要求。清理小组表示可以考虑，让沈某某提出书面申请。之后，沈某某等人以落实劳动关系和对中山公司要求其支付承包费47万余元的数额有异议为由，一方面与清理小组进行交涉，另一方面开设富劳公司第二门市部，将五金分公司的大部分库存物资转移隐匿到该门市部仓库内，并对所转移的商品部分作退货处理，部分与供货单位重新签订销售合同。同年9月底，清理小组得知上述情况，于10月9日向沈某某发出在7日内移交五金分公司全部资产、账册的书面通知；10月13日清理小组与沈某某、徐某某面谈时再次强调了7天内移交的决定，两人答应办理移交。嗣后，三名被告人将账册全部转移，并成立富劳公司第三门市部，由沈某某负责，然后将分公司剩余的库存物资全部搬空。为此，中山公司于1999年4月向警方报案。

经司法审计：从1996年10月至1997年7月，和城公司向五金分公司提供启动资金人民币31.6万余元，至1998年4月30日五金分公司利润有人民币17.1万余元；五金分公司库存物资1998年3月为人民币113.75万余元；6月为人民币115.16万余元。

长宁区人民法院认为：被告人沈某某、徐某某、汪某某系和城公司聘用人员，利用经营管理五金分公司的职务便利，挪用资金人民币10万元进行私营企业的验资活动，其行为符合《刑法》第272条第1款的挪用资金归个人使用，虽未超过3个月，但符合数额较大、并从事营利活动的规定，均已构成挪用资金罪，应依法惩处。鉴于所挪用的资金仅用于验资，并已全部及时归还的事实，在量刑时可酌情予以考虑。被告人沈某某、徐某某、汪某某作为五金分公司直接负责的主管人员和直接责任人员，在明知清理小组已进驻和城公司依法履行对公司资产的清算，且对分公司的清算作出明确规定的情况下，为谋私利，未经清理小组的许可，在五金分公司未清偿债务前，隐匿财产，并擅自处分五金分公司资产，妨害清算程序的正常进行，并严重损害了债权人和其他人利益，其行为又均已构成妨害清算罪，应依法数罪并罚。检察机关指控三被告人的行为构成犯罪的基本事实清楚，但定性有误，应予纠正。为保护公司财产所有权不受侵犯，维护国家对公司的破产清算制度，依照《中华人民共和国刑法》第二百七十二条第一款、第一百六十二条、第二十五条第一款、第六十九条、第六十四条之规定，判决如下：

1. 被告人沈某某犯挪用资金罪，判处有期徒刑六个月；犯妨害清算罪，判处有期徒刑三年，并处罚金人民币四万元；决定执行有期徒刑三年，并处罚金人民币四万元。

2. 被告人徐某某犯挪用资金罪，判处有期徒刑一年；犯妨害清算罪，判处有期徒刑二年，并处罚金人民币三万元；决定执行有期徒刑二年六个月，并处罚金人民币三万元。

3. 被告人汪某某犯挪用资金罪，判处有期徒刑六个月；犯妨害清算罪，判处有期徒刑二年，并处罚金人民币三万元；决定执行有期徒刑二年，并处罚金人民币三万元。

4. 违法所得予以追缴。

一审宣判后，被告人沈某某未上诉，被告人徐某某、汪某某不服，向上海市第一中级人民法院提出上诉。

被告人徐某某、汪某某上诉称：和城公司没有依法进入破产或歇业程序，不存在对分公司的破产清算；未实施妨害清算的转移、隐藏、私分财产行为。其辩护人提出：被告人并未隐匿财产，所转移的库存物资是代销产品，且债权债务关系已转移至富劳公司，没有对债权人造成无法偿还的债务等严重损失；分公司不存在17.1万元的利润，未给分公司造成损失。原判认定被告人犯有妨害清算罪依据不足。

上海市人民检察院第一分院出庭支持公诉意见称：原判认定的三被告人挪用资金罪、妨害清算罪的事实清楚，证据确实、充分；三被告人具有隐匿公司财产或者在清算阶段隐匿公司财产的行为，在明知上级公司要对和城公司进行清算的前提下，转移了分公司的所有财产，对这一转移行为没有正式向和城公司汇报，说明主观上有隐匿财产的故意，客观上实施了隐匿财产的行为；虽被告人称是退货，之后再将债权债务转移给富劳公司，并以此否认属法律规定的隐匿财产行为，但这一行为的核心还是妨害了和城公司的清算活动；和城公司对分公司的投资被转移后就成为明确的非法所得，故原审判决此项是有依据的。建议二审法院驳回上诉，维持原判。

上海市第一中级人民法院审理后认为：中山公司根据长宁区建委的决定，在接管市政公司及其下属管理的企业之后，对所属企业进行内部调整和清理，派遣清理小组进驻和城公司进行清理整顿，决定关闭、清算和城公司下属分公司等行为，均属于企业内部的资产调整，合法有据。尽管和城公司没有进入破产程序，但法律规定公司、企业的关闭、合并或破产均可以进行清算，除有破产清算的特殊程序外，还有非破产清算程序。中山公司作为上级主管单位，有权对本公司内部进行清算。上诉人关于和城公司没有依法进入破产程序或歇业程序，不能对分公司进行清算的辩解缺乏法律依据。

沈某某、徐某某、汪某某三被告人在清理小组已经进驻和城公司，依法对分公司进行清算，要求移交分公司资金、账册的情况下，仍有意隐匿公司的财会账册，擅自处置公司财产，将库存商品转移至私营企业，作退货处理或进行债权债务转移。其行为客观上妨害了清算程序的正常进行，故上诉人辩称不存在妨害清算的转移、隐藏、私分财产的行为和辩护人提出并未隐匿财产的理由不能成立。

司法部司法鉴定中心的《司法会计鉴定书》中，对分公司会计记录中记载的其他应收款科目进行了论证。由于分公司存在将未收到的实际返利款记人“其他应收款”，造成商品销售成本减少、利润增加的情况。因此在司法会计鉴定时剔除了虚盈部分，认定“1997 年 12 月底，分公司账面反映利润 153771.96 元，调减增加利润 182554.36 元，利润为负 28782.40 元；1998 年 6 月底本年利润累计为 13710.64 元；1998 年 7 月至 9 月合并记账，本年利润累计为负 26170.53 元；分公司 1998 年 6 月库存商品价税金额 115.16 万余元”。否定了一审法院关于分公司至 1998 年 4 月 30 日利润为 17.1 万余元的审计结论。据此，辩护人关于司法审计出利润为 17.1 万元并不存在的意见，予以采纳。

沈某某、徐某某、汪某某实施的擅自处分分公司库存物资和债权债务的行为，客观上妨害了清算程序的正常进行，但根据现有证据，认定该行为严重损害了债权人或者其他人利益的证据不足。首先，分公司采用的是赊账经营方式，库存物资的所有权并不属于和城公司。只有所赊账的物资被卖出或处置后，和城公司与供货单位才能形成债权和债务关系。而三被告人将分公司库存商品逐步搬入富劳公司后，及时对库存商品分别做了退货或重新开具发票等处理，与供货单位建立了新的债权债务关系；也正因为此，至今未发生赊账单位与和城公司因为沈某某等人的上述行为而引起的债权债务纠纷和诉讼。因此，根据现有证据，无法认定沈某某、徐某某、汪某某实施的转移库存商品的行为，造成了债权无法偿还等严重损害债权人利益的后果。其次，分公司成立之初，和城公司以帮助支付广告费、打字费、招聘费、拨款等形式向分公司进行了 316369.78 元的投资，但这些投资基本上都消耗于五金分公司经营活动中，且和城公司已陆续从分公司提回现金 5.8 万元，因而，所投资款不能简单的加减认定 25 万余元，实际情况应当考虑有消耗因素存在；另外，据会计鉴定显示，分公司在案发前已经营亏损人民币 5.4 万余元。因此，认定沈某某、徐某某、汪某某在清算期间转移财产等行为造成了和城公司巨额财产损失的证据也不充分。辩护人关于三被告人的行为未造成严重损失的意见可以成立。

综上，被告人徐某某、汪某某、沈某某均系公司聘用人员，利用经营、管理上海和城实业有限公司五金分公司的职务便利，擅自将分公司的人民币 10 万元，用于私人开办公司验资，其行为已构成挪用资金罪，依法应予处罚。原审判决根据本案挪用资金的犯罪事实、性质、情节及对社会危害程度等，依法对沈某某、徐某某、汪某某所作出的定罪量刑并无不当，且审判程序合法，应予维持。被告人徐某某、汪某某和沈某某在中山公司对和城公司所属的分公司进行清算过程中，实施了隐匿和擅自处分分公司财产的行为，客观上妨碍了公司的正常清算活动，具有一定社会危害性和违法性。但根据现有证据无法认定该妨害清算行为已经达到严重损害债权人利益以及造成和城公司巨额财产损失的后果。根据《刑法》第 162 条关于妨害清算罪必须“严重损害债权人或其他人利益”的规定，该行为不构成妨害清算罪。原判认定沈某某、徐某某、汪某某三人构成妨害清算罪不当，二审应予纠正。

据此，上海市第一中级人民法院依照《中华人民共和国刑事诉讼法》第一百八十九条第一项、第二项及《中华人民共和国刑法》第二百七十二条第一款、第二十五条第一款之规定，判决如下：

1. 撤销上海市长宁区人民法院的刑事判决；

2. 被告人徐某某犯挪用资金罪，判处有期徒刑一年；

3. 被告人汪某某犯挪用资金罪，判处有期徒刑六个月；

4. 被告人沈某某犯挪用资金罪，判处有期徒刑六个月。

二、主要问题

1. 公司的分支机构能否构成妨害清算罪的主体？

2. 沈某某等三被告人处理、转移分公司的库存物资行为能否认定为妨害清算行为？

三、裁判理由

根据《刑法》第 162 条规定，妨害清算罪是指公司、企业进行清算时，隐匿财产，对资产负债表或者财产清单作虚假记载，或者在未清偿债务前分配公司、企业财产，严重损害债权人或者其他人利益的行为。基于此，妨害清算罪的构成，须具备以下条件：第一，妨害清算行为须由单位实施，个人行为不构成本罪；第二，须实施了隐匿财产、对资产负债表或者财产清单作虚伪记载、在未清偿债务前分配公司、企业财产等具体妨害清算行为；第三，妨害清算行为须造成严重损害债权人或其他人利益之后果。本案被告人沈某某等人的行为于上述 3 个条件是否符合，在具体认定中均不无疑问。同时考虑到妨害清算罪属于新型犯罪，故逐一分析说明如下：

（一）沈某某等三被告人的行为因以分公司的名义实施，且代表的是分公司的意志，故应认定为单位行为，本案符合妨害清算罪的主体要件。

作为单位犯罪，妨害清算罪只能由单位实施。五金分公司是和城公司属下的不具有法人资格的分支机构，其能否构成单位犯罪的主体呢？答案是肯定的。单位犯罪中的单位，不以法人资格为要件。公司的分支机构，只要具有相对独立的经营权，可以单独对外发生民事法律关系，其行为同样应认定为单位行为，其所实施的犯罪同样应认定为单位犯罪。这一点，最高人民法院 2001 年发布的《全国法院审理金融犯罪案件工作座谈会纪要》中予以了明确说明，以单位的分支机构或者内设机构、部门的名义实施犯罪,违法所得亦归分支机构或者内设机构、部门所有的,应认定为单位犯罪。该《纪要》同时强调指出,不得以单位的分支机构或者内设机构、部门没有可供执行罚金的财产,就不将其认定为单位犯罪,而按照个人犯罪处理。据此,本案中沈某某等三被告人作为五金分公司的经理等管理人员,在上级公司决定对分公司进行清理、关闭前后,未经清理小组同意径行以分公司的名义处理、转移分公司的库存及代销物资,且拒绝移交分公司账簿的行为,应当认定为单位行为。

(二)沈某某等三被告人的行为不属法定妨害清算行为,亦未造成严重损害债权人或者其他人利益之后果,故不构成妨害清算罪。

首先,沈某某等三被告人以分公司的名义,擅自处理、转移分公司的库存及代销物资,且拒绝移交分公司账簿的行为,不属妨害清算行为。妨害清算的具体行为方式有3种,即隐匿财产、对资产负债表或者财产清单作虚伪记载及在公司企业清偿债务前分配公司企业财产。其中,隐匿财产是指将公司、企业等单位的资金、工具、设备、产品、货物等各种财物予以转移、隐藏的行为;对资产负债表或者财产清单作虚伪记载是指在制作资产负债表或者财产清单时,故意采取隐瞒或者欺骗等方法,对资产负债表或财产清单进行虚报,以达到逃避公司、企业债务的目的,既包括采用少报、低报的手段,故意隐瞒或者缩小公司、企业的实际财产,也包括采取夸大的手段,多报公司、企业的实际资产,如对公司、企业的厂房、设备、产品的实际价值高估高报,用以抵消或偿还债务等;在未清偿债务前分配公司、企业财产是指违反法律规定,在依程序清偿债务之前,擅自分配公司、企业财产。本案中,沈某某等三被告人在清理小组进驻和城公司,对分公司进行限制经营及至作出关闭决定期间,擅自处置分公司财产,将分公司的库存物资以退货等形式转移至他公司,应属债权债务共同移转,公司财产并未因之受到损失,债权人及其他利害关系人的利益亦未因之受到损害,明显不属隐匿、分配公司财产行为;三被告人故意隐匿分公司财会账册、拒不交出的行为,与在依据法律规定应由清算组编制的资产负债表或者财产清单上作虚伪记载毕竟不同;且经审理查明该隐匿财会账册行为、拒不交出行为并无隐瞒公司实际财产之故意,亦未对公司财产构成实质损害。故3名被告人的行为虽在一定程度上对公司的清算可能会造成妨碍,但不应认定为《刑法》第162条规定的妨害清算行为。3名被告人关于不存在妨害清算的转移、隐藏、私分财产的行为的辩解意见,及其辩护人提出并未隐匿财产的辩护意见应予采纳。

其次,清理小组与清算组并不完全相同,不得将中山公司接管、清理和城公司及其属下分公司的行为当然地认定为清算行为。清算是基于公司、企业的解散、破产事由,依照法律规定清理公司、企业财产,了结其债权、债务关系的活动。公司、企业是否进入清算阶段,应从清算事由、清算组织、清算内容及清算目的等方面加以具体判别。在本案中,接管和城公司的中山公司虽成立了清理小组,也对和城公司的财产状况进行了清理,而且此后还作出了关闭五金公司的决定,但不应据此认定和城公司及五金分公司业已进入了清算阶段。理由有三:第一,对于和城公司的清理活动,系因主管机构的变更,目的在于接管工作的顺利进行,未涉及和城公司解散、终止问题,本案所涉公司不存在清算的法定事由。第二,五金分公司属于和城公司内设的一个分支机构,其关闭与开设,仅为公司内部机构的调整问题,不发生清算行为。更何况,根据《公司法》第190条、第191条规定,即使公司因合并、分立而需要解散的,也无须清算。第三,清算的目的在于了结公司、企业的债权、债务等法律关系,使公司、企业归于终止、消灭。如前所述,中山公司成立清理小组进驻和城公司,意在摸底整顿,而非终止。本案清理行为对内不对外,既无终止和城公司之主观意思,亦无终止之具体行为,故不应将之认定为法律意义上的清算。

最后,现有证据无从证明,沈某某等3名被告人无视清理小组的监管及要求,擅自处理、转移分公司的库存及代销物资及拒绝移交财会账簿的行为,造成了严重损害债权人、中山公司、和城公司等利害关系人利益的后果。

(执笔:最高人民法院刑二庭　江西省高级人民法院　审编:裴显鼎)

五、辩点分析

妨害清算罪主要从以下几个方面进行厘清辩点:犯罪主体和处罚对象的认定,清算行为的认定,妨害清算行为的认定,“严重损害债权人或者其他人利益”的认定,共同犯罪的认定与责任处罚,如实供述、真诚悔罪、退赃和自首、立功等。

(一)犯罪主体和处罚对象的认定

《刑法》第162条规定,公司、企业进行清算时,隐匿财产,对资产负债表或者财产清单作虚伪记载或者在未清偿债务前分配公司、企业财产,严重损害债权人或者其他人利益的,对其直接负责的主管人员和其他直接责任人员,处五年以下有期徒刑或者拘役,并处或单处二万元以上二十万以下罚金。

从以上规定可以看出,妨害清算罪仅为单位犯罪,其犯罪主体只限于正在清算的公司、企业,不包括自然人。《刑法》规定了只处罚对公司、企业清算行为直接负责的主管人员和其他直接责任人员,不处罚公司、企业。这是因为若对这种犯罪也像通常的单位犯罪采取“双罚制”,对公司、企业处以罚金刑,则会增加单位的负债和压力,将会使公司、企业的对外负债更加难以偿还,不利于保护债权人和其他人的合法权益。故《刑法》对本罪只处罚对妨害清算行为负有直接责任的主管人员和其他直接责任人员。如果是公司、企业之外的人不代表被清算的公司、企业进行的妨害清算的行为,不是公司、企业意志的表示,虽然也侵犯了本罪所保护的客体,但不应在本罪处罚的范围之内,不能构成本罪。那么,本罪的处罚对象也就是对妨害清算行为负有直接责任的主管人员和其他直接责任人员。其具体涵盖哪些范围呢?

第一,清算组成员,包括公司解散清算的清算组成员或者破产清算的管理人可以成为本罪的处罚对象。

《公司法》第183条规定,公司因公司章程规定的营业期限届满、股东会或者股东大会决议解散、公司被吊销营业执照、责令关闭、被撤销、人民法院依照持有股东表决权百分之十以上的股东的请求作出解散裁定而解散的,应当在解散事由出现之日起十五日内成立清算组,开始清算。有限责任公司的清算组由股东组成,股份有限公司的清算组由董事或者股东大会确定的人员组成。逾期不成立清算组进行清算的,债权人可以申请人民法院指定有关人员组成清算组进行清算。人民法院应当受理该申请,并及时组织清算组进行清算。

《企业破产法》第22条规定,管理人由人民法院指定。第24条规定,管理人可以由有关部门、机构的人员组成的清算组或者依法设立的律师事务所、会计师事务所、破产清算事务所等社会中介机构担任。

根据上述规定,再结合《刑法》第162条规定的叙明罪状。可以看出,在公司的解散清算活动中,有限责任公司的股东,股份有限公司的董事或者股东大会确定的人员,人民法院指定的有关人员可以成为本罪中直接负责的主管人员和其他直接责任人员(处罚对象);在企业的破产清算活动中,人民法院指定的管理人,即人民法院指定的有关部门、机构的人员或者律师事务所、会计师事务所、破产清算事务所可以成为本罪中直接负责的主管人员和其他直接责任人员(处罚对象)。虽然以上人员有些并不是实施清算活动的原公司、企业的法定代表人、实际控制人、管理人员,但他们都是代表原公司、企业进行清算活动,如果其实施妨害清算行为是秉持原公司、企业的意志或与原公司、企业相勾连,所获得的利益归属于原公司、企业(即使自己从中分得一杯羹也不受影响)。那么,就可以成为本罪的处罚对象。

第二,被清算的原公司、企业的法定代表人、股东、实际控制人、管理人员和其他第三人,也可以成为本罪的处罚对象。从我国公司法、企业破产法的相关规定来看,公司、企业从决定解算或宣告破产至清算结束期间仍视为存续,原公司、企业的法定代表人、股东、实际控制人、管理人员仍可进行受限制的法律活动。

《破产企业法》第15条规定,自人民法院受理破产申请的裁定送达债务人之日起至破产程序终结之日，债务人的有关人员（含法定代表人财物管理人员和其他经营管理人员）需妥善保管其占有和管理的财产、印章和账簿、文书等资料，根据人民法院、管理人的要求进行工作等。最高人民法院《公司法司法解释（二）》第18条规定，有限责任公司股东、股份有限公司的董事和控股股东因怠于履行义务，导致公司主要财产、账册、重要文件等灭失，无法进行清算，债权人主张其对公司债务承担连带清偿责任责任的，人民法院应当予以支持。

根据《破产企业法》和《公司法》司法解释的这些规定可以知道，虽然在清算期间，由清算组代表公司、企业从事法律活动，但该公司、企业并没有办理注销登记，其法人人格还在。公司、企业的法定代表人、股东、实际控制人、管理人员在此阶段的活动受到限制，但都还能代表单位从事具有法律意义上的活动（再者，他们中的很多人本身就是清算组成员）。这些人员如果实施了《刑法》第162条所规定的妨害清算的行为，理所当然的可以成为本罪的处罚对象。

第三，对于单独实施妨害清算行为的公司、企业之外的人员，由于他不是代表正在清算的公司、企业的行为，因此根据《刑法》第162条所规定的妨害清算罪的主体要件，不构成本罪。

（二）清算行为的认定

《刑法》第162条所规定的清算行为，是指公司解散后进行的清算，以及企业宣告破产后进行的清算。清算既是一个行为，也是一个法定程序和法定阶段。它是基于公司、企业的解散、破产事由，依照法律规定清理公司、企业财产，了结其债权、债务关系，使公司、企业归于终止、消灭的活动。公司、企业是否进入清算阶段，应从清算事由、清算组织、清算内容及清算目的等方面加以具体判别。如果是因为国有企业或集体企业的主管机构的变更，主管机构为了接管工作的顺利进行，成立类似于清理小组性质的组织，对公司、企业的内部资产状况进行整顿、清理和调整并不涉及公司、企业的解算、破产、终止问题。

另外，还有两种清理行为不属于清算行为。第一种是公司、企业下属的分公司或者内设的分支机构。其关闭与开设，仅为公司内部机构的调整问题；其清理行为对内不对外，不发生法人的终止和消灭，不是法律意义上的清算行为。第二种是按照《公司法》的规定，公司因合并、分立而需要解散的，无须清算。如果公司、企业为了合并、分立而进行内部资产的清查、调整，不属于清算行为。

总之，清算行为是一个法律术语和法律概念，具有严格的内涵和外延。准确地对清算行为进行认定，对于寻找本罪的辩点具有重大的意义。本节典型案例中的被告人，就是因为这方面的辩点而被宣告无罪的。

（三）妨害清算行为的认定

对于这个问题笔者需要分三个部分予以阐述。

第一部分

依照《刑法》第162条的规定，公司、企业进行清算时，具有下列情形时，属于妨害清算的行为：1.对公司、企业财产进行隐匿；2.对公司、企业的资产负债表或者财产清单作虚伪记载；3.在未清偿债务前分配公司、企业财产。在司法实践中，人民法院对本罪中的妨害清算行为，一直都是遵循以上三种情形来认定。只要是属于上述三种情形之一，隐匿财产价值在50万元以上的，对资产负债表或者财产清单作虚伪记载涉及金额在50万元以上的；在未清偿债务前分配公司、企业财产价值在50万元以上，造成债权人或者其他人直接经济损失数额累计在10万元以上的；虽未达到上述数额标准，但应清偿的职工的工资、社会保险费用和法定补偿金得不到及时清偿，造成恶劣影响的，均可以认定为本罪中的妨害清算行为。

对清算公司、企业的资产评估不充分，作价不公正，人为压低评估价格的行为，也属于妨害清算的行为。比如，只对公司、企业的固定资产进行评估和作价，对公司、企业的无形资产如专利权、专有技术等不纳入破产财产范围，不作价、不评估；再如，对公司、企业资产的作价违背客观真实的原则，故意不按破产财产的实际市场价值作价，故意压低作价金额等。这些只要都是人为故意的，都属于妨害清算的行为，在性质上应把它归类于隐匿财产的范畴。

第二部分

《刑法》第162条规定了妨害清算犯罪行为的3种行为表现方式。但并不是只有这三种行为方式，才能损害债权人或其他人利益。比如，行为人毁损公司、企业的财产；行为人作出对债权人不利的其他财产处分行为（不当贱卖、无偿转让、亏本交易投机交易、赌博）；虚假增加公司、企业负担而又未以虚构账簿的形式表现出来的行为，包括虚假增加公司、企业的债权、担保物权等；不制作、隐匿、毁灭商业账簿、资料的行为等。这些，都可以导致债权人或其他人利益的损害，甚至于是严重的损害。那么，对于这些行为是否应认定为妨害清算罪？笔者认为，对于这些法定叙明罪状以外的行为表现形式，如果作为犯罪来处理的话，就会破坏罪刑法定原则。而破坏罪刑法定原则，就会对法治造成伤害。对社会整体而言，得不偿失。因此，在刑法修改《刑法》前，第162条对这些行为，以不作为妨害清算罪处理为宜。至于对这些行为的救济途径，可以采取其他方式进行。比如，对不当贱卖、无偿转让的，可以提起民事诉讼，确认买卖合同或转让合同无效；对毁损公司、财产的行为，可以以“故意毁坏财物罪”进行规制；对隐匿商业账簿、资料的行为可以以“隐匿、故意销毁会计凭证、会计账簿、财务会计报告罪”来规制。

第三部分

对于公司、企业进行清算前的所谓“预先妨害清算行为”,是否可以认定为妨害清算罪?

《刑法》第162条明确规定了本罪的犯罪主体是公司、企业,并且只要在公司、企业进行清算时,实施妨害清算的行为才构成本罪。司法实践中,公司、企业的原法定代表人、实际控制人、股东、管理人员在破产宣告后、清算组成立前,往往可能实施一些隐匿、转移、分配财产或者做假账等行为,甚至于在破产之前就会作这些事情。这些行为,严重损害债权人或其他人的合法利益。在法学理论上,被一些学者称作为“预先妨害清算行为”。由于这些行为不符合现行刑法条款的叙明罪状,按照罪刑法定原则,不能认定为本罪。如果要定本罪,就应该修订刑法条款,而不能通过学理上的扩大解释来任意扩大定罪范围,破坏罪刑法定的基本原则。1999年《刑法修正案》与2006年《刑法修正案(六)》先后增加了“隐匿、故意销毁会计凭证、会计账簿、财务会计报告罪”、“虚假破产罪”等,这些罪名的增加,可以对上述“预先妨害清算行为”进行规制,解决部分追责的问题。

被控妨害清算罪的嫌疑人及其辩护人,要能够准确地认定刑法叙明罪状中的妨害清算行为,进而准确地界定罪与非罪,为自己或当事人寻找有利的辩护空间。这种辩护空间,甚至可能带来无罪的效果。

(四)“严重损害债权人或者其他人利益”的认定

妨害清算罪是结果犯,必须达到“严重损害债权人或其他人利益”的程度才能构成本罪,可行为人的行为怎样才算达到“严重损害债权人或其他人利益的”程度?目前最高人民法院没有明确的规定,但最高检、公安部于2010年5月7日颁布《公安机关刑事案件立案追诉标准(二)》第7条规定,“公司、企业进行清算时,隐匿财产,对资产负债表或者财产清单作虚伪记载或者在未清偿债务前分配公司、企业财产,涉嫌下列情形之一的,应予立案追诉:(一)隐匿财产价值在五十万元以上的;(二)对资产负债表或者财产清单作虚伪记载涉及金额在五十万元以上的;(三)在未清偿债务前分配公司、企业财产价值在五十万元以上的;(四)造成债权人或者其他人直接经济损失数额在十万元以上的;(五)虽未达到上述数额标准,但应清偿的职工工资、社会保险费用和法定补偿金得不到及时清偿,造成恶劣社会影响的;(六)其他严重损害债权人或者其他人利益的情形”。

以上规定虽然不是最高审判机关的规定,但在最高人民法院对如何才算是“严重损害债权人或其他人利益的”没有具体规定的情况下,最高检、公安部的规定是有法律效力的。并且,最高人民法院于2010年6月21日发出了《关于在经济犯罪审判中参照适用最高人民检察院、公安部关于公安机关管辖的刑事案件立案追诉标准的规定（二）的通知》，等于是最高人民法院对最高检、公安部的规定给予了认可。

上述妨害清算罪的追诉标准，同时也是人民法院定罪量刑的法律依据。根据具体案件，法官应当按照司法实践经验从行为人主观恶性、行为方式、客观后果、一贯表现及行为后的态度等方面综合考虑。需要特别指出的是，妨害清算的数额在整个债权总额中所占比例只能作为量刑情节，而不能作为定罪情节来予以考虑。如果作为定罪情节，将会导致司法的不统一。

对于以上“严重损害债权人或者其他人利益”的认定标准，是妨害清算罪的入罪标准，也是界定罪与非罪的重大标准。对于被指控犯妨害清算罪的嫌疑人、被告人以及他们的辩护人来说，这里面有很大的辩护空间可以挖掘。比如，隐匿财产价值在50万元以上，控方是如何来证明的？在未清偿债务前分配公司、企业财产价值在50万元以上或者造成债权人或者其他人直接经济损失数额在10万元以上，控方又是如何证明的？证据是否确实充分，有没有瑕疵，里面的资产评估报告或者物价鉴定意见书有无水分。这些，都可以由专业人士或辩护律师展开专业的质证，削弱其证明力，甚至推翻其证明效力。

（五）共同犯罪的认定与责任处罚

根据前面的分析，妨害清算罪的犯罪主体是单位，即进行清算的公司、企业，处罚对象是对实施清算行为负有责任的清算组成员、原公司、企业的法定代表人、股东、实际控制人、管理人员和其他第三人。另外，对于帮助实行妨害清算行为的公司、企业之外的人员，可以与上述直接负责的主管人员和其他直接责任人员构成共同犯罪。当然，这里面也有可能存在共同犯罪、法条竞合、牵连犯等情况，要根据不同的具体情况作不同的分析认定。

对于共同犯罪的，根据不同的案情，有的要区分主犯、从犯、胁从犯等。如果共同犯罪人在共同犯罪中地位、作用相当的，也可以不区分主犯、从犯、胁从犯，都认定为主犯。对于区分主犯、从犯的，量刑差距会拉开很大。对于不区分主犯、从犯的，根据案件的具体情况，可以都认定为主犯。但在实际操作中，也可以区分为第一主犯、第二主犯等，适当拉开一下档次，但距离不应太大。

（六）如实供述、真诚悔罪、退赃退赔和自首、立功等

根据最高人民法院的量刑指导意见和各省高级人民法院的实施细则，如实供述、真诚悔罪、积极退赃或退赔，一直都是作为一个重要的酌定从轻情节而存在

的。被控妨害清算罪的嫌疑人如在案件中具备这些酌定从轻情节,毫无疑问将是一个重要的有利辩点。嫌疑人及其辩护人,应善于发现、挖掘或者创造这一酌定从轻情节。

自首和立功在《刑法》总则里一直都是作为法定从轻情节存在的,对于所有的罪名都是同等适用的,妨害清算罪也不例外。

1. 普通自首

妨害清算罪的嫌疑人在被公安机关采取强制措施前,自动投案,如实供述的,构成自首,按《刑法》总则中关于自首的规定处理。对于如实供述,需要注意的是,嫌疑人自动投案并如实供述自己的罪行后又翻供的,不能认定为自首;但在一审判决前又能如实供述的,应当认定为自首。

2. 同种罪行的自首

没有自动投案,公安机关所掌握的线索和证据指向的犯罪事实不成立,在此范围外嫌疑人又交代同种罪行的,以自首论。比如,公安机关掌握嫌疑人妨害清算的线索和证据,侦查后发现不构成犯罪,但行为人又交代了他另外一笔妨害清算的事实,则另外一笔妨害清算的事实构成自首。

3 不同种罪行的自首

没有自动投案,公安机关所掌握的线索和证据指向的犯罪事实不成立,在此范围外嫌疑人又交代不同种罪行的,以自首论。比如,公安机关掌握嫌疑人妨害清算的线索和证据,侦查后发现不构成犯罪,但行为人又交代了他合同诈骗的事实,则其合同诈骗罪的事实构成自首。

4. 立功

《刑法》第 68 条规定,犯罪分子有揭发他人犯罪行为,查证属实的,或者提供重要线索,从而得以侦破其他案件等立功表现的,可以从轻或者减轻处罚;有重大立功表现的,可以减轻或者免除处罚。这里需要注意的是,嫌疑人检举揭发他人犯罪行为,必须是不属于自己如实供述的范围,如果揭发他人犯罪的行为,是其依法应该供述的范围,就不构成立功。比如,国家工作人员检举他人向自己行贿,那么对于受贿的部分他就不构成立功。因为,如实交代他受贿的行为本来就是他的法定义务,但如果他检举揭发他人向第三人行贿,则依法构成立功。

第四节 虚假破产罪的风险识别与辩点分析

一、虚假破产罪的构成要件

（一）概念

虚假破产罪是指公司、企业通过隐匿财产、承担虚假债务或者以其他方式转移财产、处分财产，实施虚假破产，严重损害债权人和其他人利益的行为。

（二）犯罪构成

1. 本罪的主体是一般主体，可以由任何公司、企业构成，即根据《破产法》的规定，具备法人资格的公司、企业都可以构成。但是承担刑事责任的只能是犯罪单位的直接负责的主管人员和其他直接责任人员。

2. 本罪在主观方面必须由故意构成。行为人必须具有损害债权人利益的直接故意，过失不构成本罪。在本罪的犯罪动机和目的方面，往往是为了逃债，但犯罪目的和动机不影响本罪的成立。

3. 本罪侵犯的客体是复杂客体，包括公司、企业的破产制度，以及债权人或者其他人的合法权益。破产制度主要是指国家破产法所保护的破产秩序；债权人或者其他人的合法权益则主要是指财产权利。

4. 本罪客观方面表现为公司、企业通过隐匿财产、承担虚假债务或者以其他方式转移财产、处分财产，实施虚假破产，严重损害债权人和其他人利益的行为。具体包括3方面内容：

（1）必须实施了隐匿财产、承担虚构的债务或其他转移财产、处分财产的行为。

（2）必须实施了虚假破产。即企业未达到破产界限，伪造破产原因，申请破产，而非真实破产。

（3）严重损害了债权人和其他人的利益。即必须是给债权人和其他人造成重大财产损失的行为，才构成本罪。这里的债权人很好理解，“其他人”是指公司、企业的职工、国家税收部门等。

二、虚假破产罪的量刑规定

根据《刑法》第162条之二的规定[《刑法修正案(六)》修订],公司、企业通过隐匿财产、承担虚构的债务或者以其他方法转移、处分财产,实施虚假破产,严重损害债权人或者他人利益的,对其直接负责的主管人员和其他直接责任人员,处5年以下有期徒刑或者拘役,并处或者单处2万元以上20万元以下罚金。

最高检、公安部《刑事案件立案追诉标准(二)》第9条规定,"公司、企业通过隐匿财产、承担虚构的债务或者以其他方法转移、处分财产,实施虚假破产,涉嫌下列情形之一的,应予立案追诉:(一)隐匿财产价值在五十万元以上的;(二)承担虚构的债务涉及金额在五十万元以上的;(三)以其他方法转移、处分财产价值在五十万元以上的;(四)造成债权人或者其他人直接经济损失数额累计在十万元以上的;(五)虽未达到上述数额标准,但应清偿的职工的工资、社会保险费用和法定补偿金得不到及时清偿,造成恶劣社会影响的;(六)其他严重损害债权人或者其他人利益的情形"。

三、虚假破产罪的认定标准

妨害清算罪和虚假破产罪都是我国破产犯罪体系中的两种主要犯罪,都规定在《刑法》第162条中,二者相互补充,存在密切联系。从法条的字面表述来看,两罪在犯罪主体、行为方式、行为后果方面基本相同,但行为发生的时空范围是不同的。

妨害清算的犯罪行为发生于公司、企业进入清算程序以后,具体是发生于公司、企业因解散、分立、合并或者破产,依法清理公司、企业债权债务的活动期间;而虚假破产的行为发生于公司、企业在进入破产程序之前。

因此,是否进入清算程序,是区分两罪的关键。对于公司、企业是在被宣告破产清算前采取隐匿、转移、处分其财产等欺骗手段,实施虚假破产的,应认定为虚假破产罪;对于在被宣告破产后进行清算期间实施隐匿、转移、处分其财产等行为的,应认定为妨碍清算罪。此外,虚假破产罪只能存在实施虚假破产的过程之中;而妨害清算罪既可以存在于虚假破产过程中,也可以存在于真实破产之中。

四、辩点分析

虚假破产罪主要从以下几个方面厘清辩点:犯罪主体和处罚对象的认定,申请破产的入罪主体的认定,"虚假破产行为"的认定,"严重损害债权人或者其他人利益"的认定,既遂和未遂,虚假破产罪与其他罪的罪数认定,共同犯罪的认定与责任处罚,如实供述、真诚悔罪、退赃和自首、立功等。

（一）犯罪主体和处罚对象的认定

《刑法修正案（六）》修订的刑法第162条之二规定，公司、企业通过隐匿财产、承担虚构的债务或者以其他方法转移、处分财产，实施虚假破产，严重损害债权人或者他人利益的，对其直接负责的主管人员和其他直接责任人员，处5年以下有期徒刑或者拘役，并处或者单处2万元以上20万元以下罚金。

从以上叙明罪状可以得出结论，本罪为单位犯罪，其犯罪主体为实施虚假破产行为的公司、企业。本罪实行单罚制，处罚对象为直接负责的主管人员和其他直接责任人员，不处罚公司、企业，即不对公司、企业处以罚金。

有学者理论认为，虚假破产罪在理论上归属于单位犯罪，会给虚假破产罪刑事责任的追究带来问题。因为单位犯罪是指为了单位的利益，经单位集体决定或者单位负责人员决定而实施的危害社会的行为。在实践中，有些损害债权人利益和其他人利益的财产转移、处分行为，并不是为了单位的利益而实施的。例如董事与其任职的关联企业合谋，将公司重要资产无偿转让给关联企业。这种危害公司利益的行为，将导致公司丧失清偿能力，进而危害到债权人和其他利益相关者的利益。此时，如采用虚假破产罪为单位犯罪的理论说法，则此种转让行为由于不是为单位利益实施，行为人反而不能被追究刑责。这就导致了社会危害性同样严重甚至更为严重的行为反而逃脱法律追究的结果，缩小了虚假破产罪的处罚范围。因此，该学理认为，将虚假破产罪归为自然人犯罪而非单位犯罪更有利于对虚假破产行为的惩处。

然而，上述学者理论片面地理解了虚假破产罪的刑事责任的追究问题。首先，《刑法》第162条之二叙明罪状和法定刑的规定来看，本罪只对公司中的直接负责的主管人员和其他直接责任人员实行单罚制。而实行单罚制的前提，是《刑法》法条已经将虚假破产罪肯定为单位犯罪了。否则，实行单罚制就失去了法律依据。其次，我国现行企业破产法所确立的破产制度是排除自然人、非法人组织的破产主体资格，《刑法》法条也是明确规定本罪的犯罪主体是公司、企业。最后，无论是在申请破产之前实施隐匿财产、虚构债务、转移处分财产等行为，还是向人民法院申请破产的，都只能是公司、企业作为。如果在破产程序开始前，公司、企业中的自然人不是以公司、企业的名义实施隐匿、转移财产等行为，就不是公司、企业的行为，而是自然人的行为，这与单位犯罪是有本质区别的。对此行为，不能以本罪论处，而应按贪污、职务侵占、滥用职权等罪处理。如果公司、企业的财会人员故意实施销毁该公司、企业的会计凭证、账簿的行为，并且该行为不是为虚假破产作准备，与其他犯罪之间也无关联，则单独构成隐匿、销毁会计凭证、会计账簿、财务会计报告罪，不以本罪论处。

正确地理解本罪的犯罪主体和处罚对象，对于准确地界定罪与非罪，有着重大的意义。被控虚假破产罪的嫌疑人及其辩护人，要注意从中挖掘辩点，为辩护工作服务。

（二）申请破产的入罪主体的认定

根据2007年6月1日施行的《企业破产法》的规定，作为债务人的企业和债权人均可以向人民法院申请破产，但因为虚假破产罪的本质是作为债务人的企业制造虚假的破产行为，造成“资不抵债”的假象，通过破产法律程序，貌似合法地逃避债务。因此，构成虚假破产罪的申请主体通常情况下应该是作为债务人的企业。当然，也不排除有的债权人与作为债务人的企业相互勾连或共谋，向人民法院申请作为债务人的企业破产，从而帮助该债务人企业实施虚假破产，逃避债务。对于以上两种情形，要能准确地界定。尤其是后一种情形，更应该有确实充分的证据加以证明。如果没有确实充分的证据，或者证据有瑕疵，被指控虚假破产罪的债权人的辩护人应抓住有利辩点，提供有效的辩护。

（三）“虚假破产行为”的认定

从法理上来说，本罪中的“虚假破产行为”是一个复合行为，即由隐匿财产、虚构债务等行为和破产申请行为构成，而不仅仅是隐匿财产、虚构债务的行为。“虚假破产行为”的特点是破产的虚假性，这种虚假性体现在手段行为和目的行为的双重虚假性。隐匿财产、虚构债务等行为就是手段行为，破产申请行为就是目的行为。这两者结合，就构成“虚假破产行为”。这种行为的具体过程就是公司、企业虽然负债但没有达到破产临界点，行为人通过隐匿财产等行为，人为地使公司、企业资产状况达到破产临界点，即虚假的资不抵债，人为地制造破产假象。行为人在破产程序开始之前所实施的隐匿财产等行为，本身从法律上并不能直接损害债权人或者其他人的债权等权益。但行为人向人民法院申请破产，利用国家的破产程序中破产财产的清算制度和分配制度，来掩盖行为人在破产程序开始之前所实施的转移和处分财产行为，利用破产财产的清算和分配制度来确认公司、企业虚假的财产状况，使得人民法院对经清算组确认的“破产财产”进行分配，从而使行为人貌似正当地对债权人或者其他人的债权等合法权益不予以清偿，进而严重损害债权人或者其他人的利益。

从法条上来说，《刑法》第162条之二以列举式与概括式相结合的方式对虚假破产行为做出了规定，即以下三种形式：隐匿财产，承担虚假的债务，以其他方法转移、处分财产。所谓隐匿财产，是指在破产程序开始前，故意将公司、企业的财产进行转移、隐匿的行为。因此,本罪的隐匿财产是从广义上理解的,即转移财产和抽逃资金的行为,也属于隐匿财产行为。所谓承担虚假的债务,是指行为人虚假承担不应承担的债务。其包括两种情形,一是行为人虚假地承担根本不存在的债务,二是人为地扩大原有债务的数额。该行为一旦得逞,会大大减少真实的债权人或者其他人的受偿机会,对真实的债权人或者其他人合法利益的损害甚为明显。所谓"以其他方法转移处分财产",主要是指无偿转让财产(如赠予)、放弃自己的债权(包括无形资产,如知识产权)、非正常压价出售财产等行为。

从时间点上来说,行为人实施的隐匿财产、虚构债务转移、处分财产行为必须发生在"破产程序开始之前"。而什么是"破产程序开始之前",法理上有些争议。有学者认为,"破产程序开始之前"是指人民法院受理破产申请之前。但是也有学者认为,"破产程序开始之前"是指人民法院宣告破产之前。持前种理论的学者认为,如果将行为人实施的隐匿财产、虚构债务、转移、处分财产行为理解为人民法院受理破产申请之前,由于受理破产之日离宣告破产还有一段期间,在这段期间,行为人很可能还会实施隐匿财产、虚构债务、转移、处分财产行为,对这种行为。如果既不能定妨害清算罪(妨害清算罪必须是破产清算开始后),又不能定虚假破产罪的话,将势必放纵犯罪。为了打击犯罪,有必要使虚假破产罪与妨害清算罪在时间点上无缝对接。对于这种观点,笔者不敢苟同,因为这种观点虽然有利于打击犯罪,但从法理上来说是错误的。

首先,根据2007年6月1日施行的《企业破产法》的规定,申请破产之日和宣告破产之日是两个截然不同的概念。虽然人民法院受理破产申请的同时,应当制定管理人,但还不能马上进入破产清算程序。人民法院还要对破产申请进行审查,通知债权人,由债权人申报债权,并组成债权人会议。在此期间,债务人可以申请重整与和解。没有申请重整、和解或者重整、和解不成功,才由人民法院宣告破产。宣告破产之后,才进入破产清算程序。根据这些规定,破产程序是从人民法院受理破产申请之日开始起算的,而不是从人民法院宣告破产之日起算的。人民法院宣告破产之日起算的是破产清算程序,而不是破产程序(破产程序的时间范围要大于破产清算程序,破产清算程序在时间上是破产程序的一个组成部分)。因此,"破产程序开始之前"是指人民法院受理破产申请之前。

其次,对任何罪名,都要基于主客观一致的归罪原则,虚假破产罪也不例外。认定虚假破产罪,首先要行为人具备实施虚假破产、逃避债务的主观故意和目的。而这个主观故意和目的,显然是产生于破产程序之前。如果破产程序都已经开始了,就很难说行为人具有虚假破产的动机和目的了。因为一个人只有先具备虚假破产、逃避债务的目的,才会去实施虚假破产的行为。如果他在申请破产或被申请破产的时候还不具备虚假破产的目的,那么这个破产程序并不是基于行为人为实施虚假破产的目的而产生的,就不构成虚假破产罪。

最后,对于人民法院受理破产之日与宣告破产之间的一段期间里,行为人实施隐匿财产、虚构债务、转移、处分财产行为,既不构成虚假破产罪,也不构成妨害清算罪,怎么办?笔者认为,并不是只有虚假破产罪和妨害清算罪才能对前述行为进行规制。如果行为人隐匿财产据为己有的,构成贪污罪或职务侵占罪的,可以以贪污罪或职务侵占罪进行规制;如果无偿转让财产、放弃自己的债权、非正常压价出售财产,构成滥用职权的,可以以滥用职权罪进行规制。实在没有《刑法》罪名规制的,也不一定非要用刑法来规制。比如,民营企业的行为人在法院受理破产之日之后、宣告破产之前,无偿转让财产、放弃自己的债权、非正常压价出售财产的,不构成滥用职权罪,也不构成职务侵占罪。那么,债权人可以向人民法院提起民事诉讼。根据民法通则、合同法、公司法、企业破产法的规定,请求人民法院确认合同无效,由合同的相对人返还财产等。总之,能用《刑法》规制的,就用《刑法》规制,不能用《刑法》规制的,就用民商法规制。如果该行为确实有着非常大的社会危害性,可以向学术界、立法界人士反映,呼吁国家对刑法的相关条款再进行修订完善。不能因为现行《刑法》没有可以适用的罪名,而对既有的《刑法》条款作出违背罪刑法定原则的扩大解释,甚至是类推解释。时代已经发展到今天,这样做将破坏法治的原则,侵蚀我们这个社会已有的法治进步。

综上所述,本罪中的“虚假破产行为”是有着严格的内涵和外延的,准确地认定“虚假破产行为”是界定虚假破产罪的前提条件。如果被控虚假破产罪的嫌疑人、被告人的行为,本来依法不构成“虚假破产行为”,但因公安机关、检察机关对法律的误解,或者因打击犯罪的需要而被错误地起诉。那么,嫌疑人的辩护人辩护人要有能力阐述法理,厘清辩点,为嫌疑人作无罪辩护。

(四)“严重损害债权人或者其他人利益”的认定

债权人利益很好理解,就是对实施虚假破产的企业拥有债权的自然人、公司、企业、机关、人民团体、事业单位、民办非企业单位等法律主体的利益;其他人的利益,主要是指实施虚假破产企业的职工工资、社会保险、税务部门的税款、企业其他股东的合法权益等。

虚假破产罪和妨害清算罪一样,都是结果犯,必须达到严重损害债权人或其他人利益的程度才能构成本罪。可行为人怎样的行为,才算达到“严重损害债权人或其他人利益的”程度?目前,最高人民法院没有明确的规定。但最高检、公安部于2010年5月7日颁布《公安机关刑事案件立案追诉标准(二)》第9条规定,“公司、企业通过隐匿财产、承担虚构的债务或者以其他方法转移、处分财产,实施虚假破产,涉嫌下列情形之一的,应予立案追诉:(1)隐匿财产价值在五十万元以上的；（2）承担虚构的债务涉及金额在五十万元以上的；（3）以其他方法转移、处分财产价值在五十万元以上的；（4）造成债权人或者其他人直接经济损失数额累计在十万元以上的；（5）虽未达到上述数额标准，但应清偿的职工的工资、社会保险费用和法定补偿金得不到及时清偿，造成恶劣社会影响的；（6）其他严重损害债权人或者其他人利益的情形。”

以上规定虽然不是最高审判机关的规定，但在最高人民法院对如何才算是“严重损害债权人或其他人利益的”没有具体规定的情况下，最高检、公安部的规定是有法律效力的。并且，最高人民法院于2010年6月21日发出了《关于在经济犯罪审判中参照适用最高人民检察院、公安部关于公安机关管辖的刑事案件立案追诉标准的规定（二）的通知》，等于是最高人民法院对最高检、公安部的规定给予了认可。

上述妨害清算罪的追诉标准，同时也是人民法院定罪量刑的标准。根据具体案件，法官应当按照司法实践经验从行为人主观恶性、行为方式、客观后果、一贯表现及行为后的态度等方面综合考虑。需要特别指出的是，隐匿财产、承担虚构的债务或者以其他方法转移、处分财产的数额在整个债权总额中所占比例只能作为量刑情节，而不能作为定罪情节来予以考虑。如果作为定罪情节，将会导致司法的不统一。

对于以上“严重损害债权人或者其他人利益”的认定标准，是虚假破产罪的入罪标准，也是界定罪与非罪的重大标准。对于被指控犯虚假罪的嫌疑人或被告人以及他们的辩护人来说，这里面有很大的辩护空间可以挖掘。比如，隐匿财产价值在五十万元以上，控方是如何来证明的？比如，造成债权人或者其他人直接经济损失数额在十万元以上，控方又是如何证明的？证据是否确实充分，有没有瑕疵，里面的资产评估报告或者物价鉴定意见书有无水分？这些，都可以由专业人士或辩护律师展开专业的质证，削弱其证明力，甚至推翻其证明效力。

（五）既遂和未遂

本罪与妨害清算罪一样，属于理论上的结果犯，即行为人只要达到法定的危害结果即构成既遂。依照《刑法》第162条之二关于虚假破产罪的叙明罪状，虚假破产的行为只要达到“严重损害债权人或其他人利益”的程度即构成既遂。那么，何谓达到“严重损害债权人或其他人利益”，笔者在前面已经做了阐述，即隐匿财产价值在五十万元以上的；承担虚构的债务涉及金额在五十万元以上的；以其他方法转移、处分财产价值在五十万元以上的；造成债权人或者其他人直接经济损失数额累计在十万元以上的；虽未达到上述数额标准，但应清偿的职工的工资、社会保险费用和法定补偿金得不到及时清偿，造成恶劣社会影响的。对于以上情形,要分项来认定是否达到既遂状态。比如,隐匿财产价值在五十万元以上的,只要价值五十万元的财产达到隐匿的状态就构成虚假破产的既遂。如果在隐匿的过程中被人阻止了,虚假破产的未遂。其他的情形以此类推。对于未遂的虚假破产行为,按照《刑法》总则的规定,可以比照既遂犯从轻或者减轻处罚。被控虚假破产罪的嫌疑人、被告人,如果能够准确地确认自己的行为为未遂,则可以抓住未遂犯的辩点,请求人民法院对自己从轻或者减轻处罚。

(六)虚假破产罪与其他罪的罪数认定问题

虚假破产罪与妨害清算罪发生在不同的阶段,构罪的时间范围不同。但在实践中,也会出现罪数的认定问题。即行为人在法院受理破产申请之前实施了虚假破产犯罪行为,在法院宣告破产之后的清算期间,又实施隐匿财产、对资产负债表或者财产清单作虚伪记载等行为,从而又构成妨害清算罪。此种情形下,由于法院受理破产申请之前的虚假破产行为与破产清算期间的妨害清算行为之间不存在牵连或竞合关系。因此,不能按一罪处理,而应当按虚假破产罪和妨害清算罪实行数罪并罚。

另外,在司法实践中,虚假破产行为一般不是孤立存在的。行为人往往会实施多个行为将大量资金和其他财产隐匿、转移或处分,并隐匿、伪造或者故意销毁商业账簿和有关会计文件,掩盖资金的真实流向,以此制造企业资不抵债的假象,使企业进入破产程序。因此,虚假破产行为常常会与贪污、职务侵占、滥用职权、隐匿、故意销毁会计凭证、会计账簿、财务会计报告罪等犯罪相互牵连在一起,即形成牵连关系。在这种情况下,应按照牵连犯的处理原则,从一重罪处断。

(七)共同犯罪的认定与责任处罚

根据前面的分析,虚假破产罪的犯罪主体是单位,即实施虚假破产行为的公司、企业,处罚对象是对实施虚假破产行为负有责任的直接负责的主管人员和其他直接责任人员。另外,对于帮助实施虚假破产行为的公司、企业之外的人员,可以与上述直接负责的主管人员和其他直接责任人员构成共同犯罪。需要注意的是,这里面也有可能存在共同犯罪、法条竞合、牵连犯等情况,要根据不同的具体情况作不同的分析认定。

对于共同犯罪的,根据不同的案情,有的要区分主犯、从犯、胁从犯等。如果共同犯罪人在共同犯罪中地位、作用相当的,也可以不区分主犯、从犯、胁从犯,都认定为主犯。对于区分主犯、从犯的,量刑差距会拉开很大。对于不区分主犯、从犯的,根据案件的具体情况,可以都认定为主犯。但在实际操作中,也可以区分为第一主犯、第二主犯等，适当拉开一下档次，但距离不应太大。

（八）如实供述、真诚悔罪、退赃退赔和自首、立功等

根据最高人民法院的量刑指导意见和各省高级人民法院的实施细则，如实供述、真诚悔罪、积极退赃或退赔，一直都是作为一个重要的酌定从轻情节而存在的。被控虚假破产罪的嫌疑人如在案件中具备这些酌定从轻情节，毫无疑问将是一个有利的辩点，嫌疑人及其辩护人应善于发现、挖掘或者创造这一酌定从轻情节。

自首和立功在《刑法》总则里一直都是作为法定从轻情节存在的，对于所有的罪名都是同等适用的，虚假破产罪也不例外。

1. 普通自首

虚假破产罪的嫌疑人在被公安机关采取强制措施前，自动投案，如实供述的，构成自首，按《刑法》总则中关于自首的规定处理。对于如实供述，需要注意的是，嫌疑人自动投案并如实供述自己的罪行后又翻供的，不能认定为自首；但在一审判决前又能如实供述的，应当认定为自首。

2. 同种罪行的自首

没有自动投案，公安机关所掌握的线索和证据指向的犯罪事实不成立。在此范围外嫌疑人人又交代同种罪行的，以自首论。比如，公安机关掌握嫌疑人虚假破产的线索和证据，侦查后发现不构成犯罪。但行为人又交代了他另外一笔虚假破产的事实，则另外一笔虚假破产的事实构成自首。

3. 不同种罪行的自首

没有自动投案，公安机关所掌握的线索和证据指向的犯罪事实不成立。在此范围外嫌疑人又交代不同种罪行的，以自首论。比如，公安机关掌握嫌疑人虚假破产的线索和证据，侦查后发现不构成犯罪，但行为人又交代了他妨害清算的事实，则其妨害清算罪的事实构成自首。

4. 立功

《刑法》第68条规定，犯罪分子有揭发他人犯罪行为，查证属实的，或者提供重要线索，从而得以侦破其他案件等立功表现的，可以从轻或者减轻处罚；有重大立功表现的，可以减轻或者免除处罚。这里需要注意的是，嫌疑人检举揭发他人犯罪行为，必须是不属于自己如实供述的范围。如果揭发他人犯罪的行为，是其依法应该供述的范围，就不构成立功。对于被控虚假破产罪的嫌疑人、被告人来说，如果他想立功，那么他揭发他人犯罪行为的事实，或者提供重要线索的事实，必须是不属于自己如实供述的范围。如果是属于自己如实供述的范围，则不构成立功。

第五章

忽视社会管理秩序而带来的刑事法律风险

导　　言

建筑房地产企业尤其是建筑企业应当合法经营,遵守社会秩序。有个别的建筑企业为了承揽工程、争抢工地,与一些社会闲散人员混在一起,酿出一些违法犯罪的事件,这是非常不好的。下面给大家介绍一下违反社会管理秩序而带来的刑事法律风险。

第一节　组织、领导、参加黑社会性质组织罪的风险识别与辩点分析

一、组织、领导、参加黑社会性质组织罪的构成要件

(一)概念

组织、领导、参加黑社会性质组织罪是指组织、领导或者参加以暴力、威胁或者其他手段,有组织地进行违法犯罪活动,称霸一方,为非作歹,欺压、残害群众,严重破坏经济、社会生活秩序的黑社会性质组织的行为。

(二)构成要件

1. 本罪主体为一般主体,即达到刑事责任年龄具有刑事责任能力的自然人,

也可以是单位。

2. 本罪在主观方面必须有明确的故意,即具有组织黑社会性质组织的明确的意图和目的,明知是黑社会性质的组织而积极参加,明知是黑社会性质的组织而领导。如果不了解情况,参加了黑社会性质的组织,事后退出的,可能构成别的罪,而不按本罪追究刑事责任。如果参加时不明知,加入后明知了仍不退出,则应按本罪追究刑事责任。

3. 本罪的客体为社会管理秩序。黑社会性质的组织,它的产生和存在对社会秩序和人民生命财产安全构成极大威胁。黑社会性质的组织犯罪的形式,诸如贩卖毒品、走私武器、暴力杀人、组织卖淫,使城乡社会秩序严重恶化。

4. 本罪在客观方面表现为行为人组织、领导和积极参加以暴力威胁或者其他手段,有组织地进行违法犯罪活动,称霸一方,为非作恶,欺压、残害群众,严重破坏经济、社会生活秩序的黑社会性质的组织的行为。

所谓组织黑社会性质组织,是指行为人为了实施其违法犯罪的目的,为首发起、纠集和组织有共同目的的自然人,建立黑社会性质组织的行为。所谓领导黑社会性质的组织,是指在黑社会性质的组织中处于领导地位,对该组织的活动进行策划指挥、协调的行为。所谓参加黑社会性质的组织,是指自愿而积极加入黑社会性质的组织的行为。

本罪是行为犯,只要实施了组织、领导和积极参加黑社会性质的组织,即构成犯罪。同时,本罪属选择性罪名。只要实施组织、领导、积极参加的行为之一的,即构成本罪,分别为组织黑社会性质组织罪、领导黑社会性质组织罪、积极参加黑社会性质组织罪。这里的黑社会性质组织,根据2011年5月1日《中华人民共和国刑法修正案(八)》,应当同时具备以下特征:(1)形成较稳定的犯罪组织,人数较多,有明确的组织者、领导者,骨干成员基本固定;(2)有组织地通过违法犯罪活动或者其他手段获取经济利益,具有一定的经济实力,以支持该组织的活动;(3)以暴力、威胁或者其他手段,有组织地多次进行违法犯罪活动,为非作恶,欺压、残害群众;(4)通过实施违法犯罪活动,或者利用国家工作人员的包庇或者纵容,称霸一方,在一定区域或者行业内,形成非法控制或者重大影响,严重破坏经济、社会生活秩序。

二、组织、领导、参加黑社会性质组织罪的量刑规定

《刑法》第294条第1款规定,"组织、领导黑社会性质的组织的,处七年以上有期徒刑,并处没收财产;积极参加的,处三年以上七年以下有期徒刑,可以并处罚金或者没收财产;其他参加的,处三年以下有期徒刑、拘役、管制或者剥夺政治权利,可以并处罚金"。

在对组织、领导、参加黑社会性质组织罪进行处理时,应注意以下几点:

1. 非罪处理事由。最高人民法院《关于审理黑社会性质组织犯罪的案件具体应用法律问题的若干解释》第3条第2款规定:“对于参加黑社会性质的组织,没有实施其他违法犯罪活动的,或者受蒙蔽、胁迫参加黑社会性质的组织,情节轻微的,可以不作为犯罪处罚。”这是本罪的非罪处理事由。

2. 从重处罚事由。前引司法解释第4条规定:“国家机关工作人员组织、领导、参加黑社会性质组织的,从重处罚。”这是本罪的从重处罚事由。

3. 数罪并罚事由。《刑法》第294条第4款规定,犯前三款罪又有其他犯罪行为的,依照数罪并罚的规定处罚。

4. 对于黑社会性质组织和组织、领导、参加黑社会性质的犯罪分子通过各种手段聚敛的财物及其收益,以及用于犯罪的工具,应当依法追缴、没收。

三、组织、领导、参加黑社会性质组织罪的认定标准

(一)组织黑社会性质组织行为与领导黑社会性质组织的区别

组织黑社会性质组织行为与领导黑社会性质组织的区别在于,前者的行为内容一般只涉及组织内部事务,其性质是组建、完善、扩大黑社会性质组织;而后者的行为内容主要涉及组织所实施的犯罪行为,其行为性质是策划、指挥、协调黑社会性质组织的犯罪行为。

(二)区分罪与非罪的界限

最高人民法院《关于审理黑社会性质组织犯罪的案件具体应用法律若干问题的解释》第3条第2款规定,对于参加黑社会性质组织,没有实施其他违法犯罪活动的,或者受蒙蔽、胁迫参加黑社会性质的组织,情节轻微如参加黑社会性质组织后虽有不良行为或者一般性的违法活动但危害不大的,可以不作为犯罪处理。

四、典型案例

张某义等组织、领导、参加黑社会性质组织案[①]

一、基本案情

被告人张某义,男,1963年10月8日出生,无业。1979年5月24日因盗窃

---

① 案例来源:《刑事审判参考》2010年第3集(总第74集)。

被少年管教2年,1984年5月因盗窃被劳动教养3年,1993年4月14日因犯抢劫罪被判处有期徒刑5年,1995年5月22日被假释,假释考验期限至1997年7月1日,2006年8月19日因本案被逮捕。

被告人高某辉,男,1961年5月9日出生,个体工商户。1976年11月24日因实施流氓行为被少年管教2年;1980年4月29日因扒窃被劳动教养3年;1983年9月18日因犯流氓罪、盗窃罪被判处无期徒刑,1985年12月25日被改判为有期徒刑3年;1996年3月20日因犯非法持有毒品罪被判处有期徒刑1年,缓刑2年,并处罚金人民币1000元;2000年7月27日因本案被逮捕。

被告人何某东,男,1971年1月26日出乍,个体工商户。1989年11月19日因盗窃被劳动教养1年,1994年1月7日因犯抢劫罪、敲诈勒索罪、脱逃罪被判处有期徒刑8年,1998年6月19日刑满释放,2006年8月19日因本案被逮捕。

被告人刘某涛,男,1975年10月5日出生,无业。2000年因敲诈被劳动教养一年,2006年8月24日因本案被逮捕。

被告人李甲,男,1981年9月27日出生,农民。2002年9月29日因盗窃被劳动教养1年,2006年9月8日因本案被逮捕。

被告人张甲,男,1978年7月23日出生,无业。2006年5月12日因本案被逮捕。

被告人殷甲,男,1974年6月15日出生,个体工商户。1996年11月18日因犯妨碍公务罪被判处有期徒刑1年,缓刑1年,2006年8月19日因本案被逮捕。

被告人张某玉,男,1971年11月13日出生,无业。1989年9月29日因犯故意伤害罪被判处有期徒刑2年,缓刑3年;1993年5月26日因犯故意伤害罪、盗窃罪被判处有期徒刑11年,剥夺政治权利2年;2001年12月6日刑满释放;2006年8月19日因本案被逮捕。

被告人杜某龙,男,1980年4月14日出生,无业。2007年1月25日因本案被逮捕。

被告人李某果,男,1983年8月7日出生,无业。2006年8月2日因本案被逮捕。

……(其他被告人基本情况略)

河北省石家庄市人民检察院以被告人张某义等犯组织、领导、参加黑社会性质组织罪,故意杀人罪,故意伤害罪,抢劫罪,聚众斗殴罪,寻衅滋事罪,敲诈勒索罪,非法买卖枪支罪,非法持有枪支罪,非法拘禁罪,盗窃罪,赌博罪,侮辱罪,诽谤罪,销售赃物罪,窝藏罪,包庇罪,虚报注册资本罪,向石家庄市中级人民法院提起公诉。

石家庄市中级人民法院经公开审理查明：

（一）关于组织、领导、参加黑社会性质组织事实

自1997年以来，被告人张某义等人在河北省石家庄市先后设立了“天和托运站”、“仁和托运站”、“大和托运站”等经济实体，纠集了一批社会闲散人员、“两劳”释放人员和犯罪在逃人员。自2003年2月起，张某义和被告人高某辉、何某东等人以其经济实体为依托，逐步形成以张某义为首的较稳定的犯罪组织。该组织人数众多，有明确的组织者、领导者，骨干成员基本固定。张某义、高某辉、何某东为组织、领导者；被告人殷甲、张某玉、刘某涛、张甲与谭某波、刘甲、李乙（大龙）、李某安、冯甲、刘某新、裴某盈、秦某革、王某森、李丙（豁牙子）、韩甲、李某磊、耿甲、甘某亮为积极参加者；被告人李甲、延甲、齐甲、吴某江、赵甲、刘某贵、付某明、谢某朝、李某林、梁甲、董某军、梁乙、马某虎、王某立、方某欢、郭某龙、庞某光、董某磊、张某敏、米某军、魏甲、李某刚、王某磊、张甲、商某臣、张某峰、许某会、孙某杰、赵某朝、王某有、曹某君、高甲、陈某锋为一般成员。该组织内部分工具体，等级分明，有的专职经营管理，有的负责场地看护，有的担任保镖，有的充当打手。张某义、高某辉、何某东等对组织成员定期发放工资或经费，对违法犯罪者予以资助、庇护。

该组织通过有组织地实施违法犯罪活动或者通过其他手段获取巨额经济利益，具有一定的经济实力。该组织采取威胁、扣车等不正当手段，向河北省石家庄市至保定市安新县三台镇、张家口、廊坊、唐山鸭鸿桥及山东省临清市、山西省长治市等地多条线路的客运业主强行收取“保护费”。2003年2月，张某义借机承包“国贸跳舞会”。同年10月，张某义授意高某辉协助何某东等人强行霸占石家庄市火车站行李房至“由由水鲜城”和“华北鞋城”的托运生意。2005年5月，高某辉强行介入金明停车场，利用车场存放违规车辆，高额收取停车费，并勾结个别交通稽查人员对被扣车主、司机敲诈勒索。高某辉还通过赌场放贷等手段，强取豪夺。2005年3月，何某东、张某玉、秦某革、王某森在“由由水鲜城”经营鲈鱼、鳜鱼批发生意。2006年3月，何某东、张某玉等人对广州市批发发往北京市、郑州市、西安市、太原市的鲈鱼、鳜鱼的价格和数量进行控制，强行提成1张某义伙同高某辉等人在河北省行唐县下口镇苇园村非法开采铁矿。张某义、高某辉、何某东等人利用聚敛的钱财支持其组织活动。

该组织以暴力、威胁等手段，大肆组织实施违法犯罪活动，涉及故意杀人、故意伤害、聚众斗殴、寻衅滋事、敲诈勒索、虚报注册资本、非法持有枪支、非法买卖枪支、诽谤、赌博、抢劫、盗窃、窝藏等犯罪行为和其他违法行为。为非作恶，欺压、残害群众，造成数十人伤亡，严重危害公共安全，破坏社会管理秩序，造成极为恶劣的社会影响。该组织通过实施违法犯罪活动，非法控制石家庄市至保定市、廊

坊市、张家口市、东胜市、临清市等多条托运线路以及石家庄市胜利北街货运中心、火车站行李房、向阳街运输六场的部分货运业务，称霸一方，对石家庄市的货运行业造成了重大影响，严重破坏经济秩序。该组织还通过插手经济纠纷，代替司法行政，拉拢、腐蚀国家工作人员为其违法犯罪活动提供支持和便利。

（二）关于故意杀人、故意伤害事实

1. 被告人张某义承包“国贸跳舞会”后，指派被告人高某辉担任总经理。2003年8月，高某辉与被害人彭某明共同经营赌酒机项目。为摆脱彭某明，获取更多利益，张某义、高某辉经策划后决定，由被告人殷甲负责对彭实施伤害，由刘甲指派李丙（豁牙子）负责指认。2003年8月28日下午，殷甲指使裴某盈纠集被告人杜某龙和李某磊、相某阳携带砍刀在石家庄市国贸大厦附近埋伏。当日19时许，李乙在与彭某明等在民族路老东北饭店1号雅间吃饭时借故离开，将彭某明的体态特征和位置告知李某磊、杜某龙、相某阳。三人随即冲入该雅间，杜某龙首先持刀向彭某明猛砍，李某磊、相某阳也持刀猛砍，致彭某明身中数十刀，经抢救无效于当晚失血性休克死亡。作案后，裴某盈接应三人逃离现场，殷甲将作案凶器及血衣抛弃，高某辉根据张某义的授意从“国贸跳舞会”收入中拿出人民币（以下所涉币种均为人民币）8000元资助李某磊等藏匿。

2. 2006年1月1日23时20分许，被告人张甲和李丁、李戊、小赵在石家庄市建华大街西侧长乐坊歌厅门前无故拉拽被害人王某龙。当王的朋友被害人朱某棋等拦阻时，双方发生打斗，王某龙被打致轻伤。张甲等离开现场寻找凶器报复。期间，王甲将此事告知被告人李甲等人。李甲和王某伟、刘某刚、李某杰、崔甲、小王、小波等遂手持镐把赶到现场。李甲首先持镐把击打朱某棋头部，王某伟亦持镐把击打朱某棋头部，致其严重颅脑损伤死亡。张甲、李戊、小赵取凶器返回现场，未见到朱某棋等人。为发泄不满，张甲、李甲、李戊将长乐坊歌厅门、吧台等处玻璃打碎。后张甲、李戊、小赵在尖前街殴打过路行人，并沿街边走边砸，将东北小炒王、东北餐厅的广告灯箱砸坏。东北餐厅老板被害人刘某密闻讯持斧子追赶张甲等人，并砍伤张甲。张甲持军用刺刀，李戊、小赵持镐把砍打刘某密头部，致其颅脑损伤死亡。作案后，张甲将此事报告谭某波。潭永波给张4000元助其逃跑、藏匿，并向被告人张某义报告。张某义让谭出钱安顿张甲。

3. 2006年3月，被告人何某东、张某玉与广东省佛山市鱼商黎某武等为控制北京等地鲈鱼、鳜鱼上市数量并垄断批发价格，组织发起签订《鲈、鳜鱼物流合作协议》，但佛山鱼商被害人孔某全拒签合作协议。为治服孔某全，何某东、张某玉和秦某革、王某森通过向零售商发“通告”威胁不准进孔某全的货、向孔某全鱼池内投放碱面、强行拦截、扣留孔某全的运鱼货车等手段，对孔某全的经营活动多次进行破坏。孔某全不为所屈，继续向北京等地供货。何某东、张某玉和秦某革密谋由被告人刘某涛纠集人对孔某全实施伤害。在刘某涛的指挥下，被告人李某果、张乙、“浩浩”赶到佛山市勒流镇新明村。2006年4月29日9时许，张乙带车接应，李某果、“浩浩”持菜刀在该村卢某锋小食店内对孔某全连砍十余刀，致其失血性休克死亡。

……（其他违法犯罪事实略）

石家庄市中级人民法院认为，被告人张某义、高某辉、何某东组织、领导黑社会性质组织，大肆进行违法犯罪活动，其行为均已构成组织、领导黑社会性质组织罪，应对其黑社会性质组织的全部犯罪负责。被告人殷甲、张某玉、刘某涛、张甲积极参加黑社会性质组织，进行违法犯罪活动，其行为均已构成参加黑社会性质组织罪。被告人李甲参加黑社会性质组织，进行违法犯罪活动，其行为均已构成参加黑社会性质组织罪。

被告人张某义在组织、领导黑社会性质组织的犯罪活动中，认可其成员实施故意杀人的行为，应当承担故意杀人罪的责任；在黑社会性质组织形成之前和在组织、领导黑社会性质组织的犯罪活动中，指挥、指使或授意他人实施故意伤害的行为已构成故意伤害罪，且应对致人死亡的后果承担刑事责任；指挥他人实施聚众斗殴的行为已构成聚众斗殴罪，且属持械聚众斗殴和聚众斗殴人数多、规模大、社会影响恶劣；指使、授意他人实施寻衅滋事的行为已构成寻衅滋事罪；直接或指使他人实施敲诈勒索的行为已构成敲诈勒索罪，且属敲诈勒索财物数额巨大；指使他人虚报注册资本的行为已构成虚报注册资本罪。张某义系累犯，应当从重处罚。

被告人殷甲组织他人实施故意伤害的行为已构成故意伤害罪，且应对致人死亡的后果承担刑事责任；纠集他人并参与实施聚众斗殴的行为已构成聚众斗殴罪，且属持械聚众斗殴和聚众斗殴人数多、规模大、社会影响恶劣；组织并参与实施敲诈勒索的行为已构成敲诈勒索罪，且属敲诈勒索财物数额巨大；参与实施窝藏的行为已构成窝藏罪；参与非法买卖枪支的行为已构成非法买卖枪支罪。

被告人李某果参与实施故意杀人的行为已构成故意杀人罪。

被告人杜某龙参与实施故意杀人的行为已构成故意杀人罪。

依照1979年《中华人民共和国刑法》第十四条第三款、第一百三十四条，1997年《中华人民共和国刑法》第十二条第一款、第十七条第三款、第二十五条、第二十六条、第二十七条、第三十六条、第二十七条、第四十二条、第四十三条、第五十条、第五十二条、第五十五条、第五十六条、第五十七条、第六十四条、第六十五条、第六十七条、第六十八条、第六十九条、第七十条、第七十二条、第七十三条、第七十七条、第二百九十四条、第二百三十二条、第二百三十四条、第二百三十八条、第三百零三条、第三百一十条、第三百一十二条、第二百九十二条、第二百九十三条、第二百七十四条、第一百五十八条第一款、第一百二十五条第一款、第一百二十八条第一款、第二百四十六条、第二百六十三条、第二百六十四条和《全国人民代表大会常务委员会关于〈中华人民共和国刑法〉第二百九十四条第一款的解释》,最高人民法院《关于处理自首和立功具体应用法律若干问题的解释》第一条、第二条、第五条、第七条,最高人民法院、最高人民检察院《关于办理赌博刑事案件具体应用法律若干问题的解释》第四条以及最高人民法院《关于审理黑社会性质组织犯罪的案件具体应用法律若干问题的解释》第七条之规定,判决如下:

一、被告人张某义犯组织、领导黑社会性质组织罪,判处有期徒刑十年;犯故意杀人罪,判处死刑,剥夺政治权利终身;犯故意伤害罪,判处死刑,剥夺政治权利终身;犯聚众斗殴罪,判处有期徒刑九年;犯寻衅滋事罪,判处有期徒刑四年;犯敲诈勒索罪,判处有期徒刑八年;犯虚报注册资本罪,判处有期徒刑一年,并处罚金人民币五万元;决定执行死刑,剥夺政治权利终身,并处罚金人民币五万元。

……

七、被告人殷甲犯参加黑社会性质组织罪,判处有期徒刑七年;犯故意伤害罪,判处死刑,剥夺政治权利终身;犯聚众斗殴罪,判处有期徒刑五年;犯敲诈勒索罪,判处有期徒刑六年;犯非法买卖枪支罪,判处有期徒刑三年;犯窝藏罪,判处有期徒刑二年;决定执行死刑,剥夺政治权利终身。

……

九、被告人杜某龙犯故意杀人罪,判处死刑,剥夺政治权利终身。

十、被告人李某果犯故意杀人罪,判处死刑,剥夺政治权利终身。

宣判后,被告人张某义、殷甲、杜某龙、李某果等人提起上诉。

河北省高级人民法院经依法开庭审理,于2009年9月15日以(2007)冀刑二终字第59号、第60号、第61号刑事附带民事判决,驳回被告人何某东、刘某涛、张甲、李甲、殷甲、张某玉、杜某龙、李某果的上诉,维持原判;维持第一审对被告人张某义犯组织、领导黑社会性质组织罪,故意伤害罪,聚众斗殴罪,寻衅滋事罪,敲诈勒索罪,虚报注册资本罪的定罪量刑部分及对被告人高某辉犯组织、领导黑社会性质组织罪,聚众斗殴罪,寻衅滋事罪,敲诈勒索罪,非法持有枪支罪,诽谤罪,赌博罪的定罪量刑部分;撤销第一审对被告人张某义犯故意杀人罪和对被告人高某辉犯故意伤害罪的定罪量刑部分;认定被告人张某义犯窝藏罪,判处有期徒刑十年,与原判其犯组织、领导黑社会性质组织罪,故意伤害罪,聚众斗殴罪,寻衅滋事罪,敲诈勒索罪,虚报注册资本罪所判处的刑罚并罚,决定执行死刑,剥夺政治权利终身,并处罚金人民币五万元。并依法报请最高人民法院核准。

最高人民法院经复核认为,被告人张某义、高某辉、何某东、殷甲、张某玉、刘某涛、张甲、李甲等54人纠集在一起，自2003年以来形成较稳定的犯罪组织，人数众多，有明确的组织者、领导者，骨干成员基本固定；有组织地通过违法犯罪活动和其他手段获取经济利益，具有一定的经济实力，以支持该组织的活动；以暴力、威胁或其他手段，有组织地多次进行违法犯罪活动，为非作恶，欺压、残害群众；通过实施违法犯罪活动，称霸一方，在一定区域或者行业内形成非法控制或者重大影响，严重破坏经济、社会生活秩序。其中，张某义、高某辉、何某东组织、领导黑社会性质组织，大肆进行违法犯罪活动，其行为均已构成组织、领导黑社会性质组织罪；殷甲、张某玉、刘某涛、张甲积极参加黑社会性质组织，李甲参加黑社会性质组织，进行违法犯罪活动，其行为均已构成参加黑社会性质组织罪。

被告人张某义组织、指使或授意同案被告人故意伤害7起，致2人死亡、7人重伤、3人轻伤，其行为已构成故意伤害罪；指挥他人聚众斗殴1起，致1人轻伤，其行为已构成聚众斗殴罪，且属持械聚众斗殴和聚众斗殴人数多、规模大、社会影响恶劣；指使、授意他人寻衅滋事4起，致2人轻伤，2人轻微伤，其行为已构成寻衅滋事罪；直接或指使同案被告人敲诈勒索他人钱财2起，其行为已构成敲诈勒索罪，且属敲诈勒索财物数额巨大；指使他人虚报注册资本的行为已构成虚报注册资本罪；明知张甲等人构成犯罪，指使他人提供财物帮助逃匿的行为已构成窝藏罪。应依法数罪并罚。张某义所犯故意伤害罪的情节特别恶劣，后果特别严重.罪行极其严重，且系累犯，应依法严惩。

被告人殷甲组织同案被告人实施故意伤害2起，致2人死亡，其行为已构成故意伤害罪；纠集他人并参与聚众斗殴，致1人轻伤，其行为已构成聚众斗殴罪，且属持械聚众斗殴和聚众斗殴人数多、规模大、社会影响恶劣；组织并参与敲诈勒索他人钱财2起，其行为已构成敲诈勒索罪，且属敲诈勒索财物数额巨大；明知他人犯罪而提供藏匿处所的行为已构成窝藏罪；参与非法买卖枪支的行为已构成非法买卖枪支罪。上述数罪应依法并罚。殷甲所犯故意伤害罪的罪行极其严重，但鉴于殷甲参与的两起故意伤害均系共同犯罪，在彭某明被害案中，其所起的组织作用小于被告人张某义、高某辉，对直接致死彭某明的责任小于实行过限的被告人杜某龙等凶手，罪责与同案被告人裴某盈基本相当；在陈某国被害案中，其作用小于张某义和同案被告人谭某波，罪责与同案被告人刘甲基本相当，对其判处死刑，可不立即执行。

被告人李某果伙同他人持刀非法剥夺被害人孔某全生命的行为已构成故意杀人罪，且罪行极其严重。但鉴于李某果并非黑社会性质组织成员，系受被告人何某东、张某玉的雇佣和被告人刘某涛的具体组织而实施犯罪，在共同犯罪中的作用小于何某东、张某玉、刘某涛，且系与在逃凶手“浩浩”共同直接致一人死亡，罪责相对分散，对其判处死刑，可不立即执行。

被告人杜某龙伙同他人持刀非法剥夺被害人彭某明生命的行为已构成故意杀人罪,且罪行极其严重。但鉴于杜某龙并非黑社会性质组织成员,系受雇用和指使而实施犯罪,在共同犯罪中的作用小于被告人张某义、高某辉,且系与李某磊、相某阳共同直接致一人死亡,罪责相对分散。归案后能如实交代同案人的基本情况,对抓获同案人相某阳有一定帮助作用,虽不构成立功,但可酌情予以从轻处罚,对其判处死刑,可不立即执行。

依照《中华人民共和国刑事诉讼法》第一百九十九条,最高人民法院《关于复核死刑案件若干问题的规定》第二条第一款、第二款,第七条和《中华人民共和国刑法》第二百三十四条,第二百三十二条,第二十五条第一款,第二十六条第一款、第四款,第四十八条第一款,第五十七条第一款,第六十九条之规定,判决如下:

一、核准河北省高级人民法院(2007)冀刑二终字第59号、第60号、第61号刑事附带民事判决中对被告人张某义以故意伤害罪判处死刑,剥夺政治权利终身,与其犯组织、领导黑社会性质组织罪,窝藏罪,聚众斗殴罪,寻衅滋事罪,敲诈勒索罪,虚报注册资本罪所判处的刑罚并罚,决定执行死刑,剥夺政治权利终身,并处罚金人民币五万元;对被告人高某辉以故意伤害罪判处死刑,剥夺政治权利终身,与其犯组织、领导黑社会性质组织罪,窝藏罪,聚众斗殴罪,寻衅滋事罪,敲诈勒索罪,非法持有枪支罪,诽谤罪,赌博罪所判处的刑罚并罚,决定执行死刑,剥夺政治权利终身,并处罚金人民币十万元的部分。

二、撤销河北省高级人民法院(2007)冀刑二终字第59号、第60号、第61号刑事附带民事判决和石家庄市中级人民法院(2007)石刑初字第12号、第57号、第58号刑事附带民事判决中对被告人殷甲以故意伤害罪判处死刑,剥夺政治权利终身;对被告人李某果以故意杀人罪判处死刑,剥夺政治权利终身;对被告人杜某龙以故意杀人罪判处死刑,剥夺政治权利终身的部分。

三、被告人殷甲犯故意伤害罪,判处死刑,缓期二年执行,剥夺政治权利终身,与原判其犯参加黑社会性质组织罪、聚众斗殴罪、敲诈勒索罪、非法买卖枪支罪、窝藏罪所判处的刑罚并罚,决定执行死刑,缓期二年执行,剥夺政治权利终身。

四、被告人杜某龙犯故意杀人罪,判处死刑,缓期二年执行,剥夺政治权利终身。

五、被告人李某果犯故意杀人罪,判处死刑,缓期二年执行,剥夺政治权利终身。

二、主要问题

如何认定黑社会性质组织成员的罪责?

三、裁判理由

被告人张某义、高某辉等黑社会性质组织犯罪一案，系新中国成立以来河北省最大的一起黑社会性质组织犯罪案件。该组织具有如下特征：人数众多，有明确的组织者、领导者，骨干成员基本固定；有组织地通过违法犯罪活动和其他手段获取经济利益，具有一定的经济实力，以支持该组织的活动；以暴力、威胁或其他手段，有组织地多次进行违法犯罪活动，称霸一方，为非作恶，欺压、残害群众，在一定区域或者行业内形成非法控制或者重大影响，严重破坏经济、社会生活秩序。从上述特征分析，该案件是典型的黑社会性质组织犯罪案件。其中，张某义、高某辉、何某东均系黑社会性质组织的组织者、领导者。被告人殷甲、张某玉、刘某涛、张甲系黑社会性质组织的积极参加者；被告人李甲系黑社会性质组织的一般成员。

根据《刑法》第294条、最高人民法院《关于审理黑社会性质组织犯罪的案件具体应用法律若干问题的解释》以及《最高人民法院、最高人民检察院、公安部办理黑社会性质组织犯罪案件座谈会纪要》的有关规定及精神，我们认为，应按照下列原则，认定黑社会性质组织成员所应承担的刑事责任。

（一）对黑社会性质组织的组织者、领导者，应按照该组织所犯全部罪行承担刑事责任，但对非组织犯罪不应承担刑事责任

本案中，被告人张某义作为黑社会性质组织的首要分子，应对组织所犯全部犯罪承担刑事责任。为维护其黑社会性质组织的利益，张某义指使或认可手下实施故意伤害7起，致彭某明、陈某国死亡，7人重伤，3人轻伤；在共同犯罪中，均起组织、领导作用，作用最大。其所犯故意伤害罪的后果特别严重，情节特别恶劣，罪行极其严重，且系累犯，应依法从重处罚。一、二审判处其死刑立即执行，量刑适当。但被告人张某义虽系黑社会性质组织的组织者、领导者，并不意味着其对组织成员实施的所有犯罪均应承担刑事责任，而仅应对其组织成员为组织利益实施的组织犯罪承担刑事责任。

在被告人张甲、李甲故意杀害被害人刘某密、朱某棋一案中，张甲等人案发当天酒后与被害人等人发生争吵引发聚众斗殴，李甲等人持镐把击打致朱某棋死亡；张甲等人在逃离过程中打砸过路行人及酒店灯箱，引起酒店老板刘某密不满，张甲等人持刀砍击致刘某密死亡。该案的实施者除张甲、李甲外，王某伟、刘某刚、李某杰、崔甲等人均非黑社会性质组织成员，该起犯罪既非按照组织的惯例、约定而为，也未使用组织名义，更与组织利益、组织意志无关，纯属张甲于酒后伙同他人无端滋事而引发，故不应从定为黑社会性质组织实施的犯罪。被告人张某义对此起犯罪事前并不知情，仅在案发后指使同案被告人谭某波提供财物资助张甲等人逃避法律追究，一审认定张某义的行为构成故意杀人共犯错误；二审予以纠正，认定张某义构成窝藏罪是正确的。

(二)对黑社会性质组织中的积极参加者和其他参加者,应按照其所参与的犯罪,根据其在具体犯罪中的地位和作用,依照罪责刑相适应的原则,确定应承担的刑事责任

被告人殷甲积极参加黑社会性质组织,系骨干成员,因文化层次较高,在黑社会性质组织中地位高、作用大。殷甲受被告人张某义指使,具体组织、纠集同案被告人故意伤害致被害人彭某明、陈某国死亡。在彭某明被害案中,被告人张某义、高某辉提出殴打彭某明,殷甲积极组织安排,并亲自到场指挥行凶,事后丢弃血衣、凶器以消灭证据、帮助行凶人逃避法律追究,起主要作用;在陈某国被害一案中,殷甲与同案被告人刘甲、谭某波共同具体策划预谋,三人均起组织、领导的主要作用,其中谭某波直接参与行凶,作用稍大。

被告人殷甲所犯故意伤害罪的情节特别恶劣,罪行极其严重,应当依法惩处。但是,从我国"严格控制死刑"的刑事政策出发,虽然殷甲系黑社会性质组织的骨干成员,确定其刑事责任时,仍应按照其所参与的犯罪,根据其在具体犯罪中的地位和作用予以认定。总的来看,殷甲涉黑时间相对较短(1年),共参与彭某明、陈某国两起故意伤害犯罪。在彭某明被害案中,被告人张某义、高某辉组织策划,被告人杜某龙等三人实行过限共同行凶致被害人死亡;殷甲积极执行张某义、高某辉意图,与同案被告人裴某盈具体组织、指挥杜某龙等人实施犯罪,起纽带作用。在组织、策划中,殷甲的作用小于张某义、高某辉,与裴某盈基本相当;在致人死亡过程中,作用小于实行过限的杜某龙等三名直接行凶者。在陈某国被害一案中,殷甲的作用小于张某义、同案被告人谭某波,罪责与同案被告人刘甲基本相当。谭某波参与故意犯罪5起,致2人死亡、1人重伤、3人轻伤;而刘甲参与故意伤害犯罪3起,致2人死亡,1人轻伤。比较而言,殷甲犯本起故意伤害罪的严重程度与刘甲、谭某波相当或略小,刘、谭二人均未判处死刑立即执行。因此,从量刑均衡的角度来看,对殷甲判处死刑,可不立即执行。最高人民法院最终依法改判殷甲死刑,缓期两年执行。

(三)对黑社会性质组织犯罪中涉案的非黑社会组织成员的被告人,应当按照其在共同犯罪中的地位、作用,确定应当承担的刑事责任

在被告人张某义黑社会性质组织犯罪一案中,被告人杜某龙、李某果不属于黑社会性质组织成员,二人系被雇佣、指使参与故意伤害犯罪。其中,杜某龙受裴某盈指使,伙同同案被告人李某磊、相某阳持刀共同砍被害人彭某明要害部位数十刀,致被害人死亡,其行为构成故意杀人罪。杜某龙首先动手,犯罪手段残忍,情节特别恶劣,罪行极其严重。李某果受被告人刘某涛指使,伙同"浩浩"持刀共同砍被害人孔某全胸部、背部及四肢十余刀,致被害人死亡,构成故意杀人罪,应承担故意杀人的直接责任,且犯罪手段残忍,情节特别恶劣,罪行极其严重。但

是,鉴于二人均非黑社会性质组织成员,无前科劣迹,系偶犯,所参与犯罪涉及被告人较多,系受雇用参与犯罪,且系与他人共同直接致人死亡,罪责分散,作用相对较小,对其二人判处死刑,可不立即执行。

(撰稿:最高人民法院刑三庭　魏海欢　审编:最高人民法院刑三庭　周　川)

五、辩点分析

组织、领导、参加黑社会性质组织罪的辩护通常需要厘清以下几个问题:黑社会性质组织法律特征的认定,主观故意、明知的认定和共同犯罪,黑社会性质组织犯罪与普通犯罪集团犯罪的区分,黑社会性质组织犯罪与"恶势力"犯罪的区分,黑社会性质组织犯罪与犯罪单位的区分,黑社会性质组织犯罪的罪数问题,既遂和未遂,量刑情节的辩护。

(一)黑社会性质组织法律特征的认定

组织、领导、参加黑社会性质组织罪是1997年《刑法》规定的一个新的重要罪名,罪名虽然重要,但其叙明罪状却比较抽象。为了对这一罪名的适用进行解释,2000年12月5日最高人民法院颁布了《关于审理黑社会性质组织犯罪的案件具体应用法律若干问题的解释》,全国人大常委会也于2002年4月28日专门针对这一罪名作出了立法解释[后被全国人大常委会于2011年2月25日颁布的《刑法修正案(八)》第43条全部吸收]。尽管如此,最高人民法院仍然觉得对该罪名如何适用法律的解释不够,又于2009年12月15日印发了《办理黑社会性质组织犯罪案件座谈会纪要》。党的十八大召开以后,为贯彻党的十八大和十八届三中、四中全会精神,针对扫黑除恶审判工作中的新情况、新问题,最高人民法院又于2015年9月出台了《全国部分法院审理黑社会性质组织案件工作座谈会纪要》,即第二份关于黑社会性质组织犯罪案件的座谈会纪要。根据这些法律规定、司法解释、会议纪要的精神,笔者现对黑社会性质组织犯罪的法律特征阐述如下:

第一部分,总体把握。

全国人大常委会副委员长王汉斌同志在《关于中华人民共和国刑法修订草案的说明》中指出:"在我国,明显的、典型的黑社会犯罪还没有出现,但带有黑社会性质的犯罪集团已经出现,横行乡里,称霸一方,为非作歹,欺压残害群众的有组织犯罪时有出现。"因此,我国1997年《刑法》所规定的黑社会性质组织既不是典型的黑社会组织,也不是一般的犯罪集团,而是介于两者之间的准黑社会组织。黑社会性质组织与黑社会组织在本质上都具有反社会性,但黑社会性质组织是不典型的、不明显的黑社会组织,是黑社会组织的低级阶段。从法理上来说,组织、领导、参加黑社会性质组织，本来只是一个犯罪的预备行为，真正的犯罪行为还没有实施。但我国《刑法》将此行为规定为独立的犯罪，并与黑社会性质组织的其他犯罪行为实行数罪并罚。这种对黑社会性质组织的严厉打击政策，其主要的目的，就是防止黑社会性质组织坐大，成为像国外那样的公然的黑社会组织。

认定我国《刑法》规定的黑社会性质组织，需要从他的组织特征、经济特征、行为特征、非法控制特征四个方面来认定。

第二部分，“组织特征”。

“形成较稳定的犯罪组织，人数较多，有明确的组织者、领导者，骨干成员基本固定”，这是《刑法修正案（八）》对黑社会性质组织所阐明的“组织特征”。

黑社会性质组织，应当具有一定的规模，人数众多，组织成员一般在 10 人以上。“它不是一个松散的临时纠合体，而是一个较长时期在一定地域有组织地从事犯罪活动的稳定的组织”。这是组织特征中的稳定特征，即组织的稳定性是一个重要的指标。最高人民法院认为，实践中有些黑社会性质组织未来增强自身的隐蔽性，组织头目和骨干成员大多藏于幕后，在实施违法犯罪活动时往往采取临时纠结人手，打完就散的手法。由于核心成员不明显，外围成员不固定，因此呈现出一种组织结构涣散、易变的假象。对于这种情况，辩护人要注意审查有关违法犯罪活动的起因、目的，以及组织者、领导者、骨干成员是否基本固定、相互之间的联系是否密切。对于被控黑社会性质的犯罪，其稳定性究竟是一种被掩盖的假象，还是它本来就是很松散的？如果它本来就是很松散的，那就可以找到辩点，为嫌疑人作定性上的无罪辩护。

黑社会性质组织存续时间的起点，可以根据涉案犯罪组织举行成立仪式或者进行类似活动的时间来认定。没有前述活动的，可以根据足以反映其初步形成核心利益或强势地位的重大事件发生时间进行审查判断；没有明显标志性事件的，也可以根据涉案犯罪组织为维护、扩大组织势力、实力、影响、经济基础或者惯例、纪律、活动规约而首次实施有组织的犯罪活动的时间进行审查判断，存在发展时间明显过短、犯罪活动尚不突出的，一般不应认定为黑社会性质组织。这一点在具体案件中，有时候是一个很好的辩点，辩护人应注意把握。

第三部分，“经济特征”。

“有组织地通过违法犯罪活动或者其他手段获取经济利益，具有一定的经济实力，以支持该组织的活动”，这是《刑法修正案（八）》对黑社会性质组织所阐明的“经济特征”。

对于黑社会性质组织来说，通过各种违法犯罪手段获取经济利益是其主要目的。无论是杀人、放火、抢劫、盗窃、绑架、走私等，其目的都是为了经济利益。扩充经济实力，攫取经济利益，不仅仅是黑社会性质组织实施违法犯罪活动的主要目标,而且也是其实现非法控制并向黑社会组织发展过渡的物质基础。实践中,黑社会性质组织不仅会通过实施违法犯罪活动来攫取经济利益,而且还会通过开办经济实体等方式以黑护商、以商养黑。无论黑社会性质组织的资产是通过非法手段聚敛,还是通过合法方式获取,只要将其用于或者部分用于实施违法犯罪活动或者支持该组织的生存、发展即可。

另外,在组织的资产管理和支配问题上,黑社会性质组织具有“犯罪再生产”的意愿和能力。而普通犯罪集团,则不具有这种意愿和能力。因此,涉案犯罪组织获利后是坐地分赃,还是统一管理、支配,对认定黑社会性质组织具有重要的意义。对于那些犯罪所得资财在管理、支配上组织性明显不强的,认定黑社会性质组织要慎重。

第四部分,“行为特征”。

“以暴力、威胁或者其他手段,有组织地多次进行违法犯罪活动,为非作恶,欺压、残害群众”,这是《刑法修正案(八)》对黑社会性质组织所阐明的“行为特征”。

关于“行为特征”中三种行为方式的理解问题。暴力、威胁的方式比较好理解。那么,何谓“其他手段”呢?根据司法实践经验,“其他手段”主要包括以暴力、威胁为基础,在利用组织势力和影响已对他人形成心理强制或威慑的情况下,进行所谓的“谈判”、“协商”、“调解”;还包括滋扰、哄闹、聚众造势等其他干扰、破坏正常经济、生活秩序的非暴力手段等。当然,实践中还可能存在着其他的一些情形。但不管黑社会性质组织如何变换手段,其在实施违法犯罪活动时始终是以暴力、威胁为基础,以干扰、破坏正常经济、社会生活秩序为目的。在分析某种情形是否属于“其他手段”时,应当紧紧抓住以上关键点。

关于“行为特征”中“有组织地多次进行违法犯罪活动”的理解问题。区分个人犯罪还是有组织的犯罪,是认定黑社会性质组织犯罪的一个重要依据。有组织的犯罪,其行为应当反映该组织的意志和所维护的利益。组织成员为组织争夺势力范围、排除竞争对手、确立强势地位、谋取经济利益、维护非法权威或者按照组织的纪律、惯例、共同遵守的惯例、帮规而实施的违法犯罪活动应属于黑社会性质组织罪。因此,有组织犯罪活动应包括以下范围:由组织者、领导者直接组织、策划、指挥、参与实施的违法犯罪活动;由组织成员以组织名义实施,并得到组织者、领导者认可或者默许的违法犯罪活动;多名组织成员为逞强争霸、插手纠纷、报复他人、替人行凶、非法敛财而共同实施,并得到组织者、领导者认可或者默许的违法犯罪活动。

关于“违法犯罪活动”的理解问题。有学者认为,《刑法》法条没有将违法与犯罪分开,而是将他们并列,是考虑到了黑社会性质组织犯罪的特殊性和从严惩处的必要性。因此,只要多次的违法行为就可以构成黑社会性质组织犯罪。这种观点实际上是错误的。为什么呢？黑社会性质组织的犯罪是犯罪集团的一种特殊形态,应当满足普通犯罪集团的全部构成要件。普通的犯罪集团尚且要以共同实施犯罪为前提条件,那么黑社会性质组织的犯罪自然也要以共同实施犯罪为前提条件。因此,《刑法》法条中将违法和犯罪并列,属于立法疏漏。

关于犯罪行为多样性的问题。有学者认为,黑社会性质组织若要实现对经济、社会生活的非法控制,一般都要实施多种犯罪。因此,黑社会性质组织犯罪行为的多样性是其"行为特征"中的一个特点。这种观点不无道理,但目前《刑法》法条、立法解释、司法解释都没有这方面的规定。被控黑社会性质组织犯罪的嫌疑人及其辩护人应当将这一点作为一个法理上的依据,条缕分析,尽最大可能去说服法官。

第五部分,"非法控制特征"(又称"危害性特征")。

"通过实施违法犯罪活动,或者利用国家工作人员的包庇或者纵容,称霸一方,在一定区域或者行业内,形成非法控制或者重大影响,严重破坏经济、社会生活秩序",这是《刑法修正案(八)》对黑社会性质组织所阐明的"非法控制特征"。

关于"非法控制特征"中"一定行业"的理解问题:首先,"行业"是指职业门类,属于经济领域的概念;其次,非法控制本身只是一种状态,其具体后果是"严重破坏正常的经济、社会生活秩序",后者才是对黑社会性质组织必须予以严重的关键所在;最后,行业是与市场经济活动有关的行业,既包括合法行业也包括"黄、赌、毒"等非法行业,盗窃、抢劫、诈骗是纯粹的侵权行为,与市场经济活动无关。通过以上3点可以看出,黑社会性质组织所控制和影响的行业,一般应与市场经济活动直接相关,涉及生产、流通、交换、消费等一个或多个市场环节。而如抢劫、盗窃、诈骗等以纯粹的侵权方式获取财产的违法犯罪活动,不能视为本罪中的"行业"。

关于"非法控制"、"重大影响"的理解问题。"非法控制"和"重大影响",是指黑社会性质组织对于经济、社会生活的干预度和影响力。二者并没有本质上的区别,只是在控制程度上有所不同。

根据最高人民法院2009年颁布的座谈会会议纪要的精神,具有以下情形之一的,可以认定为"在一定区域或者行业内,形成非法控制或者重大影响,严重破坏经济、社会生活秩序":1. 对在一定区域内生活或者在一定行业内从事生产、经营的群众形成心理强制、威慑,致使合法利益受损的群众不敢举报、控告的;2. 对一定行业的生产、经营形成垄断,或者对涉及一定行业的准入、经营、竞争等经济活动形成重要影响的;3. 插手民间纠纷、经济纠纷,在相关区域行业内造成严重影响的;4. 干扰、破坏他人正常生产、经营、生活,并在相关区域或者行业内造成严重影响的;5. 干扰、破坏公司、企业、事业单位及其他社会团体的正常生产、经营、工作秩序,在相关区域行业内造成严重影响,或者致使其不能正常生产、经营、工作的;6. 多次干扰、破坏国家机关、行业管理部门以及村委会、居委会等基层群众自治组织的工作秩序,或者致使上述单位、组织的职能不能正常行使的;7. 利用组织的势力、影响,使组织成员获取政治地位,或者在党政机关、基层群众自治组织中担任一定职务的;8. 其他形成非法控制或者重大影响,严重破坏经济、社会生活秩序的情形。

由于《刑法》对黑社会性质组织犯罪的叙明罪状比较抽象模糊。因此,紧紧围绕黑社会性质组织犯罪的四个法律特征对该犯罪进行准确的认定,是界定罪与非罪的重大问题。不可否认的是,在司法实践中,有些模棱两可的犯罪或者根本不构成黑社会性质组织的犯罪也被起诉到人民法院了。这时候,辩护人要能够准确地找到辩点,为当事人作有效的辩护。

(二)主观故意、明知的认定和共同犯罪

组织、领导、参加黑社会性质组织罪是故意犯罪,其组织者、领导者、参加者均需要有主观上的故意才能构成犯罪。组织者需要有一个目的,即要具有组织、组建、成立一个实施违法犯罪活动的黑社会性质组织的目的,这个目的也就是其主观上的故意;领导者需要明知道自己创建的或他人创建的是黑社会性质组织而仍然进行领导、指挥的主观故意;参加者需要明知其参加的组织是黑社会性质组织而参加的主观故意。在实践中,组织者、领导者的主观故意相对来说比较好认定。但参加者的主观故意,有其特殊性。因为根据一般的认识规律,要求参加者对犯罪组织的性质有一个准确的认知,既不合理,也不可行。因此,对主观明知问题应重点把握以下两个方面:第一,参加者知道或者应当知道其所参加的是由多人组成、具有一定层级结构的组织群体;第二,参加者知道或者应当知道其所参加的组织主要是从事违法犯罪活动,或者该组织虽有形式合法的生产、经营活动,但仍是以有组织地实施违法犯罪活动为基本行为方式,欺压、残害群众。

对于那些主观上没有加入社会性质组织的意愿,受雇到黑社会性质组织开办的公司、企业、社团工作,未参与或者仅参与少量黑社会性质组织的违法犯罪活动,情节轻微的人员;对于那些参加黑社会性质组织,没有实施其他违法犯罪活动的,或者受蒙蔽、威胁为黑社会性质组织实施违法犯罪活动或者提供帮助、支持、服务,情节轻微的人员,都不能以参加黑社会性质组织罪论处。对于那些为维护或者扩大自身利益而临时雇佣、收买、利用黑社会性质组织实施违法犯罪活动的人员,也不能以参加黑社会性质组织罪论处。构成其他犯罪的,按照其他具体犯罪处理。

黑社会性质组织的组织者、领导者,是指黑社会性质组织的发起者、创建者,

或者在组织中处以领导地位，对整个组织及其运行、活动起着决策、指挥、协调、管理作用的犯罪分子。其既包括通过一定形式产生的有明确职务、称谓的组织者、领导者，也包括在黑社会性质组织中被公认的事实上的组织者、领导者。该组织者、领导者可为多人，相互间主要是分工、合作的关系，尽管具体的职权、地位可能有差异，但均处于组织体系的最高层级，对整个组织的运行、活动负责。

黑社会性质组织的积极参加者、其他参加者，还应当接受黑社会性质组织的领导和管理。这也是行为人主观意志要素在客观方面的反映。鉴于在实践中，黑社会性质组织在吸收成员时，一般不会举行仪式或者办理手续，这使得参加行为难以通过充分的证据被客观地反映出来。所以，只能根据犯罪嫌疑人、被告人加入组织后所实施的具体违法犯罪活动来认定。这样做，并不仅仅是基于事实、证据方面的考虑，更重要的是体现宽严相济的政策精神，有助于分化瓦解犯罪分子。从客观方面来划分，积极参加者可以分为三种类型：第一是多次积极参与黑社会性质组织违法犯罪活动的犯罪分子，在其参与实施的违法犯罪活动中一般起主要作用；第二是积极参与较严重的黑社会性质组织的犯罪活动，且作用突出的犯罪分子；第三是其他在黑社会性质组织中起重要作用的犯罪分子。实践中，一些具体主管黑社会性质组织的人、财、物等事项的组织成员虽然很少参与，甚至从不参与具体的违法犯罪活动。但这些成员往往与组织头目有着某种特殊关系，相互联系密切。他们掌控着组织的“生命线”，对组织的维系、运行、发展实际上起着非常重要的作用，理应认定为积极参加者。积极参加者之外的，就是一般参加者，即起组织中和违法犯罪活动中起次要作用的一般成员。

黑社会性质组织犯罪案件中，组织的组织者、领导者，应当按照其所组织、领导的黑社会性质组织所犯的全部罪行处罚。对其没有参与的具体犯罪，由于组织者、领导者在组织、领导黑社会性质组织过程中，应对该组织所犯的全部罪行在主观上应该有一个概括性的预见和故意。因此，仍与组织成员构成共同犯罪，应认定为主犯。但是，虽然应认定为主犯，但不一定是罪责最大的主犯。最高人民法院刑三庭制定的《在审理故意杀人、伤害及黑社会性质组织犯罪案件中切实贯彻宽严相济刑事政策》规定：“要注意责任范围和责任程度的区别，不能简单认为组织者、领导者就是具体犯罪中责任最重的主犯。对于组织成员实施的黑社会性质组织犯罪，组织者、领导者只是事后知晓，甚至不知晓，其就只应负有一般的责任，直接实施的成员无疑应负最重的责任。”对于黑社会性质组织犯罪案件的积极参加者、其他参加者，不能按照该组织所犯的全部罪行处罚。而应当按照其各自参加的罪行，结合其犯罪情节予以处罚。

组织者、领导者、积极参加者、其他参加者相互结合的犯罪行为，构成了黑社会性质组织的共同犯罪。从共同犯罪的地位和作用来看，组织者、领导者的罪责最大，积极参加者罪责次之，其他参加者的罪责最小。正是基于这个原因，刑法修正案八对于组织者、领导者、积极参加者、其他参加者是分开量刑的。组织者、领导者处7年以上有期徒刑，并处没收财产；积极参加者，处3年以上7年以下有期徒刑，可以并处罚金或者没收财产；其他参加者，处3年以下有期徒刑、拘役、管制或者剥夺政治权利，可以并处罚金。

组织、领导、参加黑社会性质组织罪的主观故意和其他任何罪名的主观故意一样，是罪名成立的前提条件。如果被控组织、领导、参加黑社会性质组织罪的嫌疑人本身不具备这种主观故意，或者公诉机关缺乏证明这种主观故意的证据，则辩护人应为其作无罪辩护。至于是否构成其他罪名较轻的犯罪，则由人民法院依法判决。

（三）黑社会性质组织犯罪与普通犯罪集团犯罪的区分

黑社会性质组织既具有犯罪集团的所有特征，又具有反映其自身本质的、其他普通犯罪集团所没有的特征。它们的主要区别在于：

1. 普通犯罪集团的目的比较单纯，一般是为了追求经济利益，没有控制、影响社会的政治化倾向；而黑社会性质组织虽然以追求经济利益为主要目的，但是企图通过控制、影响社会某一区域、某一行业来实现其目的，从而具有欲与国家、政府依法管理的社会分庭抗礼的政治化色彩。

2. 普通犯罪集团一般是实行一类犯罪、一种或数种犯罪，犯罪形式较为单一、固定，如走私集团、贩毒集团、抢劫集团、盗窃集团等，都以一类或一种、数种犯罪为主要行为，且通过这些具体的犯罪行为直接获取经济利益；而黑社会性质组织，为实现其经济利益以及控制、影响一定区域、行业的意图，实施的违法犯罪活动如走私、贩毒、强迫交易等，极为广泛，并且伴有欺压、残害群众的杀人、伤害、绑架、聚众斗殴、寻衅滋事等等各种各样的暴力违法犯罪行为。其所实施的行为，有的是为了直接获取经济利益，也有的则是借此树立自己的威信、地位，借以形成控制、影响社会的一种非法地下秩序，进而通过这种非法秩序获取经济利益，危害性自然更大。

3. 黑社会性质组织为了极大限度地攫取经济利益，不仅直接通过一些违法犯罪的活动进行，而且通过控制、影响一定区域、一定行业即建立一定的势力范围来进行。在势力范围内，其称王称霸，为非作歹，为所欲为。群众迫于其淫威，无奈服从其控制、影响。在一定程度上，已经形成与国家、政府分庭抗礼的非法地下黑秩序，具有公然性、相对稳定性。普通犯罪集团则不具有这一特征，其犯罪一般具有隐蔽性、流动性。

司法实践中，黑社会性质组织犯罪与普通犯罪集团的犯罪容易混淆。辩护人只有正确地把握二者之间的区别，才能寻找对嫌疑人有利的辩点，甚至于是无罪的辩点。

（四）黑社会性质组织犯罪与"恶势力"犯罪的区分

"恶势力"并非法律概念，但在司法实践已被广泛使用。"恶势力"是指以暴力、威胁、滋扰等手段，在相对固定的区域或行业内为所欲为，欺压群众，打架斗殴，强买强卖，扰乱公共秩序的团伙。其由较多人数组成，经常进行一些违法犯罪活动。与黑社会性质组织的区别在于："恶势力"不具有严密的组织结构，整体处于无序状态，成员属临时纠合，犯罪目的也较单一，犯罪活动比较盲目，缺乏自觉性等。不同点则表现为以下几个方面。

1. "恶势力"成员一般为 3 人以上，团体相对松散，组织性不强，只是在实施犯罪活动时才纠集在一起，成员之间一般没有明确的分工；或者只是在具体行动时才有分工，组织者、领导者常常直接参与或者指挥作案。

2. "恶势力"的违法犯罪目的具有多样性，不一定以追求非法经济利益为目的。其缺乏组织长期存续的经济实力，没有形成大规模的经济实体。

3. "恶势力"的保护伞和关系网不明确或层次较低，有的还没有形成保护伞和关系网，对抗社会的实力稍弱。

4. "恶势力"实施的违法犯罪行为以扰乱社会秩序的违法犯罪为主，影响市场秩序和社会治安，势力范围相对较小。

"恶势力"与黑社会性质组织比较容易混淆，不易区分。在司法实践中，不排除有些"恶势力"犯罪被当做黑社会性质组织犯罪追诉了。这个时候，辩护人就要积极发挥自己的作用，维护当事人的合法权益。

（五）黑社会性质组织犯罪的罪数问题

1. 行为人只要实施了组织、领导或者参加黑社会性质组织的行为，即可构成本罪，而不要求具体实施其他某种犯罪行为。如果组织、领导或者参加黑社会性质组织的同时，又进行其他诸如杀人、伤害、强奸、抢劫、敲诈勒索、聚众斗殴、寻衅滋事等犯罪行为的，则应以本罪与其他所实施的具体犯罪进行并罚。根据《解释》第 3 条第 1 款规定，组织、领导、参加黑社会性质的组织又有其他犯罪行为的，按照《刑法》第 294 条第 3 款的规定，依照数罪并罚的规定处罚。对于黑社会性质组织的组织者、领导者，应当按照其所组织、领导黑社会性质组织所犯的全部罪行处罚；对于黑社会性质组织的参加者，应当按照所参与的犯罪处罚。

2. 黑社会性质组织成立后，有的人想加入该组织，组织让其完成某一犯罪如故意杀人、伤害等作为加入该组织的前提条件（纳"投名状"）。为此，参加完成了犯罪行为并由此取得该组织成员的资格而成为组织的一员。对此，有的认为属于想象竞合,应当从一重罪处罚,不实行并罚。我们认为,这时仍然存在两种行为:一是为取得资格而实施某一前提犯罪的行为;二是加入黑社会性质组织成为其中一员的行为。这种行为不可能与为参加黑社会性质组织而完成其他犯罪行为合二为一。因为,即使是完成了某一犯罪行为就可加入黑社会性质组织,但仍离不开其表示加入组织的意思,以及组织承诺、允许的行为。否则,仍不可能加入该组织。为此,为了加入黑社会性质组织而按组织者的意图首先完成某一犯罪行为与参加者加入该组织后又实施其他犯罪行为,同样依照《刑法》第 294 条第 4 款的规定应当数罪并罚。

(六)既遂和未遂

组织、领导、参加黑社会性质组织罪是行为犯。所谓行为犯,是指以法定的犯罪行为的完成作为既遂标准的犯罪。这类犯罪的既遂不要求造成有形的犯罪结果,而是以行为完成为既遂。对于黑社会性质组织的组织者而言,策划、发起、组建黑社会性质组织的行为一旦完成即为既遂,因外力介入未完成即为未遂;对其领导者而言,只要对该组织的一个犯罪行为实施了策划、决策、指挥、协调的行为,即为既遂;在领导过程中,被外力阻止,没有完成一个犯罪行为的决策、指挥、协调的行为,即为未遂;至于参加者,则是由于已经存在着黑社会性质组织而后才能实施参加行为。因此,当参加者被黑社会组织接纳,即构成既遂;因其意志以外的原因未被接纳,为未遂。

按照《刑法》总则的规定,对未遂犯可以比照既遂犯从轻或者减轻处罚。

(七)量刑情节的辩护

同其他犯罪一样,到案后如实供述、积极赔偿被害人损失、自首、立功等构成对犯罪嫌疑人的量刑情节。

黑社会性质组织的成员到案后能够如实供述自己的罪行,并具有以下情形之一的,一般应当适用《刑法》第 67 条第 3 款的规定予以从轻处罚:1. 如实交代大部分尚未被掌握的同种犯罪事实;2. 如实交代尚未被掌握的较重的同种犯罪事实;3. 如实交代犯罪事实,并对收集定案证据、查明案件事实有重要作用的。

与其他案件一样,对于黑社会性质组织犯罪案件,人民法院提倡通过积极的民事赔偿来弥补被害人及其亲属的损失。被害人及其亲属接受被认定为黑社会性质组织成员的被告人赔偿并因此表示谅解的,量刑时会适当考虑从轻从宽,但这种从轻从宽会从严掌握。最高人民法院规定,可能导致全案量刑明显失衡的,不予从宽处罚。

积极参加者、一般参加者配合司法机关查办案件,有提供线索、帮助收集证据或者其他协助行为,并在侦破黑社会性质组织犯罪案件、认定黑社会性质组织及其主要成员、追缴黑社会性质组织违法所得、查处"保护伞"等方面起到较大作用的,即使依法不能认定为立功,一般也应酌情对其从轻处罚。组织者、领导者、骨干成员以及"保护伞"协助抓获同案中其他重要的组织成员,或者骨干成员能够检举揭发其他犯罪案件中罪行同样严重的犯罪分子,原则上依法应予从轻或者减轻处罚。组织者、领导者检举揭发与该黑社会性质组织及其违法犯罪活动有关联的其他犯罪线索,如果在是否认定立功的问题上存在事实、证据或法律适用方面的争议,应当严格把握。依法应认定为立功或者重大立功的,在决定是否从宽处罚、如何从宽处罚时,应当根据罪责刑相一致原则从严掌握。可能导致全案量刑明显失衡的,不予从宽处罚。

第二节　聚众斗殴罪的风险识别与辩点分析

一、聚众斗殴罪的构成要件

(一)概念

聚众斗殴罪是指为了报复他人、争霸一方或者其他不正当目的,纠集众人成帮结伙地互相进行殴斗,破坏公共秩序的行为。

(二)聚众斗殴罪构成要件

1. 聚众斗殴罪的主体是一般主体,凡年满16周岁且具备刑事责任能力的自然人均能构成聚众斗殴罪。但并非所有参加聚众斗殴者均构成聚众斗殴罪,只有聚众斗殴的首要分子和其他积极参加者,才能构成聚众斗殴罪主体。所谓首要分子,是指在聚众斗殴中起组织、策划、指挥作用的犯罪分子;所谓其他积极参加者,是指除首要分子以外的在聚众斗殴中起重要作用的犯罪分子。对于一般参加者,只能依《治安管理处罚法》追究行政责任,不能构成聚众斗殴罪主体。

2. 聚众斗殴罪的主观方面是故意犯罪。犯罪的动机,一般不是完全为了某种个人的利害冲突,也不是单纯为了取得某种物质利益,而是公然藐视国家的法纪和社会公德,企图通过实施聚众斗殴活动来寻求刺激或者追求某种卑鄙欲念的满足。行为人公然藐视社会公德和国家法纪的心理状态，是聚众斗殴犯罪故意的最明显的特点。

3. 聚众斗殴罪侵犯的客体是公共秩序。所谓公共秩序，不是简单的指公共场所的秩序，而是指在社会公共生活中应当遵守的各项共同生活的规则、秩序。在司法实践中，聚众斗殴犯罪可以是在公共场所，也可以是在较僻静的私人场所。因此，无论是在何种场所进行聚众斗殴犯罪活动，均应视为侵犯了公共秩序。

聚众斗殴犯罪，往往同时会造成公民的人身权利和公私财产权利受到侵害的结果。行为人用聚众斗殴行为向整个社会挑战，形成对整个社会秩序的严重威胁。因此，公然藐视法纪和社会公德，破坏公共秩序，是聚众斗殴罪的本质特征。

4. 聚众斗殴罪的客观方面表现为纠集众人结伙殴斗的行为。聚众斗殴主要是指出于私仇、报复、争霸或者其他不正当目的而成伙结帮地殴斗。聚众一般是指人数众多，至少不得少于 3 人；斗殴，主要是指的采用暴力搏斗，但使用暴力的方式各有所别。聚众斗殴多表现为流氓团伙之间互相殴斗，少则几人、十几人，多则几十人，上百人。他们往往是约定时间、地点，拿刀动棒，大打出手，而且往往造成人员伤亡和社会秩序的混乱，是一种严重破坏社会公共秩序的恶劣犯罪行为。斗殴起因或为争夺势力范围，或为哥们出气进行报复，或为争夺女人发生矛盾等。总之是要显示自己一伙人的“威风”、“煞气”，压倒对方，而置公共秩序于不顾。

二、聚众斗殴罪的量刑规定

《刑法》第 292 条规定：“聚众斗殴的，对首要分子和其他积极参加的，处三年以下有期徒刑、拘役或者管制；有下列情形之一的，对首要分子和其他积极参加的，处三年以上十年以下有期徒刑：（一）多次聚众斗殴的；（二）聚众斗殴人数多，规模大，社会影响恶劣的；（三）在公共场所或者交通要道聚众斗殴，造成社会秩序严重混乱的；（四）持械聚众斗殴的。”

（一）在对聚众斗殴行为定罪量刑时，应注意以下三点。

1. 聚众斗殴的首要分子和积极参加者才构成本罪，其余人则不为罪。

2. 要正确认定该条规定的加重处罚的 4 种情形。目前，尚无司法解释明确规定，但司法实践中，“多次聚众斗殴的”一般是指聚众斗殴 3 次或者 3 次以上的；“聚众斗殴人数多，规模大，社会影响恶劣的”，主要是指大规模打群架，在群众中造成很坏影响的；“在公共场所或者交通要道聚众斗殴，造成社会秩序严重混乱的”，是指在人群聚集的场所或者车辆、行人频繁通行的交通要道聚众斗殴，造成公共场所秩序或交通秩序严重混乱的；“持械聚众斗殴的”，主要是指参加聚众斗殴的人员使用棍棒、刀具以及各种枪支武器进行斗殴的。

3. 聚众斗殴致人重伤、死亡的，对直接行为人及直接责任人依照《刑法》有关故意伤害罪、故意杀人罪的规定处罚。

（二）由于聚众斗殴侵犯了他人的人身权利，因而可以提起附带民事诉讼。附带民事诉讼需要注意以下三点。

1. 聚众斗殴没有造成重伤或死亡后果的，聚众斗殴的参加者，均明知自己的行为有可能产生伤害他人以及自己被他人伤害的后果，应当各自承担相应的刑事和民事责任。

2. 参加聚众斗殴受重伤或者死亡的，受重伤不构成犯罪的行为人及死亡行为人的近亲属可以向聚众斗殴的对方被告人提起附带民事诉讼，死亡行为人明显构成犯罪的除外。

3. 聚众斗殴致人重伤或死亡的，提起附带民事诉讼适用混合过错责任原则确定赔偿数额。犯故意伤害罪或故意杀人罪的被告人，承担全部或主要赔偿责任；依法应当承担相应民事赔偿责任的犯聚众斗殴罪的被告人和其他共同致害人承担次要赔偿责任。同一罪名共同犯罪的被告人之间承担连带赔偿责任。

三、聚众斗殴罪的认定标准

（一）聚众斗殴罪与群众一般性斗殴或者结伙械斗的界限

本罪应与群众之间因民事纠纷、邻里纠纷而互相斗殴或者结伙械斗的行为区别开来。二者在互相殴斗的形式上很相似，但有本质的区别。后者一般事出有因，不具有争霸一方、报复他人、寻求刺激等流氓犯罪的动机、目的，不是流氓活动。对于这种斗殴可以按斗殴或械斗所产生的后果认定为故意伤害罪、故意杀人罪或者故意毁坏公私财物等。

（二）聚众斗殴罪与聚众扰乱公共场所秩序、交通秩序罪的界限

1. 聚众斗殴罪是基于流氓动机，在实施各种流氓活动时破坏公共秩序；聚众扰乱公共场所秩序、交通秩序罪则是基于某种个人动机、目的，用聚众闹事方式，要挟国家机关或有关部门，以满足个人的要求为目的。

2. 聚众斗殴罪可以聚众进行，也可以单独实施；聚众扰乱公共场所秩序、交通秩序罪只能聚众实施。

（三）聚众斗殴罪与故意杀人罪、故意伤害罪的界限

“聚众斗殴，致人重伤、死亡的，依照本法第二百三十四条、第二百三十二条的规定定罪处罚。”这说明在聚众斗殴活动中，一旦造成他人重伤、死亡的，一律按故意伤害罪、故意杀人罪定罪处罚。这是对犯罪的一种转化型规定。

四、典型案例

倪某等聚众斗殴案①

一、基本案情

附带民事诉讼原告人张甲，男，1987年4月18日出生，汉族，学生。

法定代理人仲某，女，38岁，汉族，个体户（张甲母亲）。

被告人倪某，男，1985年6月14日出生，汉族，初中文化，无业。2003年3月25日因犯妨碍公务、寻衅滋事罪被判处有期徒刑1年6个月。2004年3月26日因本案被刑事拘留，4月8日被逮捕。

被告人韩甲，男，1987年10月23日出生，汉族，初中文化，无业。2004年4月23日因本案被刑事拘留，5月18日被逮捕。

法定代理人韩乙，男，50岁，汉族，农民（被告人韩甲父亲）。

辩护人韩丙，女，28岁，汉族，个体户（被告人韩甲姐姐）。

被告人张乙，男，1985年3月1日出生，汉族，初中文化，无业。2004年3月12日因本案被刑事拘留，4月9日被逮捕。

被告人刘甲，男，1986年2月26日出生，汉族，初中文化，无业。2004年6月2日因本案被刑事拘留，6月7日被逮捕。

附带民事诉讼被告人纪某，女，52岁，汉族，退休工人（被告人刘某母亲）。

被告人周某，男，1987年10月3日出生，汉族，小学文化，无业。2004年4月19日因本案被刑事拘留，5月18日被逮捕。

法定代理人徐某，女，51岁，汉族，社区工作者（被告人周某母亲）。

被告人胡甲，男，1987年5月1日出生，汉族，小学文化，无业。2004年3月10日到泗阳县公安局投案自首，当日被取保候审。3月30日被刑事拘留，4月9日被逮捕。

法定代理人庄某，女，42岁，汉族，船民（被告人胡甲母亲）。

---

① 案例来源：《刑事审判参考》2005年第3集（总第44集）。

辩护人胡乙,男,42岁,汉族,船民(被告人胡甲父亲)。

被告人夏甲,男,1987年7月12日出生,汉族,学生。2004年3月18日因本案被刑事拘留,4月10日被逮捕。

法定代理人夏乙,男,50岁,汉族,个体户(被告人夏甲父亲)。

被告人朱甲,男,1987年7月24日出生,汉族,学生。2004年3月14日因本案被刑事拘留,4月9日被逮捕。

法定代理人朱乙,男,42岁,汉族,个体户(被告人朱甲父亲)。

被告人王甲,男,1986年7月22日出生,汉族,学生。2004年3月18日因本案被刑事拘留,4月9日被逮捕。

江苏省泗阳县人民检察院以被告人倪某、韩甲、张乙、刘甲、周某、胡甲、夏甲、朱甲、王某犯故意伤害罪、聚众斗殴罪,于2004年9月16日向泗阳县人民法院提起公诉。附带民事诉讼原告人张甲的法定代理人仲某向本院提起附带民事诉讼,要求上述9名被告人及赵某、吴某、朱丙(三人均未追究刑事责任)赔偿医疗费22915.56元和护理费、营养费、差旅费(在庭审前,由于赵某、吴某、朱丙下落不明,原告人撤回对3人的民事起诉)。被告人倪某、胡甲未作辩解。被告人韩甲、周某、张乙、刘甲、夏甲、王某、朱甲均辩称:未砍张甲。被告人周某、张乙、夏甲、王甲的辩护人均提出:各自的被告人未砍张甲,故不构成故意伤害罪。附带民事诉讼被告人纪某辩称:不应当向张甲赔偿。在本案的诉讼中,因被告人韩甲、胡甲、夏甲、王某、朱甲主动给予附带民事诉讼原告人一定的经济赔偿,附带民事诉讼原告人的法定代理人仲某撤回了对被告人韩甲、胡甲、夏甲、王甲、朱甲的民事诉讼请求;被告人张乙与附带民事诉讼原告人就民事赔偿事宜达成了协议。

泗阳县人民法院依法经不公开开庭审理查明:

被告人夏甲等人与王乙、徐某(另案处理)等。人发生矛盾,徐某等人多次准备殴打夏甲,夏甲将此事告诉被告人倪某。2004年2月15日下午2时许,被告人倪某及其“老大”张乙(在逃)出面处理此事,与徐某等人的“老大”赵甲(另案处理)在开荣浴室门口发生争执,赵甲用刀将张乙的裤子戳坏。倪某等人认为自己的“老大”丢了面子,遂联系汪某(在逃),商定为张乙报仇,后倪某和汪某先后召集被告人韩甲、张乙、周某、刘甲、胡甲、夏甲、王某、朱甲以及刘乙、苏某(在逃)、吴某、朱丙、赵某等二十余人,于2004年2月15日下午6时许,携带砍刀准备到“东方网络”网吧寻找赵甲等“东边”的人殴打。倪某等人行至众小门东时,遇到被害人张甲,听说张甲也是他们要寻找的“东边”的人,包括9名被告人在内的二十多人即围住张甲,其中倪某、韩甲、张乙、周某、刘甲、胡甲及汪某、刘乙等人用砍刀将张甲砍伤。

随后,包括9名被告人在内的二十多人又窜至众兴镇“东方网络”网吧,汪某、刘乙及倪某、胡甲等人在网吧内砍打徐某、丁扬等人,韩甲、张乙、周某、刘甲在网吧外追砍陈某、王丙等人,王某欲用刀砍人时刀被夏甲夺去,夏甲、朱甲在网吧门口持刀砍人,在本次殴斗中,徐某、王丁、陈某、王丙、张丙、丁某、张丁等人被砍伤。

张甲于2004年2月15日受伤后,当即被家人送到泗阳县人民医院抢救并住院治疗,经检查张甲颅骨、面额部及身体其他部位十多处受伤,至3月11日出院;6月6日张甲再次到泗阳县人民医院住院。在此期间行颅骨修补术,至6月20日出院。经法医鉴定,张甲的头部颅骨损伤构成重伤,徐某、王丁、陈某、王丙的损伤构成轻伤,丁某、张丙、张丁的损伤构成轻微伤。另查明:张甲在泗阳县人民医院治疗期间共花费35915.56元,交通费210元。

案发后,倪某家人主动赔偿张甲医疗费4000元,韩甲家人向张甲赔偿医疗费2000元,周某主动赔偿张甲1100元;张乙已赔偿1000元,并协议在2004年10月底继续向张甲赔偿2000元;胡甲已向张甲赔偿医疗费3000元;刘甲向张甲赔偿医疗费1000元;夏甲于案发后已向张甲赔偿医疗费3000元;王某已向张甲赔偿医疗费2000元,朱甲已向张甲赔偿医疗费3000元。胡甲、夏甲、王某、朱甲除向张甲赔偿上述医疗费外,还额外支付了数额不等的其他补偿。

被告人韩甲、张乙、周某、刘甲、夏甲、王某、朱甲及相应的辩护人辩称自己或相关被告人均未砍张甲。经查:(1)关于被告人韩甲。被告人韩甲供述在遇到张甲时是跟在汪某后面的,也证明张甲被汪某拦住实施砍打行为。而被告人张乙、周某、夏甲在侦查机关供述被告人韩甲实施了用刀砍张甲的行为,被告人韩甲的辩解与事实不符,其辩解不予采信。(2)关于被告人张乙。被告人张乙虽否认自己用刀砍张甲,但被告人倪某、韩甲、周某、夏甲、朱甲在侦查机关均供述张乙对张甲实施了用刀砍张甲身体的行为,被告人刘甲在庭审中供述张乙用刀砍了张甲。因此,对张乙及其辩护人的此辩解意见不予采信。(3)关于被告人周某。被告人周某在侦查机关供述自己已将刀抽出,被告人倪某、张乙、刘甲、夏甲在侦查机关均供述了周某参与用刀砍张甲身体的行为。因此,对周某的辩解本院不予支持。(4)关于被告人刘甲。被告人刘甲虽在庭审中否认自己砍张甲,但其在侦查机关供述了自己砍张甲头部两刀的事实。同时该事实得到被告人张乙、周某供述的印证。故对被告人刘甲的辩解本院不予采信。(5)关于被告人夏甲。虽然被告人倪某、张乙证明夏甲对张甲实施了砍的行为,但被告人王某、朱甲及证人朱丙证明其4人是在一起的,没有去砍张甲。同时,被害人张甲虽陈述夏甲随被告人倪某追了张甲,但并未明确被告人夏甲砍了张甲,所以认定被告人夏甲对被害人张甲实施用刀砍的行为证据不足,其本人和辩护人的辩解意见本院予以采信。(6)关于被告人王某。虽然被告人倪某证明王某对张甲实施了砍的行为,但被告人朱甲、夏甲的供述、证人朱丙的证言证明王某没有砍张甲,故认定被告人王某砍张甲的证据不足,对被告人王某及其辩护人的此辩解意见本院予以采信。(7)关于被告人朱甲。被告人夏甲、王某、证人朱丙证明在砍张甲时和朱甲在一起,故认定被告人朱甲对张甲实施砍的行为证据不足,对其本人及辩护人的辩解意见予以采信。

另查明:2003年11月29日晚7时许,左甲与汪某在泗阳振兴商贸城发生矛盾。后汪某纠集被告人韩甲以及张乙、刘乙等人持砍刀驾车在城区寻找左甲等人斗殴,在泗阳县电视塔西一桥处找到左甲、刘丙、左乙、王戊等人。被告人韩甲等即下车持刀上前追砍,致左乙、刘丙、王戊3人被砍伤。经法医鉴定,刘丙的损伤构成轻伤。案发后,汪某向刘丙和左乙共赔偿7000元。

2003年8月17日晚7时许,左甲和其几个朋友在泗阳县众兴镇芙蓉路遇到被告人刘甲和尹甲、张戊,因左甲前一天和被告人刘甲发生矛盾,被告人刘甲认为左甲还要打他,遂从扬子网吧旁边的一小吃部摸出一把菜刀将左甲砍伤。经法医鉴定,左甲的损伤构成轻伤。2004年6月5日,被告人刘甲向左甲赔偿了1500元。

泗阳县人民法院认为,被告人倪某、韩甲、张乙、周某、刘甲、胡甲、夏甲、朱甲、王某持械聚众斗殴;被告人倪某在2004年2月15日的聚众斗殴中起策划、组织、指挥作用,属首要分子;被告人韩甲、张乙、周某、刘甲、胡甲、夏甲、朱甲、王某在2004年2月15日的聚众斗殴过程,积极参与,均属于积极参加者。被告人韩甲还伙同汪某积极参与殴打刘丙、左乙等人,9名被告人的行为均构成聚众斗殴罪;被告人倪某、韩甲、周某、胡甲、张乙、刘甲在聚众斗殴中还实施了致被害人张甲重伤的行为,而本案中又难以分清致被害人张甲重伤的直接责任人。故被告人倪某、韩甲、张乙、周某、刘甲、胡甲对张甲伤害的行为还符合《中华人民共和国刑法》第二百九十二条第二款的情形,属于致人重伤的情况,应依《中华人民共和国刑法》第二百三十四条第二款规定的故意伤害罪定罪处罚。被告人刘甲故意伤害左甲身体致其轻伤,其行为已构成故意伤害罪。9名被告人等人在2004年2月15日的聚众斗殴过程中,在众小门九被告人等追砍被害人张甲与在“东方网络”内殴斗在时间上有一定的连续。但由于众小门与“东方网络”相隔较远,属不同的地点,9名被告人在两处的行为应分别评价。即被告人倪某、韩甲、张乙、周某、刘甲、胡甲均应按故意伤害罪和聚众斗殴罪数罪并罚;被告人夏甲、朱甲、王某应按聚众斗殴罪定罪处罚。公诉机关指控被告人倪某、韩甲、张乙、周某、刘甲、胡甲犯故意伤害罪和聚众斗殴罪,被告人夏甲、朱甲、王某犯聚众斗殴罪,事实清楚,证据确实充分,应予支持;但公诉机关指控被告人夏甲、朱甲、王某犯故意伤害罪证据不足,本院不予支持。被告人倪某系首要分子,应对2004年2月15日发生的聚众斗殴事件全部负责。其在有期徒刑执行完毕后的5年内再犯应当判处有期徒刑以上的刑罚之罪,属累犯,依法应当从重处罚;但考虑到被告人倪某积极赔偿被害人张甲部分医疗费,对其所犯的故意伤害罪可酌情从轻处罚。被告人韩甲作案时不满18周岁,并向张甲赔偿了部分医疗费,根据其所实施犯罪行为在整个犯罪中的作用和情节,依法从轻处罚。被告人张乙已向被害人张甲赔偿部分费用,对其故意伤害罪酌情从轻处罚。被告人周某在作案时不满18周岁,并向张甲赔偿部分医疗费,对其所犯的故意伤害罪依法适用减轻处罚,对其所犯的聚众斗殴罪从轻处罚。被告人刘甲在作案时不满18周岁,并向张甲赔偿部分医疗费,本院对其所犯两罪依法均适用从轻处罚。被告人胡甲在案发后主动投案并如实供述自己的犯罪事实,属自首。其在作案时不满18周岁,并主动赔偿张甲的部分损失,认罪态度较好,对其所犯故意伤害罪和聚众斗殴罪均适用减轻处罚。被告人夏甲、朱甲、王某均系在校学生,在作案时均不满18周岁,均能主动赔偿被害人张甲的部分损失;被告人朱甲、王某在整个犯罪中起次要作用属从犯,且认罪态度较好;根据3名被告人各自所实施犯罪行为的具体情节及3名被告人的犯罪原因,本院不同程度地对3名被告人所犯聚众斗殴罪适用减轻处罚。被告人夏甲的辩护人辩称夏甲没有对张甲砍打,故不应当认定被告人夏甲犯故意伤害罪。因认定被告人夏甲砍张甲证据不足,对该辩护意见本院予以采信。被告人周某和夏甲的辩护人均认为自己的当事人是从犯,经查,该2名被告人在整个犯罪中的作用,不符合从犯的法律要件,对其辩护人的该辩护意见不予采信。被告人刘甲辩称砍左甲是自卫,但通过对查明事实的分析,被告人刘甲的行为不符合正当防卫的法律要件,故对被告人刘甲的此辩解本院不予支持。本案中9名被告人的聚众斗殴行为与张甲的受伤都有因果关系,故9名被告人为共同侵权人。被告人倪某、周某、刘甲和其他被告人共同对被害人张甲实施侵权行为,应当承担相应的民事赔偿责任。根据本案的具体情况,难以区分各被告人的责任范围,应推定各共同侵权人承担同等民事责任。同时,被害人张甲的法定代理人对被告人韩甲、张乙、胡甲、夏甲、王某、朱甲的权利处分的后果已向附带民事诉讼原告人告知并另行作出裁判文书。这就决定被告人倪某、周某、刘甲仅应承担该3人应当承担的赔偿份额。原告人张甲的医疗费为35915.56元、护理费为1742.5元(按每天42.5元计算41天)、营养费为615元(按每天15元计算41天)、交通费为210元,四项费用共计38484.06元。按12人应当对原告人承担赔偿义务计算,可确定被告人倪某、周某、刘甲应当共同连带赔偿38484.06元中的1/4即9621元。鉴于被告人倪某已向张甲支付了4000元,被告人周某已支付1100元,被告人刘甲已支付1000元,故被告人倪某、周某、刘甲还应连带赔偿张甲医疗费、营养费、护理费、交通费共计3521元。被告人周某现尚不满18周岁,属限制民事行为能力人。被告人周某造成被害人张甲损伤,其应当承担的民事责任应由其监护人即法定代理人徐某承担。被告人刘甲在对被害人张甲实施侵权行为时不满18周岁。现已满18周岁。对其应承担的赔偿责任而实际不能承担的部分应由原监护人即本案附带民事诉讼被告人纪某承担。附带民事诉讼被告人纪某辩称:被告人刘甲没有对张甲实施砍的行为也不应予赔偿。经查,其辩解与事实不符,且无法律依据,本院不予支持。根据《中华人民共和国刑法》第二百九十二条,第二百三十四条第一款、二款,第十七条第一款、三款,第二十五条第一款,第二十六条第一款、四款,第二十七条,第三十六条第一款,第五十五条第一款,第五十六条第一款,第六十五条第一款,第六十七条第一款,第六十九条,《中华人民共和国民法通则》第一百三十条、第一百三十三条第一款,最高人民法院《关于贯彻执行〈中华人民共和国民法通则〉若干问题的意见(试行)》第一百六十一条第一款,最高人民法院《关于审理人身损害赔偿案件适用法律若干问题的解释》第5条之规定,判决如下:

1. 被告人倪某犯故意伤害罪,判处有期徒刑6年;犯聚众斗殴罪,判处有期徒刑6年,剥夺政治权利1年。决定执行有期徒刑11年,剥夺政治权利1年(刑期自判决生效之日起计算。判决执行以前先行羁押的,羁押1日折抵刑期1日,即自2004年3月26日起至2015年3月25日止);

2. 被告人韩甲犯故意伤害罪,判处有期徒刑4年;犯聚众斗殴罪,判处有期徒刑5年6个月。决定执行有期徒刑9年(刑期自判决生效之日起计算。判决执行以前先行羁押的,羁押1日折抵刑期1日,即自2004年4月23日起至2013年4月22日止);

3. 被告人张乙犯故意伤害罪,判处有期徒刑四年;犯聚众斗殴罪,判处有期徒刑3年。决定执行有期徒刑6年6个月(刑期自判决生效之日起计算。判决执行以前先行羁押的,羁押1日折抵刑期1日,即自2004年3月12日起至2010年9月11日止);

4. 被告人刘甲犯故意伤害罪,判处有期徒刑3年;犯聚众斗殴罪,判处有期徒刑3年。决定执行有期徒刑5年6个月(刑期自判决生效之日起计算。判决执行以前先行羁押的,羁押1日折抵刑期1日,即自2004年6月2日起至2009年12月1日止);

5. 被告人周某犯故意伤害罪,判处有期徒刑2年6个月;犯聚众斗殴罪,判处有期徒刑3年。决定执行有期徒刑5年(刑期自判决生效之日起计算。判决执行以前先行羁押的,羁押1日折抵刑期1日,即自2004年4月19日起至2009年4月18日止);

6. 被告人胡甲犯故意伤害罪,判处有期徒刑2年;犯聚众斗殴罪,判处有期徒刑2年。决定执行有期徒刑3年(刑期自判决生效之日起计算。判决执行以前先行羁押的,羁押1日折抵刑期1日,即自2004年3月30日起至2007年3月29日止);

7. 被告人夏甲犯聚众斗殴罪,判处有期徒刑2年(刑期自判决生效之日起计算。判决执行以前先行羁押的,羁押1日折抵刑期1日,即自2004年3月18日

起至2006年3月17日止);

8.被告人朱甲犯聚众斗殴罪,判处有期徒刑1年(刑期自判决生效之日起计算。判决执行以前先行羁押的,羁押1日折抵刑期1日,即自2004年3月14日起至2005年3月13日止);

9.被告人王某犯聚众斗殴罪,判处有期徒刑8个月(刑期自判决生效之日起算。判决执行以前先行羁押的,羁押1日折抵刑期1日,即自2004年3月18日起至2004年11月17日止)。

被告人倪某、刘甲和被告人周某的法定代理人徐某于本判决生效后10日内向附带民事诉讼原告人张甲共同连带赔偿损失3521元,附带民事诉讼被告人纪某对被告人刘甲不能支付部分承担赔偿责任。

二、主要问题

如何准确把握聚众斗殴罪的犯罪构成及转化要件?

三、裁判理由

本案涉及刑事和附带民事问题较多,主要集中以下。

(一)单方有聚众斗殴故意的也可以构成聚众斗殴罪

聚众斗殴罪的典型形态是双方均在3人以上,且均有一与对方殴斗故意的情形。本案因私仇引发,只有倪某一方有殴打对方的故意,是否构成聚众斗殴罪呢?我们认为,对此类案件应依照聚众斗殴罪的构成特点,全面分析案件的主客观情况,防止片面强调客观行为条件,忽视行为人主观故意内容而导致简单化的错误倾向,从而准确定罪量刑。在殴斗的理解上,我们认为,只要双方或一方采用暴力方式进行殴斗,不论采用何种暴力方式都是结伙殴斗行为。从倪某一方的主观故意看,其要实施的行为方式是以殴斗的方式报复"东边人"。其殴打的对象不是特定的"东边人"而是不特定的"东边人",具有随意性;其目的是为"老大"张乙报仇,且明知网吧、街道是公共场所,其所侵害的不仅是他人的人身安全,更主要的是社会公共秩序。客观上倪某一方也按照计议,纠集二十多人结伙持刀等械具在街道、网吧寻找,并随意殴斗他们认为的所谓"东边人"。被告人倪某虽一方具有斗殴故意,倪某等9人同样构成聚众斗殴罪。

(二)聚众斗殴向故意伤害的转化

首要分子对全部犯罪事实负责,所以倪某作为首要分子无论其是否实施实行行为,应转化为故意伤害无异议。在众小门前9名被告人中的倪某、韩甲、张乙、刘甲、周某、胡甲与在逃的汪某、刘乙等均对张甲实施了砍打的行为,在主观上具有殴打"东边人"的故意,对于殴打张甲的后果,6人均持放任心理;在客观上,6人及汪某、刘乙等人相互配合,实施拖拽、砍、打的行为。尽管行为人所处的地位、具体分工、参与程度可能不同,但他们行为指向的目标相同。为达到同一个目的,每一个人的行为都是整个加害行为的有机组成部分。因此共同行为人的行为与张甲重伤的结果之间互为因果关系。本案中,又难以分清致被害人张甲重伤的直接责任人。所以,韩甲、张乙、刘甲、周某、胡甲参与砍打张甲的行为均应按《刑法》第292条第2款的规定转化为故意伤害罪。而被告人夏甲、朱甲、王甲没有对张甲实施拖拽、砍、打的客观行为,故3人仍只应定聚众斗殴罪。

(三)"次"的认定

本案中,被告人倪某一方在聚众斗殴前,其主观打算是因为"东边人"经常在"东方网络"网吧内上网,因而决定向东方网络网吧行进。如在街上遇到"东边"小孩,也可以对其实施殴打。客观行为的发展正如被告人倪某的计划,在离东方网络网吧500米远处的众小门,遇到被害人张甲,并对张甲实施砍打行为。而根据本案的侦查看,并没有证据证明张甲是所谓的"东边人"。而只是他们认为张甲经常在"东边人"开的东方网络网吧上网,估计是"东边人"。在整个2月15日的行为中,9名被告人的行为应定一个行为还是两个行为,有不同的认识。一种观点认为,两个地点在时间上存在一定的连续,地点的转换只是为了完成同一个目的,所以应认定为1次;另一种观点认为,虽然目的相同,但东方网络网吧与众小门相隔较远,属于不同的地点,在时间上相隔近15分钟,应认定为2次。我们认为,本案是单方有聚众斗殴故意,在时间上有明显的间隔;而在场所上,是相隔在500米远的不同地方;客观上针对的对象,一是无证据证明是"东边人"的张甲,二是东方网络网吧内的人。两个行为在时间、地点、针对的对象上,均有不同。虽然是同一个故意支配,但在行为上不是持续而是连续,在两地均可以独立地构成聚众斗殴犯罪,故应认定为2次。

(四)最高人民法院《关于审理人身损害赔偿案件适用法律若干问题的解释》(以下简称《人损解释》)第5条在附带民事诉讼中的适用

《人损解释》第5条规定:"赔偿权利人起诉部分共同侵权人的,人民法院应当追加其他共同侵权人作为共同被告。赔偿权利人在诉讼中放弃对部分共同侵权人的诉讼请求的,其他共同侵权人对被放弃诉讼请求的被告应当承担的赔偿份额不承担连带责任。责任范围难以确定的,推定各共同侵权人承担同等责任。""人民法院应当将放弃诉讼请求的法律后果告知赔偿权利人,并将放弃诉讼请求的情况在法律文书中叙明。"本案中,从刑事上无法确定直接责任人,故在民事责任上也难以分清各责任人的责任份额,各侵权行为人应当承担同等责任。在本案中如何确定共同侵权人?我们认为,虽然在刑事部分认定的事实叙述中,叙述了倪某等纠集二十余人,但这并不能作为确定本案中承担民事责任的侵权行为人数的依据。由于本案中,如汪某、刘乙虽直接认定了其实施了砍打的行为。但由于刑事优先、先刑事后民事,无罪推定的制约,故不能将在逃的犯罪嫌疑人确定为承担民事责任的侵权行为人。即使将汪某、刘乙等强行追加为共同侵权行为人，而在程序上明知其在逃无法到庭应诉而为，既不利于被追加入，也不利于被害人(公告送达涉及时间及费用问题)。本案中，赵某、吴某、朱丙虽在刑事部分未确定其殴打张甲，但司法机关已明确认为其不构成犯罪，其刑事问题已确定。故从程序上，应当将该3人确定为共同侵权行为人。故本案的侵权行为人应认定为12人。这样认定侵权行为人，在保护被害人的实体权利上，并无不利。因为法官要尽到告知的释明义务，同时相关责任人对相关份额承担连带责任。本案中，部分被告人已向被害人作出了部分赔偿或承诺赔偿，其每一个人赔偿的份额未超过赔偿总额的1/12。所以在尊重被害人权利处分，并将这些权利处分的后果告知被害人的前提下，法院判决倪某、周某、刘甲应当共同连带赔偿38484.06元中的3/12即9621元，是正确的。所以对《人损解释》第5条的共同侵权行为人的认定上，既要坚持该条的内在精神，又要考虑刑事案件引起的民事赔偿案件的特殊性；既要保护犯罪嫌疑人的权利，更要公正而有效率地保护被害人的合法权利。

(五)18周岁以前实施侵权行为，而在审判时被告人已满18周岁，被告人的法定代理人承担的民事责任应是补充民事责任

本案中被告人刘甲在作案时不满18周岁，而在本案的开庭时(2004年10月11日)已满18周岁。刘甲的母亲即附带民事诉讼被告人纪某承担的是直接的赔偿责任，还是补充的赔偿责任呢？《民法通则》第133条规定："无民事行为能力人、限制民事行为能力人造成他人损害的，由监护人承担民事责任。"最高人民法院《关于贯彻执行〈中华人民共和国民法通则〉若干问题的意见》(试行)第161条第1款规定："侵权行为发生时行为人不满十八周岁，在诉讼时已满十八周岁，并有经济能力的，应当承担民事责任，行为人没有经济能力的，应当由原监护人承担民事责任。"也就是说在此情况下，行为人自己承担责任是基础和前提。只有在其无能力情况下，原监护人才应承担赔偿责任。但无能力如何判断呢？我们认为，在审理程序中重点解决应否赔偿事宜，无时间和手段去查明行为人的经济能力状况；而在执行程序中，可以通过查询、查封、冻结、调查等执行手段查明侵权人的经济能力。所以，对此能力的判断应留待执行程序中作出。故在对民事侵权部分作出判决时，原监护人只应对侵权人不能赔偿部分承担补充责任。本案中，应判决纪某对被告人刘甲不能支付部分承担补充赔偿责任，而不是纪某直接承担赔偿责任。

(执笔：江苏省泗阳县人民法院　周　猛)

五、辩点分析

聚众斗殴罪通常有以下几个辩点："聚众"形式的认定，"斗殴"形式的认定，主观故意和流氓动机的关系，首要分子、积极参加者和主犯、从犯的认定，持械聚

众斗殴的认定,聚众斗殴转化犯的辩护,如实供述、积极赔偿和自首、立功。

(一)"聚众"形式的认定

聚众斗殴罪中的斗殴是一种行为,但"聚众"只是斗殴的形式,而不是一种行为。因此聚众斗殴罪是单行为犯,而不是复行为犯。"聚众"的范围包括为斗殴而"聚众",但不仅仅局限于此形式,也包括非为斗殴而因其他原因临时起意而聚众。"聚众"的重点不在"聚"的行为,而在"众"的形式。

以行为人是否实施了"聚"的行为为标准,聚众斗殴的形式可以分为 3 种:一是纠集者实施了"聚"行为的聚众斗殴,即行为人在斗殴之前有纠集、指挥、策划、组织的行为,斗殴行为实施时亦有众人参与;二是纠集者没有实施"聚"的行为的聚众斗殴,斗殴行为实施时虽有众人参与,但在斗殴之前没有明显的首要分子或纠集者,系零散的参与者在无人纠集的情况下,自动地聚集在一起实施斗殴;三是因为其他原因而非为了斗殴而聚集在一起,后临时起意而众人一起斗殴。这三种情形都构成聚众斗殴罪。

"聚众"中的"众"是指 3 人以上(含本数),人数众多。"众"是对参与斗殴的一方的人数要求,而不是对斗殴双方都有这样的要求。也就是说,构成本罪不要求斗殴的双方都是 3 人以上,只要单方人数达到 3 人以上即可。

正确地理解"聚众"的含义,对界定聚众斗殴罪的罪与非罪具有重要的意义。只有做到这一点,才能在案件中寻找辩点。

(二)"斗殴"形式的认定

"斗殴"的含义是殴打,但不必是相互殴打。聚众斗殴罪中的参与双方或多方不要求是相互殴打。仅有一方实施了殴打另一方的行为,另一方没有实施攻击对方的行为,也能构成本罪中的"斗殴"。

聚众斗殴罪的本质是藐视国家法纪、破坏公共秩序。无论是单方的殴打行为,还是双方的殴打行为,只要实施了聚众斗殴的行为,藐视法纪、破坏公共秩序,就能构成聚众斗殴罪。因此,如果将"斗殴"的形式限定为必须是双方或多方之间实施相互殴打的话,则可能缩小刑法规制的范围,放纵一部分犯罪。所以,本罪中的"斗殴"不要求双方或多方之间的相互殴打,单方殴打也可构成本罪。

另外,殴打必须是对身体的暴力攻击,暴力要达到一定的程度。如果暴力没有达到一定的程度,不能构成本罪中的"斗殴"。比如,轻微地拍打对方的身体不能认定为殴打;猥亵侮辱他人、将人捆绑起来剥夺自由、强力挟持他人等,也不构成本罪中的殴打。如果构成其他罪名的,可按其他罪名处罚。

(三)主观故意和流氓动机的关系

和其他犯罪一样,本罪的主观故意由认识因素和意志因素组成。在认识因素方面,要求行为人认识到自己的行为性质是斗殴,同时也要求认识到多人一起参与斗殴;在意志因素方面,要求行为人明知是聚众斗殴而实施该行为。

本罪是由1979年的流氓罪演化而来的。根据此解释,1979年《刑法》第160条流氓罪的规定,"聚众斗殴、寻衅滋事、侮辱妇女或者进行其他流氓活动,破坏公共秩序,情节恶劣的,处七年以下有期徒刑、拘役或者管制。流氓集团的首要分子,外七年以上有期徒刑"。1984年11月2日最高人民法院、最高人民检察院《关于当前办理流氓案件中具体应用法律的若干问题的解答》指出,聚众斗殴,一般是出于私仇、争霸或者其他流氓动机而成帮结伙地斗殴。根据此规定,1979年《刑法》中流氓罪的成立需要具有流氓动机,亦即行为人具有争霸一方、报私仇等动机。但是,在现行《刑法》将聚众斗殴罪单独规定为犯罪之后,该罪的构成是否还需要流氓动机呢?有部分学者认为,基于历史解释中立法者的原意,聚众斗殴罪的成立需要具备流氓动机。上海市高级人民法院出台的《关于办理聚众斗殴犯罪案件的若干意见》、江苏省公检法机关联合出台的《关于办理涉枪涉爆、聚众斗殴案件具体应用法律若干问题的意见》也持相同的观点。然而,这种观点是值得商榷的。流氓动机的内容究竟应该有哪些具体的内涵和外延,这是不确定的。也就是说,流氓动机的内容是非常抽象和模糊的。这使得裁判者的自由裁量的空间太大,从而导致裁判者的擅断。全国人大常委会副委员长王汉斌在1997年《刑法修订草案的说明》中指出:"由于流氓罪的规定比较笼统,实际执行中定为流氓罪的随意性较大,所以要将流氓罪分解为四条具体规定,以减少司法适用的不确定性。"就是因为流氓动机的内容太抽象、模糊,流氓罪的随意性太大。所以才将流氓罪分解为4个罪名,以增强它的确定性。如果聚众斗殴罪的构成仍需要随意性太大的流氓动机的话,那么仍将无法摆脱司法裁判的不确定性和擅断。而从1997年《刑法》规定的聚众斗殴罪的客观要件和客体来看,只要满足了聚众斗殴、藐视国家法纪和社会公德,破坏公共秩序的条件,就可以认定为聚众斗殴罪。因此,对于不具备流氓动机的聚众斗殴行为,如因民事纠纷引发的聚众斗殴,也是应当构成聚众斗殴罪的。事实上,在实践中发生的聚众斗殴行为大多都是事出有因,真正因为无事生非产生的聚众斗殴行为少之又少。如果将流氓动机作为聚众斗殴罪的必要要素,就会放纵犯罪。

(四)首要分子、积极参加者和主犯、从犯的认定

《刑法》第97条规定:"本法所称首要分子,是指在犯罪集团或者聚众犯罪中

起组织、策划、指挥作用的犯罪分子。”只要是在聚众斗殴中实施了组织、策划、指挥行为，起到了主要作用，就可认定为首要分子。至于其是否参与了斗殴，不受影响。如果首要分子既实施了组织、策划、指挥，又直接参与了斗殴，那么包括首要分子在内的参与者达到3人以上（含本数），就可构成聚众斗殴罪；如果首要分子只是实施了组织、策划、指挥，而没有参与斗殴，则除首要分子以外的参与者需要达到3人以上（含本数），才能构成聚众斗殴罪。

聚众斗殴的积极参加者，是指首要分子之外积极参与斗殴行为的参加者，即斗殴行为的主要实行者（主要的实行犯），不包括次要的实行者、一般的帮助者。

在聚众斗殴罪中，首要分子一般在共同犯罪中起主要作用，故一般是主犯。但也有例外，如在聚众斗殴中有可能有数个首要分子，有的首要分子只是起到次要的策划作用，在整个案件中发挥的作用不是很大，就很有可能认定为从犯。有的聚众斗殴是各个零散的个人，在没有人召集的情况下实施斗殴。对于这种聚众斗殴，没有首要分子，只有积极参加者。积极参加者一般也可被认定为主犯。但相关事实表明积极参加者对聚众斗殴所起作用较小、参与程度较小，或者对危害后果的发生没有直接责任时，可以认定为从犯。

聚众斗殴中，首要分子、积极参加者可以全部认定为主犯，或者部分认定为主犯，部分认定为从犯，但一般不可以全部认定为从犯。被控聚众斗殴罪的嫌疑人，其在具体的案件中究竟是首要分子，还是积极参加者，或者是一般参加者；究竟是主犯还是从犯，这涉及具体的量刑问题。对于一般参加者，还涉及罪与非罪的问题（一般参加者不构成聚众斗殴罪）。这些，都是辩护人应该寻找的重要的辩护空间。

（五）持械聚众斗殴的认定

如何认定持械聚众斗殴，一般认为“械”就是指凶器。全国人大常委会于1983年颁布了《关于严惩严重危害社会治安的犯罪分子的决定》，其中第1条规定：“携带凶器，是指携带匕首、刮刀等治安管制刀具和枪支、铁棍、木棍等足以致人伤亡的器械。”前述全国人大常委会的《决定》虽然已经废止，但其关于“凶器”的解释精神仍然是准确的，完全符合法理精神。另外，根据器械的通常用途，可将凶器分为性质上的凶器和用法上的凶器两种。性质上的凶器是指枪支、爆炸物、管制刀具等，通常用途是专门用于杀伤他人，对于此类器械国家禁止个人携带；用法上的凶器是指为了实施犯罪而携带其他具有杀伤性的器械，此类器械的通常用途并非专门用于杀伤他人，而是用于一般日常生活，但其物理属性也使其可用于杀伤他人，如钢管、砖块、石头、木棒。

以上是关于“械”的理解。那么关于“持”的理解又是如何呢？按照法理，“持械”中的“持”是指实际使用或向对方展示、显示，用以威吓对方。

因此，所谓持械聚众斗殴是指斗殴的一方或双方或多方使用枪支、爆炸物、管制刀具等性质上的凶器或持钢管、砖块、石头、木棒等用法上的凶器进行斗殴的行为；或者虽未实际使用但向对方展示上述“械”，威吓对方并与对方斗殴的行为。由于持械聚众斗殴属于加重犯，其量刑比一般性质的聚众斗殴的量刑要高。故准确地认定行为人的行为是否属于持械聚众斗殴对于辩护有着重要的意义。

（六）聚众斗殴罪转化犯的辩护

根据《刑法》第 292 条第 2 款的规定，聚众斗殴，致人重伤、死亡的，以故意伤害罪、故意杀人罪定罪处罚，此即聚众斗殴转化犯的规定。但是，我们要杜绝一种错误认识，即不能错误地认为，只要聚众斗殴在客观上造成了对方重伤、死亡的结果，无论行为人对重伤、死亡结果的主观心态如何，一律都认定为故意伤害罪、故意杀人罪。对任何犯罪，包括聚众斗殴罪的转化犯在内，都应坚持主客观一致的原则，即对于聚众斗殴罪的转化犯，行为人在主观上也必须有伤害、杀人的故意，行为才能转化为故意伤害、故意杀人罪。故意要素并不因为此款转化犯的规定而在犯罪成立要素中被缺省，只是由客观推断主观之时被作为无相反证据情况下的推断结论。

对于可以查明造成重伤、死亡结果直接加害人的，应将直接加害人、共同加害人认定为故意伤害罪、故意杀人罪。对于聚众斗殴的首要分子，如无相反证据证明其对于重伤、死亡结果是持反对态度的，也应认定为故意伤害罪、故意杀人罪。对于不能查明造成重伤、死亡结果直接加害人的，则只能认定首要分子构成故意伤害罪、故意杀人罪。同样，如果有证据证明首要分子已明确表示反对重伤、死亡结果的，则不能转化为故意伤害罪、故意死亡罪，只能认定为聚众斗殴罪。

以上是聚众斗殴罪转化犯在法理上的认定规则。如果被控故意伤害罪、故意杀人罪的嫌疑人的辩护人能够准确地认定哪些构成转化犯，哪些不构成转化犯，则将能及时地抓住有利的辩点，为当事人辩护。

（七）如实供述、积极赔偿和自首、立功

根据最高人民法院的量刑指导意见和各省高级人民法院的实施细则，如实供述、真诚悔罪、积极赔偿，一直都是作为一个重要的酌定从轻情节而存在的。被控聚众斗殴罪的嫌疑人如在案件中具备这些酌定从轻情节，毫无疑问将是一个有利的辩点，嫌疑人及其辩护人应善于发现、挖掘或者创造这一酌定从轻情节。

自首和立功在《刑法》总则里一直都是作为法定从轻情节存在的，对于所有

的罪名都是同等适用的,聚众斗殴罪也不例外。由于本书在前面的几个章节里,都详细谈到自首和立功的辩点内容,这里就不再赘述。

第三节　寻衅滋事罪的风险识别与辩点分析

一、寻衅滋事罪的构成要件

(一)概念

寻衅滋事罪是指肆意挑衅,随意殴打、骚扰他人或任意损毁、占用公私财物,或者在公共场所起哄闹事,严重破坏社会秩序的行为。

(二)构成要件

1. 寻衅滋事罪的主体为一般主体,凡已满 16 周岁具有刑事责任能力的自然人均能成为本罪的主体。行为人只要实施了寻衅滋事的行为,此罪名既可由单个人实施,也可由结伙聚众形式出现。

2. 寻衅滋事罪的主观方面是直接故意,即明知自己的行为会发生破坏社会秩序的危害结果,并且希望这种结果发生。行为人的犯罪动机是为了满足耍威风、取乐子等不正常的精神刺激或其他不健康的心理需要。

3. 本罪侵犯的客体是复杂客体,即公民的人身财产权利以及公共秩序。所谓公共秩序,包括公共场所秩序和生活中人们应当遵守的共同准则。

4. 寻衅滋事罪的客观方面具体表现为:

(1)随意殴打他人,情节恶劣的。随意殴打他人,是指出于耍威风、取乐子等不健康动机,无故、无理殴打相识或者素不相识的人。这里的“情节恶劣的”,是指随意殴打他人手段残忍的,多次随意殴打他人的;造成被殴打人自杀等严重后果的等。

(2)追逐、拦截、辱骂、恐吓他人,情节恶劣的。追逐、拦截、辱骂、恐吓他人,是指出于取乐、寻求精神刺激等不健康动机,无故无理追赶、拦挡、侮辱、谩骂、恐吓他人,多表现为追逐、拦截、辱骂妇女。这里的“情节恶劣的”,主要是指经常性追逐、拦截、辱骂、恐吓他人的;造成恶劣影响或者激起民愤的;造成其他后果的等。需要指出的是,如果行为使用暴力、胁迫或者其他方法强制猥亵或者侮辱妇女的，则构成强制猥亵、侮辱妇女罪。

(3)强拿硬要或者任意损毁、占用公私财物，情节严重的。强拿硬要或者任意损毁、占有公私财物，是指以蛮不讲理的流氓手段，强行索要市场、商店的商品以及他人的财物，或者随心所欲损坏、毁灭、占用公私财物。这里的情节严重的，是指强拿硬要或者任意损毁、占用的公私财物数量大的；造成恶劣影响的；多次强拿硬要或者任意损毁、占用公私财物的；造成公私财物受到严重损失的；等等。

(4)在公共场所起哄闹事，造成公共场所秩序严重混乱的。行为人只要有上述4种情形中的任意一种，就构成寻衅滋事罪。但在审判实践中，行为人往往既“强拿硬要”，又“随意殴打他人”，或者先“追逐、拦截、辱骂他人”，后“任意损毁、占用公私财物”。行为人为满足其寻求精神刺激、开心取乐的流氓动机，一般会实施多个行为。这时，只以本罪一罪认定。

二、寻衅滋事罪的量刑规定

根据《刑法》第293条的规定，“有下列寻衅滋事行为之一，破坏社会秩序的，处五年以下有期徒刑、拘役或者管制：(一)随意殴打他人，情节恶劣的；(二)追逐、拦截、辱骂、恐吓他人，情节恶劣的；(三)强拿硬要或者任意损毁、占用公私财物，情节严重的；(四)在公共场所起哄闹事，造成公共场所秩序严重混乱的”。

纠集他人多次实施前款行为，严重破坏社会秩序的，处5年以上10年以下有期徒刑，可以并处罚金。

三、寻衅滋事罪的认定标准

(一)寻衅滋事罪与聚众扰乱社会秩序罪、聚众扰乱公共场所秩序罪的界限

1. 寻衅滋事罪是为了满足耍威风、取乐子、无事生非、借故生非等不正常的精神刺激，或其他不健康的心理需要。后两者的犯罪动机是为了实现个人的某种不合理要求，用聚众闹事的形式，扰乱机关、团体、单位的正常秩序；或者扰乱公共场所秩序或交通秩序，对有关单位、机关、团体乃至政府施加压力。

2. 寻衅滋事罪不要求聚众，而后两者必须是多人以聚众形式出现。

3. 寻衅滋事罪在客观方面表现为随意殴打他人，情节恶劣的行为；或者追逐、拦截、辱骂、恐吓他人，情节恶劣的行为；或者强拿硬要或者任意毁损、占用公私财物，情节严重的行为；或者在公共场所起哄闹事，造成公共场所秩序严重混乱的行

为。后两者在客观方面表现为聚众冲击国家机关、企事业单位、人民团体或者扰乱公共场所秩序、交通秩序，情节严重的行为。

4. 寻衅滋事罪的所有参与者都要以本罪追究刑事责任；后两者只追究首要分子和积极参加者的刑事责任。

（二）寻衅滋事罪与敲诈勒索罪的界限

两者的区别在于：寻衅滋事行为人勒索的动机是为了满足精神上的刺激，故意炫耀，因此犯罪往往是当面地、直截了当地进行；而敲诈勒索行为人向被害人索取财物是主要目的，因此他为了逃避法律追究常常以间接的或当面暗示的方法进行，往往采取隐秘的方法，持着不愿让人觉察的态度。

（三）寻衅滋事罪与强迫交易罪的界限

两者的客观方面都可能表现为强买强卖等行为，但侵犯的客体不同：前者主要侵犯的是社会管理秩序，后者侵犯的是正常的市场交易秩序；两者的主观目的不同：前者是为了寻欢取乐、无事生非、借故生非，后者是为了谋取非法的经济利益；两者的主体特征不同：前者主体包括自然人和单位，而寻衅滋事罪的主体只限于自然人。

（四）寻衅滋事罪与故意伤害罪的区别

1. 动机不同

寻衅滋事基于打人取乐发泄或者显示威风、无端寻衅之动机；故意伤害往往产生于一定的事由或者恩怨。

2. 行为对象不同

寻衅滋事的行为对象是不特定的，而故意伤害往往是特定事情的关系人。

四、典型案例

张某等寻衅滋事案[①]

一、基本案情

惠济区检察院以张某、韩某、倪某犯抢劫罪向法院提起公诉。张某、韩某、倪某及其辩护人对起诉书指控的事实均不持异议，但均称主观上无抢劫的故意，其

---

① 案例来源：《刑事审判参考》2008年第6集（总第65集）。

行为不构成抢劫罪,并请求从轻处罚。

法院经不公开审理查明:张某在上学期间与同学秦某关系较好,并曾帮助过秦某。张某在毕业联系工作时让秦某帮忙,因秦某不予提供帮助以致心生不满。2007年6月17日17时许,张某得知秦某要到富景生态园游玩,便电话通知韩某到富景生态园"收拾"秦某。韩某接到电话后,即骑车带着倪某赶到富景生态园。在富景生态园,张某向韩某指认秦某后,韩、倪遂上前对秦进行殴打。然后,张某要求秦某给钱。因秦某身上钱少,便要走其手机2部,并让其第2天拿钱换回手机,张某、韩某各带走一部手机。后经秦某索要,张某将一部手机归还,但另一部手机被张卖掉,赃款被张和韩挥霍。经鉴定,2部手机共计价值1033元。

法院认为,张某、韩某、倪某随意殴打他人,强拿硬要,情节恶劣,其行为均已构成寻衅滋事罪。检察院指控的事实成立,但指控的抢劫罪罪名不妥。倪某的法定代理人提出其系未成年人、从犯的意见成立,予以采纳。综合各被告人的犯罪事实、情节、作用、社会危害性、认罪态度等具体情节,对各被告人予以量刑。依照《刑法》第293条、第25条、第26条、第27条、第17条的规定,认定张某、韩某、倪某犯寻衅滋事罪,分别判处被告人张某有期徒刑1年6个月,判处被告人韩某有期徒刑1年,判处被告人倪某有期徒刑6个月。

一审宣判后,检察院提出抗诉。3人均服判不上诉。抗诉理由是:原判认定罪名不正确,适用法律不当,张某、韩某、倪某以非法占有为目的,当场使用暴力强行劫取他人财物,其行为均已构成抢劫罪。市检察院支持上述抗诉意见。

法院经审理后认为,原审被告人张某、韩某、倪某随意殴打他人,强拿硬要,情节恶劣,其行为均已构成寻衅滋事罪。张某、韩某在共同犯罪中起主要作用,均系主犯。倪在共同犯罪中起次要作用,系从犯,且犯罪时未满18周岁,依法应当从轻或者减轻处罚。关于抗诉机关及支持抗诉的市检察院提出本案应定性为抢劫罪而非寻衅滋事罪的理由,经查,三人出于教训、报复他人的动机,随意殴打他人,并采用蛮不讲理的手段强行索要他人财物,其行为符合寻衅滋事罪的主客观要件。故抗诉机关的抗诉理由不能成立,不予采纳。原审判决认定的事实清楚,证据确实充分,定性准确,适用法律正确,审判程序合法,但对原审被告人倪量刑不当。依照《刑事诉讼法》第189条第1款、第2款,《刑法》第72条第1款、第73条第2款,最高人民法院《关于审理未成年人刑事案件具体应用法律若干问题的解释》第16条之规定,维持区院对张某、韩某的定罪、量刑及对倪某的定罪;对倪改判有期徒刑6个月,缓刑1年。

二、主要问题

本案中,3名被告人以轻微暴力强索硬要他人财物的行为应构成寻衅滋事罪还是抢劫罪?

三、裁判理由

本案审理中，对3名被告人的行为如何定性检法意见分歧较大。检察机关认为构成抢劫罪，主要理由有以下几个方面。3名被告人对被害人实施暴力后，强行索要财物，并占有被害人2部手机，事后经被害人要求虽退还1部，但仍非法占有另1部不退还，卖得赃款挥霍。3名被告人主观上非法占有的目的明显，且非法占有的目的贯彻始终；客观上实施了使用暴力强行索取财物的行为，侵犯对象、目标具有特定性，符合抢劫罪的构成要件。法院则认为，此案应定寻衅滋事罪。

一般来讲，抢劫罪与寻衅滋事罪不难区分。但是，在伴随轻微暴力强索财物的场合。要准确界定这两个罪名，则存在一定的难度。对于本案，我们同意法院的处理意见，具体理由如下。

（一）三被告人的主观目的不是非法占有被害人的财物，而是报复、教训被害人

本案中，被告人张某与被害人秦某系同学，二人不仅相识，而且还曾经非常要好。上学期间，张某还曾给予过秦某某些帮助。因此，张某自认为其对秦某有恩，秦某应当知恩图报。但是，在毕业联系工作时，尽管张某请求秦某帮忙，可是秦某却没有照张某的意思办。同时，张某向秦某借钱秦某也不给。因此，张某遂产生了教训秦某的想法。张某在纠集同案被告人韩某、倪某时，即明确提出帮忙“修理”秦某一顿。3名被告人见到被害人秦某后，所采取的轻微暴力殴打、强行拿走秦的2部手机，并索要钱财等行为，其目的主要是教训、“修理”秦某。这一点，从其后来的事态发展也能看得出来：张某先是要1万元，看秦某拿不出，于是退一步让秦某“不行的话拿三条帝豪牌香烟也行”（一条帝豪牌香烟价值近100元）。后来看到秦某身上实在没钱，遂又提出让秦某第2天给其300元并拿走秦某的2部手机作抵押，让秦某拿钱换手机。后经秦某索要，张某又退还了其中的一部手机。因此，3名被告人实施的暴力殴打和强拿硬要手机行为。其主观上并不单纯是为了非法占有被害人的财物，而是通过这些方式以实现教训、报复被害人的目的。

（二）三被告人实施的暴力、胁迫强度尚未超出寻衅滋事罪所要求的强度标准

基于教训被害人的目的，3名被告人前去见秦某时没有携带任何凶器，韩某和倪某仅对秦某实施了简单的拳打脚踢行为（张某没有动手）。秦某也没有受伤，属于轻微暴力。秦某当时如欲反抗或者逃跑，都是完全可以的。但是他没有这样做，而只是进行辩解、认错和求饶，并任由被告人拿走他身上的2部手机。手机被拿走后，他也没有当即向公安机关报案，而是采取了事后索要的方式，要回了其中的1部。可见，3名被告人实施的暴力、胁迫强度很一般，尚未超出寻衅滋事罪中“随意殴打他人”、“强拿硬要”的范围。

通过以上两方面可以看出，寻衅滋事罪虽然是妨害社会管理秩序犯罪，但有时行为人主观上也具有非法占有他人财物的故意，客观上也实施了强拿硬要他人财物的非法占有行为，侵犯了他人的人身权利和财产权利，与抢劫罪的构成特征有些近似。但是，仔细分析其主客观方面的表现，还是能够找出一定差异的。最高人民法院《关于审理抢劫、抢夺刑事案件适用法律若干问题的意见》第9条中对此作了明确阐述：寻衅滋事罪行为人主观上还具有逞强好胜和通过强拿硬要来填补其精神空虚等目的，客观上一般不以严重侵犯他人人身权利的方法强拿硬要财物；抢劫罪行为人一般只具有非法占有他人财物的目的，以暴力、胁迫等方式作为劫取他人财物的手段。

因此，3名被告人出于教训、报复他人的目的，使用轻微暴力强拿硬要财物的行为扰乱了正常的社会秩序。其暴力强度并未超出寻衅滋事罪所涵括的程度，符合寻衅滋事罪的构成要件，以寻衅滋事罪定罪评价更为客观和准确。

（三）根据罪刑相适应原则，权衡被告人的主观恶性及犯罪行为的社会危害性，认定为寻衅滋事罪才能罚当其罪

《刑法》第5条规定："刑法的轻重，应当与犯罪分子所犯罪行和承担的刑事责任相适应。"这就是我国《刑法》中的罪刑相适应原则。其基本含义，就是刑罚的轻重应与犯罪的轻重相适应。作为《刑法》一项基本原则，该原则不但对立法中刑罚的设定、司法中刑罚的具体裁量起着关键的作用，而且在区分不同的犯罪中也具有非常重要的意义。抢劫罪在我国《刑法》中属于重罪，其起刑点就是3年有期徒刑，最高刑是死刑；相对而言，寻衅滋事罪是一种轻罪，只能判处5年以下有期徒刑、拘役或者管制。寻衅滋事罪与抢劫罪的法定刑规定之所以如此轻重悬殊，其中一个非常重要的原因就在于抢劫犯罪的社会危害性、对被害人人身的危险性以及侦破的难度，都远远高于寻衅滋事罪。寻衅滋事罪的行为人在随意殴打、强拿硬要或任意毁损公私财物时，一般不隐瞒自己身份，通常还多发生在熟人之间。其最终或者说最主要的目的在于寻求一种精神刺激，炫耀自己的威能。故此类案件对被害人造成的伤害比较轻微，司法机关查处起来也较容易。但抢劫罪的行为人则往往对被害人隐瞒身份，通常选择陌生人作为作案对象，给被害人造成的人身伤害也往往较为严重，侦破查处起来也更加困难。因此，正确区分抢劫罪和寻衅滋事罪，不仅要考量其犯罪构成的迥异；在行为性质不甚明确时，还要依据罪刑相适应原则，凭借社会一般观念，权衡一下行为人应受处罚的轻重和处刑后可能会产生的社会效果，以期最终准确认定行为人的行为性质和罪名。在抢劫罪与寻衅滋事罪量刑存在巨大差异的情况下，出于保护未成年人的目的，根据最高人民法院《关于审理未成年人刑事案件具体应用法律若干问题的解释》第8条的规定，已满十六周岁不满十八周岁的人出于以大欺小、以强凌弱或者寻求精神

刺激，随意殴打其他未成年人、多次对其他未成年人强拿硬要或者任意毁损公私财物，扰乱学校及其他公共场所秩序，只有达到“情节严重”的程度，才以寻衅滋事罪定罪处罚。司法实践中，对于未成年人使用或威胁使用轻微暴力强抢少量财物的行为，一般不以抢劫罪定罪处罚。

综上所述，本案中，3人的行为从形式上来看与抢劫罪有些相似，但考虑其实施暴力的程度并未超出寻衅滋事罪所要求的范围。其主观上出于报复教训他人的动机，亦非单纯以非法占有为目的；以及归还1部手机给被害人、索要财物价值不高，且3名被告人中有1人为未成年人，另2人刚刚成年等情节，一审、二审法院以寻衅滋事罪对其定罪处刑是正确的，准确贯彻了罪刑相适应的基本原则。

（执笔：最高法院刑三庭　司明灯　郑州中院　余剑锋　刘思源　审编：最高法院刑三庭　罗国良）

五、辩点分析

寻衅滋事罪的辩点主要从以下几个方面厘清：寻衅滋事罪客体的认定，寻衅滋事罪主观方面的认定，随意殴打型寻衅滋事罪的认定，追逐、拦截、辱骂、恐吓型寻衅滋事罪的认定，强拿硬要或者任意损毁、占用公私财物型寻衅滋事罪的认定，起哄闹事型寻衅滋事罪的认定，对物价鉴定意见的质证，寻衅滋事罪加重犯的认定。

（一）寻衅滋事罪客体的认定

《刑法》第293条所规定的4种具体寻衅滋事行为的侵害对象分别是健康权、人格权、财产权和公共场所秩序。这4种侵害对象差别很大，但为什么要归属于同一个罪名里呢？这是由寻衅滋事罪的本质特征决定的。《刑法》通说认为，寻衅滋事罪的本质特征是破坏社会秩序《刑法》第293条所规定的4种具体寻衅滋事行为，并不是简单的侵犯人身权利、财产权利或者侵犯公共场所秩序的行为，它们同时带有破坏社会秩序的性质。换一句话说，行为人是通过对人身权利、财产权利和公共场所秩序的侵害达到对社会秩序破坏的目的。反过来说，寻衅滋事罪中的侵犯人身权利、财产权利的行为，都必须带有破坏社会秩序的性质，才能归属于寻衅滋事罪。否则，只能是故意伤害罪、故意毁坏财物罪，或者是一般的侵犯人身权利或者侵犯财产权利的行为。比如，殴打他人的行为，如果殴打的是不特定的人，带有随意殴打的性质，即可以说是带有破坏社会秩序的行为。因为这种行为首先侵犯的是社会秩序，其次才是他人的身体。再如，殴打他人的地点是在公共场所，那么首先侵犯的也是社会秩序。

本罪所侵犯的客体是社会秩序。虽然其行为方式包含了侵害人身、财产等内容,但这只是与侵犯人身权利罪、侵犯财产罪之间发生重合而已,其本质是破坏社会秩序。殴打他人、辱骂他人以及强拿硬要等侵犯人身权利和财产权利的行为,只有当它同时也具有破坏社会秩序性质的时候,并且是主要的性质的时候,它才构成寻衅滋事罪。如果不具有破坏社会秩序的性质,则这些行为不构成寻衅滋事罪。

由于寻衅滋事罪与其他罪名在辨别上容易混淆,故对于寻衅滋事罪客体的认定能够帮助辩护人把握寻衅滋事罪的本质,并进而为当事人有效地辩护。

(二)寻衅滋事罪主观方面的认定

《刑法》通说认为,寻衅滋事罪在主观方面必须具有流氓动机。这一主观要素虽然来源于已经被废弃的“流氓罪”,但在司法实践中,要想准确地区分寻衅滋事行为与其他非寻衅滋事行为的界限,流氓动机这一主观要素必不可少。比如,无故殴打行为在一定程度上区别于事出有因的殴打。然而,仅仅凭此仍然难以准确地界定寻衅滋事行为。如果在此基础上,再参考主观上是否具有流氓动机,可以为最终认定寻衅滋事罪提供依据。

根据最高人民法院、最高人民检察院于 2013 年 7 月 15 日颁布的《寻衅滋事罪司法解释》,寻衅滋事在行为人的主观上可以分为两种类型。一种是“无事生非”型的寻衅滋事。它的主观方面是“行为人为寻求刺激、发泄情绪、逞强耍横等,无事生非”;另一种是“借故生非”型的寻衅滋事,它的主观方面是“行为人因日常生活中的偶发矛盾,借故生非”。无论是“无事生非”,还是“借故生非”,都反映了行为人主观上的流氓动机。根据这一规定,行为人只是客观上实施了《刑法》第 293 条所规定的行为,还不足以认定为寻衅滋事罪。还需要同时具备主观上的流氓动机,才能认定为寻衅滋事罪。

综上,作为同属 1979 年《刑法》“流氓罪”里分解出来的具体罪名,寻衅滋事罪和聚众斗殴罪有一点不一样,即寻衅滋事罪必须完全具备流氓的动机,而聚众斗殴则不一定要具备流氓的动机(只要有聚众的形式、斗殴的行为、破坏社会秩序的危害性就可以了)。因此可以说,寻衅滋事罪是“流氓罪”最正统的继承者。

与本罪的客体一样,本罪主观方面也对罪与非罪的界定具有重要的意义。如果一个被控寻衅滋事罪的犯罪嫌疑人在证据上不具有流氓动机,则其辩护人完全可以为其作无罪辩护。

(三)随意殴打型寻衅滋事罪的认定

殴打按情节轻重分为轻微伤、轻伤、重伤后果的殴打。对于没有达到轻伤以上后果的殴打，只是一般违法行为，给予治安处罚。但《刑法》第 293 条将随意殴打他人，情节恶劣的行为规定为寻衅滋事罪。这是为何？原来，随意殴打与事出有因的殴打不同，它体现了一种寻求刺激、发泄情绪、逞强耍横的流氓动机，破坏了社会秩序，故以寻衅滋事罪规制之。“随意”是随意殴打型寻衅滋事罪的核心因素。这一因素包括主观随意和客观随意，即只有在把被害人置换成其他人时行为人仍会滋事、把行为人置换成其他人时其他人不会滋事并符合有关客观表现时，才能认定“随意”的存在。

随意殴打在类型上可以分为“无事生非”型和“借故生非”型。借故是没有正当理由，仍然是无故的一种特殊情形。无论是无故还是借故，都说明了其行为没有理由或者没有正当理由，这体现了殴打的随意性。而这种随意性，又体现了寻求刺激、发泄情绪、逞强耍横的流氓动机。

结合以上主客观因素，就能对寻衅滋事罪中的殴打行为进行准确的认定。而这，也是辩护人为被控寻衅滋事罪嫌疑人进行辩护的基本功。

（四）追逐、拦截、辱骂、恐吓型寻衅滋事罪的认定

追逐和拦截是妨碍他人行动自由的一种行为，追逐、拦截往往是一起实施的，都是出于流氓动机对人员或车辆进行骚扰，破坏社会秩序的行为。恐吓是以不利后果威胁他人，使他人产生恐惧心理，因而侵犯了他人的意思决定自由。如果是事出有因的针对特定人的恐吓，一般不构成寻衅滋事罪。但如果在公共场所或者其他场所，并且是对不特定的他人所实施的恐吓，行为人主观上具有流氓动机，则可以构成寻衅滋事罪。

对追逐、拦截、辱骂、恐吓型寻衅滋事罪的认定，同样也是辩护人为被控寻衅滋事罪嫌疑人进行辩护的基本功。

（五）强拿硬要或者任意损毁、占用公私财物型寻衅滋事罪的认定

强拿硬要，就是未经他人许可而强取他人财物。这本是一种侵犯他人财产权利的行为。但行为人如果是主观上具有逞强好胜和通过强拿硬要来填补其精神空虚等目的，并且客观上不以严重侵犯他人人身权利的方法强拿硬要财物，则属于寻衅滋事行为。如果行为人只是具有占有他人财物的目的，以暴力、胁迫等方式作为劫取他人财物的手段，则构成抢劫罪。另外，对于未成年人，已满十六周岁不满十八周岁的人出于以大欺小、以强凌弱或者寻求精神刺激，随意殴打其他未成年人、多次对其他未成年人强拿硬要或者任意损毁公私财物，扰乱学校及其他公共场所秩序，情节严重的，按寻衅滋事罪处理。

任意损毁公私财物在客观表现方式上与故意伤害罪是相同的，但主观方面截然不同。如果行为人是出于寻求刺激、发泄情绪、逞强耍横的流氓动机而损毁公私财物，尤其是酒后滋事，毁坏他人财物的，以寻衅滋事罪论处。如果只是出于报复他人而损毁公私财物的，以故意毁坏财物论处。

对于占用公私财物的行为，《刑法》并没有规定为犯罪。但是任意占用公私财物就完全不一样了，它通常是出于寻求刺激、发泄情绪、逞强耍横的流氓动机而占用公私财物。这就破坏了社会秩序，属于寻衅滋事行为。

对强拿硬要或者任意损毁、占用公私财物型寻衅滋事罪的认定，同样也是辩护人为被控寻衅滋事罪的嫌疑人进行辩护的基本功。

（六）起哄闹事型寻衅滋事罪的认定

起哄闹事，是指出于寻求刺激、发泄情绪、逞强耍横的流氓动机，在公共场所无事生非，制造事端，吸引众人聚集围观，或者造成公众恐慌离散，从而扰乱了公共场所秩序，构成起哄闹事型寻衅滋事行为。如果是因为事出有因的个人目的而不是流氓在公共场所聚集闹事，则不构成寻衅滋事。

对起哄闹事型寻衅滋事罪的认定，同样也是辩护人为被控寻衅滋事罪的嫌疑人进行辩护的基本功。

（七）对物价鉴定意见的质证

最高人民法院于2013年7月15日颁布的《关于办理寻衅滋事刑事案件适用法律若干问题的解释》的规定，对于强拿硬要或者任意损毁、占用公私财物型寻衅滋事行为，强拿硬要公私财物价值1000元以上，或者任意损毁、占用公私财物价值2000元以上的，构成寻衅滋事罪。

在司法实践中，公诉机关通常会拿出一个被强拿硬要公私财物，或者被任意损毁、占用公私财物的物价鉴定意见，以证明价值在1000元或者2000元以上。这个时候，辩护人应该善用诉讼权利和辩护权利，对该物价鉴定意见提出有力的质证意见。由于物价鉴定意见直接决定嫌疑人是否入罪以及量刑的轻重，因此对物价鉴定的质证直接关系到嫌疑人的切身利益。从经验上来说，通过对物价鉴定意见的质证，打掉部分数额甚至全部推翻物价鉴定意见都是可能的。

第一，鉴定人和鉴定机构是否具有专业的价格鉴定资质。对这些鉴定资质必须要有真实、合法、有效的证据证明，否则不应作为定案的根据。第二，鉴定的样本必须是真实的。如果没有充分的证据证明鉴定的样本就是行为人收受的财物，则不能作为定案的根据。第三，现行司法实践中，物价鉴定有很多法规、规章和技术性规范,鉴定的程序和鉴定的方法是否合乎这些法规、规章和技术性规范。如果该物价鉴定意见只有结论,而没有鉴定的过程、进行鉴定所应采取的科学的方法、鉴定的科学合法的依据,则不能作为定案的根据。第四,财物价格认定常用的方法有市场法、成本法、专家咨询法,可针对这些物品到市场上详细打听市场上可能的价格。必要时寻求专家证人的帮助,以其能打掉一部分价格。第五,同一个物品在不同的日期会有不同的价格,鉴定的物价基准日应该是强拿硬要或者任意损毁、占用财物行为发生之日。如果因为不合理的基准日而导致过高的价格,则可要求重新鉴定,并打掉不合理的过高的价格。

除了对物价鉴定意见进行质证外,嫌疑人和辩护人还可以申请重新鉴定、补充鉴定,申请鉴定人出庭作证,或者申请有专门知识的人出庭作证,削弱甚至推翻物价鉴定意见,进而为嫌疑人提供有效的辩护。

(八)寻衅滋事罪加重犯的认定

根据《刑法》第 293 条第 2 款的规定,本罪的加重犯必须同时具备“纠集他人”和“多次实施”这两个情节。“纠集他人”表明本罪的加重犯只存在于纠集型的共同犯罪当中,非纠集型的寻衅滋事罪不存在加重犯的问题。在纠集型的寻衅滋事罪当中,加重犯只适用于纠集者,不适用于被纠集者。也就是说,对被纠集者来说,不存在处罚加重的问题。另外一个情节是“多次实施”,即纠集者纠集他人实施了寻衅滋事的行为还不够,还必须具备多次实施寻衅滋事行为的情节,才构成本罪的加重犯。“多次”,通常是指 3 次以上(含本数),低于 3 次的,不构成本罪的加重犯。

如果被控寻衅滋事罪加重犯的犯罪嫌疑人,寻衅滋事的定性能够成立。但不能同时具备上述两个前提条件的,如有“纠集他人”的行为,但没有“多次实施”的行为;或者有“多次实施”的行为,但没有“纠集他人”的行为,辩护人就可以为嫌疑人作不构成加重犯的辩护。

第六章

忽视金融、融资活动的合法性而带来的刑事法律风险

导　言

市场经济条件下，无论是建筑企业，还是房地产企业，都身处资金密集型产业，避免不了要融资，或者与各种金融工具打交道。在这些金融活动中，建筑房地产企业要掌握好金融、融资的合法性，否则会带来相应的刑事法律风险。最常见的比如，集资诈骗罪、非法吸收公众存款罪的风险；再如骗取贷款、票据承兑、金融票证罪的风险、贷款诈骗罪的风险和洗钱罪的风险等。下面给大家详细阐述。

第一节　集资诈骗罪的风险识别与辩点分析

一、集资诈骗罪的构成要件

（一）概念

集资诈骗罪是指以非法占有为目的，使用诈骗方法非法集资，数额较大的行为。

（二）构成要件

1. 本罪的主体是一般主体，任何达到刑事责任年龄、具有刑事责任能力的自

然人均可构成本罪。依《刑法》第3章第5节第200条的规定，单位也可以成为本罪主体。

2. 本罪在主观上由直接故意构成，且以非法占有为目的。间接故意和过失不构成本罪，即犯罪行为人在主观上具有将非法聚集的资金据为己有的目的。通常情况下，这种目的具体表现为将非法募集的资金的所有权转归自己所有，或任意挥霍，或占有资金后携款潜逃等。

3. 本罪侵犯的客体是复杂客体，既侵犯了公私财产所有权，又侵犯了国家金融管理秩序。这种名为集资、实为诈骗的犯罪行为欺骗社会公众，造成投资者的经济损失，破坏了国家金融管理秩序。

4. 本罪在客观方面表现为行为人必须实施了使用诈骗方法非法集资，数额较大的行为。构成本罪，行为人在客观方面应当符合以下条件。

（1）必须有非法集资的行为。所谓非法集资，是指公司、企业、个人或其他组织未经批准，违反法律、法规，通过不正当的渠道，向社会公众或者集体募集资金的行为。

（2）集资是通过使用诈骗方法实施的。所谓使用诈骗方法，是指行为人以非法占有为目的，虚构事实、隐瞒真相，骗取他人的资金的行为。

司法实践中，行为人具有下列情形之一的，应认定其行为属于使用诈骗方法非法集资：集资后不用于生产经营活动或者用于生产经营活动与筹集资金规模明显不成比例，致使集资款不能返还的；集资后携带集资款潜逃的；未将集资款按约定用途使用，而是擅自挥霍、滥用，致使集资款无法返还的；使用集资款进行违法犯罪活动，致使集资款无法返还的；抽逃、转移资金、隐匿财产，逃避返还资金的；拒不交代资金去向，逃避返还资金的；向集资者允诺到期支付超过银行同期最高浮动利率50%以上的高回报率的。

（3）使用诈骗方法非法集资必须达到数额较大，才构成犯罪。否则，不构成犯罪。依照最高人民法院的司法解释，个人进行集资诈骗，数额在10万元以上的，应当认定为“数额较大”；单位进行集资诈骗，数额在50万元以上的，应当认定为“数额较大”。

二、集资诈骗罪的量刑规定

根据《刑法》第192条的规定，以非法占有为目的，使用诈骗方法非法集资，数额较大的，处5年以下有期徒刑或者拘役，并处2万元以上20万元以下罚金；数额巨大或者有其他严重情节的，处5年以上10年以下有期徒刑，并处5万元以上50万元以下罚金；数额特别巨大或者有其他特别严重情节的，处10年以上有期徒刑、无期徒刑，并处5万元以上50万元以下罚金或者没收财产。

根据《刑法》第200条的规定，单位犯集资诈骗罪的，对单位判处罚金，并对其直接负责的主管人员和其他直接责任人员，处5年以下有期徒刑或者拘役，可以并处罚金；数额巨大或者有其他严重情节的，处5年以上10年以下有期徒刑，并处罚金；数额特别巨大或者有其他特别严重情节的，处10年以上有期徒刑或者无期徒刑，并处罚金。

在对集资诈骗罪进行量刑时，应注意以下几点：

1. 如何掌握"数额巨大"、"数额特别巨大"的数额标准问题

依照最高人民法院的司法解释，个人进行集资诈骗，数额在十万元以上的，应当认定为"数额较大"；数额在三十万元以上的，应当认定为"数额巨大"；数额在一百万元以上的，应当认定为"数额特别巨大"。单位进行集资诈骗，数额在五十万元以上的，应当认定为"数额较大"；数额在一百五十万元以上的，应当认定为"数额巨大"；数额在五百万元以上的，应当认定为"数额特别巨大"。以上数额标准相对应不同的量刑幅度进行量刑。

2. 除了"数额巨大"、"数额特别巨大"的数额标准外，还有"严重情节"、"特别严重情节"的标准，他们分别与指"数额巨大"、"数额特别巨大"的标准相对应。也就是说，非法集资诈骗的数额并不是本罪量刑的唯一依据。在具体科刑时，既要考虑集资诈骗的数额大小，还要考虑行为人的犯罪情节，如是否一贯进行非法集资诈骗，是否为组成集资诈骗集团的首要分子，给被集资人造成的经济损失，给社会造成的影响等，结合犯罪分子的一贯表现、罪后态度和退赃的情况，综合评价其行为的社会危害性程度，区别对待，予以量刑。

三、集资诈骗罪的认定标准

（一）划清罪与非罪的界限

非法集资诈骗的行为，如果诈骗的数额不大，如个人集资诈骗在10万元以下，单位集资诈骗在50万元以下，则属于一般违法行为，应当由有关部门给予行政处罚。

（二）集资诈骗罪中的非法占有目的，应当区分情形进行认定

1. 行为人部分非法集资行为具有非法占有目的的，对该部分非法集资行为及该行为所涉及的集资款以集资诈骗罪定罪处罚。

2. 非法集资共同犯罪中部分行为人具有非法占有目的，其他行为人没有非法占有集资款的共同故意和行为的，只对具有非法占有目的的行为人以集资诈骗罪

定罪处罚。

（三）划清本罪与非法吸收公众存款罪的界限

1. 本罪的主观目的是非法占有所募集的资金；而非法吸收公众存款罪的主观目的是通过吸收公众存款的方式，进行营利，在主观上并不具有非法占有公众存款的目的，这是两者之间最本质的区别。

2. 本罪的行为人必须使用诈骗的方法；而非法吸收公众存款罪不以行为人是否使用了诈骗方法作为构成犯罪的要件之一。

3. 本罪侵犯的是双重客体，即公私财产的所有权和国家的金融管理秩序；而非法占有公众存款罪侵犯的是国家金融管理秩序。

四、典型案例

吴某集资诈骗案①

公诉机关：浙江省金华市人民检察院。

被告人：吴某，女，1981 年 5 月 20 日出生于浙江省东阳市，汉族，中专文化，浙江本色控股集团有限公司法定代表人，捕前住东阳市本色概念酒店 913 房间，户籍所在地浙江省东阳市歌山镇塘下村余店 2－121 号。因涉嫌犯非法吸收公众存款罪于 2007 年 2 月 7 日被东阳市公安局刑事拘留，同年 3 月 16 日被逮捕。现押于金华市看守所。

辩护人：杨某某、张某某，北京市京都律师事务所律师。

浙江省金华市人民检察院以金市检刑诉（2008）114 号起诉书指控被告人吴某犯集资诈骗罪一案，于 2009 年 1 月 4 日向本院提起公诉。本院依法组成合议庭，于 2009 年 4 月 16 日公开开庭审理了本案。金华市人民检察院指派检察员卢甲、许某出庭支持公诉，被告人吴某及其辩护人杨某某、张某某到庭参加诉讼。现已审理终结。

金华市人民检察院指控，2005 年 5 月至 2007 年 2 月，被告人吴某以非法占有为目的，用个人或企业名义，采用高额利息为诱饵，以注册公司、投资、借款、资金周转等为名，从林某、杨乙、杨丙等 11 人处非法集资，所得款项用于偿还本金、支付高息、购买房产、汽车及个人挥霍等，集资诈骗达人民币 38985.5 万元。为证明上述事实，公诉机关当庭宣读了未到庭的被害人林某、杨乙、杨丙等人的陈述，证

① 案例来源：中国裁判文书网。

人金某等人的证言，被告人吴某的供述及借款协议书、借条、投资协议、银行汇票、购房合同、扣押物品清单、价格鉴定结论书等书证。公诉机关认为，被告人吴某集资诈骗数额特别巨大并造成特别重大损失，其行为已触犯《中华人民共和国刑法》第一百九十二条、第一百九十九条之规定，构成集资诈骗罪。提请本院依法惩处。

被告人吴某对公诉机关指控的犯罪事实提出，其向本案被害人借钱数额和未归还的数额无异议。但其主观上无非法占有的故意，借的钱也是用于公司的经营活动，并未用于个人挥霍。认为其行为不构成犯罪。

辩护人张某某、杨某某提出，被告人吴某的行为不构成集资诈骗罪。理由如下：

一、被告人吴某主观上无非法占有的目的：

1. 公诉机关指控被告人吴某"明知没有归还能力而大量骗取资金"没有事实依据。

2. 吴某所借款项用于公司经营有关的房产、汽车、购买股权等活动，只有小部分购买了珠宝，且购买珠宝的目的也是为了经营。

3. 吴某不具有"其他非法占有资金、拒不返还的行为"，其所借款项由于种种原因客观上无力返还，而不是有能力归还故意霸占不予返还。

二、被告人吴某在借款过程中没有使用虚构事实等手段骗取他人财物。

三、本案所涉被害人均属亲戚朋友和熟人，不属"社会公众"，不能以非法集资论。

四、本案被指控的行为属公司行为，被告人吴某系本色集团有限公司的董事长，所得借款也用于公司活动。

五、本案被告人吴某系本色集团有限公司的法定代表人。其向本案被害人借款时，有的是以单位的名义，有的虽然以个人名义。但所借款，均用于单位的经营活动。根据法律规定，属单位行为。

六、公诉机关指控事实不清、证据不足：

1. 本案集资款的数额、还款数额有的只是按照当事人的陈述，没有客观、翔实的证据。

2. 集资款具体去向未经司法鉴定。

3. 现公诉机关提供的对吴某公司的财产鉴定结论书不公正、不客观、不准确、不全面。

综上，吴某的行为属于一种民间借贷行为，不符合《中华人民共和国刑法》关于集资诈骗罪的规定，请求对被告人吴某做出无罪判决。

经审理查明，被告人吴某于2003年8月6日开办东阳吴宁贵族美容美体沙龙（注册资金人民币2万元）；2005年3月25日开办东阳吴宁喜来登俱乐部（注册资金人民币2万元);2005年4月6日开办东阳千足堂理发休闲屋(注册资金人民币10万元);2005年10月21日开办东阳韩品服饰店(无注册资金);2006年4月13日成立本色控股集团有限公司(注册资金人民币5000万元);2006年7月5日成立东阳开发区本色汽车美容店(注册资金人民币20万元);2006年7月27日成立东阳开发区布兰奇洗衣店(注册资金人民币20万元);2006年8月1日成立浙江本色广告有限公司(注册资金人民币1500万元);2006年8月14日成立东阳本色洗业管理服务有限公司(注册资金人民币100万元);2006年8月14日成立浙江本色酒店管理有限公司(注册资金人民币500万元);2006年8月14日成立东阳本色电脑网络有限公司(注册资金人民币400万元);2006年8月14日成立东阳本色装饰材料有限公司(注册资金人民币1000万元);2006年8月22日成立东阳本色婚庆服务有限公司(注册资金人民币1000万元);2006年9月19日成立东阳本色物流有限公司(注册资金人民币500万元);2006年10月10日组建本色控股集团,其母公司为本色集团;子公司为:本色广告公司、本色酒店管理公司、本色洗业管理公司、本色电脑网络公司、本色婚庆公司、本色装饰材料公司、本色物流公司。公司股东工商登记为吴某、吴乙,吴乙实际并未出资。自2005年3月开始,被告人吴某就以合伙或投资等为名,向徐甲、俞甲、唐某、夏某、竺某、赵某等人集资达人民币1400余万元。至成立本色集团有限公司前,被告人吴某已实际负债已达人民币1400余万元。为了继续集资,被告人吴某用非法集资款先后虚假注册了多家公司。公司成立后,大都未实际经营或亏损经营,并采用虚构事实,隐瞒真相,虚假宣传等方法,给社会公众造成其公司具有雄厚经济实力的假象,以骗取更多的社会资金。

证明上述事实的证据有以下几个:

1. 证人吴乙的证言,证明吴某成立本色集团公司时叫其去签过名。但当时不知道是成立公司注册的,不知道其是股东,也没有出资的事实。

2. 证人徐甲的证言及东阳市人民法院(200g)东刑初字第790号刑事判决书,证明其于2005年8月15日出资100万元与吴某共同开办了千足堂义乌分店。吴某从2005年开始就向其借钱,在自己的钱借完后,吴某又叫其到别人那里帮她借钱,说只要有钱借来就是了。其为了能收回借给吴某的钱,只能帮吴某不停的借钱。徐甲因帮助吴某从棱某,陈甲等14人处吸收资金共计人民币2760万元而犯非法吸收公众存款罪被判刑等事实。

3. 证人俞甲的证言及借条2张在卷,证明其于2005年3月开始应吴某要求投资给吴某。2006年9月18日吴某出具给其100万元的借条1张,注明投资期限为1年,利润为200万元,到期归还300万元。11月5日出具900万元的借条1张,注明投资期限为3个月,投资利润为900万元,到期归还1800万元的事实。

4. 证人唐某的证言,证明听俞甲说投资吴某公司有30%的利润,其于2005年3月、4月份通过银行先后借给吴某740万元等事实。

5. 证人夏某的证言,证明其从2005年3月、4月开始借钱给吴某,一共借了500万元等事实。

6. 证人竺某的证言,证明2005年3月、4月其出资30万元与俞甲等人一起借钱给吴某。借钱时吴某在东阳的千足堂还在装修,没有开业。2006年10月底,吴某又打电话给其,说她的集团公司资金周转不过来,叫其再去投资。其与俞甲等人到东阳,看到本色集团下面有许多公司,都办得比较好,回来后就把吴某归还的60万元再向亲戚借了40万元,共100万元交给俞亚紊,由俞甲一起将钱汇给吴某。此前,吴某讲是投资1年,回报率100%等事实。

7. 证人应某的证言,证明2006年10月,听朋友俞乙介绍,说投资到东阳本色集团能赚钱,回报率又较高。于是,其与葛某等人到东阳本色集团进行了考察。当时大家都认为比较好,于是决定筹资投放本色集团。其个人投入200万元,不参加经营活动,只管资金投入分红,约定投资期限1年,分红100%。投资协议是由俞甲统一写的,其是通过俞甲将款交给吴某的等事实。

8. 证人葛某的证言,证明2006年10月,吴某叫其与俞甲等人合伙投资,一起开发商铺、地皮等。其到东阳去考察了她的公司,看到规模较大,都比较相信她。于是,大家分别筹钱投资到吴某的公司。其个人投入120万元,统一交给俞甲再给吴某,约定不参与经营,只管投资分红,期限1年,分红100%等事实。

9. 证人周甲的证言,证明2006年9月底,吴某同其说本色集团如何好,让其投点钱进去,1年的回报率是30%,期限1年。其就通过岳母俞甲借给呈英100万元等事实。

10. 证人赵某的证言,证明2005年6月的时候,吴某说投资到她那里,一季度30%分红。过了几天,其将45万元投资给吴某等事实。

11. 证人周乙的证言,证明其于2006年6月到本色公司当出纳。吴某有资金进来,一般会先打电话或当面告诉其。义乌本票是对公户头的,其就存入义乌公司对公户头;本票是私人户头的,就转入吴某开在义乌银行的私人卡内;有时资金直接打入吴某在东阳的卡上。打入卡内的资金从何而来不知道,吴某称是以前借给别人还回来的钱等事实。

12. 证人方某的证言,证明其到本色集团有限公司上班,吴某承诺年薪200万元。吴某让其到湖北荆门,准备收购荆门大酒店和京都大酒店,但当地市政府没有拍卖。吴某在荆门开办了荆门信义投资担保公司,并以该公司的名义在豪景花园买了10间街面房和十几个套间;在紫竹苑买了二三个套间,花了1000余万元。信义公司开出后没有正常营业过,刘甲在那里负责,刘甲说有生意吴某也不做。

其回东阳后，吴某任命其为总经理。基本上也没做什么事，插不了手，只收购博大世纪花园55%股份，签合同时一起去。买家纺送彩电的事是亏的，资金往来情况其不清楚等事实。

13. 证人金某的证言，证明2006年10月被吴某任命为本色集团董事长助理兼人事部监察总监，但平时没什么事做。吴某投资的都是亏本生意，其问吴某钱哪来的，吴某说以前借给别人还回来的等事实。

14. 证人杜某的证言，证明其是吴某的专职驾驶员，其曾帮吴某送、拿本票、汇票给骆某、林某、胡甲等人。吴某还曾叫其把一些首饰送给一个姓陈的老板等事实。

15. 证人吴丙的证言，证明2006年6月到本色公司任财务总监，后任副总经理。其主要精力放在其他公司和集团的注册工作上。公司没多少营业收入，进入公司的钱主要是银行电汇、汇票、本票或吴某私人卡转账，每笔数额从几十万元到上千万元不等。可看出资金大多是义乌来的，是什么钱吴某不肯多说。有时讲伙伴借去还回来，有时说亲戚朋友处借来周转。2006年8~9月前，其兼公司财务总监。那时公司还没有营业额，后来财务情况其就不是很清楚。公司所有注册手续都是其经手的。本色商贸公司先增资到5000万元，增加的4500万元是从吴某的私人卡里划到公司账上。公司股份里吴乙有10%股份，其实都是吴某的钱，吴乙只是挂名等事实。

16. 证人刘乙的证言，证明其于2006年4月到本色公司当保安部长。本色集团除了酒店经营尚可外，其他的都亏本的等事实。

17. 证人蒋甲的证言，证实吴某成立的公司，资金都是吴某一人筹集的等事实。

18. 工商登记材料在卷，证实吴某开办公司的注册登记情况。

19. 被告人吴某供述，供认在2005年上半年开始，以投资的名义向俞甲借款有1400万~1500万元，向唐某、夏某借款各有五六百万元，向竺某、葛某等人借款都是几十万元。借钱是其让俞甲去借的，其同俞甲讲，如果她有亲戚朋友可以投资给其，可以拿分红，俞甲就介绍其认识了唐某等人。后来，自己也和唐某等人见面确认借款数额。当时向俞甲等人借钱时没有进行过投资，只是做过超市，但没有赚钱。用于支付分红的钱是还俞甲钱的时候，可以从毛甲那里借钱，就用这笔钱去还俞甲的钱。再后来俞甲有时不拿回本金只拿利息，又可以用俞甲的钱去还毛甲的钱。也就是用后面借的钱，去还前面那一个人的钱。向俞甲等人借钱都有分红协议，一般都是按季度写的，一个季度分红分别为30%、60%、80%都有。2004年及2005年初从俞甲、夏某等人处借来的钱主要用于购买。挂靠义乌毛乙公司的10辆伊兰特小车，大概要一百三四十万元，还用于西街喜来登KTV开业一百多万元，十字街千足堂要二三百万元。公司成立前没有进行过可行性研究，公司成立了投资部,但该部门一直没有招到人。公司没有盈利,但自己认为将公司建成连锁企业,收取加盟费,总会盈利的,会成功的,没有想到会失败。公司成立之前,都是以做生意欠钞票的名义向别人借的。公司成立之后,大多是以公司资金周转需要为由借的。公司其实是其个人的公司,吴乙只是挂名,什么事都是自己说了算。借给其个人和借给公司没有区别,钱都要其去还,其也分不清是公司还是个人。以前其认为公司是个人的,钱又是其去借的,就说是以个人名义借的。本色公司成立之后,所借的钱有些打入公司账号。有些打入私人户头,一般对方是公司,其也是公司账号;对方是私人,其也用私人账号。打入公司账号的,应该入过公司财务。还本付息也看对方的要求,借钱的名义是个人还是公司也看借钱人的要求,他们要其怎么写其就怎么写。走到今天最主要是借款的利息太高,经营公司不善造成。公司暂时没有赢利,目前只能靠这个人的钱去还另外一个人的钱。

2005 年 5 月至 2007 年 2 月,被告人吴某以高额利息为诱饵,以投资、资金周转等为名,先后从林某、杨乙、杨丙等 11 人处非法集资人民币 77339.5 万元,用于偿还本金、支付高额利息、购买房产、汽车及个人挥霍等,实际集资诈骗人民币 38426.5 万元。具体事实如下:

一、从 2006 年 3 月至 2007 年 1 月,被告人吴某以高息为诱饵,以公司注册需要等为名,先后从林乙处非法集资人民币 47241 万元。至案发时,被告人吴某已归还本金人民币 9855 万元,支付利息人民币 4821 万元,实际集资诈骗人民币 32565 万元。

证明上述事实的证据有以下几个:

1. 证人林乙的证言,证明吴某在 2006 年 3 月开始,以公司注册需要等为名向其借款,约定利率为每万元每天 40 元,先后向其借款 4 个多亿元。其借给吴某的钱除了部分系本人自有的资金,绝大部分系由其向他人借了后再转借给吴某等事实。

2. 证人杨丁的证言,证明吴某称要去广州投资白马服装城商铺缺少资金,问其是否认识做资金生意的。其通过骆某将吴某介绍给林某,向林某借钱,其收取介绍费等事实。

3. 证人骆某的证言,证明吴某原不认识林某。吴某要借钱,其就介绍吴某认识了林某。其与杨丁从林某处拿介绍费等事实。

4. 银行往来凭证、证人林某的笔记本在卷,证实双方资金往来的情况。同时证实林某借给吴某款项来源于胡乙、杨戊、陈乙、楼甲、义乌江帆针织有限公司、义乌市稠城艺苑工艺品商行等 66 个个人和单位的事实。

5. 东阳市人民法院(2008)东刑初字第 790 号刑事判决书,证实林某因向吴丁等 71 人及浙江一统实业有限公司非法吸收资金共计人民币 86515 万元,用于向吴某、陈丙等人放贷而犯非法吸收公众存款罪被判刑的事实。

6. 被告人吴某的供述，供认以到广州白马服装市场炒摊位、公司验资等需要向林某借款，约定利息每万每天40元。经对林某笔记本和银行往来凭证进行核对，确认上述未归还的数额等事实。

二、2006年6月至11月间，被告人吴某以高息和给予固定投资回报为诱饵，以合伙炒铜期货及公司投资、资金周转需要等为名，先后从杨乙处非法集资人民币9600万元，已归还本息人民币8428万元，实际诈骗人民币1172万元。

证明上述事实的证据有以下几个：

1. 证人杨乙的证言，证明其于2006年3月、4月通过杨丙介绍认识吴某后，吴某以合伙做铜期货及公司投资、资金周转需要等为名，约定每万元每天40元的利息，从其处大量借款。其中与吴某合伙做铜期货生意，其与刘丙、华某共同出资3300万元。吴某承诺不需承担投资风险，给予固定回报。后吴某将投资款3300万元及1400万元利润归还3人，现尚有1172万元未归还等事实。

2. 银行往来凭证、杨乙记账本在卷，证实双方资金往来情况及杨乙借给吴某的集资款来源于陈丁、王甲、谈某、刘丙等22人及义乌万华服饰有限公司、浙江金太阳食品有限公司等单位的事实。

3. 东阳市人民法院(2008)东刑初字第790号刑事判决书，证实杨乙因向刘丙等30人非法吸收资金16567万元用于向吴某、马某等人放贷而犯非法吸收公众存款罪被判刑的事实。

4. 被告人吴某的供述，供认以到湖北荆门收购烂尾楼、本色集团增资、合伙做铜期货生意等为名，向杨乙借钱，约定利息每万元每天40元。其与杨乙等人合伙做铜期货，杨乙等人一共投资3300万元，在做铜期货亏了近5000万元的情况下，还是骗说赚的，并支付给他们1400万～1500万元的利润。经对杨乙笔记本和银行往来凭证进行核对，确认上述未归还的数额等事实。

三、2006年1月至11月，被告人吴某以高息为诱饵，以到广州白马市场炒商铺等为名，从杨己处非法集资人民币3130万元，已归还本金900万元，支付利息1095万元，实际诈骗人民币1135万元。

证明上述事实的证据有以下几个：

1. 证人杨己的证言，证明2005年通过他人介绍认识吴某后，吴某以到广州炒商铺等为名向其借款，约定利息为每万元每天50元，共借给吴某3000多万元，尚有1000多万元未归还等事实。

2. 证人龚甲、吴戊的证言，证明2006年1月底，其与杨己一起借给吴某1000万元，其中龚甲出资400万元，吴戊出资100万元的事实。

3. 借条、银行往来凭证在卷，证实双方资金往来情况及杨己从他人处借款后转借给吴某的事实。

4. 东阳市人民法院(2008)东刑初字第790号刑事判决书,证实杨己因向楼乙等9人非法吸收资金6635万元用于向吴某、张乙等人放贷而犯非法吸收公众存款罪被判刑的事实。

5. 被告人吴某的供述,供认以每万元每天50元、45元不等利息向杨己借款3000多万元。大部分本金已归还,利息基本按约定的时间打入杨己卡中等事实。

四、2005年11月至2006年11月,被告人吴某以高息为诱饵,以到广州白马市场炒商铺、公司资金周转等为名,从杨丙处非法集资人民币8516万元,已归还本息人民币7840万元,实际集资诈骗人民币676万元。

证明上述事实的证据有以下几个:

1. 证人杨丙的证言,证明从2005年1月开始,吴某以合伙到广州炒商铺、资金周转等为名,向其借款8500余万元,约定利息每万元每天40元,已归还本金4800万元,支付利息2500余万元,其余未归还等事实。

2. 证人胡甲的陈述,证明吴某向杨丙借款的事实。

3. 投资协议、借条、借据、银行往来凭证在卷,证实双方的资金往来情况及杨丙借给吴某的资金来源于朱某、蒋乙等12个个人和单位,经被告人吴某辨认,确认未归还的数额等事实。

4. 东阳市人民法院(2008)东刑初字第790号刑事判决书,证实杨丙因向朱某等12人非法吸收存款7060万元用于向吴某、楼乙等人放贷而犯非法吸收公众存款罪被判刑的事实。

5. 被告人吴某的供述,供认向杨丙借款8500余万元,约定利息每万元每天40元,已归还本金4800万元,支付利息3000余万元等事实。

五、2006年8月25日,被告人吴某以高息为诱饵,从蒋甲处集资诈骗人民币250万元。

证明上述事实的证据有以下几个:

1. 证人蒋甲的证言,证明被告人吴某以投资100万元每月给付5万元分红为名,要求其向公司投资,其于2006年8月从徐乙和包某处筹得250万元投入本色集团公司,至今未归还等事实。

2. 证人徐乙的证言,证明2006年8月其通过蒋甲借给吴某100万元的事实。

3. 证人包某的证言,证明其于2006年9月24日存入蒋甲账户里150万元的事实。

4. 银行凭证、借条在卷,证实2006年8月25日,从蒋甲账户内存入吴某账户人民币250万元的事实。

5. 被告人吴某的供述,供认2006年6月、7月时,向蒋甲提出,如果有钱的可以放、点到其处。没有过多长时间，蒋甲就汇给其个人银行账上250万元。当时约定每万每日20元利息等事实。

六、2005年8月至2006年11月，被告人吴某以做煤和其他生意、公司注册需要等为名，从周丙处非法集资人民币2970万元，归还本息人民币2707.5万元，实际诈骗人民币262.5万元。

证明上述事实的证据有以下几个：

1. 证人周丙的证言，证明自2005年8月开始至2006年11月，被告人吴某以千足堂要装修、做煤的生意、成立本色集团公司需要等为名，先后向其借款2970万元，并承诺公司发达后不会亏待其。吴某先后归还其本息人民币2707.5万元，尚有260余万元未归还。同时证实到吴某公司上班后，通过办理他项权证，发现吴某很多房产已抵押他人，吴某不向银行借而向私人借款，吴某的资金周转出现问题了。其即不再借钱给吴某，而是向吴某催讨借款等事实。

2. 借条、借还款清单、银行往来凭证、抵债书在卷，证实双方资金往来的情况，经被告人吴某辨认未归还的数额。

3. 被告人吴某的供述，供认在2005年的下半年开始向周丙、杜某夫妇借钱，约定利息是4~5分月利率，记忆中借来1800多万元，还欠200多万元未归还等事实。

七、2006年1月至10月，被告人吴某以高息为诱饵，从叶某处非法集资人民币1670万元，已归还本息人民币1354.5万元，实际诈骗人民币315.5万元。

证明上述事实的证据有以下几个：

1. 证人叶某的陈述，证明其通过他人介绍认识被告人吴某后，自2006年1月开始，吴某以资金周转等为名，约定利息为月息2~3分。其第10次试探性的借给吴某200万元，吴某很讲信用，按约归还了本金和利息。之后就陆续借钱给吴某，共计借给吴某1670万元，已归还本息1354.5万元，尚有315.5万元未归还等事实。

2. 证人傅某的证言，证明其系星联电子有限公司的财务人员，老板是叶某。吴某还的钱其在笔记本上记过账，没有进公司账，并提供了记录清单等事实。

3. 借条、银行往来凭证、傅某记账本复印件等书证在卷，证实双方的资金往来情况，经被告人吴某辨认确认上述未归还的数额。

4. 被告人吴某的供述，供认自2006年1月开始向叶某借款，共借了1700万元左右，每月付息在130万元左右，一直到2006年10月或11月，如果将支付的利息算做本金，自己算差不多了等事实。

八、2006年1月至9月，被告人吴某以高息为诱饵，从龚甲处非法集资人民币2100万元，归还本金人民币900万元，支付利息人民币962万元，实际诈骗人民币238万元。

证明上述事实的证据有以下几个：

1. 证人龚甲的证言，证明2006年1月底与杨己、吴戊一起借给吴某1000万元，约定利息为每万元每天45元。在第一次借款收回本息后，又多次借给吴某，连同与杨己、吴戊一起借给吴某的400万元，共计2900万元，收回本金900万元，利息900余万元。其中2006年9月底借给吴某一笔800万元等事实。

2. 证人龚乙的证言，证明其于2006年上半年开了200万元的本票给龚甲，龚甲投资到本色集团的事实。

3. 证人吴戊的证言，证明其与杨己、龚甲共同出借给吴某共1000万元。其中其100万元，约定利息为每万元每天50元。2006年4月底，吴某还以投资广州白马城为名向其借钱，其经考察后认为风险太大没有借给吴某等事实。

4. 银行往来凭证在卷，证实双方资金往来的情况。

5. 被告人吴某的供述，供认以每万元每天45元高息向龚甲借款。借款数额多少记不清了，只记得连本带利尚欠2000余万元，2006年9月底一笔800万元未借过等事实。

九、2006年10月，被告人吴某以高息为诱饵，从任某处非法集资人民币800万元，已归还人民币50万元，实际诈骗人民币750万元。

证明上述事实的证据有：

1. 证人任某的证言，证明通过徐丙介绍，于2006年10月9日、10月26日共借给吴某800万元，约定月息3分。借款到期后，经再三催讨，吴某于2007年1月中旬归还了50万元的事实。

2. 借条、银行凭证在卷，证实双方资金往来的情况。

3. 被告人吴某的供述，供认2006年10月向徐丙借钱，徐丙和任某把800万元本票送到其住处，约定利息为每万元每天45元，借期2、3个月。后来付过50万元利息的事实。

十、2005年5月至2006年11月，被告人吴某以高额投资回报为诱饵，以做石油生意等为名，多次从毛甲处非法集资，实际诈骗人民币762.5万元。

证明上述事实的证据有以下几个：

1. 证人毛甲的证言，证明被告人吴某以投资期限3个月，利润为30%～50%不等为名，叫其投资。自2005年上半年开始，多次借给吴某和投资到吴某开办的公司，至案发止，尚有800万元左右未收回等事实。

2. 收条在卷，证实被告人吴某分5次出具给毛甲共计800万元投资款的事实。

3. 银行凭条、回执在卷，证实双方的资金往来情况。

4. 被告人吴某的供述，供认2005年上半年向毛甲借来的本金大概有300万元，还了500万元左右。这些钱还清了以后，其又向毛甲借钱，写有投资协议，记得到2006年11月还欠毛甲五六百万元等事实。

十一、2006年11月，被告人吴某以高息为诱饵，从龚丙处非法集资诈骗人民币300万元。

证明上述事实的证据有以下几个：

1. 证人龚丙的证言，证明2006年11月，被告人吴某向其借款300万元，约定利息为每万元每日10元等事实。

2. 借条、银行凭证在卷，证实吴某于2006年12月6日出具给龚丙一张人民币400万元的借条。龚丙于2006年11月8日，开具一张金额为300万元的本票给吴某的事实。

3. 被告人吴某的供述，供认2006年11月底，向龚丙借款300万元，写过一张借条，将本息一起写成借款400万元等事实。

另查明，(一)被告人吴某还用非法集资所得的资金购买的房产于2006年11月至2007年1月间向王乙、宋某、卢乙、王丙、陈戊抵押借款共计人民币6619万元，案发前已归还人民币1000万元，尚欠人民币5619万元。

证明上述事实的证据有：证人王乙、宋某、卢乙、王丙、陈戊、徐甲的证言，银行凭证、房屋他项权证，证实被告人吴某向5人借款6619万元，用房产和珠宝作抵寸甲的事实。被告人吴某的供述在卷。

(二)被告人吴某开办的公司因装修、进货、发售洗衣卡、洗车卡等，相关的单位和个人向公安机关申报债权，总计人民币2034余万元。

证明上述事实的证据有债权申报单及相关的书证在卷。

(三)2006年10月，被告人吴某以做珠宝生意为名，从方某处购进了标价12037万元的珠宝，支付货款2381万元。除部分在案发前还存放在吴某办公室外，大部分珠宝被吴某用于抵押或送人。

证明上述事实的证据有，证人方某的证言及其提供的报案材料、珠宝清单、欠条、汇款凭证、购货协议、税收记账联和缴款书、确认函，证人陈乙的证言及珠宝照片和扣押清单，证人王丙、吕某的证言和珠宝照片，证人梁骅的证言、扣押物品清单和照片，证人胡甲、包某、刘乙的证言等证据所证实。被告人吴某的供述在卷。

2007年2月7日，公安机关在北京首都机场将被告人吴某抓获归案。

案发后，公安机关依法查封和冻结了被告人吴某及相关公司名下和相关人员名下的财产和银行存款。被告人吴某及其公司的财产经鉴定，总计价值人民币17164万元。

证明上述事实的证据有以下几个：

1. 抓获经过，证实2007年2月7日，公安机关在北京首都机场将被告人吴某抓获归案的事实。

2. 鉴定结论书，证实被告人吴某及其名下的相关公司的总资产价值人民币17164万元。

3. 搜查笔录、扣押物品清单、冻结银行存款通知书等证据，证实案发后，公安机关依法扣押、查封、冻结了被告人吴某及相关公司和个人名下的房产、银行存款、现金等事实。

证明上述事实的综合证据还有以下几个：

1. 期货交易明细单，证实被告人吴某炒期货共计亏损4740余万元的事实。

2. 银行进账单、支付凭证、资金汇划补充凭证、保证金划转函、成交确认书、罚没票据，证实2006年10月24日，本色控股集团有限公司参与竞拍东阳市地产管理所、东阳市国土资源局联合出让的东阳市江北甘溪路A地块国有土地使用权，本色控股集团有限公司以6110万元的价格竞得该块出让土地，交纳了保证金800万元，由于本色控股集团有限公司未按期支付余款，2007年1月5日东阳市国土资源局没收了本色控股集团有限公司的保证金人民币800万元。

3. 东阳市公安局出具的情况说明在卷，证实公安机关对扣押的车辆进行了拍卖，得成交款390万元，对扣押的电视、空调、家纺、家具等物品拍卖，得成交款100余万元。吴某所购的法拉利轿车，由于没有找到相关的资料，无法进行估价。

4. 东阳明鉴会计师事务所、东阳荣东联合会计师事务所、东阳市众华联合会计师事务所各出具了一份情况说明，证明本色控股集团有限公司及其下属子公司由于账册、记账凭证、原始单据等会计资料不全，内外账无法分清，相关当事人无法询问，故无法进行审计。

5. 面值4900万元的中国工商银行汇票一张，经鉴定系假汇票的事实。

6. 广东发展银行股份有限公司杭州分行业务专用章2枚、证人楼林甲、朱甲、杨乙、杨己的证言，公安机关调取证据通知书及被告人吴某的供述等证据，证实被告人吴某为了用银行存单质押贷款，私刻了2枚假银行印章，在承诺书上盖假印章等事实。

7. 户籍证明，证实被告人吴某的身份情况。

8. 被告人吴某的供述，供认借来的钱，一是购买房产：最早是购买博大置业的房产，花了2200万元左右；接着是通江花园，有两幢别墅和街面房等，花了将近3000万元；再是现代投资公司的望宁公寓，花了5000多万元；入股博大花园，定金交了2600万元；购置稀宝广场房交了定金500万元；在湖北荆门白云大道买了街面房十几间，花了1400万元左右，三个套间70万~80万元；在诸暨购买商务写字楼，花了将近300万元；为投标江北土地交了押金800万元；（以上共计

15880万元);二是购置公司的车辆及个人用的车辆,公司名义买的车有30多辆,花了1500万~1600万元购车费,还有上牌、交税的一些费用,个人的车是法拉利跑车花了375万元;(以上共计2000万左右);三是从方某处购买珠宝花了2300多万元;四是装潢本色概念酒店用了3000万元左右;五是汽车美容一项,买设备加装潢、房租等,花了200万~300万元;六是衣服干洗一项,买设备、加盟布兰奇、房租等,花了100多万元;七是广告公司,用于东义路广告牌、集团总部的广告牌、房租、广告公司的装潢等,花了400万~500万;八是商贸城一项,房租6万元,居家伴装潢及样品花了200多万,办公室装潢、空调等花了200万元,五楼家具200万元,1~3楼的货物价值200万~300万元,这样商贸城总计花了1000万元左右;九是网吧经营,房租及电脑设备共花了500万~600万元;十是建材城的装潢、广告及样品,花了多少记不清了,广告和装潢200万元是有的;十一是收购伊人婚纱店花了50万元;十二是仓库里还有一些库存,多少搞不清楚;十三是集团员工的工资,从2006年3月至12月共付了将近2000万元;十四是商贸城附近开了一个职工食堂,花了69万元;十五是聘请律师,付了50万元;十六是赞助费,西宅小学80万元,磐安50万元;十七是装潢义乌小山宾馆500万~600万;十八是赞助报纸杂志100多万元;十九是湖北信义公司办公楼装潢40万~50万;二十是诸暨信义公司装潢花了将近100万元;二十一是公司正常经营的费用,如差旅费、招待费等,多少弄不清楚;二十二是经营期货亏了5000万元;二十三是个人花费有将近1000万元,买衣服、包、鞋、化妆品、手表等有400万元左右,坐飞机、吃饭请客、娱乐消费等600万元是有的。以上23项共计32910万元左右。

2006年12月,因其资金紧张,讨账的人很多,为应付讨账的人,通过上海的"朱总"搞到两张汇票,后发现是假的就未使用。后来又为了用存单质押的方式去贷款融资,私刻了2枚广东发展银行股份有限公司杭州分行业务专用章。

上述证据经庭审举证并经质证,被告人吴某对公诉机关指控向上述11人借款及未归还的数额无异议。其辩护人提出,对没有相关银行凭证的借款,只有债权人记录的,存在债权人夸大事实和包括利息的可能,故应当排除,但未就具体哪一笔提出意见。本院认为,上述事实,不仅有被害人的陈述、证人证言、银行往来凭证等证据所证实,被害人记录的借款时间、金额也经被告人吴某核对确认,故予以认定。鉴于公诉机关指控的数额有误,本院依有利于被告人的原则予以纠正。被告人及其辩护人提出,鉴定结论不客观,要求重新鉴定。本院经审查认为,出具鉴定结论的评估机构是法定的鉴定部门,且出具的鉴定结论与客观实际相符,具有法定的效力,予以采信。故被告人及其辩护人提出的意见无事实依据,本院不予采纳。被告人及其辩护人提出,要求对公司的财务进行司法审计。经查,公诉机关提供的3个会计师事务所出具的情况说明;均证明因会计资料不全等客观原因,无法审计,故不予采纳。

上述证据均经庭审举证、质证,所证明的内容客观真实,能相互印证,本院予以确认。

庭审中,被告人吴某的辩护人向本院提供了下列证据:

1. 证人蒋甲的证言,用以证明本色集团公司的宣传册是在2006年年底印制,用于公司揽工程时给别人看,介绍公司的基本情况,没有用该宣传册向别人借钱,吴某也没有挥霍行为。吴某向其借钱时没有欺骗行为。

2. 证人吴丙的证言,用以证明本色公司的公章不是由吴某保管的。所以,空白纸上的公章不是吴某盖的,吴某没有挥霍行为。

3. 证人徐乙的证言,证明本色公司的公章不是由吴某保管的。

4. 证人周乙的证言,证明本色公司的公章不是由吴某保管;吴某借来的钱都用于公司经营,没有挥霍行为。

5. 证人杜某的证言,证明本色公司的公章不由吴某保管;吴某平时没有挥霍行为。

6. 证人徐甲的证言,证明吴某平时没有挥霍行为,借钱是为了能将公司发展起来。

7. 同时宣读了本案11名债权人的笔录,以证明吴某与11名债权人系朋友关系,不能认定为社会公众人物。吴某在向11名债权人借款时,也没有使用欺骗手段。吴某在案发前仍在积极还款,并在债权人需要时能提前还;吴某是个讲诚信的人。并据此提出,被告人吴某的行为属正常的民间借贷不符合集资诈骗的构成要件。

本院经审查认为,上述证人对吴某资金的来源与去向并不知情,亦与在侦查阶段所作的证言不相符本院不予采信。

综合控辩双方争议的焦点,主要焦点在于:

1. 被告人吴某主观上是否具有非法占有他人财物的故意,其行为是否构成犯罪的问题。

2. 关于本案属单位犯罪还是自然人犯罪的问题。

3. 被告人吴某的行为是否构成集资诈骗罪的问题。

现分别评判如下:

1. 关于被告人吴某主观上是否具有非法占有他人财物的故意,即其行为是否构成犯罪的问题

(1)本身无经济基础,无力偿还巨额高息集资款。本案的证人俞甲、唐某、夏某、周丙、徐甲等人的证言、现金账、借条、欠条、银行本票、汇票、工商登记材料、被告人吴某的供述等证据,证实吴某开办千足堂、汽车租赁等店时,已经向俞甲、徐甲等人借款,且所集款均以高息或高分红投资回报为诱饵筹得(每万元每日35

元、40元、50元）。其开办的美容店、千足堂等，注册资金也只是14万元。至2005年8月、9月时，吴某已负债上千万元。吴某明知汽车租赁等经营收入，根本无法支付约定的高息、高分红。在资不抵债、入不敷出的情况下，为资金链的延续，于2005年下半年开始，以高息和高额回报为诱饵，大量非法集资。

（2）虚构事实，隐瞒真相，骗取巨额资金。本案证人证言、书证及被告人吴某的供述，均可证实，被告人吴某在实际并未投资白马服饰城商铺和收购湖北荆门酒店的情况下，却以炒商铺、收购烂尾楼需要等名义向他人大量集资。并在从事期货投资已造成近5000万元巨额亏损的情况下，仍向他人支付所谓的高额利润。被告人吴某不仅对出借人隐瞒巨额负债的事实，且对公司的管理人员均隐瞒其资金来源和去向，并用非法集资所得的资金，注册成立多家公司，在社会上进行虚假宣传。其实质是为了掩盖巨额负债的事实，给社会公众造成其有雄厚经济实力的假象，以骗取更多的社会资金。

（3）随意处置集资款。吴某在负债累累、无经济实力且无经营管理能力的情况下，不计回报，虚假设立公司，挥霍集资款。其所设立的公司均无法在短期内产生效益，个别经营活动赢利极少，大多是处于亏损的状况。在本身毫无经济实力的情况下，吴某为维持资金雄厚的假象，用集资款支付2381万元，签订上亿货款的珠宝合同，而所购的珠宝随意处置。其明知没有投资能力，不计后果签订开发博大新天地商品房，明知自己没有投资和经营能力，盲目投标江北甘溪路地块，造成定金、保证金1400万元被没收。用集资款支付中间人巨额介绍费；用集资款捐赠达230万元；在无实际用途的情况下，花近2000万元购置大量汽车，其中为本人配置购价375万元的法拉利跑车；为所谓的拉关系随意给付他人钱财130万元；其本人一掷千金，肆意挥霍，其供认花400万元购买名衣、名表、化妆品，同时进行高档娱乐消费等花费达600万元。

（4）巨额集资无账目。吴某供认，“其实前期的借款我都有记录过，我把记录的账本放在自己的包里。后来因我的包有五、六次被偷被抢，里边的账本也被拿去了，我自己干脆就不记录了，就凭我脑袋瓜的记忆。再说借我款的人也有账记录的，我都相信他们的”。可见其本人对到底借了多少资金并不在意，对归还多少本金和利息亦十分随意。此外，东阳市3个会计师事务所均出具说明，证明其相关公司无法审计，足见其财务管理混乱的程度。

（5）造成巨额资金无法追回。根据现有的证据；证实被告人吴某实际诈骗数额3.8亿多元，造成巨额资金无法归还。

（6）虽然被告人吴某一再辩称，其主观上无非法占有的目的，想通过将公司做强做大后上市，再将借款归还。但根据其供述及其私刻假银行印章在承诺书上盖章等行为，足以证实其系用汇票证明自身有经济实力，以应付他人催讨，拖延时间，继续骗取借款及意图从银行"融资",以后债归还前债的方法维持资金链的延续。

综上,本院认为,被告人吴某明知没有归还能力,仍虚构借款用途,以高息为诱饵,大肆向社会公众集资,并对取得的集资款恶意处分和挥霍,造成巨额资金不能返还,足以认定其主观上具有非法占有的故意。故被告人吴某及其辩护人提出被告人吴某的行为属正常的民间借贷,不构成犯罪的意见与本院查明的事实及法律规定不符,不予采纳。

2. 关于本案属单位犯罪还是自然人犯罪的问题

(1)从本色集团有限公司设立酌情况看,吴某成立公司注册资金都是非法集资和借款注册的,注册资金来源非法;公司的另一股东吴乙,在未出资且不知情的情况下,签名后成为挂名股东。本色集团有限公司违反了公司法关于设立有限责任公司的规定,不具备公司法上关于单位应当依法设立的特征,不具有单位资格,即实质上是吴某个人公司,法律责任应由吴某个人承受。

(2)从本色公司的经营状况看,本色集团有限公司除了用借款和非法集资的款项购置房产、汽车,装潢等,实际的经营活动极少。公司的设立是给吴某非法集资提供幌子。其不断扩大公司规模、作虚假宣传,提高影响力,误导公众对其本身经济实力的认识,实质上是为掩盖其集资诈骗的事实,并为其继续集资诈骗提供便利。公司中资金流量和使用最频繁的就是有关非法集资的款项来往,即公司设立后,是以实施犯罪为主要活动,公司人格依法应予以否认。

(3)从资金的取得来看,均系吴某一人所为,且吴某对公司的任何人均隐瞒了资金的来源。

(4)从对外集资的形式上看,吴某大多是以个人名义进行,而不是以本色集团公司的名义进行。正如吴某本人供认"我以个人名义就能借到钱,只是应对方要求在借条上写上本色集团为担保人"。且大量资金是进入吴某的个人账号。

(5)从非法集资的目的上看,吴某并非为了公司的利益。其所集资的资金虽有部分用于所谓的公司注册经营,但其公司经营的都是传统产业,利润较低,甚至亏损,根本无法承担应付的高额利息。而且吴某的集资行为并没有从公司利益出发,也并非为了让公司获取经营资金。公司成立前,被告人吴某已进行非法集资。公司成立后的非法集资行为,只是公司成立之前行为的延续。公司设立前后的行为是一个整体,不能割裂开来看。

综上,吴某非法集资多以个人名义实施,公司亦用非法资金出资;将既无出资也不知内情的吴乙挂名为股东,虚假设立。故公司实质上是吴某的个人公司,不具有公司法意义上的实质内涵,不具有承担法律责任的公司人格。且公司财产均系高息集资的资金购置;其设立的公司经营活动极少,在集资过程中出具的借条中有公司名义的,也无非是吴某为应对出借人的要求,骗取他人的信任,即公司只是吴某犯罪的工具。根据最高人民法院《关于审理单位犯罪具体应用法律有关问题的解释》第2条“个人为进行犯罪活动而设立公司、企业、事业单位的，或者公司、企业、事业单位设立后，以实施犯罪为主要活动的，不能以单位犯罪论处”的规定，本案被告人吴某的行为不能以单位犯罪论处。故本院对辩护人提出吴某的行为系单位行为的意见不予采纳。

3. 被告人吴某的行为是否符合集资诈骗罪的问题

公诉机关指控的本案被害人虽然只有11人，但根据现有的证据，足以证实被告人吴某系通过虚假宣传，支付高额利息及所谓的高额投资回报等形式，误导社会公众，通过本案的11名被害人将款投资给吴某。而且被告人吴某明知林某、杨乙、杨丙、杨己等人是做融资生意的，他们的资金也系非法吸存所得到。仅林某一人，所涉人员和单位就达66人。另外，吴某除了向本案11名被害人非法集资外，还向王乙、宋某、卢乙、王丙、陈戊、俞甲、唐某、夏某等人非法集资。被告人吴某除了本人非法集资外，还授意徐甲向他人非法集资，徐甲非法吸收公众存款所涉人员达14人。综上，吴某的行为完全符合集资诈骗罪的构成要件。

综上，本院认为，被告人吴某以非法占有为目的，隐瞒事实真相，虚构资金用途，以高额利息或高额投资回报为诱饵，骗取集资款人民币77339.5万元，实际集资诈骗人民币38426.5万元，数额特别巨大。其行为不仅侵犯了他人的财产所有权；而且破坏了国家的金融管理秩序，已构成集资诈骗罪。公诉机关指控罪名成立，本院予以支持。被告人吴某及其辩护人提出，被告人吴甲的行为属正常的民间借贷，不构成集资诈骗罪的意见，与本院查明的事实及法律规定不符，本院不予采纳。鉴于被告人吴某集资诈骗数额特别巨大，给国家和人民利益造成了特别重大损失，犯罪情节特别严重，应依法予以严惩。为保护公民的财产不受非法侵犯，维护国家正常的金融管理秩序，依照《中华人民共和国刑法》第一百九十二条、第一百九十九条、第五十七条第一款、第六十四条之规定，判决如下：

一、被告人吴某犯集资诈骗罪，判处死刑，剥夺政治权利众身，并处没收其个人全部财产。

二、被告人吴某违法所得予以追缴，返还被害人。

如不服本判决，可在接到判决书的第二日起十日内，通过本院或者直接向浙江省高级人民法院提出上诉。书面上诉的，应当提交上诉状正本一份，副本二份。

审　判　长　赵　某
审　判　员　张某某
代理审判员　于　某
二〇〇九年十月二十九日
代 书 记 员　何某某

备注：吴某案判处死刑后，争议巨大。最高人民法院不核准死刑，发回重审。后改判死缓，2014 年减刑改判无期徒刑。

五、辩点分析

集资诈骗罪在司法实践中，罪与非罪、此罪与彼罪的定性争议大，这也给辩护人带来较大的辩护空间。根据笔者归纳总结，对于集资诈骗罪，可以从以下几个方面厘清辩点：非法性的认定，“以非法占有为目的”的认定，“使用诈骗方法”的认定，“向社会公开宣传”的认定，“社会公众”的认定，单位犯罪和个人犯罪，集资数额的认定，共同犯罪，如实供述、退赃退赔、自首立功。

（一）非法性的认定

集资诈骗先有集资后有诈骗，认定集资诈骗首先要确定集资行为是否具有非法性。我国现阶段，市场经济的程度还不是很高，金融业还没有完全放开。行为人面向社会集资的行为如果没有获得国家有关主管部门的批准，或者采取借用合法经营的形式，表面上合法实际上不合法。则该集资行为违反了国家金融管理法律法规，具有非法性。这里的违反了国家金融管理法律法规，主要是指违反了《银行业监督管理法》《商业银行法》《证券法》《公司法》《保险法》《证券投资法基金法》《企业债券管理条例》《信托公司集合资金信托计划管理办法》《证券公司客户资产管理业务实行办法》等法律法规。

最高人民法院 2010 年颁布的《关于审理非法集资刑事案件应用法律若干问题的解释》列举的 10 类情形以及其他类似的面向社会不特定对象集资的情形，都是非法的，具有非法性。而这种非法性，是本罪的前提和基础，即先有非法性，后有集资诈骗。

（二）“以非法占有为目的”的认定

《刑法》意义上的“以非法占有为目的”，是指行为人主观上具有非法获取他人财物控制权的故意和目的，包括对所有权人的占有、使用、收益、处分权的全面侵犯，使得自己或第三人（含单位）完全控制通过非法行为所取得的款项，排除所有权人权利的实现。

此目的是集资诈骗罪主观上的构成要件，人民法院对此目的的认定直接关系到罪与非罪。但实践中，没有哪个行为人会主动承认自己是“以非法占有为目的”。人的主观心理状态他人无法探知，只有客观行为是为他人所知的。因此，为了准确地认定他的主观心理状态，在司法实践中大量地采用推定的方式认定

"以非法占有的目的"。那么,在司法实践中又如何推定呢?

根据《刑法》理论通说,推定应遵守以下几方面的规则:第一,基础事实必须客观、真实,并且不得进行二次推定;第二,基础事实与推定事实须具有逻辑上的必然联系;第三,必须坚持主客观相一致,既要注意分析、判断行为人主观心理,又要查清其客观行为,如是否存在还款行为,不能还款的具体原因,集资款的去向等;第四,允许行为人反驳或提供反证,如果行为人能举证证明某种相反的例外情形存在,足以使法官对拟推定事实产生合理怀疑,推定结论即不成立。

为了帮助司法官员和律师正确地采用推定的方式来认定"以非法占有的目的",最高人民法院 2001 年颁布了《全国法院审理金融犯罪案件工作座谈会纪要》(法〔2001〕8 号),2010 年又颁布了《关于审理非法集资刑事案件具体应用法律若干问题的解释》。其中,对集资诈骗罪的"非法占有目的"的认定做了如下几点列举式规定:1. 集资后不用于生产经营活动或者用于生产经营活动与筹集资金规模明显不成比例,致使集资款不能返还的;2. 明知没有归还能力而大量骗取资金的;3. 非法获取资金后逃匿的;4. 肆意挥霍骗取资金的;5. 使用骗取的资金进行违法犯罪活动的;6. 抽逃、转移资金、隐匿财产,以逃避返还资金的;7. 隐匿、销毁账目,或者搞假破产、假倒闭,以逃避返还资金的;8. 拒不交代资金去向,逃避返还资金的;9. 其他非法占有资金、拒不返还的行为。

对于以上几个方面的列举,最高人民法院的本意是方便司法实务工作者和律师更迅速和更快捷地理解"以非法占有为目的",把复杂的问题简单化。但"以非法占有为目的"的认定涉及集资诈骗罪的罪与非罪,关系重大。为了避免错案,也不能单纯地、僵硬地、教条地理解以上几个列举式规定,而是应结合以下几个方面综合判断行为人的主观动机:

第一,筹措资金的用途。非法吸收公众存款罪和集资诈骗罪在客观方面基本一致,主要的区别就在于主观方面。非法吸收公众存款罪不是"以非法占有为目的",而集资诈骗罪正是"以非法占有为目的"。非法吸收公众存款罪中,行为人筹措的资金一般应用于低风险的经营活动,并且是吸收的资金全部或绝大部分用于此种低风险的经营活动。若吸存的资金全部或大部分用于高风险投资,如股票、对冲基金等等,或用于违法犯罪、挥霍资金的,则应倾向于认定其具有"以非法占有为目的"。

第二,行为人筹措资金时的经济与经营的状况。若行为人向社会不特定群体筹措资金时,有不错的经济和经营能力,相对于筹措的资本,有实际的可预期的偿还可能性,则不宜认定为其具有非法占有目的;若彼时行为人经济和经营方面只是空壳,或者根本就没有什么好的经济基础和稳定的经营收入状况,那么应倾向于认定其具有"以非法占有为目的"。

第三,行为人对债务的偿付情况。在无法明确判定行为人筹措资金有无非法占有目的时,若行为人对于全部或部分资金都已经归还,或从常理来看,根据其实际经营状况有较高归还的可能性并且其对归还持积极态度的,应倾向于认定其不具有"以非法占有为目的"。

第四,有的行为人实际资产足以偿还集资款项,但因为经营上的问题导致流动资金不足导致偿还困难。不宜仅以这一点认定其具有"以非法占有为目的",还应结合其他情形来认定,如筹措资金时的经济状况、集资款项用途、有无使用欺骗的方法。

第五,行为人将大部分资金用于投资或生产经营活动,而将少量资金用于个人消费或挥霍的,不能仅以此认定其具有"以非法占有为目的",也应结合其他情况来认定。根据案件的实际情况,可以认定行为人对全部资金不具有"以非法占有为目的",或者只对个人消费或挥霍的那一部分认定为具有"以非法占有为目的"。

"以非法占有为目的"是集资诈骗罪主观上的必备要件,没有"以非法占有为目的",就不存在集资诈骗罪。在司法实践中,行为人是否具有"以非法占有为目的",往往存在很大的争议,而这也正是辩护人的辩护空间所在。有没有辩护空间,能挖掘出多少辩护空间,就看辩护人的专业素养和专业能力了。

(三)"使用诈骗方法"的认定

根据最高人民法院2010年《审理非法集资刑事案件应用法律若干问题的解释》,只要客观行为属于非法吸收或者变相吸收公众存款,并具有非法占有为目的的,就以集资诈骗罪论处。然而,非法吸收公众存款,并不以行为人实施诈骗行为为前提。但集资诈骗罪作为诈骗类犯罪,必须以实施了诈骗行为、使用了诈骗方法为前提。换言之,行为人"使用诈骗方法"是集资诈骗罪的构成要件之一。没有"使用诈骗方法",就不能认定为集资诈骗罪。

集资诈骗罪作为诈骗类犯罪,其构造与普通诈骗罪的构造是相同的。所谓诈骗方法,就是行为人虚构事实、隐瞒真相,向受骗人传递不真实的信息,使受骗人上当受骗,陷入错误的认识,并作出看似自愿的处分财产的行为。就集资诈骗而言,"使用诈骗方法"就是指行为人虚构理财产品、虚假转让股权、虚构债券、虚假销售保险、虚构投资项目等,虚假承诺回报,骗取社会不特定公众的信任,使这些不特定公众看似自愿地将集资款交付给行为人或行为人指定的第三人。

"使用诈骗方法"是集资诈骗罪客观上的必备要件。行为人如果没有"使用诈骗方法"集资的客观行为,就不存在集资诈骗罪,辩护人就可以为行为人作无罪辩护。

(四)“向社会公开宣传”的认定

按照《刑法》第176条和司法解释的规定,“向社会公开宣传”是集资诈骗的构成要件之一。最高人民法院《关于审理非法集资刑事案件应用法律若干问题的解释》(以下简称《2010年解释》),列举了通过媒体、推介会、传单、手机短信等途径向社会公开宣传的方式。但这只是列举式的规定,实践中并不以此为限。还包括其他的向社会公众传播的方式,如电脑网络、手机微信、论坛、讲座、晚会、研讨会、宣传画册、横幅,这些方式,都属于向社会公开宣传。2014年3月,最高法、最高检、公安部颁布实施《关于办理非法集资刑事案件适用法律若干问题的意见》,该意见进一步明确“明知吸收资金的信息向社会公众扩散而予以放任等情形”也属于“向社会公开宣传”。并且这种方式由于口口相传、人人相传,传播的主体相互之间是熟人的关系。其内容更加具体,传播方式更加隐蔽,速度反而更快;其传播的实际效果与主动向社会公开宣传没有两样,甚至有过之而无不及。如果行为人明知其吸收的资金以这种方式传播而放纵不加阻止,很明显属于一种间接故意。根据主客观一致的原则完全可以认定为“向社会公开宣传”。

(五)“社会公众”的认定

根据《刑法》第176条和司法解释的规定,集资诈骗的对象是不特定的“社会公众”。最高人民法院《2010年解释》规定了集资的对象为社会公众,也就是社会不特定对象。这是非法集资与民间借贷的区别所在。“社会公众”,它的核心主要体现在它的“社会性”上,而“社会性”包括对象的广泛性和不特定性。该司法解释还规定:“未向社会公开宣传,在亲友或者单位内部针对特定对象吸收资金的,不属于非法吸收或者变相吸收公众存款”。

但是,随着司法实践的发展,行为人在非法集资上手段翻新。为了刻意规避刑法和司法解释的规制,又出现了两种新的“向社会公开宣传”的方式:一种是在向亲友或单位内部人员吸收资金的过程中,明知亲友或单位内部人员向不特定对象吸收资金而予以放任;另一种是以吸收资金为目的,将社会人员吸收为单位内部人员,并向其吸收资金。以上两种方式具有隐蔽性的特征,其实质是间接地面向社会公众、面向不特定对象吸收资金。在这两种方式中,行为人的集资对象已经不是纯粹的亲友和单位了,而实质上成为社会不特定公众了。

因此,按照上述司法解释的规定,“社会公众”具有广泛性和不特定性的特点。在认定“社会公众”时应透过现象看本质,不能被表面上的亲友和单位内部所迷惑。这体现了最高人民法院对非法集资案件严厉处理的态度。

（六）单位犯罪和个人犯罪

根据最高人民法院司法解释的具体规定，集资诈骗罪的单位犯罪的入罪标准要高于个人犯罪的入罪标准（单位是50万元以上，个人是10万元以上），单位犯罪的量刑也要比个人犯罪的量刑轻很多（单位数额巨大是150万元以上的，数额特别巨大是500万元以上；个人数额巨大是30万元以上，数额特别巨大是100万元以上）。

区分单位犯罪和个人犯罪的关键在于集资行为所体现的意志是单位自身的意志，还是作为单位成员的个人的意志。如果是由单位领导集体研究决定或经由单位负责人决定，以单位名义实施，集资款项主要用于单位经营，利益归属于单位的，以单位犯罪论处；如果是由单位集体研究决定或经由单位主要负责人决定，没有以单位名义实施，而是以个人名义实施，或其他单位实施，但集资款项主要用于该单位经营，利益归属于该单位的，也应以单位犯罪论处。

对于实际上的一人公司，如果公司财物与股东财物独立，彼此间并无资金往来，或虽有往来，但财务记账规范，非法集资构成犯罪的，应视为单位犯罪。但对于那些个人资产与公司资产混同，财务制度不规范，即使集资诈骗行为以单位名义实施，一般视为自然人犯罪。

以单位名义实施的集资刑事案件往往涉及人员众多，应严格控制追究刑事责任的人员范围。对于策划、组织、指挥、决定集资诈骗行为的负责人员，一般应认定为“直接负责的主管人员”，对集资诈骗的单位犯罪承担主要的罪责；对于明知单位集资诈骗，在主管人员授意下，积极参加与集资活动的，一般认定为“其他直接责任人员”，依法追究刑事责任：对于没有参与预谋，只是受主管人员指派，参与实施某些与自身工作岗位相关的具体行为的，一般不认定为“其他直接责任人员”。

故此，辩护人在为被控集资诈骗罪的嫌疑人或被告人辩护时，如果能向单位犯罪方向辩护并且法律上能够成立的话，将会取得罪轻辩护的良好效果。如果更进一步，能够将自己的当事人认定为“没有参与预谋，只是受主管人员指派，参与实施某些与自身工作岗位相关的具体行为”的，则将取得无罪辩护的更好效果。

（七）集资数额的认定

最高人民法院2001年《全国法院审理金融犯罪案件工作座谈会纪要》（法〔2001〕8号）规定：“在具体认定金融诈骗犯罪的数额时，应当以行为人实际骗取的数额计算。对于行为人为实施金融诈骗活动而支付的中介费、手续费、回扣等，或者用于行贿、赠予等费用，均应计入金融诈骗的犯罪数额。但应当将案发前已归还的数额扣除。”这一精神在最高人民法院《2010 年解释》中得以延续，并在此基础上又增加一段规定：“行为人为实施集资诈骗活动而支付的利息，除本金未归还可予折抵本金外，应当计入诈骗数额。”对于这一点，最高人民法院在对《2010 年解释》的理解与适用中作出了说明：“规定本金未归还可予折抵本金，主要是出于实践可操作性和避免矛盾激化的考虑，因为集资诈骗案发后能够追回的案款毕竟有限，很难要求本金未得到偿付的集资群众先将利息退出后再按比例统一偿付。而且，实践中支付本金时往往已经扣除了利息部分，比如名义上支付了 100 万元的本金，扣除高息 20 万元，仅实际支付 80 万元，对此实事求是地认定本金 80 万元更为可取。”

针对同一集资对象，短期内数次集资，边集边还的，原则上按此期间最高集资本金的数额认定集资总额，不累计计算。集资参与者将收取的集资收益作为本金再次投入的，该部分不计入非法集资数额。

对于涉及“亲友”的集资诈骗案件，如果行为人前期仅向“亲友”集资，后来通过该“亲友”向不特定社会公众集资，则前期向该“亲友”的集资数额不应计入非法集资犯罪数额（因为亲友不属于不特定公众）。

（八）共同犯罪

与其他的罪名一样，集资诈骗罪也存在共同犯罪，无论是集资诈骗中的单位犯罪或者是个人犯罪都是如此。按照《刑法》总则的规定，具有共同的犯罪故意和共同的犯罪行为，构成共同犯罪。

具体到本罪的单位犯罪中，对于策划、组织、指挥、决定集资诈骗行为的负责人员，一般应认定为共同犯罪中的主犯，承担主要的罪责；对于明知单位集资诈骗，在主管人员授意下，积极参加与集资活动的，一般认定为从犯，比照主犯从轻处罚或者减轻处罚；对于协助、帮助集资单位实施诈骗行为的担保公司、投资咨询公司等，如果其主观上有帮助该单位实施集资诈骗的故意，客观上有帮助该单位实施集资诈骗的行为，故构成本罪的帮助犯或从犯。这个帮助犯或从犯，按照其意志属性和利益归属属性分别区分为个人犯罪或单位犯罪。如果是单位犯罪的，只有被认定的“直接负责的主管人员”和“其他直接责任人员”才需承担刑事责任。其他没有参与预谋，只是受主管人员指派，参与实施某些与自身工作岗位相关的具体行为的工作人员，不应承担刑事责任。

具体到本罪的个人犯罪中，应该根据各个共同集资诈骗行为人在共同行为中的地位和作用，行为人职务的高低、对集资诈骗行为积极的程度、是否从集资行为中得到好处、好处的多少等，区分主犯或从犯、胁从犯等。如果两个或者两个主要的人员地位或者作用相当,可以都认定为主犯,但也应该略微拉开一下量刑的档次。对于从犯,应当比照主犯从轻或减轻处罚。对于胁从犯,由于其主观恶性较小,应该比照主犯减轻处罚或者免除处罚。

行为人帮助他人向社会集资诈骗,从中收取代理费、好处费、佣金或提成等,构成共同犯罪,一般应作为从犯追究刑事责任。但受雇用参与集资诈骗的部分环节、仅领取少量报酬或者提成的,或者地位作用相对较大,但能清退个人涉案违法所得的,可以认定为"情节显著轻微,危害不大",不以犯罪处理。

(九)如实供述、退赃退赔、自首立功

根据最高人民法院的量刑指导意见和各省高级人民法院的实施细则,如实供述、真诚悔罪、积极退赃退赔,一直都是作为一个重要的酌定从轻情节而存在的。被控集资诈骗罪的嫌疑人如在案件中具备这些酌定从轻情节,毫无疑问将是一个有利的辩点,嫌疑人及其辩护人应善于发现、挖掘或者创造这一酌定从轻情节。

自首和立功在《刑法》总则里一直都是作为法定从轻情节存在的,对于所有的罪名都是同等适用的,集资诈骗罪也不例外。由于本书在前面的几个章节里,都详细谈到自首和立功的辩点内容,这里就不再赘述。

第二节　非法吸收公众存款罪的风险识别与辩点分析

一、非法吸收公众存款罪的构成要件

(一)概念

非法吸收公众存款罪是指违反国家金融管理法规,非法吸收公众存款或变相吸收公众存款,扰乱金融秩序的行为。

(二)构成要件

1. 本罪的主体为一般主体,即年满16周岁具有刑事责任能力的自然人和单位。实践中发生较多的,是具有法人资格的公司、企业进行的非法吸收公众存款的活动。否则,其他单位、个人也不会轻易将款存到行为人的账上。需要特别说明的是,具有吸收公众存款资质的法人实施的违法吸存行为,是不能构成本罪的。

因为非法吸收公众存款罪作为行政犯，应当以行政法规作为立法与执法依据，目前我国的行政法规仅将这些行为规定为行政违法行为，所以不能构成本罪。

2. 本罪的主观方面表现为故意，并且只能是直接故意。但行为人不能有非法占有的目的。

3. 本罪侵犯的客体，是国家金融管理制度。根据我国有关金融法律、法规的规定，商业银行、城乡信用合作社等银行金融机构可以经营吸收公众存款业务，证券公司、证券交易所、保险公司等非银行类金融机构以及任何非金融机构和个人则不得从事吸收公众存款业务。如果上述不得经营吸收公众存款业务的金融机构以及非金融机构、个人非法吸收或者变相吸收公众存款，必然影响国家对金融活动的宏观监管，破坏金融秩序。

4. 本罪的客观方面主要表现为非法向社会公开吸收公众存款或者变相吸收公众存款。所谓非法吸收公众存款，是指未经中国人民银行批准，向社会不特定对象吸收资金，出具凭证，承诺在一定期限内还本付息，吸收资金的利率通常会高于或远远高于银行同期同种类存款的利率，从而吸引众多单位和个人将闲散资金甚至将已存入银行的资金取出，存入行为人的账户。所谓变相吸收公众存款，是指不以吸收公众"存款"的名义，而在未经中国人民银行批准的情况下，擅自开办所谓的"基金"或"基金会"，通过这些"基金"、"基金会"面向社会吸收公众存款。

本罪是行为犯，行为人只要实施了非法吸收公众存款或者变相吸收公众存款，扰乱金融秩序的行为，即构成本罪既遂。

二、非法吸收公众存款罪的量刑规定

根据《刑法》第 176 条的规定，非法吸收公众存款或者变相吸收公众存款，扰乱金融秩序的，处 3 年以下有期徒刑或者拘役，并处或者单处 2 万元以上 20 万元以下罚金；数额巨大或者有其他严重情节的，处 3 年以上 10 年以下有期徒刑，并处 5 万元以上 50 万元以下罚金。单位犯前款罪的，对单位判处罚金，并对其直接负责的主管人员和其他直接责任人员，依照前款的规定处罚。

根据《2010 年解释》的规定，具有以下情形之一的，应当立案侦查，其量刑幅度为三年以下有期徒刑或者拘役：

一是个人非法吸收或者变相吸收公众存款，数额在 20 万元以上的，单位非法吸收或者变相吸收公众存款，数额在 100 万元以上的；

二是个人非法吸收或者变相吸收公众存款 30 人以上的，单位非法吸收或者变相吸收公众存款 150 人以上的；

三是个人非法吸收或者变相吸收公众存款，给存款人造成直接经济损失数额

在10万元以上的,单位非法吸收或者变相吸收公众存款,给存款人造成直接经济损失数额在50万元以上的;

四是造成恶劣社会影响或者其他严重后果的。

根据上述司法解释的规定,具有以下情形之一的,属于《刑法》第176条所规定的"数额巨大或者有其他严重情节"的范畴,其量刑幅度为3年以上10年以下有期徒刑:

一是个人非法吸收或者变相吸收公众存款,数额在100万元以上的,单位非法吸收或者变相吸收公众存款,数额在500万元以上的;

二是个人非法吸收或者变相吸收公众存款100人以上的,单位非法吸收或者变相吸收公众存款500人以上的;

三是个人非法吸收或者变相吸收公众存款,给存款人造成直接经济损失数额在50万元以上的,单位非法吸收或者变相吸收公众存款,给存款人造成直接经济损失数额在250万元以上的;

四是造成特别恶劣社会影响或者其他特别严重后果的。

三、非法吸收公众存款罪的认定标准

(一)本罪与非法经营罪的区别

非法吸收公众存款罪和非法经营罪之间存在一定的竞合关系,主要体现在未经批准,非法从事银行吸收存款业务的,构成非法经营罪。但是,《刑法》第176条对非法吸收公众存款的行为以特别条款的形式作了规定,非法吸收公众存款罪和非法经营罪之间形成特别法和普通法的竞合关系,非法吸收公众存款的行为在一般情况下应当适用特别法,即以非法吸收公众存款罪处罚。另外,如果该行为虽然构成非法吸收公众存款罪,但该罪只能对犯罪行为进行部分评价,不能包括犯罪行为的整体。而适用非法经营罪能够对行为进行整体评价,则要适用非法经营罪。

(二)本罪与集资诈骗罪的区别

两者的区别主要表现在犯罪的主观故意不同,集资诈骗罪是行为人采用虚构事实、隐瞒真相的方法意图永久非法占有社会不特定公众的资金,具有非法占有的主观故意;而非法吸收公众存款罪行为人只是临时占用投资人的资金,行为人承诺而且也意图还本付息。在司法实践中,要区别不同情形对两者的界限进行界定。

1. 从筹集资金的目的和用途来看，如果向社会公众筹集资金的目的是为了用于生产经营，并且实际上全部或者大部分的资金也是用于生产经营，则定非法吸收公众存款罪的可能性更大一些；如果向社会公众筹集资金的目的是为了用于个人挥霍，或者用于偿还个人债务，或者用于拆东墙补西墙，则定集资诈骗罪的可能性更大一些。

2. 从单位的经济能力和经营状况来看，如果单位有正常业务，经济能力较强，在向社会公众筹集资金时具有偿还能力，则定非法吸收公众存款罪的可能性更大一些；如果单位本身就是皮包公司，或者已经资不抵债，没有正常稳定的业务，则定集资诈骗的可能性更大一些（此种情形只是以客观事实对主观目的进行部分的推定，如要定集资诈骗还要结合其他证据才能证明）。

3. 从案发后的归还能力来看，如果案发后行为人具有归还能力，并且积极筹集资金实际归还了全部或者大部分资金，则具有定非法吸收公众存款罪的可能性；如果案发后行为人没有归还能力，而且全部或者大部分资金没有实际归还，则具有定集资诈骗罪的可能性（这是从客观后果而言进行的分析，如果控方没有证据证明行为人具有非法占有公众存款的目的，则不能以集资诈骗罪定罪处罚）。

四、典型案例

戴某非法吸收公众存款案①

［案号］辽宁省沈阳市中级人民法院（2005）沈刑（2）初字第16号

公诉机关：辽宁省沈阳市人民检察院。

被告人：戴某，男，1931年6月8日出生于内蒙古自治区翁牛特旗，汉族，初中文化，捕前住沈阳市和平区同泽南街163－2号，原系东北金城电子工贸公司总经理、法定代表人；珠海东北金城房产开发公司总经理。因涉嫌犯玩忽职守罪于2004年1月16日被监视居住，同年4月2日被依法逮捕，现羁押于沈阳市看守所病犯监区。

辩护人：王某、洪某，辽宁同方律师事务所律师。

辽宁省沈阳市人民检察院以沈检刑诉字（2005）第67号起诉书，指控被告人戴某犯非法吸收公众存款罪，于2005年2月17日向本院提起公诉。本院依法组成合议庭，公开开庭审理了本案。辽宁省沈阳市人民检察院指派检察员贺某、宓某、郑某出庭支持公诉，被告人戴某及其辩护人王某到庭参加诉讼。本案现已审

① 案例来源：法律图书馆。

理终结。

在开庭审理中，控、辩双方针对指控的事实、罪名及相关情节，当庭举证、质证和辩论，被告人作了最后陈述。综合法庭调查、法庭辩论的情况及控辩双方的观点和理由，本院评判如下。

公诉机关指控：2001 年 10 月至 2003 年 12 月，被告人戴某在担任珠海东北金城房产开发公司总经理期间，由其决定采取用房产作抵押并支付高额利息的手段，以珠海东北金城房产开发公司名义，向社会非法吸收巨额公众存款共计人民币 2618 万元，用于本单位的经营活动，至今尚有人民币 2398 万元未还。

针对上述指控的事实，控方在庭审中通过宣读证人证言、出示书证及鉴定材料等方式，向法庭提供了下列证据：

1. 相关书证，证明被告人戴某系单位的主管人员和直接责任人员：

(1) 珠海东北金城房产开发公司企业法人营业执照，证明该公司经济性质为全民所有制，法定代表人系戴某。

(2) 珠海金城企业集团有限公司企业法人营业执照，证明该公司经济性质为全民所有制，法定代表人系戴某。

2. 证人证言，证明由戴某决定，以支付高额利息及房产作抵押的方式向社会人员筹款，集资人出资情况以及珠海金城房地产开发公司偿还集资款的相关事实：

(1) 证人田某(原系珠海辽都公司经理)的证言，证明戴某让其向社会人员筹款的经过：1992 年 6 月，我们总公司领导来珠海检查工作时，考察了三海大厦基础设施，认为三海大厦很有发展前景，当年就陆续给三海大厦投资 2600 万元；到现在连本带利共 6000 万元，一分钱都没有收回来；我们总公司很着急，我就经常去找戴某经理催要投资款，戴总是推托；2001 年是戴某公司最困难时期，职工工资都发不出来，水电费也交不上了；有一天我去戴某办公室催款，他和我说："你在珠海认识人多，朋友也多，帮我借点钱，高点利息没关系，利息 6% 到 8% 都行，我这有房子作抵押，借来的钱下到公司财务账上，由财务出发票。钱到了，先把你们公司钱扣下不就行了，只要有钱渡过难关，我很快就能缓过劲来。"高息借款融资是戴某自己决定的，我是通过认识的朋友和熟人在社会上借的款；从 2001 年 4 月起到 2003 年 11 月止，经我手高息借款的有 10 人，共借款 2925 万元，现在连本带利还 565 万元，还差 2360 万元没有还上。具体借款人有：向付某借款 60 万元，已还本付息 17.2 万元；向李某借款 100 万元，已还本付息 78 万元；吴某借款 40 万元，已还本付息 5 万元；孙某借款 40 万元，已还本付息 22 万元；邹某借款 1000 万元，已向香洲区人民法院诉讼；庄某借款 900 万元，已还本付息 100 万元。经我手高息借的款基本都用房子作抵押了，具体办理是由戴某公司售房部办的，抵押合同戴某审批。

(2)证人庄某(原系东南亚船务有限公司职员)的证言,证明其经田某介绍向珠海东北金城房产开发公司存款的事实:大约是2001年,田某和我说,珠海东北金城房产开发公司开发的三海大厦资金短缺,现在需要借些钱,你们有钱投点,利息是6%,有房子作押,我和我太太商量就同意了;2001年10月,我借给他们公司第一笔是200万元人民币,按6%利息,实借176万元,用房子作抵押;第二笔是2002年3月借给他们200万元,按6%利息,实借176万元,用房子作抵押;第三次是2002年10月,借给他们公司100万元,实借88万元,按6%利息,用房子作抵押;以上3笔借款时间都是2个月,按公司出具的票据是500万元,实际我拿出440万元;这期间,戴某还本金100万元;第四次是2003年12月6日,500万元是实的没扣利息,时间是3个月,用土地作抵押,给个房产证,已经抵押过,广州已查封。这4次借款一共拿利息5次,共108万元。我是在他们公司售楼处把钱交给公司财务,在公司2楼是戴某和田某一起接待我的。戴总和我们说现在公司处于困境时期,拿出房地产权证(粤房地证字第1214363号)作抵押。

(3)证人邹某(原系珠海市教委职员)的证言,证明其向珠海东北金城房产开发公司存款的事实:我一共借给珠海公司资金3次。第一笔借给珠海公司资金200万元,没有利息。珠海公司给我写了承诺书,内容是:珠海东北金城房产开发公司将我公司房产金海楼及碧海楼7套商品房全部手续及产权抵押给邹某,到期我公司偿还200万元整,对方将全部手续退还我公司。如特殊情况顺延得提前取得对方同意,否则每天罚款1000元人民币,特此承诺。第二笔借款金额为1000万元,坐扣利息后实到位800万元,承诺书内容为:公司将所开发的房产三海大厦金海楼共计26套商品销售给邹某,合计人民币1000万元。同时向邹某借人民币1000万元,借期3个月,到期还人民币1000万元。如违约,不能按规定日期还款给对方,除按日加罚3%罚金外,我公司上述房产归邹某所有,并负责办理有关法律手续,特此承诺。第三笔借款金额为60万元,承诺书内容为:公司将开发的房产三海大厦银海楼2套商品房销售给邹某,合计人民币60万元,到期还款。如不能按规定日期还款给对方,我公司上述房产即归邹某所有,特此承诺。这3次借款扣出利息实到位1168万元,按借款收据和承诺是1368万元,现在没还回来。

(4)证人李某(原系珠海个体营运者)的证言,证明其向珠海东北金城房产开发公司存款的事实:大约2002年1月,珠海金城企业集团工作人员田某找到我说:"现在公司资金周转困难,你有没有钱借给我们公司,给你高利息,借款二个月,月利息6%,并且先扣利息,用公司的三海大厦房产做抵押,到期一次还本金"。我一共分3次集资100万元:第一次是2003年1月末,集资40万元,按月息6%扣下4.8万元，余下35.2万元交给财务部，然后他们给我开了一个预售房产收据40万元和一个承诺书，约2003年3月，将本金40万元归还给我；第二次是2002年4月，集资30万元，当时给我出了一份承诺书，一份购房合同，一张预售房产收据，以后给了我几次利息，具体数字我记不清了，到期后本金没有还给我；第三次是2002年6月，集资30万元，当时直接扣下利息5万元。到期后，本金一直没有还给我；到现在为止，珠海金城房产开发公司还欠我本金加上利息一共是40万元。

(5)证人付某(原系广东省中医院珠海医院医生)的证言，证明其向珠海东北金城房产开发公司存款的事实：大约2001年12月，朋友孙某跟我说珠海东北金城房产开发公司想搞高息集资借款，月息6%，时间2个月，先扣利息，到期还本。我感觉有利润可挣，决定向公司集资。我共分3次集资80万元。第一次是2001年12月，我向该公司集资20万元，当场扣利息2.4万元，2个月后到期还给我本金20万元；第二次是2002年5月，集资30万元，当场扣掉利息3.6万元；第三次是2002年7月，集资30万元，当时坐扣利息3.6万元。该公司在集资到期间还给我本金一共是30万元，到现在为止如果不计算利息还有50万元本金没有还给我；另外，我手里有2份该公司的承诺书，2份售房合同书及售房收据。

(6)证人孙某(原系珠海接奏软件开发公司职员)的证言，证明向珠海金城房产开发公司存款的事实：大约2002年5月，珠海金城企业集团工作人员田某跟我说，公司想搞点集资，高利息，集资2个月，月利息6%计算，先扣利息到期一次还本金；我当时感觉到这个集资挺诱人的，所以我想投一点钱；由于我与珠海金城戴总有过接触，我又直接到公司找到他说我的集资部分利息能否再高一点；当时，戴总同意我的利息按10%计算付给我；我一共分2次集资，共40万元；第一次是2002年5月10日，集资20万元，当场扣下2个月的利息，按10%计算4万元，公司给我出了1份承诺书，1份房产合同；第二次是2002年8月10日，集资20万元，当时按10%利息扣下利息4万元，公司又给我出了1份承诺书，1份房产合同；以后公司还我几次钱，具体每次多少钱我记不清了，如果不算利息还欠我18万元。

(7)证人吴某(原系原珠海汇海公司职员)的证言，证实其向珠海东北金城房产开发公司存款的事实：大约在2002年9月，我的朋友孙某和我说，珠海金城三海大厦要集资，利息6%，还有房子作抵押，我就相信了；我共集资40万元人民币，按2个月借款扣息4.8万元，当时交现金35.2万元。后期给我5万元，本金还欠我30.2万元；当时他们公司还给我出具房产抵押承诺书，又给我开了售房收据，我到房产部门调过档，这个房子已经抵押出去了。

3. 相关书证，证明珠海东北金城房产开发公司不具备吸收公众存款业务资格及该公司吸收存款的具体数额。

(1)中国人民银行珠海市中心支行出具的《关于珠海东北金城房产开发公司主体资格认定的复函》，证明该公司未获得金融监管机构批准其金融机构业务经营许可，不具备吸收公众存款业务资格。

(2)辽宁中衡会计师事务所出具的辽中衡审字(2004)第0065号《关于对珠海东北金城房产开发公司高息借款情况的审计报告》，证明珠海东北金城房产开发公司以利率为月息8%～10%，向孙某等6人的高息借款本金余额，共计2398万元。上述资金进入珠海东北金城房产开发公司账户后，与该公司其他来源的资金混用于公司经营，资金去向无法确定具体对应事项。

(3)辽宁中衡会计师事务所出具《关于对辽中衡审字(2004)第0065号审计报告的补充说明》，证明珠海东北金城房产开发公司向孙某等6人的高息借款本金总金额，共计2618万元。

(4)珠海东北金城房产开发公司提供的记账凭证、收款收据，证明该公司吸收庄某等6人存款的准确数额。

(5)珠海东北金城房产开发公司出具的情况说明，证明该公司用三海大厦部分楼房作为抵押物，向庄某等6人借款的事实，且情况说明上有该公司负责人戴某的亲笔签名。

(6)珠海东北金城房产开发公司提供的借款情况表，证明该公司吸收庄某等6人存款数额及还款情况。

(7)珠海东北金城房产开发公司出具的商品房买卖合同、房地产抵押(按揭)登记表及承诺书等书证，证明该公司非法吸收公众存款的同时与集资人签订买卖合同或出具承诺书，用三海大厦部分房地产作抵押物，向集资人集款的事实，而其抵押的房产已先期抵押给银行贷款。

4. 被告人在预审及庭审中供述：由其决定让田某联系给公司借款，借款利息月息8%左右。有20～30户都是由田某介绍来的。每次转款付(扣)利息都是田某一人经手亲自办理，我只是在借款手续上签个字。借款主要用于还公司的欠款，支付职工工资及公司日常费用。

公诉机关据此认定被告人戴某的上述行为触犯了《中华人民共和国刑法》第一百七十六条、第三十一条规定，已构成非法吸收公众存款罪。

被告人戴某及其辩护人在庭审质证时，对上述部分证据提出异议或作出补充说明：

被告人戴某提出：证人孙某、付某等人的证言，证实是单位向其借款，不是集资。

其辩护人提出：企业法人营业执照只能证明戴某是单位的法定代表人，无法证明是非法吸收存款的直接责任人；证人田某的证言，证实是找熟人借款，说公司吸收存款不准确；证人孙某、付某、吴某、李某、邹某、庄某证言，只证明珠海东北金城房产开发公司向其借款，不是存款；田某负责借款及相关事宜，戴某不是直接责任人；对审计报告本身无异议，但相关的记账凭证表明是借款。

辩护人就此起事实向法庭提供了下列相关证据：

(1)珠海市中级人民法院的民事判决书、珠海市香洲区人民法院民事判决书，珠海仲裁委员会裁决书等6份书证，均证明珠海东北金城房产开发公司向上述6人借款，被确定为民间借款；

(2)证人田某证言，证明其是珠海东北金城房屋开发公司的工作人员。

控方在庭审质证时，对辩护人提供的上述书证提出异议：

公诉人认为民事判决书、裁决书，是相关部门在民事诉讼中，依据当事人负有举证责任的原则，认定企业采取支付高额利息等手段向特定的某一个人借款的事实进而作出的相关裁决，相关事实的认定带有片面性。本院指控的是企业采取支付高额利息等违反金融管理法规的手段，非法向社会公众吸收存款的事实。上述基于民法作出的裁决，并不影响本案刑事诉讼的审理。同时，上述书证，也同样证实被告单位向部分存款人吸收具体存款的数额。对于辩护人出示的田某证言不表异议。

被告人戴某及其辩护人对公诉机关指控犯有非法吸收公众存款罪，提出如下辩解和辩护意见：

被告人戴某辩解：不是向社会吸收公众存款，当时公司困难，只是向五六个朋友借款，不构成非法吸收公众存款罪。

辩护人提出如下意见：(1)本案所涉6笔借款系由珠海东北金城房屋开发公司与公民个人之间的普通借贷，系单位与公民之间的借贷关系，公诉机关没有认定单位构成犯罪而认定被告人戴某个人犯罪不符合法律规定；(2)本案6名借款人与珠海东北金城房屋开发公司之间的借贷行为，均被人民法院和仲裁机关确认为民间借贷；(3)本案所涉6名借款人与珠海东北金城房产开发公司之间的借款行为的直接负责的主管人员是田某，不是本案被告戴某；6人均系田某的朋友，均由其负责办理与借款相关的一切手续；(4)公司借款的目的是为公司房地产项目的经营，不是以借款本身为营利目的，以营利为目的系构成非法吸收公众存款罪的要件之一；(5)6位借款人不构成本罪所指的“公众”，借款人东北金城房产开发公司既没有向社会广泛宣传，又非向与公司毫无关系的社会公众借款，而是在公司开发方地产资金周转困难时期，由公司管理人员田某介绍其朋友向公司的投资行为。综上，被告人戴某不构成非法吸收公众存款罪。

上述由控、辩双方提供的证据，经庭审举证、质证，本院对控方提供的证据及辩方提供的证人田某的证言予以确认；对辩方提供的书证，不予认定。根据庭审中对相关证据的质证情况，结合控辩双方争议观点及理由，本院综合评判认定如下：

(1)经庭审查明：被告人戴某在担任珠海东北金城房产开发公司总经理期间，公司由其决定采取用房产作抵押并支付高额利息的手段，向社会非法吸收巨额公众存款，用于公司经营活动。被告人戴某作为单位直接负责的主管人员，已构成非法吸收公众存款罪，具体理由如下：①企业法人营业执照等书证，证明被告人戴某系全民所有制单位的法定代表人及总经理。②证人田某的证言，证明由戴某决定，以支付高息及房产作抵押的方式向社会人员筹款的事实；证人庄某、邹某等人的证言，证明珠海金城房地产开发公司向其借款付息的事实。③金融部门出具的《关于珠海东北金城房产开发公司主体资格认定的复函》，证明该公司未获得金融监管机构批准其金融机构业务经营许可，不具备吸收公众存款业务资格。④审计报告、财务记账凭证、收款收据及借款情况表等相关书证，证明公司以利率为月息8%～10%，向孙某等6人的高息借款的数额及还款情况。⑤该公司出具的抵押借款情况说明、商品房买卖合同及承诺书等书证，证明该公司用商品房作抵押借款的事实，且其上有戴某的亲笔签名；同时，也证明被告人戴某系单位上述行为的直接主管人员。

(2)对于被告人戴某提出不是向社会吸收公众存款及其辩护人提出公司向6人借款，是法人与公民个人之间的普通借贷关系，并被法院及仲裁机构确认为民间借贷的相关辩解和辩护意见。公诉机关认为，先期做出的相关判决书与裁决书，是相关部门在民事诉讼中，依据当事人负有举证责任的原则，仅是就单一的借款行为做出的有关裁决。后本案经司法机关侦查，起诉指控的是该公司采取支付高额利息等违反金融管理法规的手段，非法向社会公众吸收存款的事实。上述基于民法作出的裁决并不影响本案刑事诉讼的审理。同时上述书证也同样证实被告单位向部分存款人吸收具体存款的数额。故本院认为，公诉机关的上述意见成立，应予支持；对被告人及其辩护人的上述观点，不予采纳。

(3)对于辩护人提出公诉机关没有认定单位构成犯罪，而认定被告人戴某个人犯罪不符合法律规定，以及该公司向6人借款的直接负责的主管人员应是田某而不是戴某的辩护意见。经查，证人田某的证言证实是被告人戴某决定并授意让其为公司高息吸收存款；公司出具的抵押借款情况说明、商品房买卖合同及承诺书等书证上均有戴某的亲笔签名。上述证据表明，被告人戴某作为公司的法定代表人、总经理，决定、授意并实施上述的相关行为，应认定为单位非法吸收公众存款的直接负责的主管人员。至于公诉机关未指控单位犯罪一节，按照不告不理的原则,并不影响追究被告人戴某作为单位犯罪直接负责的主管人员的刑事责任。故对辩护人的上述意见,不予采纳。

(4)对于辩护人提出东北金城房产开发公司没有向社会广泛宣传,又非向与公司毫无关系的社会公众借款,而是由公司管理人员田某介绍其朋友向公司的投资行为,不构成本罪所指的"公众"的辩护意见。经查,相关证人证实,向该公司集资借款的还有社会其他相关人员,并非仅是经田某一人介绍,证人付某即是如此。因此,该公司吸收存款的信息已通过多种途径向社会公众散播,其吸收存款的对象也是面对不特定的社会公众。此节从证人田某的证言、被告人本人曾做过的供述以及单位的借款情况表等书证,亦能间接佐证该单位向社会不特定多数人吸收存款的客观事实;故对辩护人的上述意见,不予采纳。至于辩护人提出公司借款的目的是为公司房地产项目的经营,不是以借款本身为营利目的,以营利为目的系构成非法吸收公众存款罪的要件之一的辩护意见,因《刑法》规定构成本罪是指非法吸收公众存款或者变相吸收公众存款,扰乱金融秩序的行为,而非要求必须具有一定目的才构成犯罪。故辩护人的上述意见无法律依据,本院亦不予采纳。

综上,本院认为,被告人戴某在担任国有公司总经理期间,违反国家金融管理制度,公司由其决定采取用房产作抵押并支付高额利息的手段,向社会非法吸收巨额公众存款。被告人戴某作为单位直接负责的主管人员,已构成非法吸收公众存款罪。公诉机关对本项指控的事实及罪名成立。

此外,辩护人还提出公诉机关对本案被告人提起诉讼的诉讼程序违反法律规定的辩护意见,本院审查认为,本案公诉机关曾于2004年9月提起公诉,后以被告人有新的犯罪事实及相关证据需要补充为由向本院要求撤回起诉。2005年2月,公诉机关在改变原起诉事实及补充新的证据情况下,再次向本院提起公诉。上述情形符合相关法律规定,故辩护人的上述意见,不能成立。

本院认为,珠海东北金城房产开发公司在未获得金融监管机构批准其金融机构业务经营许可,不具备吸收公众存款业务资格情况下,向社会不特定的多人吸收存款。被告人戴某作为该公司的直接主管人员,决定、授意他人进行非法吸收公众存款,数额巨大,其行为已构成非法吸收公众存款罪。对被告人戴某的上述犯罪,应根据案件的事实、性质、情节和对于社会的危害程度,分依照《刑法》的有关规定依法判处。依据《中华人民共和国刑法》第一百七十六条、第三十一条之规定,判决如下:

被告人戴某犯非法吸收公众存款罪,判处有期徒刑四年,并处罚金人民币十万元。

如不服本判决,可在接到判决书的第二日起十日内,通过本院或直接向辽宁省高级人民法院提出上诉。书面上诉的,应提交上诉状正本一份,副本两份。

审　判　长　朱某某
审　判　员　于　某
审　判　员　张　某
二〇〇五年三月二十五日
书　记　员　边　某
记　录　员　张某某

五、辩点分析

非法吸收公众存款罪在司法实践中,罪与非罪、此罪与彼罪的定性争议大,这也给辩护人带来较大的辩护空间。根据笔者归纳总结,对于非法吸收公众存款罪,可以从以下几个方面厘清辩点:"非法性"的认定,主观方面不具有"以非法占有为目的","向社会公开宣传"的认定,"社会公众"的认定,单位犯罪和个人犯罪,集资数额的认定,共同犯罪,如实供述、退赃退赔、自首立功等。

(一)"非法性"的认定

认定非法吸收公众存款首先要确定吸收公众存款行为是否具有非法性。我国现阶段,市场经济的程度还不是很高,金融业还没有完全放开。行为人面向社会吸收存款的行为如果没有获得国家有关主管部门的批准,或者采取借用合法经营的形式,表面上合法实际上不合法,则该吸收存款的行为违反了国家金融管理法律法规,具有非法性。这里的违反了国家金融管理法律法规,主要是指违反了《银行业监督管理法》《商业银行法》《证券法》《公司法》《保险法》《证券投资法基金法》《企业债券管理条例》《信托公司集合资金信托计划管理办法》《证券公司客户资产管理业务实行办法》等。

最高人民法院《2010 年解释》列举的 10 类情形以及其他类似的面向社会不特定对象集资的情形,都是非法的,具有非法性。而这种非法性,是本罪的前提和基础,即先有非法性,后有非法吸收公众存款罪。

(二)主观方面不具有"以非法占有为目的"

这个辩点主要适用于开始以非法吸收公众存款的罪名刑事拘留,后又被检察机关改变罪名为集资诈骗的案件。

《刑法》意义上的"以非法占有为目的",是指行为人违反法律的禁止性规定,在主观上具有非法获取他人财物控制权的目的,使得自己或第三人完全控制他人的财物,排除所有权人权利的实现。

最高人民法院2001年颁布了《全国法院审理金融犯罪案件工作座谈会纪要》(法〔2001〕8号),2010年又颁布了《关于审理非法集资刑事案件具体应用法律若干问题的解释》。其中对集资诈骗罪的"非法占有目的"的认定做了如下几点列举式规定:1.集资后不用于生产经营活动或者用于生产经营活动与筹集资金规模明显不成比例,致使集资款不能返还的;2.明知没有归还能力而大量骗取资金的;3.非法获取资金后逃匿的;4.肆意挥霍骗取资金的;5.使用骗取的资金进行违法犯罪活动的;6.抽逃、转移资金、隐匿财产,以逃避返还资金的;7.隐匿、销毁账目,或者搞假破产、假倒闭,以逃避返还资金的;8.拒不交代资金去向,逃避返还资金的;9.其他非法占有资金、拒不返还的行为。如果行为人的行为符合上述这些列举式的规定,就基本上可以认定为"以非法占有为目的"(当然,这里也不能僵硬化和教条化,还要结合其他证据作进一步的论证)。

在我们掌握了具有"以非法占有为目的"的基本情形后,那么对于哪些情形是不具有"以非法占有为目的"的情形就能够做出判断了。即在上述这些情形以外的,或者符合下列情形的,可以考虑行为人不具有"以非法占有为目的"。

如果行为人将全部或者大部分资金用于用于投资或生产经营活动,而将少量资金用于个人消费或挥霍的,在没有其他证据的情况下,不能仅以此认定其具有"以非法占有为目的";如果行为人实际资产足以偿还集资款项,但因为经营上的问题导致流动资金不足导致偿还困难,在没有其他证据的情况下,不宜仅以这一点认定其具有"以非法占有为目的";如果行为人筹措的资金一般应用于低风险的经营活动,并且是吸收的资金全部或绝大部分用于此种低风险的经营活动,则不宜认定其具有"以非法占有为目的";如果行为人向社会不特定群体筹措资金时,有不错的经济和经营能力,相对于筹措的资本,有实际的可预期的偿还可能性,则不宜认定为其具有"以非法占有目的";如果行为人对于全部或部分资金都已经归还或从常理来看,根据其实际经营状况有较高归还的可能性并且对归还持积极态度的,则不宜认定其具有"以非法占有为目的"。

"以非法占有为目的"是集资诈骗罪主观上的必备要件,如果不能认定行为人具有"以非法占有为目的",则集资行为要么无罪,要么只能构成非法吸收公众存款罪。而非法吸收公众存款罪相较于集资诈骗罪的量刑要轻很多,如能如实供述、退赃退赔,在很多情况下都能判缓刑。如果行为人开始以非法吸收公众存款的罪名被刑事拘留,后又被改变罪名为集资诈骗,辩护人可以根据事实和法律,集中力量在行为人不具有"以非法占有为目的"方面进行辩护。这样可能会有较大的收获。

(三)"向社会公开宣传"的认定

根据《刑法》第 176 条和司法解释的规定,"向社会公开宣传"既是集资诈骗的构成要件,也是非法吸收公众存款的构成要件。最高人民法院《2010 年解释》列举了通过媒体、推介会、传单、手机短信等途径向社会公开宣传的方式,但这只是列举式的规定,实践中并不以此为限。实践中还包括其他的向社会公众传播的方式,如电脑网络、手机微信、论坛、讲座、晚会、研讨会、宣传画册、横幅等。这些方式,都属于向社会公开宣传。2014 年 3 月,最高人民法院、最高人民检察院、公安部颁布实施《关于办理非法集资刑事案件适用法律若干问题的意见》,该意见进一步明确"明知吸收资金的信息向社会公众扩散而予以放任等情形"也属于"向社会公开宣传",并且这种方式由于口口相传、人人相传,传播的主体相互之间是熟人的关系,其内容更加具体,传播方式更加隐蔽,速度反而更快,其传播的实际效果与主动向社会公开宣传没有两样,甚至有过之而无不及。如果行为人明知其吸收的资金以这种方式传播而放纵不加阻止,很明显属于一种间接故意。根据主客观一致的原则,完全可以认定为"向社会公开宣传"。

(四)"社会公众"的认定

《刑法》第 176 条和最高人民法院《2010 年解释》规定了非法吸收公众存款的对象为社会公众,也就是社会不特定对象。如果是特定的对象,就不构成非法吸收公众存款。这也是非法吸收公众存款与民间借贷的区别所在。"社会公众",它的核心主要体现在它的"社会性"上,而"社会性"包括对象的广泛性和不特定性。该司法解释还规定:"未向社会公开宣传,在亲友或者单位内部针对特定对象吸收资金的,不属于非法吸收或者变相吸收公众存款。"

但是,随着司法实践的发展,行为人在非法集资上手段翻新。其为了刻意规避刑法和司法解释的规制,又出现了两种新的"向社会公开宣传"的方式:一种是在向亲友或单位内部人员吸收资金的过程中,明知亲友或单位内部人员向不特定对象吸收资金而予以放任;另一种是以吸收资金为目的,将社会人员吸收为单位内部人员,并向其吸收资金。以上两种方式具有隐蔽性的特征,其实质是间接地面向社会公众、面向不特定对象吸收资金。在这两种方式中,行为人的集资对象已经不是纯粹的亲友和单位了,而实质上成为社会不特定公众了。

因此,按照上述司法解释的规定,"社会公众"具有广泛性和不特定性的特点,在认定"社会公众"时应透过现象看本质,不能被表面上的亲友和单位内部所迷惑。这体现了最高人民法院对非法集资案件严厉处理的态度。

（五）单位犯罪和个人犯罪

根据最高人民法院《2010年解释》的具体规定，非法吸收公众存款罪的单位犯罪的入罪标准要高于个人犯罪的入罪标准。单位吸收公众存款在100万元以上或集资对象在150人以上或给存款人造成直接经济损失在50万元以上的，应追究刑事责任；个人吸收公众存款在20万元以上或集资对象在30人以上或给存款人造成直接经济损失在10万元以上的，即应追究刑事责任。

单位犯罪的量刑也要比个人犯罪的量刑轻很多。单位集资数额在500万元以上或集资对象在500人以上或给存款人造成直接经济损失在250万元以上的，方为数额巨大或有其他严重情节，处3年以上10年以下有期徒刑；个人集资数额在100万元以上或集资对象在100人以上或给存款人造成直接经济损失在50万元以上的，即为数额巨大或有其他严重情节，处3年以上10年以下有期徒刑。

区分单位犯罪和个人犯罪的关键在于集资行为所体现的意志是单位的意志，还是个人的意志；以及集资行为所带来的利益是归属于单位，还是归属于个人。如果是由单位集体研究决定或经由单位主要负责人决定，以单位名义实施，集资款项主要用于单位经营，利益归属于单位的，以单位犯罪论处；如果是由单位集体研究决定或经由单位主要负责人决定，没有以单位名义实施，而是以个人名义实施，或其他单位实施，但集资款项主要用于该单位经营，利益归属于该单位的，也应以单位犯罪论处；如果集资行为体现的是个人的意志，利益也归属于个人，则应以个人犯罪论处。

对于实际上的一人公司，如果公司财物与股东财物独立，彼此间并无资金往来，或虽有往来，但财务记账规范，非法集资构成犯罪的，应视为单位犯罪。但对于那些个人资产与公司资产混同，财务制度不规范，即使集资诈骗行为以单位名义实施，一般视为自然人犯罪。

以单位名义实施的集资刑事案件往往涉及人员众多，应严格控制追究刑事责任的人员范围。对于策划、组织、指挥、决定集资诈骗行为的负责人员，一般应认定为“直接负责的主管人员”，对集资诈骗的单位犯罪承担主要的罪责；对于明知单位集资诈骗，在主管人员授意下，积极参加与集资活动的，一般认定为“其他直接责任人员”，依法追究刑事责任：对于没有参与预谋，只是受主管人员指派，参与实施某些与自身工作岗位相关的具体行为的，一般不认定为“其他直接责任人员”。

由于本罪的单位犯罪和个人犯罪的入罪标准和量刑标准差别很大，如果行为人在实质上是单位犯罪，但被检察机关以个人犯罪起诉，那么辩护人的空间会很大。此时辩护人应拿出充分的事实根据和法律依据，说服法庭将行为人的行为认定为单位犯罪。

（六）集资数额的认定

最高人民法院《2010 年解释》确立了非法吸收公众存款罪集资数额的计算规则，即“非法吸收或者变相吸收公众存款的数额，以行为人所吸收的资金全额计算。案发前后已归还的数额，可以作为量刑情节酌情考虑”。这一规定与上节集资诈骗罪的集资数额是有着显著的区别的。集资诈骗罪集资数额的基本规则是以行为人实际骗取的数额计算，案发前已归还的数额应予扣除。之所以有这种区别，是因为集资诈骗罪以非法占有为目的，案发前已归还的数额不宜认定为行为人对其具有非法占有的目的；而非法吸收公众存款罪不具有非法占有的目的，所以案发前归还的部分也不予扣除，只作为量刑情节从轻考虑量刑。

针对同一集资对象，短期内数次集资，边集边还的，原则上按此期间最高集资本金的数额认定集资总额，不累计计算。集资参与者将收取的集资收益作为本金再次投入的，该部分不计入非法集资数额。对于涉及“亲友”的集资诈骗案件，如果行为人前期仅向“亲友”集资，后来通过该“亲友”向不特定社会公众集资，则前期向该“亲友”的集资数额不应计入非法集资犯罪数额（因为亲友不属于不特定公众）。

（七）共同犯罪

与其他的罪名一样，本罪也存在共同犯罪，无论是本罪中的单位犯罪还是是个人犯罪都是如此。按照《刑法》总则的规定，具有共同的犯罪故意和共同的犯罪行为，构成共同犯罪。

具体到本罪的单位犯罪中，对于策划、组织、指挥、决定非法吸收公众存款行为的负责人员，一般应认定为共同犯罪中的主犯，承担主要的罪责；对于明知单位非法吸收公众存款，在主管人员授意下，积极参加与集资活动的，一般认定为从犯，比照主犯从轻处罚或者减轻处罚；对于协助、帮助集资单位实施非法吸收公众存款行为的担保公司、投资咨询公司等，如果其主观上有帮助该单位实施非法吸收公众存款的故意，客观上有帮助该单位实施非法吸收公众存款的行为，即构成本罪的帮助犯或从犯。这个帮助犯或从犯按照其意志属性和利益归属属性，分别区分为个人犯罪或单位犯罪。如果是单位犯罪的，只有被认定的“直接负责的主管人员”和“其他直接责任人员”才需承担刑事责任。其他没有参与预谋，只是受主管人员指派参与实施某些与自身工作岗位相关的具体行为的工作人员，不应承担刑事责任。

具体到本罪的个人犯罪中，应该根据各个共同非法吸收公众存款行为人在共同行为中的地位和作用，行为人职务的高低、对非法吸收公众存款行为积极的程度、是否从集资行为中得到好处、好处的多少等，区分主犯或从犯、胁从犯等。如果两个或者两个主要的人员地位或者作用相当，可以都认定为主犯，但也应该略微拉开一下量刑的档次。对于从犯，应当比照主犯从轻或减轻处罚。对于胁从犯，由于其主观恶性较小，应该比照主犯减轻处罚或者免除处罚。

行为人帮助他人向社会非法吸收公众存款，从中收取代理费、好处费、佣金或提成等，构成共同犯罪，一般应作为从犯追究刑事责任。但受雇用参与非法吸收公众存款的部分环节、仅领取少量报酬或者提成的，或者地位作用相对较大，但能清退个人涉案违法所得的，可以认定为"情节显著轻微，危害不大"，不以犯罪处理。

（八）如实供述、退赃退赔、自首立功

根据最高人民法院的量刑指导意见和各省高级人民法院的实施细则，如实供述、真诚悔罪、积极退赃退赔，一直都是作为一个重要的酌定从轻情节而存在的。被控非法吸收公众存款罪的嫌疑人如在案件中具备这些酌定从轻情节，毫无疑问将是一个有利的辩点。嫌疑人及其辩护人应善于发现、挖掘或者创造这一酌定从轻情节。

需要特别指出的是，非法吸收公众存款罪在我国是一种特定时期内的具有中国特色的破坏金融管理秩序犯罪。这种犯罪与我国目前尚未完全建立市场经济体制和国有部门、国有企业对金融产业垄断，以及民营企业融资困难的现状密切相关。如果国家对金融产业、金融体系完全放开，让民营经济和国有经济一样平等地进入到金融业里，并充分地竞争。那么，非法吸收公众存款犯罪也许就不会这么高发。换言之，本罪实际上是在特定的市场环境、金融环境下滋生的一个经济怪胎。正因为如此，非法吸收公众存款罪的量刑力度并不重（集资诈骗罪除外）。如果被控非法吸收公众存款罪名的行为人能够积极退赃、退赔，退还大部分或者是全部集资款，将非常有利于案件的量刑。在司法实践中，很多这样的情况被判缓刑。

自首和立功在《刑法》总则里一直都是作为法定从轻情节存在的，对于所有的罪名都是同等适用的，非法吸收公众存款罪也不例外。由于本书在前面的几个章节里，都详细谈到自首和立功的辩点内容，这里就不再赘述。

第三节　骗取贷款、票据承兑、金融票证罪的风险识别与辩点分析

一、骗取贷款、票据承兑、金融票证罪的构成要件

（一）概念

骗取贷款、票据承兑、金融票证罪是指以欺骗手段取得银行或者其他金融机构贷款、票据承兑、信用证、保函等，给银行或者其他金融机构造成重大损失或者有其他严重情节的行为。本罪属于《刑法修正案（六）》新增加的罪名。

（二）构成要件

1. 犯罪主体通常是贷款人，但若担保人、银行职员等帮助贷款人出谋划策，虚构事实、隐瞒真相、提供虚假材料等的，也可能构成本罪的共犯。另根据《刑法》第 175 条之一第 2 款的规定，犯罪主体既可以是个人，也可以是单位。

2. 主观方面为故意为之，即积极采取欺骗手段，获得贷款归贷款人使用，但对此贷款不具有非法占有的目的。如果贷款人对此贷款非法占有，不再归还的目的，则应当构成贷款诈骗罪。

3. 客观方面为行为人采取了欺骗手段取得银行或者其他金融机构贷款、票据承兑、信用证、保函等。所谓“欺骗手段”，指行为人在取得银行或者其他金融机构的贷款、票据承兑、信用证、保函时，采用的是虚构事实、隐瞒真相等手段，掩盖了客观事实，骗取了银行或其他金融机构的信任。

4. 犯罪客体是国家的金融管理秩序和银行或其他金融机构的贷款、票据承兑、信用证、保函等的安全。这里的“安全”，是指骗贷行为使银行或其他金融机构的这些资产与正常贷款相比处于相对不安全状态，不利于银行的风险防范。

二、骗取贷款、票据承兑、金融票证罪的量刑规定

根据《刑法》第 175 条之一第 1 款的规定，自然人犯骗取贷款、票据承兑、金融票证罪的，处 3 年以下有期徒刑或者拘役，并处或者单处罚金；给银行或者其他金融机构造成特别重大损失或者有其他特别严重情节的，处 3 年以上 7 年以下有

期徒刑,并处罚金。

单位犯骗取贷款、票据承兑、金融票证罪,对单位判处罚金,并对其直接负责的主管人员和其他直接责任人员,依照自然人犯本罪的规定处罚。

根据最高人民检察院、公安部《刑事案件立案追诉标准的规定(二)》第 27 条的规定,涉嫌下列情形之一的,应予立案追诉,量刑幅度为 3 年以下有期徒刑或者拘役:

(1)以欺骗手段取得贷款、票据承兑、信用证、保函等,数额在 100 万元以上的;

(2)以欺骗手段取得贷款、票据承兑、信用证、保函等,给银行或者其他金融机构造成直接经济损失数额在 20 万元以上的;

(3)虽未达到上述数额标准,但多次以欺骗手段取得贷款、票据承兑、信用证、保函等的;

(4)其他给银行或者其他金融机构造成重大损失或者有其他严重情节的情形。

三、骗取贷款、票据承兑、金融票证罪的认定标准

(一)本罪与贷款诈骗罪的区别

《刑法修正案(六)》之所以在贷款诈骗罪之外,再新设骗取贷款、票据承兑、金融票证罪,主要是为了加大打击骗取银行贷款的行为力度。从客观行为来看,本罪与贷款诈骗罪都采用了欺骗手段,但仍然存在明显的区别。

一是本罪在主观上不要求行为人以"非法占有为目的",而贷款诈骗罪要求行为人必须以"非法占有为目的"。在司法实践中认定"以非法占有为目的"比较困难,致使社会上大量的骗取银行贷款的行为难以被追究刑事法律责任。本罪的设立,降低了打击骗取银行贷款和信用行为的门槛,为保障银行信贷资产提供了更加有力的法律武器。

二是本罪的主体包括自然人和单位,而贷款诈骗罪的主体只是自然人。单位实施骗取贷款的行为,不能按照贷款诈骗罪追究刑事责任,符合条件的也只能按照合同诈骗罪定罪。

三是两罪的最高法定刑不同。本罪最高法定刑仅为 7 年有期徒刑,而贷款诈骗罪最高可以判处无期徒刑。

(二)划清罪与非罪的界限

本罪的成立,要求必须是给银行或其他金融机构造成重大损失或者有其他严

重情节。如果行为人的欺骗行为并未造成重大损失，也不具有其他严重情节的，则不构成犯罪。

（三）选择性罪名

本罪为选择性罪名，包含了骗取贷款、票据承兑、金融票证3种行为。当行为人实施了其中一种行为时，即可构成犯罪；当行为人实施了其中两种以上的行为时，仍成立本罪一罪，不实行数罪并罚。

四、典型案例

高某骗取贷款案[①]

公诉机关：苏州市吴江区人民检察院。

被告人：高某。被告人高某因涉嫌犯骗取贷款罪，于2014年4月4日被刑事拘留，同年5月9日被逮捕，现羁押于苏州市吴江区看守所。

辩护人李某、严某，江苏震宇震律师事务所律师。

苏州市吴江区人民检察院以吴江检诉刑诉（2014）1651号起诉书指控被告人高某犯骗取贷款罪，于2014年10月21日向本院提起公诉。本院于次日立案，并依法适用普通程序，组成合议庭，公开开庭审理了本案。苏州市吴江区人民检察院指派检察员张某、代理检察员夏某出庭支持公诉，被告人高某及其辩护人李某、严某到庭参加诉讼。现已审理终结。

苏州市吴江区人民检察院指控：2013年1月18日至同年3月20日，被告人高某采用提供虚假购销合同等资料、谎称借款用途为经营性贷款等手段，骗取中国某银行股份有限公司吴江支行、某银行股份有限公司吴江支行贷款800万元（其中保证金、风险金共计人民币64万元）。具体分述如下：1. 2013年1月18日，被告人高某采用上述手段，骗取中国某银行股份有限公司吴江支行贷款人民币200万元（其中保证金人民币30万元、风险金人民币4万元），至案发时尚未归还。2. 2013年3月11日，被告人高某采用上述手段，骗取中国某银行股份有限公司吴江支行贷款人民币300万元（其中保证金人民币30万元），后由担保公司偿还了上述贷款。3. 2013年3月20日，被告人高某采用上述手段，骗取某银行股份有限公司吴江支行贷款人民币300万元，后由担保公司、反担保人偿还了上述贷款。为证实上述指控的犯罪事实，公诉机关提供了相应的证据，并据此认为：

① 案例来源：中国裁判文书网。

被告人高某多次以欺骗手段取得银行贷款，给银行造成重大损失，其行为触犯了《刑法》第175条之一第1款的规定，应当以骗取贷款罪追究其刑事责任。请依法判处。

被告人高某对起诉书指控的犯罪事实未提出异议。

辩护人李某提出的辩护意见是：对公诉机关指控的事实没有异议，但认为骗取贷款罪是结果犯，本案中被告人高某虽然采用虚假手段骗取银行贷款，但由于担保公司已代为偿还了相应的款项，银行的损失已得到弥补，被告人高某的行为尚未实际造成银行的损失，因此辩护人认为被告人高某的行为不构成骗取贷款罪。

经审理查明：

2013年1月18日至同年3月20日，被告人高某采用提供虚假购销合同等资料、谎称借款用途为经营性贷款等手段，骗取中国某银行股份有限公司吴江支行、某银行股份有限公司吴江支行贷款800万元。具体分述如下：

（一）2013年1月18日，被告人高某采用上述手段，骗取中国某银行股份有限公司吴江支行贷款人民币200万元，后该银行扣划了被告人高某贷款时缴纳的保证金人民币30万元、风险金4万元。

上述事实，被告人高某在庭审中未提出异议，且有公诉机关提交，并经法庭质证、认证的下列证据予以证实：

1. 工商登记资料，证实吴江市某纺织有限公司（以下简称某纺织）系自然人独资有限公司，法定代表人为高某。

2. 综合授信合同、最高额担保合同、个人借款凭证、采购合同，证实高某于2013年1月18日与某银行签订12个月的最高额200万元的授信合同，用途为经营周转，担保方式为小微互助担保基金，购销合同为某纺织向盛泽镇某纺织品经营部购买价值230余万元的牛津布。借款人高某的还款账号为尾号为3600的某银行卡账号，指定贷款转入账号为某纺织尾号为3941的账户。

3. 某银行小微企业互助合作基金入会申请书、小微企业互助合作基金章程、关于设立小微金融互助合作基金业务的法律合规意见，证实高某及吴江市某纺织有限公司加入某银行小微企业互助合作基金会。基金会员发生违约时，某银行有权直接从基金账户中扣划，顺序为违约基金会员缴纳的互助保证金余额、风险准备金账户、互助保证金账户。

4. 某银行关于高某贷款信息，证实高某2013年1月18日贷款200万元逾期未付。

5. 银行交易明细，证实高某尾号为3600的某银行卡于2013年1月18日收到某银行贷款200万元，同日受托支付到盛泽镇某纺织品经营部尾号为3941的账号200万元。

6. 扣划明细，证实高某在某银行缴纳的保证金30万元、风险金4万元已于2014年2月19日被该银行扣划。

7. 证人朱某的证言，证实其系吴江市盛泽镇某纺织品经营部负责人，其和高某以及某纺织没有实际购销业务。高某以前曾经向其借过200万元，未归还。后高某拿给其一份“吴江市盛泽镇某纺织品经营部”与“吴江市某纺织有限公司”的牛津布采购销售合同，说办贷款需要这份合同，让其盖章，还说银行放贷直接打其账上就当还之前的借款了。其便在合同上盖了经营部的图章，后其收到了200万元。

8. 证人庄某的证言，证实其系中国某银行吴江支行客户经理。2013年，高某向某银行申请了一笔200万元的个人经营性贷款。该笔贷款是某银行的一个基金担保项目，于2013年1月18日发放的。办理这笔贷款时，高某按照银行要求提交了企业基本资料、购销合同等，经过审核，某银行按期发放了贷款。后高某逾期未归还贷款，其银行扣划了他预交的34万元保证金、风险金。

9. 证人叶某的证言，证实其系中国某银行某银行客户经理。高某是庄某和其一起做的客户，2013年1月18日向高某发放了200万元贷款。这是某银行推出的“基金联保”，具体业务是庄某办理的。按照银行规定，申请贷款时，贷款人必须提交购销合同。

（二）2013年3月11日，被告人高某采用上述手段，骗取中国某银行股份有限公司吴江支行贷款人民币300万元，后由担保公司偿还了上述贷款。

上述事实，被告人高某在庭审中未提出异议，且有公诉机关提交，并经法庭质证、认证的公司设立登记申请书、法定代表人信息、证明、公司章程、验资报告、进账单、房屋租赁合同、股东会决议等证据以及下列证据予以证实：

1. 工商登记信息，证实苏州市某贸易有限公司于2013年3月6日设立，法定代表人为闵某甲，股东有闵某甲、沈某甲，各出资50万元。

2. 综合授信合同、最高额担保合同、购销合同、调查报告，证实高某于2013年3月11日与某银行签订12个月的最高额300万元的授信合同，用途为经营周转，吴江市某投资担保公司担保，购销合同为2013年1月25日某纺织向某购买价值400余万元的涤塔夫、锦纶。贷款发放账号为高某的尾号为3600的某银行卡账号，受托支付到某尾号为0102的农行卡账号。

3. 照片，证实2013年3月11日高某和闵某丽在某银行吴江支行贷款签字的情况。

4. 某银行关于高某贷款信息，证实高某2013年3月11日贷款300万元逾期未付。

5. 银行交易明细，证实高某尾号为3600的某银行卡于3月11日收到贷款

300 万元；同日，受托支付到某尾号为 0102 的账号；同日，高某又将 300 万元转至邱某尾号为 5319 的农行账户。

6. 进账单、证明书、扣款回单，证实吴江市某投资担保有限公司作为保证人已于 2014 年 3 月 25 日代为偿还上述贷款。

7. 物证鉴定书，证实本笔犯罪事实所涉购销合同上落款供方法定代表人“闵某乙”签名字迹与证人闵某甲的询问笔录上正文下方“闵某乙”签名字迹不是同一人书写。

8. 证人顾某的证言，证实其原系某纺织的会计。2013 年 3 月初，其到高某公司上班，一个七都的邱会计把某的资料拿到高某这里，说刚办好。其不知道意思，只知道高某又办了一个贸易公司，做单子的，高某叫其做这个公司的账。但实际上这个公司一直没有业务，其也没做过这个公司的账。某的法定代表人是高某的小舅子闵某乙，但某实际上是高某的。2013 年 3 月 10 日，高某去吴江某银行办一笔 300 万元贷款，他带其和闵某丽一起去，正好碰见邱会计。其听见高某跟邱会计讲，他先借邱会计 300 万元，等贷款一下来就还给她。这笔贷款是第二天放给高某的，其做账时没有做这笔贷款，听高某说直接还给邱会计了。这次贷款提供的某纺织与某的购销合同其没有见过，但是其负责做某的账，这两个公司根本就没有交易过。

9. 证人闵某乙的证言，证实 2013 年年初，其在高某厂里上班，他讲要用其名字办一个贸易公司，其答应了，并将身份证、银行卡给他，他也拿回很多资料让其签字。其都按照他要求签的，没注意内容。公司名字叫苏州市某贸易有限公司，当时公司有没有办成其不清楚。2013 年 11 月，其离开了高某的厂。2014 年春节后，其姐姐闵某丽把某的图章交给其，其才知道公司办成了，但是其从来没有参与该公司的经营。中国某银行贷款资料里的购销合同，双方是某纺织与某，但是其从来没有看到过这份合同，上面的签名也不是其签的。

10. 证人邱某的证言，证实 2013 年三月、四月，高某委托其帮忙办理苏州某贸易有限公司的工商登记。其拿到他提供的资料后，委托徐某做验资报告，验资的 100 万元是其和徐某一起筹的，验资完成就抽出来了。某的营业执照办好后，高某向其借钱。他讲有 300 万元的贷款马上要放下来了，想先向其借 300 万元还给银行，等银行放贷 300 万元后再还给其，其同意了。之后，其通过转账借给高某 300 万元，没几天他就还给其了。

11. 证人沈某甲的证言，证实 2013 年春节后的一天，高某打电话说要拿其身份证用一下，说要成立一个公司。新成立的公司由他小舅子做法定代表人，还需要一个股东，要其帮忙，其碍于情面答应了。后其将身份证给了高某。隔了一段时间，高某将其的身份证还给其。其就是把身份证借给他，没有在申请表格上签字。

12. 证人庄某的证言,2013年3月11日,某银行在高某提供了某纺织和某于2013年1月25日签订的购销合同后,向某纺织发放了300万元贷款。后高某逾期未归还贷款,担保公司恒泰公司归还了贷款本息。

13. 证人潘某、单某的证言,证实均系吴江市某投资担保有限公司员工。高某2013年3月11日向某银行贷款300万元个人经营性贷款,是由其公司全额担保的。贷款到期后,高某逾期未归还,其公司全额偿还了本息。

(三)2013年3月20日,被告人高某采用上述手段,骗取某银行股份有限公司吴江支行贷款人民币300万元,后由担保公司、反担保人偿还了上述贷款。

上述事实,被告人高某在庭审中未提出异议,且有公诉机关提交,并经法庭质证、认证的下列证据予以证实:

1. 某银行股份有限公司吴江支行的个人最高额保证借款合同、购销合同,证实高某于2013年3月20日与某银行签订12个月的最高额300万元的借款合同,用途为购原材料,保证人为苏州某投资担保有限公司,购销合同为2013年1月25日某纺织向某购买价值450万元的桃皮绒。受托支付账号为高某尾号为5680的账号。

2. 银行交易明细,证实2013年3月20日,高某尾号为5680的新苏卡收到贷款300万元。次日,某纺织尾号为0034账户将300万元转入某尾号为0102的账号。后某于当日将该款项转至高某农行3512账户,高某同日分100万元、200万元两笔转出。

3. 某银行代偿情况,证实某银行于2014年3月19日收到反担保人吴江市某化纤织造厂归还高某贷款80万元、3月20日收到担保公司苏州某投资担保有限公司归还高某贷款220万元。

4. 证人顾某的证言,证实2013年3月19日,高某叫其将一些资料交给某银行客户经理杨某。次日,300万元贷款直接放在高某某银行的个人卡上。这次的购销合同是高某给其的。某纺织与某的购销合同肯定是没有的,因为某一直没有业务。2013年3月21日,高某将某银行账上的300万元先转到某纺织,再转到某,某于当日将300万元转至高某的农行账户。当天分两笔划走的,划到哪里其不清楚了。

5. 证人闵某乙的证言,证实某银行贷款里的购销合同,双方是某纺织与某,但是其从来没有看到过这份合同,上面的签名也不是其签的。

6. 证人沈某乙的证言,证实其系某银行盛泽支行市场部经理。2013年,高某在某银行有一笔个人经营性贷款300万元。他的这笔贷款需要提供夫妻双方结婚证、身份证、高某贷款的相关基本资料,以及一份高某所在企业与另一家企业的购销合同。如果没有购销合同,他的这笔个人经营性贷款是不能审批下来的。

7. 证人杨某的证言，证实其系某银行盛泽支行客户经理。2013 年 3 月，其经手高某的贷款，并要求他提供企业的购销合同等资料。过了几天，他公司的女会计提供了基本资料和购销合同。其查阅资料以后，找到苏州某投资担保有限公司为高某这笔贷款担保。高某提供的购销合同是吴江市某纺织有限公司和苏州市某贸易有限公司签订的，并盖有两家公司的公章。2013 年 3 月 20 日，某银行将 300 万元的贷款发放给高某，后贷款逾期未归还，由反担保人吴江市某化纤织造厂归还 80 万元，担保人苏州市某投资担保有限公司归还 220 万元。

8. 证人祁某的证言，证实其是苏州市某投资担保有限公司的员工。2013 年 3 月，其公司为高某在某银行的 300 万元贷款做了担保。2014 年 3 月 11 日贷款到期后，高某逾期未归还，后其公司和反担保人吴江市某化纤织造厂分别偿还了某银行 220 万元、80 万元。

上述 3 笔犯罪事实，还有证人俞某、阮某、钟某的证言、辨认笔录、照片、增值税征收明细、工商登记信息、发破案经过、人口信息等证据证实。

本院认为，被告人高某多次以欺骗手段取得银行贷款，给银行造成重大损失，且有其他严重情节。其行为已构成骗取贷款罪，依法应予以惩处。关于辩护人提出的被告人高某不构成骗取贷款罪的辩护意见，经查，被告人高某多次采用提供虚假购销合同等手段，骗取银行贷款 800 万元，造成相关银行损失。其行为符合骗取贷款罪的构成要件，应当以骗取贷款罪定罪量刑。故对辩护人提出的此点辩护意见，本院不予采纳。公诉机关指控被告人高某犯骗取贷款罪的事实清楚，证据确实、充分，指控的罪名正确，本院予以支持。被告人高某当庭自愿认罪，酌情从轻处罚。据此，依照《中华人民共和国刑法》第一百七十五条之一第一款、第六十四条的规定，判决如下：

被告人高某犯骗取贷款罪，判处有期徒刑一年（刑期从判决执行之日起计算。判决执行以前先行羁押的，羁押一日折抵刑期一日，即自 2014 年 4 月 4 日起至 2015 年 4 月 3 日止），并处罚金人民币十五万元（罚金自判决生效之日起五日内缴纳）。

如不服本判决，可在接到本判决书的第二日起十日内，通过本院或者直接向江苏省苏州市中级人民法院提出上诉。书面上诉的，应提交上诉状正本一份，副本两份。

审　判　长　王某某
人民陪审员　顾某某
人民陪审员　郧某某
二〇一四年十二月十九日
书　记　员　陈　某

五、辩点分析

骗取贷款、票据承兑、金融票证罪（以下简称骗取贷款罪）通常有以下几个辩点：不具有“以非法占有为目的”，“欺骗手段”的认定，行为人实施的“欺骗手段”与银行等金融机构发放贷款的因果关系，单位犯罪和个人犯罪，“重大损失或者有其他严重情节”的认定，“特别重大损失或者有其他特别严重情节”的认定，共同犯罪，如实供述、退赃退赔、自首立功。

（一）不具有“以非法占有为目的”

本罪为《刑法修正案（六）》第10条增设，其立法背景是司法实践中存在着一些单位或个人以欺骗的手段骗取贷款的现象。这些单位或个人所实施的这种行为具有较严重的社会危害性，有的甚至给金融机构带来了很大的损失。但是这类行为在案件中有的缺乏确实充分的证据证明行为人主观上具有“以非法占有为目的”，无法以贷款诈骗罪定罪，致使人民法院对这类案件的审理陷入两难：要么无罪，要么重刑。在缺乏确实充分的证据的情形下，判无罪是正确的。在此情形下（无法证明非法占有的目的），如果仅仅因为该行为具有社会危害性，为了打击犯罪而将行为人定为贷款诈骗罪或合同诈骗罪，则有违罪刑法定原则，破坏法治精神。为了解决司法实践中的这个难题，2006年6月29日，全国人大常委会颁布实施了《刑法修正案（六）》，增设了在贷款领域的低烈度犯罪，即骗取贷款罪。其规定行为人以虚构事实、隐瞒真相的欺骗手段取得银行或其他金融机构的贷款，给银行或其他金融机构造成重大损失或者有其他严重情节，但又不具有“以非法占有为目的”的，以骗取贷款罪定罪处罚。

本罪必须以不具有“以非法占有为目的”为构成要件。而所谓的“以非法占有为目的”，是指行为人主观上具有非法占有通过欺骗行为所取得的银行或其他金融机构的贷款，并不准备归还的主观心态。

“以非法占有为目的”是行为人主观上的心态。人民法院既不能仅凭行为人的口供主观定罪，也不能仅凭客观危害性客观定罪，而是根据主客观一致的原则，再结合具体的案情，根据逻辑法则和经验法则进行推定，在推定过程中要考虑以下几个方面：

1. 贷款的去向。贷款的去向是行为人主观目的的重要判断因素。对于骗取贷款后用于挥霍、赌博、进行违法犯罪活动等用途的，可推定行为人具有“以非法占有为目的”，认定为贷款诈骗罪；对于骗取贷款后用于公司实际经营或者投资，仅因经营失败造成无法还贷的情况，不宜认定行为人具有“以非法占有为目的”；

对给银行或者其他金融机构造成重大损失或者其他严重情节的,可以本罪论处。

2. 对造成贷款损失的态度。对贷款到期未归还的案件,如果行为人虽然没有归还能力,但积极筹集资金、努力归还贷款,则认定为本罪的可能性大一些;如果行为人有归还能力但以转移资产、隐匿财产、销毁账册、携款潜逃等方式逃避归还,或者无归还能力并对贷款损失持放任不管、任由损失发生或者扩大等,则认定为贷款诈骗罪的可能性更大一些。

3. 行为人骗取的贷款与其经营状况、能力是否成比例,即行为人是否具有偿债能力。如果行为人具有正常经营业务,有一定的发展前景和收益预期,经营状况与贷款数额成比例,行为人在骗取贷款时具有偿还能力。此时,认定为本罪的可能性更大一些。如果行为人没有正常经营业务,骗取贷款时公司已经资不抵债、难以运转,行为人骗取贷款的数额明显超出公司本身的经营状况、盈利预期。此时,认定为贷款诈骗罪的可能性更大一些。

当前我国各类市场经营主体的经营规范性普遍不强,且市场经营本身就充满不确定性,因此,司法实践中人民法院对"以非法占有为目的"的推定还是持审慎态度的。本罪与贷款诈骗罪的区分要综合考虑各种因素,认真听取犯罪嫌疑人或被告人的辩解,结合案件的客观事实综合予以判定。如对于行为人取得贷款后拒不履行还款义务,但具有可供执行的财产或有其他人为其提供了有效担保的,一般不宜认定为贷款诈骗罪。

(二)"欺骗手段"的认定

本罪作为骗取型犯罪,与骗取型犯罪最典型的诈骗罪的客观行为构造是一致的。诈骗罪的客观行为的基本构造是行为人虚构事实、隐瞒真相,向受骗人传递不真实的信息,使受骗人上当受骗,陷入错误的认识,并作出看似自愿的处分财产的行为。同理,就骗取贷款罪而言,其客观行为的基本构造为行为人实施了向银行等金融机构提交了虚假材料或进行虚假陈述的欺骗行为。该欺骗行为使银行等金融机构陷入了错误的认识,在行为人不具备获取贷款条件的情况下向行为人发放贷款,最终给银行等金融机构造成重大损失或有其他严重情节。

以"欺骗手段"取得银行等金融机构的贷款是本罪在客观方面最本质的特征。行为人如果没有以"欺骗手段"取得贷款,那就不属于骗取贷款罪,辩护人就可以此为行为人作无罪辩护。

(三)行为人实施的"欺骗手段"与银行等金融机构发放贷款的因果关系

本罪是骗取型犯罪,其性质决定了该罪名既要有人实施了欺骗行为,又要有人上当受骗，即银行等金融机构基于行为人提交的虚假材料或作出的虚假陈述，陷入了错误的认识，并基于这种错误的认识而向行为人发放了贷款。在这种情况下，我们就称行为人实施的“欺骗手段”与银行等金融机构发放贷款具有因果关系，行为人因此构成骗取贷款罪。

如果行为人提交的虚假材料或作出的虚假陈述并没有使银行等金融工作人员陷入错误的认识，并没有使他们上当受骗；或者该欺骗行为并没有达到使银行等金融机构工作人员上当受骗的程度，银行等金融机构不是基于错误认识，而是为了本单位的利益，为了个人的业绩或银行的业绩，而向行为人发放了贷款，则行为人实施的“欺骗手段”与银行等金融机构发放贷款之间不具有因果关系。在此情况下，行为人不构成骗取贷款罪，他或她（含单位、个人）与银行等金融机构之间属于市场交易行为，应受民法调整。

（四）单位犯罪和个人犯罪

按照《刑法修正案（六）》第 10 条和《刑法》第 175 条之一的规定，骗取贷款罪存在单位犯罪和个人犯罪两种形式。

按照最高人民法院关于单位犯罪的司法解释和刑法理论通说，区分单位犯罪和个人犯罪的关键在于骗取贷款的行为体现的是单位的意志，还是个人的意志，以及利益是归属于单位还是归属于个人。如果是由单位集体研究决定或经由单位主要负责人决定，以单位名义实施，贷款主要用于单位经营，利益归属于单位的，以单位犯罪论处；如果是由单位集体研究决定或经由单位主要负责人决定，没有以单位名义实施，而是以个人名义实施，或其他单位实施，但贷款主要用于该单位经营，利益归属于该单位的，也应以单位犯罪论处；如果是由个人意志决定，贷款归属于个人使用，利益归属于个人，则属于个人犯罪。

对于实际上的一人公司，如果公司财物与股东财物独立，彼此间并无资金往来，或虽有往来。但财务记账规范，骗取贷款构成犯罪的，应视为单位犯罪。但对于那些个人资产与公司资产混同，财务制度不规范，即使骗取贷款行为以单位名义实施，也一般视为自然人犯罪。

以单位名义实施的骗取贷款的刑事案件应严格控制追究刑事责任的人员范围，只追究“直接负责的主管人员”和“其他直接责任人员”。对于策划、组织、指挥、决定骗取贷款行为的负责人员，一般应认定为“直接负责的主管人员”，对骗取贷款罪承担主要的罪责；对于明知单位在骗取贷款的，在主管人员授意下，积极参与骗取贷款行为的，一般认定为“其他直接责任人员”，依法追究刑事责任：对于没有参与预谋，只是受主管人员指派，参与实施某些与自身工作岗位相关的具体行为的，一般不认定为“其他直接责任人员”。

由于单位犯罪体现的是单位的意志，利益也归属于单位，故行为人的主观恶性低于个人犯罪。因此，在司法实践中，对单位犯罪中的"直接负责的主管人员"和"其他直接责任人员"的量刑要低于个人犯罪。辩护人在为被控骗取贷款罪的嫌疑人或被告人辩护时，如果能向单位犯罪方向辩护并且法律上能够成立的话，将会取得定性辩护和量刑辩护的良好效果。如果更进一步，能够将自己的当事人认定为"没有参与预谋，只是受主管人员指派，参与实施某些与自身工作岗位相关的具体行为"的，则将取得无罪辩护的更好效果。

（五）"重大损失或者有其他严重情节"的认定

《刑法》第175条之一明确规定，行为人必须具有给银行或其他金融机构造成重大损失或者具有其他严重情节的行为，方能构成贷款诈骗罪。最高人民检察院、公安部于2010年颁布实施的《公安机关管辖的刑事案件立案追诉标准的规定（二）》第27条规定，以欺骗手段取得贷款等数额在100万元以上，或者以欺骗手段取得贷款等，给银行造成直接经济损失数额在20万元以上的，或者虽未达到上述数额标准，但多次以欺骗手段取得贷款的，应予立案追诉。

对于以上规定，尤其是最高人民检察院、公安部《关于公安机关管辖的刑事案件立案追诉标准的规定（二）》第27条，要结合法理精神正确地理解。给银行或其他金融机构造成重大损失或者具有其他严重情节的行为，是构成本罪的客观要件，即本罪既有结果犯，也有情节犯。结果犯很好理解，只要给银行等金融机构造成直接经济损失数额在20万元以上的，就构成本罪；而对于情节犯，则不能孤立地理解只要以欺骗手段取得贷款100万元就构成本罪，而不论有无给银行等金融机构造成重大损失。基于《刑法》的解释原理，《刑法》法条中的"其他严重情节"在社会危害程度上须与"重大损失"具有相当性、同等性。否则，就违背了罪责刑相适应的刑法原则。《刑法修正案（六）》颁布实施后，全国人大法工委刑法室副主任黄太云《刑法修正案（六）的理解与适用》中写道："其他严重情节是指采用的欺骗手段十分恶劣；多次欺骗金融机构；因采用欺骗手段受到处罚后又欺骗金融机构等。虽然采用欺骗手段从银行获取贷款，但数额不大的，或者虽然数额较大但在案发前已经归还了贷款或者在案发后立即归还了贷款的，可以认为不属于本条规定的其他严重情节。"

综上，"其他严重情节"不能孤立地按照最高人民检察院、公安部《关于公安机关管辖的刑事案件立案追诉标准的规定（二）》僵硬地理解，而应该结合社会危害性灵活地理解，如果采取欺骗手段从银行获得贷款超过100万元以上，但在案发前已经归还了贷款或者在案发后立即归还了贷款的，不宜以本罪定罪处罚。

（六）“特别重大损失或者有其他特别严重情节”的认定

《刑法》第175条之一规定，本罪有两个等级的量刑幅度。第一个等级是给银行等金融机构造成重大损失或者有其他严重情节的，处3年以下有期徒刑或者拘役；第二个等级是给银行等金融机构造成特别重大损失或者有其他特别严重情节的，处3年以上7年以下有期徒刑。那么，何谓“特别重大损失或者有其他特别严重情节”？综观法条和司法解释，都没有明确的规定。

与骗取贷款罪相对向的犯罪是违法发放贷款罪，2001年1月最高人民法院《全国法院审理金融犯罪案件工作座谈会纪要》中规定，银行等金融机构工作人员违反法律、行政法规的规定，向关系人以外的其他人发放贷款（违法发放贷款罪），造成50万~100万元以上损失的，可以认定为“造成重大损失”；造成300万~500万元以上损失的，可以认定为“造成特别重大损失”。对单位实施的上述犯罪的数额标准，可按个人实施上述犯罪的数额标准的2倍至4倍掌握。2010年5月最高人民检察院、公安部《关于公安机关管辖刑事案件追诉标准的规定（二）》进一步规定，违法发放贷款，数额在100万元以上的，或者造成直接经济损失数额在20万元以上的，应予立案追诉。

由于违法发放贷款罪与骗取贷款罪是对行犯，其入罪标准与骗取贷款罪的入罪标准基本一致。因此，我们可以参考《全国法院审理金融犯罪案件工作座谈会纪要》中的有关违法发放贷款罪“造成特别重大损失”与“造成重大损失”的倍数比来确定本罪的“特别重大损失或者有其他特别严重情节”的具体内容，即骗取贷款数额在500万元以上的，或者造成直接经济损失数额在100万元以上的，可以认定为本罪的“特别重大损失或者有其他特别严重情节”，在3年以上7年以下有期徒刑幅度内量刑。这是本罪中的个人犯罪的标准，单位犯罪由于主观恶性较个人犯罪为低，所以对单位实施的骗取贷款罪的“特别重大损失或者有其他特别严重情节”的数额标准，可按个人实施犯罪的数额标准的2倍至4倍掌握（按最高人民检察院、公安部的追诉标准，本罪的单位犯罪和个人犯罪在入罪方面的“重大损失或者有其他严重情节”的数额标准是一致的，不实行倍数比规则）。

（七）共同犯罪

与其他的罪名一样，本罪也存在共同犯罪，无论是本罪的单位犯罪或者是个人犯罪都是如此。按照《刑法》总则的规定，具有共同的犯罪故意和共同的犯罪行为，构成共同犯罪。

具体到本罪的单位犯罪中，对于策划、组织、指挥、决定骗取贷款行为的负责人员，一般应认定为共同犯罪中的主犯，承担主要的罪责；对于明知单位骗取贷款，在主管人员授意下，积极参与骗取贷款行为的，一般认定为从犯，比照主犯从轻处罚或者减轻处罚；其他没有参与预谋，只是受主管人员指派，参与实施某些与自身工作岗位相关的具体行为的工作人员，不应承担刑事责任。本罪中的单位犯罪，只有被人民法院认定的“直接负责的主管人员”和“其他直接责任人员”才需承担刑事责任。

具体到本罪的个人犯罪中，应该根据各个共同骗取贷款行为人在共同行为中的地位和作用、行为人职务的高低、对骗取贷款行为积极的程度、是否从骗取贷款行为中得到好处、好处的多少等，区分主犯、从犯或胁从犯等。如果两个或者两个主要的人员在共同犯罪中地位或者作用相当，可以都认定为主犯，但也应该略微拉开一下量刑的档次；对于从犯，应当比照主犯从轻或减轻处罚；对于胁从犯，由于其主观恶性较小，应该比照主犯减轻或者免除处罚。

行为人帮助他人骗取贷款，从中收取代理费、好处费、佣金或提成等，构成共同犯罪，一般应作为从犯追究刑事责任。

对于被控骗取贷款罪的嫌疑人或被告人，如果根据事实和证据，他（她）只应该属于从犯或作用次一点的主犯。辩护人应抓住这一有利因素，为当事人提供罪轻辩护。

（八）如实供述、退赃退赔、自首立功

根据最高人民法院的量刑指导意见和各省高级人民法院的实施细则，如实供述、真诚悔罪、积极退赃退赔，一直都是作为一个重要的酌定从轻情节而存在的。被控骗取贷款罪的嫌疑人如在案件中具备这些酌定从轻情节，毫无疑问将是一个有利的辩点，嫌疑人及其辩护人应善于发现、挖掘或者创造这一酌定从轻情节。

需要特别指出的是，骗取贷款罪主要是一个结果犯（次要方面是情节犯），本罪不具有“以非法占有为目的”，之所以纳入刑法规制，是因为造成了银行等金融机构的“重大损失”，故其量刑力度并不重。如果被控骗取贷款罪的行为人能够积极退赃、退赔，退还大部分或者是全部贷款，将非常有利于案件的量刑。在司法实践中，很多这样的情况被判缓刑。

自首和立功在《刑法》总则里一直都是作为法定从轻情节存在的，对于所有的罪名都是同等适用的，骗取贷款罪也不例外。由于本书在前面的几个章节里，都详细谈到自首和立功的辩点内容，这里就不再赘述。

第四节　贷款诈骗罪的风险识别与辩点分析

一、贷款诈骗罪的构成要件

（一）概念

贷款诈骗罪是指借款人以非法占有为目的，编造引进资金、项目等虚假理由，使用虚假的经济合同、虚假的证明文件、虚假的产权证明作担保，超出抵押物价值重复担保或者以其他方法，虚构事实或者隐瞒真相，诈骗银行或者其他金融机构的贷款，数额较大的行为。

（二）构成要件

1. 本罪的主体是一般主体，任何达到刑事责任年龄、具有刑事责任能力的自然人均可构成，但是单位不能成为本罪的主体。银行或其他金融机构的工作人员与诈骗贷款的犯罪分子串通并为之提供诈骗贷款帮助的，应以贷款诈骗罪的共犯论处。

2. 本罪在主观上由故意构成，且以非法占有为目的。至于行为人非法占有贷款的动机是为了挥霍享受，还是为了转移隐匿，都不影响本罪的构成。反之，如果行为人不具有非法占有的目的，虽然其在申请贷款时使用了欺骗手段，也不能按贷款犯罪处理，如构成骗取贷款罪，按骗取贷款罪处理，如不构成犯罪，可由银行根据有关规定给予停止发放贷款、提前收回贷款或者加收贷款利息等办法处理。

3. 本罪侵犯的客体是双重客体，既侵犯了银行或者其他金融机构对贷款的所有权，还侵犯国家金融管理秩序。随着我国金融业的迅猛发展，诈骗贷款犯罪活动愈演愈烈，严重破坏了我国的金融管理秩序，具有比一般诈骗行为更大的社会危害性。

4. 本罪在客观方面表现为采用虚构事实、隐瞒真相的方法诈骗银行或者其他金融机构的贷款，数额较大的行为。所谓虚构事实，是指编造客观上不存在的事实，以骗取银行或者其他金融机构的信任；所谓隐瞒真相，是指有意掩盖客观存在的某些事实，使银行或者其他金融机构产生错觉，并骗取其信任。

二、贷款诈骗罪的量刑规定

《刑法》第193条规定，以非法占有为目的，诈骗银行或者其他金融机构的贷款，数额较大的，处五年以下有期徒刑或者拘役，并处二万元以上二十万元以下罚金；数额巨大或者有其他严重情节的，处五年以上十年以下有期徒刑，并处五万元以上五十万元以下罚金；数额特别巨大或者有其他特别严重情节的，处十年以上有期徒刑或者无期徒刑，并处五万元以上五十万元以下罚金或者没收财产。

最高人民检察院、公安部《关于刑事案件立案追诉标准（二）》第50条明确规定：以非法占有为目的，诈骗银行或者其他金融机构的贷款，数额在2万元以上的，应予立案追诉。因此，对于诈骗数额在2万元以上"数额巨大"以下的，量刑幅度在5年以下有期徒刑或者拘役。但是，目前我国司法解释和司法指导文件还没有对"数额巨大"、"数额特别巨大"的标准作出明确的规定（1996年的司法解释已经废止，且与现在的经济水平完全脱节）。本人认为，应参考司法解释关于骗取贷款罪的数额倍数比，确定如下的标准：10万元以上为"数额巨大"，50万元以上为"数额特别巨大"，并分别在5年以上10年以下有期徒刑、10年以上有期徒刑或者无期徒刑的幅度内量刑。

三、贷款诈骗罪的认定标准

（一）与民间借贷纠纷界限

司法实践中，对贷款诈骗与民间借贷纠纷之间的界限认定往往比较困难。对于贷款诈骗罪，只有在行为人实施了虚构事实、隐瞒真相的行为，并且具有非法占有贷款目的的情形下，才能予以认定，那种认为只要到期不还贷款，就可认定为贷款诈骗的想法是错误的，是客观归罪。与此相反，那种认为只要借款人到时候承认欠账，就不应认定为贷款诈骗，应以民事借贷纠纷处理的想法也是错误的，可能会放纵犯罪。

在借贷关系中，借款人到期是否能够还款付息，要受很多因素的影响；其中既有主观上的因素，也有客观上的因素。因此，罪与非罪的区分，应该持主客观相统一的原则。

第一，当发生了借款人到期不还的结果时，要看行为人在申请贷款时，是否有履约能力。如果当时就没有履约能力，那么非法占有贷款的可能性就很大；如果当时具有履约能力，只是因为经营状况的恶化，导致后来丧失了履约能力，那么即使到期不还，也不应认定为贷款诈骗，而应以借贷纠纷处理。

第二，观察行为人获得贷款后，是否积极将贷款用于借贷合同所规定的用途。尽管到期后行为人无法偿还，但如果贷款确实被用于所规定的项目，一般说明行为人主观上没有贷款诈骗的故意，不应以诈骗论处。

第三，贷款诈骗犯罪必须在主观上具有骗取他人财产的目的，而这一目的又必然通过一定行为表现出来。因此，通过客观行为推定主观目的就显得格外重要。

（二）银行工作人员实施诈骗贷款行为的定性

这是关于特殊主体犯罪的定性问题。贷款诈骗罪的犯罪主体虽然是一般主体，但是如果是银行或者其他金融机构的工作人员利用职务上的便利，冒用他人名义或者虚构假名骗取贷款的，则不能以贷款诈骗罪定罪处罚。实践中，冒名贷款主要有"顶名贷款"、"盗名贷款"和"假名贷款"几种。如果银行或者其他金融机构的工作人员采用了上述欺骗手段取得贷款，并将贷款非法占有或者挪作他用，由于其是利用职务之便实施的欺骗行为，因此，不构成贷款诈骗罪，分别构成贪污罪、职务侵占罪或者挪用公款罪、挪用资金罪。

四、典型案例

张某贷款诈骗案①

一、基本案情

被告人：张某，男，1951 年 3 月 28 日出生，汉族，大专文化，秦皇岛市港务局病退工人。因涉嫌犯贷款诈骗罪，于 1999 年 2 月 1 日被刑事拘留，同年 3 月 9 日因病被取保候审，2000 年 5 月 25 日再次被刑事拘留，同年 6 月 30 日被逮捕，2002 年 1 月 31 日被释放。

秦皇岛市人民检察院以被告人张某犯贷款诈骗罪，向秦皇岛市中级人民法院提起诉讼。

公诉机关指控，被告人张某于 1996 年 2 月 7 日，以虚假的产权证明作抵押，以流动资金不足为由，在秦皇岛市农业银行民族路办事处贷款 200 万元。其中 100 万元用于做期货生意，另 100 万元用于购买秦皇岛市东福塑料工程有限公司。经贷款单位多次催要，此款至今未还。被告人张某的行为已构成贷款诈骗

① 案例来源：《刑事审判参考》2004 年第 4 集（总第 39 集）。

罪，请法院依法惩处。

张某对公诉机关指控的事实供认，但辩解没有非法占有贷款的目的，故自己的行为不构成犯罪。其辩护人提出，张某在客观上有欺骗行为，但其主观上没有非法占有贷款的目的，公诉机关指控罪名不能成立。

秦皇岛市中级人民法院经公开审理认定：秦皇岛市人民检察院指控张某犯诈骗罪的事实清楚，证据确实充分，指控的罪名成立，予以支持。被告人的辩解及辩护人的辩护意见，没有法律依据，不予采纳。张某以非法占有为目的，采用重复抵押手段，骗取银行贷款，数额特别巨大，用于投资高风险的期货生意，造成国家财产流失，其行为已构成贷款诈骗罪。依据《中华人民共和国刑法》第12条、第193条第4项、第5项、第57条第1款、第64条之规定，判决如下：

1. 被告人张某犯贷款诈骗罪，判处无期徒刑，剥夺政治权利终身，并处没收个人全部财产；

2. 被告人张某退赔中国农业银行秦皇岛分行民族路办事处贷款人民币2000000元，贷款利息人民币1363715.66元，合计人民币3363715.66元。

一审宣判后，被告人张某不服，向河北省高级人民法院提出上诉。

被告人张某上诉称：不具有非法占有目的，不构成贷款诈骗罪。其辩护人提出：张某主观上没有欺骗目的，也不具备欺骗行为，整个贷款运作人是原银行信贷科长刘某，张某没有隐瞒房本已贷过款的事实；张某积极采取措施还贷，没有非法占有的目的，张某无罪。

河北省高级人民法院经审理，以事实不清为由，裁定撤销原判，发回重审。

秦皇岛市中级人民法院经重新审理查明：

1995年1月6日，张某以秦皇岛市海港彰造经济咨询公司的名义，购买秦皇岛市港城信用社位于海港区东港路的5层综合楼一栋，价款为人民币360万元，并于1995年1月12日在秦皇岛市海港区房产局办理了房产过户登记手续。1995年4月4日，张某用上述房产作抵押，以秦皇岛市海港彰造经济咨询公司的名义，以付租船费为理由，从中国农业银行秦皇岛分行河北大街办事处贷款人民币150万元，贷款期限为1年。后经河北大街办事处多次催要，张某除于1998年10月22日将一台"凌志LC700"轿车给付贷款方折抵部分贷款外，其余款项至案发时尚未偿还。

1995年5月、6月，张某谎称已用在农行秦皇岛分行河北大街办事处贷款抵押的楼房证丢失，骗取秦皇岛港公安分局第三派出所的证明信后，在秦皇岛市海港区房产局补办了新的房证。1996年2月7日，张某用补办的房证作抵押，以其在秦皇岛市工商局注册的"秦皇岛市腾达铝业有限公司"作为借款方，以付货款为由，从中国农业银行秦皇岛分行民族路办事处（以下简称民族路办事处）贷款人民币200万元，贷款期限为10天。其中100万元由张某以转账支票方式转入中国银行秦皇岛分行海阳路办事处的账户上，后转到中国银行秦皇岛分行文化路办事处秦安经济信息咨询公司账户上做期货生意，并亏损人民币82.3万元，剩余部分投入到张某发起设立的任丘市东福经济信息咨询服务有限公司。后张某将该公司转让给魏某(魏未支付转让费)，该公司1999年8月20日被任丘市工商局吊销营业执照。另人民币100万元由张某陆续提取现金，用于购买秦皇岛市东福工程塑料有限公司。贷款到期后，经贷款方多次催要，张某于1997年8月偿还了民族路办事处一季度贷款利息人民币7.3万元，并多次订立还款计划，但均未履行。

1998年5月，张某将秦皇岛市东福工程塑料有限公司转让给杨某，并协议将其在民族路办事处的人民币200万元贷款的债务转让给杨，双方于1998年10月1日正式签订了工厂转让协议并办理了法人变更登记。后二人与民族路办事处协商，以“秦皇岛市东福工程塑料有限公司”的厂房及土地作抵押，从民族路办事处贷款人民币200万元用以偿还张某在该办事处的贷款。1998年10月16日，秦皇岛市东福工程塑料有限公司以其房产作抵押，与民族路办事处签订了抵押贷款合同，贷款人民币106万元，并由秦皇岛市海港区公证处进行了公证。同年11月，秦皇岛市东福工程塑料有限公司以其地产作抵押，从民族路办事处贷款人民币94万元，并注明“收回再贷”。上述两笔共计人民币200万元的贷款已经办理了在民族路办事处的内部审批手续，民族路办事处在报请中国农业银行秦皇岛分行审批时，秦皇岛分行未予批准，并认为张某的行为已构成犯罪，遂向公安机关报案。

秦皇岛市中级人民法院认为：张某编造谎言，通过欺骗手段，从房产部门补办房证，并以其作抵押凭证、与银行签订贷款合同，且取得了合同约定的200万元贷款，应认定为以欺诈的方式骗取了贷款。张某未按照合同约定的方式使用贷款，而是用于期货交易及购买公司等项经济活动，应视为违约使用贷款。张某在贷款长期未能归还银行的情况下，与他人签订转让自己所有公司的协议，并由公司的买受方承担张某在银行的200万元本金的贷款债务。公诉机关指控的上述事实，并不能证明被告人张某具有永久占有银行贷款的非法目的，亦无充分证据证实被告人张某转让公司及转贷计划在主观上是为了逃避偿还贷款。因此，其论证是不充分的。公诉机关立证的事实，并不能推导出张某必然有罪的结论；公诉机关的举证，并不能排除张某无罪的所有可能性。张某及其辩护人所作的张某无罪的辩解及辩护意见，理由成立，予以采纳。根据《中华人民共和国刑事诉讼法》第162条第2项之规定，判决张某无罪。

宣判后，秦皇岛市人民检察院向河北省高级人民法院提出抗诉。

抗诉意见认为：被告人张某以虚假的产权证明作抵押，骗取农行民族路办事处贷款200万元的事实清楚，证据确实、充分，张某具有非法占有的目的。具体理由如下。(1)张某提供的抵押证明是虚假的。(2)款贷出后，张某均未用于约定的用途，而是用于高风险的营利活动。(3)张某贷款时已负债累累，履约能力严重不足的事实已经存在。首先，张某用于抵押贷款的房屋价款未完全付清；其次，张某以同一座楼房(价值360万元)3次超过抵押物价值重复抵押贷款，抵押价值达650万元；最后，张某是以虚报注册资本成立的公司进行贷款。(4)张某以转让东福公司的手段，欲将贷款转嫁给杨某，而张某未按约定将公司的全部财产交付给杨某(协议约定的3000台游戏机未交付)，这表明其转让公司实际是一场骗局。(5)张某逃避侦查，拒不偿还贷款。张某的上述一系列行为，足以反映出其主观上非法占有的目的。原审法院以张某不具有永久占有银行贷款的非法目的为由宣告无罪，没有事实和法律依据，定罪、量刑明显错误，应依法改判。

对于抗诉机关的上述意见，被告人张某的主要辩解是：用虚假的房证抵押贷款是违法行为，但不具有非法占有的目的，不是拒不返还，不是犯罪。其辩护人主要辩护意见是：张某主观上没有欺骗目的，也不具备欺骗行为，整个贷款运作人是原银行信贷科长刘某；张某没有隐瞒房本已贷过款的事实；张某积极采取措施还贷，没有非法占有的目的，张某无罪。

河北省高级人民法院经公开审理，对控辩意见分析、采信如下：

对原审被告人张某所提，购买秦皇岛市东福工程塑料有限公司，是张某与民族路办事处合作欲倒卖牟利。此笔业务由原银行信贷科长刘某主持运作，后由于刘某意外死亡未能实现的辩解意见。除被告人供述外，没有其他证据证实，不予确认。

对抗诉机关所提，秦皇岛市东福工程塑料有限公司属虚报注册资本，有相关证据证实，倾向予以认定。但根据辩护人当庭提供的证据材料，还应认定该公司通过虚报注册资本的方式成立后，有相应的经营活动。

对抗诉机关所提，张某以同一座楼房3次超出抵押物价值重复抵押，贷款时已负债累累，履约能力严重不足的事实已经存在。经查，张某用同一座楼房抵押贷款4笔。除起诉的一笔外，其他3笔有2笔已归还，另一笔属正常贷款，也归还了近半数的本金。这不仅直接说明张某贷款后有相应的偿还能力，并非“负债累累，履约能力严重不足”；也可间接印证张某虽使用了虚假的产权证明作担保，但贷出款后并无据为己有的目的。该抗诉意见不能成立。

对抗诉机关所提，秦皇岛市腾达铝业有限公司属虚报注册资本的抗诉意见。经查，有证据支持，应予以采纳。但考虑到以下事由：该公司成立后有相应的经营活动；其成立是在1995年7月，而其贷款是在1996年2月；出庭履行职务的检察人员当庭亦表示其不认为张某虚报注册资本的目的就是为了骗取贷款，故该事实不能证明张某有非法占有的目的，与本案无直接联系。

对抗诉机关所提，张某未按约定将公司的全部财产交付给杨某(协议约定的3000台游戏机未交付)，这表明其转让公司实际是一场骗局的抗诉意见。经查，秦皇岛市东福工程塑料有限公司董事长、总经理已由张某变更为杨某。而从杨某的证言可以看出，对于公司的转让杨某并非受制于张某。其本人亦有相应的目的，且其在证言中明确表示“游戏机没用”。故该抗诉意见也不能成立。

河北省高级人民法院认为，原审被告人张某以欺诈手段获取银行贷款，亦未按合同约定使用贷款。但张某将贷款用于购买固定资产和期货投资，并能积极寻找偿还贷款途径，认定其主观上具有非法占有银行贷款的目的证据不足。因此，对张某的行为不能以贷款诈骗论处。抗诉机关所提抗诉理由均不能成立。原判决认定事实清楚，证据确实、充分，适用法律正确，审判程序合法。依照《中华人民共和国刑事诉讼法》第189条第1项、第197条的规定，裁定驳回抗诉，维持原判。

二、主要问题

如何区分贷款民事欺诈与贷款诈骗犯罪的界限？

三、裁判理由

经济生活中，有的行为人为申请和获取银行贷款，可能或多或少地使用欺诈手段。因此，在审理因出现资金风险或者造成经济损失而形成的金融借贷纠纷案件时，尤其应注意区别贷款民事欺诈行为与贷款诈骗犯罪，准确把握贷款诈骗罪与非罪的界限。贷款民事欺诈行为与贷款诈骗犯罪主观上都意图欺骗金融机构，客观上均实施了一定程度的欺诈行为。二者区别的关键，是行为人是否具有非法占有金融机构贷款的目的。2001年《全国法院审理金融犯罪案件工作座谈会纪要》指出：“对于确有证据证明行为人不具有非法占有的目的，因不具备贷款的条件而采取了欺骗手段获取贷款，案发时有能力履行还贷义务，或者案发时不能归还贷款是因为意志以外的原因，如因经营不善、被骗、市场风险等，不应以贷款诈骗罪定罪处罚。”

要认定行为人是否具有非法占有的目的，必须首先明确“非法占有”的内涵。我们认为，《刑法》意义上的“非法占有”，不仅是指行为人意图使财物脱离相对人而非法实际控制和管领，而且意图非法所有或者不法所有相对人的财物，为使用、收益、处分之表示。因此，不能单纯以行为人使用欺诈手段实际获取了贷款或者贷款到期不能归还，就认定行为人主观上具有非法占有贷款的目的。而应坚持主客观相一致的原则，具体情况具体分析。在对行为人贷款时的履约能力、取得贷款的手段、贷款的使用去向、贷款无法归还的原因等方面及相关客观事实进行综合分析的基础上，判断行为人是否具有非法占有贷款的目的，以准确界定是贷款欺诈行为还是贷款诈骗犯罪。

本案中，公诉机关指控的案件事实可归纳为：1996年，被告人张某利用虚假的产权证明，重复抵押获取银行贷款200万元。其中100万元用于炒期货并发生亏损，另外100万元用于购买东福工程塑料有限公司。经银行多次催要，张某均未还款。1998年，张某欲通过转让东福工程塑料有限公司，实施以贷还贷，转让过程中因银行不同意而案发。从法院审理查明的案件事实来看，张某确实是采用欺诈手段，使用虚假的产权证明作担保获取了银行贷款，且贷款后擅自改变贷款用途，并未将贷款用于偿付货款，而是用于购买固定资产和炒期货。但综合全案事实，并不能认定张某主观上具有非法占有的目的。

1. 从贷款时的履约能力来看，一方面，张某有花费200余万元购买并获得产权的港城信用社大楼；另一方面，有花费250万元购买并获得产权的东福工程塑料有限公司。可见，张某具有履约能力。虽然，张某用同一座楼房抵押贷款4笔。但除起诉的这一笔外，其他3笔有2笔已归还。另一笔属正常贷款，也归还了近半数（本金）。

2. 从贷款用途来看，张某无挥霍、恶意处分或者携款潜逃的行为，而是用于经营活动和购买工厂。对于行为人利用欺诈手段取得款物后用于经营活动，即使是高风险的经营活动，如炒股、炒期货、开发房地产等活动，造成资金客观上无法归还的，如果无其他证明行为人有非法占有目的的事实，也不能以金融诈骗犯罪处罚。

3. 从还贷情况来看，张某欲将东福工程塑料有限公司转让给杨某，及双方与农行民族路办事处协商以该公司的土地及厂房抵押贷款200万元，并以贷还贷，是张某、杨某和民族路办事处的真实意思表示。东福工程塑料公司的土地经秦皇岛市土地评估咨询事务所估价，价值人民币1343元。其房产1977.33平方米，虽未经权威部门估价，但民族路办事处认可其价值150万元。可见，张某是在积极寻找途径偿还贷款。而且其曾于1997年3月归还利息7.3万元，张某并无拒不偿还贷款的行为。

综上，张某主观上不具有非法占有银行贷款的目的，其行为并不构成贷款诈骗罪。因此，一、二审法院经过重审宣告张某无罪是正确的。

（执笔：最高人民法院刑二庭　牛克乾　审编：裴显鼎）

五、辩点分析

贷款诈骗罪通常有以下几个辩点："以非法占有为目的"的认定，"诈骗"行为的认定，行为人实施的"诈骗"行为与银行等金融机构发放贷款的因果关系，单位实施贷款诈骗行为刑事责任的承担,"数额巨大或者有其他严重情节"与"数额特别巨大或者有其他特别严重情节"的认定,共同犯罪,罪数的认定,如实供述、退赃退赔、自首立功。

(一)"以非法占有为目的"的认定

根据最高人民法院《全国法院审理金融犯罪案件工作座谈会纪要》的精神,在司法实践中,对于行为人通过诈骗的方法非法获取资金,造成数额较大资金不能归还,并具有下列情形之一的,可以认定为具有非法占有的目的:(1)明知没有归还能力而大量骗取资金的;(2)非法获取资金后逃跑的;(3)肆意挥霍骗取资金的;(4)使用骗取的资金进行违法犯罪活动的;(5)抽逃、转移资金、隐匿财产,以逃避返还资金的;(6)隐匿、销毁账目,或者搞假破产、假倒闭,以逃避返还资金的;(7)其他非法占有资金、拒不返还的行为。但是,在处理具体案件的时候,对于有证据证明行为人不具有非法占有目的的,不能单纯以财产不能归还就按金融诈骗罪处罚。

行为人主观上是否具有"以非法占有为目的",是区分本罪成立与否的重要标准。在认定本罪时,不能简单地认为,只要贷款到期不能偿还,就以贷款诈骗罪论处。实际生活中,贷款不能按期偿还的情况时有发生,其原因很复杂。如有的因为经营不善或者市场行情的变动,使盈利计划无法实现,不能按时偿还贷款。这种情况中,行为人虽然主观有过错,但其没有非法占有贷款的目的,故不能以本罪认定。有的是本人对自己的偿还能力估计过高,以致不能按时还贷。这种情形行为人主观上虽然具有过失,但其没有非法占有的目的,也不应以本罪论处。只有那些以非法占有为目的,采用欺骗的手段取得贷款的行为,才构成贷款诈骗罪。

当前我国各类市场经营主体的经营规范性普遍不强,且市场经营本身就充满不确定性。因此,司法实践中人民法院对"以非法占有为目的"的推定还是持审慎态度的。无论是骗取贷款罪,还是贷款诈骗罪,都要综合考虑各种因素,认真听取犯罪嫌疑人或被告人的辩解,结合案件的客观事实综合予以判定。如对于行为人取得贷款后无法偿还贷款的,但具有可供执行的财产或有其他人为其提供了有效担保的,一般不宜认定为贷款诈骗罪。在这方面,律师是有很大的辩护空间的。

(二)"诈骗"行为的认定

本罪作为诈骗类犯罪,与普通诈骗罪的客观行为构造是一致的。诈骗罪的客观行为的基本构造是行为人虚构事实、隐瞒真相,向受骗人传递不真实的信息,使受骗人上当受骗,陷入错误的认识,并作出看似自愿的处分财产的行为。而本罪客观行为的基本构造则为行为人向银行等金融机构提交虚假材料或虚假证明文件申请贷款,使银行等机构上当受骗,信以为真,以为行为人是真心贷款且符合贷款的条件而发放贷款,行为人获取贷款后无意归还或携款潜逃,银行等机构遭受经济损失。

根据《刑法》第 193 条的规定,行为人诈骗贷款所使用的方法主要有以下几种表现形式:

(1)编造引进资金、项目等虚假理由骗取银行等金融机构的贷款。这种情形近年来屡有发生,仅在某大城市一地,一年就发生假引资的诈骗几十起,许多犯罪分子编造效益好的投资项目,以骗取银行等金融机构的贷款。

(2)使用虚假的经济合同诈骗银行或者其他金融机构的贷款。为支持生产,鼓励出口,使有限的资金增值,银行等金融机构有时也要根据经济合同发放贷款。有些犯罪分子伪造或使用虚假的出口合同或者其他短期内能产生很好效益的经济合同,诈骗银行或其他金融机构的贷款,之后携款潜逃。

(3)使用虚假的证明文件诈骗银行等金融机构的贷款。所谓的证明文件,是指担保函、存款证明等向银行或其他金融机构申请贷款时所需要的文件。如某公司通过银行内部的工作人员开出了一张虚假的存款证明,并以此向另一银行贷款几百万元。

(4)使用虚假的产权证明作担保或超出抵押物价值重复担保,诈骗银行等金融机构贷款的。这里的产权证明,是指能够证明行为人对房屋等不动产或者汽车、货币、可随时兑付的票据等动产具有所有权的相关文件。如罪犯张某以伪造的某开发公司房产证明为抵押,骗取某银行贷款一百余万元。

(5)以其他方法诈骗银行或其他金融机构贷款的,这里的"其他方法"是指伪造单位公章、印鉴骗贷的;以假货币为抵押骗贷的;先借贷后采用欺诈手段拒不还贷的等情况。

以"诈骗"行为取得银行等金融机构的贷款是本罪在客观方面最本质的特征,它与主观方面的"以非法占有为目的"构成了行为人构成本罪的两大基石。行为人如果没有以"诈骗"行为取得贷款,那就不属于贷款诈骗罪,辩护人就可以此为行为人作无罪辩护。

(三)行为人实施的"诈骗"行为与银行等金融机构发放贷款的因果关系

本罪是诈骗类犯罪,其性质决定了该罪名既要有人实施了欺骗行为,又要有人上当受骗,即银行等金融机构基于行为人提交的虚假材料或虚假证明文件,陷入了错误的认识,并基于这种错误的认识而向行为人发放了贷款,行为人无意归还或携款潜逃。在这种情况下,我们就称行为人实施的"诈骗"行为与银行等金融机构发放贷款具有因果关系，行为人因此构成贷款诈骗罪。

如果行为人提交的虚假材料或虚假证明文件并没有使银行等金融机构工作人员陷入错误的认识，并没有使他们上当受骗；或者该欺骗行为并没有达到使银行等金融机构工作人员上当受骗的程度，银行等金融机构不是基于错误认识，而是为了本单位的利益，为了个人的业绩或银行的业绩，而向行为人发放了贷款，则行为人实施的“诈骗”行为与银行等金融机构发放贷款之间不具有因果关系。在此情况下，行为人不构成贷款诈骗罪，他或她与银行等金融机构之间的关系属于市场交易行为，应受民法调整。

（四）单位实施贷款诈骗行为刑事责任的承担

根据《刑法》第30条和《刑法》第193条的规定，贷款诈骗罪只有个人犯罪而没有单位犯罪。但是在司法实践中，有些公司、企业、事业单位出于单位的意志，“以非法占有为目的”，诈骗银行等金融机构贷款，利益归属于该单位所有。这种犯罪明显不是个人犯罪，但刑法又没有规定单位的贷款诈骗罪。为了打击犯罪，只好给这种典型的贷款诈骗罪用合同诈骗罪来规制，给法律适用带来了一定的混乱。为了解决这一问题，2014年4月24日，全国人大常委会颁布实施了《中华人民共和国刑法第三十条的解释》，该解释规定：“公司、企业、事业单位、机关、团体等单位实施刑法规定的危害社会的行为，刑法分则和其他法律未规定追究单位的刑事责任的，对组织、策划、实施该危害社会行为的人依法追究刑事责任。”根据这一最新的立法解释，虽然刑法没有将贷款诈骗罪列为单位犯罪的范围，但单位实施贷款诈骗的，应对组织、策划、实施该行为的人追究刑事责任。

单位实施的贷款诈骗案件应根据立法解释严格控制追究刑事责任的人员范围，只追究“组织、策划、实施”贷款诈骗行为的人员的刑事责任。对于组织、策划贷款诈骗行为或在实施该行为中起主要作用的人员，一般应认定为主犯，对贷款诈骗罪承担主要的罪责；对于明知单位在诈骗贷款的，在单位主管人员授意下，积极参与诈骗贷款行为的，一般认定为从犯，依法追究刑事责任；对于没有参与预谋，只是受主管人员指派，参与实施某些与自身工作岗位相关的具体行为的，一般不宜追究其刑事责任。

由于单位实施贷款诈骗行为体现的是单位的意志，利益也归属于单位，故行为人的主观恶性低于个人犯罪。因此，在司法实践中，对这类行为人的量刑要低于个人犯罪，辩护人在为被控贷款诈骗罪的嫌疑人或被告人辩护时，应注意此一辩点。如果更进一步，能够将自己的当事人认定为“没有参与预谋，只是受主管人员指派，参与实施某些与自身工作岗位相关的具体行为”的，则将取得无罪辩护的更好效果。

（五）“数额巨大或者有其他严重情节”与“数额特别巨大或者有其他特别严重情节”的认定

《刑法》第193条规定，本罪有三个等级的量刑幅度。第一个等级是数额较大的，处5年以下有期徒刑或者拘役；第二个等级是数额巨大或者有其他严重情节的，处5年以上10年以下有期徒刑；第三个等级是数额特别巨大或有其他特别严重情节的，处10年以上有期徒刑或者无期徒刑。那么，何谓“特别重大损失或者有其他特别严重情节”，则没有明确的规定。

最高人民检察院、公安部《公安机关管辖的刑事案件立案追诉标准（二）》第50条规定，以非法占有为目的，诈骗银行或其他金融机构的贷款，数额在2万元以上的，属于刑法第193条所规定的“数额较大”，应予立案追诉。但对于刑法第193条所规定的“数额巨大或者有其他严重情节”，司法解释、司法指导性文件都没有具体的规定。那么，究竟何谓“数额巨大或者有其他严重情节”？在司法实践中，我们又该如何认定此一情形呢？

笔者认为，对贷款诈骗罪中的“数额巨大或者有其他严重情节”，我们完全可以参考其他罪名的标准来认定。我们可以参考集资诈骗罪、骗取贷款罪、合同诈骗罪或非法吸收公众存款罪中的“数额巨大”与“数额较大”之间的倍数比即5倍被来确定本罪的“数额巨大”的标准，再根据“数额特别巨大”与“数额巨大”之间的倍数比即5倍被来确定贷款诈骗罪的“数额特别巨大”的标准。根据这一方法，本罪中的“数额巨大”应在10万元以上，“数额特别巨大”应在50万元以上。当然，这都只是笔者根据常理和司法惯例、司法平衡得出的观点，具体的数额认定由人民法院在合理合法的范围内认定。但辩护人可以法庭提出具有说服力的辩护意见，供法庭考虑。

至于“其他严重情节”，参考其他罪名的司法解释和司法指导性意见主要是指采用的欺骗手段十分恶劣；多次欺骗银行金融机构；因采用欺骗手段受到处罚后又欺骗金融机构等。“其他特别严重情节”主要是指将诈骗所得的贷款用于违法犯罪活动，并且这种违法犯罪活动又给国家、社会、人民造成重大损失；诈骗贷款本身数额特别巨大，给国家、社会、人民造成巨大的损失，并造成非常恶劣的影响等。

需要特别指出的是2016年4月，最高人民法院、最高人民检察院《关于办理贪污贿赂刑事案件适用法律若干问题解释》公布，该司法解释将贪污受贿“数额较大”定为3万元以上不满20万元，将“数额巨大”定为20万元以上不满300万元，将“数额特别巨大”定为300万元以上。鉴于贪污受贿罪的数额标准普遍提高，贪污受贿罪的社会危害性又高于贷款诈骗罪，在法律、司法解释、司法指导性文件没有对贷款诈骗罪的“数额巨大”、“数额特别巨大”作出明确规定的，辩护人完全可以根据举重以明轻的原则，向法庭提出贷款诈骗罪的“数额巨大”、“数额特别巨大”的标准应该高于贪污受贿罪的数额标准（至少不低于该标准），即本罪的“数额巨大”应在20万元以上，“数额特别巨大”应在300万元以上，相信法庭会有所考虑。如此，则为当事人开辟了一个新的辩点。

（六）共同犯罪

由于《刑法》没有规定本罪有单位犯罪，但立法解释规定单位实施贷款诈骗行为的，对组织、策划、实施该行为的人依法追究刑事责任（不以单位犯罪的名义，而是以个人犯罪的名义）。因此，在本罪中，无论是个人实施贷款诈骗行为，还是单位实施贷款诈骗行为，均以个人犯罪论处，对单位不处罚金。

与其他的罪名一样，本罪也存在共同犯罪。按照《刑法》总则的规定，具有共同的犯罪故意和共同的犯罪行为，构成共同犯罪。在本罪的共同犯罪中，应当根据各个共同实施贷款诈骗行为的人在共同行为中的地位和作用、行为人职务的高低、对诈骗行为积极的程度、是否从诈骗的贷款款项中得到好处、好处有多少等，区分主犯、从犯或胁从犯等。如果两个或者两个主要的人员在共同犯罪中地位或者作用相当，可以都认定为主犯，但也应该略微拉开一下量刑的档次；对于从犯，应当比照主犯从轻或减轻处罚；对于胁从犯，由于其主观恶性较小，应该比照主犯减轻或者免除处罚。行为人帮助他人骗取贷款，从中收取代理费、好处费、佣金或提成等，构成共同犯罪，一般应作为从犯追究刑事责任。

司法实践中，对于银行等金融机构的工作人员与实施贷款诈骗行为的行为人事前通谋，为贷款诈骗活动提供帮助的，一般是以贷款诈骗罪的共犯论处。如果银行等金融机构工作人员与实施贷款诈骗的行为人没有事前通谋，也就是没有主观上的共同诈骗故意，而是单方违反法律、行政法规的规定，向关系人或者关系人以外的人发放信用贷款，或者发放担保贷款的条件优于其他借款人同类贷款的条件，造成较大损失的。虽然在客观上致使贷款诈骗的行为人得逞，但是对该工作人员不应以贷款诈骗罪的共犯论处，而应当依照《刑法》第186条的规定，以违法发放贷款罪定罪处罚。如果诈骗贷款行为是在银行等金融机构工作人员的组织、策划下，与外部人员共同实施的，外部人员只起了辅助作用，则犯罪的性质就变成贪污罪或者职务侵占罪，而不能认定为贷款诈骗罪。

（七）罪数的认定

贷款诈骗罪的行为人在实施贷款诈骗罪过程中分别又触犯其他罪名，应分别按照具体情况作出不同的认定。如行为人采用伪造公文、证件、印章诈骗贷款，其行为又触犯了伪造公文、证件、印章罪的，应按牵连犯的处罚原则，从一重罪论处，定贷款诈骗罪；如行为人在诈骗贷款的过程中，采用收买、行贿等手段诈骗贷款，其行为又构成行贿罪，应对诈骗贷款行为和行贿行为分别定罪，按数罪并罚原则处理。

（八）如实供述、退赃退赔、自首立功

根据最高人民法院的量刑指导意见和各省高级人民法院的实施细则，如实供述、真诚悔罪、积极退赃退赔，一直都是作为一个重要的酌定从轻情节而存在。被控贷款诈骗罪的嫌疑人或者被告人如在案件中具备这些酌定从轻情节，毫无疑问将是一个有利的辩点。嫌疑人及其辩护人，应善于发现、挖掘或者创造这一酌定从轻情节。

自首和立功在《刑法》总则里一直都是作为法定从轻情节存在的，对于所有的罪名都是同等适用的，贷款诈骗罪也不例外。由于本书在前面的几个章节里，都详细谈到自首和立功的辩点内容，这里就不再赘述。

第五节　洗钱罪的风险识别与辩点分析

一、洗钱罪的构成要件

（一）概念

洗钱罪是指明知是毒品犯罪、黑社会性质的组织犯罪、恐怖活动犯罪、走私犯罪、贪污贿赂犯罪、破坏金融管理秩序犯罪、金融诈骗犯罪的违法所得及其收益，为掩饰、隐瞒其来源和性质，而提供资金账户的，或者协助将财产转换为现金、金融票据、有价证券的，或者通过转账或者其他结算方式协助资金转移的，或者协助将资金汇往境外的，或者以其他方法掩饰、隐瞒犯罪所得及其收益的来源和性质的行为。

（二）构成要件

1. 本罪的犯罪主体是一般主体，包括年满十六周岁、具有刑事责任能力的自

然人和单位。

2. 本罪在主观方面的表现为故意,即行为人明知自己的行为是在为犯罪所得掩饰、隐瞒其来源和性质,而故意为之,并希望这种结果发生。

3. 本罪侵犯的客体是复杂客体,即他既侵犯了金融秩序,又侵犯了社会主义市场经济管理秩序,有的还侵犯了国家正常的金融管理及外汇管理的相关规定。

4. 本罪在客观方面表现为:提供资金账户;协助将财产转为现金或者金融票据;通过转账或者其他结算方式协助资金转移;协助将资金汇往境外;以其他方式掩饰、隐瞒犯罪的违法所得及其收益来源和性质,如将犯罪所得投资于某种行业,用犯罪所得购买不动产等。

二、洗钱罪的量刑规定

根据《刑法》第 191 条的规定,"明知是毒品犯罪、黑社会性质的组织犯罪、恐怖活动犯罪、走私犯罪、贪污贿赂犯罪、破坏金融管理秩序犯罪、金融诈骗犯罪的所得及其产生的收益,为掩饰、隐瞒其来源和性质,有下列行为之一的,没收实施以上犯罪的所得及其产生的收益,处五年以下有期徒刑或者拘役,并处或者单处洗钱数额百分之五以上百分之二十以下罚金;情节严重的,处五年以上十年以下有期徒刑,并处洗钱数额百分之五以上百分之二十以下罚金:(一)提供资金账户的;(二)协助将财产转换为现金或者金融票据的;(三)通过转账或者其他结算方式协助资金转移的;(四)协助将资金汇往境外的;(五)以其他方法掩饰、隐瞒犯罪的违法所得及其收益的性质和来源的。

单位犯前款罪的,实行双罚制,对单位判处罚金,并对其直接负责的主管人员和其他直接责任人员,处五年以下有期徒刑或者拘役;情节严重的,处五年以上有期徒刑"。

三、洗钱罪的认定标准

1. 本罪与掩饰隐瞒所得收益罪的界限

本罪与《刑法》第 312 条规定的掩饰、隐瞒犯罪所得、犯罪所得收益罪都属于行为人明知是犯罪分子的违法所得,仍事后给予了犯罪分子某种帮助。因此,两者在客观行为上有些类似,但也存在一些区别。

第一,前者侵犯的是双重客体,其中主要客体是金融管理秩序,因而该罪被归类在"破坏社会主义市场经济秩序罪";后者侵犯的是单一客体,即社会管理秩序。

第二,前者特指毒品犯罪、黑社会性质的组织犯罪、恐怖活动犯罪、走私犯罪、贪污贿赂犯罪、破坏金融管理秩序犯罪、金融诈骗犯罪的违法所得及其产生的收益;后者泛指一切犯罪的所得赃物。

第三,前者在客观上通常表现为通过某类中介机构来隐瞒和掩饰违法所得及其收益的性质和来源;后者则包括窝藏、转移、收购或代为销售赃物四种行为。

2. 本罪与窝藏转移隐瞒毒品毒赃罪的界限

本罪与《刑法》第349条规定的窝藏、转移、隐瞒毒品、毒赃罪存在如下区别:

第一,前者侵犯的是双重客体,其中主要是金融管理秩序,后者侵犯的是单一客体,即社会管理秩序。

第二,前者指毒品犯罪、黑社会性质的组织犯罪、恐怖活动犯罪、走私犯罪、贪污贿赂犯罪、破坏金融管理秩序犯罪、金融诈骗犯罪7大类罪的违法所得及其产生的收益;后者特指走私、贩卖、运输、制造毒品罪的毒品和毒赃。

第三,前者指行为人主要通过中介机构将有关违法所得及其产生的收益的来源和性质加以隐瞒和掩饰,是属于狭义上的"洗钱"行为;后者指行为人为走私、贩卖、运输、制造毒品罪的犯罪分子窝藏、转移、隐瞒毒品或者犯罪所得的财物,是属于广义上的"洗钱"行为。

四、典型案例

被告人晏某受贿、被告人付乙洗钱案[①]

[案号]重庆市第二中级人民法院(2008)渝二中法刑初字第64号

公诉机关重庆市人民检察院第二分院。

被告人晏某,男,1962年9月4日生于重庆市巫山县,身份证号码(略),汉族,大专文化,原巫山县交通局局长、巫山县长江大桥建设领导小组成员兼建设办公室主任。住(略)。因涉嫌犯受贿罪于2008年3月28日被重庆市公安局刑事拘留,同年4月3日被逮捕。现羁押于重庆市万州区看守所。

辩护人付甲,重庆渝合律师事务所律师。

被告人付乙(又名傅尚芳),女,1965年11月13日生于重庆市巫山县,身份证号码(略),汉族,高中文化,原巫山县三峡航运公司职工,户籍住所地(略),现住(略)。因涉嫌犯窝藏罪于2008年1月16日被重庆市公安局南岸区分局刑事拘留,同年2月21日因涉嫌犯洗钱罪被逮捕,现羁押于重庆市万州区看守所。

辩护人殷某,重庆渝信律师事务所律师。

重庆市人民检察院第二分院以渝检二院刑诉(2008)44号起诉书指控被告人

① 案例来源:法律图书馆。

晏某犯受贿罪、被告人付乙犯洗钱罪，于2008年6月26日向本院提起公诉。本院依法组成合议庭，公开开庭审理了本案。重庆市人民检察院第二分院指派代理检察员王甲、李甲、陈甲出庭支持公诉。被告人晏某及其辩护人付甲、被告人付乙及其辩护人殷某到庭参加诉讼。现已审理终结。

公诉机关指控，2001年至2008年年初，被告人晏某在担任巫山县交通局局长、巫山县长江公路大桥建设领导小组成员兼建设办公室主任期间，利用主管巫山县交通建设和具体管理巫山县长江大桥建设的职务之便，在工程承揽、工程款拨付等方面为他人谋取利益，先后收受工程承包人周甲等17人给予的人民币2218.4万元、美元1万元，折合人民币共计2226万元。被告人晏某将其中收受的2165万余元交给其妻即被告人付乙保管。被告人付乙明知该款系被告人晏某受贿所得，为掩饰、隐瞒其来源和性质，先后以本人和他人之名，将其中的943万余元分别用于购置房产、存入银行资金账户以及用于购买理财产品等。针对指控的事实，公诉机关当庭出示了证人证言、被告人供述、书证等证据。公诉机关认为，被告人晏某身为国家工作人员，利用职务之便为他人谋取利益并收受他人给予的财物共计2226万余元，情节特别严重，其行为触犯了《中华人民共和国刑法》第三百八十五条第一款、第三百八十六条、第三百八十三条第一款(一)项之规定，已构成受贿罪。被告人付乙掩饰、隐瞒受贿款来源和性质的行为触犯了《中华人民共和国刑法》第一百九十一条第(一)项、第(五)项之规定，已构成洗钱罪。提请本院依法判处。

被告人晏某对公诉机关指控的事实和罪名没有提出异议，辩称其如实供述犯罪事实、认罪悔罪，请求从轻处罚。

其辩护人对起诉书指控被告人晏某犯受贿罪的事实和罪名无异议，辩护提出被告人晏某在被司法机关采取强制措施和讯问之前主动交代了全部受贿犯罪事实，具有自首情节，且已退出全部受贿款，犯罪后能认罪悔罪，建议对其从轻处罚。

被告人付乙对公诉机关指控的事实和罪名没有提出异议，请求从轻处罚。

其辩护人对起诉书指控被告人付乙犯洗钱罪的事实和罪名无异议，辩护提出被告人付乙认罪悔罪，主观恶性较小并积极配合退出全部赃款，建议对其从轻处罚并适用缓刑。

经审理查明：

(一)受贿事实

被告人晏某于2001年10月起担任巫山县交通局局长，同时兼任巫山县长江公路大桥建设领导小组成员兼建设办公室主任。2001年至2008年初，被告人晏某利用主管巫山县交通建设和长江公路大桥建设的职务之便，在巫山县公路、桥梁等工程的发包、修建过程中，为他人谋取利益，多次收受他人送给的人民币

2218.4 万元以及 1 万美元，共计折合人民币 2226 万元。具体事实如下：

1. 2006～2007 年，巫山县交通局决定对巫山县刘家垭至官阳镇（以下简称刘官路）、三合浦至三溪（以下简称三三路）、小风口至梨子坪（以下简称小梨路）、抱龙镇至楂树坪（以下简称抱渣路）、长梁镇至莲花塘（以下简称长莲路）的公路进行油化改造。重庆广厦第一建筑集团公司项目经理周甲向被告人晏某提出请求承建这些工程，并许诺给好处费。被告人晏某通过让周甲自己引荐招投标代理公司以及向经办人员打招呼、透露标底等方式，致使周甲承建了抱楂路、三三路、小梨路等路面油化工程，同时在工程款拨付等方面为周甲提供帮助。在此期间，被告人晏某先后 9 次收受周甲送给的人民币共计 590 万元：(1)2006 年 9 月，在巫山国宾酒店收受 20 万元；(2)2006 年 11 月，在巫山国宾酒店收受 40 万元；(3)2006 年 11 月，在巫山国宾酒店附近的车上收受 50 万元；(4)2006 年 12 月，在巫山国宾酒店附近的车上收受 80 万元；(5)2007 年 1 月，在巫山国宾酒店附近的车上收受 50 万元；(6)2007 年 2 月，在巫山国宾酒店附近的车上收受 150 万元；(7)2007 年 10 月，在巫山县城的车上收受 100 万元；(8)2007 年 11 月，在巫山县城的车上收受 50 万元；(9)2007 年 12 月，在巫山县城的车上收受 50 万元。

上述事实，有公诉机关当庭出示并经庭审质证的下列证据证实，本院予以确认。

(1)证人周甲证言证实，2006 年得知巫山交通局对抱楂路等公路路面改造工程即将招标，即向晏某请求承揽工程并许诺给好处费。晏让他自己引荐招标代理公司并向他透露标底，之后他所在的重庆广厦第一建筑集团公司实际承建了抱楂路、三三路、小梨路等路面油化工程。2006 年至 2007 年年底，他先后多次送给晏某人民币共计 590 万元以上。

(2)证人徐甲证言证实，晏某很关心周甲承接的工程，并且安排他与周甲签订合同。后来在施工中对方要求拨付工程款，晏某表示同意。

(3)证人王乙、牟某证言分别证实，周甲挂靠的广厦重庆第一建筑公司先后承建了抱渣路、长莲路、史大路、长江大桥边坡治理等工程。

(4)证人魏某、童某证言分别证实，周甲以重庆公路工程公司之名先后承建三三路、小梨路等公路改造工程。

(5)证人唐某证言证实，从 2006 年 9 月至 2007 年 12 月，按照周甲的事先安排，她先后从广厦公司、重庆公路工程公司在巫山信用合作社的账户上取款 490 余万元交给周甲。

(6)证人李乙、徐乙证言证实，周甲在 2007 年春节前后分别找他们借款 50 万元和 150 万元。

(7)证人周乙证言证实,他曾听到周甲在给晏某打电话时说到已给晏送了几百万元。

(8)关于抱渣路、三三路、小梨路等路面改造工程招投标文件、合同协议书、公证书、广厦重庆第一建筑集团公司与周甲签订的内部合同、工程款支付明细表等书证,证实周甲承建抱楂路、小犁路、三三路等公路改造工程。

(9)巫山县农村信用合作社现金支票复印件、存、取款明细表、农业银行开户明细表等书证,证实从2006年9月到2007年12月重庆广厦公司和重庆公路工程公司从巫山信合账户上取款共计491.66万元。

(10)被告人晏某对为周甲谋取利益并收受周甲送给的人民币共计590万元的事实予以供认。

2.2001年至2007年,个体建筑承包商廖某向被告人晏某请求承揽工程。被告人晏某通过向巫山县交通局副局长徐甲、李丙等人打招呼并具体安排,致使廖某先后承接了龙王淌至花竹坪路面改造工程、刘家垭至官阳镇公路改扩建工程第二合同段、当阳至九湖坪新建路基工程第四合同段工程、骡坪镇至竹贤公路改扩建工程第Ⅱ合同段、三合浦至三溪乡路面改建工程二标段等工程。为此,被告人晏某先后10次收受廖某送给的人民币共计348万元:(1)2002年春节,在家中收受5万元。(2)2003年春节前,在家中收受2万元。(3)2004年春节前,在家中收受2万元。(4)2005年春节,在巫山县城的车上收受4万元。(5)2005年11月,在家中收受20万元。(6)2006年春节前,在家中收受5万元。(7)2007年春节,在家中收受10万元。(8)2007年8月,在家中收受100万元。(9)2007年8月,在家中收受100万元。(10)2007年10月,在重庆大世界酒店的车库内收受100万元。

上述事实,有公诉机关当庭出示并经庭审质证的下列证据证实,本院予以确认。

(1)证人廖某证言证实,2001~2007年,他向晏某请求承揽工程,晏某让徐甲等人透露标底和具体安排。他先后以巫溪远华建筑公司、重庆建安建设集团公司之名,承建龙王淌至花竹坪的路面硬化工程、刘家垭至官阳路改造工程、三合浦至三溪路面改造工程路段、骡坪至竹贤公路工程。在此期间,他先后10次送给晏某人民币共计348万元,以感谢晏某的关照。

(2)证人李丙证言证实,在龙王淌至福田的道路硬化工程和下田桥工程招投标之前,晏某对他讲已经确定中标单位,并要他保证确定的人中标。他按照晏某的安排让廖某中标承建。

(3)证人徐甲证言证实,廖某在巫山承建的刘官路、三三路、当九路和骡竹路等路面改造工程,他均是按照晏某的安排向廖某透露工程标底并具体联系招投标事宜。

(4)证人向某、丁某证言证实,廖某承建的龙王淌至花竹坪路面工程以及万双公路路面整治工程、下田桥工程,均是以巫溪县远华建筑公司的名义承建,公司只收管理费。

(5)证人唐甲证言证实,廖某先后以重庆建安建设公司名义承建了巫山刘家垭至官阳公路H段、三合浦至三溪路基改扩建B段、当阳至九湖坪二期Ⅳ段工程,公司只向廖某收管理费。

(6)证人谭某证言证实,廖某以重庆华通路桥公司名义承建巫山县骡坪至竹贤公路改扩建工程Ⅱ段,公司只收管理费。

(7)公路工程建设承包合同、招投标文件、项目管理承包责任书、中标通知书、工程款支付明细表、记账凭证等书证,证实巫山县交通开发总公司、重点交通建设办公室先后与重庆巫溪远华建筑公司、重庆建安建设集团公司签订了龙王淌至花竹坪路面工程、万家垭至双龙路工程、刘家垭至官阳路改造工程等工程合同以及相关的工程款拨付、管理费的收取、廖某领款等事实。

(8)巫山县农村信用合作社对账单、转账支票、现金支票、取款凭条、中国农业银行重庆分行查询通知、中国建设银行取款凭条等书证,证实廖某于2007年8月至2007年10月取款情况。

(9)被告人晏某对其于2002年至2007年为廖某谋取利益,并收受廖某送给的人民币共计348万元的事实予以供认。

3.2004~2005年,四川公路桥梁建设集团有限公司大桥分公司先后承建了巫山县长江大桥工程和大昌镇手扒岩大桥工程。该公司项目经理王丙为增加长江大桥工程的工程款和承揽手扒岩大桥工程,多次找到被告人晏某,并许诺给予好处费。经过被告人晏某组织相关部门研究并上报后,确定追加工程款1400万元。被告人通过向经办人员打招呼并以透露标底方式,致使王丙所在的该公司承建了巫山县手扒岩大桥工程。在此期间,被告人晏某先后4次收受王丙给予的人民币共计300万元:(1)2004年8月、9月,在家中收受100万元。(2)2004年11月,在家中收受100万元。(3)2005年春节,在重庆大世界酒店收受50万元。(4)2005年春节,在家中收受50万元。

上述事实,有公诉机关当庭出示并经庭审质证的下列证据证实,本院予以确认。

(1)证人王丙证言证实,2004年四川路桥公司在承建巫山县长江大桥过程中,因工程亏损,他向晏某请求追加工程经费,并许诺给好处费,晏某表示同意。2004年7月,追加工程经费1400万元。同时,他又向晏某请求承揽巫山县手扒岩大桥工程。晏某安排李丙给予关照并透露工程标底。最终,他所在的四川路桥公司承揽了该工程。2004年的8月、9月至2005年春节,他分4次分别在晏某家中以及重庆大世界酒店送给晏人民币共计300万元,以感谢晏某的关照。

(2)证人李丙证言证实,在手扒岩大桥工程招标过程中,晏某向他打招呼并安排他将工程标底以及业主报价光盘交给王丙,致使王丙所在的四川路桥公司中标承揽了该工程。

(3)证人汪甲证言证实,2004年,四川路桥公司项目经理王丙向他和晏某请求追加长江大桥工程建设经费。晏某召集开会,研究并聘请中介机构审核。最后,追加1000多万元的工程经费。

(4)证人肖某证言证实,巫山长江大桥的土建工程增加了工程量和追加了工程经费,手扒岩大桥工程是王丙所在的四川路桥公司中标。

(5)证人邓某证言证实,王丙经常从巫山长江大桥工程项目部提取大额现金,由她们财务人员把现金准备好后交给王丙。

(6)巫山长江大桥工程评标报告、施工招标评标意见书、合同协议、四川协谊会计师事务所造价审核报告、重庆凯弘会计师事务所结算报告,工程款支付明细表、记账凭证及收据、汇款单据以及巫山交通开发公司关于长江大桥价款支付情况的说明等证据,证实四川公路桥梁建设集团有限公司承建巫山县长江大桥工程以及拨付工程款的情况。

(7)巫山县手扒岩大桥工程招标批复、投标书、合同协议、工程量清单及分析资料、工程款支付相关账簿及凭据以及巫山县交通开发总公司的说明等证据,证实四川路桥公司在调整投标报价后承建了巫山县手扒岩大桥工程以及拨付工程款的情况。

(8)重庆市公安局南岸区分局搜查记录,证实从被告人晏某、付乙在重庆御景江山暂住房中搜出黑色皮质密码箱一个。经被告人晏某辨认,是他转移王丙所送人民币100万元时所用皮箱。

(9)被告人晏某对其于2004年至2005年为王丙谋取利益,并收受王丙人民币共计300万元的事实予以供认。

4.2004~2007年,个体建筑承包商彭某向被告人晏某提出承揽公路工程,并答应给好处费。被告人向徐甲、李丙等人打招呼要求予以照顾,致使彭某先后承建了巫山当阳镇至九湖坪路基新建工程一期工程、巫山县X001刘家垭至官阳公路改扩建工程、巫山县小凤口至梨子坪公路改扩建工程、巫山县铜鼓镇至红椿乡公路改扩建工程。在此期间,被告人晏某先后6次收受彭某送给的人民币共计250万元:(1)2005年4月,在家中收受30万元。(2)2005年6月,在家中收受40万元。(3)2005年8月,在家中收受40万元。(4)2006年春节前,在家中收受30万元。(5)2006年下半年,在家中收受30万元。(6)2007年8月,在家中收受80

万元。

上述事实,有公诉机关当庭出示并经庭审质证的下列证据证实,本院予以确认。

(1)证人彭某证言证实,2004年至2007年,他向晏某请求承揽巫山当阳至九湖坪公路一期工程、刘家垭至官阳路改造工程、小风口至犁子坪公路工程、铜鼓镇至红椿乡公路改造工程,并答应事后给好处费。晏某通过给他透露工程标底,并向徐甲、李丙等人打招呼。他先后以万州路桥总公司、重庆远东路桥公司、重庆佳信建筑公司的名义承接了这些工程。2005年4月至2007年8月,他先后6次到晏某家中送给晏某人民币共计250万元,以感谢晏某的关照。

(2)证人李丙证言证实,在当阳镇至九湖坪公路一期工程招标前,晏某让其给彭某安排一段工程。他向有关人员安排后,彭某中标承揽了这一工程。

(3)证人徐甲证言证实,在刘官路、小梨路以及铜红路公路改扩建工程招标前,晏某向他打招呼让彭某挂靠的公司中标。在招投标前,他曾将标底向彭某透露。

(4)证人肖某、周乙、张甲证言分别证实,2004~2006年,彭某先后以他们所在的万州路桥总公司、重庆佳信建筑公司、重庆远东路桥公司名义中标承建巫山当阳至九湖坪路基工程、刘家垭至官阳路改造工程、小风口至犁子坪公路工程、铜鼓镇至红椿乡公路改造工程,只向公司交纳管理费。

(5)巫山县交通开发总公司中标通知书、合同协议书、施工合同、安全生产协议书、工程款支付明细表、记账凭证、银行现金支票等证据,证实巫山县交通开发总公司先后与万州路桥总公司、重庆佳信建设有限公司、重庆远东路桥公司签订巫山当阳至九湖坪新建路基工程、铜鼓镇至红椿乡公路工程、小风口至犁子坪公路工程、刘家垭至官阳路改造工程以及工程款的拨付、彭某取款等事实。

(6)被告人晏某对其于2004~2007年,为彭某谋取利益并收受彭某人民币共计250万元的事实予以供认。

5.2007年,四川公路建设桥梁集团有限公司大桥分公司项目经理沈某向被告人晏某请求承揽巫山县新龙门大桥工程,并许诺给好处费。被告人通过向经办人徐某打招呼,以安排在招标时对沈予以关照,致使沈某所在的该公司中标承揽了新龙门大桥工程。2007年7月、8月,为感谢晏某的帮助,沈某通过与彭某签订假运输合同和假船舶租赁合同的方式,先后将250万元人民币转到彭某所在的重庆巴南区建设集团在巫山县城关信用社的账户上,请彭某将此款转交被告人。2007年9月至11月,被告人晏某先后3次收受沈某托彭某转送的人民币共计250万元:(1)2007年9月,在家中收受80万元。(2)2007年9月,在家中收受70万元。(3)2007年11月,在家中收受100万元。

上述事实,有公诉机关当庭出示并经庭审质证的下列证据证实,本院予以确认。

(1)证人沈某证言证实,2006年10月,他向晏某请求承揽巫山新龙门大桥工程并答应给好处费。在招标前,晏某向他透露工程标底。他所在的公司中标后,晏某让他与彭某以签订假运输合同的方式,把好处费转到彭某在巫山项目部的账上,然后由彭某转交给晏某。2007年9月至11月,他把250万元先后转到彭某的账上。

(2)证人彭某证言证实,2007年5月、6月,晏某让他与沈某签订假运输合同的方式把沈某的250万元转到他在巫山项目部账上,然后取出交给晏某。之后他与沈签订假运输合同。这年9月和11月,沈分两次把250万元转到他的账上。之后,由他把该款取出分3次送到晏某家中交给晏某。

(3)证人徐甲证言证实,在新龙门大桥工程招标前,晏某安排他把这个工程交给沈某所在的四川路桥公司承建。

(4)关于巫山新龙门大桥工程中标通知书、合同协议书、授权书、项目经理委任书等书证,证实巫山县交通开发总公司与四川路桥公司签订新龙门大桥工程合同,沈某任新龙门大桥工程项目部经理。

(5)材料购销合同、船舶租赁合同、巫山信用合作社客户对账单、记账凭证、电子联行、取款现金支票等书证证实,四川路桥公司巫山新龙门大桥项目经理部与巴南建设集团巫山项目部签订材料购销合同、船舶租赁合同。2007年9月至11月,四川路桥公司存入250万元人民币到巴南建设集团巫山项目部在巫山县农村信用合作联社账户上,彭某先后将该款取出。

(6)被告人晏某对其为沈某谋取利益并收受沈某250万元人民币的事实予以供认。

6. 2004~2007年,个体建筑承包商王丁向被告人晏某请求承揽工程并许诺给好处费。被告人向经办人员徐甲等人打招呼要求提供帮助,致使王丁先后承揽了巫山县林家沟至铜鼓镇的路面油化工程、长江公路大桥景观灯照明工程、龙门桥至三合浦的路面油化工程。在此期间,被告人晏某先后6次收受王方中给予的人民币共计240万元:(1)2004年12月,在巫山县金汇酒店收受20万元;(2)2005年4月,在巫山县国宾酒店收受30万元;(3)2005年6月,在重庆大世界酒店收受30万元;(4)2006年4月,在重庆大世界酒店收受30万元;(5)2006年7月,在重庆大世界酒店收受20万元;(6)2007年5月,在巫山县一宾馆收受110万元。

上述事实,有公诉机关当庭出示并经庭审质证的下列证据证实,本院予以确认。

(1)证人王丁证言证实,2004~2007年,他先后承建巫山县林家沟至铜鼓的路面油化工程、长江大桥灯饰工程、龙门桥到三合浦路面的改造工程。在此之前，他向晏某提出请求并许诺给好处费。工程招标前，晏某向他透露标底并让负责招投标的人对他关照。此外，还通过晏某增加了龙门桥到三合浦路面的工程款。在此期间，他先后6次分别于巫山金汇酒店、国宾酒店、重庆“大世界”酒店送给晏某人民币共计240万元，以感谢晏某的关照。

(2)证人徐甲、肖某证言证实，王丁承建的龙门桥到三合浦路面改造工程追加了200多万元的工程款，由晏某在开会讨论时确定。

(3)证人李丙证言证实，从林家沟至铜鼓的路面工程在招标时，晏某向他打招呼要保证晏确定的人中标。

(4)证人肖某证言证实，2004年5月、6月，王丁以万州路桥公司的名义到巫山交通开发总公司中标承揽了工程，由万州路桥公司与巫山交通开发总公司签订合同。

(5)证人汪甲证言证实，巫山长江大桥灯饰工程招标前，晏某向他打招呼要他照顾由王丁中标承建。最后，王丁承建了这个工程。

(6)证人应某证言证实，从2004年年底至2007年5月，按照王丁的安排，她先后11次从巫山县建设银行取款176万元并交给王丁。

(7)证人黄某证言证实，在王丁承建工程的过程中，晏某帮忙安排人员协调。按照王丁的安排，2007年4月他曾在巫山县建设银行取款80万元交给王丁。

(8)巫山县交通开发总公司合同协议书、工程变更会议纪要、拨款进账单、工程款支付明细表、工程核算报告、记账凭证、巫山县建设银行现金支票存根等书证，证实王方中先后以万州路桥总公司、高邮市声光器材厂、衡阳市第三建筑公司名义承建林家沟至铜鼓路面油化工程、巫山县长江大桥景观灯照明工程、龙门桥至三合浦路面工程，并证实工程款的拨付以及王丁签字注明支取现金等事实。

(9)由王丁提供的用于装110万元人民币的黄色旅行包一个，经被告人晏某辨认，是王丁向他送110万元人民币时装这笔钱的旅行包。

(10)被告人晏某对其收受王丁240万元人民币，并为王方中谋取利益的事实予以供认。

7.2004年至2007年，重庆育才工程咨询监理有限公司董事长范某通过周甲介绍认识了被告人晏某，范向被告人请求承揽巫山县手扒岩大桥、新龙门大桥工程的监理业务，并表示事后给好处费。被告人晏某安排经办人员与该公司签订了手扒岩大桥、新龙门大桥工程的监理合同。在此期间，被告人晏某先后2次收受范某送给的人民币共计58万元：(1)2004年年底，在重庆大世界酒店收受范某通过周甲转送的18万元。(2)2007年7月，在巫山国宾酒店附近车上收受范某通过周甲转送的40万元。

上述事实，有公诉机关当庭出示并经庭审质证的下列证据证实，本院予以确认。

(1)证人范某证言证实，2004～2007年，他经过周甲引荐认识了巫山县交通局局长晏某。他向晏提出承揽手扒岩大桥和新龙门大桥工程的监理业务，并愿意给好处费。事后，晏某是通过议标的方式让他承揽了这两个工程的监理业务。在此期间，他先后2次托周甲转送共计58万元人民币给晏某。

(2)证人周甲证言证实，2004年年初他介绍重庆育才监理公司负责人范某认识晏某，范希望承接手扒岩大桥的监理业务并与晏某直接商谈。同年年底，范交给他18万元并让转送晏某，之后，他在重庆大世界酒店将这18万元交给晏。2007年7月，范某又交给他40万元，说是因承接新龙门大桥监理业务送给晏某的好处费。后他将这40万元转送给晏某。

(3)证人邹某、胡某证言证实，他们所在的育才监理公司于2004年至2007年在承接巫山县手扒岩大桥工程监理业务和新龙门大桥工程监理业务时，曾给对方40万元回扣费。

(4)巫山县交通开发总公司监理合同、监理费收取明细表、拨款、记账凭证、财务说明等书证，证实重庆育才工程咨询监理有限公司与业主巫山县交通开发总公司分别签订手扒岩大桥施工监理合同、新龙门大桥施工监理合同，并拨付监理费，育才公司为承接新龙门大桥监理业务而支付业务中介费40万元。

(5)被告人晏某对其为范某谋取利益，并收受范送给的人民币58万元予以供认。

8.2003年至2007年，个体建筑承包商汪乙向被告人晏某请求承揽工程。被告人晏某安排并向工程管理经办人员打招呼，汪乙先后承建了巫山县龙王淌至福田的公路硬化工程、铜鼓镇至庙宇的路面硬化工程、洋溪河至洋河村的移民路工程、马脑壳航道整治工程、福田至凉水村镇的部分通村通畅工程。在此期间，被告人晏某先后5次收受汪乙送给的人民币共计38万元：(1)2003年春节前，在家中收受1万元；(2)2004年春节前，在家中收受2万元；(3)2006年8月，在巫山县城车上收受25万元；(4)2006年9月，在巫山县城汉丰林茶楼收受5万元；(5)2007年9月，在家中收受5万元。

上述事实，有公诉机关当庭出示并经庭审质证的下列证据证实，本院予以确认。

(1)证人汪乙证言证实，2003年至2007年，晏某向经办人员打招呼并让他与徐甲等人联系，他先后承建巫山龙王淌至福田的道路硬化工程、铜鼓至庙宇路面硬化工程、洋溪河至洋河村的移民路工程、马脑壳航道整治工程、福田镇至凉水村的通村通畅工程。他先后5次送给晏某共计38万元人民币，以感谢晏的关照。

(2)证人李丙证言证实,在巫山龙王淌至福田的道路硬化工程招标前,晏某已经决定中标单位,并让他具体安排汪乙等人中标。

(3)证人徐甲证言证实,巫山马脑壳航道整治工程和凉水村的通村通畅工程招标前,晏某向他打招呼让汪乙承建。招标前,他向汪乙透露过工程标底。

(4)证人吴某证言证实,按照晏某的安排,巫山铜鼓至庙宇路面工程、洋溪河至洋河村公路路基整治工程合同由他所在的巫山路桥公司与巫山交通开发总公司签订,但工程实际由汪乙承建。

(5)证人陈乙证言证实,巫山马脑壳航道整治工程是巫山县路桥公司中标,汪乙是施工的项目负责人。

(6)巫山县交通开发总公司中标通知书、工程承包合同、记账凭证、工程施工协议书、工程款支付明细表、巫山县农村信用合作社取款记录等书证,证实汪乙以巫山路桥总公司名义先后承建巫山铜鼓至庙宇路面硬化工程、马脑壳航道整治工程以及工程款的拨付、支取等事实。

(7)被告人晏某对其于2003~2007年,为汪乙在工程上谋取利益并收受汪乙38万元人民币的事实予以供认。

9.2002年年初,重庆渝江防腐开发公司经理唐乙向被告人晏某请求承建巫山县长江大桥钢结构表面防腐工程,并答应给好处费。被告人向负责招投标的工作人员打招呼要求予以关照,致使唐乙承建了该工程。同年9月,被告人晏某在巫山金汇宾馆收受唐乙送给的人民币35万元。

上述事实,有公诉机关当庭出示并经庭审质证的下列证据证实,本院予以确认。

(1)证人唐乙证言证实,2002年年初他向晏某请求承揽巫山长江大桥钢结构防腐工程,并商定给好处费,晏答应给予帮助。同年4月他的公司中标后,因迟迟没有得到中标通知书,他就筹集35万元以上人民币到巫山金汇宾馆送给晏某,随后他拿到中标通知书并签订合同。在工程款的拨付方面,晏某也帮助解决。

(2)证人曹甲证言证实,唐乙与巫山签订长江大桥防腐工程合同之前到处筹钱并说要三四十万元,说是巫山那边用。

(3)证人汪甲证言证实,巫山长江大桥钢结构防腐工程招标工作是晏某亲自安排,并要求他优先照顾唐乙的渝江公司中标。

(4)证人肖某证言证实,巫山长江大桥钢结构防腐工程是由唐乙的渝江防腐公司中标,但中标后很长时间才发中标通知书。

(5)巫山长江公路大桥钢结构防腐工程招投标文件、评标意见书、合同协议书、工程款支付明细表及相关账据等证据,证实重庆渝江防腐开发公司承建巫山长江公路大桥钢结构防腐工程以及相关工程款拨付等事实。

(6)被告人晏某对其为唐乙谋取利益,并收受唐乙35万元人民币的事实予以供认。

10.2005～2007年,个体建筑承包商张乙向被告人晏某请求承包工程。被告人通过向经办人员打招呼并具体安排,张乙先后承建了巫山县156水位线临时停靠码头、手扒岩大桥边坡治理、抱龙镇至楂树坪路面整治、官家溪至平湖路通村通畅等工程。在此期间,被告人晏某先后3次收受张友喜给予的人民币共计30万元。1.2005年7月,在巫山县金汇宾馆收受5万元;2.2006年11月,在张友喜开办的茶楼附近收受5万元;3.2007年11月,在家中收受20万元。

上述事实,有公诉机关当庭出示并经庭审质证的下列证据证实:

(1)证人张乙证言证实,2005年至2007年,他通过晏某的帮助先后承建了抱楂路的一段工程、156水位线临时停靠码头工程、手扒岩大桥边坡治理工程,还修建了官平路、福凉路等部分通村通畅工程。为感谢晏某的关照,他先后3次送给晏某共计30万元人民币。

(2)证人谭某证言证实,2006年巫山要修一些渡船的临时停靠码头,晏某打招呼让张乙承建,后张乙中标承建了临时码头工程。

(3)证人徐甲证言证实,在修建巫山156水位临时停靠码头工程前,晏某向他打招呼让张乙承建,他安排渡口管理所与张乙具体落实。实施公路通村通畅工程时,晏某也向他打招呼让张乙承建一段工程。

(4)证人吴某证言证实,2005年下半年,巫山路桥公司中标承建抱楂路g段工程后,晏某要求把这个工程分一路段给张乙承建,后他与张签订了两公里的分包合同。

(5)巫山县交通开发总公司合同协议书、农村渡口设施相关工程书证、拨款支付明细表等证据,证实张乙分别以重庆佳信建筑公司、重庆宏耀建设集团公司、巫溪远华建筑公司承建官平路工程、临时停靠码头工程、铜鼓镇至庙宇等路面工程以及工程款的拨付等事实。

(6)巫山县金汇酒店证明,证实张乙于2005年7月26日入住907房。

(7)被告人晏某对他为张乙谋取利益并收受张乙30万元人民币的事实予以供认。

11.2004～2005年,重庆凌枫园艺工程有限公司总经理朱甲向被告人晏某请求承接巫山长江大桥边波绿化工程,并许诺给好处费。被告人利用职务之便将该工程交给朱甲承建。在此期间,被告人晏某先后2次收受朱甲送给的共计20万元人民币和1万美元:(1)2005年春节后,在重庆大世界酒店收受朱甲通过周甲转送的20万元。(2)2005年年底,在重庆大世界酒店收受朱甲通过周甲转送的1万美元。

上述事实,有公诉机关当庭出示并经庭审质证的下列证据证实,本院予以确认。

(1)证人朱甲证言证实,2004 年他经过周甲引见认识巫山县交通局局长晏某,然后通过晏某的帮助承建了巫山长江大桥边坡绿化工程。2005 年 4 月和 2005 年年底,他先后将 20 万元和 10 万元交给周甲并让转送给晏某。

(2)证人周甲证言证实,2004 年下半年,他向晏某引荐朱甲承接了长江大桥边坡绿化工程,朱甲答应给晏某 30 万元好处费。2005 年 5 月至 2005 年年底,朱甲先后把 30 万元人民币交给他并让转交晏某,其中的 10 万元他在转交时兑换成了美元。

(3)证人汪甲证言证实,巫山长江大桥边坡治理工程和绿化工程实行的是邀标方式。晏某在召集有关人员开会时就确定由周甲做边坡治理工程,重庆一家园林公司做边坡绿化工程。

(4)证人肖某证言证实,巫山长江大桥边坡绿化治理工程是晏某向他打招呼,议定由朱甲的重庆凌枫园艺工程公司承建。

(5)巫山长江大桥边坡绿化工程合同、工程款支付明细表、账据等证据,证实 2005 年 2 月重庆市凌枫园艺工程有限公司与巫山县长江大桥办公室签订承包合同承建长江大桥边坡绿化工程以及工程款的拨付等事实。

(6)被告人晏某对其为朱甲谋取利益,并收受朱甲 20 万元人民币和 1 万美元的事实予以供认。

12. 2007 年 5 月,重庆渝强招标代理有限公司巫山项目部负责人史某向被告人晏某请求承揽巫山县公路路基改扩建工程的招标代理业务,并表示给好处费。被告人晏某同意后,该公司先后承接了巫山县骡竹路、万双路、巫曲路等路基改建通乡通畅工程以及福田镇、官渡镇、龙溪镇、曲尺乡等通村通畅工程的招标代理业务。2007 年 8 月,被告人晏某在交通局办公楼下自己的车上收受史某送给的人民币 20 万元。

上述事实,有公诉机关当庭出示并经庭审质证的下列证据证实,本院予以确认。

(1)证人史某证言证实,2007 年 5 月,经过晏某的同意,他先后承接了巫山县骡竹路、万双路、巫曲路、铜红路以及龙溪镇、曲尺乡等多个公路通畅工程的招标代理业务。在此之前他向晏某提出过请求,并表示事后感谢。2007 年 8 月的一天中午,他来到巫山县交通局办公楼楼下,在晏某自己开的轿车上送给晏某 20 万元人民币。

(2)证人徐甲证言证实,巫山县交通局大部分工程的招标代理业务都是经过晏某同意并由史某所在的渝强招标代理公司承接。

(3)证人龚某证言证实,2007年先后发包了福田凉水村村道、官渡新阳村村道、龙溪镇双河村道、向狮村道等通村通畅工程。晏某告诉他,由重庆渝强招标代理公司的史某来承接这些工程的招标代理业务。后来,史某承接了这些工程的招标代理业务。

(4)巫山县交通开发总公司建设工程招标文件、招标代理合同、代理协议书、记账凭证、招标代理收入明细表等书证,证实史光亮承接巫山境内骡竹路、万双路等通村通畅工程的招标代理业务以及划拨招标代理费等事实。

(5)被告人晏某对其为史某谋取利益,并收受史某20万元人民币的事实予以供认。

13.2002~2003年,巫山县在修建双龙镇移民公路涧槽沟大桥期间,原承建单位因无法继续修建而退出,个体建筑承包商傅甲向被告人晏某提出承揽该工程,被告人晏某同意并决定将该工程交给傅甲以巫山路桥总公司名义继续修建。2005年2月,被告人晏某在傅甲的车上收受傅甲送给的存有15万元人民币的存折一个。

上述事实,有公诉机关当庭出示并经庭审质证的下列证据证实,本院予以确认。

(1)证人傅甲证言证实,2002年至2003年,重庆煤炭第二建司承建涧槽沟大桥工程后无法继续修建,晏某决定让他继续修建这个工程。在谈合同时,他决定以巫山路桥总公司的名义承接并签订了合同。为获得晏某的支持,他表示同意给付15万元。2005年2月21日,他取出15万元并在巫山县建设银行办了一个存折。不久,他在自己的车上把这个存折送给晏某。

(2)被告人付乙证言证实,2005年年初晏某交给她一个户名为傅甲的存折,存折上有存款15万元。后她分3次从银行把这15万元取出。

(3)证人吴某证言证实,在巫山涧槽沟大桥施工过程中,原重煤二建司自愿放弃修建。晏某对他说让巫山路桥总公司来承接继续修建,具体施工由傅甲负责,公司只收管理费。他同意并办理了相关合同手续。

(4)关于巫山县双龙镇移民公路涧槽沟大桥工程合同协议书、终止合同协议书、续建施工承包合同、工程款支付明细表、记账凭证等书证,证实巫山县交通开发总公司与重庆煤炭第二建筑安装公司签订涧槽沟大桥工程合同后又终止合同、并与巫山路桥总公司签订续建合同、工程款的拨付等事实。

(5)中国建设银行储蓄开户凭条、储蓄取款凭条,证实以傅甲之名于2005年2月21日在银行存款并于2005年4月27日取款的事实。

(6)被告人晏某对其为傅国谋取利益,并收受傅国15万元存折的事实予以供认。

14. 2001 ~2007 年,重庆圣奇建设有限公司副经理朱乙向被告人晏某请求在工程款的拨付中予以关照以及承接工程。被告人晏某对朱乙承接的巫山长江大桥引道工程 C 段的工程款拨付中予以关照,又通过向经办人员打招呼并具体安排,致使朱乙先后承揽了巫山万家垭至双龙公路改扩建工程 I 合同段、建平乡永年集团进厂道路工程。在此期间,被告人先后 3 次收受朱乙送给的人民币共计 10.9 万元:(1)2001 年 6 月,在家中收受 3 万元。(2)2007 年 7 月,在家中收受 29500 元。(3)2007 年 9 月,在家中收受 49500 元。

上述事实,有公诉机关当庭出示并经庭审质证的下列证据证实,本院予以确认。

(1)证人朱乙证言证实,2001 年他承建巫山长江大桥引道工程中的一段,为让晏某在工程款的拨付中予以关照,这年的 6 月、7 月的一天,他到晏的家中送给晏某 3 万元人民币。2007 年 5 月,他向晏某请求承接巫山万家垭至双龙公路改扩建工程,晏答应并让他投标这个工程的第一段,后他以重庆圣奇建设有限公司之名中标。2007 年上半年,他又向晏某请求承建永年集团进厂道路工程,后晏某把这个工程直接安排给他承建。为感谢晏某的关照,2007 年 7 月至 9 月,他又先后 2 次实际送给晏某 7.9 万元人民币。

(2)证人徐甲证言证实,在万双路、巫曲路等公路工程招标前,晏某让他安排一段工程给朱乙承建,后朱乙承建了其中一段公路工程。2007 年下半年的永年集团的进厂公路工程,是晏某直接提出由朱乙承建。后朱乙承建了该工程。

(3)证人陈贤琼证言证实,2007 年 7 月 2 日朱乙安排她从公司在巫山建设银行的账上取款 5 万元。同年 9 月 12 日,又安排她从公司在巫山信用社的账上取款 5 万元。这些钱均由朱乙拿走。

(4)关于巫山县巫峡长江大桥引道工程 C 段工程合同协议书、工程承包责任书、巫山县万家垭至双龙公路改扩建工程 I 段合同协议书、巫山永年集团进场道二期工程合同协议书、记账凭证、工程款支付明细表、巫山县建设银行对账单、农村信用合作社现金支票存根等书证,证实朱乙以重庆恒达建筑安装公司、重庆圣奇建筑公司之名先后承建上述工程以及工程款的拨付、取款等事实。

(5)被告人晏某对其为朱乙谋取利益,并收受朱乙 10.9 万元人民币的事实予以供认。

15. 2005 年,巫山县路桥公司经理吴某向被告人晏某请求承揽一部分抱龙镇至渣树坪路面整治工程。被告人晏某向负责招投标的工作人员打招呼,致使巫山县路桥公司得以承建抱渣路工程 G 标段。2006 年 7 月,被告人晏某在办公室收受吴某送给的人民币 5 万元。

上述事实,有公诉机关当庭出示并经庭审质证的下列证据证实,本院予以确认。

(1)证人吴某证言证实,2005年下半年,他向晏某请求承建一段抱楂路路面整治工程。经过晏某的安排,他们公司中标该工程的G标段。为表示感谢并希望继续得到晏某的关照,2006年7月,他到晏某办公室送给晏某5万元人民币。

(2)证人郑某证言证实,2005年他们巫山路桥公司中标承建抱渣路路基改造工程G段。为表示感谢,2006年7月,他从公司财务上取款5万元由吴某送给晏某。

(3)证人聂某证言证实,2005年下半年巫山路桥公司承建抱楂路工程G标段工程。听郑某讲,承建这段工程后给晏某送了5万元人民币。

(4)巫山县交通开发总公司中标通知书、合同协议书、工程施工协议、支付明细表、记账凭证等证据,证实巫山路桥总公司承建抱楂路G段工程以及工程款支付等事实。

(5)被告人晏某对其为吴某谋取利益,并收受吴某5万元人民币的事实予以供认。

16.2006年至2007年,重庆三峡移民监理公司项目经理郜某向被告人提出承接交通工程监理业务。被告人通过向经办人员打招呼并直接安排,致使该公司先后承接了巫山当阳至九湖坪新建公路、龙门桥至三洽浦路面整治工程以及三三路、小梨路、公路水毁整治等工程的监理业务。在此期间,被告人晏某先后3次收受郜某送给的人民币共计5万元:(1)2006年春节前,在办公室收受1万元。(2)2007年春节前,在办公室收受1万元。(3)2007年5月,在办公室收受3万元。

上述事实,有公诉机关当庭出示并经庭审质证的下列证据证实,本院予以确认。

(1)证人郜某证言证实,他先后承揽了龙三路、小犁路、三三路、当九路等工程的监理业务。在此之前,他向晏某提出过请求并经过晏某同意。为感谢晏的关照,2006年春节至2007年5月,他先后三次送给晏某5万元人民币。

(2)证人徐甲证言证实,重庆三峡移民监理公司的郜某在巫山承接的监理工程,事前都是晏某向他打招呼并直接指定和安排。

(3)重庆三峡移民工程监理有限公司企业法人营业执照、监理资格证书等证据,证实了重庆万州三峡移民工程监理有限公司的性质、资质等事实。

(4)巫山县交通开发总公司工程监理合同、监理协议书、记账凭证、三峡移民监理公司报销凭据、银行取款查询单等书证,证实重庆三峡移民监理公司先后承揽龙三路、三三路、当九路、小犁路等工程的监理业务以及拨付监理费、取款等事实。

(5)被告人晏某对其为郜某谋取利益，并收受郜某5万元人民币的事实予以供认。

17.2005～2007年，四川省公路工程咨询监理事务所业务负责人朱丙向被告人晏某请求承揽工程监理业务，并表示给好处费。被告人先后安排朱丙承揽了巫山长梁镇至莲花塘公路路面工程、铜鼓镇至红椿乡公路改造工程、刘家垭至官阳镇路面改造工程、官家溪至平湖桥公路工程的监理业务。在此期间，被告人晏某先后3次收受朱丙送给的人民币共计3.5万元：(1)2006年春节，在办公室收受1万元。(2)2007年5月，在办公室收受0.5万元。(3)2007年12月，在办公室收受2万元。

上述事实，有公诉机关当庭出示并经庭审质证的下列证据证实，本院予以确认。

(1)证人朱丙证言证实，经过晏某的安排，2005年她以四川公路工程监理所的名义承接刘官路改造工程中的一些监理业务。为感谢晏某的关照，她先后3次到晏某办公室送给晏某人民币共计3.5万元。

(2)证人程某证言证实，为感谢晏某在承接监理工程业务上的关照，他妻子朱丙先后3次送给晏某人民币共计3.5万元。

(3)证人徐甲证言证实，四川公路工程咨询监理事务所的业务负责人朱丙在巫山承接的工程监理业务，都是通过晏某的指定安排。

(4)巫山县交通开发总公司建设工程委托监理合同、四川省公路工程咨询监理事务所文件、记账凭证、借、拨款审核单等证据，证实四川公路工程咨询监理事务所先后承接长莲路、铜红路、刘官路、官平路等公路改造工程的监理业务并签订合同、领款等事实。

(5)被告人晏某对其为朱丙谋取利益，并收受朱丙3.5万元人民币的事实予以供认。

(二)洗钱事实

被告人晏某将受贿所得人民币中的2165万余元先后交给其妻即被告人付乙，付乙明知该款系被告人晏某受贿所得，而将其中的943万余元以本人或他人之名先后用于购买房屋、投资金融理财产品以及存入银行资金账户。

上述事实，有公诉机关当庭出示并经庭审质证的下列证据证实，本院予以确认。

1.被告人付乙供述证实，晏某先后交给她大量现金，没有告诉她钱的来源。但她认为，这些钱应该是晏某受贿所得。她先后将这些现金以自己或雷某等人的名义在重庆购买7处房产、存入银行、购买理财产品、借给他人，另外还在空房内存放了大量现金。

2. 被告人晏某供述证实，他将收受的大部分现金交给其妻付乙，从2005年开始，他把在巫山收受的巨额现金用纸箱装好送到重庆交给其妻付乙，再放到御景江山、鲁能星城等处房产内，记得共送了8～12箱。

3. 证人杨某证言证实，2008年1月14日，他在融桥半岛B2区20栋2单元501号空房内发现矿泉水纸箱内装有大量现金。报案后经公安机关清点，纸箱内装有人民币共计939万元以及保险单据、房产证等资料。

4. 证人曹乙证言证实，2006年至2007年，他曾为晏某把多个用矿泉水纸箱装好的物品送到晏某、付乙在重庆的住所。晏某还经常自己开单位的丰田车。

5. 证人雷某证言证实，她曾将身份证借给付乙，然后付乙以她的名义，在鲁能星城购买房屋以及在交通银行购买大约30万元的理财产品。另外，她还找付乙借款5万元。

6. 证人傅丙证言证实，她们弟妹几人均未做生意，付丁不可能在其他地方购置房产。

7. 证人付丁证言证实，他没有在重庆融桥半岛小区、沙坪坝华宇广场、鲁能星城购买房产。他的身份证被付乙借用未归还。

8. 证人冯某证言证实，她曾将身份证交给付乙，但没有在重庆龙湖蓝湖香颂买过房子，也不知道付乙用她的身份证在重庆购房。

9. 证人张丙证言证实，2006年8月她找付乙借款50万元。

10. 商品房买卖合同、不动产销售专用发票、契税完税证、房产证等证据证实，2004年2月至2008年1月，付乙先后以付丁、雷某、冯某之名在重庆南岸区风临路、沙坪坝区华宇广场、龙湖蓝湖香颂、鲁能星城购买房屋共6套，共计购房款6889913元，以付乙本人名义在重庆鲁能星城购买房屋一套，购房款565159元。

11. 交易委托书、交通银行重庆分行私人业务受理书、泰康人寿保险合同、保险单、人身保险专用发票、移送物品清单、交通银行开放式基金金额类业务申请表、交通银行代销产品认购受理回单等书证证实，2007年6月15日，付乙以雷某的名义在交通银行重庆分行购买30万元得利宝人民币理财产品。2007年6月27日，付乙购买泰康人寿千里马两全保险（分红型）B款，保费49万元。2007年8月1日，付乙在交通银行购买交通银行施罗德蓝筹股票基金6万元。

12. 查询存款通知书、重庆市商业银行综合业务系统活期明细查询、个人客户在工商银行开户信息等证据证实，被告人付乙在工商银行重庆分行存款717742元人民币，在重庆市商业银行存款418242元人民币。

13. 搜查证、搜查笔录、扣押物品清单、移送物品清单、银行存单、提取笔录、现场指认笔录、存款冻结通知书等，证实侦查机关从被告人晏某、付乙的房屋中搜出人民币共计1192万余元、美元31500元。晏某的银行存款有77万余元。

14. 部分赃款及其包装物的照片、现金封签、封条、装行贿款的旅行包等证据经被告人辨认无异议。

15. 借条、提取笔录、收据、存取款回单等证实，被告人晏某、付乙借给他人共计人民币 81 万元。其中，张丙和雷某的借款已被侦查机关扣押。

此外，关于被告人晏某的任职情况以及被告人晏某、付乙的身份及归案情况，公诉机关当庭出示了下列证据，并经过庭审质证，本院予以确认：

1. 被告人晏某的公务员登记表、巫山县人民政府巫山府人(2001)10 号文件、中共巫山县委、巫山县人民政府委发(2000)32 号文件、巫山县人民政府办公室巫山府办发(2001)104 号文件、巫山县交通局《关于局领导班子成员分工的通知》证实，巫山县交通局的职责和晏某任巫山县交通局局长，主持全面工作，2000 年 8 月任巫山县长江公路大桥建设领导小组成员兼建设办公室主任，系国家工作人员。

2. 巫山县人民政府巫山府(2007)35 号文件、巫山府发(2007)76 号文件、《巫山县交通开发有限公司基本情况说明》证实，巫山县交通开发总公司作为巫山县内交通基础设施建设业主，负责对全县交通建设工程的开发、建设、管理、融资和承担项目业主责任。交通管理部门对该公司的日常工作实行归口管理。

3. 巫山县人民政府巫山府发(2005)48 号文件、《关于巫山县重点交通建设办公室的情况说明》证实，巫山县重点交通建设办公室负责统筹协调实施巫山县除高速公路、两巫路、巫建路外的其他干线公路建设，隶属于巫山县交通局。

4. 被告人晏某供述证实，在长江大桥建设和公路工程建设项目中，由他根据项目性质、资金来源不同等情况决定由交通开发公司、大桥办或重点办作业主单位，并安排副局长徐甲或李丙具体负责，交通局抽调人员组成项目部，从工程招标、签订合同、工程管理、资金拨付、工程验收到最后的决算，都由项目部以业主的名义进行管理。相关建设资金的拨付，必须经他签字才能从交通局拨到业主单位。公路工程项目的招标代理机构、工程监理机构由他决定。工程建设过程中，标段的划分、部分施工单位的确定、重大工程变更，由他出面协调。

5. 证人徐甲、李丙、汪甲、傅丙、方某、张丁证言证实，巫山交通局组织实施的交通建设项目，一般是由晏某确定业主单位，明确分管领导，指定具体经办人员。晏某在工程资金拨付方面有决定权。汪甲还证实巫山县长江大桥建设办公室的主要职责是负责巫山长江大桥主体工程、引道工程、边坡治理、边坡绿化、灯饰工程等工程的招投标、建设施工的管理、监督、工程款的拨付、结算等。

6. 证人张丙证言证实，2006 年 10 月以后交通局的建设工程项目纳入县招投标办公室的监管。但招投标过程是由招标人或代理公司组织，县招投标办公室只是程序上的监督。

7. 拨(借)款使用明细表及相关的借条、收据、领条、记账凭证,证实被告人晏某任巫山县交通局局长期间向巫山县重点交通建设办公室和巫山县交通开发公司拨付工程款的情况。收到上述款项后,巫山县交通开发公司、巫山县重点交通建设办公室又分别拨付给巫山长江大桥工程及巫山境内的多个公路工程的施工、监理单位。

8. 中共重庆市纪委《关于原巫山县交通局长晏某在市纪委对其调查期间交代问题的情况说明》证实,2008 年 1 月 14 日,重庆市公安局南岸区分局通报在融桥半岛风临洲 B2 区 20 栋 5 – 1 号空置房内发现巨额现金。经查该房房主是晏某妻弟付丁。市纪委于 1 月 16 日将晏某控制到位。此时,调查组已掌握其有巨额现金及在重庆主城区购有 7 处房产的情况。调查中,晏某先后交代了收受周甲等个体建筑商或施工企业共计人民币 2200 余万元的事实。

9. 国家外汇管理局重庆外汇管理部证明,证实 2004 年 12 月至 2005 年 3 月,1 美元约兑换人民币 8.2765 元。

10. 重庆市公安局南岸区分局关于抓获经过的情况说明,证实被告人付乙于 2008 年 1 月 16 日被抓获归案。

11. 受案登记表、被告人晏某、付乙常住人口登记表、拘留、逮捕法律文书,证实被告人晏某、付乙的身份和被采取强制措施的情况。

本院认为,被告人晏某身为国家工作人员,利用职务之便,为他人谋取利益,非法收受他人财物共计折合人民币 2226 万元。其行为已构成受贿罪,且数额特别巨大,情节特别严重。被告人付乙明知被告人晏某交给的巨额人民币系晏某受贿所得,为掩饰、隐瞒其来源和性质,将其中的 943 万余元用于购置房产、购买银行基金、保险、存入银行资金账户等,其行为已构成洗钱罪。公诉机关指控被告人晏某犯受贿罪、被告人付乙犯洗钱罪的事实和罪名成立。

关于被告人晏某的辩护人提出晏某具有自首情节的辩护意见,本院认为,被告人晏某是在被有关部门已经掌握涉嫌犯罪的部分线索、并在受到审查之后才如实供述了受贿事实,其行为不符合自首的法定构成要件。辩护人的该辩护意见不能成立,本院不予采纳。

关于被告人晏某及其辩护人提出晏某能认罪悔罪、积极退缴全部赃款、请求从轻处罚的辩解和辩护意见。本院认为,被告人晏某身为一名国家级贫困县以及三峡库区移民县的交通局局长,利用职务之便,为他人谋取利益并长期收受他人巨额贿赂,严重损害了国家工作人员职务行为的廉洁性,社会影响极其恶劣,罪行极其严重。虽然在归案后能如实供述受贿犯罪事实以及被追缴全部赃款,但根据本案具体情况不足以对其从轻处罚。被告人晏某及其辩护人的该辩解和辩护意见不能成立,本院不予采纳。

关于被告人付乙及其辩护人提出付乙认罪悔罪、主观恶性小、积极配合有关部门追缴全部赃款、请求从轻处罚并适用缓刑的辩解和辩护意见。本院认为,被告人付乙与被告人晏某系夫妻关系,其为丈夫掩饰、隐瞒受贿款的来源和性质而所犯洗钱罪的主观恶性及社会危害程度相对较小,犯罪后能认罪、悔罪并积极配合有关部门追缴全部赃款。根据其犯罪情节和悔罪表现对其适用缓刑确实不致再危害社会,依法可以适用缓刑。被告人付乙及其辩护人提出从轻处罚并适用缓刑的辩解和辩护意见成立,本院予以采纳。

综上,本院依照《中华人民共和国刑法》第三百八十五条第一款、第三百八十六条、第三百八十三条第一款(一)项、第一百九十一条(五)项、第四十八条、第五十七条第一款、第五十九条、第七十二条、第七十三条第二、三款、第六十四条之规定,判决如下:

一、被告人晏某犯受贿罪,判处死刑,剥夺政治权利终身,并处没收个人全部财产。

二、被告人付乙犯洗钱罪,判处有期徒刑三年,缓刑五年,并处罚金人民币五十万元。

(缓刑考验期自判决确定之日起计算。罚金自判决生效后一个月内缴纳)。

三、被告人晏某受贿所得赃款予以追缴上缴国库。

如不服本判决,可在接到判决书的第二日起十日内,通过本院或者直接向重庆市高级人民法院提出上诉,书面上诉的,应提交上诉状正本一份,副本二份。

审　判　长　王　某
审　判　员　谭　某
代理审判员　刘　某
二〇〇八年八月一日
书　记　员　唐　某

五、辩点分析

对于洗钱罪,通常有如下几个方面的辩点:上游犯罪的认定;"洗钱"故意的认定,"洗钱"行为的认定,"情节严重"的认定,单位犯罪与个人犯罪,既遂和未遂,共同犯罪,罪数的认定,如实供述、退赃退赔、自首立功。

(一)上游犯罪的认定

《刑法》第 191 条规定,明知是上游犯罪所得及其产生的收益,为掩饰、隐瞒其来源和性质,实施"洗钱"行为的,方为洗钱罪。因此可以说,洗钱犯罪是一种依附于“上游犯罪”的下游犯罪，准确地界定“上游犯罪”的范围是准确地认定洗钱犯罪的前提条件之一。

1997年《刑法》原条文中，只有“毒品犯罪、黑社会性质的组织犯罪、走私犯罪的违法所得及其产生的收益”才构成洗钱的对象。2001年《刑法修正案（三）》增加了“恐怖活动犯罪所得及其产生的收益”；2006年《刑法修正案（六）》进一步将洗钱的对象扩大到“贪污贿赂犯罪、破坏金融管理秩序犯罪、金融诈骗犯罪的所得及其产生的收益”。

对于上游犯罪，立法本意是毒品犯罪、黑社会性质的组织犯罪、走私犯罪、恐怖活动犯罪、贪污贿赂犯罪、破坏金融管理秩序犯罪、金融诈骗犯罪等类犯罪，而不是个体罪名的犯罪。这些类犯罪都有一个范围，通常包括两个以上具体的罪名。比如，毒品犯罪包括11个具体的罪名；走私犯罪包括10个具体的罪名；恐怖活动不仅包括带有“恐怖”字样的7个具体罪名，还包括恐怖组织具体实施的罪名，如爆炸罪、劫持航空器罪等；黑社会性质的组织犯罪不仅包括带有“黑社会”字样的3个具体罪名，还包括黑社会性质组织实施的具体罪名，如抢劫罪、绑架罪、强迫交易罪、聚众斗殴罪等。对于这些类别的犯罪中的个别罪名，只要产生了犯罪所得及其产生的收益，就可以作为洗钱罪的上游犯罪。反之，如果不能产生犯罪所得及其收益，就不能成为洗钱罪的上游犯罪。比如，聚众斗殴罪、强迫他人吸毒罪等具体罪名，不能产生犯罪所得及其收益，不能成为洗钱罪的上游犯罪。

（二）“洗钱”故意的认定

本罪在主观方面的表现为故意，即行为人明知是《刑法》第191条规定的7类犯罪所得及其产生的收益，为掩饰、隐瞒其来源和性质，为利益而故意为之，并希望这种结果发生。即本罪不仅要求行为人要“明知”是七类犯罪的非法所得，而且还要求要有为掩饰、隐瞒其来源和性质的“目的”，即本罪在主观上具有“明知”和“目的”这两个要件。

根据最高人民法院2009年11月4日《关于洗钱等刑事案件具体应用法律若干问题的解释》的规定，犯罪故意中“明知”的判断，应当结合被告人的认知能力，接触他人犯罪所得及其收益的情况，犯罪所得及其收益的种类、数额，犯罪所得及其收益的转换、转移方式以及被告人的供述等主、客观因素综合进行认定。具有下列情形之一的，可以认定被告人明知系犯罪所得及其收益，但有证据证明确实不知道的除外：（1）知道他人从事犯罪活动，协助转换或者转移财物的；（2）没有正当理由，通过非法途径协助转换或者转移财物的；（3）没有正当理由，以明显低于市场的价格收购财物的；（4）没有正当理由，协助转换或者转移财物，收取明显高于市场的"手续费"的;(5)没有正当理由,协助他人将巨额现金散存于多个银行账户或者在不同银行账户之间频繁划转的;(6)协助近亲属或者其他关系密切的人转换或者转移与其职业或者财产状况明显不符的财物的;(7)其他可以认定行为人明知的情形。需要注意的是,被告人将洗钱罪的某一上游犯罪的犯罪所得及其收益误认为本罪其他上游犯罪范围内的其他犯罪所得及其收益的,属于具体的事实认识错误中的对象错误,不影响洗钱罪"明知"的认定。

被控本罪的嫌疑人或被告人,究竟有没有"洗钱"的故意,符不符合主观上"明知"和"目的"两个要件,这是辩护人辩护时的一个重大的辩点。根据控方举证的原则,如果公诉机关没有确实充分的证据证明嫌疑人或被告人在主观上明知是上游犯罪所得及其产生的收益,为掩饰、隐瞒其来源和性质而实施"洗钱"行为的,则辩护人可以为嫌疑人或被告人作无罪辩护。

(三)"洗钱"行为的认定

根据《刑法》第191条的规定,明知是毒品犯罪、黑社会性质的组织犯罪、恐怖活动犯罪、走私犯罪、贪污贿赂犯罪、破坏金融管理秩序犯罪、金融诈骗犯罪的所得及其产生的收益,为掩饰、隐瞒其来源和性质,实施以下5种行为可以认定为"洗钱"行为。

1. 提供资金账户的

这是赃款在金融领域内流转的第一个环节。行为人将"上游犯罪"分子所得及其收益存入自己在金融机构拥有的账户,或者将自己的账户提供给"上游犯罪"分子使用,或者为"上游犯罪"分子开立新的账户,让其将账款存入金融机构。该账户往往掩盖了账款持有人的真实身份,使账款和账款持有人在形式上分离,使司法机关难以追查账款的去向。

2. 协助将财产转换为现金或者金融票据的

上述7类"上游"犯罪,除可以获得现金、收益外,还可以得到大量不便于携带、难以转移的财产,比如动产、不动产。行为人明知这些财产系上述7类"上游"犯罪所得,仍然与财产持有人进行的交易,将该财产换为现金或金融票据的。

3. 通过转账或者其他结算方式协助资金转移的

将上述7类"上游"犯罪所得资金混杂于合法的现金中,凭借银行支票或其他方法使这笔资金以合法的形式出现,以便用来开办公司、企业,从而使非法资金具有流动性,并获得利润。

4. 协助将资金汇往境外的

在我国,资金的境内、外流动是在国家的监控之下,一些特殊的享有将资金调往境外的公司、企业或个人,在明知的情况下,将账款转移至境外的一些保密银行，使得这些资金以合法受保护的形式出现。

5. 以其他方法掩饰、隐瞒犯罪的违法所得及其收益的性质和来源的

关于什么是“其他方法”，《刑法》第 191 条没有明确的规定。为了弥补这一空白，最高人民法院《关于洗钱等刑事案件具体应用法律若干问题的解释》对此作出了规定，即有下列情形之一的，属于“以其他方法掩饰、隐瞒犯罪所得及其收益的来源和性质”：(1)通过典当、租赁、买卖、投资等方式，协助转移、转换犯罪所得及其收益的；(2)通过与商场、饭店、娱乐场所等现金密集型场所的经营收入相混合的方式，协助转移、转换犯罪所得及其收益的；(3)通过虚构交易、虚设债权债务、虚假担保、虚报收入等方式，协助将犯罪所得及其收益转换为“合法”财物的；(4)通过买卖彩票、奖券等方式，协助转换犯罪所得及其收益的；(5)通过赌博方式，协助将犯罪所得及其收益转换为赌博收益的；(6)协助将犯罪所得及其收益携带、运输或者邮寄出入境的；(7)通过前述规定以外的方式协助转移、转换犯罪所得及其收益的。

只有行为人的行为属于《刑法》上的“洗钱”行为，他(她)才构成洗钱罪。辩护人准确地界定行为人的行为在法律上究竟是否属于“洗钱”行为，是从事辩护工作的前提条件和基础。

(四)“情节严重”的认定

无论是《刑法》条文，还是相关司法解释，都没有对本罪中的“情节严重”作出明确的规定或说明，只能由人民法院在公平公正的基础上自由裁量。但在通常情况下，可以根据与其他罪名相比较的原则确定“情节严重”的具体情形。比如，非法吸收公众存款罪与洗钱罪都属于破坏社会主义市场经济秩序罪里面的破坏金融管理秩序罪的具体罪名，对社会危害的程度也相当，又都具有单位犯罪和个人犯罪两种形式。因此，可以比照非法吸收公众存款罪来确定洗钱罪“情节严重”的具体情形。根据司法解释，单位非法吸收公众存款数额在 500 万元以上，为数额巨大或有其他严重情节；个人非法吸收公众存款数额在 100 万元，为数额巨大或有其他严重情节。按照这一标准，单位犯洗钱罪的数额在 500 万元以上的，个人犯洗钱罪的数额在 100 万元以上的，可以认定为“情节严重”。

另外，洗钱行为造成严重后果的，洗钱行为导致贪污犯罪、黑社会性质组织的犯罪、毒品犯罪、走私犯罪、恐怖活动犯罪、破坏金融管理秩序犯罪、金融诈骗犯罪 7 类“上游”犯罪愈演愈烈的，酿成新的严重犯罪的，影响对重大的犯罪及时侦破的，也可以认定为“情节严重”。

（五）单位犯罪和个人犯罪

按照《刑法》第191条和《刑法修正案（三）》、《刑法修正案（六）》的规定，洗钱罪存在着单位犯罪和个人犯罪两种形式。

按照最高人民法院关于单位犯罪的司法解释和刑法理论通说，区分单位犯罪和个人犯罪的关键在于洗钱行为体现的是单位的意志，还是个人的意志，以及利益是归属于单位还是归属于个人。如果是由单位集体研究决定或经由单位主要负责人决定，洗钱所产生的利益归属于单位的（不一定要以单位名义实施），以单位犯罪论处；如果是由个人意志决定，洗钱利益归属于个人，则属于个人犯罪。

对于实际上的一人公司，如果公司财物与股东财物独立，彼此间并无资金往来，或虽有往来，但财务记账规范，洗钱行为构成犯罪的，应视为单位犯罪。但对于那些个人资产与公司资产混同，财务制度不规范，即使洗钱行为以单位名义实施，也一般视为自然人犯罪。

对于以单位名义实施的洗钱刑事案件，只追究"直接负责的主管人员"和"其他直接责任人员"的刑事责任。对于策划、组织、指挥、洗钱行为的负责人员，一般应认定为"直接负责的主管人员"，对洗钱罪承担主要的罪责；对于明知单位在洗钱的，在主管人员安排下，积极参与洗钱行为的，一般认定为"其他直接责任人员"，依法追究刑事责任；对于没有参与预谋，只是受主管人员指派，参与实施某些与自身工作岗位相关的具体行为的，一般不认定为"其他直接责任人员"。

由于单位犯罪体现的是单位的意志，利益也归属于单位，故行为人的主观恶性低于个人犯罪。因此，在司法实践中，在同等条件下，对单位犯罪中的"直接负责的主管人员"和"其他直接责任人员"的量刑要低于个人犯罪。辩护人在为被控洗钱罪的嫌疑人或被告人辩护时，如果能够运用专业的技能和扎实的法理功底，说服法官将嫌疑人或被告人认定为单位犯罪的话，将会取得良好的效果。如果更进一步，能够说服法官将自己的当事人认定为"没有参与预谋，只是受主管人员指派，参与实施某些与自身工作岗位相关的具体行为"的，则将取得无罪辩护的更好效果。

（六）既遂和未遂

洗钱罪是行为犯，行为人只要实施了《刑法》第191条规定的构成要件的行为，即构成洗钱罪的既遂。当然，任何洗钱行为都有一个过程。只有将洗钱行为实施完毕，才能构成洗钱罪的既遂。至于是否真正地完全地清洗了"黑钱"、"赃钱"，则在所不问。比如，银行工作人员发现了存款中的漏洞或疑点，进而阻止洗钱，导致未能完成洗钱行为的；协助将资金运往境外，但在运送途中被海关人员及时截获未能出境等，这些都是属于洗钱罪的未遂；反之，则为既遂。

对于未遂的洗钱行为，辩护人要能及时地识别，并提出比照既遂犯从轻、减轻处罚的辩护意见。

（七）共同犯罪

与其他的罪名一样，本罪也存在共同犯罪，无论是本罪的单位犯罪还是个人犯罪都是如此。按照《刑法》总则的规定，具有共同的犯罪故意和共同的犯罪行为，构成共同犯罪。

具体到本罪的单位犯罪中，对于策划、组织、指挥洗钱行为的负责人员，一般应认定为共同犯罪中的主犯，承担主要的罪责；对于明知单位具有洗钱的目的，在主管人员授意下，积极参与洗钱行为的，一般认定为从犯，比照主犯从轻处罚或者减轻处罚；其他没有参与预谋，只是受主管人员指派，参与实施某些与自身工作岗位相关的具体行为的工作人员，不应承担刑事责任。本罪中的单位犯罪，只有被人民法院认定的“直接负责的主管人员”和“其他直接责任人员”才需承担刑事责任。

具体到本罪的个人犯罪中，应该根据各个共同实施洗钱的行为人在共同行为中的地位和作用、行为人职务的高低、对洗钱行为积极的程度、是否从洗钱行为中得到好处、好处的多少等，区分主犯、从犯或胁从犯等。如果两个或者两个主要的人员在共同犯罪中地位或者作用相当，可以都认定为主犯，但也应该略微拉开一下量刑的档次；对于从犯，应当比照主犯从轻或减轻处罚；对于胁从犯，由于其主观恶性较小，应该比照主犯减轻或者免除处罚。

行为人帮助他人洗钱，从中收取代理费、好处费、佣金或提成等，构成共同犯罪，根据其具体情节追究刑事责任。

对于被控洗钱罪的嫌疑人或被告人，如果根据事实和证据，他（她）只应该属于从犯、胁从犯或作用次一点的主犯。辩护人应抓住这一罪轻因素，为当事人提供罪轻辩护。

（八）罪数的认定

行为人如果事先参与了毒品犯罪、黑社会性质的组织犯罪、恐怖活动犯罪、走私犯罪、贪污贿赂犯罪、破坏金融管理秩序犯罪、金融诈骗犯罪 7 类犯罪，事后又利用自己在金融机构或者其他单位工作的便利进行洗钱的，应当只追究行为人毒品犯罪、黑社会性质的组织犯罪、恐怖活动犯罪、走私犯罪、贪污贿赂犯罪、破坏金融管理秩序犯罪、金融诈骗犯罪7类“上游”犯罪的刑事责任，不能数罪并罚。因为该洗钱行为是上述7类“上游”犯罪的延续行为，为前罪所吸收，不应对其洗钱行为再单独定罪。

对于明知是洗钱罪7种“上游”犯罪的犯罪所得及其产生的收益而予以掩饰、隐瞒，构成洗钱罪，同时又构成掩饰、隐瞒犯罪所得、犯罪所得收益罪或者包庇毒品犯罪分子罪，窝藏、转移、隐瞒毒品、毒脏罪的，按照想象竞合犯的原则，依照处罚较重的规定定罪处罚。

洗钱行为人的具体洗钱行为必须得到7类“上游”犯罪分子的配合，即洗钱行为人与7类“上游”犯罪分子在洗钱活动中具有共同的故意、共同的行为。但是如前所述，只对行为人以洗钱罪追究其刑事责任；对被“洗”之钱的持有人，即7类“上游”犯罪的犯罪分子，不以洗钱罪追究刑事责任。

（九）如实供述、退赃退赔、自首立功

根据最高人民法院的量刑指导意见和各省高级人民法院的实施细则，如实供述、真诚悔罪、积极退赃退赔，一直都是作为一个重要的酌定从轻情节而存在的。被控洗钱罪的嫌疑人或被告人如在案件中具备这些酌定从轻情节，毫无疑问将是一个有利的辩点，嫌疑人及其辩护人应善于发现、挖掘或者创造这一酌定从轻情节。在通常情况下，洗钱行为人所“洗”之钱数额太大，也不受洗钱行为人的控制，无法全部退赃或退赔，但其洗钱所获得的报酬或收益是可以退赃的。如能如此，可以作为一个重要的酌定情节存在。

自首和立功在《刑法》总则里一直都是作为法定从轻情节存在的，对于所有的罪名都是同等适用的，洗钱罪也不例外。由于本书在前面的几个章节里，都详细地谈到自首和立功的辩点内容，这里就不再赘述。

第七章

忽视土地使用的合法性而带来的刑事法律风险

导　　言

房地产企业对于土地的需求是十分饥渴的,因为没有土地就无从进行房地产开发。可以说,获取土地是房地产企业的生命线。但是,我国的土地制度实行的是国家所有(城市土地)和集体所有(农村土地和城市郊区土地)。任何单位或个人(主要是单位)从事建设,只能获得土地使用权,不能获得土地所有权,且获得土地使用权只能按照法定程序进行。使用农用地的,要经过农用地转用审批、土地征收审批、建设用地招拍挂等法定程序。对于违反这些法定程序和法定条件的,可能会产生土地使用方面的刑事法律风险。

第一节　非法转让、倒卖土地使用权罪的风险识别与辩点分析

一、非法转让、倒卖土地使用权罪的构成要件

(一)概念

非法转让、倒卖土地使用权罪是指以牟利为目的,违反土地管理法规,非法转让、倒卖土地使用权,情节严重的行为。

(二)构成要件

1. 犯罪主体为一般主体。凡达到刑事责任年龄,具备刑事责任能力的自然人均可成为非法转让、倒卖土地使用权罪主体,单位亦能构成本罪。单位犯非法转让、倒卖土地使用权罪的,对单位判处罚金,对其直接负责的主管人员和其他直接责任人员依本条追究刑事责任。

2. 主观方面表现为故意,并且以牟利为目的。不以牟利为目的,不构成非法转让、倒卖土地使用权罪。牟利不仅是指行为人牟取财产性利益,也指行为人谋取非财产性利益,如干部提拔、子女上学、就业。

3. 客体是国家的土地管理制度。1988 年 4 月 12 日七届全国人大一次会议通过了《宪法修正案》,其中规定:“任何组织或者个人不得侵占、买卖或者以其他形式非法转让土地。土地的使用权可以依照法律的规定转让。”对于非法转让、倒卖土地使用权的,是对国家土地管理制度的严重侵犯。

4. 客观方面表现为违反土地管理法规,非法转让、倒卖土地使用权,情节严重的行为。第一,必须是违反土地管理法规的行为。土地管理法规,是指以《土地管理法》为代表的一系列土地管理法规,如《土地管理法》《森林法》《草原法》《城镇国家土地使用权出让和转让暂行条例》《土地管理法实施条例》。第二,必须是非法转让、倒卖土地使用权的行为。非法转让土地使用权是指未经国家主管部门批准,私自将土地使用权转让给他人使用的行为;所谓倒卖土地使用权,是指将自己使用的土地或低价征用的土地转手卖给他人进行牟利的行为。第三,必须达到情节严重,才能构成非法转让、倒卖土地使用权罪。

二、非法转让、倒卖土地使用权罪的量刑规定

根据《刑法》第 228 条的规定,以牟利为目的,违反土地管理法规,非法转让、倒卖土地使用权,情节严重的,处 3 年以下有期徒刑或者拘役,并处或者单处非法转让、倒卖土地使用权价额 5% 以上 20% 以下罚金;情节特别严重的,处 3 年以上 7 年以下有期徒刑,并处非法转让、倒卖土地使用权价额 5% 以上 20% 以下罚金。

《刑法》第 231 条规定,单位犯本罪的,对单位判处罚金,并对其直接负责的主管人员和其他直接责任人员,依照《刑法》第 228 条的规定处罚。

本罪有两个量刑幅度,分别为“情节严重”和“情节特别严重”。对于“情节严重”的,量刑幅度为 3 年以下有期徒刑或者拘役;对于“情节特别严重”的,量刑幅度为 3 年以上 7 年以下有期徒刑。

根据最高人民法院《关于审理破坏土地资源刑事案件具体应用法律若干问

题的解释》第1条的规定,所谓情节严重,主要是指非法转让、倒卖基本农田五亩以上的;非法转让、倒卖基本农田以外的耕地十亩以上的;非法转让、倒卖其他土地二十亩以上的;非法获利五十万元以上的;非法转让、倒卖土地接近上述数量标准并具有其他恶劣情节的,如曾因非法转让、倒卖土地使用权受过行政处罚或者造成严重后果等。根据上述司法解释第2条的规定,所谓"情节特别严重",是指下列情形:非法转让、倒卖基本农田10亩以上的;非法转让、倒卖基本农田以外的耕地20亩以上的;非法转让、倒卖其他土地40亩以上的;非法获利100万元以上的;非法转让、倒卖土地接近上述数量标准并具有其他恶劣情节,如造成严重后果等。

三、非法转让、倒卖土地使用权罪的认定标准

(一)罪与非罪的界限

非法转让、倒卖土地使用权的行为如果不是情节严重的,则属于一般违法行为,应当由土地行政主管部门给予行政处罚。而是不是情节严重,主要是根据最高人民法院《土地资源刑事案件司法解释》中的规定来进行界定。

(二)本罪与徇私舞弊低价折股、出售国有资产罪的界限

本罪是违反土地管理法律法规,非法转让、倒卖土地使用权的行为,而徇私舞弊低价折股、出售国有资产罪则是以土地入股,压低土地价格损害国家利益的行为。前者是妨害市场秩序的行为,后者侵害的是公司、企业的管理秩序;二者具有明显的区别。

四、典型案例

谢某甲犯非法转让、倒卖土地使用权①

[案号]福建省长乐市人民法院刑事判决书(2015)长刑初字第602号

公诉机关:长乐市人民检察院。

被告人:谢某甲,男,1980年12月24日出生于福建省长乐市,汉族,文化程度小学,无业,户籍所在地福建省宁德市,住长乐市。因本案于2015年1月21日被长乐市公安局刑事拘留,同年2月17日经长乐市人民检察院批准逮捕,同日由长乐市公安局执行逮捕。现羁押于长乐市看守所。

① 案例来源:中国裁判文书网。

辩护人:郑某,福建闽航律师事务所律师。

长乐市人民检察院以长检公诉刑诉(2015)578号起诉书指控被告人谢某甲犯非法倒卖土地使用权罪,于2015年9月29日向本院提起公诉。本院依法组成合议庭,公开开庭审理了本案。长乐市人民检察院指派检察员陈某出庭支持公诉,被告人谢某甲及其辩护人郑某到庭参加诉讼。现已审理终结。

长乐市人民检察院指控:

2014年11月,福州某机电有限公司法定代表人冯某,因公司扩展厂房需要,找长乐市某村支部书记兼村长谢某亥(另案处理)帮忙购买位于某社区下东洋、溪洞的一块土地用于建厂房。被告人谢某甲和谢某亥经共谋,决定向村民购买土地后再转让给冯某从中利用倒卖土地产生的差价非法牟利,并通过上门协商等方式分别和谢某辛等18户村民签订《征地协议书》(其中一户没有签订征地协议书),以6.5万元至16.5万元人民币等不同的单价向谢某辛等18户村民购买了14.64亩土地,总计支付价款计162.25万元人民币(其中包含部分村民要求的赔青款等费用)。后被告人谢某甲和谢某亥把上述从村民手中购入的14.64亩土地,通过虚构收购土地单价及向村民购买款金额、伪造《征地协议书》的方式,以整15亩每亩14万元人民币的价格转卖给冯某,从而收取购地款金额210万元人民币。被告人谢某甲和谢某亥二人通过该倒卖土地行为共非法得利47.75万元人民币。其中被告人谢某甲分得18万元人民币,其余获利款由谢某亥掌控。经长乐市国土资源局认定,涉案土地面积14.64亩均为非基本农田的农用地,其中耕地面积13.42亩。

针对指控的上述事实,公诉机关提供了被告人谢某甲的供述,同案人谢某亥的供述,证人冯某、谢某乙、谢某丙、谢某丁、谢某戊、谢某己、谢某庚、谢某辛、谢某壬、谢某癸、谢某子、郑某、谢某丑、谢某寅、吴某、谢某卯、缪某、谢某辰、谢某巳、谢某午、谢某未、谢某申、谢某酉、杨某、谢某戌的证言,辨认笔录,借条,银行明细单,承包责任田示意图,收款单,承包土地地块登记表,长乐市国土资源局《关于对玉田镇西社村涉嫌非法买卖土地的行为进行调查认定的报告》,征地协议书及一览表,村民大会表决书,会议记录,测绘报告及现场测绘照片,违法犯罪经历查询记录,行政扣留财物收据,抓获经过及户籍证明等证据材料。公诉机关认为,被告人谢某甲伙同他人,以牟利为目的,违反土地管理法规,非法倒卖土地使用权,倒卖基本农田以外耕地10亩以上,情节严重,其行为已触犯了《中华人民共和国刑法》第二百二十八条之规定,犯罪事实清楚,证据确实充分,应以非法倒卖土地使用权罪追究其刑事责任。提请本院依法判处。

被告人谢某甲对起诉指控的犯罪事实及罪名均没有异议。其辩护人郑某的辩护意见是:1.本案中出卖土地的多为被告人谢某甲的亲戚,被告人谢某甲在本案中犯罪情节较轻;2.被告人谢某甲归案后主动退还部分非法所得,可酌定从轻处罚;3.被告人谢某甲系初犯、偶犯,认罪态度好,具有一定的悔罪表现。

经审理查明:

2014年11月,福州某机电有限公司法定代表人冯某,因公司扩展厂房需要,找长乐市玉田镇西社村支部书记兼村长谢某亥(另案处理)帮忙购买位于西社区下东洋、溪洞的一块土地用于建厂房。被告人谢某甲和谢某亥经商量决定向村民购买土地后再转让给冯某从中利用倒卖土地产生的差价非法牟利,并通过上门协商等方式分别和谢某辛等18户村民签订《征地协议书》(其中1户没有签订征地协议书),以6.5万元至16.5万元人民币等不同的单价向谢某辛等18户村民购买了14.64亩土地,总计支付价款计162.25万元人民币(其中包含部分村民要求的赔青款等费用)。后被告人谢某甲和谢某亥把上述从村民手中购入的14.64亩土地,通过虚构收购土地单价及向村民购买款金额、伪造《征地协议书》的方式,以整15亩每亩14万元人民币的价格转卖给冯某,从而收取购地款210万元人民币。被告人谢某甲和谢某亥二人通过该倒卖土地行为共非法获利47.75万元人民币,其中被告人谢某甲分得18万元人民币。经长乐市国土资源局认定,涉案土地面积14.64亩均为非基本农田的农用地,其中耕地面积13.42亩。

上述事实,被告人谢某甲在开庭审理过程中均无异议,并有公诉机关提供经庭审查证属实的同案人谢某亥的供述,证人冯某、谢某乙、谢某丙、谢某丁、谢某戊、谢某己、谢某庚、谢某辛、谢某壬、谢某癸、谢某子、郑某、谢某丑、谢某寅、吴某、谢某卯、缪某、谢某辰、谢某巳、谢某午、谢某未、谢某申、谢某酉、杨某、谢某戌的证言,辨认笔录,借条,银行明细单,承包责任田示意图,收款单,承包土地地块登记表,长乐市国土资源局《关于对玉田镇某村涉嫌非法买卖土地的行为进行调查认定的报告》,征地协议书及一览表,村民大会表决书,会议记录,测绘报告及现场测绘照片,违法犯罪经历查询记录,行政扣留财物收据,抓获经过及户籍证明等证据证实。被告人谢某甲在侦讯阶段亦供认不讳,足以认定。

本院认为,被告人谢某甲伙同他人以牟利为目的,违反土地管理法规,非法倒卖土地使用权,涉案非基本农田的农用地14.64亩,其中耕地面积13.42亩,情节严重,其行为已构成非法倒卖土地使用权罪。长乐市人民检察院指控的罪名成立,应依法追究被告人谢某甲的刑事责任。被告人谢某甲归案后如实供述自己的犯罪事实,且案发后被告人谢某甲已退出犯罪所得5万元,审理期间又退出犯罪所得人民币13万元,依法可从轻处罚。辩护人郑某的相关辩护意见予以采纳。根据被告人谢某甲的犯罪事实、性质、情节及社会危害程度,依照《中华人民共和国刑法》第二百二十八条、第六十七条第三款、第六十四条及《关于审理破坏上地资源刑事案件具体应用法律若干问题的解释》第一条之规定,判决如下:

一、被告人谢某甲犯非法倒卖土地使用权罪,判处有期徒刑一年,并处罚金人民币十五万元。

(刑期从判决执行之日起计算。判决执行以前先行羁押的,羁押一日折抵刑期一日,即自二〇一五年一月二十一日起至二〇一六年一月二十日止。罚金应在判决生效之日起一个月内缴纳。)

二、被告人谢某甲退出的犯罪所得人民币十八万元予以没收,上缴国库。

如不服本判决,可在接到判决书的第二日起十日内,通过本院或直接向福州市中级人民法院提出上诉。书面上诉的,应当提交上诉状正本一份,副本三份。

审　判　长　陈　某

人民陪审员　陈某英

人民陪审员　陈某飞

二〇一五年十一月二十三日

书　记　员　张　某

五、辩点分析

对于非法转让、倒卖土地使用权罪,通常有以下几个方面的辩点:“以牟利为目的”的认定,“违反土地管理法规”的认定,“非法转让、倒卖土地使用权”具体行为和“情节严重”的认定,单位犯罪和个人犯罪,既遂和未遂,共同犯罪,罪数的认定,如实供述、退赃退赔、自首立功等。

(一)“以牟利为目的”的认定

对本罪而言,无论是转让行为,还是倒卖行为,都必须是以牟利为目的。牟利主要是指获得金钱利益,也包括其他财产性利益、其他不正当的利益,如出国、子女上学、个人提拔等。

在具体案件中,行为人主观上是否具有“以牟利为目的”,通常要由客观行为进行推定。一般而言,行为人在买入价格和卖出价格之间存在着实际的价差,就应该判断为“以牟利为目的”。另外,行为人如果通过转让行为获得了提拔,也应该认定为“以牟利为目的”。

(二)“违反土地管理法规”的认定

根据全国人大常委会于2001年8月31日通过的《关于中华人民共和国刑法第228条、第342条、第410条的解释》,本罪中“违反土地管理法规”,是指违反土地管理法、森林法、草原法、城市房地产管理法等法律以及有关行政法规中关于土地管理的规定。该立法解释说明了违反土地管理法规,是指违反关于土地管理的法律以及关于行政法规中的土地管理规定。关于土地管理的法律,大家应该是很清楚了。但行政法规中的土地管理规定,具体是指哪些呢?

根据笔者整理,行政法规中的土地管理规定应该包括但不限于以下内容:《土地管理法实施条例》《城镇国有土地使用权出让转让暂行条例》《城市房地产开发经营管理条例》《国务院关于加强国有土地资产管理的通知》《国务院关于出让国有土地使用权批准权限的通知》《国务院关于深化改革严格土地管理的决定》等。

"违反土地管理法规"的准确意思应该是违反了上述法律、行政法规的禁止性规定,损害了社会公共利益,其行为具有严重的社会危害性。

(三)"非法转让、倒卖土地使用权"具体行为和"情节严重"的认定

《刑法》第228条对本罪的客观要件采取的是一种空白罪状的模式,即刑法条款本身未对何为非法转让、倒卖土地使用权的行为作出规定,必须结合具体的关于土地管理法律和行政法规才能确定。这种空白模式使本罪的认定在司法实践中容易产生争议。然而,任何好事可以变成坏事,任何坏事也可以变成好事。越是这种易产生争议的罪名,辩护人就越可能发现巨大的辩护空间,并进而化腐朽为神奇,为当事人争取到无罪的辩护效果。这样的例子,在司法实践中有很多。

根据最高人民法院《关于审理破坏土地资源刑事案件具体应用法律若干问题的解释》规定,下列情形属于"非法转让、倒卖土地使用权,情节严重"的行为:非法转让、倒卖基本农田五亩以上的;非法转让、倒卖基本农田以外的耕地十亩以上的;非法转让、倒卖其他土地二十亩以上的;从事上列非法行为获利五十万元以上的;非法转让、倒卖土地接近上述数量标准并具有其他恶劣情节的,如曾经因非法转让、倒卖土地使用权受过行政处罚或者造成严重后果等。

从以上最高人民法院的司法解释中我们可以看出,非法转让、倒卖土地使用权主要是非法转让、倒卖农用地的行为。我国关于土地管理的法律、法规都规定农用地只能用于农业、水利业等农用用途,未经法定程序审批不得用于建设用地,也不得用于其他不相关的用途。违反这一规定,将直接损害国家关于农用地保护以及土地规划的公共利益,对社会具有严重的危害性。因此,对农用地的土地使用权进行非法的转让或倒卖,情节严重的,构成本罪。那么,是不是只有转让、倒卖农用土地才能构成本罪呢?答案显然是否定的。上述最高人民法院的司法解释规定,非法转让、倒卖其他土地20亩以上的,也能构成本罪。那么,什么是"非法转让、倒卖其他土地"呢?

基于同等性原则,"非法转让、倒卖其他土地"必须和非法转让、倒卖农用土

地一样违反了法律、行政法规的禁止性规定，并且损害了社会公共利益，具有社会危害性。只有这样，才能和非法转让、倒卖农用土地一样构成本罪。根据笔者的梳理，以下几种“非法转让、倒卖其他土地”的行为，不仅违反了法律、行政法规的禁止性规定，而且还损害了社会公共利益，具有社会危害性，数额达到20亩以上（情节严重）的，构成本罪。

1. 以出让方式获得建设用地使用权后擅自改变土地用途转让、倒卖该土地使用权的

《城市房地产管理法》第43条规定，以出让方式取得土地使用权的，转让房地产后，受让人改变原土地使用权出让合同约定的土地用途的，必须取得原出让方和市、县人民政府城市规划行政主管部门的同意，签订土地使用权出让合同变更协议或者重新签订土地使用权出让合同，相应调整土地权出让金。因为出让合同中约定的土地用途，体现国家土地规划控制方面的公法意图，基于社会公共利益的考虑必须在整个出让期限内得以实施，不得随意变更，若变更应依法履行相应审批手续，如果没有履行相应审批手续，则损害了社会公共利益，具有社会危害性。

2. 以划拨方式取得建设用地使用权，在未经有权人民政府批准的情况下非法转让、倒卖该土地使用权的

《城市房地产管理法》第39条规定，以划拨方式取得土地使用权的，转让该土地使用权时，应当按照国务院规定，报有批准权的人民政府审批。有批准权的人民政府准予转让的，应当由受让方办理土地使用权出让手续，并依照国家的有关规定缴纳土地使用权出让金。如果没有履行上述批准手续，并缴纳土地使用权出让金，则侵害了社会公共利益，具有社会危害性。

3. 非法转让、倒卖农民集体所有的建设用地使用权的

《土地管理法》第63条规定，农民集体所有的土地的使用权不得出让、转让或者出租用于非农业建设；但是，符合土地利用总体规划并依法取得建设用地的乡镇企业，因破产、兼并等情形致使土地使用权依法发生转移的除外。因此，除破产、兼并等情形致使乡镇企业的集体建设用地使用权发生流转是合法的之外，其余非因破产、兼并等因素转让、倒卖集体建设用地使用权的行为是非法的，侵害了社会公共利益，具有社会危害性。当然，中共十八大以后，有的地方正在按照中央的规定对农民集体所有的建设用地使用权的转让进行试点，但这种试点只是局部的、细微的调整，在国家未放开集体建设用地使用权之前，转让、倒卖集体建设用地使用权，情节严重的，构成本罪。

4. 在不符合土地利用年度计划的情形下而转让、倒卖未利用地用于建设用地的

《国务院关于深化改革严格土地管理的决定》规定，将新增建设用地控制指

标(包括占用农用地和未利用地)纳入土地利用年度计划,以维持实际耕地保有量和新增建设用地面积的平衡。依据国务院的这一规定,任何非农业建设需要使用未利用地的,必须符合土地利用总规划和乡镇村规划,纳入土地利用年度计划。不符合土地利用年度计划而转让未利用地用于建设用地的,是损害社会公共利益的行为,其行为具有社会危害性。

以上4种行为,均构成转让、倒卖"其他土地"。按照最高人民法院的上述司法解释,其转让、倒卖的"其他土地"在20亩以上的,构成本罪。

另外有一点需要特别说明的是,本罪的客观要件必须是既违反土地管理法规,又有非法转让、倒卖土地使用权的行为,二者缺一不可。而非法转让、倒卖土地使用权之中的"非法"二者要有正确的理解。笔者认为,非法与违法,两者虽只是一字之差,但含义差别很大。非法本身是一种违法,但同时又不限于违法。它主要的含义是体现了一种对社会公共利益的损害,其行为具有明显的社会危害性。而违法是指违反了法律规范,但违法并不一定就侵害了社会公共利益,不一定有刑法所要求的社会危害性。下面举例说明。

《城市房地产管理法》第38条规定,以出让方式取得土地使用权的,转让房地产时(含土地使用权),按照出让合同约定已经支付全部土地使用权出让金,并取得土地使用权证书,按照出让合同约定进行投资开发,属于房屋建设工程的,完成开发投资总额的25%以上,属于成片开发工地的,形成工业用地或者其他建设用地条件。根据这一规定,以出让方式取得土地使用权再进行转让的,必须具备完成开发投资总额的25%以上或形成工业用地、其他建设用地的条件。否则,不能进行转让。那么,违反这一规定转让土地使用权是否就构成本罪呢?

对于这个问题,最高人民法院公报案例2005年第7期《桂馨源公司诉全威公司等土地使用权转让合同纠纷案》可以提供答案。最高人民法院在这个案例的判决书里阐述了如下观点:"一、当事人签订《国有土地使用权出让合同》,取得国有土地使用权证,就可以转让土地使用权了。二、土地开发投资达到25%不是该土地使用权转让合同的生效要件,即土地开发投资未达到25%也不影响该土地使用权转让合同的生效。三、土地开发投资未达到25%影响物权的变更登记,即国土管理部门对该转让行为依法不予登记。"

举轻以明重,既然土地管理法规中对土地投资开发程度的规定,特别是25%的规定只是物权变动的要件,不影响该土地使用权转让合同的生效,当然也就不能构成非法转让土地使用权罪的要件。因此,根据法律的规定,只要已经支付土地出让金、持有国有土地使用权证,那就是已经获得行政许可了,就可以转让土地使用权了。至于投资不到25%,那只是民事违法和行政违法,不能以非法转让土地使用权罪来进行规制,即基于行政许可所作出的转让行为不具有刑事可罚性。

本罪关于非法转让、倒卖土地使用权的规定采取的是空白罪状的立法模式，其客观行为要件比较模糊，增加了本罪在罪与非罪方面的认定难度。辩护人在为嫌疑人或被告人辩护的时候，要准确理解“违反土地管理法规”和“非法转让、倒卖土地使用权”之非法性，结合《刑法》总则任何犯罪都要侵害社会的公共利益，都要具有严重的社会危害性这一基本法理，把握刑事违法性和民事、行政违法性的区别，准确、及时地为司法机关提供质量上乘的辩护意见，帮助司法机关正确地适用法律。如果根据事实和法律，发现嫌疑人或者被告人是无罪的，要坚决地作无罪辩护。在司法实践中，涉及本罪罪名的案件有很多都无罪辩护成功了。

（四）单位犯罪和个人犯罪

按照《刑法》第228条和第231条的规定，本罪存在单位犯罪和个人犯罪两种形式。按照最高人民法院《关于单位犯罪的司法解释》和《刑法》理论通说，区分单位犯罪和个人犯罪的关键在于非法转让、倒卖土地使用权行为体现的是单位的意志，还是个人的意志，以及利益是归属于单位还是归属于个人。如果是由单位集体研究决定或经由单位主要负责人决定，非法转让、倒卖土地使用权所产生的利益归属于单位的，以单位犯罪论处；如果是由个人意志决定，洗钱利益归属于个人，则属于个人犯罪。

对于实际上的一人公司，如果公司财物与股东财物独立，彼此间并无资金往来，或虽有往来，但财务记账规范，非法转让、倒卖土地使用权行为构成犯罪的，应视为单位犯罪。但对于那些个人资产与公司资产混同，财务制度不规范，即使非法转让、倒卖土地使用权行为以单位名义实施，也一般视为个人犯罪。

对于以单位名义实施的非法转让、倒卖土地使用权案件，只追究“直接负责的主管人员”和“其他直接责任人员”的刑事责任。对于策划、组织、指挥非法转让、倒卖土地使用权行为的负责人员，一般应认定为“直接负责的主管人员”，对非法转让、倒卖土地使用权罪承担主要的罪责；对于明知单位在非法转让、倒卖土地使用权的，在主管人员安排下，积极参与非法转让、倒卖土地使用权行为的，一般认定为“其他直接责任人员”，依法追究刑事责任：对于没有参与预谋，只是受主管人员指派，参与实施某些与自身工作岗位相关的具体行为的，一般不认定为“其他直接责任人员”。

由于单位犯罪体现的是单位的意志，利益也归属于单位，故行为人的主观恶性低于个人犯罪。因此在司法实践中，同等条件下，对单位犯罪中的“直接负责的主管人员”和“其他直接责任人员”的量刑要低于个人犯罪。辩护人在为被控非法转让、倒卖土地使用权罪嫌疑人或被告人辩护时，如果能够运用专业的技能和扎实的法理功底，说服法官将被告人认定为单位犯罪的话，将会取得良好的效果。如果更进一步,能够说服法官将自己的当事人认定为“没有参与预谋,只是受主管人员指派,参与实施某些与自身工作岗位相关的具体行为”的,则将取得无罪辩护的更好效果。

(五)既遂和未遂

本罪是行为犯和情节犯。虽然主观上要“以牟利为目的”,但本罪的既遂并不需要实际获得利益。行为人只要实施了《刑法》第228条规定的构成要件的行为,且转让、倒卖行为实施完毕,情节严重的,即构成本罪的既遂。有学者认为,非法转让、倒卖土地使用权应以转让、倒卖的土地使用权完成过户登记为既遂要件。这种说法是错误的,是对我国现行的土地管理制度的不了解。在非法转让、倒卖农用地的过程中,由于农用地没有办理农用地审批、土地征收、国有土地招拍挂等手续,是不可能进行过户登记的。但只要买受人已经实际获得土地使用权,即为本罪的既遂。买受人因为转让、倒卖行为人意志以外的原因没有实际获得土地使用权的,为本罪的未遂。

对于未遂的非法转让、倒卖土地使用权行为,辩护人要能及时地识别,并提出比照既遂犯从轻、减轻处罚的辩护意见。

(六)共同犯罪

与其他的罪名一样,本罪也存在共同犯罪,无论是本罪的单位犯罪还是个人犯罪都是如此。按照《刑法》总则的规定,具有共同的犯罪故意和共同的犯罪行为,构成共同犯罪。

具体到本罪的单位犯罪中,只有被人民法院认定的“直接负责的主管人员”和“其他直接责任人员”才需承担刑事责任。这些“直接负责的主管人员”和“其他直接责任人员”通常属于共犯。对于策划、组织、指挥非法转让、倒卖土地使用权行为的主管人员,一般应认定为共同犯罪中的主犯,承担主要的罪责;对于明知单位是在非法转让、倒卖土地使用权的,在主管人员授意下,积极参与转让、倒卖行为的,一般认定为“其他直接责任人员”,为从犯,比照主犯从轻处罚或者减轻处罚;其他没有参与预谋,只是受主管人员指派,参与实施某些与自身工作岗位相关的具体行为的工作人员,不应承担刑事责任。

具体到本罪的个人犯罪中,应该根据各个共同实施非法转让、倒卖土地使用权的行为人在共同行为中的地位和作用、行为人职务的高低、对转让、倒卖行为积极的程度、是否从转让、倒卖行为中得到好处、好处的多少等,区分主犯、从犯或胁从犯等。如果两个或者两个以上主要的人员在共同犯罪中地位或者作用相当,可以都认定为主犯，但也应该略微拉开一下量刑的档次；对于从犯，应当比照主犯从轻或减轻处罚；对于胁从犯，由于其主观恶性较小，应该比照主犯减轻或者免除处罚。

行为人帮助他人转让、倒卖土地使用权，从中收取代理费、好处费、佣金或提成等，构成共同犯罪，根据其具体情节追究刑事责任。

由于共同犯罪中的不同行为人，其在共同犯罪中的地位、作用均不相同，有重有轻。因此如何区分他们的地位和作用，对辩护人来说是一个重要的辩点。

（七）罪数的认定

在非法转让、倒卖土地使用权的过程中，如果有受贿行为，则行为人不仅实施了非法转让、倒卖土地使用权的行为，还实施了受贿的行为，依法应数罪并罚；如果有行贿的行为，且行贿是手段行为，非法转让、倒卖土地使用权是目的行为，则构成牵连犯，在法律、司法解释没有明确规定要数罪并罚的情况下，从一重罪论处。

（八）如实供述、退赃退赔、自首立功

根据最高人民法院的量刑指导意见和各省高级人民法院的实施细则，如实供述、真诚悔罪、积极退赃退赔，一直都是作为一个重要的酌定从轻情节而存在的。被控非法转让、倒卖土地使用权罪的嫌疑人或被告人如在案件中具备这些酌定从轻情节，将是一个有利的辩点，嫌疑人、被告人及其辩护人应善于发现、挖掘或者创造这一酌定从轻情节。

自首和立功在《刑法》总则里一直都是作为法定从轻情节存在的，对于所有的罪名都是同等适用的，本罪也不例外。由于本书在前面的几个章节里，都详细地谈到自首和立功的辩点内容，这里就不再赘述。

第二节　非法占用农用地罪的风险识别与辩点分析

一、非法占用农用地罪的构成要件

（一）概念

非法占用农用土地罪是指违反土地管理法规，非法占用耕地、林地等农用地，改变被占用土地用途，数量较大，造成耕地、林地等农用地大量毁坏的行为。根据

《全国人大常委会关于〈中华人民共和国刑法〉第三百四十二条的解释》“违反土地管理法规”，是指违反土地管理法、森林法、草原法的法律以及有关行政法规中关于土地管理的规定。

（二）构成要件

1. 本罪的主体既可以是自然人，也可以是单位。自然人构成本罪的主体，主要是指凡年满16周岁、具备刑事责任能力的实施了非法占用农用地行为的自然人；单位构成本罪的主体，则是指所有实施了非法占用农用地的单位，包括国家机关、国有公司、企业、事业单位、人民团体和社会团体，都可以构成本罪。

2. 本罪在主观方面表现为故意。即明知是耕地、林地、草原等农用地，但是仍然实施占用农用地建住房等行为。行为人非法占用农用地的动机多种多样，但不影响本罪的成立。

3. 本罪侵犯的客体是国家的农用地管理制度，犯罪的对象是耕地、林地、草原等农用地。我国农地资源有限，任何单位或个人只有在不违反有关农用地保护制度的前提下，经过国家有权机关的批准，才能依法占用农用地，享用对农用地使用权。

4. 本罪在客观方面表现为违反土地管理法规，非法占用耕地、林地、草原改作他用，数量较大，造成耕地、林地、草原大量毁坏的行为。违反土地管理法规，是指违反了《土地管理法》《森林法》《草原法》《基本农田保护条例》《水土保持法》等与土地管理相关的法律法规。

非法占用农用地行为通常表现为：其一，未经批准占用农用地，即未经国家土地管理机关审理，并报经人民政府批准，擅自占用农用地的；其二，少批多占农用地的，即部分农用地的占用是经过合法批准的，但超过批准的数量且多占农用地的数量较大的；其三，骗取批准而占用农用地的，主要是以提供虚假文件、谎报用途或借用、盗用他人的名义申请等欺骗手段取得批准手续而占用农用地，且数量较大的。

改作他用是指改变耕地、林地、草原的用途而作建设用地或者其他方面使用，诸如开办企业、建造住宅、筑路、采石、采矿、采土、采河，倾倒废物等。

二、非法占用农用地罪的量刑规定

根据《刑法》第342条的规定，违反土地管理法规，非法占用耕地、林地等农用地，改变被占用土地用途，数量较大，造成耕地、林地等农用地大量毁坏的，处五年以下有期徒刑或者拘役，并处或者单处罚金。

《刑法》第346条规定，单位犯本罪的，对单位判处罚金，并对其直接负责的主管人员和其他直接责任人员，依照《刑法》第三百四十二条的规定处罚。

根据最高人民检察院、公安部《刑事案件立案追诉标准的规定》(一)第67条规定，违反土地管理法规，非法占用耕地、林地等农用地，改变被占用土地用途，造成耕地、林地等农用地大量毁坏，涉嫌下列情形之一的，构成“数量较大”，应予立案追诉：非法占用基本农田5亩以上或者基本农田以外的耕地10亩以上的；非法占用防护林地或者特种用途林地数量单种或者合计5亩以上的；非法占用其他林地10亩以上的；非法占用上述的林地，其中一项数量达到相应规定的数量标准的50%以上，且两项数量合计达到该项规定的数量标准的；非法占用其他农用地数量较大的情形。

三、非法占用农用地罪的认定标准

(一)本罪与非法转让、倒卖土地使用权罪的界限

1. 本罪侵害的是国家对土地特别是耕地进行保护的管理制度；而非法转让、倒卖土地使用权罪侵害的则是国家对土地使用权转让的管理制度。

2. 本罪是结果犯，表现为违反土地管理法规，非法占用耕地、林地、草原，改作他用，数量较大，造成大量耕地毁坏的行为；非法转让、倒卖土地使用权罪则是情节犯，表现为违反土地管理法规，实施了非法转让、倒卖土地使用权，情节严重的行为。非法转让土地使用权是指未按国家法律规定的程序办理农用地转用审批和征收审批，即转让该土地使用权的行为；倒卖土地使用权，是指将自己使用的土地使用权或低价征收的土地转手卖给他人进行牟利的行为。

(二)本罪与非法批准征收、征用、占用土地罪以及非法低价出让国有土地使用权罪的界限

1. 本罪的客体是对耕地、林地、草原等农用地的法律保护秩序；而非法批准征收、征用、占用土地罪和非法低价出让国有土地使用权罪所侵害的客体，均为国家机关工作人员职务行为的廉洁性和正当性。

2. 本罪在客观上表现为违反土地管理法规，非法占用耕地、林地、草原等农用地改作他用，数量较大，造成农用地大量毁坏的行为；而非法批准征收、征用、占用土地罪和非法低价出让国有土地使用权罪在客观上都表现为徇私舞弊，违反《土地管理法》等土地管理法规，不当地行使批准征收、征用、占用土地或者出让国有土地使用权的职权。

3. 本罪的主体是一般主体；而非法批准征收、征用、占用土地罪和非法低价出让国有土地使用权罪的主体是特殊主体，即国家机关工作人员。

四、典型案例

黄甲、梁某非法占用农用地案[①]

公诉机关：广西防城港市防城区人民检察院。

被告人：黄甲，男，1963 年 10 月 17 日出生于广西钦州市钦南区，汉族，高中文化，广西防城港达通置业投资开发有限公司项目部副经理，户籍所在地为钦州市钦南区康熙岭镇诗家村委会元岭队 34 号，现租住防城港市桃花湾广场金冠宾馆旁出租屋。因涉嫌犯非法占用农用地罪于 2010 年 4 月 1 日被刑事拘留，同年 5 月 7 日被逮捕，现羁押于防城港市防城看守所。

辩护人：冯某，海岸律师事务所律师。

被告人：梁某，男，1958 年 2 月 10 日出生于广西防城港市防城区，汉族，高中文化，农民，住防城港市防城区江山乡潭西村杨屋组 5 号。因涉嫌犯非法占用农用地罪于 2010 年 4 月 28 日被刑事拘留，同年 5 月 7 日被逮捕，现羁押于防城港市防城看守所。

辩护人：黄乙，海狮律师事务所律师。

防城港市防城区人民检察院以防区检刑诉（2010）101 号起诉书指控被告人黄甲、梁某犯非法占用农用地罪，于 2010 年 8 月 16 日向本院提起公诉。本院于次日立案，并依法组成合议庭，公开开庭审理了本案。期间，防城港市防城区人民检察院建议延期审理 1 次。防城港市防城区人民检察院指派代理检察员全某出庭支持公诉，被告人黄甲及其辩护人冯某，被告人梁某及其辩护人黄乙均到庭参加诉讼。现已审理终结。

防城港市防城区人民检察院指控：2010 年 3 月初，被告人黄甲经江山乡江山村村民陈某某介绍认识被告人梁某。后被告人黄甲和被告人梁某商量，由被告人梁某负责和群众谈租地价格和签订租地合同，准备开采石场，资金由被告人黄甲支付，不够的部分由被告人梁某出资补足，租地资金以后从出售石头所得中扣除。被告人梁某从群众处把地租出来后，以被告人梁某租出来的潭西村茅岭坡那爱岭林地为合作条件，被告人黄甲与被告人梁某签订合作采石协议，协议商定，被告人梁某在开采出来的石片中每立方收取 5 元的提成。被告人黄甲、梁某在没有办理合法的林地征占或林地变更手续的情况下，擅自雇请施工队进场施工，致使潭西

---

① 案例来源：中国裁判文书网。

村茅岭、那爱岭上的88亩林地被毁坏。对指控的事实,公诉机关出示了接受案件登记表,证人杨某某、陈某甲、陈某、刘某某、苏某某、陈某、彭某某、张某某、李某、陈某乙、陈某、周某某、吴某某、陈某丙、覃某某、林某某、陈某丁的证言,防城港市防城区林业局和防城港市国土资源局江山分局出具的证明,现场勘验、检查笔录和现场照片、现场图,协议书、收条,辨认笔录、照片,鉴定结论,被告人黄甲、梁某供述及户籍证明等证据证实。公诉机关认为,被告人黄甲、梁某的行为构成非法占用农用地罪,且在共同犯罪中黄甲是主犯,梁某是从犯,提请本院依法惩处。

被告人黄甲辩称:涉案地是梁某租出来后其才从梁某处租赁的,租地手续也是由梁操办。施工队是其承包进场施工,指控其构成非法占用农用地罪没有事实依据。

辩护人冯某提出:1. 本案涉案土地性质防城区江山乡国土资源分局出具证明认定涉案土地性质不合法。2. 国土资源局江山分局证明涉案地是建设用地,被告人对该土地进行了开采,没有改变被占农用地的性质。3. 公诉机关据以委托的鉴定机构及鉴定人员均无鉴定资质和资格,所作鉴定结论不能作为定案依据。4. 被告人黄甲以防城港达通置业投资开发有限公司的名义于2010年3月与潭西组签订了租地合同,黄甲的行为是公司行为。综上,指控黄甲犯非法占用农用地罪事实不清,证据不足。

被告人梁某的辩护人黄乙赞成冯某关于非法占用农用地罪事实不清,证据不足的意见。其提出梁某只是租地,没有参与林地毁坏的行为,指控梁某构成非法占用农用地罪不成立。即使法庭认定梁某有罪,梁某也只是从犯,建议对梁某适用缓刑或免予刑事处罚。

经审理查明:2010年3月初,被告人黄甲经江山乡江山村村民陈某某介绍认识被告人梁某。两被告人商量采石事宜,由被告人梁某负责与村民租地和签订租地合同,资金由被告人黄甲支付,不足部分由被告人梁某从出售石头所得中扣除补足。被告人梁某向陈某等村民租地出来后,以所租出来的潭西村茅岭坡那爱岭林地为合作条件,与被告人黄甲签订合作采石协议,协议商定:被告人梁某从开采出来的石片中每立方收取5元的提成。之后,两人在没有办理合法的林地征占或林地变更手续的情况下,擅自雇请施工队进场施工,致使潭西村茅岭、那爱岭上的88亩林地被毁坏。

上述事实,有以下经庭审质证、认证的证据证实:

一、被告人供述

黄甲供述:2010年3月5日,陈某甲介绍其认识梁某、杨某某,其两人说江山乡潭西村有石头开采,可以租山岭给其采石。经与梁某、杨某某商量,决定由梁某、杨某某负责租赁村民的山岭,由其负责开采石头,约定石头开采出来后梁某、杨某可按5元/立方收取。之后其向梁某、杨某某支付了部分的租地费用,同时与5个施工队洽谈并约定了采石协议,随后施工队进场清杂动土施工。但是梁某、杨某某租地手续不完善,村支书不同意盖章,未能办妥采石手续。施工队进场施工期间都是梁某、杨某某到现场确定界址,后石场被林业公安叫停。后其指认其雇请他人清杂毁坏植被88亩。

梁某供述:2010年3月初,经陈某某介绍认识黄甲。其带黄甲到石口现场看,黄甲认为可以开采石头。其遂与黄甲商定并签订协议,约定由其负责租赁村民的山岭,再转包给黄甲,租金由黄甲出,不足部分其支付,黄甲负责办理开采手续,石头开采出来后其按5元/方收钱。其先后与16户村民签订了租赁协议,收取黄甲18万元支付给租地的村民。后由于黄甲未能办妥开采手续,开挖的山岭被叫停。

二、证人证言

陈某某证言,证实:2010年3月初,黄甲找到其问哪里有石场开采,其告知黄甲江山乡潭西村杨屋组的山岭有2个石口,是施某某和杨某合作的,已停工多时。经其介绍找到梁某,又通过梁某找到杨某某。之后其与杨某某、黄甲、梁某到潭西村杨屋组的山岭看现场的2个石口,黄甲与杨某某随即谈妥并达成合作采石协议,还交了2万元租金,约定石头开采出来后按5元/方计钱给杨某某。

杨某某证言,证实:茅岭坡岭是杨屋组石一、石二组村民冯某某、杨某、陈某某等户约20多亩的责任山。2010年3月6日上午,梁某对其说有老板想开石场,让其与施某某(浙江老板,在涉诉地曾做过石场,开挖后发现石质不坚硬,放置空闲)谈谈,看施能否租让空闲的石场,费用由采石老板出,租期5年,石头开挖出来后按5元/方计。其遂与施某某商量,施某某同意转租。当日下午,其与梁某和黄甲在港口签订了合同,收取黄甲2万元的押金和8千元的房屋(工棚)费和石钱。

陈某(潭西村支书)证言,证实:今年3月,杨某某带黄甲找到其,称黄甲是做石场的老板。黄甲拿出几份类似合同样的文书,叫其签字盖章。其看后认为租地材料没有界址,卖山岭的农户也未签名,手续不全,不同意盖章。不久,就看见有勾车在杨屋组茅岭坡岭上铲地开路。

周某某、吴某某证言,证实:周某某是达通公司项目部的经理,黄甲和吴某某是副经理,项目部成立至今都没有工程项目。潭西村开山采石是黄甲个人于3月初对山岭开挖动工的。3月18日,吴某某告知周某某计划与黄甲合作采石。由于黄甲未办理采石相关手续,项目部决定不与黄甲合作开采石头。

陈某某证言,证实:防城港达通置业投资开发有限公司于2010年3月21日成立工程开发项目部,黄甲任副经理。但是,黄甲早于3月初就以个人采石的名义与潭西村杨屋组的村民租地。其是在3月22日才知晓黄甲早已雇请工程队在杨屋组的山岭开路和清除植被,并了解到黄甲并未办理好采石的相关手续,遂下令暂停工程开发项目部的经营通知。

李某证言,证实:2010年3月7日其与黄甲签订采石协议,约定由其在石一、石二组的茅岭坡地开采、爆破,并向黄甲交了2.5万元信誉金。3月11日,有两台勾机、一台炮眼机进场施工。

陈某证言,证实:2010年3月的一天,梁某找到其要求租其在茅岭的坡地给老板开采石头。经与梁某协商,同意租30亩地给梁某,租金3万元。梁某当时给其3000元,承诺余款于石头开采出来后再支付,其责任岭已被勾机推平。

彭某某、覃某某、林某某证言,证实:其等是受黄甲雇请到潭西村山岭清杂山岭上的杂草、石头等。

苏某某的证言,证实:其是中国航空公司南宁分公司的项目主管。2010年3月25日,其公司与黄甲所在的达通公司项目部签订了爆破口头协议,其公司已向黄甲交付了3万元的定金。

张某某证言,证实:其是南宁市华园建筑安装工程总公司华城分公司的副经理。2010年3月16日与黄甲签订"坚硬石采装协议",其分公司已交8万元定金给黄甲。

三、书证

现场勘查笔录(附现场图及照片),证实:案发后公安机关对现场勘查,固定现场证据的情况。

指认笔录,证实:被告人黄甲、梁某对现场进行指认的经过。

合作采石协议及收据,证实:被告人黄甲与梁某、杨某某约定,由黄甲出资,梁某承包江山乡潭西村杨屋石一、石二组茅岭坡那爱岭的山地作为合作开采石头等事宜及梁某收取黄甲预付款的事实。

坚硬采石装车协议及收条,证实:黄甲与李某、张某某等人约定开采爆破、装运坚硬石头事宜,并收取李某、张某某等人信誉金的事实。

发包林地签名册(附协议书),证实:梁某与陈某某等村民签订承包杨屋石一、石二组的茅岭坡那爱岭的山地开采石头协议及付款等事实。

防城港市国土资源局江山分局证明,证实:江山乡潭西村杨屋石一、石二组茅岭坡那爱岭没有任何单位和个人办理。

过开采矿产资源手续;防城港市防城区林业局证明,证实:该山岭属商品林区林地,该林地没有变更或征占用地手续。

鉴定结论书,证实:江山乡潭西村杨屋石一、石二组茅岭坡那爱岭林地植被被毁坏达142亩。

租地合同，证实：防城港达通置业投资开发有限公司于2010年2月28日、3月2日，分别与潭西组的被告人梁某和陈某甲签订租赁山林养殖的事实。

防城港达通置业投资开发有限公司文件，证实：该公司于2010年3月21日成立开发项目部，由周某某任经理，黄甲、吴某某任副经理的事实。

通知，证实：防城港达通置业投资开发有限公司以通知的形式收回项目部公章和财务章，决定对其公司名下的开发项目部拆牌、停止经营。

户籍证明，证实：被告人黄甲与梁某的身份基本情况。

本院认为：被告人黄甲、梁某违反土地管理法规，未办理农用地变更手续即对山岭植被施工开采，造成农用地毁坏，数量较大。其行为已构成非法占用农用地罪，公诉机关指控的罪名成立。

关于本案的鉴定机构及鉴定人员鉴定资质问题。防城港市防城区调查规划设计队是防城区林业局下属的部门，该设计队是由广西壮族自治区林业厅颁布确认取得承担林业调查规划设计等方面的丁级资质，而鉴定人员曾某、邱某是该林业局林业工程专业人员。故其两人在被授予等级范围内对涉案地作出的鉴定符合法律规定，应予采信。

关于涉案土地性质及破坏问题。涉案土地是陈某甲等村民与梁某签订的山岭责任林地，该事实有陈某甲等村民证言及签订的协议证实。防城区江山乡国土资源分局证明本案涉案地有人平整拟计划开发，并未对该涉案地属性进行界定。被告人黄甲雇请工程施工队对涉案地进行清杂开挖，造成该山岭地表植被被毁坏。该事实有勘查及鉴定结果予以证实，辩护人该辩护意见理由不成立。

关于被告人黄甲租地开采石头的行为是否公司行为问题。被告人黄甲早在2010年3月初就雇请施工队进入涉案岭地清杂开挖，而防城港达通置业投资开发有限公司开发项目部是2010年3月21日成立的。由于黄甲未能办理采石相关手续，证人陈乙、周伍才和吴某及通知等证据均对黄甲的租地采石行为并不追认为公司行为，不能形成是公司行为的证据链，故辩护人关于黄甲的行为是法人行为的意见本院不予采信。

综上，在共同犯罪中，两被告人商量租赁山岭开采石头。被告人黄甲出资租赁山林费用及雇请施工队施工，起主要作用，是主犯，应按其所参与的全部犯罪处罚；被告人梁某帮助黄甲说服村民租赁山岭，起次要作用，是从犯，本院决定给予其从轻处罚。辩护人关于被告人梁某是从犯并建议从轻处罚的意见予以采纳。为严肃国法，保护山林土地资源，依照《中华人民共和国刑法》第三百四十二条，第二十五条第一款，第二十六条第一款、第四款，第二十七条，第五十二条，第五十三条之规定，判决如下：

一、被告人黄甲犯非法占用农用地罪，判处有期徒刑一年，并处罚金人民币

10000 元(刑期从判决执行之日起计算。判决执行以前先行羁押的,羁押一日折抵刑期一日。即自 2010 年 4 月 1 日起至 2011 年 3 月 31 日止。罚金限于判决发生法律效率后十日内缴纳。逾期不缴纳的,强制缴纳);

二、被告人梁某犯非法占用农用地罪,判处有期徒刑七个月,并处罚金人民币 10000 元(刑期从判决执行之日起计算。判决执行以前先行羁押的,羁押一日折抵刑期一日。即自 2010 年 4 月 28 日起至 2010 年 11 月 27 日止。罚金限于判决发生法律效率后十日内缴纳。逾期不缴纳的,强制缴纳)。

如不服本判决,可在接到判决书的第二日起十日内,通过本院或者直接向防城港市中级人民法院提出上诉。书面上诉的,应当提交上诉状正本一份,副本两份。

审 判 长 徐某某
审 判 员 林某某
审 判 员 阮某某
二〇一〇年十月二十二日
书 记 员 沈 某

五、辩点分析

对于非法占用农用地罪,通常有以下几个方面的辩点:"违反土地管理法规"的认定,"非法占用耕地、林地等农用地"和"改变被占用土地用途"的认定,"数量较大"的认定,"造成耕地、林地等农用地大量毁坏"的认定,单位犯罪和个人犯罪,既遂和未遂,共同犯罪,罪数的认定,如实供述、退赃退赔、自首立功等。

(一)"违反土地管理法规"的认定

根据全国人大常委会于 2001 年 8 月 31 日通过的《关于中华人民共和国刑法第 228 条、第 342 条、第 410 条的解释》,本罪中"违反土地管理法规"是指违反土地管理法、森林法、草原法等法律以及有关行政法规中关于土地管理的规定。该立法解释说明了违反土地管理法规是指违反关于土地管理的法律以及关于行政法规中的土地管理规定。关于土地管理的法律,大家应该是很清楚了。但行政法规中的土地管理规定,具体是指哪些呢?

根据笔者整理,行政法规中的土地管理规定,应该包括但不限于以下一些法规:《土地管理法实施条例》《国务院关于加强国有土地资产管理的通知》《国务院关于出让国有土地使用权批准权限的通知》《国务院关于深化改革严格土地管理的决定》等。

“违反土地管理法规”的准确意思应该是违反了上述法律、行政法规的禁止性规定，损害了社会公共利益，其行为具有严重的社会危害性。

（二）“非法占用耕地、林地等农用地”、“改变被占用土地用途”、“造成耕地、林地等农用地大量毁坏”的认定

所谓非法占用耕地、林地等农用地，其行为通常表现为：(1)未经国家土地管理机关审核，并报经有批准权的人民政府批准，擅自占用耕地、林地等农用地的；(2)少批多占耕地、林地等农用地的，即部分农用地的占用是经过合法批准的，但超过批准的数量且多占农用地的数量较大的；(3)骗取批准而占用耕地、林地等农用地的，主要是以提供虚假文件、谎报用途或借用、盗用他人的名义申请等欺骗手段取得批准手续而占用农用地，且数量较大的。

所谓改变土地用途，是指本为农用地，行为人在占用后作为非农用途使用，如非法占用农用地建窑、建坟、建房、挖沙、采石、采矿、取土、堆放固体废弃物或者进行其他非农建设。改变土地用途，仍用于农牧业用途，则不属刑法意义上的改变土地用途。比如，把种植粮食作物的土地改作种植蔬菜或果树，是属于土地经营者自主经营范围内的事；把一般耕地改作种植牧草，用于畜牧、畜禽养殖，仍是属于用于农牧业生产；再比如，占用农用地建设灌溉用的水利设施，其中不免有建房、圈地情形，却不属于本条罪所规定的占用农用地情形。但是把种植粮食作物或其他经济作物的土地改作种植草坪或园林，用于体育设施或其他休闲娱乐目的甚或以营利为目的，经营非农牧业项目，就属于将土地改作他用。这在表现上看似仍种植的是草或树，但使用土地的目的是非农牧业的，即是将农牧业用地改作他用了。比如，有的地方把农用地改作高尔夫球场；又有一些地方为了所谓政绩，建设一些形象工程或人造景观，就属于这种情况。

所谓耕地、林地等农用地大量毁坏，应该这样理解：农用地的基本用途是用来种植或养殖，一旦这种种植或养殖的功能丧失或土地的种植或养殖能力明显下降，就是对于农用地的毁坏。至于是永久性毁坏或是或可恢复地毁坏，不影响毁坏农用地结果的成立（土地的被毁坏程度和复耕成本的大小只是量刑的情节之一，不影响本罪的成立）。比如，有的企业随意占用农用地（包括土地、水塘、养殖水面、农田水利设施）用于排泄、倾倒工业废弃物，这就可能使被占用农用地污染，丧失种植或养殖能力，造成土地的永久性毁坏。再比如，非法占用农用地建窑、建坟、建房、挖沙、采石、采矿、取土的，也是造成被占用农用地大量毁坏，恢复难度较大或恢复成本较高。

认定行为人构成本罪，必须要求行为人具有改变被占用土地用途，造成耕地、林地等农用地大量毁坏的行为及后果。那么，如何认定土地原来的用途和土地是

否大量毁坏的事实呢？

首先，土地类别是由土地规划部门确定的。在办理非法占用农用地案件时，应当由土地主管部门来作出结论。其依据是土地利用规划图，而非土地利用现状图或变更图等。

其次，土地被毁坏有多种形式，应当由农牧业科技人员或机构通过科学手段取得相关数据并作出土地是否毁坏的结论，或对土地的毁坏可能使农牧业生产或林业生产严重减产或遭受的损失情况进行评估。科技人员和相关机构对土地是否毁坏、能否恢复以及恢复的成本所作的评估，将是此类案件量刑处理时的主要依据。

“非法占用耕地、林地等农用地”、“改变被占用土地用途”、“造成耕地、林地等农用地大量毁坏”是本罪在客观方面的构成要件，准确地理解这些行为与后果，是正确地界定罪与非罪的前提条件。辩护人只有透彻理解和领会这些客观构成要件，才能为自己的当事人提供有效的辩护。另外，需要说明的是，前述所说的科技人员和科技机构所作的评估在法律上一般归于鉴定意见一类的证据，是可以对其质疑和质证的。如果能够削弱甚至推翻它，将不失为一个全新的有利辩点。

（三）“数量较大”的认定

按照《刑法》第342条和司法解释的规定，本罪中的“数量较大”既是指占用农用地的数量较大，也是指毁坏农用地的数量较大。

非法占用耕地“数量较大”具体是指：

1. 非法占用基本农田5亩以上或者基本农外的耕地10亩以上的；

2. 违反土地管理法规，非法占用耕地建窑、建坟、建房、挖沙、采石、采矿、取土、堆放固体废弃物或者进行其他非农业建设，造成基本农田5亩以上或者基本农田以外的耕地10亩以上种植条件严重毁坏或者严重污染。

非法占用林地“数量较大”具体是指：

1. 非法占用并毁坏防护林地、特种用途林地数量分别或者合计达到5亩以上的；

2. 非法占用并毁坏其他林地数量达到10亩以上的；

3. 非法占用并毁坏前述两项规定的林地，其中一项数量达到相应规定的数量标准的50%以上，且两项数量合计达到该项规定的数量标准的。

非法占用草原“数量较大”具体是指：

非法占用草原，改变被占用草原用途，数量在20亩以上的，或者曾因非法占用草原受过行政处罚，在3年内又非法占用草原，改变被占用草原用途，数量在10亩以上的。

改变被占用地草原用途,具体是指:

(1)开垦草原种植粮食作物、经济作物、林木的;

(2)在草原上建窑、建房、修路、挖砂、采石、采矿、取土、剥取草皮的;

(3)在草原上堆放或者排放废弃物,造成草原的原有植被严重毁坏或者严重污染的;

(4)违反草原保护、建设、利用规划种植牧草和饲料作物,造成草原沙化或者水土严重流失的。

(5)其他造成草原严重毁坏的情形。

备注:本罪名中所指的草原,是指天然草原和人工草地,天然草原包括草地草山和草坡,人工草地包括改良草地和退耕还草地,不包括城镇草地。

(四)单位犯罪和个人犯罪

按照《刑法》第342条和第346条的规定,本罪存在单位犯罪和个人犯罪两种形式。按照最高人民法院关于单位犯罪的司法解释和刑法理论,区分单位犯罪和个人犯罪的关键在于非法占用农用地的行为体现的是单位的意志,还是个人的意志,以及利益是归属于单位还是归属于个人。如果是由单位集体研究决定或经由单位主要负责人决定,非法占用农用地所产生的利益归属于单位的,以单位犯罪论处;如果是由个人意志决定,非法占用农用地的利益归属于个人,则属于个人犯罪。

对于实际上的一人公司,如果公司财物与股东财物独立,彼此间并无资金往来,或虽有往来,但财务记账规范,非法占用农用地的行为构成犯罪的,应视为单位犯罪。但对于那些个人资产与公司资产混同,财务制度不规范,即使非法占用农用地的行为以单位名义实施,也一般视为个人犯罪。

对于以单位名义实施的非法占用农用地的案件,只追究"直接负责的主管人员"和"其他直接责任人员"的刑事责任。对于策划、组织、指挥非法占用农用地的行为的负责人员,一般应认定为"直接负责的主管人员",对非法占用农用地罪承担主要的罪责;对于明知单位非法占用农用地的,在主管人员安排下,积极参与非法占用农用地的行为的,一般认定为"其他直接责任人员",依法追究刑事责任。

由于单位犯罪体现的是单位的意志,利益也归属于单位,故行为人的主观恶性低于个人犯罪。因此在司法实践中,在同等条件下,对单位犯罪中的"直接负责的主管人员"和"其他直接责任人员"的量刑要低于个人犯罪。辩护人在为被控非法占用农用地罪的嫌疑人或被告人辩护时,如果能够运用专业的技能和扎实的法理功底,说服法官将案件认定为单位犯罪的话,将会取得良好的辩护效果。

（五）既遂和未遂

本罪是行为犯、结果犯和情节犯。行为人只要实施了非法占用耕地、林地、草原等农用地行为，造成前述农用地毁坏且数量较大的，即构成本罪的既遂。关于"非法占用"、"毁坏"、"数量较大"等应如何理解，请参见前面的内容。

如果行为人实施了非法占用耕地、林地、草原的行为，但为他人所阻止或者其他因本人意志以外的原因未能造成农用地的毁坏，构成犯罪未遂。如果行为人实施了非法占用耕地、林地、草原的行为，但占用、毁坏的数量未达到司法解释所规定的"数量较大"的情节，则属于一般违法行为，不以犯罪论处。

对于未遂的非法占用农用地的行为，辩护人要能及时地识别，并提出比照既遂犯从轻、减轻处罚的辩护意见。

（六）共同犯罪

与其他的罪名一样，本罪也存在共同犯罪，无论是本罪的单位犯罪还是个人犯罪都是如此。按照《刑法》总则的规定，具有共同的犯罪故意和共同的犯罪行为，构成共同犯罪。

具体到本罪的单位犯罪中，只有被人民法院认定的"直接负责的主管人员"和"其他直接责任人员"才需承担刑事责任。这些"直接负责的主管人员"和"其他直接责任人员"通常属于共犯。对于策划、组织、指挥非法占用农用地行为的主管人员，一般应认定为共同犯罪中的主犯，承担主要的罪责；对于明知单位是在非法占用农用地的，在主管人员授意下，积极参与非法占用行为的，一般认定为"其他直接责任人员"，为从犯，比照主犯从轻处罚或者减轻处罚。

具体到本罪的个人犯罪中，应该根据各个共同实施非法占用农用地的行为人在共同行为中的地位和作用、行为人职务的高低、对占用农用地行为积极的程度、是否从占用农用地行为中得到了好处、好处的多少等，区分主犯、从犯或胁从犯等。如果两个或者两个主要的人员在共同犯罪中地位或者作用相当，可以都认定为主犯，但也应该略微拉开一下量刑的档次；对于从犯，应当比照主犯从轻或减轻处罚；对于胁从犯，由于其主观恶性较小，应该比照主犯减轻或者免除处罚。

行为人帮助他人非法占用农用地，从中收取代理费、好处费、佣金或提成等，构成共同犯罪，根据其具体情节追究刑事责任。

由于共同犯罪中的不同行为人，其在共同犯罪中的地位、作用均不相同，有重有轻。因此如何区分他们的地位和作用，对辩护人来说是一个重要的辩点。

（七）如实供述、赔偿损失、自首立功

根据最高人民法院的量刑指导意见和各省高级人民法院的实施细则，如实供述、真诚悔罪、积极赔偿损失，一直都是作为一个重要的酌定从轻情节而存在的。被控非法占用农用地罪的嫌疑人或被告人如在案件中具备这些酌定从轻情节，将是一个有利的辩点，嫌疑人、被告人及其辩护人应善于发现、挖掘或者创造这一酌定从轻情节。

自首和立功在《刑法》总则里一直都是作为法定从轻情节存在的，对于所有的罪名都是同等适用的，本罪也不例外。由于本书在前面的几个章节里，都详细地谈到自首和立功的辩点内容，这里就不再赘述。

第八章

忽视税务管理的合法性而带来的刑事法律风险

导　　言

税收是一个国家赖以生存的基石，是政府管理经济社会、保护人民、维持运转的前提条件。在现代法治社会里，依法纳税越来越被人们所认知。作为市场主体的公司、企业、其他单位，都不可避免地要和税务机关和税收打交道。但是，目前我国的各种税负偏重，每个公司、企业、其他单位都想通过合理避税措施来减轻税负。那么，究竟哪些行为是合理避税行为，哪些行为违法的避税行为，这两者之间的边界应如何划分？这是每一个公司、企业、其他单位需要研究的重大课题，建筑房地产企业也不例外。笔者认为，可以采取排除法来划分二者之间的边界，即识别哪些行为是涉税的违法犯罪的行为，对于这些涉税的违法犯罪行为坚决不做。剩下的，大抵可以理解为合理避税的行为了。

第一节　逃税罪的风险识别与辩点分析

一、逃税罪的构成要件

（一）概念

逃税罪是指纳税人采取欺骗、隐瞒手段进行虚假纳税申报或者不申报，逃避缴纳税款数额较大，并且占应纳税额百分之十以上，扣缴义务人采取欺骗、隐瞒等手段，不缴或者少缴已扣已收税款，数额较大或者因逃税受到两次行政处罚又逃税的行为。本罪在1979年《刑法》、1997年《刑法》已有规定，2009年《刑法修正案七》作了进一步修改。

（二）构成要件

1. 本罪的犯罪主体包括纳税人和扣缴义务人。既可以是自然人，也可以是单位。

2. 本罪的主观方面由直接故意构成，并且有逃避缴纳应交税款的非法获利目的。如果行为人是因一时疏忽而没有申报纳税，或者因管理混乱，造成账目不清，漏交税款的，属于漏税，依法补缴即可，其行为不构成犯罪。

3. 逃税罪的客体是指逃税行为侵犯了我国的税收征收管理秩序。国家税收管理秩序，是国家对经济社会进行管理以及国家机关、政府机构、事业单位、人民团体赖以运转的重要基础，侵犯了此一秩序将影响社会经济生活的运转，具有严重的社会危害性。

4. 本罪的客观方面表现为，纳税人采取欺骗、隐瞒手段，进行虚假纳税申报或者不申报，逃避缴纳税款数额较大且占应纳税额10%以上；扣缴义务人采取欺骗、隐瞒手段不缴或者少缴已扣、已收税款，数额较大的行为。

二、逃税罪的量刑规定

根据《刑法》第201条的规定，纳税人采取欺骗、隐瞒手段进行虚假纳税申报或者不申报，逃避缴纳税款数额较大并且占应纳税额10%以上的，处3年以下有期徒刑或者拘役，并处罚金；数额巨大并且占应纳税额30%以上的，处3年以上7年以下有期徒刑，并处罚金。

扣缴义务人采取前款所列手段，不缴或者少缴已扣、已收税款，数额较大的，依照前款的规定处罚。对多次实施前两款行为，未经处理的，按照累计数额计算。

有第一款行为，经税务机关依法下达追缴通知后，补缴应纳税款，缴纳滞纳金，已受行政处罚的，不予追究刑事责任；但是，五年内因逃避缴纳税款受过刑事处罚或者被税务机关给予二次以上行政处罚的除外。

《刑法》第211条规定，单位犯本罪的，实行双罚制，对单位判处罚金，并对其直接负责的主管人员和其他直接责任人员，依照《刑法》第201条的规定处罚。

根据最高人民检察院、公安部《刑事案件立案追诉标准的规定》（二）第57条的规定，具有下列情形的，应予立案追诉：

1. 纳税人采取欺骗、隐瞒手段进行虚假纳税申报或者不申报，逃避缴纳税款，数额在5万元以上并且占各税种应纳税总额10%以上，经税务机关依法下达追缴通知后，不补缴应纳税款、不缴纳滞纳金或者不接受行政处罚的；

2. 纳税人5年内因逃避缴纳税款受过刑事处罚或者被税务机关给予二次以上行政处罚，又逃避缴纳税款，数额在5万元以上并且占各税种应纳税总额10%以上的；

3. 扣缴义务人采取欺骗、隐瞒手段，不缴或者少缴已扣、已收税款，数额在5万元以上的。

三、逃税罪的认定标准

(一)罪与非罪的界限

并不是所有的逃税行为都是犯罪。绝大多数逃税行为是违法行为，应当依照税法的规定，予以行政处罚。这就要注意从行为性质上，划清逃税违法行为和逃税罪的界限，分清是逃税还是漏税、欠税、避税。从逃税的数额或情节上，注意其是否达到法律规定的逃税罪的标准。如果按照《刑法》第201条、最高人民检察院、公安部《刑事案件立案追诉标准(二)》第57条的规定进行分析，该逃税行为未达到刑事犯罪立案的标准，则应由税务机关依照税法的有关规定给予行政处罚，而不能按照逃税罪处理。

(二)正确理解附条件不追究逃税行为人刑事责任的规定

根据《刑法修正案(七)》的规定："有第一款行为，经税务机关依法下达追缴通知书后，补缴应纳税款，缴纳滞纳金，已受行政处罚的，不予追究刑事责任；但是，五年内因逃避缴纳税款受过刑事处罚或者被税务机关给予二次以上行政处罚的除外。"这是《刑法修正案(七)》修改刑法第201条逃税罪增设的一款，即附条件不追究刑事责任的条款，同时规定了例外情形。这是考虑到惩治逃税犯罪的主要目的是维护税收管理秩序，保证国家税收收入。对于初犯，经税务机关下达追缴通知后，补缴了税款和滞纳金，履行了纳税义务，接受了行政处罚的，可以不再作为犯罪追究行为人的刑事责任。纵观我国刑法的修改历史，1979年第一部《刑法典》颁布施行后，为适应同犯罪作斗争的需要，全国人大常委会先后制定的22个单行刑法(不包括《军职罪条例》)，到第二部《刑法典》于1997年10月颁布施行至2015年《刑法修正案(九)》颁布实施，对刑法分则所作的修改和补充，大多为加重刑罚处罚，而《刑法修正案(七)》对逃税罪的处罚量刑减轻，这体现了宽严相济的刑事政策和罪刑相适应的刑法原则，符合当今世界刑法轻刑化的发展趋势，是一种进步。

（三）对多次实施逃税行为，未经处理的，如何处理

依照《刑法》第201条第3款的规定，对多次实施逃税行为，未经处理的，按照累计数额计算。“多次逃税行为未经处理的”，是指纳税人包括扣缴义务人在刑法追诉期内多次实施逃税行为，但每次逃税数额均未达到《刑法》第201条规定的构成犯罪的数额标准，且未受处理的情形。“按照累计数额计算”，是指按照行为人历次逃税的数额累计相加。

四、典型案例

济宁市远某房地产开发有限公司、刘某某逃税案①

[案号]山东省济宁市任城区人民法院（2014）任刑初字第281号

公诉机关：济宁市任城区人民检察院。

被告单位：济宁市远某房地产开发有限公司。

法定代表人：苌某，总经理。

被告人：刘某某，因涉嫌犯逃税罪于2013年6月13日被济宁市公安局任城区分局刑事拘留，同年7月20日被逮捕，现羁押于济宁市看守所。

辩护人李甲、白某，山东佳仕特律师事务所律师。

济宁市任城区人民检察院以济任检诉刑诉（2014）1号起诉书指控被告单位济宁市远某房地产开发有限公司、被告人刘某某犯逃税罪，于2014年4月30日向本院提起公诉。本院受理后，依法组成合议庭，公开开庭审理了本案。济宁市任城区人民检察院指派检察员隋某出庭支持公诉，被告单位济宁市远某房地产开发有限公司法定代表人苌某、被告人刘某某、辩护人李甲、白某到庭参加诉讼。在案件审理过程中，公诉机关以需补充侦查为由，于2014年7月18日、11月6日两次提出延期审理建议，并于同年8月14日、12月9日提请恢复法庭审理。本院继续开庭进行了审理，现已审理终结。

公诉机关指控：

2007年2月，济宁市远某房地产开发有限公司成立，法定代表人为刘某某。公司成立后，从事房地产开发业务。在被告人刘某某任法定代表人期间，2010年

① 案例来源：中国裁判文书网。

度，济宁市远某房地产开发有限公司预收房款实际应税收入为2967万元，公司应申报缴纳营业税、城市维护建设税共计158万元。但济宁市远某房地产开发有限公司采取隐瞒手段进行虚假纳税申报，仅申报缴纳该两种税款481.5元，逃避缴纳税款158万元，数额巨大，并且占应纳税额30%以上，经税务部门下达限期改正通知书后，仍拒不缴纳应缴税款。2013年6月13日，被告人刘某某被公安机关抓获。

针对指控的上述事实，公诉机关提供了被告人供述与辩解，证人证言，济宁市远某房地产开发有限公司2010年度的财务账，纳税证明，税务机关出具的应纳税证明，限期改正通知书，济宁市远某房地产开发有限公司营业执照，法人变更登记，户籍证明，公安机关的办案说明等证据。

公诉机关认为，被告济宁市远某房地产开发有限公司采取虚假申报，逃避税收款数额巨大，而且占应纳税额的30%以上，其行为触犯了《中华人民共和国刑法》第201条之规定，犯罪事实清楚，证据确实、充分，应当以逃税罪追究其刑事责任。系单位犯罪，适用《中华人民共和国刑法》第211条。被告人刘某某时任公司法定代表人，系直接责任人员，适用《中华人民共和国刑法》第201条、第211条。提请本院予以判处。

被告单位济宁市远某房地产开发有限公司对公诉机关指控的犯罪事实与罪名均无异议，未作辩解。

被告人刘某某对公诉机关指控的犯罪事实无异议，当庭表示认罪。

辩护人李甲认为公诉机关指控被告人刘某某犯逃税罪证据不足。提出以下辩护意见：1.本案显失公平、公正。(1)2013年4月19日济宁市地方税务局任城分局送达《责令限期改正通知书》，责令被告单位济宁市远某房地产开发有限公司缴纳各项税款280余万元及罚款。《责令限期改正通知书》是税务机关征缴税款的依据，是司法机关处罚犯罪的重要依据。侦查机关割裂《责令限期改正通知书》的内容，对刘某某担任法定代表人期间的税款个别追究，违背了法律公平公正原则。(2)根据济宁市远某房地产开发有限公司与济宁市龙翔房地产开发有限公司之间的协议，涉案税款由后者承担。故追究刘某某的刑事责任错误。2.涉案房地产项目没有任何合法手续，本身为违章建筑，征收税款不符合建筑法、营业税暂行条例等法律规定，以逃税罪追究刘某某刑事责任没有法律依据。3.拒不缴纳税款的行为与刘某某无关。2010年至2011年1月，刘某某虽然是公司法定代表人，但是不分管财务，不负责公司重大事宜的决策。公司资金均在另一个股东王某乙的控制之下，刘某某对是否缴纳税款没有决定权。2013年4月19日，《责令限期改正通知书》送达济宁市远某房地产开发有限公司。此时，刘某某已不是股东、法定代表人，公司收到《责令限期改正通知书》根本没有通知刘某某，公司拒不缴纳税款的行为与刘某某没有任何关系。4. 指控刘某某犯逃税罪的重要证据是济宁市地税局任城分局李营中心所的《对济宁市远某房地产开发有限公司2010年度账面检查的工作材料》,该证据不真实也不合法。首先,指控的应补缴税款158.740198万元,该数字不准确。目前,公司一直在办理退房,数字一直在变化。其次,该证据不是税务机关审核、确定的证据,是传来证据。最后,单独追究刘某某的刑事责任,违反刑法、税收管理法的相关规定。刘某某即使构成犯罪,也应当是从犯,应当从轻处罚。刘某某当庭自愿认罪,积极悔罪,系初犯,主观恶性较小,税款应由公司承担,刘某某愿意承担罚金。请求对被告人刘某某从轻处罚。

经审理查明:济宁市远某房地产开发有限公司于2007年2月28日成立,注册资本1000万元,法定代表人为刘某某。其中,被告人刘某某以货币出资600万元,黎某、王某甲各以货币出资200万元。2009年6月19日该公司变更股东,由刘某某、黎某、王某甲变更为刘某某、李乙,其中李乙持股40%。2009年9月30日,济宁市远某房地产开发有限公司与济南某某天成实业有限公司签订合作开发协议,协议约定:双方合作开发济宁柏某新苑小区,远某公司占股49%,天成公司占股51%。协议签订后,该公司于同年10月19日在工商行政管理部门办理股东登记,股东由刘某某、李乙变更为刘某某、王某乙。其中王某乙持股51%,刘某某持有49%股权。刘某某继续担任公司法定代表人。2011年1月8日,王某乙、刘某某与山东某建设集团联某房地产开发有限公司法定代表人车某就转让远某公司全部股权及济宁天成国际花园开发项目签订协议,将济宁远某房地产公司股权转让给山东某建设集团联某房地产开发有限公司。由山东联某房地产开发有限公司向刘某某、王某乙支付天成花园项目开发权转让及策划费4000万元,股权转让金1000万元。2011年1月27日,该公司在工商行政管理部门办理股东登记。公司股东变更为车某、郑某,法定代表人变更为车某。2011年5月30日公司股东变更为王某丙、张某甲,法定代表人为陈某。2011年6月16日,公司变更法定代表人为王某丙。2013年3月27日,公司股东变更为王某国、苌某,法定代表人变更为苌某。

另查明,济宁市远某房地产开发有限公司于2010年1月开始对外预售房屋,2010年度该公司预售房款实际应税收入29671065元,应缴销售不动产5%的营业税为1483553.25元。应缴城市维护建设税为103848.73元(1483553.25元的7%)。济宁市远某房地产开发有限公司应申报缴纳营业税、城市维护建设税共计1587401.98元,但该公司仅申报缴纳营业税、城市维护建设税税款481.5元。济宁市远某房地产开发有限公司采取隐瞒手段进行虚假纳税申报,逃避缴纳税款1586920.48元,占各税种应纳税总额百分之三十以上。济宁市地方税务局任城区李营中心税务所于2012年3月1日向济宁市远某房地产开发有限公司下发税务事项通知书,限其于2012年3月15日前提供下列资料:土地使用证照、规划许可证、建筑安装合同、工程进度表及拨付工程款金额情况、需要向地税部门提供的其他资料。逾期不提供将按照《中华人民共和国税收征收管理法》的有关规定进行处罚。2013年4月19日,济宁市地方税务局任城区李营中心税务所向济宁市远某房地产开发有限公司下发责令限期改正通知书,限其于2013年5月12日前到济宁市地方税务局任城区李营中心税务所申报缴纳:营业税2533258.62元、城建税177328.10元、教育费附加75997.76元、地方教育附加50665.17元、地方水利建设基金26332.58元。共计2863582.23元。济宁市远某房地产开发有限公司接到上述责令限期改正通知书后仍未缴纳税款。2013年6月5日,济宁市公安局任城区分局决定立案侦查。2013年6月13日,公安机关将被告人刘某某抓获归案。

对于上述事实,被告人刘某某在开庭审理过程中予以供认,被告单位济宁市远某房地产开发有限公司亦无异议,并有证人周某、高某、王某乙、张某某、张某乙等人的证言,传唤通知书,济宁市远某房地产开发有限公司的企业信息、营业执照、企业法人变更情况,济宁市远某房地产开发有限公司与济南某氏天成实业有限公司合作开发协议及董事会决议、企业股权及房地产开发项目转让协议书、济宁市远某房地产开发有限公司2010年1月至2012年12月总分类账、银行账、现金账、应缴税金、其他应付款账册,山东金中会计师事务所有限公司2013年3月26日出具的济宁市远某房地产开发有限公司审计报告,任城地税局李营中心税务所纳税证明、税务事项通知书,任城地税局责令限期改正通知书及送达回证,对济宁市远某房地产开发有限公司2010年度账面检查的工作材料、被告人刘某某户籍证明、抓获经过、被告人刘某某、被告单位法定代表人苌某的供述等证据在卷证实,足以认定。

本院认为,被告单位济宁市远某房地产开发有限公司采取隐瞒手段进行虚假纳税申报,逃避缴纳税款1585740.48元,占各税种应纳税总额百分之三十以上,经税务机关依法下达追缴通知后拒不补缴应纳税款,其行为已构成逃税罪。被告人刘某某,在2007年2月至2011年1月担任济宁市远某房地产开发有限公司法定代表人期间发生上述逃税行为。被告人刘某某作为直接责任人员,其行为已构成逃税罪。公诉机关指控的犯罪事实与罪名均成立,予以支持。关于辩护人提出的2010年至2011年1月,刘某某虽然是公司法定代表人,但是不分管财物,不负责公司重大事宜的决策。公司资金均在另一个股东王某乙的控制之下,刘某某对是否缴纳税款没有决定权的辩护意见。经查实,2010年至2011年1月,被告人刘某某系济宁市远某房地产开发有限公司的法定代表人,其对公司逃税犯罪应承担直接负责的主管人员的刑事责任，故辩护人此项辩护意见不能成立。被告人刘某某如实供述犯罪事实，当庭自愿认罪，可从轻处罚。辩护人提出的被告人刘某某自愿认罪，有较好的悔罪态度，应依法予以从轻处罚的辩护意见成立，予以采纳。综合考量被告人刘某某的犯罪动机、犯罪情节和认罪悔罪表现，可依法予以宣告缓刑。依照《中华人民共和国刑法》第二百零一条第一款、第二百一十一条、第三十条、第三十一条、第五十二条、第五十三条、第六十七条第三款、第七十二条第一、三款、第七十三条第二、三款之规定，判决如下：

一、被告单位济宁市远某房地产开发有限公司犯逃税罪，判处罚金一百六十万元。（罚金限于本判决生效之日起三十日内缴清。）

二、被告人刘某某犯逃税罪，判处有期徒刑三年，缓刑四年，并处罚金五十万元。（缓刑考验期自判决确定之日起计算。罚金已缴纳三十万元，其余罚金二十万元限于本判决生效之日起三十日内缴清。）

如不服本判决，可在接到判决书的第二日起十日内，通过本院或者直接向山东省济宁市中级人民法院提出上诉。书面上诉的，应当提交上诉状正本一份，副本三份。

审　判　长　刘某某
审　判　员　续某某
人民陪审员　马某某
二〇一五年一月九日
书　记　员　周　某

五、辩点分析

对于逃税罪，通常有以下几个方面的辩点：逃税行为的认定，“数额较大，并且占应纳税额百分之十以上”的认定，“数额巨大，并且占应纳税额百分之三十以上”的认定，逃税刑事责任豁免的适用，单位犯罪和个人犯罪，既遂和未遂，共同犯罪，罪数的认定，如实供述、退赃退赔、自首立功等。

（一）逃税行为的认定

1997年《刑法》第201条规定了本罪，罪名叫偷税罪。2009年《刑法修正案（七）》对第201条作出了重要的修改，将原来对偷税行为采取列举的方式改为概述的方式，将附加刑中的倍数罚金改变成无具体限额罚金，以“数额较大”、“数额巨大”代替原来具体金额规定，罪名也由偷税罪更改为逃税罪。

《刑法修正案（七）》将“偷税罪”改为“逃税罪”，是符合立法本意的。“偷”是指以非法占有为目的,采取窃取的方式据为己有。而行为人缴纳的税款,本来就是行为人的合法财产(只是以此财产承担缴税的义务),并不是行为人窃取的国家财产。因此,用“逃税罪”的罪名代替“偷税罪”的罪名更为科学。

最高人民法院2002年颁布实施的《审理偷税抗税刑事案件具体应用法律若干问题的解释》,对具体的逃税行为作了比较详细的列举,虽然“偷税罪”的罪名已经变更为“逃税罪”,但这个司法解释并没有被废止。其对于逃税行为的列举和界定仍然是科学的。按照这个司法解释,逃税行为包括以下情形:

1. 伪造、变造、隐匿、擅自销毁账簿、记账发票以及其他记账凭证;

2. 在账簿上多列支出或者不列、少列收入;

3. 经税务机关通知申报而拒不申报纳税(包括三种情形:已经办理税务登记或者扣缴税款登记的纳税人、扣缴义务人不主动申报的;依法不需要办理税务登记的纳税人,经税务机关依法书面通知其申报,拒不申报的;尚未依法办理税务登记、扣缴税款登记的纳税人、扣缴义务人,经税务机关依法书面通知其申报,拒不申报的);

4. 纳税人或者扣缴义务人向税务机关报送虚假的纳税申报表、财务报表、代扣代缴、代收代缴税款报告表或者其他纳税申报资料(如提供虚假申请,编造减税、免税、抵税等虚假资料等),进行虚假的纳税申报;

5. 缴纳税款后,以假报出口或者其他欺骗手段,骗取所缴纳的税款的(备注:如纳税人是在缴纳税款之前,以假报出口或者其他欺骗手段,骗取国家出口退税款的,以《刑法》第204条“骗取出口退税罪”论处)。

以上具体的情形均属逃税行为,构成逃税罪的客观行为要件,是逃税罪成立的必备条件。如果行为人的行为不属于上述行为,则不构成逃税罪。

(二)“数额较大,并且占应纳税额百分之十以上”的认定

本罪是情节犯,“数额较大,并且占应纳税额百分之十以上”是本罪在情节上的入罪标准(在三年以下有期徒刑或者拘役的量刑幅度之内量刑)。这一标准采用数额标准和比例标准的结合,即行为人必须同时满足数额标准和比例标准才能构成本罪。

关于“数额较大”的具体意思,最高人民检察院、公安部《关于公安机关管辖的刑事案件立案追诉标准的规定》(二)第57条规定,纳税人采取欺骗、隐瞒手段进行虚假纳税申报或者不申报,逃避缴纳税款,数额在五万元以上并且占各税种应纳税总额百分之十以上,应予立案追诉。即“数额较大”为人民币5万元。

关于“占应纳税额百分之十以上”的具体意思,根据最高人民法院2002年颁布实施的《审理偷税抗税刑事案件具体应用法律若干问题的解释》(此解释只是

在"偷税罪"的罪名上不再有效,其余条款仍然具有法律效力),是指在确定的纳税期间,不缴或者少缴各税种税款的总额,占应纳各税种税额总和的10%以上。不按纳税年度确定纳税期的其他纳税人,逃税数额占应纳税额的百分比,按照行为人最后一次逃税行为发生之日前一年中各税种逃税总额与该年纳税总额的比例确定。纳税义务存续期间不足一个纳税年度的,逃税数额占应纳税额的百分比,按照各税种逃税总额与实际发生纳税义务期间应当缴纳税款总额的比例确定。逃税行为跨越若干个纳税年度,只要其中一个纳税年度的逃税数额及百分比达到《刑法》第201条第1款规定的标准,即构成逃税罪。各纳税年度的逃税数额应当累计计算,逃税百分比应当按照各年度最高的百分比确定。

以上是本罪在情节上的入罪条件,也是界定罪与非罪的重要标准。辩护人必须对此能够准确地理解,才能为当事人提供有效的辩护。

(三)"数额巨大,并且占应纳税额百分之三十以上"的认定

按照《刑法》第201条的规定,"数额巨大,并且占应纳税额百分之三十以上"是对本罪第二档量刑幅度的加重情节(在3年以上7年以下有期徒刑的量刑幅度之内量刑),也是采用数额标准和比例标准的结合,即行为人必须同时满足数额标准和比例标准才能构成此一加重情节。

关于"数额巨大"的具体意思,无论司法解释还是司法指导性文件都没有具体的规定。但从《刑法修正案(七)》之前的《刑法》条款来看,本罪的"数额巨大"与"数额较大"的倍数是10倍。结合最高人民检察院、公安部2010年颁布实施的《关于公安机关管辖的刑事案件立案追诉标准的规定》(二)第57条所规定的5万元以上为"数额较大"的标准,可以得出"数额巨大"为50万元以上。

关于"占应纳税额百分之三十以上"的具体意思,参考本节"辩点分析"前述第二项所阐述的,根据最高人民法院2002年颁布实施的《审理偷税抗税刑事案件具体应用法律若干问题的解释》所规定的具体方法来确定。

(四)逃税罪刑事责任豁免的适用

《刑法》第201条第4款规定:"有第一款行为,经税务机关依法下达追缴通知后,补缴应纳税款,缴纳滞纳金,已受行政处罚的,不予追究刑事责任;但是五年内逃避缴纳税款受过刑事处罚或者被税务机关给予二次以上行政处罚的除外。"

以上规定,是《刑法》对逃税行为人实施的一种非常特殊的有条件刑事责任豁免。它确定了在3种情形下,对行为人不予追究刑事责任的制度。这3种情形是:(1)在税务机关依法下达追缴通知后,补缴应纳税款;(2)缴纳滞纳金;(3)已

受到税务机关行政处罚。这三种情形必须同时具备,缺一不可。具体而言,第一,税务机关下达的追缴通知必须是"依法"的。这里的"依法",指的是行为主体依法,行为权限合法、行为内容合法、行为程序合法、行为形式合法等。行为形式合法是指必须是书面的通知。第二,行为人补缴应纳税款、缴纳滞纳金必须在书面的追缴通知所规定的期限内缴纳,超出追缴通知所规定的期限一般不能享有刑事责任的豁免权(税务机关同意宽延期限的不在此限)。第三,税务机关如果应当对行为人处以行政处罚,但因该机关自身的原因没有对行为人处以行政处罚的,或者依法免除对行为人的行政处罚,都属于《刑法》上的"已受行政处罚",不影响刑事责任的豁免。第四,行为人5年内逃避缴纳税款受过刑事处罚或者被税务机关给予二次以上行政处罚的,属于除外条款。即使同时满足前述三种情形的,也不能享有刑事责任的豁免。在这里需要注意在是,"5年内"的时间段是指从纳税人实施的逃税行为、逃税数额达到第一款所要求之日回溯过去的5年;"刑事处罚"并不等同于刑罚处罚,只要纳税人在这5年内曾被法院作出有罪宣告即可,不要求实际受到刑罚处罚。第五,根据最高人民检察院、公安部《关于公安机关管辖的刑事案件立案追诉标准的规定(二)》,纳税人在公安机关立案后再补缴应纳税款、缴纳滞纳金或者接受行政处罚的,不影响刑事责任的追究。即补缴应纳税款、缴纳滞纳金,应在收到税务机关下达的追缴通知后、公安机关立案前缴纳。如在公安机关立案后缴纳,将丧失获得豁免逃税罪刑事责任的机会。

《刑法》第201条第4款是《刑法修正案(七)》对本罪的重大修改,是立法机关针对逃税罪的刑法规制目的,主动适应社会经济发展实际和法律实践现状作出的法条修正,有利于进一步贯彻宽严相济的刑事政策,鼓励公民自觉积极履行纳税义务。

本罪的犯罪主体有两类:纳税人和扣缴义务人。但根据上述规定,能够享有逃税罪刑事责任豁免的只有纳税人,扣缴义务人无权享有。从社会危害性上来分析,扣缴义务人作为一个比个人更有实力的单位,如果不缴、少缴税款,其社会危害性比个人逃避缴税义务具有更大的社会危害性。因此,扣缴义务人的承担的社会责任较纳税人更大,国家对其依法缴税的要求程度更高。

(五)单位犯罪和个人犯罪

根据《刑法》第201条和第211条的规定,本罪存在单位犯罪和个人犯罪两种形式。按照最高人民法院关于单位犯罪的司法解释和《刑法》理论,区分单位犯罪和个人犯罪的关键在于逃税行为体现的是单位的意志,还是个人的意志,以及利益是归属于单位还是归属于个人。如果是由单位集体研究决定或经由单位主要负责人决定,逃税行为的利益归属于单位的,以单位犯罪论处;如果是由个人意志决定，逃税行为的利益归属于个人，则属于个人犯罪。

对于实际上的一人公司，如果公司财物与股东财物独立，彼此间并无资金往来，或虽有往来，但财务记账规范，逃税行为构成犯罪的，应视为单位犯罪。但对于那些个人资产与公司资产混同，财务制度不规范，即使逃税行为以单位名义实施，也一般视为个人犯罪。

对于以单位名义实施的逃税案件，只追究“直接负责的主管人员”和“其他直接责任人员”的刑事责任；对于策划、组织、指挥逃税行为的负责人员，一般应认定为“直接负责的主管人员”，对逃税罪承担主要的罪责；对于明知单位逃税的，在主管人员安排下，积极实施逃税行为，属于逃税实行犯的，一般认定为“其他直接责任人员”，依法追究刑事责任，对于其他的一般参加者、消极的奉命执行者，不能不加区别地也当做“其他直接责任人员”，一律追究刑事责任。

由于单位犯罪体现的是单位的意志，利益也归属于单位，故行为人的主观恶性低于个人犯罪。因此，在司法实践中，在同等条件下，对单位犯罪中的“直接负责的主管人员”和“其他直接责任人员”的量刑要低于个人犯罪。辩护人在为被控逃税罪的嫌疑人或被告人辩护时，要善于把握此一辩点，为当事人作有效的辩护。

（六）既遂和未遂

本罪是行为犯、结果犯和情节犯。行为人只要实施了逃税行为，且达到逃避缴纳税款的目的，“数额较大”的，即构成本罪的既遂。如果行为人实施了逃税的行为，但被他人举报或阻止或者其他因本人意志以外的原因未能达到逃避缴纳税款的目的，构成犯罪未遂。如果行为人实施了逃税的行为，但没有达到“数额较大”的情节，则属于一般违法行为，不以犯罪论处。

对于未遂的逃税行为，辩护人要能及时地识别，并提出比照既遂犯从轻、减轻处罚的辩护意见。

（七）共同犯罪

与其他的罪名一样，本罪也存在共同犯罪，无论是本罪的单位犯罪还是个人犯罪都是如此。按照《刑法》总则的规定，具有共同的犯罪故意和共同的犯罪行为，构成共同犯罪。

具体到本罪的单位犯罪中，只有被人民法院认定的“直接负责的主管人员”和“其他直接责任人员”才需承担刑事责任。这些“直接负责的主管人员”和“其他直接责任人员”通常属于共犯。对于策划、组织、指挥逃税行为的主管人员，一般应认定为共同犯罪中的主犯，承担主要的罪责；对于明知单位是在逃税的，在主管人员授意下,积极实施逃税行为的,一般认定为“其他直接责任人员”,为从犯,比照主犯从轻处罚或者减轻处罚。

具体到本罪的个人犯罪中,应该根据各个共同实施逃税的行为人在共同犯罪行为中的地位和作用、行为人职务的高低、对逃税行为积极的程度、是否从逃税行为中得到了好处、好处的多少等,区分主犯、从犯或胁从犯等。如果两个或者两个以上主要的人员在共同犯罪中地位或者作用相当,可以都认定为主犯;对于从犯,应当比照主犯从轻或减轻处罚;对于胁从犯,由于其主观恶性较小,应该比照主犯减轻或者免除处罚。

行为人帮助他人逃税,从中收取代理费、好处费、佣金或提成等,构成共同犯罪,根据其具体情节追究刑事责任。

由于共同犯罪中的不同行为人,其在共同犯罪中的地位、作用均不相同,有重有轻。因此如何区分他们的地位和作用。对辩护人来说是一个重要的辩点。

(八)罪数的认定

行为人在实施逃税行为的过程中,如果对税务机关工作人员或其他国家工作人员行贿的,且该行贿行为的目的是为了逃税,则属于牵连犯。行贿行为是手段行为,逃税是目的行为。在法律和司法解释没有规定要数罪并罚的情形下,从一重罪处罚。

同理,行为人在实施逃税行为的过程中,虚开增值税发票、虚开普通发票的,如果该虚开发票行为的目的是为了逃税,则属于牵连犯。虚开发票行为是手段行为,逃税是目的行为。在法律和司法解释没有规定要数罪并罚的情形下,从一重罪处罚。

有一点需要特别说明的是,如果行为人作为目的行为的逃税罪因为及时补缴税款、缴纳滞纳金、接受行政处罚而不予追究刑事责任,但由于其行为人同时实施了手段行为的行贿罪或虚开增值税专用发票罪、虚开普通发票罪,不能被免除。看来,树立法律的意识、法治的信仰,避免侥幸的心理,是多么的重要!

(九)如实供述、补缴税款、自首立功等

根据最高人民法院的量刑指导意见和各省高级人民法院的实施细则,如实供述、真诚悔罪,一直都是作为一个重要的酌定从轻情节而存在的。被控逃税罪的嫌疑人或被告人如在案件中具备这些酌定从轻情节,将是一个有利的辩点,嫌疑人、被告人及其辩护人应善于发现、挖掘或者创造这一酌定从轻情节。

补缴税款在《刑法》第201条里,可以起到豁免刑事责任的作用,但是必须在

公安机关刑事立案前补缴。如果在公安机关刑事立案后补缴的,不能豁免逃税的刑事责任,但可以作为一个重要的酌定从轻情节。如果辩护得当,判处缓刑的可能性很大。

自首和立功在《刑法》总则里一直都是作为法定从轻情节存在的,对于所有的罪名都是同等适用的,本罪也不例外。由于本书在前面的几个章节里,都详细地谈到自首和立功的辩点内容,这里就不再赘述。

第二节 虚开增值税专用发票、用于骗取出口退税、抵扣税款发票罪的风险识别与辩点分析

一、虚开增值税专用发票、用于骗取出口退税、抵扣税款发票罪的构成要件

(一)概念

本罪是指违反增值税专用发票管理规定,为他人虚开、为自己虚开、让他人为自己虚开、介绍他人虚开增值税专用发票或者用于骗取出口退税、抵扣税款发票,给国家造成损失的行为。

(二)构成要件

1. 本罪的主体均为一般主体,即达到刑事责任年龄且具有刑事责任能力的自然人均可构成。另外,依本条第2款之规定,单位也可成为本罪主体。

2. 本罪在主观方面必须是故意,而且一般具有牟利的目的。实践中,为他人虚开、介绍他人虚开的增值税专用发票的单位和个人一般都以收取高额的“开票费”或者中介费为目的,为自己虚开、让他人为自己虚开,单位和个人一般都是以骗取税款为目的。

3. 本罪侵犯的客体是复杂客体,即国家对增值税专用发票和其他专用发票的管理制度和税收管理秩序,造成国家税款的大量流失,严重破坏了社会主义经济秩序。

4. 本罪在客观方面表现为没有货物购销或者没有提供或接受应税劳务而为他人、为自己、让他人为自己、介绍他人开具增值税专用发票,或者即使有货物购

销或提供或接受了应税劳务但为他人、为自己、让他人为自己、介绍他人开具数量或者金额不实的增值税专用发票，或者进行实际经营活动，但让他人为自己代开增值税专用发票、用于骗取出口退税、抵扣税款发票的行为。虚开，是指行为人违反有关发票管理的规定、不按照实际情况如实开具增值税专用发票及其他可用于骗取出口退税、抵扣税款的发票之行为。

结合犯罪主体进行分析，本罪的客观行为主要有以下几种情形，第一种情形是有权出售增值税专用发票的税务机关及其工作人员为他人虚开增值税专用发票，这种主体实施此种犯罪所占比例较少，但仍时有发生；第二种情形是具有增值税一般纳税人资格的单位和个人为了销售货物，为他人开具“大头小尾”的发票，或者为了多抵扣税款，在购进货物时请他人为自己虚开增值税专用发票；第三种情形是用本单位领取的增值税专用发票，以收取“开票费”为条件，为他人虚开增值税专用发票，谋取利益；第四种情形是不具有增值税一般纳税人资格的单位和个人，通过非法手段或不当手段获取增值税专用发票，然后虚开，借以牟利，其目的各异，有的是为了骗税，有的是为了谋取“开票费”等。

二、虚开增值税专用发票罪的量刑规定

根据《刑法》第 205 条的规定，虚开增值税专用发票或者虚开用于骗取出口退税、抵扣税款的其他发票的，处 3 年以下有期徒刑或者拘役，并处 2 万元以上 20 万元以下罚金；虚开的税款数额较大或者有其他严重情节的，处 3 年以上 10 年以下有期徒刑，并处 5 万元以上 50 万元以下罚金；虚开的税款数额巨大或者有其他特别严重情节的，处 10 年以上有期徒刑或者无期徒刑，并处 5 万元以上 50 万元以下罚金或者没收财产。

单位犯本条规定之罪的，对单位判处罚金，并对其直接负责的主管人员和其他直接责任人员，处 3 年以下有期徒刑或者拘役；虚开的税款数额较大或者有其他严重情节的，处 3 年以上 10 年以下有期徒刑；虚开的税款数额巨大或者有其他特别严重情节的，处 10 年以上有期徒刑或者无期徒刑。

根据最高人民法院 1996 年制定的《关于适用〈全国人大常委会关于惩治虚开、伪造和非法出售增值税专用发票的决定〉的若干问题的解释》的有关规定，本罪在量刑方面分为三个量刑幅度。

(1)3 年以下有期徒刑、拘役：虚开增值税专用发票税款数额 1 万元或使国家税款被骗取 5000 元的，基准刑为有期徒刑 6 个月；虚开的税款数额每增加3 000 元或实际被骗取的税款数额每增加 1 500 元，刑期增加 1 个月。虚开增值税专用发票税款数额不满 1 万元或使国家税款被骗取不满 5000 元的，情节严重的，可以本罪论处，基准刑为拘役刑。

(2)3 年以上 10 年以下有期徒刑:虚开增值税专用发票税款数额 10 万元或使国家税款被骗取 5 万元的,或有其他严重情节的,基准刑为有期徒刑 3 年;虚开的税款数额每增加 6000 元或实际被骗取的税款数额每增加 3000 元,刑期增加 1 个月。

(3)10 年以上有期徒刑:虚开增值税专用发票税款数额 50 万元或使国家税款被骗取 30 万元的,基准刑为有期徒刑 10 年;虚开的税款数额每增加 1 万元或实际被骗取的税款数额每增加 5000 元,刑期增加 1 个月。

另外,有下列情形之一的,不适用缓刑:(1)虚开增值税专用发票税款数额 30 万元以上,或使国家税款被骗取 25 万元以上的;(2)曾因虚开增值税专用发票被行政处罚或判刑的;(3)虚开增值税专用发票累计 5 次以上的;(4)未按规定缴纳 60%以上罚金的。

上述最高人民法院 1996 年的司法解释实施到现在,时间已经过去了 20 年,社会的物价水平、法律状况发生了巨大的变化,如再参照执行这一司法解释,将使类似具有同等社会危害性的犯罪行为量刑严重失衡。因此,最高人民法院研究室在 2014 年 11 月 27 日就西藏自治区高级人民法院的相关请示答复如下:虚开增值税专用发票罪的入罪、量刑数额标准,可以不再参照适用 1996 年司法解释,在新的司法解释制定前,可以参照最高人民法院《关于审理骗取出口退税刑事案件具体应用法律若干问题的解释》的有关规定执行:"虚开税款数额为 5 万元以上的,应当追究刑事责任,处三年以下有期徒刑或者拘役,并处二万元以上二十万元以下罚金;虚开税款数额为 50 万元以上的,为'数额较大',处三年以上十年以下有期徒刑或者拘役,并处五万元以上五十万元以下罚金;虚开税款数额为 250 万元以上的,为'数额巨大',处十年以上有期徒刑或者无期徒刑,并处五万元以上五十万元以下罚金或者没收财产。"

三、虚开增值税专用发票罪的认定标准

(一)增值税一般纳税人代开增值税专用发票是否构成本罪

不以营利为目的,增值税一般纳税人为增值税小规模纳税人、非增值税纳税人根据商品交易额,如实代开的行为,也构成本罪。因为按照《增值税暂行条例》的规定,小规模纳税人适用税率为 3%。而增值税一般纳税人为小规模纳税人代开,使其适用税率为 17%,与小规模纳税人进行交易的第三人如以增值税一般纳税人填开的增值税专用发票抵扣税款,无疑从国家那儿赚取了商品交易额 13%的税款。最高人民法院给予上海高级人民法院关于此类行为如何处理的请示批

复中指出，此类行为如达到虚开增值税专用发票罪定罪标准的，应以虚开增值税专用发票罪定罪处罚。

（二）对增值税专用发票轻微变造行为的定性

最高人民法院1996年10月17日发布的《关于适用〈全国人民代表大会常务委员会关于惩治虚开、伪造或者非法出售增值税专用发票犯罪的决定〉的若干问题的解释》规定，对于变造行为按照伪造增值税专用发票行为认定处理。因为以增加抵扣税款为目的，轻微变造增值税发票数字，这一行为与虚开行为的危害结果是一样的，即会导致国家税款流失。

（三）虚开增值税专用发票犯罪未遂问题

这涉及虚开增值税专用发票罪是行为犯还是结果犯的问题，我国《刑法》第205条第3款已明确规定，虚开增值税专用发票是指有为他人虚开、为自己虚开、让他人为自己虚开、介绍他人虚开行为之一的。行为人只要实施上述四种行为中的一种，且达到定罪标准的，即可构成虚开增值税专用发票罪。根据上述规定，虚开增值税专用发票犯罪是行为犯（实施行为时带有骗取国家税款和其他利益的目的），而非结果犯。因此，只要行为人虚开了增值税专用发票，并且在虚开时具有骗取税款或其他牟利的故意，即使最终没有能够抵扣税款，仍然属于犯罪既遂，而不能认定为未遂。本罪只有一种情况下是未遂，即行为人在虚开过程中，还没来得及将虚开发票行为完成即被查获，这种情况是可以认定为未遂的。

四、典型案例

芦某虚开抵扣税款发票案①

一、基本案情

被告人：芦某，男，1962年12月23日出生，个体运输户。因涉嫌虚开用于抵扣税款的发票犯罪，于1999年6月8日被逮捕。

浙江省宁波市人民检察院以被告人芦某犯虚开用于抵扣税款的发票罪，向宁波市中级人民法院提起公诉。

宁波市中级人民法院经公开审理查明：

1997年7月　1998年12月，被告人芦某以每月支付500元管理费的形式挂

① 案例来源：《刑事审判参考》2001年第6辑（总第17辑）。

靠宁波旭日联运有限公司(以下简称旭日公司),又以支付车辆租金、风险抵押金的形式承租宁波远航集装箱仓储运输公司(以下简称远航公司),并从上述两公司分别获取了全国联运业货运统一发票(以下简称联运发票)和浙江省宁波市公路集装箱运输专用发票及浙江省公路货运专用发票等运输发票。

被告人芦某在以旭日公司名义经营运输业务期间,为少缴应纳税款,先后从自己承租的远航公司以及北仑甬兴托运站等5家运输企业接受虚开的表明营业支出的联运发票、浙江省宁波市公路集装箱运输专用发票及浙江省公路货运专用发票等运输发票共53张,价税合计人民币6744563.77元,并将上述发票全部入帐,用于冲减其以旭日公司名义经营运输业务的营业额。其实际偷逃营业税200379.25元,城建税14026.55元,企业所得税333965.41元,合计偷逃税款548371.21元,且偷逃税额占其应纳税额的30%以上。

为帮助其他联运企业偷逃税款,被告人芦某将旭日公司联运发票的发票联共50张提供给浙江省鄞县古林运输公司江北托运部等5家运输企业,将远航公司浙江省宁波市公路集装箱运输专用发票的发票联3张提供给宁波环洋经贸有限公司用于虚开。虚开的发票联金额总计为4145265.32元,存根联或记账联金额为54395元。以上虚开的运输发票均已被以上接受发票的运输企业用以冲减营业额,实际偷逃营业税122728.84元,城建税8561.01元,企业所得税204548.07元,合计偷税税款335867.92元。

宁波市中级人民法院认为:被告人芦某在挂靠运输企业经营运输业务期间,违反国家税收法规,故意采用虚假手段,虚增营业开支,冲减营业数额,偷逃应纳税款计人民币548371.21元,且偷逃税额占应纳税额的30%以上;又提供或虚开运输发票,帮助其他运输企业虚增营业开支,冲减营业数额,偷逃应纳税款,计人民币335867.92元,其行为已构成偷税罪。公诉机关指控芦某犯罪的事实清楚,证据确实、充分,但指控被告人芦某的行为构成虚开抵扣税款发票罪依据不足,指控罪名错误,应予纠正。依照《中华人民共和国刑法》第二百零一条第一款、第五十二条之规定,于2000年4月25日判决如下:

被告人芦某犯偷税罪,判处有期徒刑六年,并处罚金人民币一百万元。

一审判决后,被告人芦某服判。宁波市人民检察院抗诉提出:本案中的运输发票具有抵扣税款的功能,被告人芦某虚开了具有抵扣功能的发票,其行为已触犯《中华人民共和国刑法》第205条的规定,构成虚开用于抵扣税款发票罪。一审判决因被告人没有将虚开的发票直接用于抵扣税款而认定被告人的行为构成偷税罪不当。

浙江省高级人民法院审理后认为:本案中所有用票单位都是运输企业,均不是增值税一般纳税人,无申报抵扣税款资格。因此,本案被告人为别人虚开或让别人为自己虚开的发票在运输企业入账后,均不可能被用于抵扣税款。被告人芦某主观上明知所虚开的运输发票均不用于抵扣税款,客观上使用虚开发票冲减营业额的方法偷逃应纳税款。其行为符合偷税罪的构成要件,而不符合虚开用于抵扣税款发票罪的构成要件。原审判决定罪和适用法律正确,量刑适当。审判程序合法。依照《中华人民共和国刑事诉讼法》第一百八十九条第(一)项之规定,于2000年12月29日裁定驳回抗诉,维持原判。

二、主要问题

虚开可以用于抵扣税款的发票冲减营业额偷逃税款的行为如何定性?

在审理本案的过程中,对于被告人芦某的行为如何定性存在两种不同意见:

检察机关认为,《刑法》第205条规定的虚开用于抵扣税款发票罪是行为犯。行为人只要实施了虚开可以抵扣税款的发票(包括使用此种发票)的行为,不管其主观意图是想以虚增成本的方法偷税,还是想用虚开的发票非法抵扣税款,都只构成虚开用于抵扣税款的发票这一种罪。被告人芦某虚开的运输发票属于抵扣税款的发票,其行为构成虚开用于抵扣税款发票罪。

一、二审法院认为,《刑法》第205条规定的虚开用于抵扣税款发票罪中的"抵扣税款"具有特定含义。行为人虚开可以抵扣税款的发票,如其主观意图不是用于抵扣税款,客观上也没有去抵扣税款,而是为了其他目的去使用虚开的发票,则不能以虚开抵扣税款发票罪定性。被告人芦某采用虚开运输发票的手段,达到偷逃税款的主观目的,其所虚开的运输发票均未用于抵扣税款。因此,其行为不符合虚开用于抵扣税款发票罪的构成要件,应构成偷税罪。

三、裁判理由

(一)被告人芦某挂靠的旭日公司和承租的远航公司属于交通运输企业,无申报抵扣税款资格,其为自己和其他交通运输企业开具的运输发票不能用于抵扣税款。

根据《刑法》第205条的规定,虚开抵扣税款发票罪,是指故意违反国家发票管理法规,为他人虚开、为自己虚开、让他人为自己虚开或者介绍他人虚开用于抵扣税款的专用发票的行为。虚开抵扣税款发票罪的成立,必须同时具备以下条件。

1. 行为人实施了虚开用于抵扣税款的发票的行为。所谓"虚开",是指没有购销货物或者没有提供、接受应税劳务而开具用于抵扣税款的发票,或者虽有购销货物或者提供、接受了应税劳务但开具内容不实的用于抵扣税款的发票的行为。仅从这一点来说,被告人芦某的行为符合虚开抵扣税款发票罪的构成特征。

2. 犯罪对象必须是可以用于抵扣税款的发票。所谓"抵扣税款",是指增值税纳税义务人抵扣增值税进项税额的行为。根据《增值税暂行条例》第8条的规定,增值税纳税人购进货物或者接受应税劳务支付或者负担的增值税额即进项税额,准予从销项税额中抵扣。能够被用于"抵扣税款"的发票,除增值税专用发票以外,还有运输发票、废旧物品收购发票以及农业产品收购发票等其他特定发票。如根据有关规定,增值税纳税义务人购进货物(不包括固定资产)和销售货物所付运输费用,根据运费结算单据(运输发票)所列运费金额(不包括随运费支付的装卸费、保险费等杂费),按照7%的扣除率计算准予抵扣的进项税额。其计算公式是:进项税额=运费金额×7%。因此,在我国税收征管制度中,除增值税专用发票以外,运输发票、废旧物品收购发票以及农业产品收购发票等其他特定发票也具有抵扣税款功能。本案被告人芦某为自己和他人虚开可以用于抵扣税款的运输发票,可以构成虚开抵扣税款发票罪。

3.行为人必须具有抵扣税款的资格。由于"抵扣税款"只发生在增值税的纳税环节,即增值税纳税义务人(因大多数小规模纳税人销售货物或者提供应税劳务,实行简易办法计算应纳税额,不存在抵扣税款问题,抵扣税款主要适用于增值税一般纳税人)在缴纳增值税时,将其购进货物或者接受应税劳务所支付或者负担的增值税额予以抵扣的活动。根据《增值税暂行条例》第1条的规定:"在中华人民共和国境内销售货物或者提供加工、修理修配劳务以及进口货物的单位或者个人,为增值税的纳税义务人。"因此,只有在我国境内销售货物或者提供加工、修理修配劳务以及进口货物的单位或者个人,才有抵扣税款的资格。其虚开可以用于抵扣税款的发票,可以构成虚开抵扣税款发票罪(为非增值税纳税义务人虚开可以用于抵扣税款的发票,不能以虚开抵扣税款发票罪追究刑事责任)。非增值税纳税义务人,如营业税、所得税、城市建设维护税的纳税人不存在抵扣税款问题。其为自己虚开或者让他人为自己虚开可以用于抵扣税款的发票,不能以虚开抵扣税款发票罪定罪处罚;只有为增值税纳税人虚开或者介绍他人为增值税纳税人虚开可以用于抵扣税款发票的,才能以虚开抵扣税款发票定罪处罚。本案中,被告人芦某所挂靠和承租的企业,以及接受芦某虚开运输发票的企业,均为交通运输企业。依照有关税收法规的规定,其不是增值税的纳税义务人,其虚开的发票也不能作为申报抵扣税款的依据。因此,被告人芦某为自己虚开和为其他交通运输企业虚开可以用于抵扣税款的运输发票的行为,不构成虚开抵扣税款发票罪。

4.行为人必须具有抵扣税款的故意。虽然虚开抵扣税款发票罪是行为犯,只要行为人实施了虚开用于抵扣税款的发票,就可构成犯罪。至于是否已将发票用于抵扣税款,不影响虚开抵扣税款发票罪的成立。但行为人没有抵扣税款的故意,即使实施了虚开抵扣税款发票的行为,也不能以虚开抵扣税款发票罪定罪处罚。在这里,对《刑法》第205条中的"用于抵扣税款"的理解不能过于宽泛。"用于"应指主观上想用于和客观上实际用于,而不包括虽然可以用于但行为人主观上不想用于,客观上也没有用于,也不能将行为人使用发票意图不明的视为准备用于。

综上,本案被告人芦某为自己和他人虚开可以用于抵扣税款的运输发票,在客观上虽然造成了少缴应纳税款88.423913万元的后果。但因芦某在主观是为了少缴应纳税款,而不是为了抵扣税款。其在客观上因无申报抵扣税款的资格,既没有也不可能用于抵扣税款。因此,不能对被告人芦某以虚开抵扣税款发票罪定罪处罚,检察机关指控的罪名不能成立。

(二)被告人芦某通过虚开运输发票,虚增营业开支,冲减营业数额,以偷逃应纳税款的行为,构成偷税罪

虚开可以用于抵扣税款的发票,不是为了抵扣税款,而是出于其他目的,应当结合行为人的犯罪故意和实施的客观行为择定其他罪名定罪处罚。根据《刑法》第201条的规定,纳税人采取伪造、变造、隐匿、擅自销毁账簿、记账凭证,在账簿上多列支出或者不列、少列收入,经税务机关通知申报而拒不申报或者进行虚假的纳税申报,不缴或者少缴应纳税款,偷税数额1万元以上并且占纳税人应纳税额的10%以上,或者因偷税被税务机关给予2次行政处罚又偷税的,构成偷税罪。偷税罪的主体是"纳税人",即负有纳税义务的单位和个人,不受是否具有申报抵扣税款资格的限制;偷税的手段是"伪造、变造、隐匿、擅自销毁账簿、记账凭证,在账簿上多列支出或者不列、少列收入,经税务机关通知申报而拒不申报或者进行虚假的纳税申报";采取上述手段的目的是为了不缴或者少缴应纳税款;偷税数额1万元以上并且占纳税人应纳税额的10%以上,或者因偷税被税务机关给予2次行政处罚又偷税的,是构成偷税罪与非罪数额和情节上的界限。

本案中,被告人芦某以个体运输户的名义挂靠旭日公司和承租远航公司后,依法成为营业税、企业所得税、城市建设维护税的纳税人,为了少缴应纳税款,采取了虚开交通运输发票以虚增营业开支、冲减营业数额的方式,进行虚假的纳税申报。因此少缴营业税20.037925万元,城建税14.02655万元,企业所得税33.396541万元,计偷逃税款54.837121万元,且偷逃税额占其应纳税额的30%以上。此外,被告人芦某为帮助其他联运企业偷逃税款,还将运输发票提供给其他运输企业进行虚开,用于冲减营业额,接受虚开发票的运输企业因此实际偷逃税款33.586792万元。被告人芦某的行为已构成偷税罪,并且应在"三年以上七年以下有期徒刑,并处偷税数额一倍以上五倍以下罚金"的量刑档次和幅度内判处刑罚。一、二审法院根据《刑法》《刑事诉讼法》和《最高人民法院关于执行〈中华人民共和国刑事诉讼法〉若干问题的解释》第176条第2项的规定,改变起诉不当的罪名,以偷税罪判处被告人芦某有期徒刑六年,并处罚金人民币100万元,是正确的。

(执笔:浙江省高级人民法院　干金耀　审编:任卫华)

五、辩点分析

对于虚开增值税专用发票、用于骗取出口退税、抵扣税款发票罪，通常从以下几个方面厘清辩点：本罪主观方面的认定，虚开行为的认定，“虚开的税款数额较大或者有其他严重情节”的认定，“虚开的税款数额巨大或者有其他特别严重情节”的认定，单位犯罪和个人犯罪，既遂和未遂，共同犯罪，罪数的认定，如实供述、退赃退赔、自首立功等。

（一）本罪主观方面的认定

按照《刑法》第 205 条的文字表述上来看，本罪是一个纯粹的行为犯，而不存在目的犯和结果犯的问题。行为人只要实施了虚开增值税专用发票或者虚开用于骗取出口退税、抵扣税款的其他发票的行为，就构成本罪。那么，这种认识是否正确呢？答案是否定的。

正确地理解一个罪的罪名，是不能机械地、僵硬地仅从从文字上去理解的。尤其在我们国家的立法水准、立法技术还有待提高的情况下，更加应当结合《刑法》的上下文、刑法篇章结构和立法原意全面地理解和认定罪名。

第一，从文字表述上来看，行为人实施了虚开增值税专用发票或者虚开用于骗取出口退税、抵扣税款的其他发票的行为，侵犯了增值税专用发票以及用于骗取出口退税、抵扣税款的其他发票的管理秩序。但是，本罪是隶属于《刑法》第三章“破坏社会主义市场经济秩序罪”中的第六节“危害税收征管罪”中的一个具体的罪名。从这个篇章结构上来看，本罪的客体除了发票管理秩序外，还有国家的税收管理秩序，即本罪保护的法益还包括国家的税款利益。

第二，从罪名的组成上来说，本罪是一个选择性罪名，即根据行为人的具体行为，可以是虚开增值税专用发票罪，也可以是虚开用于骗取出口退税发票罪，还可以是虚开抵扣税款发票罪。《刑法》第 205 条将虚开增值税专用发票罪与虚开用于骗取出口退税发票罪、虚开抵扣税款发票罪并列放在一个法条里，说明在立法者心目中，这几个罪名的性质是相同的，即这几个罪名都具体骗取税款的目的。

第三，我国两位权威的、具有代表性的著名法学家陈兴良教授和张明楷教授对本罪的主观方面作了细致的研究，都认为本罪在主观上具有骗取国家税款的目的。

陈兴良教授认为行为犯可以分为两种情形：一种是单纯的行为犯，另一种是短缩的行为犯。本罪就是一种短缩的行为犯，即本罪涉及两个行为，第一个行为虚开增值税专用发票或者虚开用于骗取出口退税、抵扣税款的其他发票的行为是本罪法定的行为，是《刑法》所规定的构成要件的行为，无此行为即无本罪；第二个行为是骗取税款的行为，是本罪的附带行为。构成本罪并非一定要有此一行为，但实施第一个行为必须要有实施第二个行为的目的。因此，短缩的行为犯是目的犯的一种情形。

张明楷教授指出，本罪属于抽象的危险犯。司法机关应以一般的经济运行方式为根据，判断是否具有骗取国家税款的可能性。如果虚开、代开增值税专用发票的行为根本不具有骗取国家税款的可能性，则不宜认定为本罪。比如，甲和乙双方以相同的数额相互为对方虚开增值税专用发票，并且按规定缴纳税款，不具有骗取国家税款的主观目的和现实可能的，不宜认定为本罪。

第四，2002 年 6 月 4 日，时任最高人民法院副院长刘家琛在重庆召开的全国法院审理经济犯罪案件工作座谈会上的讲话中指出，《刑法》第 205 条虽然没有规定目的犯的要件，但虚开增值税专用发票罪规定在危害税收征管罪中，根据立法原意，应当具备偷骗税款的目的。最高人民法院的其他专家法官，在其专业论文或书籍中也有类似的论述。

第五，本罪在刑法中是一个重罪。在《刑法修正案（八）》颁布实施之前，本罪的最高刑为死刑。在《刑法修正案（八）》颁布实施之后，最高刑为无期徒刑。是什么让立法者对本罪的刑罚规定得如此严厉，难道仅仅是一个虚开增值税专用发票的行为吗？不是，是虚开增值税专用发票行为背后的骗取国家税款的目的。这种目的具有严重的主观恶性和社会危害性，可能严重损害国家、人民的社会公共利益，因此，立法者才会用重刑对本罪的行为予以规制。至于那些从一开始就不具有骗取国家税款目的，因某种特殊原因而被迫平衡公司账目的、形式上的虚开增值税发票的行为（如"营改增"后，一家建筑公司将其建筑活动中的相当一部分劳务外包出去了，但包工头却无法出具增值税专用发票，为了能够抵扣这一部分劳务成本的税款，该公司找了另一家具备开具增值税专用发票资格的单位代开同等数额的增值税发票），由于其只是破坏了增值税专用发票的管理秩序，但未危及国家的税收利益。因此只能算是一般的行政违法行为，不宜以犯罪论处。

第六，除了骗取税款的目的外，本罪在主观方面还有一种主观故意，即在为了他人虚开的时候明知对方开票是为了骗取国家税款，但为了非法牟利，获取"手续费"、"开票费"，而故意为之。这种主观方面是骗取国家税款（配合受票方）和获取"手续费"、"开票费"非法牟利两种心态兼而有之，与骗取国家税款的主观故意并不矛盾。

《刑法》往往具有一定的模糊性，而这种模糊性在本罪中更加显得突出。作为辩护人，要能够透过现象看到实质，透过迷雾看到庐山真面目。如果遇到只是形式上虚开增值税专用发票，但并不危及国家税收利益的嫌疑人或被告人，辩护人要坚定地为其作无罪辩护,并能透彻地阐述法理,以说服法官采纳辩护观点。

(二)虚开行为的认定

根据《刑法》第205条第3款的规定,虚开增值税专用发票、用于骗取出口退税、抵扣税款发票的行为包括以下几种情形。

1. 为他人虚开。是指合法拥有增值税专用发票、用于骗取出口退税、抵扣税款发票的单位或者个人,明知他人没有货物购销或者没有提供或接受应税劳务而为其开具增值税专用发票、用于骗取出口退税、抵扣税款发票;或者即使有货物购销或者提供了应税劳务,但为其开具数量或者金额不实的增值税专用发票或者用于骗取出口退税、抵扣税款的其他发票的行为。

2. 为自己虚开。是指合法拥有增值税专用发票、用于骗取出口退税、抵扣税款发票的单位和个人,在本身没有货物购销或者没有提供或者接受应税劳务的情况下为自己开具增值税专用发票、用于骗取出口退税、抵扣税款的发票;或者即使有货物购销或者提供或者接受了应税劳务,但为自己开具数量或者金额不实的增值税专用发票的行为。

3. 让他人为自己虚开。其是指没有货物购销或者没有提供或接受应税劳务的单位或者个人要求合法拥有增值税专用发票、用于骗取出口退税、抵扣税款发票的单位或者个人为其开具增值税专用发票、用于骗取出口退税、抵扣税款发票;或者即使有货物购销或者提供或接受了应税劳务但要求他人开具数量或者金额不实的增值税专用发票、用于骗取出口退税、抵扣税款发票,或者进行了实际经营活动,但让他人为自己代开增值税专用发票的行为。

4. 介绍他人虚开。是指在合法拥有增值税专用发票、用于骗取出口退税、抵扣税款发票的单位或者个人与要求虚开增值税专用发票、用于骗取出口退税、抵扣税款发票的单位或者个人之间沟通联系,牵线搭桥的行为。

以上4种法定情形是本罪的客观构成要件,对于界定罪与非罪具有重大的意义。

(三)“虚开的税款数额较大或者有其他严重情节”的认定

根据1996年制定的《关于适用〈全国人大常委会关于惩治虚开、伪造和非法出售增值税专用发票的决定〉的若干问题的解释》,虚开增值税专用发票、用于骗取出口退税、抵扣税款发票的税款数额10万元以上的,属于“虚开的税款数额较大”;具有下列情形之一的,属于“有其他特别严重情节”:(1)因虚开增值税专用发票致使国家税款被骗取5万元以上的;(2)具有其他严重情节的(备注:与发票相对应的税款要根据不同行业类别,适用不同的增值税税率计算得出)。

认定虚开的专用发票涉及税款在 10 万元以上,必须要有确实充分的证据加以证明。比如,受票单位的证据、发票数量数额的证据、证人证言的证据、当事人口供的证据,要能互相印证,排除合理怀疑。

认定国家税款被骗取 5 万元以上,不仅要有以上受票单位的证据、发票数量数额的证据、证人证言的证据、当事人口供的证据,还要有行为人实际抵扣税款、骗取税款的证据,以及与之相应的数量、数额的证据。

辩护人对所有的指控证据都有权提出质证意见,如果能在证据上削减虚开的税款数额或国家税款被骗取的数额,则不失为一大有利的辩点。

另外,最高人民法院研究室在 2014 年 11 月 27 日给西藏自治区高级人民法院的答复中规定,虚开增值税专用发票罪的量刑数额标准,可以不再参照适用 1996 年司法解释,在新的司法解释制定前,可以参照最高人民法院《关于审理骗取出口退税刑事案件具体应用法律若干问题的解释》的有关规定执行:"虚开税款数额为 50 万元以上的,为'数额较大',处三年以上十年以下有期徒刑或者拘役,并处五万元以上五十万元以下罚金。"此一电话答复虽然不是正式的司法解释,但在具体的司法实践中具有指导意义,如果按照此一答复,被告人的量刑将远远轻于原来的量刑。这是一重大利好,辩护律师应抓住这一有利的量刑辩点,为被告人作最有利的辩护。

(四)"虚开的税款数额巨大或者有其他特别严重情节"的认定

根据 1996 年制定的《关于适用〈全国人大常委会关于惩治虚开、伪造和非法出售增值税专用发票的决定〉的若干问题的解释》,虚开增值税专用发票、用于骗取出口退税、抵扣税款发票的税款数额 50 万元以上的,属于"虚开的税款数额巨大";具有下列情形之一的,属于"有其他特别严重情节":(1)因虚开增值税专用发票致使国家税款被骗取 30 万元以上的;(2)虚开的税款数额接近巨大并有其他严重情节的;(3)具有其他特别严重情节的。

认定虚开的发票涉及税款在 50 万元以上,必须要有确实充分的证据加以证明。比如,受票单位的证据、发票数量数额的证据、证人证言的证据、当事人口供的证据,要能互相印证,排除合理怀疑。

认定国家税款被骗取 30 万元以上,不仅要有以上受票单位的证据、发票数量数额的证据、证人证言的证据、当事人口供的证据,还要有行为人实际抵扣税款、骗取税款的证据,以及与之相应的数量、数额的证据。

辩护人对所有的指控证据都有权提出质证意见,如果能在证据上削减虚开的税款数额或国家税款被骗取的数额,则不失为一大有利的辩点。

最高人民法院研究室在2014年11月27日给西藏自治区高级人民法院的答复中规定,虚开增值税专用发票罪的量刑数额标准,可以不再参照适用1996年司法解释,在新的司法解释制定前,可以参照最高人民法院《关于审理骗取出口退税刑事案件具体应用法律若干问题的解释》的有关规定执行:"虚开税款数额为250万元以上的,为'数额巨大',处十年以上有期徒刑或者无期徒刑,并处五万元以上五十万元以下罚金或者没收财产。"此一电话答复虽然不是正式的司法解释,但在具体的司法实践中具有指导意义,如果按照此一答复来量刑,被告人的量刑将远远轻于原来的量刑。这是一重大利好,辩护律师应抓住这一有利的量刑辩点,为被告人作最有利的辩护。

(五)单位犯罪和个人犯罪

按照《刑法》第205条的规定,本罪存在单位犯罪和个人犯罪两种形式。按照最高人民法院关于单位犯罪的司法解释和刑法理论,区分单位犯罪和个人犯罪的关键在于虚开增值税专用发票、用于骗取出口退税、抵扣税款发票的行为体现的是单位的意志,还是个人的意志,以及利益是归属于单位还是归属于个人。如果是由单位集体研究决定或经由单位主要负责人决定,虚开行为的利益归属于单位的,以单位犯罪论处。如果是由个人意志决定,虚开行为的利益归属于个人,则属于个人犯罪。按照国家税法的规定,增值税一般纳税人只能是单位,而不能是个人。所以,实践中本罪的行为主体均是以单位为主体。在判断行为人的虚开行为究竟是单位犯罪还是个人犯罪的问题上,一般应首先考虑是单位犯罪。在排除单位犯罪的情况下,再考虑是不是个人犯罪。

对于实际上的一人公司,如果公司财物与股东财物独立,彼此间并无资金往来,或虽有往来,但财务记账规范,虚开行为构成犯罪的,应视为单位犯罪。但对于那些个人资产与公司资产混同,财务制度不规范,即使虚开行为以单位名义实施,也一般视为个人犯罪。另外,按照最高人民法院的司法解释,为虚开而专门成立公司以取得一般纳税人资格,之后用合法取得的增值税专用发票虚开的;公司成立后,有经营行为,但以虚开为常业的,或以虚开的手续费作为公司主要收入来源的。对于这两种情形,都应以个人犯罪论处。

对于以单位名义实施的虚开增值税专用发票、用于骗取出口退税、抵扣税款发票行为的案件,只追究"直接负责的主管人员"和"其他直接责任人员"的刑事责任;对于策划、组织、指挥虚开行为的负责人员,一般应认定为"直接负责的主管人员",对本罪承担主要的罪责;对于明知单位虚开增值税专用发票、用于骗取出口退税、抵扣税款发票的,在主管人员安排下,仍积极实施虚开行为,属于实行犯的,一般认定为"其他直接责任人员",依法追究刑事责任;对于其他的一般参加者、消极的奉命执行者,不能不加区别地也当做“其他直接责任人员”,一律追究刑事责任。再通俗地说,通常是直接负责的总经理或副总经理和公司会计承担本罪的罪责,其他人员,如果不是“直接负责的主管人员”和“其他直接责任人员”的,不承担刑事责任。

由于单位犯罪体现的是单位的意志,利益也归属于单位,故行为人的主观恶性低于个人犯罪。因此在司法实践中,在同等条件下,对单位犯罪中的“直接负责的主管人员”和“其他直接责任人员”的量刑要低于个人犯罪。辩护人在为被控本罪的嫌疑人或被告人辩护时,要善于把握此一辩点,为当事人作有效的辩护。

(六)既遂和未遂

本罪是带有骗取国家税款目的的行为犯,即行为人只要以骗取国家税款为目的,实施了虚开增值税专用发票、用于骗取出口退税、抵扣税款发票的行为,且该行为达到一定的数额标准,不论是否达到骗取国家税款的目的,均构成本罪的既遂。如果行为人实施了虚开增值税专用发票、用于骗取出口退税、抵扣税款发票的行为,但被税务机关查获或者其他因本人意志以外的原因未能完成虚开行为的,构成犯罪未遂。如果行为人实施了虚开的行为,但没有达到“虚开税款数额1万元以上或者致使国家税款被骗取5000元以上”的情节,则属于一般违法行为,不以犯罪论处。

对于犯罪未遂的行为,辩护人要能及时地识别,并提出比照既遂犯从轻、减轻处罚的辩护意见。

(七)共同犯罪

与其他的罪名一样,本罪也存在共同犯罪,无论是本罪的单位犯罪还是个人犯罪都是如此。按照《刑法》总则的规定,具有共同的犯罪故意和共同的犯罪行为,构成共同犯罪。

具体到本罪的单位犯罪中,只有被人民法院认定的“直接负责的主管人员”和“其他直接责任人员”才需承担刑事责任。这些“直接负责的主管人员”和“其他直接责任人员”通常属于共犯。对于策划、组织、指挥虚开行为的主管人员,一般应认定为共同犯罪中的主犯,承担主要的罪责;对于明知单位是在虚开增值税专用发票、用于骗取出口退税、抵扣税款发票的,在主管人员授意下,积极实施虚开行为的,一般认定为“其他直接责任人员”,一般情况下也为主犯,但其在共同犯罪中的地位和作用较“直接负责的主管人员”为轻。

具体到本罪的个人犯罪中,应该根据各个共同实施虚开行为的人员在共同犯罪行为中的地位和作用、行为人职务的高低、对虚开行为积极的程度、是否从虚开行为中得到了好处、好处的多少等，区分主犯、从犯或胁从犯等。如果两个或者两个以上主要的人员在共同犯罪中地位或者作用相当，可以都认定为主犯；对于从犯，应当比照主犯从轻或减轻处罚；对于胁从犯，由于其主观恶性较小，应该比照主犯减轻或者免除处罚。

行为人帮助他人虚开增值税专用发票、用于骗取出口退税、抵扣税款发票，从中收取代理费、好处费、佣金或提成的，构成共同犯罪，根据其具体情节追究刑事责任。

由于共同犯罪中的不同行为人，其在共同犯罪中的地位、作用均不相同，有重有轻。因此如何区分他们的地位和作用，对辩护人来说是一个重要的辩点。

（八）罪数的认定

本罪与逃税罪存在牵连，行为人在实施逃税行为的过程中，可能伴随着虚开增值税专用发票或虚开用于骗取出口退税、抵扣税款的其他发票的行为。在这种情况下，应认定为牵连犯，从一重罪处罚，即按本罪处罚。

如果行为人分别基于虚开增值税专用发票的故意和逃税的故意，在不同时间段里分别实施了相互间无任何联系的虚开行为和逃税行为。对此，应按数罪并罚的原则予以处罚。

如果行为人在伪造增值税专用发票之后又实施虚开行为，行为人的前一行为与后一行为存在手段和目的的牵连关系，应视为牵连犯，从一重罪处罚，即按本罪处罚。

如果行为人虚开增值税专用发票的目的是为了贪污国家财产，则其虚开的行为和贪污的行为也属于手段和目的的牵连行为，应认定为牵连犯，从一重罪处罚，即按本罪处罚。

总而言之，如果行为人的两种以上的行为存在牵连关系或法条竞合关系，一般情况下，从一重罪处罚；如果行为人的两种以上的行为相互之间是完全独立的，不存在牵连关系或法条竞合关系，则一般按数罪并罚的原则论处。

（九）如实供述、补缴税款、退赃、退赔、自首、立功等

根据最高人民法院的量刑指导意见和各省高级人民法院的实施细则，如实供述、真诚悔罪，一直都是作为一个重要的酌定从轻情节而存在的。被指控犯有本罪的嫌疑人或被告人如在案件中具备这些酌定从轻情节，将是一个有利的辩点，嫌疑人、被告人及其辩护人应善于发现、挖掘这一酌定从轻情节。

在本罪中，补缴税款或者将非法牟取的“手续费”、“开票费”等退赃、退赔虽然不能像逃税罪那样豁免刑事责任，但也可以作为一个重要的酌定从轻情节存在。

自首和立功在《刑法》总则里一直都是作为法定从轻情节存在的，对于所有的罪名都是同等适用的，本罪也不例外。由于本书在前面的几个章节里，都详细地谈到自首和立功的辩点内容，这里就不再赘述。

第三节　虚开发票罪的风险识别与辩点分析

一、虚开发票罪的构成要件

（一）概念

虚开发票罪是指为了牟取非法经济利益，违反国家发票管理规定，虚开增值税专用发票和用于骗取出口退税、抵扣税款发票以外的发票的行为［《刑法修正案（八）》增设的罪名］。

（二）构成要件

1. 自然人和单位都可以成为虚开发票罪的主体。本罪的主体主要包括以下3个方面。一是虚开发票的单位和个人。这些单位和个人，为了谋取“开票费”、“手续费”等非法利益，开具虚假或者不实的发票。二是非法获得虚开发票的单位和个人。这些单位和个人通过获取虚开的发票来获得非法经济利益，或者掩盖自己的违法行为。三是虚开发票和购买虚开发票的中介者。司法实践中介绍他人虚开发票也是常见、多发的情况，一定程度上助长了发票犯罪。对于介绍他人虚开发票的行为人，应该将其作为虚开发票罪的共犯处罚。

2. 虚开发票犯罪为直接故意，即行为人明知违反税收法律制度，还虚开增值税专用发票和用于骗取出口退税、抵扣税款发票以外的其他发票。间接故意和过失不能构成本罪。

3. 本罪侵犯的客体为复杂客体，主要包括国家的发票管理制度和税收征管制度。从现代税收制度来看，发票是在购销商品、提供或者接受服务以及从事其他经济活动中，开具、收取的收付款凭证。发票既是会计核算的原始凭证，也是税务稽查的重要依据。虚开发票,可以使不法经营者多列成本,减少个人所得税、企业所得税等税种的应纳税额,达到逃税的目的,从而侵犯了国家的税收征管制度。

4. 虚开发票罪的客观方面表现为虚开增值税专用发票和用于骗取出口退税、抵扣税款发票以外的发票,情节严重的行为。

二、虚开发票罪的量刑规定

《刑法修正案(八)》第33条规定:“在刑法第二百零五条后增加一条,作为第二百零五条之一:虚开本法第二百零五条规定以外的其他发票,情节严重的,处二年以下有期徒刑、拘役或者管制,并处罚金;情节特别严重的,处二年以上七年以下有期徒刑,并处罚金。”

“单位犯前款罪的,对单位判处罚金,并对其直接负责的主管人员和其他直接责任人员,依照前款的规定处罚。”

最高人民法院于1996年10月17日发布的《关于适用(全国人民代表大会常务委员会关于惩治虚开、伪造和非法出售增值税专用发票犯罪的决定)的若干问题的解释》中规定,虚开税款数额1万元以上,应当依法定罪处罚;虚开税款数额10万元以上,属于“虚开的税款数额较大”,与“有其他严重情节”适用相同的量刑档次;虚开税款数额50万元以上,属于“虚开的数额巨大”,与“有其他特别严重情节”适用相同的量刑档次。由于虚开增值税专用发票和用于骗取出口退税、抵扣税款发票与虚开发票罪是在同一条中规定的,故在新的司法解释出台前,虚开发票罪“情节严重”和“情节特别严重”的认定标准可按照虚开增值税专用发票和用于骗取出口退税、抵扣税款发票的标准进行折算并参照执行。

但是最高人民检察院、公安部于2011年11月14日颁布实施的《刑事案件立案追诉标准(二)的补充规定》对虚开发票罪的立案标准作出了部分修正(最高院行文予以认可),即虚开刑法第205条规定以外的其他发票,涉嫌下列情形之一的,应予立案追诉:虚开发票100份以上或者虚开金额累计在40万元以上的;虽未达到上述数额标准,但5年内因虚开发票行为受到行政处罚2次以上,又虚开发票的;其他情节严重的情形。

本罪只规定对犯罪的自然人和单位应并处罚金,但对罚金的数额没有作具体的规定。与虚开发票罪一同规定于《刑法》第205条的虚开值税专用发票、用于骗取出口退税、抵扣税款发票罪规定了罚金刑的具体数额,虚开发票罪在适用罚金刑时可根据相应档次自由刑并罚的罚金数额参照适用,即情节严重的,并处2万元以上20万元以下罚金;情节特别严重的,处5万元以上50万元以下罚金。

三、虚开发票罪的认定标准

(一)以虚开发票的方式偷逃税款的行为如何认定罪名

行为人以偷逃税款为目的,使用虚开的发票虚列成本,以此降低公司、企业的账面利润,并以此偷逃企业所得税的行为,触犯了虚开发票罪和逃税罪两个罪名。在这种情况下,存在如何对行为人定罪处罚的问题。

第一,该行为包括了两个犯罪行为,即虚开发票的犯罪行为和虚列成本偷逃税款的犯罪行为。逃税不必然是通过虚开发票的行为才能实现,也可以通过少列收入等形式来实现;而虚开发票不必然是为了逃税的目的,虚开发票还可以用于贪污公款等其他非法目的。因此,该行为触犯的两个罪名并非法条竞合。

第二,行为人以偷逃税款为目的,其虚开发票的手段行为又触犯了虚开发票罪的,应属于刑法理论中的牵连犯。对于牵连犯,按照《刑法》理论,不实行数罪并罚,而是"从一重罪处罚"。考虑到以虚开发票的方式偷逃税款的行为触犯了两个罪名,其社会危害性较之一个罪名更大,只按一罪处理对犯罪有所轻纵,因此应当在确定适用法定刑较重的罪名的基础上从重处罚,才能实现罪刑的均衡。

(二)划清本罪与虚开增值税专用发票罪的界限

本罪与虚开增值税专用发票罪的最大区别是犯罪对象的不同:前者的对象是普通发票,后者的对象是增值税专用发票。后者的社会危害性要大于前者,量刑幅度也要远高于前者。

四、典型案例

曹某甲等四人虚开发票案①

[案号]山东省青岛市李沧区人民法院(2015)李刑初字第271号

公诉机关:山东省青岛市李沧区人民检察院。

被告人:曹某甲,系青岛诚杰绿化工程有限公司经理。因涉嫌犯虚开发票罪于2014年7月5日被刑事拘留,同年8月12日被逮捕。现羁押于山东省青岛市第一看守所。

---

① 案例来源:中国裁判文书网。

辩护人:张某,山东国恩律师事务所律师。

辩护人:李某,山东昌阳律师事务所律师。

被告人:马某,系浙江嘉善腾飞园艺场负责人。因涉嫌犯虚开发票罪于2014年7月10日被刑事拘留,同年8月12日被逮捕。现羁押于山东省青岛市第一看守所。

辩护人:郑某,山东融信律师事务所律师。

被告人:刘某甲,个体。因涉嫌犯虚开发票罪于2014年8月19日被刑事拘留,同年9月11日被取保候审。

辩护人:孙某,山东源中律师事务所律师。

被告人:杜某,个体。因涉嫌犯虚开发票罪于2014年8月19日被刑事拘留,同年9月11日被取保候审。

辩护人:王某,山东容达律师事务所律师。

山东省青岛市李沧区人民检察院以青李沧检公刑诉(2015)183号起诉书指控被告人曹某甲、马某、刘某甲、杜某犯虚开发票罪,于2015年4月13日向本院提起公诉。本院受理后,依法组成合议庭,适用普通程序,公开开庭审理了本案。青岛市李沧区人民检察院指派检察员尤某出庭支持公诉,被告人曹某甲及其辩护人张某、李某,被告人马某及其辩护人郑某,被告人刘某甲及其辩护人孙某,被告人杜某及其辩护人王某到庭参加诉讼。本案现已审理终结。

公诉机关指控:1. 2011年2月至2012年11月,被告人曹某甲在与曹某乙(另案处理)有极少量真实业务的情况下,按发票票面金额的0.5%~0.8%支付开票费给曹某乙,多次从曹某乙所在的浙江省嘉善县曹翀园艺场虚开浙江增值税普通发票。曹某甲从曹某乙处开具的120份浙江增值税普通发票(票面金额11999045元)中,虚开的金额为人民币11699045元。后曹某甲在其自己经营的青岛诚杰绿化工程有限公司将上述发票入账。

2. 2012年6月至2012年12月,曹某甲在与被告人马某有部分真实业务的情况下,按发票票面金额的0.5%支付开票费给马某,多次从马某所在的嘉善腾飞园艺场虚开发票。马某给曹某甲开具的浙江增值税普通发票127份(票面金额12693828元)中,虚开的金额为人民币3534838元。后曹某甲在其自己经营的青岛诚杰绿化工程有限公司将上述发票入账。

3. 2011年9月,曹某甲在没有真实业务的情况下,按发票票面金额的0.5%~0.8%支付开票费,从嘉兴市秀洲区新塍秀红树木种植场虚开发票20份(票面金额1999800元)。后曹某甲在其自己经营的青岛诚杰绿化工程有限公司将上述发票入账。

4. 2011年10月,曹某甲在没有真实业务的情况下,按发票票面金额的

0.5%～0.8%支付开票费，从桐乡市桃花源苗木专业合作社虚开发票31份（票面金额3007000元）。后曹某甲在其自己经营的青岛诚杰绿化工程有限公司将上述发票入账。

5.2012年10月至11月，被告人刘某甲在没有真实业务的情况下，按发票票面金额的2.5～3%支付开票费给被告人杜某。杜某又按照发票票面金额的1.5%支付开票费给曹某甲，从曹某甲所在的青岛诚杰绿化工程有限公司虚开发票59份（票面金额4837998元）。后刘某甲在其挂靠的青岛仰口旅游发展有限公司将上述发票入账。案发后，刘某甲、杜某到公安机关投案。

公诉机关当庭提交了接受刑事案件登记表，发破案经过，被告人供述和辩解，证人证言，书证，物证，辨认笔录及户籍证明等证据。

公诉机关认为，被告人曹某甲、马某、刘某甲、杜某虚开发票，情节严重，其行为均触犯了《中华人民共和国刑法》第二百零五条之一，应当以虚开发票罪追究其刑事责任。

被告人曹某甲对起诉书指控的犯罪事实和罪名均无异议，且认罪。其辩护人提出的主要辩护意见是：1.被告人曹某甲到案后检举揭发挂靠在青岛仰口旅游发展有限公司的被告人刘某甲、杜某找其虚开发票59份的事实，有立功表现；2.被告人曹某甲无犯罪前科，到案后如实供述其罪行，当庭认罪，认罪态度好。

被告人马某对起诉书指控的犯罪事实和罪名均无异议，且认罪。其辩护人提出的主要辩护意见是：被告人马某无犯罪前科，到案后如实供述其罪行，当庭认罪，认罪态度好。

被告人刘某甲对起诉书指控的犯罪事实和罪名均无异议，且认罪。其辩护人提出的主要辩护意见是：1.被告人刘某甲与杜某之间确实存在业务往来，涉案发票数额应当酌情减少，虚开发票数额未达到“情节严重”的程度；2.被告人刘某甲主动到公安机关投案，如实供述其罪行，系自首；3.被告人刘某甲主动找到杜某并将其带至公安机关投案，有立功表现；4.被告人刘某甲无犯罪前科，当庭认罪，认罪态度好。

被告人杜某对起诉书指控的犯罪事实和罪名均无异议，且认罪。其辩护人提出的主要辩护意见是：1.被告人杜某主动到公安机关投案，如实供述其罪行，系自首；2.被告人杜某无犯罪前科，当庭认罪，认罪态度好。

经审理查明：

1.2011年2月至2012年11月，被告人曹某甲在与曹某乙（另案处理）有极少量真实业务的情况下，按发票票面金额的0.5%～0.8%支付开票费给曹某乙，多次从曹某乙所在的浙江省嘉善县曹翀园艺场虚开浙江增值税普通发票。曹某甲从曹某乙处开具的120份浙江增值税普通发票（票面金额11999045元）中，虚开的金额为人民币11699045元。后曹某甲在其自己经营的青岛诚杰绿化工程有限公司将上述发票入账。

2.2012年6月至2012年12月,曹某甲在与被告人马某有部分真实业务的情况下,按发票票面金额的0.5%支付开票费给马某,多次从马某所在的嘉善腾飞园艺场虚开发票。马某给曹某甲开具的浙江增值税普通发票127份(票面金额12693828元)中,虚开的金额为人民币3534838元。后曹某甲在其自己经营的青岛诚杰绿化工程有限公司将上述发票入账。

3.2011年9月,曹某甲在没有真实业务的情况下,按发票票面金额的0.5%~0.8%支付开票费,从嘉兴市秀洲区新塍秀红树木种植场虚开发票20份(票面金额1999800元)。后曹某甲在其自己经营的青岛诚杰绿化工程有限公司将上述发票入账。

4.2011年10月,曹某甲在没有真实业务的情况下,按发票票面金额的0.5%~0.8%支付开票费,从桐乡市桃花源苗木专业合作社虚开发票31份(票面金额3007000元)。后曹某甲在其自己经营的青岛诚杰绿化工程有限公司将上述发票入账。

5.2012年10月至11月,被告人刘某甲在没有真实业务的情况下,按发票票面金额的2.5%~3%支付开票费给被告人杜某。杜某又按照发票票面金额的1.5%支付开票费给曹某甲,从曹某甲所在的青岛诚杰绿化工程有限公司虚开发票59份(票面金额4837998元)。后刘某甲将上述发票在其挂靠的青岛仰口旅游发展有限公司入账。

另查明,2014年8月19日11时许,被告人刘某甲、杜某主动到青岛市公安局李沧分局经侦大队投案。

在案件审理期间,被告人曹某甲主动退缴赃款人民币5万元;被告人马某主动退缴赃款人民币1.5万元,缴纳罚金人民币4万元;被告人刘某甲主动缴纳罚金人民币2万元;被告人杜某主动退缴赃款人民币4万元,缴纳罚金人民币2万元。

综上,被告人曹某甲虚开发票357份数额为22372382元,被告人马某虚开发票127份数额为3534828元,被告人刘某甲、杜某虚开发票59份数额为4837998元。

上述事实,有经庭审质证、确认的下列证据证实:受案登记表,发破案经过,抓获经过,归案情况说明,临时羁押证明,调取证据通知书及清单,扣押及发还清单,青岛诚杰绿化工程有限公司财务账,青岛仰口旅游发展有限公司财务账、采购合同,浙江省嘉善县曹翀园艺场财务账,浙江省嘉善腾飞园艺场财务账,银行查询记录,情况说明,户籍证明;证人曹某乙、沈某甲、沈某乙、代某、王某、刘某乙的证言;

被告人曹某甲、马某、刘某甲、杜某的供述及辨认笔录；审讯同步录音录像等。

本院认为，被告人曹某甲、马某、刘某甲、杜某违反国家发票管理规定，虚开发票，情节严重。其行为均已构成虚开发票罪，应予依法惩处。公诉机关指控被告人曹某甲、马某、刘某甲、杜某犯虚开发票罪的事实清楚，罪名成立，本院予以支持。关于被告人曹某甲的辩护人所提曹某甲有立功表现的辩护意见，经查，曹某甲到案后供述刘某甲、杜某找其虚开59份发票，属供述自己的罪行，不属于检举揭发他人犯罪，其行为不构成立功。故对辩护人的此辩护意见，本院不予采纳。关于辩护人所提曹某甲无犯罪前科，到案后如实供述其罪行，当庭认罪，认罪态度好的辩护意见，经查属实，本院予以采纳。关于被告人马某的辩护人所提马某无犯罪前科，到案后如实供述其罪行，当庭认罪，认罪态度好的辩护意见，经查属实，本院予以采纳。关于被告人刘某甲的辩护人所提刘某甲虚开发票数额未达到情节严重的程度的辩护意见，经查，刘某甲与杜某之间虽然存在业务往来，但未向法庭提交证据证实二人之间存在的业务种类及数额。故涉案发票数额不应减少，其犯罪数额应按照起诉书指控的4837998元认定，且属情节严重，对辩护人的此辩护意见，本院不予采纳。关于辩护人所提刘某甲有立功表现的辩护意见，经查，刘某甲与杜某共同商量后一起到公安机关投案，该行为不属于协助公安机关抓获其他犯罪嫌疑人，不构成立功，故对辩护人的此辩护意见，本院不予采纳。关于辩护人所提刘某甲系自首，无犯罪前科，当庭认罪，认罪态度好的辩护意见，经查属实，本院予以采纳。关于被告人杜某的辩护人所提杜某系自首，无犯罪前科，当庭认罪，认罪态度好的辩护意见，经查属实，本院予以采纳。被告人刘某甲、杜某在案发后主动到公安机关投案，如实供述其罪行，系自首；被告人曹某甲、马某到案后如实供述其犯罪事实，对其均可从轻处罚。被告人曹某甲、马某、刘某甲、杜某积极退缴赃款、缴纳罚金，对其可酌情从轻处罚。根据被告人刘某甲、杜某的犯罪情节及悔罪表现，其没有再犯罪的危险，宣告缓刑对其所居住社区没有重大不良影响，可以宣告缓刑，并交被告人所在社区矫正组织依法实行社区矫正。依照《中华人民共和国刑法》第二百零五条之一第一款、第六十七条第一款、第三款、第七十二条第一款、第七十六条、第五十二条、第五十三条、第六十四条，最高人民法院《关于处理自首和立功具体应用法律若干问题的解释》第一条、第三条之规定，判决如下：

一、被告人曹某甲犯虚开发票罪，判处有期徒刑一年十个月，并处罚金人民币十万元。（刑期从判决执行之日起计算。判决执行前先行羁押的，羁押一日折抵刑期一日，即自2014年7月5日起至2016年5月4日止。罚金限于本判决生效后十日内缴纳。）

被告人马某犯虚开发票罪，判处有期徒刑一年一个月，并处罚金人民币四万元(罚金已缴纳)(刑期从判决执行之日起计算。判决执行前先行羁押的,羁押一日折抵刑期一日,即自2014年7月10日起至2015年8月9日止)。

被告人刘某甲犯虚开发票罪,判处有期徒刑六个月,缓刑一年,并处罚金人民币二万元(罚金已缴纳)(缓刑考验期自判决确定之日起计算)。

被告人杜某犯虚开发票罪,判处有期徒刑六个月,缓刑一年,并处罚金人民币二万元(罚金已缴纳)(缓刑考验期自判决确定之日起计算)。

二、被告人曹某甲退缴的赃款人民币5万元,被告人马某退缴的赃款人民币1.5万元,被告人杜某退缴的赃款人民币4万元,依法没收。

如不服本判决,可在接到判决书的第二日起十日内,通过本院或者直接向山东省青岛市中级人民法院提出上诉。书面上诉的,应交上诉状正本一份,副本二份。

审　判　长　刁某某
人民陪审员　章某某
人民陪审员　毕某某
二〇一五年七月十日
书　记　员　崔某某

五、辩点分析

对于虚开发票罪,通常从以下几个方面厘清辩点:主观方面的认定,虚开行为的认定,“情节严重”的认定,“情节特别严重”的认定,单位犯罪和个人犯罪,既遂和未遂,共同犯罪,罪数的认定,如实供述、退赃退赔、自首立功等。

(一)本罪主观方面的认定

按照《刑法》第205条之一的文字表述上来看,本罪是一个行为犯,即行为人只要实施了虚开205条规定以外的其他发票的行为,就构成本罪。

但是,正确地理解一个罪的罪名,是不能机械地、僵硬地仅从从文字上去理解的。尤其在我们国家的立法水准、立法技术还有待提高的情况下,更加应当结合《刑法》的上下文、《刑法》的篇章结构和立法原意全面地理解和认定罪名。

本罪是隶属于《刑法》第三章“破坏社会主义市场经济秩序罪”中的第六节“危害税收征管罪”中的一个具体的罪名。从这个篇章结构上来看,本罪的客体除了发票管理秩序外,还有国家的税收管理秩序,即本罪保护的法益还包括国家的税款利益。因此虚开发票不是违法者的最终目的,违法者的最终目的是为了逃税(本罪的发票系普通发票,不能抵扣税款),从而侵害国家的税款利益。具体来说，虚开发票包括两方的主体，受票方和开票方。对于受票方而言，是利用虚开的发票逃税；对于开票方而言，是为了获取受票方支付的高额“手续费”、“开票费”等。

综上，本罪的行为人实施虚开发票的行为时，通常其主观上带有非法牟取经济利益的目的。由于本罪主要侵害的是国家税收征管秩序，如果没有牟利的目的，那么虚开发票的行为对国家税款的征收就没有威胁，也不会对国家税收征管秩序造成大的影响，其社会危害性相对较小。如果情节显著轻微，可以不作为犯罪处理。因此，虽然《刑法修正案（八）》并没有将“以营利为目的”或者“为牟取经济利益”作为虚开发票罪的主观要件，但是不以牟利为目的的虚开发票的行为一般不宜认定为本罪。

《刑法》往往具有一定的模糊性，作为辩护人，要能够透过现象看到实质，透过迷雾看到庐山真面目。如果被指控犯有本罪的嫌疑人或被告人不具有逃税或者牟取经济利益的目的，其虚开的情节不是非常严重的，辩护人可以为其作无罪辩护。

（二）虚开行为的认定

虚开发票的行为包括以下几种情形：

一是为他人虚开。行为人在没有销售商品或者没有提供服务的情况下，为他人开具发票；或者是行为人虽然销售了商品或者提供了服务的情况下，但为他人开具交易内容或交易数量、金额不实的发票。在这种情况下，行为人都是使用合法持有的发票为他人虚开，这是虚开发票的主要形式。

二是为自己虚开。行为人在没有商品交易或是提供或接受服务的情况下，为自己开具发票。由于增值税专用发票和其他用于骗取出口退税、抵扣税款的发票可以用来骗取出口退税或者抵扣进项税款，为自己虚开增值税专用发票和用于骗取出口退税、抵扣税款发票罪的情况较为常见。而普通发票并没有这种可以用于牟利的骗取出口退税和抵扣税款的功能。因此在虚开发票罪中，为自己虚开发票的情况并不多见。但即使出于其他目的为自己虚开发票难以达到抵扣税款以牟利的目的，也违反了发票管理制度中关于如实开具发票的规定，情节严重的，亦构成虚开发票罪。

三是让他人为自己虚开。主要包括两种情况：一是行为人为了实现自己侵占或贪污资金、套取财政资金等不法目的，通过支付“手续费”等形式要求他人为自己虚开发票；二是行为人销售商品或提供服务，让他人为自己虚开发票给商品购买者或接受服务者。这种做法，往往是行为人没有开具发票的资格，或者是利用不同行业的税率差异来偷逃税款。

四是介绍他人虚开。其是指在合法拥有发票的单位或者个人与要求虚开发票的单位或者个人之间沟通联系，牵线搭桥的行为。这种行为往往具有牟取“中介费”、“佣金”等非法经济利益的目的。

以上情形是本罪的客观构成要件，对于界定罪与非罪具有重大的意义。

（三）“情节严重”的认定

根据最高人民检察院、公安部于 2011 年 11 月颁布实施的《关于公安机关管辖的刑事案件立案追诉标准的规定》，下列两种情形属于“情节严重”，应予立案追诉：虚开发票 100 份以上或者虚开金额累计在 40 万元以上的；虽未达到上述数额标准，但 5 年内因虚开发票行为受过行政处罚 2 次以上，又虚开发票的。

认定虚开发票的金额累计在 40 万元以上，必须要有确实充分的证据加以证明，比如受票单位的证据、发票数量数额的证据、证人证言的证据、当事人口供的证据。要能互相印证，排除合理怀疑。

辩护人对所有的指控证据都有权提出质证意见，如果能在证据上削减虚开发票的金额，则不失为一大有利的辩点。轻则可以作量刑辩护、罪轻辩护，重则可以作不够入罪标准的无罪辩护。

（四）“情节特别严重”的认定

对于何谓本罪中的“情节特别严重”，《刑法》条文和司法解释都没有具体的规定。但虚开增值税专用发票罪中“虚开的税款数额巨大”与“虚开的税款数额较大”的倍数比是 5 倍，我们可以用这个倍数乘以本罪的入罪金额标准 40 万元，得出本罪的“情节特别严重”应该为：虚开发票 500 份以上或者虚开金额累计在 200 万元以上。

同上，认定虚开的发票金额在 200 万元以上，必须要有确实充分的证据加以证明，如受票单位的证据、发票数量数额的证据、证人证言的证据、当事人口供的证据要能互相印证，排除合理怀疑。

辩护人对所有的指控证据都有权提出质证意见。如果能在证据上削减虚开发票的金额，则不失为量刑辩护、罪轻辩护的一大辩点。

（五）单位犯罪和个人犯罪

按照《刑法》第 205 条之一的规定，本罪存在单位犯罪和个人犯罪两种形式。按照最高人民法院关于单位犯罪的司法解释和刑法理论，区分单位犯罪和个人犯罪的关键在于虚开发票的行为体现的是单位的意志，还是个人的意志，以及利益是归属于单位还是归属于个人。如果是由单位集体研究决定或经由单位主要负责人决定，虚开发票行为的利益归属于单位的，以单位犯罪论处；如果是由个人意志决定，虚开发票行为的利益归属于个人，则属于个人犯罪。

对于实际上的一人公司，如果公司财物与股东财物独立，彼此间并无资金往来，或虽有往来，但财务记账规范，虚开发票行为构成犯罪的，应视为单位犯罪。但对于那些个人资产与公司资产混同，财务制度不规范的，即使虚开发票行为以单位名义实施，也一般视为个人犯罪。

另外，按照最高人民法院的司法解释，为虚开发票而专门成立公司以取得一般纳税人资格，之后用合法取得的发票虚开的；公司成立后，有经营行为，但以虚开为常业的，或以虚开的手续费作为公司主要收入来源的。对于这两种情形，都应以个人犯罪论处。

对于以单位名义实施的虚开发票行为的案件，只追究"直接负责的主管人员"和"其他直接责任人员"的刑事责任；对于策划、组织、指挥虚开发票行为的负责人员，一般应认定为"直接负责的主管人员"；对于明知单位虚开发票的，在主管人员安排下，仍积极实施虚开行为，属于实行犯的，一般认定为"其他直接责任人员"，依法追究刑事责任；对于其他的一般参加者、消极的奉命执行者，不能不加区别地也当做"其他直接责任人员"，一律追究刑事责任。再通俗地说，通常是直接负责的总经理或副总经理和公司会计承担本罪的罪责。其他人员，如果不是"直接负责的主管人员"和"其他直接责任人员"的，不承担刑事责任。

由于单位犯罪体现的是单位的意志，利益也归属于单位，故行为人的主观恶性低于个人犯罪。因此在司法实践中，在同等条件下，对单位犯罪中的"直接负责的主管人员"和"其他直接责任人员"的量刑要低于个人犯罪。辩护人在为被控本罪的嫌疑人或被告人辩护时，要善于把握此一辩点，为当事人作有效的辩护。

（六）既遂和未遂

本罪是带有非法谋取经济利益（逃税或获取手续费、开票费等）的行为犯，即行为人只要以非法谋取经济利益为目的，实施了虚开发票的行为，且该行为达到一定的数额标准，不论牟取经济利益的目的是否达到，均构成本罪的既遂。如果行为人实施虚开发票的行为，但被税务机关查获或者其他因本人意志以外的原因未能完成虚开行为的，构成犯罪未遂。

如果行为人实施了虚开的行为，但没有达到"虚开发票 100 份以上或者虚开金额累计在 40 万元以上的"的情节，则属于一般违法行为，不以犯罪论处。

对于犯罪未遂的行为，辩护人要能及时地识别，并提出比照既遂犯从轻、减轻处罚的辩护意见。

（七）共同犯罪

与其他的罪名一样，本罪也存在共同犯罪，无论是本罪的单位犯罪还是个人犯罪都是如此。按照《刑法》总则的规定，具有共同的犯罪故意和共同的犯罪行为，构成共同犯罪。

具体到本罪的单位犯罪中，只有被人民法院认定的“直接负责的主管人员”和“其他直接责任人员”，才需承担刑事责任。这些“直接负责的主管人员”和“其他直接责任人员”通常属于共犯。对于策划、组织、指挥虚开发票行为的主管人员，一般应认定为共同犯罪中的主犯，承担主要的罪责。对于明知单位虚开发票的，在主管人员授意下，积极实施虚开行为的，一般认定为“其他直接责任人员”。其一般情况下也为主犯，但其在共同犯罪中的地位和作用较“直接负责的主管人员”为轻。

具体到本罪的个人犯罪中，应该根据各个共同实施虚开发票行为的人员在共同犯罪行为中的地位和作用、行为人职务的高低、对虚开发票行为积极的程度、是否从虚开发票行为中得到了好处、好处的多少等，区分主犯、从犯或胁从犯等。如果两个或者两个以上主要的人员在共同犯罪中地位或者作用相当，可以都认定为主犯；对于从犯，应当比照主犯从轻或减轻处罚；对于胁从犯，由于其主观恶性较小，应该比照主犯减轻或者免除处罚。

行为人帮助他人虚开发票，从中收取代理费、好处费、佣金或提成的，构成共同犯罪，根据其具体情节追究刑事责任。

由于共同犯罪中的不同行为人，其在共同犯罪中的地位、作用均不相同，有重有轻。因此如何区分他们的地位和作用，对辩护人来说是一个重要的辩点。

（八）罪数的认定

本罪与逃税罪存在牵连，行为人在实施逃税行为的过程中，可能伴随虚开发票的行为。在这种情况下，应认定为牵连犯，从一重罪处罚，即按逃税罪处罚。如果行为人因为在公安机关立案前补缴了应纳税款、缴纳滞纳金或者接受行政处罚，被豁免了逃税罪的刑事责任，那么按本罪处罚。

如果行为人分别基于虚开发票的故意和逃税的故意，在不同时间段里分别实施了相互间无任何联系的虚开行为和逃税行为。对此，应按数罪并罚的原则予以处罚。

如果行为人虚开发票的目的是为了贪污国家财产，则其虚开的行为和贪污的行为也属于手段和目的的牵连行为，应认定为牵连犯，从一重罪处罚，即按贪污罪处罚。

总而言之,如果行为人的两种以上的行为存在着牵连关系或法条竞合关系,一般情况下,从一重罪处罚;如果行为人的两种以上的行为相互之间是完全独立的,不存在牵连关系或法条竞合关系,则一般按数罪并罚的原则论处。

(九)如实供述、补缴税款、退赃、退赔、自首、立功等

根据最高人民法院的量刑指导意见和各省高级人民法院的实施细则,如实供述、真诚悔罪,一直都是作为一个重要的酌定从轻情节而存在的。被指控犯有本罪的嫌疑人或被告人如在案件中具备这些酌定从轻情节,将是一个有利的辩点,嫌疑人、被告人及其辩护人应善于发现、挖掘这一酌定从轻情节。

在本罪中,补缴税款或者将非法牟取的"手续费"、"开票费"、"中介费"等退赃、退赔虽然不能像逃税罪那样豁免刑事责任,但也可以作为一个重要的酌定从轻情节存在。

自首和立功在《刑法》总则里一直都是作为法定从轻情节存在的,对于所有的罪名都是同等适用的,本罪也不例外。由于本书在前面的几个章节里,都详细地谈到自首和立功的辩点内容,这里就不再赘述。

后　记

经过一年多的写作以及反复多次的修改，这本书终于可以付梓出版了。本书把建筑房地产领域的刑事法律风险以及相关的辩点全都梳理了一遍，在写作的过程中，写得越深入，越觉得法律的博大精深，个人所学实为沧海一粟。写作此书，实为抛砖引玉，肯定会有不足和错误之处，恳请读者朋友们批准指正。

本书的内容，主要是针对建筑房地产领域的刑事法律风险识别，并对该领域的主要刑事风险罪名的辩点进行分析，希望对建筑房地产行业的健康发展有所裨益。但本书绝不是只有建筑房地产行业人士才能阅读，本书中的第三章"忽视职务廉洁性而带来的刑事法律风险"、第四章"忽视市场经济秩序而带来的刑事法律风险"、第五章"忽视社会管理秩序而带来的刑事法律风险"、第六章"忽视金融、融资活动的合法性而带来的刑事法律风险"、第八章"忽视税务管理的合法性而带来的刑事法律风险"的这些内容，同样适用其他行业，其他行业人士阅读后，相信也会有所帮助。

最后，本书得以付梓，要感谢法律出版社的邢艳萍编辑以及相关工作人员，她（他）们为本书付出了辛勤的劳动，在此我要致以特别和由衷的感谢！

汤汉军

2016 年 9 月

图书在版编目(CIP)数据

建筑房地产领域刑事法律风险识别与辩点分析/汤汉军编著.—北京:法律出版社,2016.9
ISBN 978-7-5118-9949-1

Ⅰ.①建… Ⅱ.①汤… Ⅲ.①建筑企业—刑事责任—研究—中国②房地产企业—刑事责任—研究—中国 Ⅳ.①D924.399.4

中国版本图书馆 CIP 数据核字(2016)第 216146 号

建筑房地产领域刑事法律风险识别与辩点分析
汤汉军/编著

策划编辑 邢艳萍
责任编辑 邢艳萍
装帧设计 汪奇峰

开本 710 毫米×1000 毫米 1/16
版本 2016 年 10 月第 1 版
出版 法律出版社
总发行 中国法律图书有限公司
责任校对 晁明慧
印刷 北京嘉恒彩色印刷有限责任公司
印张 28.25 **字数** 554千
印次 2016 年 10 月第 1 次印刷
编辑统筹 大众出版分社
经销 新华书店
责任印制 沙 磊

法律出版社/北京市丰台区莲花池西里 7 号(100073)
电子邮件/info@lawpress.com.cn
网址/www.lawpress.com.cn
销售热线/010-63939792/9779
咨询电话/010-63939796

中国法律图书有限公司/北京市丰台区莲花池西里 7 号(100073)
全国各地中法图分、子公司电话:
第一法律书店/010-63939781/9782
重庆公司/023-65382816/2908
北京分公司/010-62534456
西安分公司/029-85388843
上海公司/021-62071010/1636
深圳公司/0755-83072995

书号:ISBN 978-7-5118-9949-1
定价:65.00 元
(如有缺页或倒装,中国法律图书有限公司负责退换)